A Carlo, la prima persona ad aver creduto in me.
A Damon e Krystal, le mie più grandi fonti di ispirazione.

Prologo

VIAGGIARE rende liberi.

Credo sia la soluzione migliore per arricchire il proprio bagaglio personale.

Macinare chilometri su chilometri, imparare nuove lingue, nuove culture, conoscere nuove persone.

Ovviamente, fino a questo momento della mia vita, io ho solo potuto immaginare una prospettiva simile per me.

Devo tornare con i piedi per terra e concentrarmi su quello che ho ora.

Sono sempre stata una persona molto solare, positiva, socievole e gentile. Una di quelle persone sempre con il sorriso sulle labbra, anche se la mia storia non ha avuto un buon inizio.

Tuttavia, guardarmi alle spalle non avrebbe cambiato il corso delle cose. Posso solo sperare che il futuro abbia intenzione di ripagarmi per quello che non ho mai avuto e per quello che mi è stato tolto.

Avevo pochi giorni di vita quando la signorina Morris mi ha salvata. Qualcuno mi ha abbandonato sulle scale del suo orfanotrofio che, da oltre sedici anni, considero casa mia.

Lei è incredibile, è sempre stata al mio fianco anche quando credevo di voler stare sola. Ha asciugato le mie lacrime, ha ascoltato le mie urla e mi ha abbracciato quando nessuno mi sceglieva per portarmi via con sé.

Crescere con la costante sensazione di non essere voluta, di non essere notata, ha influito parecchio sulla mia autostima. Sono più insicura di quanto si possa immaginare, ma ho avuto poche occasioni per mostrare agli altri questo lato di me.

Vivo in una gabbia dorata, un posto nel quale non mi sono mai sentita prigioniera, ma protetta e privilegiata.

Un posto che, da questo momento, ha le ore contate.

1

VIVO a Londra da quando ne ho memoria, ma di questa città conosco ben poco. Le mie giornate in orfanotrofio sono tranquille, a volte monotone, ma non mi lamento.

Oggi è un bel giorno, siamo a fine agosto e stiamo per trasferirci. La struttura che ci ha ospitate per tutto questo tempo non è più agibile, verrà demolita e, per quanto sappia che tra queste quattro mura sto lasciando un pezzo di me e della mia storia, sono felice di vedere altri posti.

«Non vedo l'ora di partire!» Il mio entusiasmo infastidisce molto la persona con la quale divido la stanza da ben sedici anni.

Tate è la mia migliore amica, la sorella che non ho mai avuto e la parte razionale di me. Lei prova sempre a riportarmi con i piedi per terra quando sogno troppo, ma io continuo a pensare che non ci sia nulla di male. Non è stato facile guadagnarsi la sua fiducia; è diffidente di natura e crede che nessuno a questo mondo meriti le sue attenzioni. È arrivata qui che aveva due anni ma, a differenza della sottoscritta, non nutre alcun interesse nel conoscere chi l'ha messa al mondo. Dice che anch'io dovrei togliermi dalla testa una sciocchezza simile, se non voglio aggiungere altre delusioni al mio cuore.

«Poi me lo spieghi dove trovi tutto questo entusiasmo alle otto del mattino» sbuffa.

«Stiamo per cambiare città e frequenteremo una scuola, una scuola vera!» Le sorrido, mentre continuo a spazzolarmi i capelli.

«Una scuola privata piena di figli di papà.»

Tate è pessimista, non riesce e non vuole vedere il lato positivo delle cose. Crede che non esista nulla per cui valga la pena sperare e, dopo tutti questi anni, non sono ancora riuscita a farle cambiare idea.

«È comunque un'occasione per trascorrere qualche ora fuori» dico, pur conoscendo la sua reazione. Lei pensa che io stia sprecando la mia vita dietro fantasie inconsistenti, solo perché preferisco trascorrere il sabato sera a leggere un bel libro piuttosto che uscire di nascosto per andare a una delle sue feste.

«Sei assurda!» Scuote il capo, prima di alzarsi dal suo letto. «Muoviti, questa catapecchia sta per crollarci addosso.» E mi lascia sola, in una stanza che ci ha visto crescere insieme, piangere insieme e sperare insieme. A volte la invidio. Invidio il suo menefreghismo e il modo in cui riesce ad affrontare un addio che a me invece sta per spezzare il respiro. Afferro il mio zaino, quello in cui ho dovuto racimolare le poche cose che mi appartengono, poi mi chiudo alle spalle una porta che non potrò più riaprire.

C'è tensione nell'aria, la signorina Morris sembra sul punto di svenire mentre rincorre alcune bambine che giocano a nascondino in un momento in cui lei vorrebbe avere tutto sotto controllo.

«Non ridere, dai!»

Tate non ha un buon rapporto con lei; in realtà credo di essere l'unica persona con la quale Tate riesce a parlare senza alzare gli occhi al cielo ogni due minuti.

«E poi… Dove hai preso quel cellulare?»

La mia migliore amica non ama rispettare le regole.

Non ci è concesso avere un telefono personale, ma per qualsiasi cosa possiamo usare quello dell'istituto. Tuttavia, penso che per lei non sia molto conveniente chiacchierare con qualche ragazzo dove tutti possono sentirla.

«Me lo ha regalato un tipo. Sai, per tenerci in contatto» sorride beffarda, rigirandoselo fra le mani. «Ma è scarico e… non dire cose di cui io sono già a conoscenza. Non ce l'ho un dannato caricabatterie!»

Tate ha un carattere molto particolare; la Morris dice che è irascibile e che le sue reazioni sono eccessive. Io ho la tendenza a giustificarla, a proteggerla e a sminuire tutto con un sorriso.

Anche se spesso non è molto gentile nei miei confronti, so che mi vuole bene e… in qualche modo, questo mi basta.

«Troveremo un'altra soluzione, non preoccuparti.»

«Krystal, il tuo ottimismo non farà ripartire questo affare!»

Non dovrei sorridere dei suoi modi, ma quando è nervosa diventa molto buffa. Si arruffa tutta e gonfia le guance come quando da piccola non voleva mangiare.

«Neanche il tuo pessimismo, Tate.»

Un piccolo sorriso illumina il suo volto. Nonostante tutto so che apprezza i miei tentativi di risollevarle il morale quando sta male. A volte piacerebbe anche a me avere il suo sostegno, ma al contempo mi rendo conto di essere abbastanza brava a camuffare momenti che non vorrei rivivere.

«Andiamo, Pallina. Manchester ci aspetta.» Mi prende per mano e insieme saliamo sull'autobus che ci porterà nella nuova struttura. Non sarà un viaggio lunghissimo, ma voglio godermelo perché io ad alcune cose non ci sono ancora abituata.

Il nuovo orfanotrofio è enorme.

Un giardino molto ampio precede l'ingresso, ci sono tanti alberi sotto i quali già mi immagino immersa nella lettura di un libro.

«Però! La Morris si è data da fare, stavolta.»

Annuisco al commento di Tate. «Ci troveremo bene qui, è stupendo» dico, ma lei sta già pensando a qualcosa che non dovrebbe stupirmi più di tanto.

«Quell'albero potrebbe essere un appiglio molto interessante. Potrei mettere un piede proprio lì e…»

Le do una leggera gomitata quando noto la Morris avanzare nella nostra direzione. Odio mentirle, odio le bugie, ma da qualche anno sono costretta a farlo pur di proteggere Tate.

«Allora ragazze, cosa ne pensate?»

Amo il suo sorriso, amo il calore e l'affetto che ha sempre mostrato nei nostri confronti. Senza di lei oggi non sarei la persona che sono.

«Qual è la nostra stanza?» domanda Tate per tutta risposta.

Sgrano gli occhi, ma persino la Morris ha imparato a gestire e sopportare la mia amica.

«Sei la solita indisponente. La numero quattro, primo piano.»

«Ottimo» urla lei, afferrando la mia mano. Il suo entusiasmo non può essere compreso dalla Morris. Lei non immagina, neppure lontanamente, per quale motivo Tate sia così felice di avere la sua stanza al primo piano.

2

Siamo a Manchester da meno di quarantotto ore e Tate è già riuscita a trascorrere la sua prima notte in qualche locale del posto, ma ha scelto la serata sbagliata.

Sono le sette del mattino, la mia sveglia è appena suonata e oggi è il nostro primo giorno di scuola. Come da consuetudine, poso due aspirine sul suo comodino prima di svegliarla, ma dai suoi mugolii capisco che sarà difficile riuscirci. Non abbiamo molto tempo prima che la Morris venga a controllare la situazione, e i vestiti sparsi sul pavimento farebbero saltare la mia e la sua copertura. In poche parole: sarebbe un disastro che nessuna delle due può permettersi.

«Tate, faremo tardi. Svegliati!» Provo a scuoterla leggermente, ma è come cercare di svegliare una mummia dopo mille anni.

«Mi scoppia la testa» borbotta, nascondendo il viso sotto il cuscino. Non è un buon inizio, ma il peggio arriva quando tenta di mettersi seduta e rischia di vomitare anche l'anima sui miei vestiti.

«Non ci provare!» Mi allontano giusto in tempo e lei, *giusto in tempo*, riesce a raggiungere il bagno in camera. Odio quando si riduce in questo stato, e odio non poter fare nulla per impedirglielo.

* * *

Ho un rapporto strano con gli autobus, amo sedermi davanti perché in questo modo riesco a vedere quello che c'è fuori.

Può sembrare una cosa stupida e anche un po' infantile.

Probabilmente il fatto di non aver avuto molte esperienze mi fa guardare le cose con gli occhi di un bambino, con lo stupore di chi vede il mondo per la prima volta.

Tate non la pensa come me, ovviamente. Ama gli ultimi posti, quelli in cui si può far casino, ma stavolta ho deciso di accontentarla solo perché è stata male e mi sembra più nervosa del solito. In realtà anch'io sono agitata, non ho mai frequentato una scuola vera. A Londra avevamo insegnanti interni.

«Ieri sera è stato fantastico, ho conosciuto dei ragazzi che sono al liceo con noi.»

«Questa è una bella notizia» dico. Non vedo l'ora di fare nuove amicizie, ma sono anche molto ansiosa. Ho avuto sempre e solo quelle dell'orfanotrofio. Temo di non essere in grado di rapportarmi con persone diverse, e temo anche di risultare poco interessante ai loro occhi. Per me tutto questo è nuovo, dovrò abituarmi.

«Sono bellissimi» squittisce con aria sognante per poi diventare seria dopo un attimo. È difficile stare dietro ai suoi continui sbalzi d'umore.

«Cosa ti prende?»

«C'era un gruppo di ragazzi» inizia, sospirando pesantemente. «E uno di loro ha attirato la mia attenzione più degli altri.»

Mi viene da sorridere, ma reprimo l'istinto.

«E questo ragazzo ti piace?» le chiedo.

«Credo piaccia un po' a tutte, ma non è un tipo molto raccomandabile. Ho sentito che è stato in riformatorio lo scorso anno.»

Sembra davvero sconvolta da questa storia, anche se non sa dirmi altro. Il suo sguardo si perde fuori dal finestrino finché raggiungiamo la nostra destinazione.

«Ehi, tranquilla. Sembra che questa storia ti abbia colpito parecchio.» Poso una mano sulla sua, ma entrambe veniamo distratte da qualcosa che ci lascia a bocca aperta, anche se per motivi diversi.

«Io non metterò mai una divisa scolastica» urla, inorridita da quella sfilza di ragazze vestite tutte alla stessa maniera. A me, invece, non dispiace l'idea di mimetizzarmi tra la folla, ma c'è un problema.

Guardo Tate: «Non credo abbiano la mia taglia!»

Sono una sedicenne incastrata in un corpo da dodicenne.

Sono minuta, magra, bassa e il mio taglio di capelli non aiuta a darmi qualche anno in più.

«Sono già stufa di essere qui» borbotta lei, ma alla fine lo facciamo. Scendiamo dall'autobus e diamo il via a una nuova fase della nostra vita insieme.

Non immaginavo che fosse tutto così caotico e complicato. Ho sempre pensato che andare a scuola fosse una cosa semplice e che non servisse tutta questa burocrazia.

Be', mi sbagliavo.

Dopo essere state in segreteria e aver compilato i moduli necessari, io e Tate riprendiamo a camminare per andare alla ricerca della classe giusta. Stare insieme a lei mi rende più tranquilla, ma le strane occhiate che riceviamo mi mettono ugualmente in soggezione. Questo è uno dei motivi per cui non vedo l'ora di indossare una divisa. I miei vestiti non sono all'ultima moda e non danno l'impressione di essere nuovi e immacolati come l'aspetto che ha questo posto.

«Siamo arrivate, è questa la nostra classe!»

Tate non bussa alla porta, entra come se in tutti questi anni non avesse ricevuto alcuna educazione e, dallo sguardo della professoressa, prevedo che non sarà una bella giornata. Non è da me essere così negativa, ma Tate non è molto d'aiuto in alcune circostanze.

«Siamo quelle nuove!»

«Oh, vi stavamo aspettando» risponde l'altra.

Mi stupisco, perché onestamente pensavo che ci avrebbe accolte con una ramanzina. Tate, invece, è fin troppo a suo agio mentre mi trascina fra i banchi, almeno fin quando non nota qualcosa che la urta.

«Che cazzo avete da ridere?»

«Tate» bisbiglio, ma non sono mai stata in grado di frenare le sue sfuriate. Non tutte. Cala il silenzio, nessuno commenta il comportamento della mia amica, almeno finché non arriva il momento dell'intervallo fra una lezione e l'altra, e al nostro banco si avvicina una ragazza con i capelli più neri che abbia mai visto.

«Sono Piper.»

Piper è l'incarnazione della ragazza da telefilm.

È molto bella, alta e trasuda sicurezza da ogni poro.

Attira l'attenzione e mi sembra simpatica. Inoltre, è la prima persona a essersi avvicinata a noi oggi.

«Molto piacere, mi chiamo Krystal.» Le tendo la mano e lei scoppia a ridere.

«Da che epoca provieni? E poi, la tua amica non può tenere i piedi sul banco. Qui siamo civili, rispettiamo le regole.»

Non ha tutti i torti, anche se credo mi stia prendendo in giro, ma non faccio in tempo a guardare Tate, per dirle che effettivamente non può star seduta in quel modo, che lei interviene.

«Abbassa i toni bambolina, e ringrazia il fatto che...»

«Siete quelle dell'orfanotrofio, giusto?» la interrompe, toccando un tasto molto dolente per Tate. Lei ha sempre cercato di nascondere questa cosa, come se si vergognasse del suo passato.

«Quindi?»

Dovrei intervenire, non voglio che Tate abbia dei problemi fin dal primo giorno.

«Piper, scusaci. Solitamente non siamo così antipatiche. Comunque hai ragione. Lei non può poggiare i piedi sul banco...»

Un piccolo sorriso increspa il suo viso quando Tate afferra il mio polso e mi trascina fuori dalla classe.

«Sei impazzita? Vuoi diventare il nuovo giocattolino di quella? Siamo le ultime arrivate, dobbiamo farci rispettare, devono temerci. Invece tu le hai appena reso le cose semplicissime. Krystal, qui non sei in istituto. Qui non sei circondata soltanto da bambine di dieci anni!»

Sinceramente penso che stia esagerando, che stia ingigantendo la situazione senza motivo. Non conosco Piper e non conosco le sue intenzioni, ma Tate ha il brutto vizio di fasciarsi la testa prima di rompersela e, in alcuni casi, sembra lei quella che ha paura delle nuove conoscenze.

«Vedi nemici dove non ci sono. Piper ha solo provato a...»

«Cazzo» bisbiglia, guardando oltre le mie spalle.

Il corridoio è gremito di studenti che approfittano dell'intervallo per scambiare quattro chiacchiere, ma all'improvviso sembra che a tutti sia passata la voglia di parlare.

«Cos'hai?» domando, ma mi basta seguire la direzione del suo sguardo per capire cosa ha attirato la sua attenzione.

«Ricordi che stamattina ti ho parlato di quel gruppo di ragazzi? Quello in cui c'è anche quel tipo, quello strano, quello del riformatorio...» Annuisco. «Ecco, sono loro.»

Mi alzo sulle punte, ma non riesco a scorgere i loro visi tra la folla. Sono molto alti, ma quando ci riprovo hanno già svoltato l'angolo.

«Quindi?»

«*Lui* è stato riammesso in questa scuola» bisbiglia, come se stesse parlando di un affare di Stato.

«Capisco...»

Non so cosa dire, tutto questo mistero è assurdo.

«Lasciamo perdere. Quella non è gente per noi.»

La sua frase mi confonde, ma non le do peso. Voglio solo concentrami sull'inizio di questo nuovo anno, anche se probabilmente sarà simile a molti altri.

3

Il primo giorno di scuola è stato deludente, ma poteva andare peggio. Io e Tate non siamo state accolte nel migliore dei modi, ma sono convinta che ci rifaremo. Non sempre le prime impressioni contano e poi siamo solo all'inizio dell'anno. Sono sicura che avremo modo di cambiare idea. Tate la pensa diversamente, pensa che siano tutti dei figli di papà e che avremo problemi solo perché siamo povere e non abbiamo una famiglia. Mi dispiace che soffra per queste differenze, anche se non lo ammetterà mai.

«Dovremmo uscire» dice di punto in bianco, quando ritorna dal nostro bagno in camera.

«Cosa?»

«Devi vedere Manchester. Di sera è bellissima! E poi voglio distrarmi, è stata una giornata orribile.»

«Tate, non possiamo» sospiro. Non nego che anche a me piacerebbe uscire di più, ma non potrei mai trasgredire le regole.

«Una pizza! Andiamo a mangiare una pizza insieme, ti prego!»

Tate è molto furba, sa che non riesco a dirle di no, anche se è la prima volta che mi chiede una cosa simile. Sa che quando mette il broncio io non posso deluderla, ma ho paura.

Ho paura dei sensi di colpa.

«Magari un'altra volta. Possiamo prima chiedere il permesso.»

«Krystal, la vita non torna indietro e poi non ti ho proposto di andare in giro per locali. C'è un posto qui vicino molto carino, mangiamo e poi torniamo subito. Te lo prometto.»

Ho mille dubbi, una parte di me vorrebbe farlo, l'altra no, e i miei timori crescono quando accetto e mi ritrovo seduta sul davanzale della nostra finestra.

«Non pensavo fosse così alto» piagnucolo. «Ma come fai?»

«Abitudine. Tieniti a me.»

Tiro un sospiro di sollievo quando tocco terra con i piedi, ma la parte difficile deve ancora arrivare.

Per me la notte è sinonimo di pericolo. So che sto facendo qualcosa che potrebbe mettere nei guai un mucchio di persone, ma questi pensieri si annebbiano quando la mia migliore amica sorride soddisfatta per essere riuscita nel suo intento.

«Non c'è nulla di male, Kry. Stiamo solo vivendo la nostra vita e quella vecchia dovrebbe smetterla di tenerci chiuse in gabbia.»

Non mi piace quando parla in questo modo della donna che ci ha salvato dalla strada. La Morris per me è la mamma che non ho mai avuto. Le devo tutto.

«Lo so, ma io non voglio deluderla.»

Lei non commenta la mia frase; a modo suo Tate mi rispetta ma, a prescindere da questo, non avrebbe avuto modo né tempo di farlo. A pochi metri da noi ci sono due moto nere e tirate a lucido, con due persone sopra.

«Oddio, è quello strano!» Tate mi trascina dietro un muretto e io non oso oppormi. Quello *strano* scende dalla moto e senza perdere tempo sferra un pugno all'altro ragazzo. Sussulto, vorrei urlare, fare qualcosa per frenare tanta violenza, soprattutto perché il tipo sembra sul punto di svenire.

«Dobbiamo andare via» dice Tate, ma ancora una volta lo *strano* tira un calcio nello stomaco dell'altro e io non riesco a trattenermi. Urlo come se avesse colpito me e mi ritrovo a rimpiangere il giorno in cui sono nata, quando lo vedo avvicinarsi.

«Lasciala stare!»

Tate vuole aiutarmi, ma non può fare molto contro un fisico simile. Il ragazzo che ha appena afferrato il mio polso è alto, è forte e non ha alcuna intenzione di mollarmi.

«E tu chi cazzo sei?»

Non urla, la sua voce bassa graffia la mia anima, lasciando segni indelebili. I suoi occhi sono vuoti, privi di tutto, privi di vita e mi chiedo perché mi ci sono persa dentro così rapidamente.

«Non ho visto nulla.»

È la prima cosa che mi viene in mente, l'ho sentito in qualche film ma non ha sempre funzionato. Quello che ha pestato a sangue è scappato, ma a lui non sembra importare.

«Meglio per te» dice, dopo avermi squadrato dalla testa ai piedi. Sta per andarsene, dovrei essere felice per questo, ma parlo prima di rendermene conto.

«Aspetta.» Lo seguo, ignorando lo sgomento sulla faccia di Tate. «Hai la mano sporca di sangue. Prendi.»

Gli offro un fazzoletto e lui mi guarda come se fossi un alieno.

«Non mi serve il tuo aiuto» sputa con disprezzo, poi se ne va lasciandomi confusa.

«Hai davvero offerto un fazzoletto a quel tipo?»

Non so cosa risponderle, non so cosa mi sia preso. Non mi era mai successa una cosa così strana, eppure... lo rifarei.

Eppure offrirei di nuovo un fazzoletto a quel ragazzo.

«Andiamo, sono stanca» sussurro, sicura di dovermi subire una lunga ramanzina da parte della mia migliore amica.

«Voglio presentarti delle persone.»

Il secondo giorno di scuola procede bene, non è successo nulla di strano e Tate ha smesso di prendermi in giro per quello che è accaduto ieri sera. Stiamo andando in mensa, quando lei se ne esce con questa frase.

«Di chi si tratta?»

Sono un po' agitata all'idea di fare nuove amicizie, anche se non ce n'è motivo. Sono partita con i migliori presupposti.

«Dei ragazzi che ho conosciuto a una festa. Ti piaceranno, sono molto simpatici.»

Prendo un lungo respiro. «Chissà se io piacerò a loro...»

«Ehi.» Si ferma, afferrando le mie mani. «Cosa sono tutte queste paranoie? Non è da te essere così.»

So che sta mentendo. Tate sa che non sono pronta per la vita vera e che quello che ho vissuto finora non ha nulla a che fare con questo. Me lo ha detto tante volte, ma apprezzo il suo tentativo di aiutarmi.

«Ho solo paura di risultare strana, non so come comportarmi» confesso.

«Sii te stessa e andrà tutto bene. Dai, andiamo. Ci stanno aspettando.»

La seguo con il terrore negli occhi a mano a mano che la mensa si avvicina, e resto rigida anche quando vedo due ragazzi agitare le mani per farsi notare da lei.

«Eccoci» urla Tate, abbracciandoli calorosamente. «Lei è Krystal.»

I due mi guardano con un enorme sorriso stampato in faccia, il che aumenta il mio nervosismo.

«Ciao Krystal, siediti pure. Io sono Jacob.»

«E io sono Luke» interviene l'altro, mentre prova a ingurgitare quello che ha in bocca.

«Molto piacere» dico, ma sono ancora un po' tesa, così aspetto che sia Tate a parlare.

Invece è Jacob a venire in mio soccorso.

«Tate ci ha parlato di te l'altra sera, dovresti uscire con noi qualche volta. Ti divertiresti.»

«Ah...»

Sono sicura di essere arrossita e di aver frainteso. In questo momento sto odiando la mia inesperienza perché non so se questo ragazzo è solo gentile o se mi ha proprio chiesto di uscire insieme.

«Magari la prossima volta, allora. Vado a prendere un'insalata.» Mi alzo senza aggiungere altro e spero davvero di non essere risultata strana ai loro occhi. Mi metto in fila, in attesa del mio turno, ma a un certo punto succede una cosa che attira la mia attenzione. Un ragazzo, che non indossa la divisa, proprio come me, sorpassa tutti e si prende l'ultima insalata presente sul bancone.

Non riesco a trattenermi.

«Dovresti rispettare la fila» borbotto, ma quando alzo lo sguardo vorrei che la terra mi inghiottisse. È quello strano, il ragazzo della moto, il ragazzo a cui ieri sera ho offerto un fazzoletto dopo che aveva preso a pugni una persona.

«Davvero? E chi lo dice?»

Il suo sguardo è apatico, privo di luce. Credo che neppure si ricordi di me.

«La buona educazione. Siamo tutti in fila ad aspettare il nostro turno. Dovresti farlo anche...»

«La buona educazione?» sbuffa con un sorriso. «Non so neppure cosa sia.»

Poi se ne va, non prima di avermi dato una spallata.

Quando alzo lo sguardo, noto che tutti mi stanno fissando come se avessi una pistola puntata in fronte. Tate è bianca come un lenzuolo, mentre lo sguardo di Jacob è fisso su di me, ma non dice nulla. Torno al nostro tavolo, ovviamente senza pranzo.

«Sei coraggiosa» ridacchia Luke. «Ma se posso darti un consiglio, non provocare tipi come Damon. Prendono di mira le persone per una sciocchezza e dopo non è facile liberarsi di una rogna simile.»

«Damon? Chi è Damon?» domando.

«Il ragazzo a cui volevi insegnare le buone maniere» risponde Jacob, senza l'ombra di un sorriso.

4

Quando ho detto a Jacob che mi sarei aggregata alla loro compagnia la prossima volta che fossero usciti, non pensavo che questo momento sarebbe arrivato così presto. Il senso di colpa, mentre convinco Tate a lasciarmi indossare i miei vestiti, è grande quanto il posto in cui viviamo.

«Ho paura» dico «non sono mai stata a una festa.»

«È una cosa tranquilla» borbotta lei, e nel frattempo si ritocca il rossetto. «Dobbiamo andare, Jacob e Luke ci stanno aspettando!»

Sono sicura che prima o poi la Morris ci beccherà, ma provo a scacciare questo pensiero dalla testa quando sono costretta ad attaccarmi a un albero per sgattaiolare dalla nostra stanza.

In auto i ragazzi parlano, ridono e fanno scommesse sulla serata che sta per iniziare. Io cerco di interagire ma senza grande successo. I loro discorsi per me sono come qualcosa che non ho ancora studiato, qualcosa che probabilmente non capirò mai. E quando entriamo in questa bolgia infernale, mi convinco ancora di più di non essere tagliata per questa vita.

Tate è già scomparsa, Luke ha avuto la sua stessa idea e io mi ritrovo al fianco di Jacob, che mi guarda e sorride come se avesse già capito tutto di me.

«Non è il tuo ambiente, vero?»

In questo momento rappresenta la mia unica salvezza, se anche lui mi lasciasse sola in mezzo a tutto questo caos, potrei sentirmi male.

«Non esattamente» dico forzando un sorriso.

Lui è gentile con me e vorrei ringraziarlo per non avermi subito piantata in asso come gli altri.

«Non uscivo spesso a Londra» ammetto con una punta d'imbarazzo, ma lui non mi prende in giro. Ho l'impressione che non mi trovi strana o sfigata.

«Tranquilla. Con noi recupererai alla grande. Ti va di bere qualcosa?»

Sospiro pesantemente e mi guardo intorno. È la mia inesperienza a parlare.

«Magari un succo di frutta...»

Jacob aggrotta la fronte. «Ho capito, qualcosa di analcolico.»

Annuisco, non sapendo come replicare.

Quando si allontana torno a respirare.

Jacob è un bravissimo ragazzo, ma mi sento ugualmente a disagio in sua presenza, ho sempre paura di dire o di fare la cosa sbagliata. Ma i miei dubbi passano in secondo piano quando noto qualcosa che annebbia ogni mio pensiero.

Piper e Damon. Damon e Piper.

Vederli insieme non dovrebbe meravigliarmi.

Sembrano la coppia perfetta e, dal modo in cui lei gli sta baciando il collo, suppongo che lo siano per davvero.

Poi succede una cosa. Gli occhi di Damon trovano i miei tra la folla. Mi osserva, mi scruta come se volesse leggermi l'anima e non smette neppure quando le labbra di Piper stanno per raggiungere le sue. Distolgo lo sguardo, mi volto di scatto e per poco non colpisco il povero Jacob.

«Oddio, scusami!»

«Tranquilla» prova a rassicurarmi, ma il suo sguardo cambia quando va oltre le mie spalle. Mi volto di nuovo, quei due si stanno baciando come se fossero soli e non nel bel mezzo di una festa. Le parole mi escono prima di azionare il cervello.

«Li conosci? Lei è in classe con me...»

L'argomento non sembra andargli tanto a genio. «Credono di essere i padroni del mondo...»

Mi acciglio, non riuscendo a capire il senso della sua frase.

«Perché dici questo?»

«Non li conosco, ma sono abbastanza famosi a scuola. Ricordi quello che è successo in mensa l'altro giorno? Ecco, questo è il modo in cui quei due trattano le persone.»

Non posso dargli torto, il comportamento di quel Damon è stato a dir poco irrispettoso, eppure c'è qualcosa nello sguardo di Jacob che mi incuriosisce.

«Già...» sussurro. Non voglio fare la figura dell'impicciona, e poi dovrei trovare Tate. «Comunque grazie per questo» aggiungo, quando mi passa il bicchiere. Non so neppure cosa ci sia dentro e credo sia meglio non rischiare. «Vado a cercare Tate, ci vediamo dopo.» Non aspetto una sua risposta e so di sembrare solo una ragazzina impaurita ai suoi occhi, ma all'improvviso sento l'impellente necessità di trovare la mia amica e di andare via.

Qui tutti ballano, si divertono e fanno cose strane.

Mi sento fuori luogo, inadatta e anche stanca. Ma Tate non c'è da nessuna parte, sembra svanita nel nulla, e anche quando vado fuori non la trovo. Lì dentro soffocavo, ho bisogno di respirare aria pulita, e non tutto quel fumo. Vado a sedermi su un muretto per riprendere fiato. Sembra che abbia corso per chilometri, quando in realtà ho solo provato a vivere una vita che non mi appartiene.

«Stavolta mi serve un fazzoletto.»

Sussulto quando una voce bassa e roca mi sorprende alle spalle.

«Cosa?...»

Damon mi aggira, parandosi davanti. È la seconda volta che siamo così vicini e questa cosa mi permette di notare, ancora di più, quanto sia alto e possente. La sua figura incute timore, eppure non mi fa paura nonostante tutte le dicerie sul suo conto. Probabilmente sono solo troppo ingenua e non è raccomandabile per me stare qui fuori con lui.

«Li hai o no?»

«Sì, certo.» Apro la borsa e gli porgo un intero pacchetto di fazzoletti. Lui lo afferra, ne estrae uno e prova a cancellare le macchie di rossetto sul suo collo. E, ovviamente, non mi ringrazia.

«Anche la camicia è sporca» dico.

«Cazzo» impreca, iniziando a strofinare su quel punto.

«Aspetta.» Mi alzo senza riflettere e mi avvicino per aiutarlo, ma quando sento il suo profumo mi blocco. «Così peggiori solo la situazione, mettila in lavatrice» sussurro a occhi bassi.

«Dai, non lo sapevo!»

Il suo tono è sarcastico. A differenza di Jacob, Damon non si fa problemi a umiliare gli altri. Non gli rispondo, dovrei rientrare, ma la sua voce mi blocca ancora una volta.

«Come ti chiami?»

Alzo lo sguardo. «Mi chiamo Krystal, tu?»

«Non ti riguarda.» Storce il naso quando nota la mia mano tesa.

A quanto pare, da queste parti la gentilezza è un difetto.

Getta il fazzoletto a terra.

«Ma che fai?»

Lo sento ridere quando si avvicina a una moto nera, la stessa che avevo visto la sera in cui stava picchiando quel ragazzo.

«Non avevo dubbi. La solita perfettina…» Fa una smorfia prima di infilare il casco. «Hai un passaggio?»

«Sì…» balbetto, anche se non ne ho alcuna certezza.

Sarà difficile trovare Tate e gli altri.

«Bene, anche perché io non te lo avrei dato.» Scrolla le spalle, prima di accendere il motore e andare via. Raccolgo il fazzoletto da terra e resto a fissare il fumo che ha lasciato dietro di sé.

«È stata una festa pazzesca. Dobbiamo rifarlo!» urla Tate.

Non sono d'accordo, per me è stata una serata da dimenticare, soprattutto perché la maggior parte del tempo l'ho trascorso a reggerle la fronte mentre vomitava nel bagno di quel locale.

Dopo lo strano incontro con Damon, mi sono rimessa a cercare la mia migliore amica e il resto della serata è stato uno schifo.

Come sempre Tate deve sfidare sé stessa e bere fino all'inverosimile.

Ora siamo sull'autobus che ci porta a scuola, ed è un miracolo se non lo abbiamo perso.

«Come stai? Sei ancora pallida» le dico a pochi metri dalla nostra fermata. Ieri notte mi ha fatto preoccupare tanto, ma sembra che non se lo ricordi.

«Avrei preferito restare a letto, ma tu mi hai letteralmente obbligato, stamattina» borbotta.

«Non è necessario ubriacarsi ogni volta, sono sicura che ti divertiresti lo stesso.»

Mi guarda, inarca un sopracciglio e io non riesco a capire il perché.

«Certo, e magari prendere un succo di frutta! Ti prego, Krystal. Non dare consigli a persone che evidentemente sanno vivere la vita meglio di te!» Le sue parole mi feriscono, fanno più male di uno schiaffo perché contengono una cattiveria che non merito.

«Voglio solo proteggerti.» Deglutisco per non scoppiare a piangere. «Ma tu sei troppo impegnata a giudicarmi per capirlo.»

Mi alzo in fretta quando l'autobus si ferma e lei non muove un dito quando corro via, da sola. Io e Tate non litighiamo mai, ho sempre subìto i suoi modi senza far emergere il dispiacere, ma a volte è difficile persino per me.

Vorrei non essere qui, vorrei non essere in questi corridoi dove sembra che tutti vogliano farmi del male. Entro in classe, voglio restare sola, voglio pensare che sia stato solo un malinteso e che ora Tate attraverserà quella porta per chiedermi scusa, ma devo ricredermi.

«Hai sbagliato.»

«Oddio» urlo.

Damon, all'ultimo banco, è solo in quest'aula e il suo sguardo è puntato sul cellulare che ha in mano.

«Hai sbagliato, sei troppo piccola per questa classe.»

Continua a non guardarmi e mi chiedo come faccia a essere così strafottente. Non dovrebbe interessarmi, dovrei solo fare marcia indietro e raggiungere il posto giusto.

«Scusami, mi sono confusa.»

È allora che alza lo sguardo.

Poggia i piedi e il cellulare sul banco.

«Perché ti stai scusando?»

«Non lo so…»

Un piccolo sorriso increspa il suo viso, ma non parte dagli occhi.

Sono blu come il mare e belli come il cielo, eppure sono la cosa più triste e tetra che abbia mai visto.

«Sei fastidiosamente gentile.»

Spinge il banco con il piede, solo per sistemarsi meglio sulla sedia. Ho capito il suo gioco.

«Non ti dirò di toglierli, sono sicura che tu lo sappia.»

Si lecca le labbra come se stesse assaporando qualcosa. Forse la sua vittoria, perché di certo io non ho possibilità di vincere contro di lui.

«Buona giornata, Krystal.»

Un ultimo sguardo prima di tornare al suo cellulare.

Nessuno ha mai pronunciato il mio nome in quel modo, come se fosse una cosa proibita.

Scuoto il capo, poi vado via con una strana sensazione all'altezza dello stomaco che non mi abbandonerà per il resto della giornata.

5

Tate e io viviamo insieme da quattordici anni e in tutto questo tempo, malgrado le differenze, non abbiamo mai avuto un litigio così serio. Non ci parliamo da due giorni, e da due giorni lei prova a evitare ogni contatto con me, anche se dormiamo a mezzo metro l'una dall'altra.

Sono preoccupata, più del solito.

Anche stasera è uscita, ma la sua espressione, il suo modo di muoversi per la stanza con lo sguardo perso nel vuoto hanno fatto suonare un fortissimo campanello d'allarme nella mia testa. Ho una brutta sensazione, e se non faccio quello che sto per fare non riuscirò a chiudere occhio. Me ne pentirò, so che me ne pentirò amaramente, ma devo sapere se sta bene, e c'è un unico modo per accertarmene.

Sono le undici di sera quando mi ritrovo fuori dal locale in cui siamo state con Jacob e Luke. La mia prima e unica uscita non mi ha lasciato bei ricordi, solo un mucchio di problemi con la mia migliore amica. Ho dolori alle gambe dopo aver camminato per ben quaranta minuti e la sensazione di perdere tempo, ma ormai sono qui.

Mi armo di coraggio ed entro in un posto nel quale mi ero ripromessa di non mettere più piede. Lo scenario è sempre lo stesso, anzi, sembra quasi che questa sala si sia rimpicciolita e che le persone siano triplicate. La mia statura non aiuta, rischio di essere schiacciata da un momento all'altro, ma non mollo. Io per Tate non mollo mai, neanche quando dovrei farlo, neanche quando è lei a ferire me.

«Ehi piccola, ti sei persa?»

Una mano stringe il mio polso con forza. Si tratta di un ragazzo biondo, evidentemente ubriaco.

«Lasciami andare.» La mia voce esce come un sussurro anche se ho provato a gridare, e il mio cuore prende a battere all'impazzata quando il tipo prova ad avvicinarsi al mio viso.

«Smettila! Ti ho detto di lasciarmi andare» urlo.

«Dovresti ascoltarla.»

Inspiegabilmente tiro un sospiro di sollievo.

Damon ha sempre l'aria annoiata, disinteressata e anche un po' apatica. A lui non serve urlare.

«Oh, scusa Dam, non pensavo che...»

«Non pensare, non sforzarti. E per te sono Damon.»

Il biondo lascia il mio polso e scappa come una pecorella impaurita. Sono confusa e sollevata, ma mi riscuoto quando il mio salvatore si disperde nella folla, ignorandomi alla grande.

Voglio ringraziarlo, devo ringraziarlo.

«Ehi, aspetta.» Lo seguo senza pensarci due volte e, fra spintoni e gomitate, mi ritrovo fuori dal locale con la persona più enigmatica del mondo. «Aspetta.»

E lo fa. Si ferma, poi si accende una sigaretta.

«Cosa vuoi?»

I suoi modi mi spiazzano sempre.

«Volevo ringraziarti» dico, dondolando sui talloni.

Lui alza gli occhi al cielo e sbuffa una nuvola di fumo.

«Sei fastidiosa, sul serio.»

So che sta per andarsene, so che a breve salirà sulla moto e uscirà di scena come è solito fare, ma ho bisogno del suo aiuto.

«Per caso hai visto la mia amica?»

Le sue sopracciglia si aggrottano, non saprei dire se è seccato o incuriosito dalla domanda.

«Non faccio caso alla tua amica.»

«La sto cercando, sai se ci sono altri locali nelle vicinanze?»

Ora è curioso, direi perplesso, ma quando si avvicina di qualche passo e mi squadra da capo a piedi, inizio a sentirmi a disagio.

«Parecchi, ma non ti farebbero entrare da nessuna parte.»

In qualche modo Damon mi fa sentire piccola e stupida, ma Tate è più importante.

«Puoi dirmi come ci si arriva?»

Ormai non ho più un briciolo di dignità, ma non posso tornare in istituto con la sensazione che domani Tate potrebbe essere scoperta. Per lei sarebbe un disastro e non posso permetterlo. Ho visto con i miei occhi come si riduce quando beve un bicchiere di troppo.

«Il più vicino è a cinque, forse sei chilometri da qui. Credo.» Scrolla le spalle mentre si allontana da me per salire sulla moto.

Una scena già vista.

«Ah.» Deglutisco. «E da che parte devo andare per…»

«Sali» sbotta, accendendo il motore.

«Cosa? No, tranquillo. Non voglio disturbarti.»

Non risponde, mi guarda, penetra i miei occhi con i suoi mentre mi porge il casco. Sono di fronte a un bivio: fra quello che è giusto e quello che è sbagliato. Non conosco questo ragazzo, è un estraneo che fra l'altro picchia le persone ed è stato anche in riformatorio. Ma c'è una parte di me che si fida di lui, come se lo conoscessi da sempre, come se sapessi di non correre alcun rischio.

«Grazie, non avrei saputo come fare.»

Sbuffa. «Sali e basta.»

Trattengo il respiro quando mi siedo dietro di lui e mi aggrappo alla sua giacca di pelle nera.

«Paura, Krystal?»

«Non correre, Damon.»

Volta il capo, mi guarda, ma non dice nulla. Forse pensa che so il suo nome per averlo sentito poco prima, anche se in realtà sono stati gli altri a parlarmi di lui. O forse non gliene importa niente.

«Reggiti! Se cadi non vengo a recuperarti da nessuna parte.»

Non sono abituata alla velocità.

Damon invece sembra nato per correre su una moto, anche se ho avuto spesso la sensazione che stessimo per schiantarci. Sembra così sicuro di sé mentre gli rendo il casco e aspetto la sua prossima mossa.

«Pensi davvero che lei potrebbe essere qui?»

«Se frequenta quei due sfigati, ci sono grandi possibilità di trovarcela.»

Sono confusa. Jacob mi ha detto di non conoscere Damon, per cui è probabile che neppure Damon conosca Jacob. Ma non gli chiedo nulla, sarebbe fuori luogo. Anche perché ora ho un altro problema. I miei jeans e la mia maglia larga sono in netto contrasto con l'abbigliamento delle ragazze fuori dal locale, che mi guardano come se fossi un fenomeno da baraccone.

«Non mi faranno entrare» dico, ma Damon continua a camminare spedito, anche quando mi fermo a pochi passi dall'ingresso.

Ovviamente sta saltando la fila.

Poi si volta verso di me, lascia scorrere lo sguardo sul mio corpo coperto da abiti troppo grandi, prima di tornare ai miei occhi.

«Ti faranno entrare» replica, e non si sbaglia.

Io invece temo di aver fatto l'ennesimo buco nell'acqua quando mi guardo intorno e noto che di Tate non c'è alcuna traccia.

Ma è come cercare un ago in un pagliaio.

«La vedi?»

Non so se Damon abbia idea di chi sia la mia amica, se sappia riconoscerla. Forse gli sto solo rovinando la serata. Sto per dirglielo quando afferra il mio mento; è un tocco leggero ma deciso che indirizza il mio sguardo. Si abbassa alla mia altezza e sussurra: «Ecco per chi ti stai preoccupando».

Tate è seduta su un divano con Jacob e Luke.

Sembrano tutti ubriachi marci. Ridono, cantano come se non ci fosse un domani, e la mia migliore amica non sembra affatto turbata dal modo in cui mi ha trattata qualche giorno prima.

Eppure io corro nella sua direzione quando rischia di cadere perché sicuramente le gira la testa. «Tate!»

«Krys, cosa ci fai qui?» mi chiede Luke, ma lo ignoro.

«Come stai? Ti riporto in istituto. Non puoi rischiare di stare male anche domani mattina. La Morris prima o poi si chiederà perché non fai più colazione con tutte noi…»

Lei mi guarda, i suoi occhi sono rossi e beffardi.

«Sei venuta fin qui per parlarmi delle colazioni della signorina Morris. Quanto sei sfigata…» replica aggiungendo altre ferite a quelle che mi ha già inferto. Provo a non farle sanguinare, perché so che Tate non è quella che sto vedendo ora.

«Krystal, non darle ascolto. Ha bevuto troppo» dice Jacob, ma quando Damon posa una mano sulla mia spalla, il suo sguardo cambia.

«Io avrei da fare.»

«Sì, scusami. Non volevo… Voglio dire, grazie per avermi accompagnato fin qui. Troverò un passaggio per il ritorno.»

Sono confusa, non so a cosa dare la priorità. Non mi sono mai trovata in una situazione simile e non so gestirla. Vorrei aiutare Tate, magari darle anche due sberle per farla tornare lucida. Inoltre vorrei che Luke non mi guardasse con compassione e che Damon non mi considerasse una sfigata.

«Ti riaccompagno» dice, sorprendendomi.

«Ci penso io a lei.» Jacob afferra la mia mano e mi trascina al suo fianco. Non riesco a replicare, non riesco a far prevalere quello che voglio io.

«Per quel che m'importa» risponde Damon, e se ne va senza degnarmi di uno sguardo.

«Sono una cogliona.»

Sono queste le parole con cui Tate mi sveglia il giorno dopo.

«Lo sei» rispondo mentre mi spazzolo i capelli. Tagliarli non è stata una buona idea, sono semplicemente indomabili.

«Mi dispiace davvero tanto per come ti ho trattata negli ultimi giorni.» Mi segue mentre girovago per la stanza in cerca delle mie cose. Mi ha ferita, non posso dire il contrario, ma quando afferra la mia mano e mi trascina sul suo letto, non riesco a ignorarla.

«Non l'ho mai superata, Krys. Da quando frequentiamo questa scuola di ricconi non sono più serena. Loro hanno tutto quello che io e te non avremo mai, e non parlo dei soldi. Ormai siamo grandi, nessuno vuole una figlia già cresciuta.»

Sospiro. So esattamente di cosa sta parlando e anche se io riesco a conviverci, con questa amara verità, non vuol dire che non ci soffra.

«Quando ne hai bisogno, io sono qui. Non sono tua nemica, confidati con me.»

«Lo so, so che posso contare su di te. Scusami, Pallina.»

Sorrido, non potrei mai tenerle il broncio quando mi guarda così.

«Non farlo mai più.» Le premo un dito sulla fronte strappandole un sorriso, ma in un attimo torna incredibilmente seria.

«A proposito...» Si gratta la nuca. «Perché ho vaghi ricordi di te in compagnia di Damon Cooper?»

«Cooper? Non conosco nessun Cooper.»

Mi guarda male.

«Ecco... L'ho incontrato per caso e mi ha dato un passaggio. È stato gentile da parte sua aiutarmi.»

Salta dal letto come se fosse lava bollente. Sembra sconvolta.

«Krystal, frena. Damon Cooper non è gentile!»

«Con me lo è stato, senza di lui non ti avrei mai trovata» provo a spiegarle.

«Non illuderti, quelli come lui non sono gentili. Evitalo e non farti abbindolare dal suo faccino. Lo so che è bello, ma...»

Arrossisco alla velocità della luce.

«Hai frainteso. Lui... non mi piace.» Distolgo lo sguardo mentre lo dico. Damon è uno di quei ragazzi che non guarderebbe mai una come me, e poi io sono più da principe azzurro che da tipo vestito di nero con una moto che corre troppo veloce.

«Be', menomale. Anche perché hai uno spasimante molto più interessante. Jacob vuole uscire con te!»

«Cosa?»

Quasi mi strozzo.

Non me l'aspettavo. Non sono pronta per queste cose.

«Tranquilla, ti presterò qualcosa di mio» urla lei, prima di nascondersi in bagno.

Sono giorni che sono nervosa e in ansia, ma non per quello che pensa Tate. Non sto fremendo dalla voglia di andare al cinema con Jacob, non sto pensando a cosa dovrò indossare all'appuntamento che la mia migliore amica ha combinato senza chiedere il mio permesso. Ha fatto tutto lei, e ora non posso dire a Jacob che quel sì è una bugia. Non voglio ferirlo, anche perché è un bravo ragazzo e potrebbe diventare un buon amico.

I miei pensieri sono tutti per quel moretto dagli occhi blu, un ragazzo a cui non dovrei prestare attenzione, ma che da troppo tempo non mi fa dormire. Anche se non credo di essermi presa una cotta per lui. È assurdo, non dovrei chiedermi per quale motivo non viene a scuola da cinque giorni, eppure è quello che sto facendo anche mentre Jacob paga due biglietti per *Io prima di te*.

«Spero ti piacciano i film d'amore.»

«Sì, molto» replico. Devo tornare con i piedi per terra, il resto non mi riguarda.

Il film inizia, Jacob mi sorride per tutto il tempo, persino quando prova a nascondere le lacrime per il finale inatteso.

«Cavolo, era una vera tragedia. Avrei dovuto leggere la trama» dice, mentre raggiungiamo l'uscita.

«Tranquillo, è stato ugualmente un bel film.»

«Spero che non considererai triste il nostro appuntamento.»

Mi irrigidisco come un palo della luce quando posa un braccio sulle mie spalle. Non so cosa fare, cosa dire, ed è strano per una come me, che parlerebbe anche con le pietre.

«Assolutamente no.» Forzo un sorriso. «Sono stata bene.»

Forse è normale. I primi appuntamenti non sono mai perfetti, soprattutto quando hai zero esperienza con i ragazzi. Dobbiamo darci tempo, conoscerci e capire, anche se non mi dispiacerebbe fossimo semplicemente amici.

«Menomale» sospira. «Ti va un frullato?»

La sua agitazione mi intenerisce. Jacob si sta impegnando molto per far funzionare questa serata, e poi un frullato è sempre una buona idea.

Camminiamo per un po', fra una chiacchiera e l'altra e i suoi tentativi di prendermi per mano. Tiro un sospiro di sollievo solo quando arriviamo a destinazione.

Un chiosco in una grande piazza deserta è lo scenario perfetto per un appuntamento romantico. Sono una che nota i dettagli, perderei ore a fissare qualcosa che mi piace e questo posto trasmette pace, tranquillità e…

«Ecco il tuo frullato alla fragola.»

Ho sempre avuto problemi a gestire la gentilezza delle persone, anche se io lo sono in modo quasi eccessivo. Non vorrei mai che qualcuno spendesse dei soldi per me, anche per le cose più stupide.

«Grazie, ti prometto che la prossima volta offrirò io.»

«La prossima volta… Mi piace» sorride, sedendosi al mio fianco.

«Oh, ma che carini.»

Entrambi ci voltiamo al suono di una voce sconosciuta.

«Jared, sparisci!»

Jacob si alza, facendomi scudo, ma io riesco a *vederlo*. Riesco a vedere Damon poggiato a un muro mentre fuma una sigaretta. Non mi sta guardando, sembra completamente disinteressato.

«Tranquillo. Non voglio mica intromettermi nel tuo romantico appuntamento» continua l'altro.

Vorrei intervenire, provare a capirci qualcosa, ma non ne ho il coraggio.

«Cosa vuoi?» Jacob sembra un'altra persona, non l'ho mai visto arrabbiato, ma effettivamente io non lo conosco. Anzi, ho la sensazione che lui mi abbia anche mentito sul suo rapporto con Damon.

«Da chi la proteggi?»

Il mio cuore perde un battito. È proprio *lui* a parlare.

«Con voi non si sa mai.»

«Puoi dormire sereno. La tua amichetta non è il mio tipo.»

I suoi occhi blu si scontrano con i miei. Sono così simili, eppure così diversi.

«Krystal, andiamo.»

Jacob mi prende per mano e io non posso fare altro che seguirlo, anche se mi sento addosso lo sguardo di Damon per il resto della notte.

6

Non è il mio tipo…

Questa frase continua a ronzarmi in testa da ore, anche se non dovrebbe. Io non voglio essere il *tipo* di Damon, non voglio piacergli o attirare la sua attenzione in qualche modo. Il solo pensiero mi imbarazza, eppure non riesco a cancellare quel senso di amarezza che mi porto dentro da quando l'ha detto.

Sono in classe e dovrei concentrarmi sulla lezione di storia.

Ho sempre amato studiare e ora che posso farlo in una scuola vera non voglio distrarmi per cose futili. Per cose che non c'entrano nulla con me. Ma i pensieri non mi danno tregua, mi stordiscono e mi impediscono di concentrarmi. Ho bisogno d'aria, ho bisogno di silenzio.

«Professoressa.» Alzo la mano, e lei lo sguardo dalle pagine che ci sta leggendo.

«Dimmi, Krystal.» Mi sorride.

In questi pochi giorni ho notato tante cose, come il fatto che io e Tate veniamo trattate in modo diverso dagli altri. C'è sempre un velo di compassione negli occhi delle persone che ci parlano e questa cosa mi ferisce, anche se apprezzo la loro gentilezza.

«Posso andare in bagno?»

Lei acconsente e io mi fiondo fuori dalla classe. Sento come sempre in sottofondo qualche risatina a cui provo a non dare importanza, ma anche questo ferisce, solo che non sono in grado di dirlo a voce alta.

Vorrei capire perché mi fissano, ma non credo ci sia una spiegazione valida.

Quando raggiungo i bagni mi sento un po' meglio.

In tutti questi anni non ho mai sentito l'esigenza di nascondermi dagli altri, con le ragazze dell'orfanotrofio ho sempre avuto un buon rapporto. Certo, possono esserci malintesi o cose simili, ma non ho mai avuto la sensazione di essere derisa o rifiutata. La vita in istituto non è facile, ma ho imparato ad apprezzare ogni sua sfumatura, ogni suo aspetto, sia bello sia brutto. Qui è diverso, qui sono stata catapultata in un mondo completamente nuovo, un mondo che non mi vuole, che mi prende in giro, che mi spaventa da morire.

Dopo aver sciacquato il viso sono di nuovo nei corridoi. Non ho voglia di tornare in classe, non ho voglia di sentire altre parole su di me.

«Alle spalle... Vigliacchi!»

Damon è poggiato di schiena al distributore del caffè quando mi volto al suono della sua voce. Forse è quello di cui ho bisogno, ma quando mi avvicino e vedo che lui fa lo stesso, mi blocco. Il suo braccio mi avvolge, le sue dita sfiorano la mia schiena prima di mostrarmi qualcosa che cambierà decisamente il corso della mia giornata. È un post-it.

Qualcuno si è divertito ad attaccarmelo alla camicia.

«*Inesistente*» legge, prima di accartocciarlo e gettarlo nel cestino. Abbasso lo sguardo, purtroppo so perché i miei compagni di classe hanno deciso di usare proprio quella parola.

«Cosa vuol dire?» domanda. Il suo sguardo è incuriosito, ma non beffardo. Credo sia la prima volta che riesco a scorgere qualcosa sul suo viso.

«Non lo so, lascia perdere.»

Non sono pronta a parlargliene anche perché, ne sono certa, a Damon non frega niente della mia vita. Sospiro. Vorrei che la smettesse di guardarmi come se volesse leggermi nella mente. Non sono mai stata molto brava a difendermi e so che in questo momento gli sembrerò una di quelle che non lottano per farsi rispettare.

Non avrebbe tutti i torti.

Mi chino in avanti per inserire qualche moneta nel distributore.

«Vuoi un caffè?» gli domando.

Damon non si è mosso di un millimetro, mi chiedo cosa lo trattenga.

Non risponde, ma quando il mio è pronto e lo porto alle labbra, lui fa qualcosa che non dovrebbe farmi battere il cuore così velocemente.

Mi sfila il bicchiere dalle mie dita e lo porta alla bocca.

Resto a fissarlo e so che non dovrei, ma non riesco a distogliere lo sguardo.

«Quindi sei la ragazza di Robinson?»

«No, io e Jacob siamo solo amici. Tu lo conosci?»

Si inumidisce le labbra passandoci sopra la punta della lingua.

«Dolce.» Fa una smorfia. «Troppo» aggiunge, prima di buttare il bicchiere.

«Non hai risposto alla mia domanda» gli urlo dietro mentre se ne va, ma lui non si degna di replicare in alcun modo.

Raccontare del post-it a Tate non è stata una buona idea.

Pensa sia stata Piper e non ha intenzione di fargliela passare liscia. Io non me la sento di accusare nessuno, ma la mia migliore amica non vuole sentire ragioni.

Per questi motivi sono agitata, quando la vedo camminare fiera e rilassata fra gli spalti del campetto da basket in cui Luke e Jacob giocheranno la loro prima partita di campionato. Non sapevo che facessero parte della squadra della scuola, ma del resto non so molto di loro.

«Vorrei prenderla a pugni» sibila Tate.

Ovviamente ha raccontato tutto anche ai nostri amici, e ora io mi sento una sorta di principessa da salvare. Odio questa cosa, odio sentirmi vulnerabile, odio sapere che gli altri provano pena per me.

«Ti prego, chiudiamo l'argomento» bisbiglio nel suo orecchio quando vedo Jacob avanzare nella nostra direzione.

«Ehi Krystal, sei venuta.» Mi bacia sulle guance e io mi irrigidisco. Ultimamente è più espansivo, ma non so ancora se questa cosa mi piaccia o meno.

«Dicono che sei bravo» ridacchio, passandomi una mano fra i

capelli. Sono a disagio, ma non è il disagio bello che si prova a volte. Non saprei come spiegarlo, forse devo solo prendermi del tempo per capire cosa voglio da questo ragazzo.

«Non ti resta che guardare.» Mi strizza l'occhio, e io sono costretta a voltarmi dall'altra parte per nascondergli il mio imbarazzo.

«Ah, ci sono anche quei tre» commenta Tate e non ci vuole un genio per capire a chi si riferisca. Oramai la situazione mi è chiara: Damon e i suoi due amici sono una cosa sola. Scompaiono e riappaiono insieme, tranne quando lui decide di colpirmi alle spalle con una delle sue frasi. Quando è solo sembra diverso, ma non posso mettere la mano sul fuoco. Tate direbbe che sono un'ingenua.

«Anche loro giocano a basket?» domando. Non mi aspettavo che Jacob mi guardasse come se gli avessi chiesto di uccidere qualcuno per me.

«No, loro qui fanno altro» sentenzia, senza spiegare. «Ci vediamo dopo.» Abbozza un sorriso, prima di scendere in campo.

«Penso che spaccino» bisbiglia Tate dopo qualche secondo. «Insomma, non hanno la faccia dei bravi ragazzi...»

«Ne sei sicura?» All'improvviso mi si è chiuso lo stomaco, mi sembra di avere un macigno sulle spalle e non ho più voglia di stare qui.

«Più o meno. Dicono che Damon abbia persino picchiato un professore, due anni fa. Niente di certo, ma in riformatorio ci è finito davvero.»

«Potrebbero essere pettegolezzi...»

Il suo sguardo è preoccupato, quando lo alza sul mio viso.

«Krystal, ti sei fatta un'idea sbagliata di quel tipo. Non prenderti una cotta per lui e soprattutto non farti abbindolare dalla sua gentilezza nei tuoi confronti.»

Mi prende in contropiede, inizio a balbettare anche se sono abbastanza sicura di quello che sto per dire.

«Non succederà. Cosa vai a pensare?»

«Bene» sospira. «Meglio così, no?»

Annuisco, non sapendo cos'altro aggiungere, ma le sorprese non sono ancora finite. Siamo solo all'inizio di una serata che ricorderò a lungo.

«Anche voi qui?» chiede Piper.

«Già, problemi?»

Poso una mano sulla gamba della mia amica quando si alza. So già cosa sta per fare e non credo sia il caso.

«Nessuno» risponde Piper, venendo a sedersi al mio fianco.

Il suo braccio si posa sulle mie spalle. «Svagarsi un po' fa bene, questa mattina sembravi turbata. È successo qualcosa quando sei andata in bagno? Sei stata male?»

La guardo negli occhi e non ho più dubbi.

L'espressione beffarda, la sua mano che mi pizzica la pelle fino a farmi male, spengono le mie speranze di poter essere accettata in un mondo che è cresciuto senza di me.

«Sei stata tu!»

Tate le punta un dito contro, prova a mettersi fra di noi, ma Piper commette un errore.

«A fare cosa? Hai qualche rotella fuori posto, tesoro!»

Mi alzo, voglio solo andare via ed essere ignorata mentre mi arrendo e non combatto per me stessa. «Piccola Krystal, dove vai? Non starai davvero frignando per uno stupido bigliettino.»

Mi volto nella sua direzione. Vorrei dire qualcosa, farle notare che si è tradita perché né io né Tate abbiamo fatto riferimento al post-it, ma la voce non esce. Sono muta, paralizzata dal senso di impotenza che nasce dalla sensazione di non saper vivere, di non saper reagire.

«Quindi sei stata tu.»

Una voce bassa e roca interrompe la situazione più meschina in cui mi sia mai trovata.

Probabilmente c'è di peggio, ma io questo non lo posso sapere.

Una volta Tate ha detto che sono una bambina non cresciuta. Ho pianto di nascosto, ma questo lei non lo sa.

«Damon, non intrometterti. Fra cinque minuti andiamo via. Ho bisogno di un passaggio» replica Piper.

Vorrei scomparire e che Damon non stesse assistendo alla mia umiliazione, così trovo la forza per farlo.

«Tate, io vado.»

Lei mi rincorre mentre mi allontano, mi chiede di restare, di non dargliela vinta, dice che Jacob potrebbe offendersi. Ma restare mi è impossibile e qualcosa nel mio sguardo, a un certo punto, la convince.

«Non allontanarti troppo, ci vediamo in istituto per cena.»

Non le prometto nulla, i miei piedi iniziano ad avanzare senza una meta, poi, a un certo punto, mi fermo e non so più dove sono.

Il sole è calato, non sono mai stata sola per strada quando si fa buio, ma non ho paura. Avevo bisogno di questo, avevo bisogno del silenzio e me lo sto godendo. Mi siedo ai piedi di un albero, sul ciglio di una strada che non conosco, e alzo lo sguardo. Ho sempre amato la luna, ho un legame particolare con lei, e quando la guardo mi chiedo se, ovunque sia, anche mia madre la sta ammirando.

«Fra quanto ti trasformerai?»

«Oddio» urlo. «Damon… sei tu.» Sospiro pesantemente, e lui aggrotta la fronte, prima di avvicinarsi.

«Non ti conviene dirlo in quel modo.»

Il suo tono è rigido come l'inverno più freddo di sempre.

«Cosa?» Mi acciglio.

«Il mio nome» sospira, distogliendo lo sguardo. «Comunque… Che diavolo stai facendo qui?»

«Io… Non lo so» sussurro. «Tu invece?»

«Ti riaccompagno» dice, eludendo la mia domanda.

Questa cosa non ha molto senso, non capisco perché non rispondere a una cosa così semplice.

«Non serve, davvero. Credo di saper tornare.» Mi guardo intorno, ma non sono molto credibile. Non mi dovrei fidare di lui, non dovrei accettare un suo passaggio, ma quando mi guarda con un sopracciglio inarcato e le braccia incrociate al petto, mi spunta un sorriso.

«Okay, mi sono persa.»

Le sue labbra si tendono, ma non credo voglia ridere.

Damon è sempre così serio.

«Andiamo.» Scuote il capo, prima di iniziare a camminare. Lo seguo e ovviamente c'è la sua moto pronta per ogni evenienza.

«E la tua ragazza? Non dovevi riaccompagnarla a casa?»

La sua mano si ferma a mezz'aria mentre sta per porgermi il suo casco. Vorrei che lo indossasse lui, ma le sue parole mi spiazzano.

«Piper non è la mia ragazza.» Fa una smorfia. «Scopiamo e basta.»

Socchiudo le labbra, ma temo di aver appena assunto le sembianze di un peperone. Lui non perde occasione per farmelo notare.

«Dolcezza, così darai fuoco a tutti questi poveri alberi» sghignazza.

«Oldham Street, è lì che devi accompagnarmi.» Mi allaccio il casco sotto il suo sguardo divertito. «E non chiamarmi così, per te sono Krystal!»

«Però! Quando vuoi sai difenderti…»

Monta in sella, e io non posso fare altro che starmene zitta e incassare il colpo.

7

Non pensavo di essermi allontanata tanto, invece il tragitto per tornare a *casa* risulta più lungo del previso.

Solo in questo momento mi sto chiedendo come abbia fatto a trovarmi. Una parte di me esclude la possibilità che mi abbia seguita perché era preoccupato. Sono sicura che le prerogative di Damon sono altre, eppure non riesco a spiegarmi alcune cose.

Ma non ho il tempo di chiederglielo.

Siamo arrivati e io ho il cuore in gola.

Non mi sono mai vergognata delle mie origini e del fatto di aver sempre vissuto in un orfanotrofio, ma da quando sono a Manchester e frequento una scuola vera e propria ho iniziato ad assaggiare i giudizi della gente e questo non aiuta. Il mio carattere si è rivelato molto diverso da quello che pensavo prima di essere catapultata in questa realtà.

«Puoi lasciarmi qui, grazie.»

Sono tesa e mi sento incredibilmente in colpa per essere uscita, ancora una volta, di nascosto. A differenza di Tate, penso che la Morris sarebbe più flessibile se solo le parlassimo del nostro desiderio di maggiore libertà. Ovviamente non le chiederei mai di poter andare alle feste che la mia migliore amica ama tanto, anche perché non voglio più metterci piede, ma le bugie hanno le gambe corte e prima o poi sono sicura che pagheremo un conto salato per le nostre fughe.

«Qual è l'edificio?» mi chiede dopo aver rallentato, ma il motore è ancora accesso, come se non si fidasse di quello che gli ho detto.

«Quello, ma è meglio se non mi vedono» ammetto con una punta d'imbarazzo.

Si volta nella direzione giusta, ma quando scendo dalla moto e gli rendo il casco non trovo compassione sul suo volto.

«È un orfanotrofio?» Il tono piatto con cui me lo chiede mi fa sentire normale. Non dovrebbe essere così e invece mi piace la sensazione che provo mentre parlo con lui.

«Già.» Scrollo le spalle. «Sono uscita di nascosto e ora dovrei arrampicarmi su quell'albero per rientrare nella mia stanza.»

«Ah, però.»

È la prima volta che vedo Damon sorridere. Sembra così diverso, così giovane e spensierato. Mi piace questa versione di lui, ma smetto di pensarci prima di dire o fare qualche stupidaggine.

«Non l'avrei mai immaginato.»

«Credimi, nemmeno io. Ma non è una cosa che mi piace fare. Sono una che le rispetta le regole... Di solito.»

Il suo sguardo si assottiglia, sembra pensieroso.

«È una specie di carcere?»

«No» mi affretto a rispondere. «Almeno per me non lo è mai stato. Anzi, questo posto è stata la mia salvezza, anche se Tate pensa che dovrei vivere di più...»

«Non hai vissuto finora?» Il suo tono caldo è di una serietà alla quale non sono abituata. Sembra sinceramente interessato a quello che gli sto dicendo.

«Poco.» Accenno un sorriso che però lui non ricambia. «Ora devo andare, grazie del passaggio.»

Il suo sguardo è ancora perso nel vuoto quando mi avvicino al cancello sul retro.

«Vuoi una mano?» Mi guarda così intensamente che per un attimo dimentico come si cammina.

«No, credo di farcela.»

Lui non dice nulla, ma aspetta che salga e che chiuda la finestra alle mie spalle, prima di andare via.

Quando sono dentro ho bisogno di un attimo per riprendere fiato, anche se non sono sicura che sia per lo sforzo dell'arrampicata sull'albero.

Damon è stato gentile con me. Ha i suoi modi, il suo carattere e tanto mistero negli occhi, eppure con lui sono stata bene.

Tate dorme. Non mi ha sentita rientrare e forse è meglio così.

C'è una parte di me che non vuole ascoltare ragioni.

So che lui non è quel che sembra, che ha un passato burrascoso e violento, ma voglio custodire ugualmente questi momenti per me. Solo per me.

«Ieri sei scomparsa.»

Jacob ha ragione, sono scappata via senza salutarlo. Probabilmente non avrà notato quello che è successo con Piper, ed è meglio così. Voglio solo dimenticare e mi piacerebbe che lo facesse anche qualcun altro.

«Non mi sentivo bene. Scusami se sono andata via in quel modo» dico mentre prendiamo posto in mensa.

Tate è al telefono con qualcuno e mi chiedo come abbia fatto a conoscere così tante persone in così poco tempo. Siamo a Manchester da due settimane, ma è come se vivesse qui da sempre.

«Tranquilla, spero che ora tu stia meglio.» Mi sorride.

Jacob è dolce, è comprensivo e sempre disponibile. Per questo sono sorpresa quando, dopo pochi secondi, avviene qualcosa che non mi sarei mai aspettata.

«Non hai rispettato i piani!»

Jared, il ragazzo che abbiamo «incontrato» la sera in cui siamo andati al cinema, sbatte un pugno sul nostro tavolo. In mensa cala il silenzio.

Lo sguardo di Jacob è fuoco puro. Non sembra lui.

«Io non faccio patti con voi, dovresti saperlo.»

La freddezza del suo tono mi prende in contropiede.

«Non sprecare fiato, con lui perdiamo solo tempo e soldi.»

Sgrano gli occhi quando mi rendo conto che è stato Damon a pronunciare queste parole. Non l'avevo visto arrivare, ma, a quanto pare, sa essere discreto anche in un momento in cui nessuno si preoccuperebbe di esserlo.

La sua frase mi fa riflettere e il pensiero che mi si forma in mente non mi piace. Tate mi ha parlato di spaccio e cose simili, ma non so immaginare cosa vogliano da Jacob o cosa vuole lui da loro.

«Esatto, Cooper, da me non otterrai nulla» sbotta Jacob posando una mano sulla mia spalla. Non capisco il senso del gesto e ancor meno la replica di Damon.

«Non hai nulla che mi possa interessare.» I suoi occhi sono fissi su di me, e tremo un po'. «Anche perché qui non c'è nulla che ti appartenga.»

L'espressione di Jacob, prima confusa, cambia completamente. Ora sembra arrabbiato.

Anzi, oserei dire preoccupato, ma non aggiunge altro quando Damon e Jared se ne vanno.

«Mi dispiace» soffia dopo un lungo attimo di silenzio imbarazzante. Vorrei solo che mi spiegasse spontaneamente la scena a cui ho assistito.

«Ecco io... Insomma, dispiace anche a me per la discussione che hai avuto con quei ragazzi.» Deglutisco. Non sono abbastanza disinibita per chiedergli quello che in realtà vorrei sapere e lui, a quanto pare, non è pronto ad affrontare l'argomento.

«Non è successo nulla, non farci caso.» Si passa nervosamente una mano fra i capelli, prima di guardare l'orologio. «Ora devo andare, ma non sparire.» Accenna un sorriso.

«Non lo farò, tranquillo.»

Adesso anch'io sono nervosa, soprattutto perché a breve inizierò il mio primo corso extrascolastico. Jacob si alza e mi guarda un'ultima volta, prima di aggirare il tavolo.

«Quindi, nuoto?» domanda, mettendosi lo zaino in spalla.

«Già» annuisco.

«Divertiti.»

Poi va via, quasi scappando, come se un branco di lupi lo stesse inseguendo. Lui mi piace, nel senso che mi piace essere sua amica, ma ho la sensazione costante di vivere all'oscuro di tutto. Non ho la pretesa che mi racconti i suoi segreti, ma allo stesso tempo ho paura che in fondo potrebbe essere solo un bugiardo.

I dubbi mi chiudono lo stomaco, ma devo tenerli per me.

Tate mi darebbe della stupida e della paranoica, e mi spingerebbe a lanciarmi, con questo ragazzo. Ma io non voglio, e la mia inesperienza non c'entra nulla.

Non ho mai avuto grandi complessi sul mio fisico, e non perché credo di essere perfetta. Semplicemente non ho mai creduto che l'aspetto fosse importante. Nessuno mi ha mai fatto notare cose che non ho. Sono cresciuta in un ambiente semplice, privo di lussi. Con le altre dell'orfanotrofio non abbiamo mai parlato di cose che invece, in questo spogliatoio, sembrano fondamentali. Non mi sono mai sentita in imbarazzo e persino umiliata, come accade mentre tolgo l'accappatoio per entrare in piscina.

Le sento. Sento i loro commenti sul mio fisico. Ai loro occhi appaio piccola, senza forme, e quindi poco attraente. Sono una bambina, scialba e insignificante. Sono inutile e forse poco interessante, ma tanto essere al centro dell'attenzione non è mai stato il mio obiettivo. Anche se ora mi ci hanno messa.

Mi sento sotto tiro. Come se avessi addosso un puntino rosso, in attesa dello sparo. Anzi, tanti puntini rossi, e vorrei solo sparire.

Con i piedi immersi nell'acqua, mi impongo di tenere lo sguardo basso, non voglio conoscere i loro volti, non voglio sapere chi si sta prendendo gioco di me. Poi qualcuno mi salva, l'attenzione dei presenti mi abbandona e il mormorio di sottofondo si trasforma in una serie di commenti fuori luogo.

«Oddio...»

Vorrei scomparire, vorrei che la terra mi inghiottisse, dopo che il mio cervello ha metabolizzato un'informazione che non avrei voluto conoscere. Damon Cooper è qui, con addosso un costume nero qualunque, e sta per tuffarsi nella corsia dei professionisti.

Voglio sparire. Lo penso sul serio.

Entra in acqua con una grazia che non pensavo gli appartenesse. Le sue bracciate sono coordinate e fluide.

Sembra che nuoti da una vita e potrebbe anche essere così, mentre io vorrei soltanto depennare il mio nome dalla lista delle persone che hanno scelto questo corso. Amo nuotare, l'ho sempre amato. Mi fa sentire libera, leggera, e annulla tutte le mie preoccupazioni, ma non ora.

Faccio un lungo respiro prima di immergermi in acqua e spero che lui non mi veda. Continuo a sperarlo con tutta me stessa anche dopo quattro vasche, anche quando l'ossigeno non arriva più al cervello e sono costretta a fermarmi.

«Sorprendente.»

Chiudo gli occhi.

Riconoscerei la sua voce fra mille, e so che ora inizierà a farsi beffe di me. Sono appoggiata al trampolino e lui galleggia al mio fianco senza sforzo. L'idea di noi due seminudi, a pochi metri di distanza, mi spaventa.

«Ciao Damon» sospiro, voltandomi nella sua direzione.

«Sei brava.»

«Grazie, anche tu.»

«Non è un complimento, ma una constatazione.»

Mi acciglio, anche se dovrei aver capito che questo ragazzo si comporta in modi che non posso comprendere.

«Le tue padrone ti hanno beccata, l'altra sera?» continua, facendo aumentare la mia perplessità.

«Le mie padrone? Sono delle istitutrici, delle insegnanti…»

«È la stessa cosa.» Scrolla le spalle con un'espressione fin troppo arrogante stampata in faccia.

«Ti sbagli, non è la stessa cosa.» Le sue parole mi infastidiscono, i suoi modi accendono in me una reazione insolita. «Si prendono cura di me.»

«Ti tengono al guinzaglio, e sono sicuro che non lo fanno gratuitamente. Sei una garanzia, per loro.»

Stringo le mani a pugno, per la prima volta in vita mia ho voglia di colpire qualcuno e mi stupisce che sia proprio Damon.

«Tu non sai niente, non hai alcun diritto di parlarmi in questo modo!» sbotto.

Le sue labbra si piegano in un sorriso beffardo, è soddisfatto per l'effetto che ha su di me. Gli ho reso le cose troppo semplici, ma non sono riuscita a trattenermi.

«Qui qualcuno è permaloso.»

I suoi occhi mi seguono quando faccio leva sulle braccia per sollevarmi e sedere a bordo piscina.

«E tu sei inopportuno.» Sono così innervosita da non allontanargli le mani quando le posa sulle mie ginocchia.

«Dovresti reagire così anche con Piper, dolcezza.»

«Lasciami stare.» Mi riscuoto dai miei pensieri, e finalmente trovo la lucidità per allontanarlo. Non provo vergogna, mentre cammino con lui dietro.

«Non metterti contro le persone sbagliate.» Lo sussurra, ma al mio cervello giunge come un urlo violento. Non mi volto, corro verso gli spogliatoi con la consapevolezza di dover evitare questo ragazzo come la peste.

8

«Non puoi rifiutare, ti aiuto io.»

Ho evitato di raccontare a Tate quello che è successo con Damon in piscina. So che ha notato qualcosa di strano, so che in genere intuisce quando sono agitata per qualcosa, ma in questo momento è troppo euforica per il messaggio che Jacob le ha scritto per badarci.

Vuole vedermi, vuole uscire con me per parlare. Benché io non desideri un secondo appuntamento con lui, intendo andarci. Sono troppo curiosa, vorrei che chiarisse i miei dubbi, che mi parlasse di Damon, di Jared e di quello che è successo in mensa.

«Questa è l'ultima volta che esco di nascosto» sospiro. «Domani parlerò con la Morris ma… tranquilla, non potrei mai raccontarle i tuoi segreti.» Forzo un sorriso sotto il suo sguardo allarmato.

«Come vuoi, anche se io non penso sia necessario chiederle il permesso» borbotta, avvicinando al mio corpo un vestito nero. «Questo può andare» dice, inclinando il capo. «Stasera ti bacia, me lo sento.»

«Forse sono io che non me la sento.» La mia voce è incerta. Ho ancora dubbi su questa serata, ma Tate non mi dà il tempo di riflettere su cosa sia giusto fare.

«Credo sia normale, sarebbe il tuo primo bacio.»

In realtà non è per questo che sono agitata. Non ho paura di fare brutta figura con lui. Ci stiamo solo frequentando e non sono sicura di voler portare avanti questa cosa. Vorrei che non travisasse, che non avesse fretta, anche perché il rapporto che abbiamo ora non è male. Non sono alla ricerca di altro. Ma da quando siamo usciti insieme la prima volta, penso che lui stia tentando di dare al nostro rapporto un altro significato senza prima averne parlato con me. Mi sento un po' come una pedina, come una bambola.

«Già» sussurro ugualmente. E il momento di sgattaiolare via arriva prima del previsto.

«Sei bellissima!»

Quando Jacob mi ha parlato di un ristorante molto carino, non pensavo che si trattasse di un locale così lussuoso. Mi sento a disagio e non so quale delle tre forchette usare per mangiare quello che ho nel piatto. Dentro di me ringrazio Tate per avermi convinta a non indossare i jeans, ma anche questo non mi aiuta a calmarmi.

«Grazie.» Arrossisco. Ai complimenti non riuscirò mai ad abituarmi.

«Spero ti piaccia la cucina italiana.»

«Oh, sì.» Mi affretto a prendere un altro boccone dal piatto. È tutto squisito, ma non riesco ugualmente a godermi la serata. «Si mangia benissimo, qui.»

Non voglio sembrargli un'ingrata.

«Perfetto, ci tengo molto a questa serata, Krystal» ammette con un pizzico d'imbarazzo. In questo momento è di una tenerezza assurda, ma le parole che pronuncia subito dopo mi mettono con le spalle al muro. «Mi piacerebbe approfondire la nostra conoscenza, mi piacerebbe frequentarci e vedere come va tra di noi.»

Cosa si dice in questi casi?

«Ecco, io…»

«Insomma, Krystal, non nego di essere geloso. C'è troppa gente che ti ronza intorno…»

Ridacchio. «Nessuno mi ronza intorno.»

«Ti sbagli.» Si fa serio. «In molti hanno notato la tua bellezza e… Scusami.» Dentro di me ringrazio il suo cellulare per aver messo fine a questo momento imbarazzante, ma la sua espressione, mentre ascolta, non lascia presagire nulla di buono.

«Cazzo… Stai calmo, arrivo subito!»

Seguo i movimenti nervosi e scoordinati con cui si alza dalla sedia. Poi si passa una mano fra i capelli.

«Tutto bene?»

«Purtroppo no, dobbiamo andare.» Sembra mortificato. «Quel bastardo continua a rovinarmi la vita» aggiunge dopo un attimo, mentre ci affrettiamo a raggiungere la cassa. Ovviamente non mi permette di pagare la mia parte, ma quando saliamo in auto non posso fare a meno di chiedere spiegazioni.

«Di chi stai parlando?»

«Di Damon, ovviamente.» Serra le mani sul volante, poi mi guarda. «Scusami, non volevo rovinare il nostro appuntamento e non vorrei coinvolgerti in questa cosa, ma non ho tempo per riaccompagnarti.»

«Non è un problema, vengo con te» rispondo e forse non dovrei, ma questa mi sembra un'occasione d'oro per capirci qualcosa.

«Va bene, dobbiamo andare da un certo Mike. C'è una festa…» spiega, poi parte e io spero che, qualunque cosa sia successa, non finisca in tragedia.

La casa di Mike è enorme e brulica di gente ubriaca.

«Stammi vicino» dice Jacob pochi attimi prima di individuare Luke, che ha il viso sporco di sangue.

«Oddio» urlo avvicinandomi, ma sembra che qui una cosa simile sia normale. Nessuno ha pensato di aiutarlo, tutti continuano a ballare e a bere. «Come stai?»

«C'è anche Tate» dice Luke, ignorando la mia domanda.

Ho la sensazione di non essere gradita, come se volessero nascondermi qualcosa, ma quando vedo la mia migliore amica correre verso di me, per un attimo dimentico il resto.

«Dimmi che ti ha baciata!»

Le rivolgo un'occhiataccia, ma la mia attenzione viene immediatamente rapita dall'arrivo di una persona che scombussola la mia pace interiore e non solo.

«Guarda un po' chi si vede. Spero di non aver disturbato.»

Il tono beffardo di Damon mi infastidisce. Non ho dimenticato il nostro ultimo incontro e le parole poco carine che ha usato con me.

«In realtà sì» risponde Jacob, avanzando nella sua direzione.

«Vogliono i soldi» bisbiglia Luke, ma io riesco ugualmente a sentirlo.

«Parliamone in privato.» Si allontana, dimenticandosi completamente di me, e Damon lo segue, non prima di avermi squadrata un'ultima volta. Sono confusa, anche un po' offesa per essere stata piantata in asso in questo modo. Come se non esistessi.

«Perdonalo, non è un bel periodo.»

La mano di Luke si posa sulla mia spalla.

«È stato un cafone» sbotta Tate. «Non può lasciarla qui e pensare agli affari suoi.»

Io non commento e da lì in poi me ne sto in silenzio. Almeno fino a quando, un bel po' dopo, non vedo Jacob correre fuori con le lacrime agli occhi.

Urlo il suo nome, ma è troppo veloce e subito lo perdo di vista. Tate si è addormentata sul divano e Luke mi guarda come un cucciolo abbandonato, ma non è colpa sua. Non è stato lui a mollarmi così.

«Dai, vi riaccompagno» dice Luke.

«No, non sono uscita con te stasera. Non doveva lasciarmi qui» asserisco decisa.

«Per favore, è tardi. Accetta il mio passaggio, domani vi chiarirete.»

«No, grazie. Tu pensa a Tate, io torno da sola.»

«Non essere stupida, non puoi farlo in piena notte.»

«Ci penso io.» Una voce ci raggiunge alle spalle.

Damon ha preso la pessima decisione di interferire in una cosa che non lo riguarda.

«Puoi scordartelo. Krystal, andiamo!»

«Tranquillo, non me la mangio. Stasera è troppo acida.»

«Appunto, quindi fatti gli affari tuoi» dico, incamminandomi verso l'uscita.

Lui mi segue. Non me lo aspettavo.

«Avevo ragione. Sei permalosa, ma non ti si addice.»

«Non ho voglia di litigare. Sono stanca. Buonanotte, Damon.» Continuo a camminare con lui dietro, pur non sapendo dove andare.

«E di cosa hai voglia, piccola Krystal?»

Ora mi sbarra la strada, sono costretta a fermarmi.

«Di un letto.»

Il suo sorriso sornione mi confonde.

«Bastava dirlo subito» ammicca, leccandosi le labbra.

«Ma… cos'hai capito?» balbetto, arretrando di un passo.

«Esistono ancora le ragazze che arrossiscono» sussurra in modo seducente. Mi distrae e questo non mi permette di fermarlo, quando le sue mani afferrano i miei fianchi e mi carica in spalla come un sacco di patate.

«Mettimi giù!» Inizio a scalciare come una pazza.

«Stavi andando nella direzione sbagliata.»

Le sue mani sono così grandi da farmi sentire una bambina, fra le sue braccia. Non sono abituata a queste cose, ma quello che sento mentre mi tiene stretta a sé non l'ho mai provato prima, con nessun altro.

«Stavi scomoda?»

Quando torno con i piedi per terra mi gira la testa, ma riesco ugualmente a notare qualcosa che mi fa dischiudere le labbra.

«Cavolo, ma cos'hai combinato? Dovresti mettere del ghiaccio su quell'occhio. È gonfissimo!»

Lui mi scruta per un attimo. «Mi chiedevo dove fosse finita la vera te.»

Abbasso lo sguardo. Quando fa così mi destabilizza.

«Non è apprezzata da tutti.»

«Dovresti fregartene.»

«E tu dovresti ascoltare il mio consiglio, se non vuoi che l'occhio resti chiuso per due giorni. Cerchiamo un bar. Ci facciamo dare del ghiaccio» borbotto, quando lo vedo armeggiare con il casco. Ovviamente la moto è lì, mi ha trascinata dove voleva.

«Sali?»

«Vado a piedi, non ho bisogno del tuo aiuto.» Resto ferma, ma Damon ha un asso nella manica che gli permette di vincere fin troppo facilmente.

«Io invece ho bisogno di ghiaccio. Mi fa un male cane!» Serra gli occhi. Non dovrei credergli, infatti provo a guardarlo male, ma ben presto mi arrendo. Con lui mi arrendo sempre.

«Fragola o limone?»

«Fragola» rispondo, mentre prendo i soldi dalla borsa, ma Damon mi spinge di lato e paga al mio posto.

Anche Jacob non ha voluto farmi pagare la cena. Con modi del tutto diversi, però. Guardo male Damon, ma lui non lo nota. Prende la mia granita e va a sedersi su una panchina.

«Mi scusi, può mettere del ghiaccio in un tovagliolo?» chiedo al barista, e lui lo fa senza aprire bocca. Sono sicura che si sta chiedendo cosa ci faccio io con un tipo antipatico come Damon, anche se una parte di me è sicura che la sua sia soltanto una maschera. Probabilmente sono solo ingenua.

«Ecco, posalo sull'occhio.»

Quando mi avvicino a lui, noto che sta fissando il vuoto. Vorrei entrare nella sua mente, vorrei capire cosa lo turba e perché odia confidarsi. Damon è un muro, e io vorrei tanto che aprisse uno spiraglio solo per me.

«Dammi.» Me lo toglie dalle mani non troppo gentilmente.

«Perché avete litigato?»

«Il tuo fidanzatino non ti ha raccontato niente?»

«Cosa avrebbe dovuto raccontarmi?» Ho un po' di ansia: vorrei conoscere la verità, ma al contempo temo di venire a conoscenza di qualcosa per cui non sono ancora pronta.

«Non mi hai contraddetto. Quindi ora siete una coppia.»

«Ci stiamo frequentando» ammetto, e sembra quasi che stia confessando un omicidio.

«Che entusiasmo!» sbuffa con una risata.

«Non hai risposto alla mia domanda.»

In cuor mio so che non lo farà, sembra che sia allergico ai chiarimenti. Non ha nessuna intenzione di raccontarmi la verità, e forse io non dovrei pretenderla proprio da lui.

Alzo lo sguardo, di solito guardare la luna fa stare bene.

«Sei strana.»

Sento i suoi occhi su di me quando inizio a bere la mia granita ancora con il naso all'insù.

«E tu perché non l'hai presa?»

«Non mi piace…»

«L'hai almeno assaggiata?» Faccio per porgergli la mia, ma il suo sguardo cambia e sento di aver appena rovinato qualcosa.

«Andiamo, ti riaccompagno.»

«Va tutto bene?»

Lui cammina rapido verso la moto e io provo a stare al passo, ma è troppo veloce.

«Ho da fare, datti una mossa» sbotta.

Vorrei reagire, vorrei essere in grado di trattarlo come lui mi ha appena trattata, invece mi si forma un nodo in gola.

Monto in sella, dopo aver buttato la granita, e spero solo di non mettermi a piangere come una bambina.

Mi scoppia la testa, non ho chiuso occhio per tutta la notte, ma almeno oggi è domenica. La Morris mi guarda in modo strano da quando mi sono seduta al tavolo per fare colazione con le altre. Sono preoccupata e quando mi si avvicina temo il peggio.

«Krystal, puoi seguirmi in ufficio? Devo parlarti.»

Impallidisco e scambio uno sguardo con Tate, che sembra sul punto di svenire. Lo sapevo che prima o poi sarebbe successo. Ma una volta in ufficio lei inizia a parlare, e io capisco di aver travisato tutto.

«Devo farti una domanda...»

Sembra molto più agitata di me. Incredibile.

«Certo, mi dica.»

«Tate ha un fidanzato?»

«Cosa?»

La Morris aggira la scrivania e viene a sedersi al mio fianco.

«Da quando siamo arrivate a Manchester ho la sensazione che siate cresciute di colpo.» Sorride. «Ma non è di questo che voglio parlarti. So che tu sei molto più responsabile di lei e che me lo diresti, se avesse iniziato a frequentare gente poco raccomandabile.»

«Non la seguo...»

«Stanotte dalla mia stanza ho visto un ragazzo, in strada, su una moto enorme.»

Non riesco a muovere un solo muscolo.

«Guardava la vostra finestra e ho pensato che fosse un amico di Tate. Insomma, è il suo genere, ma così non va. Se vuole frequentarlo, devo conoscerlo. E poi, dove l'ha incontrato? Sembrava molto più grande di voi!»

«Non so cosa dirle.» Deglutisco. «Tate non frequenta nessuno, che io sappia. Forse quel tipo... ecco, potrebbe essersi sbagliato.»

Lei annuisce dubbiosa, ma so che si fida di me e che non pensa che le stia mentendo. Mi sento tremendamente in colpa, ma l'unica cosa su cui riesco a concentrarmi in questo momento è Damon.

Perché è tornato indietro, dopo avermi lasciata sul retro senza dirmi una parola?

9

Oggi ho un obiettivo, spero solo di riuscire a raggiungerlo. Mi sento coraggiosa e in vena di vendetta, anche contro il mio carattere. Il discorso delle Morris di ieri sera ha acceso in me una curiosità che non riesco a spegnere.

Sono in acqua, nella corsia di fianco a quella dei professionisti, e aspetto solo il momento giusto per poter parlare con Damon e chiedergli chiarimenti. Non ho grandi aspettative, un po' ho capito com'è fatto, ma devo provarci. Tuttavia è lui a dare inizio alle danze, cogliendomi alla sprovvista, come al solito.

«Perché guardi la luna?»

Sussulto, reggendomi al trampolino. A volte dimentico di essere fra persone che non vedono l'ora di farsi beffe di me. A me però piace parlare con Damon, anche delle cose più strane.

«Lo faccio da sempre.»

Non mi ha neppure salutata, ma a nessuno dei due importa. Voglio solo capire perché ieri si è innervosito in quel modo, e perché poi è tornato indietro.

«È una cosa stupida.» I suoi gomiti posano sul bordo, i suoi occhi sono puntati in avanti e io dovrei smetterla di fissarlo. So che me lo farebbe notare.

«A me piace.» Scrollo le spalle, e il suo sguardo trova immediatamente e improvvisamente il mio.

«Allora dovresti sapere che fra tre giorni c'è la luna piena.»

Sorrido.

«Sì, lo so e non vedo l'ora!»

Lui sospira, passandosi una mano fra i capelli.

Sono neri, lucenti. Vorrei riuscire a staccare gli occhi dal suo profilo perfetto, dai suoi zigomi alti e dalle labbra carnose che rendono ancora più attraenti i lineamenti. Prima di incontrare Damon, non ho mai fatto caso a questi dettagli in un ragazzo. Mi sento quasi in colpa, sporca e sbagliata.

«Comunque, a causa tua, stavano per beccarmi» dico.

«A causa mia? Se non sai essere discreta...»

«La mia istitutrice ha visto la tua moto un'ora dopo che mi hai riaccompagnato.» Gli si dipinge in volto un'espressione di spavento. Vorrei rivivere questa scena all'infinito solo per rivederla.

«Si sarà sbagliata, probabilmente la tua padrona avrà problemi di vista. Avevo di meglio da fare che tornare indietro, da te» sbotta, riducendo gli occhi a due fessure.

Vorrebbe ferirmi, ma stavolta non ci riesce.

«Come dici tu.»

Resto sul vago e lui sospira.

«Hai fatto la pace con il tuo fidanzatino? Ti ha mostrato gli scheletri che ha nell'armadio?»

Il mio momento di gloria è già finito, ma non avevo dubbi che Damon avrebbe ribaltato la situazione.

«Non ancora. Al momento apro solo il mio, di armadio.»

«Deve essere grande, scommetto che in quella reggia avete i pomelli d'oro.»

Si avvicina a me. Sussulto. La distanza fra i nostri visi è minima.

«Non è una reggia, smettila.»

Ma lui ignora le mie parole o la possibilità di avermi offesa.

«Da quanto tempo vivi in quel castello?»

Alzo gli occhi al cielo, e le sue labbra si piegano in un sorriso furbo. Vorrebbe portarmi al limite, provocarmi fino allo sfinimento, ma io sono paziente, molto paziente.

«Sono stata abbandonata che avevo pochi giorni di vita, ma prima stavamo a Londra. Ci siamo trasferiti da poco a Manchester.»

«Nessuna richiesta di adozione, per te?»

Ora è serio come se stesse parlando di qualcosa di importante anche per lui. Non so stargli dietro, è difficile.

«No, purtroppo. E ormai sono grande.» Scrollo le spalle. «Nessuno adotterebbe una ragazza di sedici anni.»

«Non sembri turbata.»

I nostri sguardi sono legati da un filo invisibile, come se fossimo in una bolla che ci separa dal resto del mondo. Ed è bello, vorrei che non finisse, ma al contempo ho paura di quello che sto provando.

«L'ho accettato» sussurro, finendo in balìa di un mare blu e profondo. Così insidioso e nuovo per me da spingermi a dire la cosa sbagliata. «Posso farti una domanda? Se non vuoi rispondere, non c'è problema.»

Lui distoglie lo sguardo, ma annuisce e io rovino tutto.

«Sei stato in riformatorio?»

Serra le labbra. «Non ne voglio parlare» dice, poi esce dall'acqua, facendo aumentare i miei dubbi.

«Va bene» sussurro al vuoto, lo stesso che sento dentro di me ogni volta che scappa.

Odio la divisa, ma da quando anche io e Tate ce l'abbiamo mi sento più tranquilla. Dall'inizio ho voluto mantenere un basso profilo, in questa scuola, e i miei vestiti avrebbero continuato ad alimentare le prese in giro dei compagni. È orribile, ma purtroppo è così che stanno le cose.

Quando esco dallo spogliatoio, trovo Jacob ad aspettarmi.

Lo oltrepasso e lo ignoro, ma lui mi segue.

«Ti prego, lasciami spiegare.»

«Non c'è nulla da spiegare!»

Lui si acciglia, probabilmente crede che una come me non sappia prendere una posizione.

Afferra la mia mano e se la posa sul cuore.

«Mi dispiace davvero, non avrei dovuto abbandonarti così, ma Damon mi fa impazzire.»

«Mi chiedo solo perché mentirmi. Lo conosci, ma mi hai detto il contrario.» Lui china il capo, e io purtroppo inizio a sentirmi in colpa. «Non sei tenuto a raccontarmi la tua vita, ma ci stiamo frequentando e vorrei sapere qualcosa in più. Se mi menti, non posso fidarmi.»

«È vero, ti ho detto una bugia. Conosco Damon da un po' e abbiamo avuto problemi in passato, ma è una storia che preferisco dimenticare» sussurra. «Anzi, preferirei che anche tu stessi alla larga da lui!»

«Ma cosa stai dicendo?» Avvampo e mi rimetto a camminare, per non farglielo notare.

«Ho visto il modo in cui ti guarda, e non mi piace. Damon è pericoloso e non voglio che ti infastidisca.»

«Ti sbagli, lui non...»

«Promettimi che starai attenta a lui.»

«Va bene» soffio, ma non lo guardo mentre lo dico.

È pomeriggio inoltrato, quando Tate mi propone di fare una passeggiata. Stavolta chiedo il permesso alla Morris. Lei acconsente, anche se non sembra felice. Al di là di questo, non avrei mai potuto immaginare le intenzioni della mia migliore amica...

«Un tatuaggio? Sei sicura? E poi non dovresti avere un'autorizzazione di...»

«Rilassati, Krystal» mi interrompe. «Luke conosce il tatuatore, e non farà storie.»

Guardo entrambi con una profonda disapprovazione negli occhi.

«Dovresti rifletterci bene» dico.

«Dovresti farne uno anche tu» replica lei, e Luke ridacchia.

«Tranquilla, Krystal, ne farà uno piccolo. Fidati.»

Non si tratta di fiducia. Conosco Tate e so che se ne pentirà: è un'eterna indecisa anche sulle cose più stupide. Poi però quando si mette un'idea in testa nulla è in grado di fargliela cambiare.

«Certo» sospiro, guardandomi intorno. «Entrate pure, vi raggiungo fra poco. Vado un attimo in quel supermercato.»

«Non metterci troppo» borbotta Tate. «Devi tenermi la mano!»

Le sorrido, perché in fondo mi piace quando mi considera un punto di riferimento. Mi sono sempre sentita come quella da proteggere, la piccola incapace di fare anche un unico passo, da sola. Sapere di tranquillizzarla mi rende felice e appagata.

«A fra poco» dico, prima di procedere per la mia strada.

Anche se in istituto ci viene fornito tutto, io amo ritagliarmi questi momenti di normalità. Spesso penso a come sarà la mia vita quando sarò grande, quando avrò un lavoro, una casa tutta mia e magari... una famiglia. Sono così immersa nei pensieri, fra le corsie di un posto qualsiasi, da non rendermi conto di cosa sta per accadere. E che mi gela il sangue nelle vene.

«Oddio!» urla una signora.

Quando alzo gli occhi, mi ritrovo davanti a una scena da film.

«Tira fuori i soldi! Muoviti!»

Tre tizi, con il volto coperto da un passamontagna, stanno minacciando la cassiera. Sono armati. Il terrore mi invade, ho i muscoli bloccati. Vorrei fare qualcosa, vorrei aiutare quella ragazza, nascondermi o chiamare aiuto, ma mi è impossibile. Poi qualcosa si fa largo in me. Un'intuizione. Riconoscerei gli occhi di Damon anche al buio, anche in mezzo a un mare di persone e se fossi cieca. Sono stampati nella mia anima, insieme a ogni altra cosa di lui. Mi guarda e vedo che ha capito, sa che l'ho riconosciuto mentre infila i soldi in un borsone nero prima di scappare con gli altri due. La terra mi trema sotto i piedi, e purtroppo una nuova consapevolezza mi colpisce come lo schiaffo più forte mai ricevuto.

Non lo racconterò a nessuno.

Non potrei mai fargli una cosa del genere.

È la sua vita, no? E allora perché questa cosa mi ferisce così tanto?

Non so darmi una risposta, ma ben presto ci penserà qualcun altro.

Il giorno dopo mi ritrovo con le spalle al muro nei corridoi della scuola. Chiudo gli occhi per l'impatto e quando li riapro ho paura, ma è una paura nuova, qualcosa che credo di non aver mai provato prima.

«Ascoltami bene.»

«Jared» deglutisco.

«Bene, vedo che sai chi sono, ma torniamo a noi» dice sovrastandomi.

«Lasciami stare…»

«Non prima di averti spiegato alcune cose.»

«Levati dalle palle, me ne occupo io.»

Damon lo spinge bruscamente e Jared non sembra molto felice dell'intromissione, eppure non lo contraddice.

«Sai quello che devi fare» ringhia, prima di lasciarci soli.

«So cosa vuoi dirmi» mormoro. «Ma non l'avrei fatto comunque.»

Si avvicina e il suo profumo mi inebria.

Non dovrei desiderare la sua vicinanza, non dovrei essere qui a promettergli qualcosa, invece le parole che dico sono le più sincere degli ultimi giorni.

«Cosa non faresti?»

Appoggia le mani alla parete, e io finisco in trappola. Sono costretta a sollevare la testa per guardarlo, ma quando mi scontro con i suoi occhi penso che sarebbe stato meglio fissare la sua maglia nera.

«Non vi denuncerei, non sono una spiona. Ma chiedi al tuo amico di lasciarmi in pace.» Tremo: per un attimo ho avuto la sensazione che i suoi lineamenti si fossero addolciti.

«Jared non ti darà problemi» risponde. Io non vorrei, ma una vampata di calore ora mi sta squarciando lo stomaco dall'interno.

«Meglio, ti ringrazio.» Abbasso il capo.

Vedo le sue dita dirigersi verso il mio mento, ma si bloccano a mezz'aria. Damon si allontana da me in fretta, uscendo di scena come è solito fare.

10

Da circa una settimana Damon è scomparso, e con lui, ovviamente, i suoi amici. Sembra che vivano in simbiosi. Mentre io non riesco a smettere di pensarlo. Vorrei sapere che fine ha fatto, se sta bene. Di questo passo rischierà la bocciatura per assenze, ma non credo gli importi. Sembra che a lui non importi di nulla.

L'ottavo giorno, tuttavia, devo amaramente pentirmi di essermi preoccupata per lui, dal momento che non ha mantenuto la promessa.

«Dobbiamo parlare.» Jared mi afferra per il polso e mi trascina in un angolo cieco del corridoio.

«Ho già parlato con Damon... Sa che non farei mai la spia» balbetto. Jared mi spaventa, ho la sensazione che potrebbe farmi del male anche in un ambiente affollato come questo.

«Damon è poco convincente, quando si tratta di te.» I suoi occhi sono ridotti a fessure, e io sono confusa per la frase che ha appena detto. «Per questo credo di dover essere io a spiegarti che fine fanno le spie…»

Dovrei urlare, tirargli un calcio e scappare via.

Questa situazione non mi piace, la sua voce non mi piace e nemmeno il suo sguardo. Damon avrà anche trascorso un anno in riformatorio, ma è Jared quello che sta facendo il prepotente con me per la seconda volta.

«Io… davvero non farei mai…»

Una porta che sbatte mi fa sobbalzare.

«Che diavolo stai facendo?»

Chiunque abbia urlato questa frase sembra essere molto arrabbiato e ne ho la conferma quando Jared viene letteralmente scaraventato contro la parete.

«Mettevo in chiaro alcune cose» ride sguaiatamente.

I miei occhi, invece, trovano il profilo di Damon. È fuori di sé.

«Non ti ho detto di farlo» tuona a un centimetro dal volto del suo amico, ma Jared non lo teme.

«Volevo solo assicurarmi che la piccoletta avesse compreso la situazione.» Mi guarda, e d'istinto indietreggio. Potrei andare via, ma quando gli occhi di Damon mi trovano non ci riesco.

«Lei è una questione già risolta.»

Una questione già risolta, ecco cosa sono per Damon, ma in fondo dovevo immaginarlo.

«Lo spero. Altrimenti sai come va a finire.»

«Stai zitto e sparisci.» Lo strattona prima di dargli il via libera. Jared, dopo avermi guardata un'ultima volta, si allontana nei corridoi con un sorriso vittorioso stampato sulle labbra.

Dovrei andare verso lo spogliatoio per il corso di nuoto. Anche Damon dovrebbe. Ma sono delusa da tutto. Da lui, da me stessa e dalla vita. Voglio restare sola, e per una volta sono io ad andarmene.

«Stai sbagliando direzione» dice, quando vede che ho preso il borsone ai miei piedi e mi sono incamminata verso l'uscita. Non gli rispondo.

Devo mettere un punto a questa situazione.

Dopo cena mi chiudo nella mia stanza e finalmente tiro un sospiro di sollievo. Il silenzio che mi ha accolto è quello di cui avevo bisogno, anche se spero che Tate non torni tardi come suo solito. Ha conosciuto un ragazzo, un certo Carl, e so che domani, in autobus, sarà l'unico argomento di cui parleremo. Ma non mi lamento, non voglio che lei noti il mio stato d'animo, anche se penso che ultimamente sia concentrata solo su sé stessa. Ho sempre odiato far preoccupare gli altri, ho sempre camuffato tutto con un sorriso, anche le lacrime, anche i malesseri fisici.

A un certo punto, però, ti senti stanca. Mentre l'acqua della doccia bagna il mio corpo, penso a quanto mi piacerebbe essere diversa. Mi guardo allo specchio e quello che vedo non mi piace. Sono triste, disillusa e anche un po' paranoica. In Damon ho intuito qualcosa che forse non esiste, qualcosa che mi fa sentire persino in colpa verso Jacob. Le cose fra noi procedono bene, alla fine l'ho perdonato per come è scappato da casa di quel Mike. In realtà non ne abbiamo più parlato, e questa è una conferma di quanto io, anche caratterialmente, sia debole.

Infilo una maglia larga prima di uscire dal bagno, voglio solo stendermi sul letto e dormire.

«Oddio!» urlo, quando vedo qualcuno accasciato sotto la finestra.

È Damon. Si tocca la fronte come se si fosse fatto male, ma sono troppo sconvolta per preoccuparmi anche di questo.

«Non urlare, sono io» dice, come se fosse una cosa normale entrare nella stanza di qualcuno dalla finestra. Il cuore mi batte forte per lo spavento, ho bisogno di capire.

«Perché sei qui?» Mi torturo le mani, vorrei mordermele per sfogare la tensione, ma quando il suo sguardo mi percorre dalla testa ai piedi mi arrendo. I suoi occhi si sono fatti seri. Si alza, attraversa la mia stanza fermandosi a pochi passi da me.

«Devo parlarti.»

«Di cosa?» Mi allontano e vado a sedermi sul letto. Ma solo adesso realizzo quello che ho addosso. Vorrei sprofondare, mentre in fretta mi copro con il lenzuolo le gambe. Scuote il capo, come se stesse provando ad allontanare qualcosa dalla sua mente, poi va a sedersi alla scrivania.

«Di quello che è successo oggi con Jared» sentenzia, afferrando un libro a caso. Se lo rigira fra le mani e io spero che non lo apra.

Odio che gli altri vedano le mie sottolineature.

Mi imbarazza da morire.

Non dico nulla, aspetto che sia lui a farlo.

«Gli avevo spiegato che era una questione risolta e che non avrebbe dovuto spaventarti.» Alza lo sguardo.

«Sì, ho sentito! Te lo ripeto, non farò nulla. Però vorrei che mi lasciasse in pace.»

Damon posa il libro. «Sarà così» replica, e una parte di me gli crede. Sa essere convincente, ma io non dovrei fidarmi di lui così facilmente.

«Lo spero» sussurro.

«Quello è tuo?»

Mi guardo intorno per capire a cosa si riferisca. Quando lo vedo armeggiare con il telefono di Tate, mi acciglio. Sembra fin troppo a suo agio in questo posto, e pensare che in genere si fa gli affari suoi.

«Il fidanzatino ti sta telefonando» fa una smorfia.

«Quello non è mio.»

«Io devo andare.» Lancia quell'affare sul mio letto. Lo seguo con lo sguardo mentre scavalca la finestra.

«Dovevi dirmi solo questo?»

Dovrei riflettere prima di parlare. E ora vorrei tagliarmi la lingua.

«Non c'è altro» sbuffa, prima di posare un piede sull'«albero delle fughe» e andare. Mi passo le mani sul viso per cancellare la confusione degli ultimi minuti, ma non serve. Non riesco a comprendere il vero motivo per cui è venuto. Non ha detto nulla che non sapessi già e non si è nemmeno scusato. Sono esausta, stanca di tutto questo mistero, ma al contempo adoro il suo profumo nella stanza. Mi sento una stupida, non dovrei avere pensieri simili quando sto frequentando un altro ragazzo, ma è più forte di me. Damon è entrato nella mia vita come un rullo compressore, ma io ho la sensazione di guarire quando è al mio fianco.

Guardo il telefono di Tate, dove il nome di Jacob ha ripreso a lampeggiare. Dovrei rispondere, ma non ne ho voglia.

«Oh, scusami. Non ti avevo vista!»

Iniziare una nuova giornata con l'ennesima umiliazione davanti a tutti non era nei miei piani.

Dopo avermi fatta cadere, Piper mi porge la mano per aiutarmi. Sinceramente non so come abbia fatto a finirmi addosso in un corridoio così largo, ma non ho tempo di pensarci perché la sua frase fa più male dell'impatto che le mie ginocchia hanno avuto con il pavimento.

«Anzi no, meglio non rischiare» dice dopo aver ritratto la mano.

«In che senso?» chiedo, dopo essermi alzata e ripulita la gonna della divisa. C'è il solito brusio di sottofondo, ma provo a ignorarlo.

«Alcune malattie possono essere trasmesse anche solo con il contatto.» Scrolla le spalle. «Insomma, vieni pur sempre dalla strada.»

«Ti rendi conto di quello che dici?» Serro le mani a pugno, ma lei scoppia a ridere perché sa che sono incapace di reagire. Vorrei cambiare, vorrei non aver dato quest'impressione di me agli altri, ma ormai è tardi.

«Cerco solo di tutelarmi. Ehi, Damon... buongiorno» cinguetta quando l'ultima persona che avrebbe dovuto assistere a questa scena la affianca.

«Tu hai dei problemi seri.»

Sgrano gli occhi e guardo entrambi come se avessero tre teste.

«Prego?» Piper, tuttavia, è più sgomenta di me. «Stai davvero difendendo quella lì? Dai, andiamo» miagola sfiorandogli il petto con i polpastrelli. «Ho un quarto d'ora per te.»

«Chiedile scusa!» tuona Damon, non senza averle allontanato la mano. «E tu non muoverti.» Mi fissa, impedendomi di scappare.

Vorrei solo essere lasciata in pace, vorrei che tutti la smettessero di guardarmi come se fossi un cucciolo abbandonato, che la smettessero di ridere e che dimenticassero la mia esistenza.

«Ho da fare...» balbetto proprio mentre Tate entra nel mio campo visivo. È solo questione di tempo, e quando anche lei intuisce quello che sta succedendo so che scappare è l'unica soluzione per proteggermi.

«Ti ammazzo, brutta stronza» urla Tate. Mentre mi allontano, intuisco la delusione di Damon, che mi vede arrendermi per l'ennesima volta. Lui però non lo sa come ci si sente, lui non è mai stato preso di mira, non sa cosa voglia dire non essere accettata, essere derisa e offesa ogni giorno. Non avrà mai questo problema, perché quelli come lui possono solo essere amati.

Ho bisogno di nuotare, di dimenticare le facce degli altri e la sua. Per questo, quando raggiungo la piscina, non mi preoccupo di indossare il costume. In giro non c'è nessuno, il corso è al pomeriggio e sono appena le dieci del mattino. Resto in intimo e mi tuffo, sperando che l'apnea mi aiuti. Ma qualcosa va storto, e quando provo a tornare a galla non ci riesco.

11

Annaspo in cerca d'aria e torno a galla solo perché, qualunque cosa me lo stesse impedendo, a un certo punto me lo permette.

«Ti ha dato di volta il cervello?» urlo contro Damon.

Non so quando, né in che modo ci sia riuscito, ma dopo pochi istanti anche lui si è tuffato in piscina per trascinarmi a fondo.

«Tiri fuori gli artigli solo con me, gattina?»

Lo guardo male.

«Cosa vuoi?» Provo a rimanere a galla, ma il suo sguardo mi toglie le forze.

«Perché non hai reagito?»

Come sempre, Damon non risponde.

«Non lo so» sussurro, prima di rendermi conto di una cosa che mi fa sentire una vampata di calore improvvisa. «Ehi, i miei occhi sono qui!»

«Tranquilla» ammicca. «Non ti stavo guardando le tette. Non le hai.»

Dischiudo le labbra. «Grazie per avermelo ricordato. Scusami, ma voglio allenarmi!»

«Devi imparare a difenderti» dice, posando i gomiti sul bordo. La sua bellezza mi distrae e mi fa dire cose che non dovrei dire.

«Lo so, comunque grazie per aver preso le mie parti.»

Nonostante tutto, quando Damon è dalla mia parte non posso ignorare quel senso di calore che si spande nel mio corpo. Lui mi stordisce, mi fa sentire importante anche se non lo sono e mi lusinga più di quanto possa permettermi.

Poi mi fa tornare con i piedi per terra.

«Non si tratta di questo, ma odio quando le persone si comportano in quel modo.»

«Sì... certo. Anche se non penso che tu odi Piper.»

Nell'esatto momento in cui lo dico, me ne pento.

«Con lei scopo e basta, non deve piacermi per forza.» Scrolla le spalle, mentre io inizio a tossicchiare e non per l'acqua che ho bevuto a causa sua. «Ti imbarazza il mio modo di parlare?» sogghigna. So di rendergli le cose troppo facili, e sembra che lui conosca i miei punti deboli.

«Un po'» ammetto, ma non riesco a distogliere lo sguardo da lui. «Anche se è più imbarazzante quello è successo con lei...»

Lo vedo avvicinarsi troppo, ma è come se non se ne fosse reso conto.

«Le persone dimenticano in fretta» dice, scrutando persino la mia anima. Le sue dita raggiungono il mio viso con una dolce carezza, e non sembra più padrone di sé quando riprende a parlare. «Puoi sempre provare a gestire le tue emozioni e le tue reazioni.»

«Hai ragione, ma prima dovrei avere il coraggio di uscire dal mio guscio.» Accenno un sorriso. «Me ne vergogno e non so se dirtelo sia la cosa giusta, ma... sono così timorosa che in tanti anni trascorsi a Londra, non ho mai chiesto alla mia istitutrice di farmi vedere la città di notte.»

«Stai scherzando?»

La distanza diminuisce e la mia voglia di parlare con lui per tutto il giorno aumenta. Vorrei che anche lui si aprisse con me, ma ho pazienza e... posso aspettarlo.

«Purtroppo no.»

«Puoi sempre recuperare» dice, e la sua voce, bassa e roca, sembra formulare una promessa.

«Levale le mani di dosso!»

Sussulto quando, voltandomi verso destra, trovo Jacob che ci fissa. Il viso di Damon si accende di un sentimento che mi confonde. Sembra arrabbiato, ma anche teso. Le sue dita sono ancora sulla mia pelle, e sembra che non abbia intenzione di spostarle.

«Non te lo dirò di nuovo» ringhia Jacob, avvicinandosi al bordo della piscina. Vorrei intervenire, ma le parole non escono. Damon forse crede di venire in mio soccorso, ma di certo lo fa nel modo sbagliato.

«Dovresti essere più presente per la tua ragazza. Dovresti difenderla, quando provano a farle del male.»

In questo momento mi sento nelle sue mani, ma non capisco perché.

«Questi non sono affari tuoi, so badare a lei» grida Jacob. È l'ultima cosa che mi sarei aspettata dal ragazzo che frequento. «Andiamo!»

Si inginocchia e mi afferra per il braccio. Damon gli blocca il polso e mi libera dalla sua presa. Un attimo dopo è fuori dall'acqua con un'espressione che non lascia presagire nulla di buono.

«Provaci con me, ora.» Lo strattona per il bavero della giacca, ma Jacob non indietreggia.

«Vi prego, smettetela!» urlo, ma sono troppo presi l'uno dall'altro per badare a me.

«Stai lontano dalla mia ragazza!»

«Ho di meglio da fare che perdere tempo dietro le tue conquiste!»

Ci resto male e non dovrei. Non dovrei sentire un bruciore all'altezza del petto, perché lo so che io per Damon non sono nulla. Dovrei essere mortificata per altro, dovrei delle spiegazioni a Jacob per la situazione ambigua che si è ritrovato davanti, invece ne approfitto per correre negli spogliatoi.

«Krystal!» Jacob urla il mio nome, ma non mi volto. So che dobbiamo parlare, glielo devo, e so che troverà il modo di farlo il prima possibile, ma ora non me la sento.

Ora voglio solo annullare i pensieri.

Il momento di chiarirsi arriva in serata, dopo che Jacob è riuscito a mettersi in contatto con Tate, che ora mi guarda come se avessi ucciso un gatto. Le ho raccontato quello che è successo in piscina, e non mi ha risparmiato. Dice che sto commettendo un errore grande quanto una casa, che Damon è pericoloso e che quando me ne renderò conto sarà troppo tardi. Sono stanca di ascoltarla, di contraddirla e di provare a convincerla del fatto che non sono innamorata di lui. Se non mi crede non posso farci nulla.

«Jacob ti aspetta giù» borbotta offesa. Io non replico. Non capisco perché sia così preoccupata per me. A volte esagera per i motivi sbagliati.

«Ci vediamo dopo» sussurro, prima di calarmi dalla finestra.

Sono diventata brava, ma non ne sono orgogliosa. È la misura di quanto stia tradendo la fiducia della persona che mi ha cresciuta.

«Ciao.» Jacob ha lo sguardo basso, quando esco dal cancello sul retro. Potrei dire tante cose, inventarmi mille giustificazioni, ma non sarei io.

«Mi dispiace per quello che hai visto» inizio. «Ma non volevo mancarti di rispetto. Non è come sembra.»

Ho sentito queste parole in tanti film e ho sempre pensato che fossero orribili. Tuttavia quando ti ritrovi a pronunciarle capisci che ogni situazione è diversa dall'altra.

Jacob si avvicina e prende le mie mani fra le sue.

«Non ho mai dubitato di te, Krystal. Luke mi ha raccontato quello che è successo, ma odio quel tipo e non capisco perché è sempre fra i piedi quando ti succede qualcosa.»

«Mi ha solo aiutato...» Sento la necessità di difenderlo e questa cosa non sfugge a Jacob.

«Avrei voluto farlo io! Lui non è quello che sembra!»

«Perché non mi parli di lui? Perché non mi spieghi il motivo per cui lo odi?» chiedo con un filo di voce.

«Perché non è importante.» Le sue mani si posano sulle mie guance. Sono fredde e dure. «Per me conta solo il nostro rapporto e non voglio che lui ti guardi in quel modo.»

Abbasso gli occhi. «Lui non mi guarda in nessun modo...»

«Vorrei che fosse così» dice, poi fa qualcosa per cui non sono ancora pronta: preme le labbra sulle mie. È un bacio breve, quasi impercettibile, ma mi lascia addosso una sensazione fastidiosa. «Scusa, non ho resistito.»

«Non fa niente...» Deglutisco, e d'un tratto non ho più voglia di far valere le mie ragioni.

«Stai bene?» Mi scruta attentamente.

«Sì, sto bene.» Provo a guardarlo. «Non me lo aspettavo.»

«Lo so.» Accarezza il mio viso. «Ma le cose inaspettate sono le migliori.»

«Già.» Mi mordo le labbra per il nervosismo. «Ora è meglio che salga, non vorrei che la Morris ti vedesse.»

«Certo.» Mi stringe al petto, e mentre lo fa mi chiedo perché il suo odore non mi dà pace come quello di Damon.

L'open day in cui le persone in visita sembrano tutte potenziali genitori riapre vecchie ferite. Ho sempre pensato che fosse importante partecipare, anche quando ho capito di avere ben poche possibilità. Per Tate è diverso, questo giorno lo odia, e ultimamente lo trascorre chiusa in camera. La Morris è comprensiva e non la forza. Ma avere una famiglia è il mio sogno, continuo a crederci anche se Tate ha abbandonato la mia mano.

Ha deciso di uscire con Luke e Jacob, mentre io ho indossato il vestito più carino che ho, come se questa cosa potesse cambiare il destino.

«Andrà meglio la prossima volta.» La Morris lascia un bacio fra i miei capelli e io accenno un sorriso. «Tate? Perché non si è presentata?»

«Aveva mal di testa.» Distolgo lo sguardo, ma lei, in buona fede, pensa che la scelta di Tate sia dovuta ad altro.

«Mi dispiace, più tardi salirò in camera vostra per coccolarla un po'.»

Deglutisco.

Non ho un telefono per avvisarla e non posso rischiare che la Morris scopra che Tate è uscita di nascosto. Devo aiutarla e purtroppo so dove si trova. Una parte di me non vuole tornare in quel locale, ma non posso abbandonarla.

«Va bene, intanto vado a fare una doccia» dico e sgattaiolo via, come se un branco di cani mi stesse inseguendo.

Mi sento in colpa. Prevedo guai, guai grossi, mentre metto un piede fuori dalla finestra e mi calo giù. Il vestito non è d'aiuto, ma il tempo è poco e non posso cambiarmi. Ho sempre avuto un legame forte con Tate, e anche se lei crede di essere una roccia, io la conosco. So quanto soffre per essere stata abbandonata, anche se non lo ammetterà mai. Parlare con lei di questo è difficile, a volte mi ferisce con parole che non rivolgerebbe nemmeno al suo peggior nemico, ma il suo è solo un meccanismo di difesa.

Vorrei che capisse che io non le farei mai del male, che resterò per sempre con lei e che potremmo essere l'una la famiglia dell'altra, se non ci saranno genitori per noi. Questi pensieri mi danno forza, soprattutto quando riconosco l'auto di Jacob fuori dal locale in cui li ho trovati l'ultima volta. Ricordo quello che è successo, le sue parole e come sono stata dopo. Non posso negare di avere paura e purtroppo, una volta entrata, a qualche metro di distanza dai miei amici vedo Piper, Damon, Jared e un altro ragazzo di cui non so il nome. Mi guardano, *lui* mi guarda come se volesse entrare nei miei pensieri, ma sono costretta a rompere il contatto visivo quando Jacob posa una mano sulla mia spalla.

«Krystal? Che ci fai qui?»

Mi volto verso di lui e quello che vedo non mi piace.

Tate è ubriaca, Luke è ubriaco e anche Jacob non è messo meglio.

Hanno gli occhi lucidi, le guance rosse e troppe bottiglie sul tavolo per non essere neppure ora di cena.

«Tate è nei guai, deve tornare in istituto» dico, avvicinandomi alla mia migliore amica. Quando mi vede, la sua reazione è molto diversa da quella che mi aspettavo.

Ma lei non capirà mai, lei non cambierà mai.

Dovrei accettarlo, ma non posso. Significherebbe perdere la persona più importante della mia vita.

«Ehi, dimmi un po'» biascica, barcollando nella mia direzione. «Una mamma e un papà per noi non c'è mai, eh?»

Mi guardo intorno, tutti l'hanno sentita e purtroppo anche Piper.

La vedo leccarsi le labbra, è soddisfatta, mentre io stento a credere che sia proprio Tate la colpevole per la mia ennesima umiliazione.

«Smettila, per favore. La Morris ti cerca, dobbiamo tornare» sussurro.

«Per quello che m'importa.» Scrolla le spalle, prima di mettermi a fuoco. «Ma guardati, hai addosso una specie di sacco della spazzatura...»

Luke, che nel frattempo si è alzato, giunge alle sue spalle. «Tate, è meglio se torni a sederti. Purtroppo ha bevuto molto.» Guarda me, ma la giustificazione non tiene.

«Tate, andiamo via.» Provo a prenderle la mano, provo a non far sanguinare le ferite che mi infligge da anni, ma lei si è persa e non vuole che io la raggiunga. Tutti i miei sforzi sarebbero vani perché, a volte, le persone non vogliono essere salvate.

«Vattene! Non vedi che ti stai solo rendendo ridicola?» strilla. «Scommetto che hai dovuto corrompere qualcuno per entrare qui vestita come una suora!» continua, ma quello che mi spezza davvero il cuore non sono le parole, ma le lacrime nascoste nei suoi e nei miei occhi.

Non siamo brave a piangere.

Abbiamo paura di farlo per motivi diversi, che però sfociano nello stesso dolore. Non mi sono mai arresa con lei, ma sono umana e mai come stavolta sento di essere la persona più fragile dell'universo.

«Basta.» Sussurro questa parola come una promessa a me stessa, ed esco da un posto in cui non avrei mai dovuto mettere piede. Non sento nulla, né le risate degli altri, né Jacob che prova a inseguirmi.

È troppo ubriaco per riuscirci, e poi non vorrei che lo facesse. Corro via, scappo da responsabilità che non sono mie. Non rifletto su dove sto andando, e così prendo la direzione sbagliata.

Sento una moto rombare alle mie spalle.

«Da vicino non è così brutto.»

«Damon, lasciami in pace. Per favore.» Continuo a camminare, ignorando il fatto che mi sta seguendo a passo d'uomo.

«Dico sul serio. Se togli qualche centimetro, è perfetto.»

Alzo gli occhi al cielo, così almeno non può vedermi arrossire. Tento di ignorarlo, ma mi sbarra la strada.

«Non è raccomandabile la zona in cui ti stai avventurando» sentenzia con durezza.

«Grazie dell'informazione. Non fa nulla.» Provo a superarlo, ma non me lo permette. «Damon, ho bisogno di camminare.»

Sembra che lo stia supplicando, ma ho davvero bisogno di allontanarmi da tutto.

«Sali, ti porto io in un posto.»

Mi acciglio. «Dove?»

«Lo scoprirai» risponde, porgendomi il casco.

Lo osservo titubante. «Dovresti portarne due, non mi piace l'idea di indossarlo al posto tuo» dico, ma è la sua risposta a far battere forte il mio cuore.

«Non pensavo di incontrarti.» Scrolla le spalle. «Andiamo?»

«E va bene.» Salgo dietro e come sempre penso a quanto sia bello abbracciarlo. La verità è che sono solo una ragazzina e lui il mio opposto, ma non riesco ad accettarlo.

«Però non correre!»

«Reggiti meglio.» Mi afferra le mani e me le fa infilare nelle tasche della sua giacca di pelle. Non dovrei sorridere, è stata una giornata orribile, ma in questo momento ho la sensazione che tutto possa risolversi per il meglio.

«Oddio» urlo, quando parte di scatto. «Sei un idiota.»

Lui scoppia a ridere.

È un suono stupendo.

Potrei abituarmici.

12

Il sole sta tramontando e guardarlo con la guancia posata sulla spalla di Damon è una delle sensazioni più belle che abbia mai provato. Quando rallenta, dopo un bel po' di chilometri, la prima cosa che vedo è una distesa di colori, disegni e scritte sulle pareti di un posto che sembra abbandonato da tempo.

Credo sia un'arena, o qualcosa di simile, ma ora, mentre Damon spegne il motore, riesco solo a notare che la rabbia sta svanendo e la pace tornando.

«Scendi.»

Il suo tono però è cambiato.

Damon ora è a disagio, e vorrei tanto capire il perché.

Dopo aver fatto come mi ha detto, lo vedo armeggiare con una catena di grandi dimensioni, anche se qui non c'è nessuno che potrebbe rubargli la moto. Sembra un posto dimenticato da tutti, un posto per pensare e per ritrovare sé stessi.

«Dove siamo?» gli domando, ma mi ignora, iniziando a scendere scale pericolanti e ricoperte di terriccio. C'è polvere e mozziconi di sigarette sparsi ovunque, ma lo seguo perché il suo silenzio non mi piace. Odio quando si chiude in sé stesso, anche se so di non poter pretendere altro da una persona che non conosco e che non mi conosce.

Una volta entrati nell'arena, si avvicina a uno dei tanti disegni che ne adornano le mura. Questo posto mi sembra una galleria d'arte all'aperto dedicata ad artisti incompresi, ma non ho abbastanza coraggio per condividere con lui i miei pensieri.

Resto in silenzio alle sue spalle, mentre osserva l'unico disegno completamente nero. Non c'è traccia di colore e questa cosa lo rende affascinante e triste insieme.

«Niente genitori neanche oggi.» La sua frase è inaspettata, fra le tante cose non pensavo che avrebbe voluto parlare proprio di questo.

«Già, Tate ha urlato troppo» sussurro con una punta d'amarezza. Mi ha ferita e sapeva di farlo, mentre spiattellava ai quattro venti le nostre storie.

«La tua amica è una stupida.» Si volta, facendomi immergere nei suoi occhi trasparenti come la cosa più sincera con cui ho avuto a che fare.

«Semplicemente lei non ci crede più e ne soffre. Mi fa arrabbiare, ma quando stai male...»

«Non giustificarla. Se tu ci credi ancora, lei non può deriderti in quel modo. Nessuno dovrebbe farlo, in realtà.»

I suoi lineamenti duri rendono le sue parole ancora più profonde.

Damon è difficile da comprendere, non sai mai cosa sia davvero importante per lui, ma in questo momento non sta giocando.

Non so come rispondere, perché sono sempre stata abituata a passare per l'illusa di turno. Non ho mai avuto la forza necessaria a pretendere rispetto, neanche per una cosa importante come questa.

«Questi disegni sono stupendi» dico, cambiando argomento.

«Opera di qualche drogato.»

«Allora dovrei drogarmi anch'io, se è questo il risultato» ridacchio e poi mi avvicino al primo disegno che ha attirato la mia attenzione. «Per esempio, questo è stupendo. Dovrebbero premiare la persona che l'ha fatto.»

«Tu credi?»

Mi volto, trovandomelo molto più vicino di prima. Ci guardiamo negli occhi per un tempo che sembra infinito, e non riesco a fuggire da questa prigione che in realtà mi fa sentire libera.

«C'è tanto sentimento in tutto quel nero, che nessun colore gli avrebbe reso giustizia.»

Distoglie lo sguardo, e come sempre temo di aver detto la cosa sbagliata. Starei qui con lui ore, ma è tardi.

Occorre tornare con i piedi per terra.

«Devo andare, credo di essere anch'io nei guai, a questo punto.»

«Per così poco?»

Si poggia con le spalle al muro e incrocia le braccia sul petto.

Mi è sembrato di aver visto un tatuaggio sul suo polso, ma non ne sono sicura. Vorrei chiederglielo. Quando si tratta di Damon sono troppo curiosa, ma sembrerebbe strano e sarebbe imbarazzante.

«Sono uscita senza chiedere il permesso» sospiro. «Puoi... riaccompagnarmi?»

«Dammi il cellulare» dice di punto in bianco.

«Eh?»

«Dammelo e basta.»

La sua mano è tesa nella mia direzione, ma non lo posso accontentare.

«Non ho un cellulare, quello che hai visto l'altra sera è di Tate.»

Aggrotta la fronte. «Sul serio non hai un cellulare?» Fa un sorriso. So che è strano, ma per me tante cose sono normali, o almeno lo sono state finora.

«Diciamo che… non saprei cosa farmene» mormoro.

Lui scuote il capo. «Dai, andiamo» dice. «Non vorrei mai che le tue padrone ti prendessero a sculacciate.»

«Damon» trillo, avvampando all'istante, e so che questo era il suo scopo.

«Che c'è? Io lo trovo sexy…» ammicca.

Provo a guardarlo male, quindi lo supero e gli rifilo una spallata, poi mi avvio verso la moto. Prima di salirci, però, mi volto a guardare quel disegno. Vorrei fotografarlo, ma non saprei come.

«Ci ritorneremo.» Le labbra di Damon sono serrate anche dopo che ha detto qualcosa che muove in me un oceano d'emozioni. Forse per lui non è la stessa cosa. Per me invece il valore di quelle due parole è immenso, è una promessa dolce anche se lui non lo è e forse non lo sarà mai, neppure quando proverà qualcosa per una ragazza.

Inizia a farmi male lo stomaco, ma non ho alcun diritto di pensare a cose simili. Dischiudo le labbra per dire qualcosa, una cosa qualsiasi, che non mi faccia risultare stupida, ma ci pensa lui a superare questo momento. «Sempre che tu non venga uccisa e poi buttata in qualche scantinato per quello che hai fatto.»

Riduce gli occhi a fessure.

Salgo sulla moto e mi stringo a lui.

«Questo da voi non me lo aspettavo.»

Odio deludere chiunque, ma soprattutto la signorina Morris.

Ho così tanta stima e rispetto per lei, che l'idea di averla delusa mi stringe un cappio alla gola. Non riesco a piangere, da troppo tempo non riesco a lasciarmi andare a un pianto liberatorio e questo non fa altro che rendere il mio dolore ancora più forte. Potrei tentare di giustificarmi, ma provo solo vergogna per averle mentito così tante volte, anche se lei non lo sa.

«Non se la prenda anche con Krystal» biascica Tate. È ancora un po' brilla ma sicuramente più consapevole, rispetto a qualche ora prima, di quello che ha fatto e di quello che ha detto. «Lei voleva solo aiutarmi.»

«No, lei voleva solo coprire la tua fuga e sai che una cosa del genere non posso accettarla» urla la Morris, ma è la delusione nei suoi occhi a fare davvero rumore. «Siete sotto la mia responsabilità e se vi fosse successo qualcosa io...»

Non conclude la frase, e io mi sento male.

Vorrei solo abbracciarla e chiederle scusa, ma non ci riesco. Mi vergogno di me stessa, di quello che ho fatto e di come sono diventata. Un tempo una cosa simile non sarebbe accaduta.

«Ci dispiace molto» sussurra Tate, cercando il mio appoggio. Vorrei darglielo, ma non faccio nulla. Tengo la testa bassa, mortificata.

«Se anche sei delusa, Tate, questo non ti autorizza ad andarti a sbronzare in giro. Hai sedici anni!»

I suoi occhi sono pieni di lacrime.

«Per me è tutto inutile!»

Sussulto. Non voglio rivivere l'ennesimo litigio sull'argomento adozioni.

«Uscite, tutte e due» sospira. È esausta, ed è colpa nostra. «Ah, siete in punizione. Considerate sospese le vostre attività extrascolastiche.»

Lascio l'ufficio della Morris senza provare a esporre le mie ragioni perché non ne ho, e ho ancor meno voglia di sentire quelle di Tate.

«Pallina, ti prego, aspettami!»

«Non ora, per favore. Non ora.»

È la prima volta in cui Tate capisce di non dover insistere.

«Siamo proprio delle sfigate.»

Da due giorni ignoro Tate come se avesse un virus mortale, ma anche in quel caso lei proverebbe a parlarmi. Si sente in colpa nei miei confronti e pensa di essere sfortunata per quello che ci è stato comunicato un'ora fa dalla prof di storia.

«La nostra scuola non può proporre una gita quando siamo in punizione» borbotta contrariata, mentre camminiamo per i corridoi.

«Già» faccio.

L'Italia è un sogno e sarebbe un sogno visitarla. La mia esistenza è stata così lineare, da non aver avuto neppure l'ambizione di desiderare alcune cose. Nonostante questo, sono sempre stata una gran sognatrice e andare a visitare la città di Romeo e Giulietta sarebbe stupendo per una romantica come me.

«Dobbiamo fare qualcosa, ci andrà tutta la scuola. Quindi anche Jacob» ammicca, posando un braccio sulle mie spalle.

«La Morris non ci darà il permesso» le ricordo, provando a guardarla male, ma fallisco. La verità è che non sono in grado di tenerle il muso neppure quando sto male a causa sua. Questo a lungo andare potrebbe compromettere il nostro rapporto e la cosa mi spaventa.

Tate è importantissima per me, vorrei solo che non se ne approfittasse.

«Dovremmo almeno provare a farle gli occhi dolci.»

«Sei assurda, sul serio. E anche molto sfacciata!»

Lei scrolla le spalle, finge di essere dispiaciuta, si guarda intorno per un attimo e poi riparte alla carica.

«Lo so» sussurra. La guardo con le braccia incrociate sul petto. «So di risultare insensibile ed egoista, ma ci tengo davvero alla gita. Viaggiare aiuta a...»

«Smettila» borbotto, dandole un pizzicotto sulla guancia. Inaspettatamente mi getta le braccia al collo.

«Lo sai che non volevo dirti quelle cose, vero?» Mi guarda negli occhi, e anche se non dovrei, cedo.

«Lo so.» Abbasso lo sguardo. «Ma ha fatto male lo stesso.»

«Oh, Krystal, mi dispiace da morire.» Mi stringe forte e io mi lascio andare fra le sue braccia. «Ti prometto che d'ora in poi mi controllerò in... quei momenti.»

Vorrei crederle, vorrei avere la certezza che le sue parole siano sincere, ma non è possibile. Devo fidarmi e sperare di non essermi sbagliata ancora una volta.

«Non farmene pentire» soffio, cercando nei suoi occhi la conferma della promessa.

«Non succederà» dice. «Dai, andiamo in mensa. E tranquilla, quella gita noi due la faremo» afferma, e a me sembra quasi una minaccia. Non siamo nella posizione giusta per pretendere qualcosa dalla Morris. Onestamente mi vergogno anche solo di provare a chiedere, ma quando Tate si mette una cosa in testa è difficile farle cambiare idea.

«Vado un attimo al bagno, ci vediamo dopo» le dico e lei annuisce, poi prosegue per la sua strada.

Ho la testa invasa dai pensieri e quello più sbagliato mi colpisce come uno schiaffo.

Anche Damon partirà per Verona?

Non deve interessarmi, ma proprio mentre sto per convincermene assisto a qualcosa che mi crea una morsa allo stomaco.

«Mi devi quei soldi! Non voglio sentire altre scuse!»

Mi appiattisco contro il muro con il cuore in gola e le lacrime in fondo agli occhi.

Damon Cooper sta minacciando un ragazzino di neppure quattordici anni e io vorrei solo andare a tirargli un ceffone. Ma sono una codarda, una stupida illusa che pensava di aver visto in lui qualcosa di buono. Non voglio giudicarlo, ma non vorrei neppure che lui facesse cose simili.

«Nessuno ti ha mai detto che non si origlia?»

«Oddio!» Mi porto una mano al petto quando, alle mie spalle, trovo l'altro amico di Damon.

«Ciao.» Mi sorride calorosamente, e io sono confusa.

«Io… dovevo andare in bagno, passando di lì.»

«Giusto. In fondo hai fatto bene, Damon non ama essere disturbato quando lavora.»

Storco il naso, riportando lo sguardo verso la «scena del delitto».

«Non credo che quello possa essere considerato un lavoro.»

Lui scoppia a ridere, aumentando il mio sgomento.

«Oh, lui l'ha detto che sei una perfettina. Comunque, molto piacere, sono Thomas.» Mi tende la mano, ma è in questo momento che l'educazione fatta persona decide di fare la sua comparsa.

«Amico, lasciala perdere. È una donna impegnata.»

Se gli sguardi potessero uccidere, Damon sarebbe già morto.

«Krystal, molto piacere.»

«Il piacere è tutto mio» ammicca, inumidendosi le labbra con la punta della lingua. «Dimmi che verrai anche tu a Verona.»

«Sparisci, marmocchio!»

Resto attonita, quando Damon lo sposta con fin troppa facilità. Thomas è molto più basso di lui, molto più magro e sicuramente meno muscoloso, ma è più simpatico e educato del tipo che ora mi sta guardando come se gli avessi fatto il torto più grande del mondo.

«Discorso afferrato. A presto, Krystal» saluta, lasciandoci soli.

Tengo la bocca chiusa: quello che ho visto non mi è piaciuto e sarebbe il primo argomento.

«Hai cambiato corso.»

Lo vedo mentre avanza nella mia direzione con quell'andatura da cattivo ragazzo che purtroppo mi fa mettere da parte tutti i buoni propositi. Non posso negare di essere in costante imbarazzo quando c'è lui, di sentirmi quasi intimorita dal suo fascino e dai suoi sguardi di fuoco.

«No, ma sono in punizione e non posso frequentarlo.»

«Addirittura?» Mi gira intorno e io trattengo il respiro, quando il suo odore raggiunge le mie narici.

«Già, non dovevo fare quello che ho fatto. Scusa, ma ora devo andare.»

Mi afferra per il polso, poi lo accarezza così lentamente da farmi dimenticare persino il mio nome.

«Quanta fretta. Il tuo ragazzo ti ha già addomesticata?»

«Ma come ti permetti?» sbotto, e lui accenna quel sorriso che dovrei odiare.

«Non mi pare di aver detto nulla di male...» sussurra lascivo.

«Invece sì, sei offensivo!»

«Per aver detto la verità?»

«Hai detto una cosa orribile e maschilista. Non dovresti...» Mi blocca con il suo modo di fare e con lo sguardo. Io mi ritrovo con le spalle al muro e con il suo viso a un palmo dal mio.

«Perdonami, piccola Krystal, ma non è da me che devi pretendere sdolcinate dichiarazioni d'amore.»

Non credo di aver mai visto un sorriso tanto cattivo.

«Ma cosa stai dicendo?»

«Io non sono Jacob, ricordatelo.» Mi fissa negli occhi, prima di allontanarsi di colpo e farmi tornare a respirare.

13

Ho sempre rispettato le regole e ho sempre pensato che quelle della Morris fossero giuste. Ma questo prima di assaggiare il sapore della libertà. Mi rendo conto che alcune cose non dovremmo farle, che non dovremmo rischiare di creare situazioni che metterebbero a rischio non solo noi due, ma anche il lavoro di chi opera in questa struttura. Viviamo sotto la loro responsabilità e spesso io e Tate lo dimentichiamo.

«Non può dirci di no» borbotta un attimo prima di bussare alla porta dell'ufficio della Morris. Io la penso diversamente, credo sia una perdita di tempo, dal momento che siamo in punizione per una cosa molto grave. Mi vergogno di essere qui, ma Tate mi ha obbligata ad assecondarla. Dice che dobbiamo far valere i nostri diritti.

«Invece può» sussurro io, quando la Morris ci apre e ci guarda come se fossimo la delusione più grande della sua vita. So che ci vuole bene e che questo atteggiamento è dovuto solo al nostro comportamento. Perciò abbasso lo sguardo quando Tate inizia a parlare.

«Possiamo entrare? Dovremmo chiederle una cosa.»

Sospira. «Ho solo cinque minuti.»

Sono tentata di scappare, ma Tate mi stringe la mano e così ci ritroviamo sedute lì, dove ho ricevuto la mia prima ramanzina.

«Allora, di cosa volete parlarmi?»

Tate mi guarda, so che vorrebbe che fossi io a prendere in mano le redini della situazione. Dice che la Morris ha un debole per me, ma anche se fosse vero, non potrei mai approfittarne.

Tate sbuffa.

«Signorina Morris, vorremmo chiederle il permesso di partecipare a una gita scolastica in Italia» dice tutto d'un fiato, guardandola negli occhi. Quelli della Morris, però, sono puntati su di me.

«Sul serio?» Si toglie gli occhiali e li appoggia sulla scrivania.

Tate mi tira un calcio e so che, in fondo, anche la Morris vorrebbe sentire la mia voce. Lei mi ha insegnato ad assumermi le mie responsabilità, a essere padrona delle mie azioni e delle mie scelte.

Non posso nascondermi, devo mostrarle il mio pentimento prima di poterle parlare di qualunque altra cosa.

«Io… non volevo deluderla, non volevo mentirle e agire alle sue spalle» mormoro. Ho bisogno che mi capisca, che comprenda le motivazioni dietro ai nostri errori.

«Questa l'ho già sentita. Voglio che tu mi dica quello a cui realmente stai pensando.»

La Morris sa leggerti la mente. Dischiudo le labbra. Inspiro profondamente, poi: «Non giustifico quello che abbiamo fatto, né io né Tate dovevamo uscire di nascosto, ma… vorremmo chiederle il permesso proprio per poterlo fare più spesso. Ovviamente rispettando degli orari e…»

Il suo sguardo si perde nel vuoto. Tate, invece, mi osserva come se fossi il suo supereroe preferito, anche se non è così. Al contrario, penso di aver sbagliato a tirare fuori questo argomento proprio quando dobbiamo farci perdonare.

«Sei più coraggiosa di quanto pensassi.» Nei suoi occhi color rugiada riconosco la fierezza e la paura di una madre che vede i figli diventare grandi. «E anche se suona un po' strano un discorso simile da parte tua, in questo momento, non ho mai voluto che vi sentiste in gabbia.»

«Ci sono troppi divieti!»

Tate ha un pessimo tempismo. Per fortuna la Morris la ignora. O almeno ci prova, a tenere a bada la voglia di strillarle contro.

«Abbiamo delle responsabilità, Tate. Credimi, non è facile crescere bambini che purtroppo rimangono qui anche da adolescenti. Il mondo lì fuori è difficile, e io ho paura.»

«Noi lo comprendiamo benissimo, ma...»

«Dove siete state, l'ultima volta che siete scappate?»

Deglutisco e annaspo in cerca d'aria. Tate mi guarda, ma io non ho il coraggio né la voglia di inventarmi altro. Dovremmo solo dirle la verità per farle capire che siamo pentite, ma la Morris continua come se non volesse ascoltarla, come se la temesse.

«Il vero problema non è questa gita scolastica. Voi ci andrete, perché credo che vi arricchirà, ma... Il vero problema è la mancanza di rispetto nei miei confronti. Non sono una vostra nemica. Perciò, se volete la mia fiducia, non dovete tradirla.»

Le sue parole mi fanno male e bene al contempo. Ci ha dato una lezione senza privarci di nulla. La Morris lascia libere le persone di comportarsi come meglio credono, ora spetta a noi non commettere l'ennesimo errore nei suoi confronti.

«La ringraziamo» sussurro.

Lei accenna un sorriso incerto, come se non fosse abbastanza sicura della decisione che ha preso.

Jacob è fin troppo entusiasta stamattina, e io mi sento a disagio mentre lui mi stringe a sé come se fossi il suo peluche preferito. Quando gli ho detto che la Morris mi aveva dato il permesso di andare in gita, mi ha gettato le braccia al collo e ha provato a baciarmi *in modo diverso*, ma io mi sono ritratta con una scusa a cui mi auguro abbia creduto.

«Spero di essere sul tuo pullman» bisbiglia al mio orecchio.

«Sì, speriamo» dico, arretrando di un passo. I professori sono appena arrivati, e non voglio che vedano queste cose.

«Allora ragazze, siete contente di andare a Verona?» domanda Luke, posando un braccio sulle spalle di Tate.

Lei prova a scrollarselo di dosso.

Sono davvero carini insieme, penso, anche se Tate mi manderebbe a quel paese se glielo dicessi.

«Non vedo l'ora di visitare la casa di Romeo e Giulietta» sorrido, e la mia migliore amica alza gli occhi al cielo.

«Io lo farò solo per toccare la tetta di Giulietta, dicono che porti fortuna in amore.»

Vorrei ricordarle che ha sempre affermato di non credere a queste cose, ma il pensiero che anche lei in fondo possa essere romantica mi rende felice. Tate rifiuta i sentimenti solo perché li teme. Crede che tutti, un giorno o l'altro, la abbandoneranno e io vorrei tanto farle cambiare idea. Tuttavia, la mia attenzione viene catturata da Jacob.

«Se avessi saputo che ci sarebbero stati anche loro, non mi sarei iscritto.»

Seguo il suo sguardo e trattengo il respiro quando Damon, Thomas e Jared passano al nostro fianco senza degnarci di un'occhiata. Io abbasso gli occhi, ma non dovrei rimanerci male se, in presenza d'altri, finge di non conoscermi. Dovrei semplicemente ignorarlo, evitarlo…

«Perché?»

Purtroppo non riesco a farlo, e lascio che la curiosità abbia la meglio.

«Divergenze avute in passato, lo sai» replica Jacob infastidito.

«In realtà non so nulla» borbotto, e mi allontano da lui quando iniziano a dividerci per classe. Sento che mi chiama, ma non mi volto e a dire la verità sono felice di essere su un altro pullman. Tate, però, non la pensa allo stesso modo, e mentre stiamo per prendere posto, ovviamente in penultima fila, mi afferra la mano.

«Hai appena litigato con il tuo ragazzo per Damon?»

«Ti prego, non urlare» bisbiglio quando lo vedo avanzare nella nostra direzione, e sedersi alle nostre spalle, in ultima fila, con i suoi amici e con… Piper.

«Non mi piace come ti guarda. Sembra quasi che sia geloso di te e Jacob.»

«Farnetichi. Tra un attimo sarà avvinghiato a quella lì.»

Tate mi guarda come se mi fosse sbucato un terzo occhio in mezzo alla fronte e non posso darle torto. Solitamente non ho reazioni del genere.

«Ne parliamo dopo» minaccia. «E ti ripeto che questa situazione non mi piace.»

Mi chiudo in me stessa fino al nostro arrivo in aeroporto, dove però i miei pensieri lasciano posto al terrore di salire su quell'affare così grande e spaventoso. Ovviamente non ho mai preso un aereo in vita mia e potrei sentirmi male.

«Vorrei sedermi vicino a te» dice Jacob, abbracciandomi. Sa che sono arrabbiata per prima, e il fatto che stia ignorando il problema mi infastidisce.

«Non è una cosa che possiamo decidere» rispondo, mentre attendiamo l'apertura del gate.

Lui sospira e posa le mani sui miei fianchi.

«Ehi, non volevo essere scortese.» Mi bacia sulla guancia e io trattengo il respiro, quando i miei occhi incontrano quelli di chi fino a questo momento ha finto che non esistessi.

«Non fa nulla, lasciamo perdere.» Mi volto verso Jacob, pur di evitare passi falsi. Non posso guardare Damon in quel modo, e lui non dovrebbe guardare me con quell'intensità mentre Piper è seduta sulle sue gambe. Ma il destino è strano, e pochi attimi dopo mi presenta il conto.

Mi tremano le ginocchia, mentre cammino lungo il corridoio dell'aereo, alla ricerca del mio posto. Tate è nelle prime file, io nelle ultime, e dopo una serie di gomitate e spintoni sono arrivata.

«Guarda un po' chi ci farà compagnia oggi.»

Vorrei gettarmi dall'oblò, ma so che non si aprono, che sono finti come l'espressione di Jared in questo momento.

«Ciao Krystal!»

Thomas è l'unico che mi saluta con un sorriso sincero. È nella fila davanti a quella in cui sono seduti Jared e Damon. La stessa in cui dovrei sedermi io.

«Quello è il mio posto.»

Non vorrei trovarmi in questa situazione, e sono sicura che nemmeno Damon lo vorrebbe.

«Mettiti lì» borbotta, continuando a smanettare sul cellulare.

«No, è quello il mio posto. Forse hai sbagliato a leggere...»

«Hai rotto le palle. Siediti da qualche altra parte e stai zitta!»

Sussulto e ci resto così male da non aprire bocca.

Jared sghignazza, e si alza in modo che possa sistemarmi al centro, quando in realtà avrei potuto posare la fronte contro l'oblò per isolarmi. La paura si trasforma in tristezza, e la sensazione peggiora quando una voce registrata ci informa che stiamo per partire, invitandoci a spegnere tutti i dispositivi elettronici. Provo a respirare, a pensare a qualcosa di rilassante, ma non ci riesco.

Damon, al mio fianco, è rigido come un palo della luce. Lo so anche se non ho avuto il coraggio di guardarlo.

«Cantante preferito?»

«Cosa?»

«Ti ho chiesto qual è il tuo cantante preferito» ripete, e d'istinto alzo lo sguardo nella sua direzione.

«Amo gli Imagine Dragons. Li conosci?»

«Chi non li conosce?»

Un sorriso furbo aleggia sulle sue labbra. Damon è complicato e leggermente lunatico. Odio quando mi tratta male e poi finge che non sia successo nulla, perché io invece ricordo tutte le volte in cui mi ha ferita.

Eppure non riesco a trattenere la curiosità.

«Tu invece? Cosa ascolti di solito?»

«Coldplay. Li conosci?» Ricambia il mio sguardo e io dimentico il motivo per il quale non dovrei rivolgergli la parola.

«Chi non li conosce?» Sorrido e per un attimo intravedo un velo di dolcezza nei suoi occhi.

«Non hai mai preso un aereo, vero?»

«Mai» confermo. «E tu?»

Damon distoglie lo sguardo. «Il decollo è finito!»

Poi chiude gli occhi e torna a ignorarmi come prima.

Il suo comportamento mi confonde, ma poi mi rendo conto di una cosa che fa svolazzare un esercito di farfalle nel mio stomaco.

Damon Cooper, a modo suo, ha cancellato le mie paure.

14

Il viaggio è stato lungo e strano. Damon non mi ha più rivolto la parola e io ho provato a dormire, ma con scarsissimi risultati.

Ora siamo in hotel, e il solo pensiero di trovarmi in Italia mi fa battere forte il cuore. Non avrei mai sperato in un'occasione simile, invece Tate e io siamo qui, pronte ad accumulare nuovi ricordi. L'entusiasmo, però, viene meno quando scopriamo chi sarà la nostra compagna di stanza.

«Professoressa, mi rifiuto!»

All'inizio pensavo che Tate si fosse fatta un'idea sbagliata su Piper, e che lei non meritasse i pregiudizi della mia amica.

«Neanch'io sto facendo i salti di gioia.»

Odio attirare l'attenzione, soprattutto se c'è in giro Damon.

«Signorina Green, qual è il suo problema?» domanda la prof, leggermente infastidita dai capricci di Piper. Anch'io lo sono. Vorrei solo andare nella mia stanza e riposarmi, invece nulla può essere facile quando c'è lei di mezzo.

«Non dormirò in stanza con persone che potrebbero avere strane malattie e una scarsa igiene.»

Non mancano le solite risate di sottofondo. In altri momenti mi farei abbattere, ma da stamattina ne sono successe di ogni colore e, dopo troppe ore di viaggio, sono al limite della sopportazione.

«Siamo orfane, mica microbi!»

Sento troppi occhi su di me, ma i miei sono tutti per Piper e per la sua crudeltà gratuita.

«Ben detto» conferma la prof regalandomi un sorriso, ma non prima di aver rifilato un'occhiataccia alla ragazza più indelicata che abbia mai conosciuto.

Il gruppo si disgrega e quando tutt'e tre insieme raggiungiamo la nostra stanza, non posso fare altro che sperare che questi giorni passino in fretta. Ma non è giusto, non posso permettere a Piper di rovinare un momento così bello.

«Complimenti nanetta, bella frase!»

«Dacci un taglio, se non vuoi problemi» sbotta Tate, mentre io mi limito a sfilarmi il giubbotto e a posarlo sul letto.

«I problemi li avrete voi, se non imparate a restare al vostro posto.»

«Posso sapere cosa ti abbiamo fatto?» le domando, già stanca dei suoi misteri. Lei però non risponde: mi rifila una spallata e va a chiudersi in bagno.

«Ha qualche rotella fuori posto.»

Guardo Tate, ma non confermo né smentisco la sua affermazione. Penso solo che tutto questo dovrebbe finire il prima possibile.

«Vado a fare un giro» dico e lei annuisce, sedendosi sul suo letto.

In stanza mi manca l'aria. Non so come farò a resistere per tre notti. Quando mi chiudo la porta alle spalle e mi avvio verso le scale, vedo Damon uscire dalla sua camera e mi chiedo perché ogni volta mi fa sempre lo stesso effetto.

«Ciao» sussurro.

«Come procede con Piper?»

Ha un tono beffardo, sembra divertito dalla situazione.

«La ignoro.» Scrollo le spalle e il suo sguardo si fa serio.

«Ti sta creando problemi?»

«Come al solito, ma nulla di grave.»

I suoi lineamenti si distendono, anche se dubito che possa preoccuparsi per me. Non sono così importante!

«Io invece sono molto fortunato. La stanza del tuo fidanzatino è lontana dalla mia.»

La furbizia della sua espressione riaccende la mia curiosità, ma anche il mio fastidio. Se Jacob tronca l'argomento sul nascere, Damon si diverte a confondermi con mezze frasi e verità velate.

«Credo che anche lui ne sarà felice!»

«Tu non ne sai nulla» afferma, riducendo gli occhi a fessure. C'è almeno un metro fra di noi, una distanza che diminuisce quando gli pongo la domanda sbagliata.

«Perché non me ne parli tu?»

Una sua mano si posa sul muro alle mie spalle, a pochi centimetri dalla mia testa. I nostri sguardi si agganciano. Damon sa come muoversi, come comportarsi anche quando è qualcos'altro a determinare le sue azioni. Ma non so di cosa si tratti e lui non me lo spiega.

«Perché io non sono il tuo ragazzo, né tu la mia ragazza» sussurra a un soffio dalle mie labbra. Se Jacob dovesse vederci ora, non saprei come spiegare. Sono costretta a distogliere lo sguardo, per quanto intenso è il suo.

«Spero non sia nulla di grave.»

«Per me lo è» dice, poi fa per andarsene. È sbagliato, ma mi dispiace. E sto per dire qualcosa di stupido, quando mi ferma.

«Prima mi sei piaciuta.»

Dischiudo le labbra.

«Hai avuto carattere con Piper.»

«Ah, Piper.»

«Già, con lei.» Mi guarda titubante e io spero che non abbia colto la delusione nei miei occhi. «Ora vado, prima che la tua amica mi salti al collo.» Accenna un sorriso, e solo quando esce dalla mia visuale noto Tate poco oltre, dietro un pilastro.

«Tu hai problemi seri.» Si avvicina con le mani fra i capelli. «Mancava poco che vi baciaste!»

Il sangue mi accende le guance.

«Stavamo solo parlando!»

«E di cosa? Del neo che hai sul labbro? Perché a quella distanza è l'unica cosa che si riesce a vedere.»

«Smettila, Tate!» Inizio a scendere le scale con lei al seguito, e so che non mi lascerà in pace, ripetendomi allo sfinimento che quel tipo è pericoloso. Sono stanca di non capirci nulla, ma l'unica persona che può sciogliere i miei dubbi è l'unica che non vuole farlo.

Parlerò con Jacob e lo farò il prima possibile.

La Morris dice che sono una persona determinata e che quando voglio raggiungere un risultato mi impegno molto. Ora però è diverso, non tutto è in mio potere.

Ho chiesto a Jacob di vederci per parlare e lui deve aver travisato, perché appena ci sediamo su una panchina nel giardino dell'hotel, mi si butta addosso come una piovra. A tiro c'è anche qualche nostro compagno.

«Sono così felice di stare un po' da solo con te» dice, lasciando una scia di baci sul mio collo. «Temevo che fossi ancora arrabbiata per stamattina» aggiunge.

«In realtà ci sono rimasta male, non mi piace quando mi rispondi in quel modo» ammetto.

«Lo so, tesoro.» Sposta una ciocca di capelli dal mio viso. «Mi dispiace molto e mi farò perdonare.» Prova a baciarmi di nuovo, ma io lo fermo.

«Jacob, vorrei che mi parlassi di quello che è successo con Damon. Non mi piace la tensione che c'è quando si trova nei paraggi.»

«Stai scherzando?» sbuffa con una risata amara.

«No» sussurro incerta. «Sono la tua ragazza, mi piacerebbe conoscere...»

«Perdonami Krystal, ma io non sono tenuto a raccontarti la mia vita. Impara a non superare i limiti» sbotta.

«Aspetta, io...»

«Cosa? Tu, cosa?» urla. «Cerca di essere meno invadente.»

Si scansa quando provo a trattenerlo. Mi sento una stupida, per aver fatto qualcosa che forse non avrei dovuto.

Mi guardo intorno, un po' spaesata e molto triste.

Non so cosa fare, come porre rimedio al mio errore.

Ma ci pensa qualcun altro.

Una mano mi afferra per il polso. «Seguimi.» Non ho bisogno di alzare lo sguardo per capire a chi appartiene.

Damon mi trascina in un angolo appartato del giardino. Poi, notando una porticina lasciata accostata, si infila nel passaggio. Ci ritroviamo in una vecchia cantina piena di vini. Mi gira la testa solo a sentirne l'odore, ma ora voglio capire cosa vuole da me.

«Perché mi hai portata qui?»

«Finalmente hai trovato il coraggio per parlare con il tuo fidanzatino!»

«Hai qualche problema con le domande?»

«Ma non ti ha soddisfatta, a quanto pare...»

Alzo gli occhi al cielo, ma li riduco a fessure quando prende una bottiglia di vino e ne stacca l'etichetta.

«Cosa fai? Così la rovini!»

«Tanto ho intenzione di rubarla.» Scrolla le spalle come se nulla fosse.

«Non puoi!» Provo a sfilargliela dalle mani, ma lui la alza più in alto che può e, ovviamente, non riesco a prenderla.

«Non sono l'unico a rubare.»

«In che senso?» domando, ma non risponde neppure a questo.

Sospiro, andandomi a sedere su una botte. Non ho ancora capito cosa voglia ora Damon da me.

«Ti hanno mai baciata, Krystal?»

«Come, scusa?» Mi alzo, come se così mi sentissi meno indifesa.

«Hai capito» dice, afferrando un'altra bottiglia.

«Ti ricordo che ho un fidanzato.»

Lui sorride, leccandosi le labbra.

«Che non ti ha ancora baciata.» Si avvicina, posando l'indice sulle mie. «*Sssh*, quello non è baciare, piccola Krystal...»

Poi indietreggia, avvicinandosi alla porta.

«Aspetta! Perché mi hai portata qui?»

Si volta, guardandomi da sopra la spalla.

«Non c'è sempre una risposta a tutto. Ricorda anche questo.»

15

Il comportamento di Damon non mi permette di chiudere occhio per tutta la notte, ed è sbagliato visto che dovrei concentrarmi sullo strano atteggiamento del mio ragazzo. Tuttavia, alle prime luci dell'alba mi sto ancora chiedendo per quale assurdo motivo mi abbia chiesto di seguirlo in quella cantina, per poi non dirmi nulla di nuovo. Sono arrivata alla conclusione che mi sta prendendo in giro, e questo mi rende nervosa.

«Qualcuno qui è agitato» ridacchia Piper, mentre scendiamo le scale per raggiungere gli altri. Mi impongo di ignorarla, ma con Tate è diverso. Lei mi conosce e sa che c'è davvero qualcosa che non va.

«Gira voce che ieri sera tu e Jacob avete litigato.»

Mi prende sottobraccio e io sospiro. Odio l'idea di essere diventata l'argomento del giorno, ma in effetti lui ha urlato troppo.

«Gli ho chiesto spiegazioni. Ovviamente si è arrabbiato ed è andato via» sussurro sconfitta. So che Tate non approva il mio desiderio di far luce sul rapporto che Jacob aveva con Damon, ma ho una brutta sensazione e per poter andare avanti devo capire cos'è successo.

«In altre circostanze ti direi di lasciar perdere, perché continuereste a litigare…»

«Ma?» Mi fermo sull'ultimo gradino, quando vedo l'oggetto della nostra discussione che guarda verso di noi.

«Non lo so, ultimamente Jacob mi sembra strano, un po' eccessivo nelle reazioni. In fondo non gli hai mica chiesto di prestarti la carta di credito!»

Ridacchio. «Sei sempre la solita.»

Il mio sorriso si affievolisce quando quello che dovrebbe essere il mio fidanzato si avvicina con un'espressione tutt'altro che felice.

«Krystal, possiamo parlare?»

I nostri compagni sono già radunati nella hall. Oggi inizieremo a visitare la città, ma ho la sensazione che non mi godrò un bel niente.

«Di cosa?»

Tate mi sorpassa, non prima di avermi guardata in modo strano, ma la cosa che mi turba è il modo in cui Piper fissa Jacob. Da quel che so non sono amici, ma c'è comunque qualcosa che non mi torna. Sembra che a lei per molte ragioni dia fastidio la mia esistenza.

«Di noi due.» Mi cinge i fianchi, attirandomi contro il petto, ed è in questo momento che lo vedo. Damon è in un angolo, con una sigaretta fra le mani, anche se qui non si può fumare, e mi guarda come se volesse scavarmi l'anima e possederla. Non riesco a liberarmi dei suoi occhi e non voglio farlo. Il contatto con lui è molto più intimo di quello che sto avendo con Jacob, ma è proprio quest'ultimo a riportarmi a galla.

«E oggi in autobus ti voglio con me!»

La nostra prima tappa è il ponte di Castelvecchio. Sono così euforica per questa esperienza da non badare alle chiacchiere senza fine di Tate, Luke e Jacob. Nessuno dei tre sembra essere molto interessato a quello che dobbiamo fare, anzi continuano a lamentarsi per i chilometri che dovremmo percorrere durante la giornata.

Di fronte a noi c'è una lunga scalinata; da qualche parte ho letto che in cima il panorama è stupendo.

Non posso perdere un'occasione simile, ma il mio entusiasmo viene smorzato proprio dalla persona che avrebbe voluto trascorrere ogni minuto con me, oggi.

«È inutile fare tutte quelle scale, non ci sarà nulla da vedere.»

«C'è un panorama mozzafiato, non possiamo perdercelo!»

Lui accenna un sorriso bonario, accarezzandomi la guancia.

«Krystal, non vale la pena stancarsi così. La giornata è ancora lunga.»

Inarco un sopracciglio, ma non mi va di obbligarlo.

«Allora ci vediamo dopo, io vado.» Scrollo le spalle e non aspetto la sua risposta. Sono sempre stata un po' dipendente dagli altri, ma da quando ho iniziato a conoscere la vita fuori dal mio nido sento di dover fare di più. Di dovermi godere la vita.

La salita è ripida, ma ciò non blocca la mia curiosità. Quando finalmente giungo a destinazione, e poso le mani sul davanzale di questa immensa finestra sul mondo, sospiro felice.

«Wow.» Non credo di aver mai visto qualcosa di così bello. Vorrei tanto scattare una fotografia per avere un ricordo, ma non posso. È la prima volta che rimpiango di non avere un cellulare.

«Oddio...» Faccio un balzo all'indietro, quando mi compare il display di un telefono di fronte agli occhi. Due braccia cingono i miei fianchi, e mi basta il tatuaggio al polso per capire di chi si tratta. «Inizio a pensare che tu sappia leggere nella mente.»

«Non ancora. Devi solo premere il pulsante rosso, la fotocamera è già attiva.»

Vorrei che il mio stomaco in subbuglio si desse una regolata, che il mio sorriso fosse più contenuto. In realtà, questo gesto mi scalda il cuore e mi fa dimenticare cose che invece dovrei tenere a mente. Quando Damon mi è vicino divento irrazionale.

«Fatto.»

Mi giro, sbattendo contro il suo petto.

Quando alzo gli occhi verso i suoi, il mio sorriso si tinge d'imbarazzo. Siamo vicini, più di quanto sia mai successo prima, e il mio corpo è ancora prigioniero delle sue braccia.

«Comunque, grazie. Ci tenevo molto a fare una foto» sussurro.

«Il tuo ragazzo è proprio un gentiluomo.»

Gli rendo il cellulare, ma mi acciglio per quello che ha appena detto. Ha il brutto vizio di non aggiungere spiegazioni. Le sue frasi hanno sempre un doppio senso, celano un messaggio nascosto e provocatorio.

«In che senso?»

«Le sue gambe sono troppo flaccide per rendere felice la sua ragazza?»

Dovevo immaginare che anche stavolta non avrebbe perso occasione per colpire Jacob. Oramai sembra che il suo sport preferito sia offendere lui e riempire di dubbi me. Tuttavia, mi viene anche da sorridere per le parole che ha usato.

«Non credo, gioca a basket. Dovrebbe essere allenato.» Scrollo le spalle, ma il mio buonumore affievolisce quando arrivo a una conclusione. Damon non mi dirà mai la verità, anche perché non spetta a lui. «Comunque volevo dirti che non ti infastidirò più con le mie domande sul vostro rapporto.»

I suoi lineamenti si tendono, ma le braccia restano lì dove non dovrebbero. «Spiegati.»

«Non posso pretendere chiarimenti da te. Jacob è stato esplicito, non vuole raccontarmi il suo passato e, forse, io sono stata un po' invadente con entrambi.»

Lui sbuffa una risata amara, e si stacca da me scuotendo il capo.

«Non pensavo che ti arrendessi così in fretta.»

«Non mi arrendo, ma tutto questo mistero mi agita.»

La distanza viene, ancora una volta, azzerata dai suoi modi, dalle sue occhiate di fuoco e dalle sue parole, che mi confondono e mi ammaliano come una dolce melodia.

«Non ti piace il mistero, Krystal?» Le sue dita spostano una ciocca di capelli dal mio viso. Accarezza la mia tempia lentamente, come se mi stesse venerando. Non mi ha mai toccato con questa dolcezza, con una delicatezza che non sembrava appartenergli.

Invece mi sbagliavo, perché sotto il suo tocco mi sento bene.

«Dobbiamo andare!»

Ci voltiamo. Jared sta fissando Damon come se volesse fargli del male, quando in realtà ho la sensazione di essere io il problema. Quel ragazzo mi odia, anche se non ho sporto denuncia per quello che ho visto. E il suo risentimento nei miei confronti mi preoccupa.

«Arrivo» risponde Damon, lanciandomi un'ultima occhiata.

«Muoviti, ti sta cercando» lo esorta Jared, e io resto lì, da sola, a chiedermi di chi stavano parlando. Ma questa è solo un'altra domanda alla quale non riceverò risposta.

16

«Ti va di fare un giro solo noi due?»

Dopo pranzo, i professori ci hanno dato il permesso per fare una passeggiata senza di loro.

Alcuni hanno accolto questa notizia con gioia.

Altri tentennano, perché temono di perdersi, senza una guida.

«Va bene.» Accetto la mano di Jacob e pian piano ci allontaniamo dagli altri. Non so se questo è il momento in cui parleremo di noi due, ma non mi tiro indietro quando raggiungiamo l'ingresso di un giardino pubblico meraviglioso.

Sembra una sorta di labirinto naturale.

È affascinante e maestoso.

«Si chiama Giardino Giusti.»

«Hai studiato?» Ridacchio, quando mi esorta ad accelerare il passo.

«Come sempre.» Accenna un sorriso, cingendomi le spalle con un braccio. Dai suoi modi così espansivi, capisco che neanche questa volta affronteremo alcun argomento.

«Cerchiamo solo di non perderci, è già tardi.»

«Tranquilla, sei qui con me» dice lasciando un bacio sulla mia tempia, e subito i miei pensieri corrono a Damon e al modo in cui mi ha accarezzata nello stesso punto. So di sbagliare, so di dover capire se Jacob mi basta o se è il caso di lasciar perdere, ma mezz'ora dopo non ho ancora avuto il coraggio di affrontare i miei demoni.

«Dobbiamo andare a destra!»

«No, a sinistra!» insisto. Si è fatto buio e dovremmo tornare al punto d'incontro, solo che né io, né tantomeno Jacob, ricordiamo dove svoltare.

«Non c'è campo» sbuffa, dopo aver provato a mettersi in contatto con Luke. Sono preoccupata, e so che anche Tate starà dando di matto perché non riesce a trovarmi.

«Come facciamo? Queste strade sembrano tutte uguali» piagnucolo, ma non trovo conforto nel suo abbraccio. Anzi, ne sono infastidita, ma lo tengo per me.

«A me non dispiace l'idea di stare ancora un po' da solo con te.»

Per un attimo mi sale l'angoscia, ho la sensazione che lo abbia fatto apposta, ma mi sento subito in colpa per i miei pensieri.

«Sì, ma…»

«Sono qui!»

Una voce, quella voce, e tutto torna al suo posto.

«E tu cosa ci fai qui?» sbotta Jacob, quando vede Damon avanzare nella nostra direzione con il telefono fra orecchio e spalla.

«Oh, menomale. Ci eravamo persi.» Faccio per avvicinarmi, ma Jacob si mette in mezzo.

«Vi stanno cercando.»

La freddezza delle sue parole mi destabilizza.

«Non ho bisogno del tuo aiuto» continua Jacob. Vorrei intervenire, difendere Damon che in realtà ci sta solo aiutando, ma non faccio in tempo. «Tu hai sempre secondi fini.»

Il ragazzo dagli occhi blu manda all'aria l'allusione del mio fidanzato con poche, ma significative parole.

«Non siamo tutti come te, Robinson!»

Gira i tacchi e inizia a camminare senza badare se lo seguiamo o meno.

«Per favore Jacob, voglio solo tornare in albergo.»

Lui sospira e tace. Io devo accettare di restare all'oscuro di qualcosa che non mi piace affatto.

A volte Tate mi ricorda la Morris, ma se glielo dicessi le verrebbe una crisi di nervi. Mi è dispiaciuto molto farla preoccupare, e trovo adorabile il fatto che mi abbia chiesto di dormire insieme. L'ho pregata di ignorare i commenti di Piper, e di concentrarsi solo su di noi. Tate non è dolce, non ama gli abbracci, ma la paura tira fuori un lato di lei che amo particolarmente.

Sono le tre di notte e non sono ancora riuscita a addormentarmi. Sono agitata per le cose che sono successe oggi. Troppe frasi lasciate a metà, troppe allusioni che mi feriscono e mi confondono.

Un tonfo, fuori dalla finestra, mi fa sobbalzare. Cerco di non svegliare Tate quando scendo dal letto, ma quello che vedo mi lascia a bocca aperta.

«Damon, ma cosa stai facendo?» chiedo aprendo i vetri.

«Nulla che ti riguardi» replica, mentre si aggira sul retro dell'hotel.

«Dove stai andando a quest'ora?»

Alza gli occhi al cielo, prima di puntarli su di me.

«Vuoi farmi compagnia?»

So che è ironico, so che la mia presenza è l'ultima cosa che desidera, ma c'è qualcosa che non mi torna. Ho una strana sensazione e in questi casi posso solo seguire il mio istinto.

«Che diavolo stai facendo?» sbraita, mentre scavalco la finestra e mi calo giù. Siamo al primo piano, ma non vado ugualmente fiera delle abilità che ho sviluppato nell'ultimo periodo.

«Ti faccio compagnia.» Scrollo le spalle, e lui fa un lungo respiro.

«Scordatelo! Torna nella tua stanza!»

«Non dovresti uscire a quest'ora, in una città che non conosci.»

La verità è che sono preoccupata per lui, ma non dovrei mettermi tanto a nudo in sua presenza. Damon non ha bisogno di questo, non vuole questo.

Tuttavia, quando con le dita mi solleva il mento, ho la sensazione che non disprezzi questo aspetto di me.

«E pensi che con te sarei più al sicuro?»

«Non dico questo, ma...»

Inizio a dondolare sui talloni, non sapendo cos'altro aggiungere.

Lui mi scruta dall'alto del suo metro e novanta, con quell'espressione un po' infastidita e un po' curiosa.

«Non hai l'aspetto di una ladra, mi saresti d'intralcio.»

«Aspetta!» Poso una mano sul suo braccio per trattenerlo. «Un'altra rapina?» bisbiglio.

«Vai a dormire, Krystal. Sul serio, e fatti gli affari tuoi!»

Dovrei seguire il suo consiglio e lasciar perdere, senza immischiarmi in cose che non mi riguardano, ma quando si allontana non riesco a trattenermi.

«Aspetta!» Lo seguo. «Giuro che non farò domande, voglio solo farti compagnia.»

Si tocca il naso. È pensieroso.

Sono sicura che mi rifilerà una risposta sgarbata e tagliente.

«Al tuo fidanzatino questa cosa non piacerà» dice, indicando lo spazio fra noi con un cenno del capo. «Ma in fondo non è un mio problema» aggiunge con tono beffarlo, prima di voltarmi le spalle e riprendere a camminare.

Lo seguo nel buio della notte, con addosso i pantaloni della tuta e una maglia larga e bianca.

E la nostra follia inizia con più di un'ora di cammino.

Damon è concentrato sulle indicazioni del navigatore sul cellulare. Vorrei entrargli nei pensieri, capire i suoi piani e il perché di alcuni suoi gesti, ma so che dovrei trattenermi. Tuttavia, ho qualche difficoltà con il silenzio e ben presto trasformo le mie perplessità in parole.

«Cosa vuoi fare precisamente? E perché proprio qui?»

Si irrigidisce. «Non risponderò alle tue domande» dice. Tra l'altro, siamo arrivati a destinazione.

«Vuoi entrare in questa villa?» domando, terrorizzata.

Non credo di aver mai visto una casa così grande.

Il cancello in ferro battuto, sul quale spiccano le iniziali dei proprietari, non lascia spazio all'immaginazione. Devono essere ricchissimi. E ci saranno telecamere in ogni angolo.

«Damon...»

Provo a fermarlo, quando estrae dalla tasca della giacca delle chiavi e supera «il primo ostacolo» senza alcun problema.

«Ascoltami bene, piccoletta. Ti avevo avvertito che non si trattava di una romantica passeggiata notturna. Per cui, ora taci e seguimi!» sbotta.

Non posso dargli torto, lui me l'avevo detto di tornarmene a letto. Invece io, come al solito, non so farmi gli affari miei.

«Potrebbero esserci cani da guardia e telecamere» dico, ma sembra che nessuna delle due ipotesi lo spaventi.

«So quello che faccio. Seguimi e basta.»

Entriamo dalla porta principale. La prima cosa che noto è l'arredamento moderno, ma non troppo, in cui ogni oggetto è in sintonia con il colore delle pareti e dei mobili. Damon si muove tra queste mura come se ci fosse già stato, ma non gli chiedo nulla, almeno fino a quando raggiungiamo la camera da letto al primo piano.

«Queste lenzuola sono bellissime!»

Provo a ignorare la sua testa nascosta nella cassaforte e lo zaino che pian piano si riempie di soldi non suoi. Stento a riconoscermi, come ho fatto a finire qui?

«Prendile!»

«No, assolutamente no!»

Scrolla le spalle, poi mi chiede di seguirlo e di non fare rumore.

«Questo ti piacerà» dice, aprendo una porta scorrevole di vetro.

«Oddio» sussurro.

Damon aveva ragione, tutto questo mi piace da impazzire e sto combattendo contro l'istinto di tuffarmi nella piscina più bella che abbia mai visto.

«Non ti manca?»

Il suo respiro colpisce il mio collo come una dolce carezza, ma con un'intensità tale da farmi tremare le ginocchia.

«Molto, spero di tornarci il prima possibile» soffio, persa nella bellezza del posto.

Al piano terra di questa immensa villa c'è una grande piscina al chiuso, ornata da mosaici e luci al neon. È romantica, elegante e accogliente, ma mi limito a guardarla.

«Allora, approfittane!»

«Ma cosa stai facendo?»

Sgrano gli occhi quando vedo Damon spogliarsi.

Jeans e felpa finiscono ai suoi piedi pochi attimi prima che il suo corpo entri in un'acqua limpida e sicuramente tiepida.

Riemerge, posando i gomiti sul bordo.

«Quello che dovresti fare anche tu.» La sua voce roca cela proposte indecenti, e il sangue affluisce subito alle mie guance per come mi sta osservando.

Damon è sfacciato e diretto.

Quello che io non sarò mai.

«Non verrà nessuno» promette, ma suona come una minaccia di cui purtroppo non ho paura.

«Non lo so...» Mi guardo intorno.

«Fidati.» Il suo tono è seducente. Mi vergogno perché non so cosa fare, non so come affrontare qualcosa che in realtà mi fa stare bene. «Però dovresti toglierti qualche strato. Dopo ti serviranno dei vestiti asciutti.»

Lo guardo e scuoto il capo.

«In fondo ti ho già vista in intimo quando...»

«Okay, basta. Ho capito. Però voltati, e non guardare.»

«Per chi mi hai preso?» Ridacchia e fa quello che gli ho chiesto.

Ho il cuore in gola mentre mi libero dei vestiti, li piego e li appoggio accanto ai suoi. Non so come sia possibile una cosa simile, non so perché lo sto facendo, ma non ho ripensamenti quando entro in acqua e lui si volta nella mia direzione.

«Sono sorpreso. Non avrei mai immaginato che tu, la persona più perfettina, educata e rispettosa che io conosca, facessi una cosa simile con me.»

Prendo un lungo respiro, abbassandomi in modo tale che l'acqua mi copra anche le spalle.

«Sono sorpresa anch'io, credimi.»

«Dovresti essere più furba, dovresti starmi alla larga» dice, stringendo le labbra.

«Perché? A volte ho la sensazione che tu abbia una pessima opinione di te stesso.»

«Perché, chiedi?» Fa una risata amara. «Questo non ti basta come spiegazione?»

«Non ti giudico. Avrai i tuoi motivi.»

I suoi occhi si perdono nel vuoto, e quando trova i miei c'è qualcosa che mi fa venire voglia di piangere. C'è dolore e sofferenza, che lui però camuffa con una frase studiata.

«Sei troppo ingenua! Andiamo!»

Esce dall'acqua e si allontana, garantendomi una privacy che forse non voglio più.

Il viaggio di ritorno è silenzioso e fastidioso.

Damon si è chiuso a riccio, ma io preferisco litigare piuttosto che avere il dubbio di aver detto qualcosa di male.

«Non volevo essere invadente, prima.»

Ho freddo, e i capelli bagnati non sono d'aiuto.

«Non sono permaloso, io.»

Invece sì, vorrei dire, ma cerco altre parole.

«Lo so che sei arrabbiato, lo so che non volevi che ti seguissi e mi dispiace se...»

«Krystal.» Mi punta gli occhi addosso. «Non sei così importante! Viaggia meno con la fantasia.»

Ci resto male, ma provo a ignorare la fitta allo stomaco.

«Non intendevo questo, ma so riconoscere quando infastidisco una persona.»

Sto gelando e la strada verso l'hotel sembra infinita.

«Effettivamente parli troppo!»

C'è l'ombra di un sorriso sul suo volto quando mi scappa uno starnuto, e mai mi sarei aspettata che Damon Cooper si togliesse la felpa per posarla sulle mie spalle.

«Grazie» sussurro. «E non posso darti torto. Parlerei per ore, anche per tutta la notte.»

«Sembra una proposta allettante» ammicca, leccandosi le labbra. Quando lo spingo, il sorriso si trasforma in una fragorosa risata. Questi momenti fra di noi sono rari, ma belli proprio per questo.

«Sul serio, ti stancheresti dopo un'ora.»

«Mi stai lanciando una sfida, piccoletta?» A quanto pare Damon adora questo nomignolo, lo usa per prendermi in giro.

«Perderesti. Oh, siamo arrivati!» Tiro un sospiro di sollievo, ma a pochi passi dal cancello sul retro mi afferra la mano.

«Non esserne sicura. Buonanotte, Margot!»

Mi scappa un sorriso e so di averlo sorpreso quando sente la mia risposta.

«Buonanotte, Lupin.»

17

«Oggi non ti perderò d'occhio!»

Avere a che fare con la versione preoccupata di Tate è sempre un piacere, mi fa sorridere il modo in cui mi stringe la mano mentre seguiamo la guida. Stiamo per far visita alla famosa casa di Romeo e Giulietta, e non vedo l'ora.

Jacob è al mio fianco, mi trovo fra l'incudine e il martello, ma la cosa che mi mette davvero a disagio è lo sguardo di Damon posato su di me da inizio giornata. Anche la sua classe segue il nostro stesso programma, e devo ancora capire se questa cosa mi piace o mi terrorizza.

«Hai dormito bene, stanotte?» mi chiede il mio ragazzo. Mi impongo di ignorare il sorriso di quel moretto spettinato, prima di rispondere.

«Come un sasso.»

«Ehm, perdonami Jacob, ma oggi la mia amica è solo per me!»

Tate mi trascina via, senza attendere la reazione del povero Jacob. Che, ovviamente, non potrebbe contraddirla, vista la fase in cui è.

«Che ti prende?» le chiedo.

Mi guarda male, prima di accostarsi al mio orecchio.

«Sei troppo poco discreta, non puoi guardare Cooper in quel modo quando sei con il tuo fidanzato! Krystal, sei sicura di voler portare avanti questa cosa?»

«Non lo so» ammetto. «Jacob mi piace, ma...»

«Ma ti piace di più un altro» sospira pesantemente, e io non ho il coraggio di guardarla.

«Credi sia grave?»

«Abbastanza» borbotta. «Sai già quello che penso di Damon, ma in ogni caso non è giusto usare Jacob, se non ti piace.»

Il suo tono mi fa sentire colpevole. Anche se con Damon non è successo nulla, ha ragione. Non posso stare con una persona quando penso costantemente a un'altra.

«Gli parlerò.»

«Ora non pensarci» prova ad alleggerire. «Devo toccare la tetta di Giulietta. Dicono che porti fortuna in amore.»

«Ah, pensavo che a te dell'amore non fregasse nulla.» La prendo a braccetto e ci incamminiamo.

«Be', no. Però sono un po' scaramantica. Meglio abbondare!» Ridiamo, e per un attimo entrambe dimentichiamo la valanga di problemi e di situazioni strane che ci capitano da quando siamo arrivate a Manchester.

Dopo aver compiuto il gesto decisamente imbarazzante proposto da Tate, mi allontano per prendere un po' d'aria. A quanto pare, io e la mia amica non siamo le uniche a credere in questa strana usanza.

«Non dirmi che anche tu?...»

Damon, come al solito, si è isolato per fumare. Mi chiedo in che modo abbia iniziato, ma come sempre la mia curiosità è meglio soffocarla.

«Già, l'ho fatto.» Mi avvicino, pur restando a una certa distanza.

«Credi davvero in queste cazzate?»

I movimenti controllati lo fanno sembrare più grande, anche se in effetti non so quanti anni abbia. Tuttavia c'è qualcosa in lui che urla maturità e crescita precoce, come se fosse stato costretto a essere l'adulto di turno.

«No, non penso che una statua possa farti incontrare il grande amore, ma credo... nell'amore.»

«Pensavo l'avessi già trovato.»

Il sorriso beffardo sul suo bel viso rende espliciti il suo divertimento e l'ennesimo tentativo di farsi beffe di me e della mia relazione.

«Purtroppo no» ammetto senza timori, e mi rendo conto che parlarne con lui è stato semplice.

«A Jacob non piacerebbe saperlo...»

«Lo so, infatti voglio parlargliene.»

Si stacca dal muro contro il quale era appoggiato per avvicinarsi a me.

«Tesoro...»

Jacob ha un pessimo tempismo.

«Ehm, scusami, devo andare» dico, e Damon non mi saluta neppure, mentre raggiungo il mio ragazzo e gli afferro la mano.

In autobus non parliamo. Io ci provo, ma sembra che trovi sempre una scusa per rimandare, come se avesse capito tutto.

Arrivata sera, però, non riesco più a trattenermi. C'è una festa nella discoteca dell'hotel e ho appena chiesto a Jacob di fare una passeggiata in giardino.

«Ho davvero bisogno di parlarti» dico, prendendo posto su una panchina. Lui sospira pesantemente, sembra nervoso.

«Dimmi, piccola.» Stringe le mie mani fra le sue, rendendo tutto molto più complicato.

«Vedi Jacob, io... Non so da dove iniziare.»

È più difficile di quanto immaginassi, ma devo farlo. Lo devo a lui, ma anche a me stessa. Rimandare complicherebbe ancora di più la situazione.

«Io sto molto bene con te, sei un ragazzo eccezionale, ma...»

«Ma non mi vuoi» conclude al mio posto.

L'amarezza nei suoi occhi mi rende debole. Mi dispiace sul serio e non avrei mai voluto ferirlo.

«Non si tratta di questo, forse semplicemente non è il momento...»

«È per Damon?»

«Cosa? No!» grido, come se fossi stata colpita da qualcosa.

«Credi che io sia stupido? Credi che non lo sappia che vuole solo vendicarsi?» Si alza, sovrastandomi.

«Di cosa stai parlando? Damon non c'entra nulla. Io...»

Il suo respiro diventa a mano a mano più lento, poi si risiede.

«Scusami, non avrei dovuto urlarti contro.» Abbassa lo sguardo. «Avrei tanto voluto che tu ti innamorassi di me, ma apprezzo la tua sincerità.»

Mi si riempiono gli occhi di lacrime, anche se so che non riuscirò a piangere. Jacob è un bravo ragazzo, non meritava di essere illuso.

«Ti chiedo solo di stare attenta. Per favore.»

La sua supplica mi provoca brividi lungo la schiena.

«Va bene» sussurro davanti al suo sorriso mesto, prima che rientriamo in sala.

Mi sento sollevata, ma le mie preoccupazioni non sono diminuite dopo aver messo fine a questa relazione, anzi. Credo di averne aggiunte altre belle grosse. Restare qui fuori non mi aiuterà; ho bisogno di Tate, così faccio l'errore di prendere la direzione verso cui si è mosso Jacob e di entrare in un posto in cui rischio seriamente di finire schiacciata.

Un ammasso di corpi sudati balla su una musica assordante, sarà impossibile trovare la mia migliore amica, ma in compenso i miei occhi intercettano una scena che mi stringe lo stomaco in una morsa fastidiosa. Damon, Jared, Thomas e ovviamente Piper sono seduti su un divanetto. Bevono, ridono e non mi sfugge il modo in cui lei prova ad accarezzarlo.

Dovrei distogliere lo sguardo, ma vengo colta in flagrante. Gli occhi di Damon non si staccano dai miei neppure quando i suoi amici provano a richiamarne l'attenzione. Si alza e cammina verso di me con un sorriso che dovrebbe mettermi in guardia, e che invece mi stende completamente.

Poi parla, e rovina tutto.

«Dove hai lasciato il tuo cagnolino?»

«Jacob non è il mio cagnolino!»

Il suo sorriso si allarga.

«Hai fatto tu il suo nome, non io. In fondo, lo sai» ammicca, dandomi uno sbuffetto sul naso.

«Smettila!» Faccio per andarmene, ma lui mi afferra il polso.

«Solo uno stupido lascerebbe la sua ragazza da sola in un posto simile!»

«Non stiamo più insieme» dico, anche se non avrei dovuto. A lui non devo alcuna spiegazione, anche perché credo che voglia solo prendermi in giro.

«Questo è interessante...» commenta, mordendosi le labbra.

«La tua amichetta ti sta cercando» dico, quando Piper gli avvolge il collo con le braccia. Mi allontano prima di assistere a qualcosa che – so – non mi piacerà affatto.

Di corsa e in affanno, esco nuovamente in giardino. Entrare in quella bolgia infernale è stato un errore, ora voglio solo respirare aria pulita e guardare la luna.

Mi risiedo dove ho discusso con Jacob, e subito mi sento meglio. Ho un legame profondo con la luna, qualcosa che a parole non so spiegare. Per questo mi infastidisco quando gli anfibi neri di Damon si posano a pochi centimetri dalla mia gonna.

«Hai abitudini strane.»

«Ognuno ha le sue» dico, con il naso ancora all'insù.

«Perché sei scappata?»

Abbasso lo sguardo, puntandolo su di lui, ma non negli occhi.

«Perché non mi andava di ascoltare le cattiverie di Piper.»

Sto mentendo, ma lui non lo sa e spero non se ne accorga.

«E perché hai mollato Jacob?»

Non so perché dia per scontato che sia stata io. Forse per quello che gli ho detto fuori dalla casa di Romeo e Giulietta, ma non ne sono sicura. Tuttavia, non ho voglia di dargli soddisfazione domandandoglielo.

«Perché lo vedo come un amico.»

«Caspita, sei crudele» ridacchia, ma non gli rispondo.

Damon non è abituato a questa versione di me, perciò sono stupita quando prova a parlarmi ancora.

«Ci verresti in un posto con me?»

«Dove?»

«Hai tre minuti per andare a prendere una giacca più pesante. Ti aspetto qui!» dice, guardando l'orologio.

«Non ho ancora accettato» brontolo, anche se muoio dalla voglia di scoprire le sue intenzioni.

«Il tempo scorre, piccoletta.» Si sposta, come per farmi passare. Purtroppo o per fortuna, non ascolto la ragione.

Venti minuti dopo, siamo alla stazione di Verona. Lo guardo come se mi avesse proposto di lanciarmi da una montagna.

«Cos'hai?» mi chiede, scrutandomi attentamente. Mi vergogno, ma sento di poterglielo confessare.

«Non ho mai preso un treno.»

I suoi lineamenti si addolciscono, anche se restano pungenti come sempre. Damon è altro oltre quello che mi ha mostrato finora, e vorrei tanto che mi desse la possibilità di sbirciare la sua anima.

«Ti assicuro che fa meno paura di un aereo» dice, poi posa una benda sui miei occhi e tutto si fa nero.

18

Non credo di avere mai provato una sensazione simile in vita mia, e non so descriverla a parole. Con Damon sto vivendo qualcosa di magico, di nuovo e inaspettato. Una parte di me, quella romantica, è eccitata all'idea di quello che stiamo per fare. L'altra ha paura, consapevole di poter essere solo una nuova conquista da aggiungere alla lista. Non credo che sia interessato a me da quel punto di vista, non sono il suo tipo. Piper lo è. Ma mi batte forte il cuore, mentre il treno sfreccia chissà verso dove e il profumo di Damon mi ricorda che lui è ancora qui con me, anche se non riesco a vederlo.

«Sembri una bambina la mattina di Natale» bisbiglia al mio orecchio, provocandomi brividi lungo la schiena. La sua voce è diventata il mio punto debole, e vorrei tanto saper gestire questa cosa.

«Per me è tutto così nuovo» ammetto, giocando con le maniche della giacca. Vorrei guardarlo, vedere la sua espressione mentre mi agito come una ragazzina, al suo fianco. Vorrei sapere cosa pensa della mia inesperienza, ma sarebbe imbarazzante, e forse umiliante.

«Si può dire che con il sottoscritto hai avuto tante prime volte.»

«Damon!»

Vorrei che suonasse come un rimprovero, ma so che non è così.

«Vorresti negarlo? Non credo che tu abbia derubato una povera famiglia con qualcun altro, prima di farlo con me…»

Provo a togliermi la benda dagli occhi, ma le sue mani afferrano le mie e lascio andare un lungo sospiro.

«Non farmici pensare.»

«Tranquilla, quelli non sono poveri» ridacchia, ma questo non diminuisce i miei sensi di colpa per avere «partecipato» a una cosa simile.

«Quanto manca?» chiedo.

«Siamo quasi arrivati» dice, posando le mani sulle mie orecchie quando una voce robotica inizia a parlare. Non vuole che sappia la nostra destinazione, e questa cosa mi eccita.

Mi tremano le ginocchia quando scendiamo dal treno e le braccia di Damon, ai miei fianchi, non sono d'aiuto. Ogni contatto con lui è una scarica elettrica dritta al cuore. Vorrei saperlo gestire, vorrei proteggermi da qualcosa che non conosco, da una persona che temo possa spostarsi appena proverò ad appoggiarmi a lei.

«Qualche altro metro, forza» mi esorta. Non riesco a parlare per l'emozione. Nessuno ha mai fatto una cosa simile per me, nessuno si è mai curato di farmi vedere qualcosa di nuovo e, quando scioglie la benda, temo di scoppiare a piangere.

«Dio mio…»

Queste due parole lasciano a fatica le mie labbra, come una supplica. Quello che vedo, quello che Damon ha fatto per me è la cosa più dolce e inaspettata possibile.

Nessuno avrebbe mai pensato di farmi vedere Venezia di notte.

«Suppongo ti piaccia.»

Mi volto verso di lui, perché anche se quello che ci circonda è stupendo, in questo momento ho la necessità di guardarlo negli occhi.

«Da morire. Non avrei mai immaginato di vederla in vita mia.»

«Tutto» bisbiglia, riducendo gli occhi a fessure. «Tu puoi vedere tutto quello che vuoi, prima di morire.»

Le mie labbra si curvano in un sorriso. «Sai essere dolce e macabro nello stesso istante.»

Lui fa una risata leggera e punta lo sguardo oltre le mie spalle, come se stesse cercando le parole giuste.

«Non illuderti, piccoletta. Non sono nessuna delle due cose.» Mi sorpassa, incamminandosi come se conoscesse questo posto come le sue tasche. Resto a fissarlo per qualche secondo, poi mi riscuoto dai miei pensieri e lo seguo.

Stiamo facendo una pazzia, non dovremmo essere qui. Lui però non rispetta le regole e spesso neanche le persone, eppure io vedo qualcosa in lui.

Qualcosa che mi spinge a seguire i suoi passi, ovunque vada.

«Tu sei completamente pazzo!»

Osservo i suoi movimenti esperti, mentre sale su una gondola ormeggiata per poi tendere una mano nella mia direzione.

«Tu pensi troppo!» replica, continuando a guardarmi come se volesse entrarmi dentro, come se volesse diventare il padrone dei miei pensieri e farmi fare tutto quello che vuole.

«Non possiamo. A quest'ora non sono permessi i giri turistici su… su queste cose.»

«Siamo arrivati fin qui. Direi che qualche regola l'abbiamo già infranta.» Allunga il braccio e mi afferra per la mano. «Sali, se non vuoi bagnarti tutta.»

Socchiudo le labbra. Damon è così sfrontato quando vuole ottenere qualcosa, e io così imbranata e impacciata.

«Se ci arrestano, è colpa tua» sussurro e abbasso gli occhi quando ci sediamo, l'uno di fronte all'altra. Damon fa distaccare la gondola dalla riva. Sembra tutto surreale, per me è impossibile metabolizzare l'idea di aver fatto così tante cose, per la prima volta, con lui, e in così poco tempo.

È da tutta la vita che immagino di viaggiare, di sperimentare e di affrontare nuove esperienze, ma la paura, il buon senso e il rispetto delle regole mi hanno sempre bloccata.

«Saresti ridicola in un carcere» dice. «In senso buono.»

I muscoli delle sue braccia iniziano a tendersi per lo sforzo, e mi impongo di non farmi distrarre da questo per metabolizzare le sue parole.

«Grazie, lo prendo come un complimento.»

«Vieni qua, avvicinati. Dobbiamo bilanciare il peso» spiega, mordendosi le labbra. Quando mi alzo per raggiungerlo, rischio di cadere.

«Siamo sicuri che…»

«Tranquilla, entrambi sappiamo nuotare.»

«Giusto» sussurro posando la guancia sulle mie ginocchia. Sembra un sogno, mentre passiamo sotto uno dei tanti ponti del Canal Grande. Mi sento come una attrice italiana degli anni Settanta, o come una qualunque altra donna durante un appuntamento romantico con il suo amato.

Ma io non sono nessuna delle due cose.

«Quindi ti piace la notte, la luna e chissà cos'altro.»

«Meglio di tutto quel frastuono che c'era in albergo» ammetto, guardandolo con la coda dell'occhio. «E a te cosa piace, Damon?»

I suoi occhi si perdono nel vuoto.

«Qualcuno direbbe che hai gusti strani.»

«Tu non ti sbilanci mai.»

Come sempre preferisce non rispondere alle mie domande, neanche a quelle più semplici.

A volte mi sento stupida con lui, non compresa, non accettata.

Altre volte, invece, ho la sensazione che siamo simili.

«Preferisco rimanere in posizione neutrale, nulla di personale.»

«Non ti ho chiesto di parlarmi della tua vita, infatti» borbotto. Sulle sue guance compaiono due fossette alle quali non avevo mai fatto caso prima. Ma in fondo Damon sorride poco, e non so il perché, ma questa cosa mi rende triste.

«Tu potresti parlarmi della tua.»

Smette di far andare le braccia e la gondola si ferma.

Mi sento in bilico, ma non ho paura di cadere.

«No» dichiaro, aumentando il suo divertimento. «Le cose dovrebbero essere reciproche.»

«Per questo hai lasciato quell'idiota! A te lui non piaceva, mentre lui ti sbavava dietro come un cagnolino.»

Sto per dirgli che dovrebbe smetterla di offendere Jacob, che non può prenderlo in giro in mia presenza perché, nonostante tutto, è una persona a cui voglio bene, ma lui mi precede, spostando l'attenzione su un altro argomento.

«Perché dopo tutto questo tempo vorresti ancora una famiglia?»

La sua domanda è una doccia fredda, non pensavo che gli potesse interessare una cosa simile. Ma io non ho mai avuto problemi a parlarne, anzi.

«Perché per una volta nella vita vorrei essere la scelta di qualcuno.»

Non sento la necessità di abbassare lo sguardo, non mi sono mai vergognata per essere stata abbandonata.

«Mi sembra strano che tu non lo sia stata già» sussurra. E proprio in questo momento sento nascere un legame fra noi, qualcosa che va oltre quello che è stato e quello che sarà. Qualcosa che mi permette di abbattere il primo muro che Damon ha innalzato tra sé e il mondo. Lui mi guarda, finalmente mi vede e non disprezza quello che ha davanti. Lo accoglie, mi accoglie e mi accetta per quella che sono, nonostante le mie stranezze, nonostante le mie paure.

«Ehi voi due! Cosa state facendo?»

«Cazzo» fa, quando un fascio di luce ci investe come ladri con le mani nel sacco. Un uomo, probabilmente un poliziotto di turno, ci urla contro qualcosa che non riesco a comprendere. Passa dall'italiano a un inglese imbarazzante.

Damon prende in mano la situazione. Accosta con la gondola, torniamo con i piedi per terra e mi incita a correre, a resistere mentre proviamo a non ridere.

Non l'ho sognato, ho davvero trascorso le ultime cinque ore con Damon, e ho riso con lui, parlato con lui come se al mondo non esistesse niente, oltre noi. Ci siamo appena salutati, ma quando metto piede nella mia stanza è tutto buio e non riesco a vedere nulla.

«Spero ti sia divertita!»

«Piper...» balbetto, quando il suo volto viene illuminato dalla lampadina sul comodino.

Tate dorme, ed è meglio così. Si scatenerebbe un litigio.

«Ti scopi Cooper?»

«Cosa?...»

Le mie guance si tingono di rosso, ma quando avanza nella mia direzione lascia posto al fastidio.

«Attenta a quello che fai, quelle come te non finiscono bene.»

«Mi stai minacciando?» Tengo la testa alta, non voglio farmi intimidire da lei e dai suoi modi.

«È soltanto un avvertimento. A differenza tua, io Damon lo conosco.»

In questa frase c'è tutto quello che io non avrò mai, e lei lo sa.

Ha appena scoperto i miei punti deboli e li userà a suo favore.

Da troppe settimane provo a conoscere una persona che non vuole farsi conoscere, un ragazzo che invece lei frequenta da tempo e con cui...

«Lasciami stare.» La supero, e vado a chiudermi in bagno come una bambina spaventata dalla strega cattiva.

I nostri giorni a Verona sono finiti, e io ho una valanga di emozioni da dover chiudere in valigia, prima di lasciare l'albergo. Tate ha mal di testa; non so come, ma è stata in grado di bere alcolici anche durante una gita scolastica. Le ho raccontato tutto, dal litigio con Jacob fino alla follia con Damon, ovviamente omettendo la parte in cui abbiamo deciso di entrare in una proprietà privata.

«Non ti riconosco più» dice, mentre siamo sull'autobus che ci porterà in aeroporto. Nelle sue condizioni temo che possa vomitare anche l'anima, ma a quanto pare il mio racconto la aiuta a non pensarci.

«Quando lui è con me sembra diverso» sussurro.

Lei mi guarda come se provasse pena, e ben presto ne comprendo il motivo.

«Se fosse realmente interessato, non fingerebbe di non conoscerti quando è con gli amici. Mi dispiace, Pallina, ma ti avevo avvertita.»

Abbasso gli occhi quando Piper, Damon e gli altri passano al mio fianco e lui non mi degna di uno sguardo. Sembrano i padroni del mondo, con i loro atteggiamenti sfrontati, con la loro arroganza quando camminano e urtano le persone senza chiedere scusa.

Damon deve essere diverso, oppure è con me che finge.

Non so cosa dire. Preferisco il silenzio, preferisco custodire dentro di me il senso di delusione che provo per essermi fidata di nuovo, sbagliando. Ma è soltanto colpa mia, spetta a me restare al mio posto per evitare di cadere in un baratro dal quale sarà difficile riemergere.

Ormai siamo a fine ottobre, ad Halloween. A scuola non si parla d'altro, e Tate, da più di tre ore, mi sta supplicando di andare con lei a una festa. Io non voglio per una serie di motivi, tra cui la malinconia e la preoccupazione che provo.

Damon è scomparso, a differenza dei suoi fedeli amici che ultimamente hanno iniziato a scrutarmi con una certa insistenza.

Thomas, quando può, mi saluta con un sorriso.

Jared, invece, sembra abbia sempre voglia di farmi del male.

Sono preoccupata e… lui mi manca.

«Non hai scuse, la Morris ci ha persino dato il permesso!»

Metto un segnalibro fra le pagine che sto leggendo; Tate sarebbe in grado di strapparle, se non la considero.

«Ti ho già detto che non mi va. Per favore, non insistere.»

«Ehi.» Si inginocchia, accarezzandomi la guancia. «Non devi stare male per lui, non ne vale la pena.»

Mi raddrizzo sul letto. «Sto bene, non ci penso più.»

Lei mi guarda dubbiosa e so che non crede alle mie parole.

«Voglio solo che tu ti distragga, e poi non è detto che Damon ci sarà.»

Al contrario, a me basterebbe vederlo per tranquillizzarmi. Sono una stupida, ma ho un brutto presentimento e non posso farci nulla.

«Lo so, ma…»

«Metti queste.» Sorride, posando qualcosa sulla mia testa.

«Tate, sul serio?»

«Sono delle semplici orecchie da gattina sexy» ammicca, gettando sul letto, al mio fianco, un vestito nero. «Non accetto un no come risposta. Dai, sarà una serata tranquilla. Cosa ti aspetti?»

Nulla, non mi aspetto nulla e non vorrei assecondare le sue follie, ma quando Tate si mette in testa una cosa, so di non poter vincere.

In fondo… è solo una festa.

19

Quando Tate mi ha parlato della festa di Halloween non pensavo si sarebbe svolta nella palestra della nostra scuola, ma avrei dovuto immaginarlo.

A volte sembra di vivere in un telefilm americano.

«Andiamo a prendere qualcosa da bere» urla nel mio orecchio, trascinandomi in un angolo trasformato in zona bar. Chiunque si sia occupato dell'organizzazione, ha fatto un ottimo lavoro. Tuttavia, ho i miei dubbi che in una scuola possa essere consumato alcol.

«C'è anche Luke» dico, quando lo riconosco tra la folla. Lui mi è molto simpatico e sicuramente è la persona con cui ho avuto meno problemi, da quando sono arrivata qui.

Jacob mi evita, ma non posso dargli torto e purtroppo credo sia troppo presto per proporgli di rimanere amici.

«Oddio, andiamo a ballare.» Tate inizia a saltellare sul posto, ed è così euforica, mentre si lancia in pista, da non notare che io non l'ho seguita. Non solo non so ballare, ma ho seriamente paura di morire soffocata in mezzo a tutte queste persone.

Sospiro, e a soli dieci minuti dall'inizio della serata penso che avrei fatto meglio a restarmene a letto.

Uscire con Tate è sempre una pessima idea.

Abbiamo abitudini diverse, modi di fare che non c'entrano nulla. Sto per chiedere da bere al tizio del bar, qualcosa di analcolico ovviamente, quando sento la mano di qualcuno sulla mia spalla.

«Ehi, Krystal!»

«Thomas, ciao.» Gli sorrido.

Lui mi ispira fiducia. Anche se non dovrei sbilanciarmi su una persona che non conosco, sicuramente è quello più educato con me.

«Cosa ci fai qui? Tutta sola, poi…»

Si guarda intorno e mi convinco che nei paraggi potrebbe esserci anche Damon.

«La mia amica sta ballando e…»

«E tu ti stai annoiando!» ridacchia. «Perché non ti unisci a noi?»

Ora dovrei ridere io per l'assurdità della proposta, ma non mi permetterei mai.

«Non mi sembra una buona idea» mormoro. «Non sono molto simpatica ai tuoi amici.»

Lui scuote il capo, come se avessi detto un'assurdità, ma si sbaglia. So quello che dico, per questo resto perplessa quando insiste.

«Ti sto invitando io, quindi è okay. Sul serio, vieni a sederti con noi.» Arriccia il naso, sfiorando le orecchie da gattina che ho sulla testa.

Non mi sento presa in giro, non da lui almeno.

«Okay… andiamo.»

Me ne pentirò, ma non riesco a oppormi, anche se il mio sesto senso mi suggerisce di farlo.

«Perfetto.» Mi prende a braccetto e, dopo qualche metro, li vedo.

Damon, Jared, altre persone che non conosco e ovviamente Piper.

Lei è immancabile. Damon dice che non è la sua ragazza, eppure stanno spesso insieme.

«Fate largo a Krystal!»

La testa di Damon saetta nella mia direzione al suono di queste parole, mi guarda come se avesse visto un fantasma.

Piper, travestita da Harley Quinn, rifila un'occhiataccia al povero Thomas, ignaro di quanto odio ci sia nei miei confronti. E non lo so il perché, non credo di aver mai fatto nulla a nessuno di loro.

«Tu sei scemo!» ringhia Jared sottovoce, ma riesco ugualmente a sentirlo.

«E questa cosa ci fa qui?» sbotta Piper, squadrandomi dalla testa ai piedi.

«L'ho invitata io» replica Thomas con sufficienza. «Problemi?»

«Qualcuno» borbotta Jared, rigirandosi un bicchiere fra le mani.

«Meglio che vada.» Guardo Thomas e mi alzo, lisciandomi la gonna. Non mi sono mai sentita tanto umiliata come in questo momento, ma il peggio deve ancora venire.

«Siete dei cafoni.»

Una voce che non ho mai sentito prima attira la mia attenzione. Il ragazzo che ha appena parlato ha i capelli biondi e gli occhi verdi cerchiati di rosso, come se avesse bevuto chissà quanto e chissà cosa.

«Tranquilla, a me non disturba la tua presenza. Ti va di fare un giro, solo noi due?» Accenna un sorriso a dir poco rivoltante.

«Oh Fred, non ti conviene» dice Piper, posando la guancia sulla spalla di Damon. «Si è lasciata da poco, e poi è una santarellina. Non te la darebbe mai!»

Vorrei distogliere lo sguardo, andare via e mettere fine a tutto questo, ma è come se qualcosa continuasse a tenermi inchiodata dove mi trovo.

«A me piacciono le brave ragazze.» Ride, allungando una mano nella mia direzione. «Sono Fred, molto piacere.»

Sto per ricambiare il suo gesto e dirgli il mio nome, quando la sua voce congela la realtà.

«Direi che lo spettacolo è finito.» Il suo sguardo mi stordisce. «Puoi anche andartene. Come vedi, qui non è il tuo posto.»

«Damon, che cazzo dici?»

Thomas si alza, e finalmente riesco a farlo anch'io.

Me ne vado a testa bassa e con gli occhi pieni di lacrime che però non bagneranno il mio viso.

Ho il respiro spezzato e l'affanno, mentre mi faccio largo fra questo ammasso di corpi. Voglio solo andare via, nascondermi nella mia stanza e dimenticare l'umiliazione più brutta che Damon potesse riservarmi.

Perché? Perché proprio io?

Perché proprio lui?

«Ora basta» sussurro al vuoto, quando mi ritrovo in giardino.

Non c'è nessuno, tutti fanno festa, ignari di quanto male questo mondo può fare a una persona come me.

Ho il respiro in affanno, quando appoggio la schiena al muro.

Tocco il vestito e vorrei strapparlo.

Questa non sono io, e Tate dovrebbe farsene una ragione.

«Sei più pazza ti quanto immaginassi.»

Sussulto, ma quando mi rendo conto che Damon mi sta raggiungendo riprendo a camminare. Non lo voglio vedere, non lo voglio sentire, ma a quanto pare lui la pensa diversamente.

«Sto parlando con te, gattina!» Le sue dita mi serrano il polso, mi costringe a girarmi.

«Lasciami!» urlo. «Tornatene dai tuoi amici...»

«Hai detto bene.» Ride. «Sono i miei amici.»

Il dolore si trasforma in rabbia. Damon sta tirando fuori il peggio di me, e questo non è un bene.

«Non ho intenzione di rubarteli, puoi stare tranquillo.» Provo a sorpassarlo, ma lui mi sbarra la strada. La sua espressione è furente, sembra sconvolto quando in realtà non dovrebbe esserlo. Non può temere una come me, ma le sue parole continuano a infliggere altre ferite che purtroppo non saranno facili da curare.

«Il mio mondo non ti appartiene, devi farti da parte» sussurra con un'intensità tale da farmi tremare le ginocchia.

Io, però, resto forte e mi gioco anche l'ultimo pezzo di cuore.

«A Venezia non la pensavi in questo modo. Siamo stati bene, anche se... anche se siamo diversi.»

I suoi occhi si perdono nei miei, e mi guarda come se fosse la prima volta che mi vede sul serio. Le sue dita abbandonano il mio polso, ma solo per posarsi sul mio viso e per accarezzarlo come se ne fosse ipnotizzato.

«Cosa stai facendo?» balbetto con le spalle al muro.

«Un casino» risponde, poi le sue labbra premono sulle mie.

Le dischiudo al suo volere con naturalezza, passione e anche qualcos'altro. Come se lo conoscessi da sempre, come se lui conoscesse me da tutta una vita. Ci consumiamo le labbra, la pelle e i sapori, assaggiandoci a vicenda. Non c'è calma in questo bacio, ma la pace e la serenità che si prova dopo aver fatto qualcosa che desideravi da tempo.

Affondo le dita fra i suoi capelli e lui mugola sulle mie labbra, quando mi stringe a sé come se gli appartenessi sul serio.

Siamo un incastro perfetto.

Siamo qualcosa che non posso definire, ma che mi stordisce ogni volta che prendiamo fiato per poi perderlo di nuovo.

«Cazzo!» Si allontana, e subito sento la mancanza delle sue mani su di me. «Cazzo, cazzo, cazzo!»

Le sue ora sono fra i capelli e li tira come se volesse strapparli.

Mi guarda, per un solo istante, con ancora le labbra rosse e gonfie. Io ricambio con la paura di avere solo immaginato il mio primo vero bacio. Perché con Jacob è stato diverso, e quello che ho avuto con lui non si avvicina nemmeno lontanamente a quello che è successo con Damon.

Le sue dita tremano, mentre scrive un messaggio. Vorrei dire qualcosa, qualsiasi cosa, ma restiamo in silenzio fin quando non vedo Thomas correre nella nostra direzione.

«Dam, cos'è successo?»

Osservo la scena come se non mi riguardasse.

«Accompagnala e assicurati che rientri in stanza.»

«Cosa?» balbetto e per un attimo mi guarda, ma è troppo poco. È troppo… poco.

«Mi raccomando» dice, rivolgendosi sempre all'amico. Poi se ne va, lasciandoci soli.

* * *

Il mattino seguente la scuola è quasi vuota. Molti, come Piper, hanno scelto di rimanere a casa. Per tutta la notte non ho fatto altro che pensare a lui, a quel bacio e alla sensazione delle sue mani su di me. Ma è andato via, è scappato senza uno straccio di spiegazione.

«Sei pallida» borbotta Tate.

Non le ho detto del bacio. Una ramanzina è l'ultima cosa di cui ho bisogno, al momento.

«Non mi sento molto bene» ammetto. «Credo di aver preso freddo, ieri sera.»

Lei annuisce, sembra pensierosa.

«Dovevi restare a casa» dice, di punto in bianco, a pochi passi dalle toilette. Le sue mani si fermano sulle mie spalle.

«Sì, credo di...»

«Oddio, scusami!»

Una voce femminile mi fa voltare, ma quello che vedo è ancor peggio di essere stata abbandonata con un altro, non molte ore prima.

Una ragazza bionda, alta e incredibilmente bella mi sorride, dopo essersi scusata per essermi finita addosso. Ma non è sola, e non mi serve guardarlo per sapere cosa hanno fatto in quel bagno.

Sento i suoi occhi sul mio viso, percepisco il disagio di Damon.

«Non fa nulla.» Deglutisco, poi sento la mano di Tate afferrare la mia e spingermi dove quei due sono stati fino a un attimo prima.

«Ehi.» Solleva il mio mento con le dita. Lei non sa, ma sa. Sa che in questo momento vorrei essere in grado di piangere, di urlare e di parlarle, ma non insiste. «Chiamo la Morris?»

«Sì... credo di avere la febbre» dico, anche se non ne sono sicura. L'unica cosa che voglio, ora, sono le braccia della donna che considero mia madre.

«Era da un po' che avevo qualche sospetto.»

Siamo in salotto, il camino è accesso e una tazza di cioccolata calda è posata sulle mie gambe. Nei miei sogni questa è la vita che ho sempre desiderato con i miei genitori.

«Non c'è altro da dire, mi sono soltanto illusa. Damon non mi ha mai promesso nulla» confesso, con un pizzico di imbarazzo. Non avevo mai parlato con la Morris di queste cose, anche perché non mi era mai accaduto niente di simile.

«Però lui ti ha baciata, quindi suppongo che tu gli piaccia.»

Un sorriso triste sporca il mio viso.

«Come ha baciato la ragazza bionda e chissà quante altre.»

Storce il naso. «Mi sembra uno poco serio, non merita le tue lacrime» dice, accarezzandomi i capelli.

Io mi limito ad annuire.

«Vai a riposare, hai la febbre. Salterai le lezioni finché non starai meglio.» Mi bacia sulla fronte, e io seguo il suo consiglio.

Non riesco a dormire, sono ore che mi rigiro fra le lenzuola.

Da tre giorni trascorro le giornate in questa stanza. Tate è uscita, ma come al solito, nonostante io stia male, ha dimenticato di chiudere la finestra.

Penso ancora a lui, ai suoi occhi, alle sue parole e al nostro bacio. Scuoto il capo, prima di scostare le coperte e raggiungere il davanzale. Qui qualcosa attira la mia attenzione, facendomi battere forte il cuore. Una moto nera è ferma sul ciglio della strada, e chiunque sia seduto lì sopra sta guardando nella mia direzione. È lui, è Damon, ma io chiudo la finestra, nonostante il dolore al petto, domandandomi per tutta la notte il perché del suo gesto.

20

Dopo cinque interminabili giorni, inizio a stare meglio. La febbre è scomparsa, e sinceramente non vedo l'ora di tornare a scuola. Stare chiusa in stanza non mi è stato d'aiuto, ho continuato di rimuginare sempre sulle stesse cose.

Tate ha iniziato a frequentare un certo Carl e per questo motivo ogni sera mi ha abbandonato per passare del tempo con lui. Sono felice per lei, anche perché la vedo più serena rispetto a qualche settimana fa, ma mi sarebbe piaciuto avere un po' di compagnia mentre stavo male.

Dopo aver fatto una doccia, infilo una maglia larga e delle calze che mi arrivano fin sopra il ginocchio. Nonostante abbia dormito per la maggior parte del tempo mi sento stanca, ma suppongo sia anche colpa della noia.

Quando rientro in stanza, però, i miei buoni propositi di leggere un libro falliscono e sono costretta a tapparmi la bocca per non urlare come una pazza, svegliando tutti.

«Damon» ansimo, presa in contropiede.

«Maledette scarpe» sbotta, calciandole in un angolo.

«Cosa ci fai qui?» balbetto, ma il mio iniziale sconcerto viene rapidamente sostituito dallo sgomento. «Cosa hai fatto all'occhio?» D'istinto mi avvicino, ma mi blocco quando realizzo come mi sta guardando.

«Sei sparita» dice con un tono di voce così freddo e distaccato da farmi accigliare.

Non ne ha alcun diritto, fra le tante cose...

«Ti ho fatto una domanda.» Incrocio le braccia sul petto e lui fa un sorriso pigro.

«Due, se vogliamo essere precisi.»

«Potresti anche rispondere.» Vado a sedermi sul mio letto. Ho bisogno di distanza per ragionare, ma ormai l'aria è già impregnata del suo odore.

«Un lavoro finito male, non chiedermi altro.» Avanza nella mia direzione, restando però in piedi di fronte a me. «Tu che fine hai fatto?»

Non sono abituata al suo lato loquace e curioso.

«Ho avuto la febbre» mormoro, distogliendo lo sguardo.

Sento il materasso schiacciarsi sotto il suo peso, si è appena seduto al mio fianco e io mi chiedo il perché di tante cose.

«Ora stai meglio?»

Quando mi giro verso di lui, però, punta con lo sguardo da tutt'altra parte. È una situazione surreale, sembra che nessuno dei due sia a proprio agio, ma che neppure non vorrebbe essere altrove.

«Sì, lunedì torno a scuola.»

«Bene.»

Seguono interminabili attimi di silenzio, nei quali vorrei chiedergli tante cose, ma so già che non otterrei nulla. Damon direbbe che è passato di qui per caso, che è stato un errore, e io non ho la forza di reggere altri colpi. Dovrei cacciarlo, mettendo un punto alla mia insaziabile voglia di trascorrere del tempo con lui. Mi ha baciata, poi mi ha piantata in asso e il giorno dopo stava già baciando un'altra. Questi sono segnali inequivocabili, dovrei farmene una ragione. Damon non è il principe azzurro che sognavo da piccola, non mi vuole, non mi rispetta e…

E io sono una stupida.

«Mi dispiace per il tuo occhio. Ti fa molto male?»

Un ghigno affiora sul suo bel viso.

«Non dispiacerti, dovresti vedere quel tipo come l'ho combinato.»

Sospiro pesantemente. «Non ci tengo, grazie.»

Lui mi guarda con la coda dell'occhio, mentre mi infilo sotto le coperte.

«Ho freddo» mi giustifico, anche se non dovrei.

«La tua amica ti ha abbandonata per un'altra festa?»

Il suo tono mi infastidisce; non è una novità che nessuno dei due nutra simpatia per l'altro, ma dopo quello che è accaduto penso che Damon non possa permetterselo. Probabilmente è la gelosia a parlare al mio posto, ma non posso farci niente.

«Aveva un appuntamento. Tu, invece, nessuna festa in programma?»

Le sue labbra si piegano in un sorriso beffardo, sembra fin troppo sereno stasera, nonostante quello che è successo al suo viso che – sia chiaro – è sempre fin troppo bello.

«Parecchie.»

«Sei ancora in tempo» sussurro.

«Lo so, ma non ne ho voglia» dice, guardandomi negli occhi.

Non apro bocca perché si stende al mio fianco e volge lo sguardo alla finestra.

Damon sta guardando la luna, nel mio letto. Non c'è bisogno di aggiungere altro. È l'ennesimo errore che sto compiendo da quando lo conosco. In cuor mio so che questo momento, così magico per me, è il preludio ad altre sofferenze.

Sospiro e appoggio la guancia sul cuscino. Non so mandarlo via, lascio che sia il mio cuore a scegliere. Fissiamo la luna come fosse un quadro in un museo importante, poi la stanchezza prende il sopravvento. Quando il mattino dopo mi risveglio e lui non è più al mio fianco, mi rendo conto che il suo lato è ancora caldo.

Sono le otto, la campanella è suonata da pochi minuti ma io sono già al mio armadietto per recuperare anche le cose di Tate. Per mia fortuna, è tornata dopo che Damon è andato via, altrimenti non avrei saputo come giustificarmi. Non ho mai dormito con un uomo in tutta la mia vita e, nonostante l'imbarazzo, non riesco a non pensarci senza un sorriso.

Tuttavia sono costretta a tornare con i piedi per terra quando è proprio lui, il moretto spettinato dall'aria imbronciata, a camminare nella mia direzione.

«Devo parlarti.» Posa una mano sul mio armadietto. Sembra teso, ma guarda solo me, come se il resto non esistesse.

«Buongiorno anche a te» dico, ma lui non sorride neanche per sbaglio.

«Verrai a nuoto?»

«Sì, la Morris mi ha dato il permesso.»

Sono sempre più confusa, e lui non facilita le cose.

«Allora a dopo. Non mancare.» Se ne va con la stessa fretta con cui è arrivato. Mi guardo intorno, come se nel volto degli altri potessi trovare uno straccio di spiegazione, ma non è così. Damon sarà sempre difficile da decifrare. L'unica cosa che so, al momento, è che dovrò resistere un paio d'ore prima di capire cos'è successo. E non sarà facile.

Come previsto, la giornata scolastica mi sembra interminabile. Schivo più volte le domande di Tate sul perché sembro così agitata, spostando l'attenzione sul suo appuntamento con Carl. Una parte di me si sente in colpa, vorrei raccontarle tutto, dal bacio a quello che è successo dopo, ma so che mi giudicherebbe soltanto.

Finalmente il momento atteso arriva.

Ho soltanto paura che lui possa non presentarsi. Impazzirei.

Dopo aver appeso l'accappatoio, vado a sedermi a bordo piscina. Lui non c'è ancora, ma dopo pochi istanti il suo profumo inonda le mie narici. Sono sicura che lo riconoscerei fra mille.

«Sei stata di parola» dice.

«Di cosa volevi parlarmi?»

Con la coda dell'occhio lo guardo immergere i piedi in acqua. Averlo così vicino, quando siamo solo in costume, mi agita, ma sembra che lui non se ne accorga. È sempre controllato in tutto quello che fa.

«Stasera ci sarà una festa a casa di un tizio che frequenta questa scuola. La tua amica sicuramente ci andrà...»

«E...»

«Tu non dovrai seguirla.»

«Non sapevo neppure dell'esistenza di questa festa.»

Sono sempre più confusa, i suoi modi sono ambigui e fastidiosi.

«Lo immaginavo, ma tendi a farti coinvolgere facilmente. Ecco, stasera vai a dormire presto!»

Lo guardo male, ma lui non si lascia scalfire. Ha modi di fare che farebbero arrabbiare anche la persona più mite del mondo.

«Sono in grado di badare a me stessa! E poi, cosa succede di strano a questa festa?»

«Nulla che ti riguardi. Segui il mio consiglio.»

Si alza, pronto ad andare via, quando invece anche lui dovrebbe seguire il corso.

«Sei venuto qui solo per darmi ordini?» Alzo il capo.

«Pensala come vuoi, ciao Krystal.» Scrolla le spalle e mi lascia sola, con una strana sensazione all'altezza dello stomaco che non riesco a ignorare fino a sera.

La paura aumenta quando, ore dopo, la mia migliore amica mi dice che andrà al cinema con Carl, non citando alcuna festa.

Sono preoccupata. Non per me, né per Tate, ma per Damon. Mi ritrovo così a fare una cosa che, insieme a tante altre, rimpiangerò nei prossimi giorni. Tate pensa che io sia una sprovveduta, una che se vuole qualcosa non sa come fare. Invece, a quanto pare, se si tratta di Damon riesco a tirare fuori un lato di me che non sapevo neanche di avere.

Dopo il corso, ho scoperto chi avrebbe dato una festa. E ora sono qui, fuori da una villa enorme e fastidiosamente lussuosa, per decifrare le parole di Damon. Non prevedo nulla di buono, a partire da un'altra settimana d'influenza.

In altre occasioni, Tate avrebbe apprezzato il fatto che indosso la sua gonna preferita, ma sono sicura che in questo caso mi sgriderebbe. Non so cosa fare, né cosa aspettarmi, ma la curiosità è tanta. Prima di cambiare idea, mi tuffo fra una folla di ragazzi e ragazze già ubriachi.

Mi muovo fra i presenti senza neanche sapere cosa sto cercando. Riconosco qualcuno, mi è sembrato di vedere anche Luke e Jacob, ma non ne sono sicura. È tutto così caotico, rumoroso e disordinato da non capirci nulla.

«Oddio!» urlo, quando qualcuno mi spinge, forse accidentalmente, facendomi scivolare e sbattere le ginocchia sul pavimento bagnato. Chiudo gli occhi, e quando li riapro è come se fossi stata trasportata in un'altra realtà.

Persone che urlano, altre che corrono verso l'uscita. Calci, gomitate e spintoni non mi permettono di rialzarmi o di capirci qualcosa. Sono spaventata, sto per avere un attacco di panico ed essere schiacciata da una mandria impazzita, senza neppure capire il perché.

La risposta arriva nel modo più brusco, quando i miei occhi vedono quello che mai avrei voluto. Tre ragazzi con il viso coperto da una maschera nera stanno minacciando i presenti con delle pistole. Hanno sulle spalle zaini pesanti, chiusi a malapena. Purtroppo, il mio cuore sa.

I nostri occhi si incontrano pochi attimi prima della fuga, quando qualcuno urla di aver chiamato la polizia. Lo riconosco, li riconosco, e in mezzo a una valanga di urla e pianti lui riesce a vedere la mia anima spezzata. Sono ancora in ginocchio, con il cuore in fiamme, mentre Damon colpisce un ragazzo, facendolo cadere, e corre nella mia direzione.

«Che cazzo stai facendo?» gli urla qualcuno, forse Jared, e mi chiedo come nessuno, in questa stanza, li abbia riconosciuti.

Forse è colpa mia, forse solo io sono in grado di perdermi nei suoi occhi e di riconoscerli come se fossero casa mia, anche se non è così.

«Non dire una parola.»

Mi afferra per i polsi, mi prende in braccio e insieme scappiamo via da una villa che lui, insieme ai suoi amici, ha appena rapinato.

Mi ritrovo nella cabina di guida di un furgone bianco, malmesso e maleodorante, stretta insieme a tre ragazzi che di fatto non mi conoscono e che io non conosco. Ma non vorrei essere in nessun altro posto, al momento.

Thomas sta guidando, Damon ha la testa bassa e le mani fra i capelli, mentre Jared mi guarda come se volesse uccidermi e poi gettarmi in un fosso. Non riesco a parlare, non so cosa dire, ma ci pensa Jared a riportare tutti con i piedi per terra.

«Tu sei completamente impazzito» ringhia contro l'amico.

«Stai zitto» sussurra Damon, con un tono che stento a riconoscere.

«Non riguarda solo te, riguarda tutti noi. Potevi farci arrestare, a causa di questa stronza!»

Sussulto quando Damon si alza e afferra Jared per il bavero della giacca. Tremo come una foglia, ho paura. Solo ora mi rendo conto di quello che è successo e di quello che poteva succedere.

«Ti ho detto di stare zitto.»

E Jared lo fa, non prima di avermi rifilato l'ennesima occhiataccia.

«Damon, dove vuoi che la accompagni?» interviene Thomas, e mentalmente lo ringrazio per averlo fatto. Non ho il coraggio di guardare nessuno di loro, ma sono costretta a farlo quando Damon risponde all'amico di accostare.

«Scendi» mi dice.

Thomas e Jared vanno via, e io mi ritrovo sola, in una strada buia e deserta, con un ragazzo che ha tutto il diritto di essere arrabbiato con me. Non giudico le sue azioni, ma ora capisco il senso della sua «raccomandazione».

«Mi dispiace» sussurro.

Le sue mani sono strette sulla staccionata che separa l'asfalto dal terriccio. Continua a darmi le spalle mentre fa profondi respiri per calmarsi.

Non credo di averlo mai visto in queste condizioni. Sapere di esserne la causa, mi consuma.

«Mi dispiace, davvero.»

«Ti avevo chiesto una sola cosa.» Inizia sottovoce, per poi dare sfogo alla frustrazione che preme per esplodere. «Una sola, cazzo!» urla, e io chiudo gli occhi.

«Ero preoccupata» balbetto.

«La tua amica sa badare a sé stessa.»

Li riapro e me lo ritrovo vicino.

«Non ero preoccupata per Tate, lei è al cinema con Carl.»

«Cosa?» si acciglia.

«Ero preoccupata… per te» ammetto, e mi iniziano a tremare le labbra. Vorrei calmarmi, ma il solo pensiero di quello che sarebbe potuto succedere mi fa stare male. «Mi dispiace sul serio, non me lo sarei mai perdonata se a causa mia ti avessero arrestato…»

«In quel caso, la colpa non sarebbe stata tua, ma mia.»

Deglutisco, ma non serve a nulla.

Sono qualcosa di fragile, pronto a rompersi appena qualcuno proverà a sfiorarmi.

«Tu mi avevi avvertita stamattina» balbetto «e non ti ho ancora ringraziato.» Abbasso lo sguardo, ma la mia voce tremolante attira ugualmente la sua attenzione.

«Krystal…» Il mio nome abbandona le sue labbra come una dolce carezza, e le sue dita sollevano il mio mento con decisione. «Cosa sono questi occhietti lucidi?»

Il suo tono falsamente da duro mi fa venire voglia di sorridere.

«Io non piango mai» sussurro.

«Mai?»

Non ho tempo di replicare, perché i suoi amici tornano indietro, mettendo fine a qualcosa che nessuno può comprendere.

«Ragazzi, dobbiamo andare…» dice Thomas, dopo un colpo di tosse. Ci allontaniamo e nessuno aggiunge altro, mentre mi riaccompagnano.

In auto c'è silenzio. Mi sento a disagio fino a quando non arriviamo a destinazione. So di aver messo in pericolo tutti e non posso aspettarmi più di un timido saluto da parte di Thomas.

«Torno subito.» Damon mi sorprende accompagnandomi fino al cancello sul retro.

«Bella gonna» borbotta, confondendomi ancora di più.

Con lui non sai mai cosa pensare.

«Non è mia, ma di Tate.»

«Capisco.» Storce il naso e io abbasso gli occhi.

Ho temuto questo momento, anche se sapevo che sarebbe arrivato. Domani torneremo a ignorarci, e fingeremo che tutto questo non sia mai accaduto.

«Meglio che vada. Scusami ancora, Damon.»

Lui sospira e scuote il capo.

«Sei una bella seccatura, Krystal.»

Le sue labbra si posano sulla mia fronte per qualche secondo, poi mi volta le spalle e torna dai suoi amici. Ci penserò per tutta la notte.

21

Quello che è successo ieri sera, ovviamente, è diventato l'argomento del giorno nella nostra scuola.

«Come stai? Sembri pensierosa.»

Io e Jacob non ci parliamo da tempo, precisamente da quando siamo tornati dall'Italia, ma ha comunque ragione. Oggi sono strana, anche se lui non può, neanche lontanamente, immaginarne il motivo.

«Sono solo un po' stanca, ho dormito poco.» Accenno un sorriso, e lui annuisce anche se sembra perplesso per la mia risposta.

«Ehi, di cosa parlate?»

Tate posa le mani sulle nostre spalle. Ultimamente è raggiante; questo Carl deve farle bene e ne sono felice. Ha sempre avuto una pessima opinione dell'amore, e anche se lei direbbe che in realtà si sta solo divertendo, i suoi occhi parlano.

«Avete sentito quello che è successo ieri sera?»

Luke ci raggiunge, e Jacob sgrana gli occhi prima di prendere la parola.

«Una cosa assurda, c'è stata una specie di rapina durante una festa.»

«Cosa?» urla Tate, mentre io vorrei sparire.

Loro non mi hanno vista, ma sono comunque tesa all'idea di essere stata notata da qualcun altro, mentre venivo trascinata via.

«Ragazzi, vado un attimo al bagno» dico, ma sono così presi dalle loro chiacchiere da non badare a me.

Pochi attimi dopo, quando svolto l'angolo e trovo Jared ad aspettarmi, penso che abbia qualche strano potere.

Vorrei credere che si tratti di un caso e che non mi abbia seguita per minacciarmi ancora una volta. Ma è proprio quello che fa, appena ci ritroviamo vicini.

«So già cosa vuoi dirmi.»

«No.» Fa un sorriso amaro, prima di iniziare a girarmi intorno. Siamo soli, purtroppo sa quando agire.

«Ma... cosa stai facendo?» strillo, quando mi afferra per il polso e mi costringe a seguirlo fino allo sgabuzzino, dove di solito gli addetti alle pulizie lasciano le loro cose. «Jared...»

«Dovevi ascoltare il mio consiglio, ragazzina.» Mi spinge nella stanza. «Devi stare lontana da Damon!» Mi chiude la porta in faccia e la blocca in qualche modo.

Non ci posso credere!

Non ci voglio credere!

Inizio a battere i pugni contro il legno, urlo, scalcio e poi urlo ancora, ma sembra che nessuno mi senta. Non ho mai sofferto di claustrofobia, e questa è l'unica cosa che mi salva dal sentirmi male per l'ora seguente, ma lo sconforto si trasforma in rabbia e la rabbia nella necessità di fare chiarezza sul perché questo ragazzo mi odi così tanto.

«Oddio» sussurro alla fine, scivolando contro la parete. Pochi attimi dopo, però, scatto in piedi. Qualcuno apre la porta e mi investe con un fascio di luce.

«Damon» dico a fior di labbra.

«Andiamo via.» Tende la mano nella mia direzione, e prima che possa rendermene conto stiamo camminando nel giardino della scuola per raggiungere la sua moto.

«Dove stiamo andando?»

Ci guardano tutti. Persino Piper e Jared, nascosti in un angolo, che sembrano sull'orlo di una crisi di nervi.

«Non chiedermi niente.» Mi passa il casco, e qualcosa nel suo sguardo mi suggerisce di rispettare i suoi tempi.

Sfrecciamo via con la moto, e posso sentire sotto le mani i suoi muscoli tesi e rigidi. Non so cosa gli sia stato detto, a cosa lui stia pensando, ma non voglio che stia male.

«Damon» sussurro accarezzandogli le braccia, qualcosa che non ho mai fatto, ma che sortisce l'effetto sperato.

Non dice nulla, continua a guidare in silenzio, diminuendo la velocità. Solo quando spegne il motore riapro gli occhi e riconosco il posto in cui mi ha portata. Ci sono disegni nuovi in questo grande piazzale disperso in mezzo al nulla.

«Scendi» ordina, e non sono più così sicura di essere riuscita a calmarlo. Non penso che sia arrabbiato per quello che mi è stato fatto, ma quando va sedersi su un muretto e inizia a prepararsi una sigaretta mischiando al tabacco qualcos'altro, non riesco più a fare finta di nulla.

«Cos'è quella roba?»

«Non ora» borbotta, mordicchiandosi il labbro.

«Perché? A cosa ti serve questo schifo?» Mi siedo al suo fianco, ma lui continua a ignorarmi.

«A evitare di uccidere Jared!»

Spalanco gli occhi per la sua risposta, e socchiudo le labbra mentre ancora cerco la cosa giusta da dire.

«Ci sono altri metodi per calmarsi.»

Gliela sfilo dalle mani e me la nascondo dietro la schiena. Mi alzo, fronteggiandolo.

«Davvero? Non pensavo fossi così sfacciata!» Accenna un sorriso, ma non è come al solito. Damon in questo momento non è davvero divertito, e io non provo imbarazzo per la sua allusione.

«Ridammela, Krystal!»

«Fidati di me.» Scivolo alle sue spalle. «La Morris lo faceva sempre con me quando stavo poco bene, da piccola.»

Fa un lungo respiro e stavolta un piccolo sorriso sincero increspa il suo viso.

«Suona male, ti è uscita davvero male» dice, ma non faccio caso alle sue parole mentre immergo le dita fra i suoi capelli neri e setosi.

«Chiudi gli occhi e rilassati.»

Per una volta mi dà ascolto, non parla e mi lascia fare quello che voglio. Sento la sua tensione sciogliersi sotto le mie dita come burro fuso.

«Allora?» bisbiglio nel suo orecchio.

«Allora, continua...»

Sorrido, perché per una volta sono io che sto facendo stare bene lui. Lui con me ci riesce spesso, o almeno quando non c'è Piper nei dintorni.

«Hai visto? Avevo ragione» dico, prima di tornare al suo fianco. Sembra contrariato per l'interruzione.

«Hai vinto soltanto una battaglia, piccola gattina.»

«Come mi hai chiamato?» Riduco gli occhi a fessure, ma come al solito Damon ha la risposta pronta. Pronta e inaspettata.

«Piccola gattina, eri vestita in quel modo la notte di Halloween.»

«Già.» Abbasso lo sguardo, facendo caso alle sue mani. «Hai picchiato Jared?»

«Non ne voglio parlare» risponde, e io rispetto la sua scelta.

Ho la sensazione che il loro rapporto si stia sgretolando e spero di non esserne la causa, anche se è assurdo, io non sono nessuno per loro.

Prendo un fazzoletto dalla borsa e afferro le sue mani. Sento i suoi occhi pungere. Solitamente è lui a cercare il contatto, non io, ma odio vedere anche un minimo graffio sulla sua pelle. Lui mi lascia fare, almeno fino a quando non sono costretta a prendere altri fazzoletti.

«Li spacci, per caso?»

«Saresti il mio unico cliente.» Accenno un sorriso, alzando lo sguardo nella sua direzione.

«Il migliore, direi.»

«Sii sincero, ci sono anche dei disegni tuoi qui?»

Non saprei dire a parole quello che vedo attraversare i suoi occhi.

Si morde le labbra, poi mi sfida.

«Sapresti riconoscerli?»

Inizio a scendere la grande scalinata che porta al centro di questo enorme teatro all'aperto e lui mi segue. Sento i suoi passi rimbombare. Nonostante la polvere, e i nostri respiri non sono mai stati tanto puri.

«Escluderei tutti quelli colorati.»

Ora è al mio fianco e guarda le pareti dense di pittura e arte.

«Questo invece è tuo.» Indico quello dell'altra volta, quello che ha attirato subito la mia attenzione. Lui non risponde, ma l'orgoglio per essere stato riconosciuto riesco ugualmente a percepirlo.

Poi mi acciglio. «Chi è Charlotte?»

La scritta compare in un angolo e i suoi occhi si perdono proprio lì.

«Tutto.»

La sua risposta è lapidaria. Mi toglie ogni speranza, anche quelle che non avevo.

«È la tua ragazza?»

«No, ma è tutta la mia vita» sussurra, poi scuote il capo. «Andiamo, ho da fare.»

Il suo improvviso cambio d'umore mi prende in contropiede, ma non sazia la mia curiosità.

«Posso farti un'altra domanda?»

Sospira, segno che lo sto infastidendo, ma annuisce ugualmente.

«Perché non usi i colori?»

«Li userò quando troverò un motivo per usarli.» Mi guarda, poi si incammina verso la sua moto e io lo seguo.

Avrei dovuto immaginare che la fuga da scuola mi avrebbe provocato una valanga di problemi, ma neanche la ramanzina di Tate o il fatto che la Morris mi abbia messo in punizione per il prossimo mese mi fanno pentire di averlo seguito.

«Dovevi raccontarle la verità, dirle che lui ti ha costretto a lasciare la scuola dopo che il suo amico psicopatico ti ha chiusa nello sgabuzzino.»

E invece no, non ho voluto dire nulla, non ho fatto la spia come avrebbe voluto Tate. Mi spiace se la Morris è delusa da me, se pensa che non mi fidi abbastanza da raccontarle quello che è successo. Ho ricevuto una sospensione di tre giorni, ma mi sono assunta le mie responsabilità perché non mi sono sentita costretta. Volevo andare via, scappare da quel posto per ritrovarmi, per ritrovarci.

«Per favore, non insistere» le dico, mentre sono seduta sul mio letto.

«Stai sbagliando, Krystal. Non puoi beccarti una punizione, devi parlare con la Morris. È molto delusa da te, e non è giusto dal momento che non hai fatto niente.»

Il suo discorso non fa una piega, ma vorrei che capisse il mio punto di vista. Se raccontassi la verità, in un certo senso tradirei anche Damon e non voglio. Lui ha fatto tanto per me, mi ha aiutata e… no, non voglio.

«Ho tutto sotto controllo» dico, portandomi le ginocchia al petto, ma lei mi guarda male e mi getta addosso una verità che forse non sono in grado di accettare.

«Sei solo una stupida, se pensi che lui ti voglia! Sei solo una stupida, se ti stai facendo abbindolare da uno così. Ma non ti rendi conto che ti sta solo mettendo nei guai? Se gli piacessi sul serio, non ti coinvolgerebbe in queste cose» urla, poi se ne va, chiudendo con un tonfo la porta della stanza.

Le sue parole hanno fatto centro nelle mie debolezze e per la prima volta, dopo chissà quanto tempo, calde lacrime bagnano le mie guance, scivolando fino alle labbra.

«Cos'è successo?»

«Oddio!»

Ho perso il conto delle volte in cui ho rischiato un infarto a causa sua, ma stavolta non mi importa. Non mi chiedo quando e come sia riuscito a entrare dalla finestra, silenzioso come il predatore più pericoloso al mondo. Stavolta non mi trattengo, non rifletto su quello che faccio e mi avvicino a lui, perché ne ho bisogno.

«Non dovresti essere qui.»

Le mani di Damon afferrano il mio viso, e mi guarda come se volesse cancellare le urla di Tate, anche se spero non le abbia sentite.

«Stai piangendo…»

«Non è niente.» Abbasso gli occhi, ma lui mi riporta dove vuole.

«So tutto, so che ti hanno sospesa. La tua amica mi ha raccontato quello che è successo» dice facendo una smorfia, e purtroppo immagino in che modo si sarà rivolta a lui.

«Mi dispiace, Tate a volte è molto protettiva.»

«Risolverò la situazione, non devi piangere. La tua sospensione verrà revocata» sussurra, e noto una punta di disagio nei suoi movimenti. Ma è quel disagio bello che anch'io provo quando riesco a fare qualcosa per lui.

«Non voglio che tu ti metta nei guai per me» dico, seguendo il movimento delle sue dita che scivolano lungo il mio collo, fino alle spalle.

«La preside mi deve un favore, non chiedermi altro.»

Lo guardo male, ma lui non spiega.

«Ho una cosa per te.» Indietreggia, pochi attimi prima di afferrare la mia mano e di posarci sopra un… cellulare.

«Perché?»

«Potrebbe servirti» replica, andando a sedersi sul mio letto.

«Non posso accettare. Non saprei neppure come pagarlo e…» Si alza, sovrastandomi in altezza.

«È un regalo.» Posa un dito sulle mie labbra per zittirmi, ma mi sento in difficoltà. Non posso accettare un oggetto così costoso, visto che non potrei mai ricambiare.

«Non posso, davvero.» Lo guardo, lui mi agguanta la mano e mi fa sedere sulle sue gambe, dopo essersi riseduto sul letto. So di essere arrossita, ma mi risparmia l'imbarazzo mostrandomi qualcosa sul display.

«Spero che tu lo sappia usare» borbotta, aprendo la rubrica. Il mio cuore salta un battito quando vedo che ha salvato soltanto il suo numero.

«Dam» leggo.

«Già.» Mi guarda. «Puoi chiamarmi così.»

Vorrei trovare le parole giuste per fargli capire quanto sia felice. È tanto, è troppo, e non ci sono abituata.

Dico soltanto: «Grazie, Dam».

Poi poso la guancia sulla sua spalla, e quando un suo braccio mi avvolge sento di aver trovato la mia casa.

Forse Tate ha ragione: sono soltanto una stupida, ma voglio capirlo da sola.

«La tua sospensione è stata annullata.»

Il mattino seguente la Morris mi sveglia con questa frase, e la cosa strana è che, nonostante tutto, né io né lei sembriamo entusiaste.

«Qui parlano tutti di te» mormora Tate, mentre raggiungiamo la nostra classe. Sono già stufa delle occhiate, ma dovevo aspettarmelo.

«Vorrei solo che la smettessero» dico, ma le mie speranze si spengono quando vedo Piper inseguire Damon.

«Quella gli sta sempre attaccata al culo.»

Non rispondo, ma non posso negare che mi piace vedere Damon scrollarsela di dosso.

«Comunque, bel regalo eh» commenta quando mi arriva un messaggio, e in fondo so che non potrebbe essere nessun altro, oltre lui. Alzo lo sguardo e vedo che Damon mi stava già guardando.

22

Raggiungimi in cortile.

Poche parole che fanno battere forte il mio cuore, ma quando alzo lo sguardo noto che Damon è già sparito. Sa essere discreto, come il migliore dei ladri.

«Devo andare» dico alla mia amica.

«Dove?» Mi guarda con fare circospetto.

«Ti spiego dopo.»

Non saprei cosa dirle, e sinceramente sono troppo curiosa per farlo aspettare.

Scesa in cortile, lo trovo seduto sulla sua moto con una sigaretta fra le labbra. Ha sempre questo aspetto intimidatorio, che io trovo però infinitamente affascinante. Damon sa come farsi notare anche senza fare nulla, e credo che questa sia la cosa che più mi piace di lui.

«Ciao» sussurro avvicinandomi, ma quando mi guarda mi blocco. Qualcosa nei suoi occhi mi suggerisce che non sarà una chiacchierata piacevole.

«Devi dirmi qualcosa, Krystal?»

Non capisco a cosa si riferisca.

«In che senso?» Lo guardo dubbiosa e lui sbuffa come se fosse già stanco della situazione.

«Jared...» Lascia la frase in sospeso per qualche secondo. «Ti ha minacciata!»

Socchiudo le labbra, mentre cerco le parole giuste.

Sapeva che era stato il suo amico a chiudermi nello sgabuzzino, non capisco perché gli importino le parole di Jared, invece delle azioni. Che poi – sia chiaro – a me basterebbe che gli chiedesse di lasciarmi in pace, e magari estendesse l'invito anche alla sua... amica Piper.

«Non è successo nulla di diverso dalle altre volte» spiego, ma i suoi lineamenti non si distendono, anzi.

«Non sottovalutare nulla, Krystal.» Riduce gli occhi a fessure. «E non pensare che al mondo siano tutti come te.»

Le sue parole sono offensive, ma il peggio deve ancora arrivare.

«Lo dici come se essere come me sia un difetto.»

L'aria ci avvolge come un manto. Non per unirci tenendoci al caldo, ma per ostacolarci e metterci l'uno contro l'altra. Non ho ancora capito cosa voglia Jared da me. Da un lato penso sia geloso, dall'altro temo qualcosa di più complesso.

«Lo diventa perché non sai stare al mondo, e questo crea problemi a tutte le persone che ti circondano» sbotta, e io mi sento come se mi avesse presa a calci.

Indietreggio. Nei suoi occhi vedo che sa di avermi ferita. Ma Damon non chiede scusa, non l'ha mai fatto e non inizierà oggi con me. Gli volto le spalle e torno in classe, con la sensazione di essermi fidata, ancora una volta, della persona sbagliata.

«Stasera voglio presentarti Carl, e poi dobbiamo festeggiare la tua liberazione.»

«Mi sembra giusto» borbotta Luke, mentre cerca di mandare giù quello che ha in bocca.

Sono trascorse tre settimane dall'inizio della punizione per essere scappata da scuola con Damon. E anche se dovrei scontarne un'altra, la Morris ha deciso di ridurre la mia pena per buona condotta. Dovrei esserne felice, ma ultimamente non lo sono affatto.

Dopo il nostro ultimo litigio, Damon è scomparso e con lui anche Jared e Thomas. Sono in pensiero, anche se non dovrei, ma da quando ho scoperto cosa fanno temo per lui ogni giorno.

«Non c'è nulla da festeggiare» dico, abbassando lo sguardo sul piatto.

«Sei strana» commenta Jacob, ma io replico con un sorriso di circostanza. Non so spiegare agli altri quello che sento, so solo di essere triste per le parole che ci siamo detti.

«Dai, Pallina. Andiamo in un posto tranquillo, prendiamo qualcosa da bere e poi torniamo. Ovviamente chiederemo il permesso.» Ridacchia, facendomi l'occhiolino. Non mi fido delle promesse di Tate, anche perché ho potuto constatare in prima persona che non sa mantenerle.

«Dai, non fare la guastafeste» dice Jacob, posando una mano sulla mia spalla. Mi irrigidisco, ma da una parte sono contenta che lui ora sia più tranquillo in mia presenza. Ci tengo alla sua amicizia. Per questo, quando vedo Piper camminare fra i tavoli della mensa con il capo chino, gli confesso le mie perplessità.

«Non trovi che lei sia un po' spenta, ultimamente?»

Jacob sospira, mentre la guarda, poi torna a me.

«Non faccio molto caso a lei, non saprei cosa dirti...»

Non mi bevo la sua risposta, anche perché ho notato il modo in cui la osserva da tempo. Forse gli piace, oppure lei, in qualche modo, sa cose che qui nessuno vuole dirmi.

«Ne sei sicuro? Perché in realtà...»

«Scusami!» Si alza, facendo rumore con la sedia. «Devo ripetere storia per dopo.»

Esce dalla mensa in fretta e furia, e io guardo Luke come se nei suoi occhi ci fosse una spiegazione per lo strano comportamento dell'amico.

«Lascialo perdere, alcuni argomenti scottano.»

«In che senso?»

Tate guarda entrambi con la fronte aggrottata.

«Non posso dirti molto, Krystal. È una storia lunga e molto personale.»

Mi arrendo, perché tanto so che non otterrò mai la verità. Anche se sono stanca di sentirmi presa in giro, in fondo sono davvero cose che non mi riguardano, non più almeno.

Il nostro appuntamento arriva in un batter di ciglia. Tate è entusiasta all'idea di presentarmi Carl, mentre io mi porto ancora addosso le sensazioni spiacevoli che ho provato in mensa all'ora di pranzo.

I miei dubbi trovano fondamento quando, ad aspettarci in un bar di Manchester, ci sono solo Luke e Carl.

«Tranquilla, saremo l'uno la spalla dell'altro stasera» borbotta Luke, prendendomi sottobraccio. A quanto pare questo Carl non gli piace molto, anche se a me sembra un ragazzo simpatico. Ma ho sempre pensato che, in realtà, a Luke interessi Tate.

Dopo aver rifiutato tre birre, alla quarta cedo.

Luke dice che potrei divertirmi se bevessi ed effettivamente, dopo venti minuti, persino le chiacchiere sconfinate di Carl sembrano interessanti.

Non pensavo che a Tate potesse piacere un ragazzo tanto loquace, ma in fondo è da tutta la vita che sopporta me.

«Però... questa birra è buona!» dico, facendo l'ennesimo sorriso della serata.

«Te l'avevo detto» conferma Luke, ondeggiando da seduto.

Sono ubriaca!

Io sono ubriaca!

«Okay.» Mi alzo, e ovviamente gira tutto. «...devo fare pipì.»

Luke scoppia a ridere e di riflesso lo faccio anch'io.

Non so per quale motivo, ma non mi importa. Per la prima volta non mi importa di niente, voglio solo fare quello che mi va, anche se magari è sbagliato.

Riesco a raggiungere i bagni, ma la testa è leggera e mi fa fare cose che altrimenti non farei.

Prendo il cellulare dalla borsetta e scrivo a Damon.

Dove sei?

Poi sbuffo quando mi accorgo che mi sono scesi i collant.

«Non è possibile!» piagnucolo, ma mi viene anche da ridere. Ho la sensazione di poter volare, e questo mi piace senza farmi sentire stupida. Domani maledirò Luke, ma ora vorrei solo ringraziarlo per avermi fatto trascorrere una serata in totale spensieratezza. Anche se dura poco: i miei buoni propositi vanno a farsi benedire quando vedo una chiamata in arrivo, anzi, una videochiamata, da parte dell'unico contatto che ho in rubrica.

«Dove sei tu?»

I suoi occhi mi colpiscono come un fulmine quando li vedo nello schermo.

Gli rido in faccia. «Quanto sei antipatico! Imparerai mai a rispondere alle domande?»

Quegli occhi, così belli e ingannevoli, si riducono a fessure. Non so cosa stia osservando, e neanche glielo chiedo. Mi guardo alle spalle, ma ci sono solo vecchi annunci di feste appesi al muro.

«Sei ubriaca, piccoletta?»

«Cosa? No, assolutamente no!» dico. Un istante dopo lui riattacca, lasciandomi di stucco. «Ma che grandissimo...»

Sospiro. Sono stata una stupida. Non dovevo contattarlo, ma sono ancora troppo ubriaca per pentirmene. Mi sciacquo il viso, vado al bagno, poi mi sciacquo di nuovo il viso. Non serve a nulla.

Mi sento uno straccio, e non so cosa fare.

Vorrei solo tornare in istituto, ma Tate non sarà d'accordo e Luke è messo peggio di me.

La Krystal lucida si farebbe prendere dallo sconforto. Ora invece riesco solo a pensare a quanto sia stato cattivo Damon nei miei confronti.

Torno in sala dopo venti minuti, con l'intenzione di continuare a bere per dimenticarmi il suo viso bello e imbronciato. Non lo sopporto quando mi tratta come una ragazzina.

Io non sopporto… «Damon! Che ci fai qui?» urla Luke.

Mi blocco, ma lui riesce ugualmente a vedermi.

«Quanto ha bevuto?» Avanza nella mia direzione, ma Luke lo segue, ignaro di quanto possa essere antipatico. Sono passati giorni dall'ultima volta che l'ho visto, e anche se dovrei essere arrabbiata con lui, ho un'incredibile voglia di abbracciarlo. Per fortuna resisto.

«Non credo siano affari tuoi!» risponde il mio amico, mettendosi in mezzo.

Mi viene da ridere, e loro mi guardano come se fossi pazza.

«Luke, puoi spostarti, per favore? Sei troppo alto.»

«Hai sentito? Sparisci» sbotta Damon, spingendolo di lato.

«Tranquillo, l'ho cercato io. Devo parlargli.»

Non so cosa sto dicendo, e ancor meno cosa sto facendo, ma da quando Damon è entrato nel locale l'aria è cambiata, e io non riesco a smettere di guardarlo. Lui non è da meno, anche se non so il motivo per il quale i suoi occhi indugino così tanto su di me.

E poi, come ha fatto a trovarmi?

«Meglio se ti accompagno, sei ubriaca…»

«Ci penso io!»

Ancora una volta, Dam afferra la mia mano e ignora le parole di Luke.

«Tranquillo, sto bene.» Gli sorrido, ma lui mi guarda andare via con un'espressione tutt'altro che serena sul volto.

Pochi passi dopo, sono costretta a fermarmi per un capogiro.

«Perché mi hai scritto?»

Damon sceglie il momento sbagliato per chiedermelo.

«Ti ho disturbato?»

L'alcol mi fa superare la timidezza, regalandomi la possibilità di affrontarlo come dovrei aver già fatto.

«Perché mi hai cercato, Krystal?» ripete con tono basso e graffiante.

«Sei ripetitivo, Damon. Non sai dire altro?» Mi appoggio al muro e faccio un sorriso contagioso. Damon Cooper scoppia a ridere, letteralmente. Così tanto che per un attimo i suoi occhi si chiudono, contornati da rughe d'espressione. Io sono ammaliata da questa visione, così rara e naturale, ma mi riprendo quando torna a guardarmi e scuote il capo.

«Prima sbronza?»

«Dove sei stato tutto questo tempo? Sei scomparso.»

Lui distoglie lo sguardo, ma si avvicina di qualche passo.

«E ti rende ancora più loquace. Andiamo, ti riaccompagno.»

Lo scanso quando prova a trascinarmi verso la sua moto.

«Non ho sonno» dico, incrociando le braccia sul petto, ed è proprio lì che il suo sguardo cade. «Andiamo da qualche parte.»

«Ah, sì?» Inarca un sopracciglio. «E dove vorresti andare?» mi sbeffeggia. So già che non accetterà, ma ci provo lo stesso.

«Dove ci sono i tuoi disegni» sussurro, guardandolo negli occhi.

Mi sento coraggiosa, ma so che presto lui prenderà in mano le redini della situazione.

«Andiamo, è tardi» mormora, con un lungo sospiro. Lo seguo senza fiatare. Anche se la testa gira, anche se la velocità non mi aiuta a combattere il crescente senso di nausea.

Non berrò più!

Questa è stata la prima, ma anche l'ultima volta.

Chiudo gli occhi, perché il vento è troppo forte e perché ho bisogno di ritrovarmi. Damon rallenta, suppongo che siamo fermi a un semaforo, ma quando posa le dita sul mio ginocchio li riapro immediatamente.

«Ti sei addormentata?»

Sorrido quando riconosco il posto in cui mi ha portata.

«No, sono sveglia» dico, e lui annuisce.

Sembra pensieroso quando scendiamo le scale in cemento malmesso per raggiungere il centro. Non mi aiuta, né mi chiede se ho bisogno di una mano, date le mie condizioni, ma forse è meglio così. Quando Damon si chiude in sé stesso non sai mai cosa sia giusto fare. Eppure vorrei leggergli i pensieri, dire la cosa giusta…

«Quando torni a scuola?» gli domando, ma lui si allontana e poi torna da me con qualcosa fra le mani. È una scatola piena di colori.

«Ti manco?» sghignazza.

«Sì» ammetto, e non me ne pento.

Nella vita ho sempre provato a dire quello che sento, anche se non è sempre stato facile.

«Hai i tuoi amici.»

Posa la scatola per terra.

«Non è la stessa cosa.»

Lui fa un sorriso amaro, e lo capisco dai suoi occhi che c'è qualcosa che non va. Mi avvicino, quindi mi inginocchio per prendere un colore.

«Qual è il tuo numero preferito?»

«Quattro.»

Lo supero e mi avvicino a una delle poche pareti libere.

«Non pensavo venissi» ammetto mentre inizio a scrivere. Non so perché gli ho fatto una domanda del genere, né perché ora sto tracciando il numero. Alcune cose non hanno una spiegazione.

«Era quella, la mia intenzione.»

È alle mie spalle, le sue mani si posano sui miei fianchi e il suo naso mi sfiora la guancia. Mi trema il cuore, il sangue nelle vene e la terra sotto i piedi quando inizia a baciarmi il collo.

«E poi? Cos'è cambiato?» Ansimo mentre mi stringe, e dischiudo le labbra.

Ho lo stomaco in subbuglio.

Damon mi fa questo effetto.

«Cambio io» dice, prima di farmi voltare nella sua direzione. Le nostre labbra si sfiorano.

«Tu mi confondi» ammetto, ma lui scuote il capo come se non fosse d'accordo.

«No, tu confondi me.»

«Io non faccio nulla per…»

Vengo interrotta da qualcosa che desideravo ardentemente, e dal modo in cui le sue labbra mangiano le mie, so che anche per lui è così. Affondo le dita fra i suoi capelli, mentre mi stringe con forza. Sembra che non sappia come gestire la sua voglia di toccarmi, e per quanto questo mi imbarazzi, amo il modo in cui mi spinge contro il suo corpo per fondere ogni parte di noi.

«Dio, Krystal!»

I nostri petti aderiscono, ogni parte di noi si unisce come pezzi di un puzzle. Non c'è tempo per altro, perché io voglio solo questo. Io voglio solo Damon, ma c'è la vita. La vita con i suoi infiniti problemi e un cellulare che suona all'impazzata.

Damon ansima, quando si allontana da me. È come se non si fosse reso conto di quello che è appena successo, ma entrambi torniamo alla realtà quando risponde a quel cellulare.

«Calmati, Piper. Arrivo subito!»

Il mio cuore si spezza, e deve averlo capito anche lui quando inizio a risalire le scale da sola senza aspettarlo.

«Ti riaccompagno!»

Pensa di potermi ingannare, ma non glielo permetterò.

Mi ha baciata, per poi correre subito da un'altra.

«Prenderò un taxi.»

«Non ho tempo da perdere. Non fare la bambina.»

Prova a bloccarmi, ma quando lo guardo, so che nei miei occhi troverà quello che a parole non saprò mai dirgli.

«Tranquillo, so badare a me stessa. Vai da Piper, Damon.»

Lo supero e, prima di svoltare l'angolo, sento i suoi anfibi colpire la sua moto.

23

Ho trascorso il weekend pensando a lui, e non è stato semplice. Di notte non ho fatto altro che sognarlo con Piper, con Piper e ancora con Piper. È stato un incubo che mi ha tormentato per ore. Fino a quando, alle prime luci dell'alba, mi sono arresa, aspettando sveglia che arrivasse il momento di andare a scuola.

«Ehi, ubriacona. Come stai?»

Luke mi accoglie come merito, e cioè con un sorriso beffardo.

«Ora meglio, ma non berrò mai più in vita mia.»

«L'abbiamo detto tutti, almeno una volta.» Posa un braccio sulle mie spalle. Con lui mi sono sempre sentita a mio agio. È un bravo ragazzo, forse l'unico che prova a essere sincero con me.

«Damon ha fatto lo stronzo?»

«Come fai a saperlo?» ironizzo, anche se non ne ho voglia.

Quel ragazzo mi ferisce sempre e con una facilità assurda.

Mi chiedo se non sia anche un po' colpa mia.

«Stai facendo confusione» dice sottovoce. «Nessuno l'ha mai visto litigare con Jared, soprattutto per una ragazza. Neanch'io, quando facevo parte…»

Poi si blocca.

«Parte di cosa?» Lo supplico con lo sguardo, e questo gli conferma quanto poco io conosca Damon.

«Tu non sai che "lavoro" fa?»

«Sì, quello sì. Diciamo che l'ho scoperto accidentalmente.»

Arretra di un passo. Sono sempre più confusa.

«E perché non sei ancora scappata?»

Non dico nulla, lo guardo soltanto e spero che lui non comprenda, prima di me, cose per cui non sono ancora pronta.

«Te ne sei innamorata…»

«Ho paura di sì.» Abbasso gli occhi e mi batte forte il cuore quando mi rendo conto di averlo ammesso. Questa è una tragedia, qualcosa che avrei dovuto evitare, ma quando lui sta con me è tutto diverso. Cambia il suo modo di guardarmi, di parlarmi. Cambia lui. Penso che Damon indossi una maschera soltanto con gli altri.

«Prova a parlargli» dice. Poi ci voltiamo, quando passi pesanti rimbombano alle nostre spalle.

Damon ha lo sguardo spento, le mani serrate a pugno, e cammina come se attorno avesse il vuoto. Non mi guarda, non sa neanche della mia esistenza, e tira dritto con un'espressione intimidatoria.

«O forse no...» conclude Luke, e non posso fare altro che dargli ragione.

«Già» sussurro, poi noto che Piper lo sta rincorrendo. Non dovrei farlo, dovrei farmi gli affari miei...

«Devo andare, ci vediamo Luke.»

Non ascolto la ragione, anzi, faccio la cosa più stupida possibile. Li seguo, ignara di quello che mi attende, e quando vedo che Piper imbocca le scale che conducono alla soffitta della scuola, per un attimo indugio.

Perché proprio lì?

Cosa hanno intenzione di fare?

Una parte di me non vuol trovare risposta.

L'altra sta già salendo la prima rampa, senza ripensamenti.

Mi appiattisco contro il muro e noto che Damon è seduto, con il viso rivolto al cielo e Piper lo ha appena raggiunto, sedendosi al suo fianco.

«Vedrai che tutto si sistemerà» sussurra lei, posando la guancia sulla sua spalla. A me inizia a fare male lo stomaco, ma credo di essere diventata una masochista, perché non mi muovo. Aspetto.

«Non ho bisogno della tua compassione» sbotta lui, scansandola.

«Non si tratta di compassione, anch'io tengo molto a lei.»

Lei? Di chi stanno parlando?

«Certo, come se non ti conoscessi.»

La risata amara di Damon mi fa venire i brividi. Sa essere così diffidente e disilluso nei confronti di tutti.

«Io sono dalla tua parte, non sono come Jared che ti colpisce alle spalle, anche se non sono cose così gravi...»

Damon le rifila un'occhiataccia, poi si alza, facendomi sobbalzare. Per fortuna non mi vede, ma resta ad ascoltare l'ennesima cattiveria della sua amica.

«C'entra qualcosa l'orfanella con il vostro litigio?»

Mi iniziano a tremare le gambe e anche il cuore.

«Non chiamarla così» sbotta, sfilando una sigaretta dalla tasca della giacca di pelle.

«Tranquillo, nessuno te la tocca» sussurra con fare civettuolo. Poi si alza, posando una mano sul suo petto. «Non pensavo ti stesse così a cuore.»

«Infatti no. Ti sembro il tipo?»

Vorrei solo avere la forza di girare i tacchi e andarmene.

«Assolutamente no» risponde Piper soddisfatta.

Lui si allontana ancora una volta da lei, inspirando altro fumo.

«Appunto, quindi è meglio che Jared la lasci perdere. Non saprei che farmene di lei...»

«Krystal! Che ci fai qui?»

Sobbalzo, con le lacrime agli occhi e lo stomaco in subbuglio, quando Thomas mi scopre. I nostri sguardi si incontrano per un istante, ma non riesco a parlare.

Lo supero e scappo via.

Cammino in corridoio. Il mio malessere è dovuto anche al fatto che vorrei tanto parlare con Tate, ma lei è a un corso pomeridiano. Ho sempre pensato di non essere in grado di risolvere i miei problemi da sola, di avere bisogno di una spalla su cui piangere, e purtroppo è così. Mi sento presa in giro e abbandonata da una persona nella quale ho riposto troppa fiducia. La Morris mi direbbe che dovrei accettare l'accaduto senza colpevolizzarmi e guardare avanti. Invece io voglio solo crogiolarmi nella mia sofferenza, giungendo alla conclusione che, a questo mondo, mai nessuno sceglierà me.

Il vapore mi avvolge mentre tampono i capelli, e lascio che il viso bagnato dalla doccia confonda le lacrime. Sono un continuo controsenso, una persona incapace di gestire le proprie emozioni, e questo mi spaventa. Faccio un lungo sospiro prima di tornarmene in camera, e rabbrividisco per la finestra lasciata aperta, sicuramente da Tate. Mi siedo sul letto e prendo il cellulare per vedere l'ora, ma una notifica attira la mia attenzione.

La buona educazione dice che si dovrebbe rispondere ai messaggi.

Rileggo quelle parole un paio di volte, prima di accorgermi di un altro messaggio che Damon mi aveva inviato un'ora prima.

Dove sei?

«Che idiota» sussurro al vuoto.

Non gli risponderò, anzi ho tutte le intenzioni di restituirgli questo stupido regalo e di non avere più nessun contatto con lui. Me ne torno in bagno per spazzolarmi i capelli, ma sgrano gli occhi quando trovo un post-it attaccato allo specchio.

Sei una visione, bella schiena...

«Non puoi lasciargli questo potere su di te, sbrigati e vai a quel dannato corso di nuoto!»

Quando vuole, Tate sa essere davvero molto convincente. Non si fa problemi a ricordarmi quanto sia stata stupida a non averle dato ascolto.

«Non me la sento.»

Parlare con lei mi ha fatto bene, anche se non ha perso occasione per dire: «Te l'avevo detto, Pallina. Te l'avevo detto!»

So che ha ragione, ed è solo colpa mia se ora ho persino paura di andare a fare qualcosa che mi è sempre piaciuto.

«Se non ci vai, ti calo giù la gonna, qui, davanti a tutti!»

«Non oseresti» dico, mentre mi spinge verso la palestra. Subito oltre, c'è la piscina.

«Non mi sfidare.» Mi posa le mani sulle spalle. «Sei più forte di quanto immagini, puoi ancora gestire questa cosa. A tutte è capitata una delusione d'amore, ma si sopravvive.»

Dopo avermi rifilato la perla della giornata, si fionda in palestra per il corso di pallavolo.

Il suo discorso non fa una piega, ma io mi sento molto meno coraggiosa di quanto possa apparire. Tuttavia seguo il consiglio. Entro nello spogliatoio, mi preparo e infine mi ritrovo seduta sul bordo della piscina, con le braccia in grembo, senza sapere cosa fare. Ed è sbagliato, perché questo è il mio ambiente, il mio mondo, e non posso permettere a nessuno di rovinare una cosa così bella come la passione che ho per il nuoto.

«Cosa hai sentito?»

Chiudo gli occhi.

La voce di Damon è l'ultima cosa che desidero, in questo momento.

«Tranquillo, nulla che riguardi la tua vita personale.»

Mi guardo i piedi in acqua; non intendo incrociare i suoi occhi.

«Non si origlia, non lo sai?»

Il suo respiro caldo mi raggiunge il collo. L'anima di Damon è come un mare pieno di squali, e io mi ci sono tuffata dentro quando stavo già sanguinando.

«Non ti darò più alcun fastidio, ma tu non devi più entrare nella mia stanza» dico, provando a non tremare. I suoi occhi non mi danno tregua, neanche quando vado oltre.

«In fondo, cosa te ne fai di una come me?»

«Hai sentito proprio tutto.» Si volta e smette di scrutarmi.

«Ciao Damon.» Mi immergo.

Non ho intenzione di perdere altro tempo.

«Ti avevo detto di chiamarmi Dam» ribatte, ma non gli rispondo.

Inizio ad allenarmi, provando a ignorarlo. Vasca dopo vasca, la stanchezza inizia a farsi sentire.

«Cazzo, scusami!»

Qualcosa, anzi qualcuno, mi è appena venuto addosso.

«Tranquillo, non è successo nulla» replico. Vorrei riprendere, ma questo ragazzo sembra che abbia una gran voglia di chiacchierare.

«Mi dispiace sul serio.» Accenna un sorriso. «Sono Rick.»

«Krystal» ricambio. «Sei nuovo? Non ti ho mai visto.»

«Già» dice, passandosi una mano fra i capelli. «Sono arrivato da poco, in questa scuola.»

«Capisco...»

«Di questo passo resterai tra i dilettanti ancora a lungo.»

Damon si intromette in qualcosa che non lo riguarda.

«Questo non è un salotto, mi state infastidendo» aggiunge mentre riprende fiato, aggrappato al trampolino.

«Come, scusa?» Riduco gli occhi a fessure.

«Che problemi hai, amico?»

Guardo Rick, poi Damon e infine di nuovo Rick.

«Io nessuno, tu molti» risponde Damon, serrando la mascella. «Andate a flirtare da qualche altra parte!»

Avvampo all'istante, un po' per l'imbarazzo, ma soprattutto per la rabbia.

«Cosa vorresti insinuare?» Mi sbraccio e Damon mi guarda con un sorriso inopportuno. La mano di Rick si posa sulla mia spalla, come una carezza rassicurante.

«Aspetta, è il tuo ex?»

«Sparisci!» ringhia Damon, prima dell'arrivo del prof di educazione fisica. Vorrei sprofondare, vorrei che questa piscina mi risucchiasse e che non mi lasciasse andare mai più.

«Ragazzi, che succede qui?»

«Nulla» rispondo prontamente, poi mi affretto a raggiungere la scaletta, per raggiungere gli spogliatoi. È la reazione di una ragazzina, ma non mi piace quando Damon si comporta in questo modo.

«Lasciami!» urlo. Mi ha presa per il polso e ora mi ritrovo con le spalle al muro.

«Quanta rabbia ingiustificata nei miei confronti...» mi sbeffeggia, avvicinando il suo viso al mio. «Per caso ho rovinato i tuoi piani?»

«Non hai il diritto di intrometterti!»

«Da che pulpito.» Alza gli occhi al cielo. «Sei incoerente, gattina.»

«E tu sei un falso! Non devi prendermi in giro con i tuoi amici!» urlo come non avevo mai fatto prima.

Non so da dove venga fuori questo caratterino.

«Prenderti in giro?» La sua mano si posa sul muro. «Quando l'avrei fatto?» sussurra all'altezza delle mie labbra.

«Sempre.»

«Sii più precisa» ordina a bassa voce, e allora io trovo il coraggio di dire qualcosa che mi porto dietro da troppo tempo.

«Quando mi baci.»

I suoi occhi si smarriscono in un luogo che conosce soltanto lui, dove non vuole essere raggiunto. Abbasso lo sguardo perché so di essermi spinta oltre, e quando sento i suoi passi allontanarsi da me, so che stavolta è finita.

Sta per aprire la porta e uscire dallo spogliatoio e dalla mia vita, ma succede qualcosa.

Qualcosa che non so spiegare.

L'unica certezza è che, almeno per un altro po', quella porta resterà chiusa.

24

Il pugno di Damon sbatte contro il legno, facendomi trasalire. Si volta e mi guarda minaccioso, come se lo avessi attaccato, quando è vero il contrario.

«Non l'ho mai fatto.»

Sembra adirato e confuso insieme. Un mix di emozioni che confondono anche me.

«Di cosa stai parlando?»

Cerco sul suo viso una spiegazione, ma il modo in cui reagisce è diverso da come me lo aspettavo.

«Di questo.»

Le sue dita mi sfiorano prima le labbra, poi il volto, con una delicatezza che mi fa inumidire gli occhi.

«Sono il peggiore dei bastardi, Krystal» sussurra, strofinando il mio naso con il suo «ma non userei mai te per vendicarmi.»

Sento che mi posso fidare di lui.

«Vendicarti di cosa?»

«Non ha importanza, non adesso.»

Le sue mani percorrono il mio corpo. Sta per baciarmi e spezzarmi il respiro, ma le cose vanno diversamente: il destino, o chissà cos'altro, ha in serbo per noi una giornata molto particolare.

«Cooper!»

Ci allontaniamo, ma è troppo tardi. La preside ha visto tutto. C'è Piper, al suo fianco.

«Entrambi nel mio ufficio. Subito!» strilla.

«Vestiti» mi dice Damon uscendo dallo spogliatoio femminile, non prima di aver dato una spallata alla sua «amica preferita».

Guardo Piper, e tutto quello che riesco a pensare è quanto sia pericolosa e meschina. Mi sorride, con quel suo fare civettuolo e arrogante. «Ti avevo avvertita.» Scrolla le spalle, poi se ne va, lasciando in me una sensazione di sconfitta e paura.

Il solo pensiero che quanto accaduto possa diventare di dominio pubblico, arrivando alle orecchie della Morris, mi angoscia. Ma devo affrontarlo, non posso fare altrimenti.

Una volta arrivata fuori l'ufficio della preside, vedo che Damon è già lì.

«Fai parlare me» dice, poi apre la porta senza neanche bussare. Lo fisso come se fosse pazzo, ma lui non se ne rende conto. Sembra fin troppo a suo agio in questa stanza, come se la conoscesse bene, il che non dovrebbe meravigliarmi. Damon non ama rispettare le regole, me l'ha detto più volte. Tuttavia qualcosa, nello sguardo della preside, non mi convince.

«Krystal, Damon, quello che è successo è inaccettabile. Non potete rinchiudervi in uno spogliatoio e...»

«Dacci un taglio, con questa sceneggiata.»

La preside sgrana gli occhi, ma sembra sciogliersi come burro quando lui aggiunge qualcosa che a me spezza il cuore ancora una volta.

«In fondo siamo amici.» Le strizza l'occhio. «Puoi fare la buona per me.»

«E va bene, ma non sparire come tuo solito.»

Esco dalla stanza. Senza salutare e senza voltarmi indietro.

Non posso crederci!

Non voglio credere che lui abbia corrotto la preside in... in quel modo. Sono ingenua, ma non stupida, e quello strano scambio non lascia spazio ad altre interpretazioni.

«Ti ho detto che avrei risolto tutto.»

Mi fermo al centro del corridoio, dopo che è uscito anche lui. Lo guardo, ma è come se lo vedessi per la prima volta. Non dico niente. A testa bassa mi allontano, e procedo anche quando, per una sola volta, Damon mi chiama per nome.

Ho visto centinaia di film e letto altrettanti libri in cui la ragazza ferita e umiliata dal ragazzo che le piace sceglie di ribellarsi e di trasformarsi in qualcosa che non è.

E, a quanto pare, anche Tate ha studiato per bene.

Dopo che le ho raccontato tutto, un vestito color argento, indescrivibilmente corto, è finito sul mio corpo insieme a una quantità di trucco in faccia che la mia pelle trova intollerabile.

«Mi avevi detto che sarebbe stata una serata tranquilla, solo io e te» le ricordo, ma ormai è ubriaca e non mi ascolta.

In questo locale, che mi aveva descritto come un semplice bar dove bere una Coca-Cola, non si respira, e inoltre ci sono persone che purtroppo conosco. Piper compresa.

«Ho sbagliato giorno, pensavo fosse lunedì, invece siamo già a venerdì» urla, continuando a ballare.

Alzo gli occhi al cielo; devo solo sperare che la serata finisca il prima possibile.

«Dai, chiamo Carl, così andiamo via» borbotta.

«Va bene, grazie Tate» rispondo, e proprio in questo momento scorgo un volto che mi sembra di aver già visto.

«Ehi, la ex dello psicopatico!»

«Ciao Rick» sussurro, distogliendo lo sguardo. Tate mi fissa, ignorando completamente il povero Carl che, al telefono, strilla il suo nome.

«Come stai?»

«Bene, però stiamo andando via. La mia amica non si sente bene.»

E proprio quando Tate sta per dire qualcosa, tipo proporre di restare ancora un po', io la abbraccio impedendole di farlo.

«Scusami Rick, ha bisogno d'aria.» Lo saluto e mi allontano di fretta.

«Aspetta un attimo!» Tate si libera dalla mia presa. «Quello è Rick? Il ragazzo della piscina? Quello con cui Damon ha litigato?»

Sospiro.

«Sì, è lui e… non dire nulla.»

«Ma è bellissimo!»

Alzo gli occhi al cielo, ma lei continua a parlare.

«Aspetta, fammi parlare. C'è un problema. Carl mi ha detto che verrà in moto e quindi… Oddio, mi viene da vomitare.» Corre verso il bagno, lasciandomi sola. Dovrei prendermela con lei, ma mi rendo conto che è soltanto colpa mia se mi ritrovo in una situazione simile. Queste sono le serate che piacciono a Tate. Non posso fidarmi quando mi prospetta cose tranquille che, di fatto, non lo saranno.

Cinque minuti dopo esce dal bagno con il viso pallido. «Pallina, ti dispiace se Carl accompagna prima me, poi torna a prendere te?»

Non posso dire niente, anche perché sono io quella di troppo e Carl, in fondo, non è tenuto ad aiutarmi. Ma ho paura, questo posto non mi piace e non vedo né Luke, né Jacob nei paraggi. E Rick non può aiutarmi, la verità è che non lo conosco.

«È già qui fuori?»

Annuisce. Mi promette che il suo ragazzo correrà come un pazzo per non farmi aspettare troppo. Io le dico di andare piano, che non è un problema e che posso aspettare. Dopo che mi ha salutato, però, inizio a cambiare idea. Rick infatti rientra nel mio campo visivo.

«Tutta sola? Dov'è la tua amica?»

«Il suo ragazzo la sta riportando a casa. Poi verrà a prendere me.»

Lui si avvicina più di quanto vorrei, ma suppongo che sia per la musica alta.

«Posso riaccompagnarti io» mi sussurra, posandomi una mano sul fianco.

«Ti ringrazio, ma ho già un passaggio» dico alzandomi sulle punte. Poi mi discosto dal viso di Rick e lo vedo.

Damon è seduto su un divanetto, ha vicino i suoi amici che parlano con delle ragazze, ma guarda me.

«Se cambi idea…»

«Scusami, ora devo andare.»

Voglio uscire da questo posto e sono disposta anche a congelarmi, pur di cambiare aria.

Damon mi ha ferita. È molto diverso da quello che pensavo.

L'immagine di lui con la preside mi tormenta e mi impongo di non cascare nei suoi occhi, ma sono costretta a passare al suo fianco per raggiungere l'uscita.

«La piccola Krystal allarga i suoi orizzonti.»

Si alza, bloccandomi il passaggio e impedendomi di ignorarlo.

«Spostati» dico, e lui mi sorride, squadrandomi dalla testa ai piedi.

«Bel vestito.»

«Grazie, ma devo andare.» Provo a superarlo, ma ancora una volta le sue mani afferrano i miei polsi.

«Fai attenzione, qualcuno potrebbe rapirti stasera.»

«So badare a me stessa» sbuffo, e finalmente mi lascia.

Il freddo mi colpisce come centinaia di schiaffi quando raggiungo l'esterno. Sta diluviando, e mi chiedo se Tate e Carl siano riusciti a raggiungere l'istituto senza problemi. Non so come mettermi in contatto con loro, poi mi ricordo di avere un cellulare sul quale Tate, proprio ieri, ha salvato anche il suo numero. Faccio dieci tentativi, ma niente.

«Problemi?»

«Dio mio, Dam! Non puoi arrivarmi alle spalle in questo modo!»

Lui sogghigna e si inumidisce le labbra, prima di tornare serio.

«Non hai un passaggio?»

«Sì, sta arrivando» rispondo, accarezzandomi le braccia nude.

Come mi è saltato in mente di vestirmi in questo modo, a novembre?

«Chi?» Mi affianca, e mi osserva con un'espressione tutt'altro che beffarda.

«Non ti riguarda.»

Faccio per tornarmene dentro, ma Damon Cooper ha ancora voglia di tormentarmi. Non si stanca mai, non conosce limiti e, a quanto pare, anch'io gli permetto di prendersi troppe libertà con la sottoscritta.

«Giusto! L'idiota della piscina! Il sostituto di Jacob...»

«Prego? Non osare paragonarmi alle tue amichette» sbotto.

«Non oserei mai, sul serio, ma è strano che una come te vada alla ricerca di un passaggio in questa mandria infernale...»

Odio quando usa questo tono, quando crede di sapere tutto. Odio quando mi prende in giro, quando usa la mia inesperienza contro di me.

«Sempre meglio che farsi aiutare da te… Damon, mettimi giù» urlo. Mi ha sollevato, e ora sta correndo sotto la pioggia come se non pesassi nulla.

«Fra un po'» dice. Il che accade, per mia fortuna, prima del previsto.

Mi ritrovo con le spalle contro un'auto e il suo viso a una distanza indecente dal mio.

«Sei uno stronzo.» Lo spintono.

«Sei umana» sussurra, spostandomi una ciocca di capelli dalla fronte. Siamo tutti bagnati e io sto tremando.

«Tu… mi fai innervosire.» Abbasso la testa, ma lui fa forza sul mio mento con due dita per farmela sollevare.

«Lo so.» Fa una smorfia. «Ma devi ugualmente accettare un mio passaggio.»

«È tua?» chiedo, indicando l'auto che ha appena aperto.

Sale a bordo, e io non posso fare altrimenti.

Sta piovendo a catinelle!

«Quindi la tua amica ti ha abbandonata di nuovo…»

Sono tentata di scendere dalla macchina e continuare a bagnarmi come un pulcino, ma Damon mette in moto e mi guarda con un ghigno per averla fatta franca anche stavolta.

«No, doveva venirmi a prendere Carl.»

«Chi è Carl?»

La sua testa scatta in avanti e per un istante penso che possa essere geloso.

«Il suo ragazzo. È venuto in moto, quindi doveva fare due viaggi ma… non so che fine abbia fatto.»

Lo vedo rilasciare un lungo respiro, mentre impongo alla mia immaginazione di tornare al suo posto. Non posso permettermi altre illusioni, non dopo quello a cui ho assistito a scuola.

«In ogni caso bell'amica, come sempre.» Vorrei rispondergli a tono, dirgli di farsi gli affari suoi, ma quando sterza all'improvviso capisco che qualcosa non va. I chiarimenti vanno rimandati.

«Cosa succede?»

Mi indica un punto non troppo lontano da noi. «C'è un albero a terra, non possiamo proseguire.»

Sembra pensieroso, mentre riflette sul da farsi.

Non conosco le strade di Manchester, per cui non dico nulla quando fa retromarcia e cambia direzione. Ma dieci minuti dopo mi rendo conto di non conoscere affatto la zona in cui ci troviamo. Di certo non è il mio quartiere.

«Ma dove siamo?»

Lui sospira, poi ferma l'auto sotto un palazzo malmesso.

«Jared e Thomas torneranno più tardi, possiamo aspettare qui da me che riaprano la strada» dice, poi scende lasciandomi di stucco.

Damon mi ha portato a casa sua…

Non mi aspetta, corre sotto la tettoia. Solo dopo essermi ripresa dalla sorpresa lo seguo.

Ho il cuore in gola, ma non ho paura. Anzi sono curiosa, anche se non sempre è un bene.

Quando giungiamo al terzo piano e lui apre la porta, ho la sensazione di essere arrivata a un nuovo capitolo del libro più misterioso che abbia mai letto.

Damon è questo. Damon è un racconto scritto senza inchiostro, con una penna magica, e si lascia leggere solo da chi ha davvero voglia di conoscere la sua storia.

Come me.

«Puoi riposare qui.»

La sua voce è diversa. Sembra assente mentre si muove in casa. Poi apre una porta e fissa quello che c'è dentro con una malinconia a cui non sono abituata.

«Non toccare nulla» aggiunge. Poi ne apre un'altra, probabilmente quella della sua stanza, e la chiude alle sue spalle senza fare rumore.

25

Mi ritrovo sola in una stanza in penombra.

Damon è scappato via, come se stare qui lo turbasse. E quando accendo le luci qualcosa turba me.

L'arredamento è al femminile. C'è un letto, al centro, coperto da una trapunta rosa con ricami floreali. Sulla destra, una piccola scrivania: quando mi avvicino noto un cassetto aperto, pieno di smalti colorati. Mi sorge spontaneo chiedermi se uno dei ragazzi abbia una compagna, o se questa stanza appartenga o sia appartenuta a una delle loro sorelle. Sempre che ne abbiano.

Dovrei farmi gli affari miei, infilarmi sotto le coperte e provare a dormire fino a quando Damon non mi dirà che è ora di andare. Poi mi rendo conto di una cosa importante: ho bisogno di aiuto per non finire nei guai.

Scrivo a Tate un messaggio nel quale la supplico di coprirmi con la Morris. Non sopporterei di deluderla ancora, anche se la colpa è a metà proprio con Tate.

Venti minuti dopo sto ancora rimuginando su cosa fare. Sono seduta sul letto e non ho il coraggio di stendermi, poi qualcosa attira la mia attenzione.

«Sei impazzito!»

La voce di Jared è inconfondibile e purtroppo temevo che una cosa simile potesse accadere. Quando Damon mi ha detto che saremmo stati soli, una parte di me ne era felice.

Quel tipo mi odia. Vorrei tanto capirne il motivo.

«Sono affari miei» risponde Damon, con un tono che non lascia presagire nulla di buono.

Personalmente temo Jared, ma al contempo non vorrei intromettermi nella loro amicizia creando problemi.

Mi avvicino alla porta per sentire meglio e mi tremano le ginocchia. Mi sento come una bambina che sta per essere colta con le mani nel sacco.

«Sei caduto così in basso, Dam...»

Non capisco il senso di queste parole.

«Mai come te, e per quanto mi riguarda puoi anche dormire in macchina.»

Dal modo in cui la porta viene sbattuta, suppongo che Jared lo abbia preso alla lettera.

Mi dispiace, mi dispiace più di quanto si possa immaginare.

Io non conosco questi ragazzi e non so perché, alla loro età, vivano da soli in un quartiere simile. Sembra pericoloso, anche se giudico solo dalle impressioni.

«Ha i suoi problemi. Ed è arrabbiato con il mondo intero.»

Non pensavo ci fosse anche Thomas, e questo mi tranquillizza. È sicuramente il più gentile, l'unico che non mi ha mai trattato come una stupida.

«Come tutti.»

Sento i passi di Damon avanzare lungo il corridoio. Come una vera bimba, corro verso il letto e mi infilo sotto le coperte. È una situazione assurda eppure, quando il caldo inizia a distendersi sulla mia pelle, non mi sento più a disagio.

Riesco a trovare un mio equilibrio in una casa sconosciuta, ma c'è un problema. Sto morendo di sete e non so se Thomas è ancora sveglio. Dovrei restare nella stanza, soffrire in silenzio e aspettare che Damon venga a svegliarmi, ma venti minuti dopo il sonno non è arrivato e la sete è aumentata.

Mi armo di coraggio, esco in punta di piedi e raggiungo il cucinino. Peccato che…

«Rumorosa.»

Il frigorifero è aperto, e quando la testa di Damon sbuca da lì dietro, per poco non mi prende un colpo.

Indossa solo dei boxer neri.

«Avevo sete» sussurro, lisciandomi il vestito.

Sono nervosa e sono sicura che anche lui l'abbia notato, dato il suo sorrisetto impertinente.

«Serviti pure.»

Con un cenno del capo, mi indica il frigorifero ancora aperto, poi va a sedersi al tavolo.

«Cosa mangi?»

«Pane, prosciutto e formaggio. Vuoi?»

«Un po', grazie. Stasera non ho cenato.»

Lo raggiungo, rapita dal suo sguardo quando lo alza su di me. Mi sento impacciata e piccola, mentre mi approprio di metà della sua cena.

«Mi dispiace che tu abbia litigato con Jared…»

So che è un brutto discorso.

«Non m'importa» replica, dando un generoso morso al suo panino. Mostra indifferenza e freddezza, anche quando so che non è così che vorrebbe essere. O forse sono solo un'ingenua che non lo conosce, che pensa di sapere cose di lui che in realtà non sa.

«Invece sì, è un tuo amico» mormoro incerta.

«Sono ugualmente cose che non ti riguardano, e non pensare che abbiamo discusso per te. Non sei così importante da compromettere un'amicizia.»

Socchiudo le labbra per prendere aria, come se me l'avesse tolta, quando in realtà questo è esattamente quello che lui ha da darmi. Una versione di sé stesso arrabbiato con il mondo – proprio come ha detto Thomas – e con chiunque provi a entrare nel suo mondo.

«Non ho detto questo» dico con un filo di voce, quando si alza e lancia il suo panino nel bidone dell'immondizia.

«Bene, perché non è così.» Mi fa a pezzi con lo sguardo, dopo aver urlato queste parole.

Ho sempre provato a contenere le mie emozioni, sia belle sia brutte, mascherandole con un sorriso che non fosse falso, ma neanche euforico. Spesso sorrido solo per convincermi di stare bene, e per tutta la vita sono passata come quella solare, come quella che non ha bisogno di piangere o litigare, nonostante tutto.

In questo momento, però, mi sento stanca. Stanca di essere trattata come una nullità da una persona verso la quale sono sempre stata gentile, stanca dei suoi modi così contraddittori.

«Io non ti capisco!» Mi alzo a mia volta. «Perché hai queste reazioni? Non ho detto nulla di grave!»

Lui mi guarda piegato in avanti sulla penisola della cucina, con un'espressione fintamente divertita sul viso. Lo svantaggio di Damon è che so riconoscere il dolore negli occhi, anche se mascherato da un carattere diverso dal mio.

«Non c'è nulla da capire, non sforzarti...»

«E se volessi farlo?»

Mi sto spingendo oltre, sto sconfinando e lo so bene. So che una cosa simile non gli è gradita, ma ormai non posso più tornare indietro e neanche voglio farlo. La mia sicurezza inizia a vacillare quando mi si avvicina.

È troppo alto e a stento raggiungo il suo petto.

«Perché insisti, eh?»

Mi fa avvampare con la sua voce bassa e roca, che però nasconde il suo ennesimo tentativo di sbeffeggiarmi.

«Non ho secondi fini. Lo voglio e basta» ribadisco, immersa in una pozza d'imbarazzo. Da questo discorso potrei uscirne distrutta. Le possibilità sono alte, ma me la gioco senza indugiare.

«È questo il problema, il motivo per cui uno come me dovrebbe stare alla larga da una come te.»

«Vedi differenze dove non ci sono.» Sollevo lo sguardo, perdendomi nei suoi occhi. «Se non mi vuoi più fra i piedi, trova una scusa più credibile e...»

Non riesco a finire. Le sue labbra mi danno un altro motivo per vivere, per sopravvivere a tutto lo scompenso che questo nuovo bacio porterà nella mia esistenza. E lo so che mi farò male, lo so anche mentre gli getto le braccia al collo e lascio che le sue mani si perdano fra i miei capelli per fonderci in una cosa sola.

Glielo concedo.

Gli concedo ogni respiro, spezzato dalla sua lingua che assaggia la mia. E tremo fra le sue braccia quando mi stringe a sé, facendomi arrossire a contatto con i suoi muscoli tesi e gonfi. Nessuno mi ha mai fatto sentire speciale e desiderata come lui in questo momento.

«Damon...»

«Dam, solo Dam» ordina, e le sue mani scivolano sulle mie gambe. Le afferra, mi costringe ad aprirle.

Dovrei temere questo momento. Ha molta più esperienza di me, che proprio non ne ho. Eppure non ho paura di fare la cosa sbagliata, di risultare goffa. Mi sento al sicuro, mentre siamo cuore contro cuore e mi fa sedere sulla penisola.

«Fermami...» mi supplica, ma io non trovo motivi per farlo.

Ogni traccia della mia innocenza scompare, ma mi va bene così. Ne sono consapevole e non cambierei nulla di questa serata... tranne l'esistenza del suo cellulare. Si stacca da me velocemente e mi gira la testa per la valanga di emozioni che ho provato, mentre lui sembra già essere ritornato alla realtà, quando vede il nome della persona che gli sta telefonando.

«Che succede?»

Mi guarda con la coda dell'occhio, prima di allontanarsi verso la sua camera.

«Oddio.»

Sono sopraffatta da quello che è successo e da quello che sarebbe potuto succedere. Non avrei mai pensato di spingermi così oltre con un ragazzo con il quale non sto neppure, ma con Damon perdo la ragione.

Dopo cinque minuti torna in cucina, vestito e con il casco fra le mani.

«Dove vai?» gli chiedo, scendendo dalla penisola.

Mi guarda pensieroso, poi scuote il capo.

«Torno fra qualche ora.»

Non aggiunge altro ed esce, lasciandomi sola.

Damon

Entrare in questa maledetta stanza è sempre una tortura, ma devo farlo. Vederla in questo letto, incapace di muoversi, incapace di vivere come una ragazza della sua età, alimenta la mia sete di vendetta. Lei è l'unico motivo per cui ogni mattina mi alzo. Dopo quella notte, fatico a credere di essere ancora vivo.

«Sei venuto.» Mi sorride, e i suoi occhi si illuminano come la stella più bella dell'universo.

«Avevi dubbi?» Mi avvicino e mi siedo al suo fianco. «Come stai?»

Le accarezzo i capelli e lei subito si rilassa.

È una delle poche cose belle che mi sono rimaste, farei di tutto per proteggerla.

«Gli incubi non mi fanno dormire. Sarebbe più facile se tu vivessi qui» borbotta, mettendo il broncio.

«Basta una telefonata e arrivo» le rispondo, anche se per un attimo la mia mente corre a quello che stavo per fare prima che lei mi cercasse.

Sono ancora eccitato, ma lo tengo per me.

«Come va la scuola?» Mi indaga con gli occhi. Mi conosce e sa come sono fatto, sa com'è andato l'ultimo anno della mia vita e come sono cambiato dopo quella notte.

«Bene, non devi preoccuparti.»

L'aiuto a distendersi perché da sola non riesce, e stringo le mani a pugno quando ricordo il motivo.

«Ho già sonno. Hai lo strano potere di tranquillizzarmi subito.»

Le sorrido, è l'unica persona con la quale riesco a farlo davvero.

Ma mi rende anche debole.

Lei è il mio tallone d'Achille, qualcosa che non andava toccato e che invece è stato sciupato.

«Resterò qui fino a quando non ti addormenterai» dico, ma quando mi volto a guardarla lo ha già fatto.

La bacio sulla fronte prima di uscire dalla stanza.

Ha il suo profumo e i nostri ricordi, quelli che appartenevano a un periodo in cui tutto era molto più semplice.

«Ehi…»

Mia madre mi accarezza i capelli e mi guarda con rimprovero quando poso una busta sul tavolo della cucina.

«Non dire nulla.» Le accarezzo il viso. «Ci servono.»

Abbassa gli occhi, so che si vergogna, so che ha paura per me, ma è il minimo che possa fare per loro dopo quello è successo anche a causa mia.

«Grazie.»

«Ora devo andare.» La bacio sulla guancia, prima di tornare alla realtà. Una realtà che mi ricorda di aver lasciato una ragazza in casa mia, dopo averle divorato le labbra.

Per uno come me non è una novità.

Krystal non è di certo la prima ragazza che bacio, ma senza dubbio è la prima a essere entrata in un posto per me sacro. Non so spiegare perché, anzi non voglio farlo, ma sono agitato mentre ripercorro il tragitto verso casa. Jared ha una strana ossessione per lei, e questo non mi piace, soprattutto perché non me la so spiegare. Quello che faccio non lo riguarda, ed è bene che se lo ficchi in testa.

«Merda, la mocciosa deve essere davvero noiosa se sei dovuto uscire per procurarti una scopata come si deve!»

Sono appena rientrato, e la prima cosa che vedo è Jared in compagnia di una bionda.

Abbiamo una regola.

Qui non si scopa, qui non entra nessuna oltre noi, ma in questo momento non posso farglielo notare.

«Fatti i cazzi tuoi!»

Faccio per superarlo, devo riaccompagnare la moretta. Ha smesso di piovere e mi chiedo perché abbia usato il cattivo tempo come scusa per portarla qui.

«Rilassati, amico! A ognuno le sue puttane.» Ride. «Se la tua è un'incapace, non puoi prendertela con me!»

Scatto, completamente fuori controllo, e lo afferro per il collo. Non mi importa che sia nudo o che la ragazza sotto di lui lo sia e che ora stia urlando come una gallina. Non m'importa di niente, perché il mio cervello è fermo alle sue parole.

«Cosa hai detto?» urlo, a un centimetro dal suo viso.

«Che cazzo ti prende? Lasciami.» Lo faccio, ma non prima di averlo strattonato un'ultima volta.

«Chiamala di nuovo in quel modo, ed è l'ultima cosa che fai.»

Jared mi guarda sbigottito. Non ci siamo mai picchiati, tranne quando ha chiuso Krystal nello sgabuzzino, ma a quanto pare non gli sono bastate.

Lo supero, con tutta l'intenzione di tornare nella mia camera e ritrovare la lucidità persa. Ma faccio una deviazione.

Krystal è in quella stanza, rannicchiata su sé stessa, senza coperte. Dorme con la guancia schiacciata sul cuscino e le labbra leggermente dischiuse. È bellissima, non posso negarlo, ma una parte di me sa che se solo continuassi a fare quello che sto facendo con lei, contaminerei la sua anima.

È pura, immacolata come la rosa più bianca mai esistita.

Io sono solo una macchia nera in un mondo di merda.

Un mondo che lei non conosce e dal quale devo tenerla lontana il più possibile.

Krystal

Le prime luci dell'alba raggiungono il mio viso, ma impiego qualche istante per ricordare dove sono e perché.

«Cavolo» urlo, quando vedo che l'orologio a muro segna le nove.

Sono spacciata, sono semplicemente spacciata.

Esco dalla stanza in fretta e furia, e quando trovo Thomas seduto alla penisola per poco non mi prende un colpo. I ricordi di quello che è successo mi colpiscono come uno schiaffo, soprattutto la parte in cui Damon è andato via, lasciandomi sola.

«Buongiorno principessa! Dormito bene?»

«Buongiorno» sussurro, accennando un sorriso. «Hai visto Damon?»

«In realtà… Oh, eccolo.» Indica la porta alle mie spalle, dalla quale rientra un Damon sudato dalla testa ai piedi.

Suppongo sia andato a correre.

Sto per chiedergli di riaccompagnarmi, ma lui mi precede e non nel modo in cui speravo.

«Recupera le tue cose! Intanto mi faccio una doccia.»

I miei occhi, insieme a quelli di Thomas, lo seguono finché non sparisce.

Deglutisco e provo a non farmi tradire dallo spaesamento.

«Fai almeno colazione.»

Thomas è gentile ed empatico. Ha capito anche se io non ho detto nulla, e questo mi fa sentire meno sola. Non dovrei affezionarmi a lui, è un suo amico, mentre io non sono altro che una delle tante. Una che ha baciato un paio di volte, e nulla più.

«Tranquillo, mangerò qualcosa dopo…»

Stringo tra le mani il cellulare, dissimulando il tremolio delle dita. Mi sento così stupida, eppure avrei dovuto immaginarlo che al sorgere del sole sarebbe tornato tutto come prima.

«Non rimanerci male, Damon è fatto così.» Prova a confortarmi, ma non è questo il punto. Sono io quella che dovrebbe capire quando fermarsi, e il carattere di Damon non c'entra nulla. Mi bacia, certo, ma per lui non ha la stessa importanza che per me.

Viaggiamo su binari diversi e il mio treno è decisamente in ritardo.

Lui viaggia in prima classe, in una carrozza all'avanguardia e moderna. Dove si corre e non ci si guarda mai indietro.

«Non è nulla, sto bene. Davvero.»

Accenno il sorriso più falso della storia, ma abbasso lo sguardo quando, pochi minuti dopo, Damon torna da noi.

«Ci vediamo» dice all'amico e lo seguo senza fiatare.

In auto non parliamo, la radio è accesa ed entrambi fingiamo che l'altro non esista, anche se per motivi diversi. Sono sicura che lui non si sta logorando per il mio silenzio, ma qualcosa cambia, quando leggo un messaggio di Tate.

La Morris ha scoperto tutto, mi dispiace...

Chiudo gli occhi e inizio a tremare come una foglia.

Non doveva accadere, stavolta le conseguenze saranno ancora più gravi.

La signorina Morris ha perdonato le nostre uscite furtive.

Stavolta però io non sono rientrata, trascorrendo la notte a casa di qualcuno che lei neanche conosce. È sbagliato, contro le regole, e mi viene da piangere al solo pensiero di quello che accadrà al mio ritorno.

«Tutto okay?»

«Sì.» Deglutisco, puntando lo sguardo fuori dal finestrino.

Non ho voglia di parlare con lui, in realtà non ho neanche la forza per farlo.

«Non mi sembra» borbotta infastidito, ma non replico, non quando so di avere tradito nuovamente la fiducia della donna che mi ha cresciuta.

«Quanto manca?»

«Dieci minuti.» Sbuffa, ma quando guardo l'ora sul telefono mi rendo conto di qualcosa che mi spezza il cuore.

«Non è possibile...»

Calde lacrime iniziano a bagnare il mio viso, e non riesco a fermarle. Non ci riesco.

«Che succede ora?» sospira.

«Oggi è un giorno molto importante per... noi.» Deglutisco, passandomi le mani sul viso. «Una volta l'anno vengono a farci visita associazioni benefiche e famiglie con… bambini adottati in passato» spiego. «Non mi importa di essere punita per non aver dormito nella mia stanza stanotte, ma… non dovevo mancare. Io… non dovevo.»

Rallenta, e sento i suoi occhi su di me anche se non ho il coraggio di controllare.

«Oggi?»

«Stamattina» sussurro.

«Siamo ancora in tempo» dice.

«Purtroppo no, a breve andranno tutti via. Non dura molto.»

Accelera di nuovo, ma non basterà.

«Tranquillo, davvero. È solo colpa mia, se me ne sono dimenticata.»

La sua mano afferra la mia. Non dice nulla, ma credo non serva.

Quando raggiungiamo l'istituto sono tesa e guardo il portone che dovrò varcare.

«Non ti prenderanno a frustate, vero?»

In tutto questo caos, Damon mi fa sorridere, anche se non dovrei dimenticare il modo in cui mi ha trattata.

«Credo di no.» Lo guardo, e scuoto il capo. «Vado, grazie… per tutto, insomma.»

«Ciao Krys!»

«Come mi hai chiamata?»

«Krys, non ti piace?»

«Carino.» Scrollo le spalle e faccio per aprire la portiera della sua auto, ma Damon deve avere sempre l'ultima parola.

«Ti ci avrei chiamata lo stesso, anche se non ti fosse piaciuto.»

So che è così.

26

Quando busso, so già che mi scontrerò con un paio di occhi delusi.

La Morris viene ad aprirmi. Alle sue spalle scorgo Tate, che a fior di labbra prova a scusarsi per non aver potuto fare di più.

È tutto finito, ma lo sospettavo.

Sono in ritardo sotto ogni punto di vista, ho perso la giusta direzione e non so farci i conti.

«Spero tu abbia una spiegazione valida.»

La Morris non urla, non l'ha mai fatto con nessuna di noi, neanche quando eravamo piccole. Ha sempre provato a comprendere i nostri atteggiamenti e ad affrontarli con il dialogo. Ora sembra che non abbia alcuna voglia di parlare con me, anche se è quello che mi ha chiesto di fare.

«Sono andata a una festa...»

«Questo lo so già. Voglio sapere dove sei stata stanotte.»

Tate abbassa lo sguardo. Sta piangendo, è una vita che non glielo vedo fare.

«Dal ragazzo di cui le ho parlato l'altra volta. Quello che... che mi ha baciata» sussurro, torturandomi le mani.

Lei sospira, come se un po' se lo aspettasse, poi si dirige verso il salotto e la seguo.

«La strada era interrotta e lui... è stato gentile a ospitarmi.»

Credo di aver usato le parole sbagliate, perché la Morris mi fulmina con lo sguardo, prima di ricomporsi.

«Non è lui il problema, infatti.» Tende la mano nella mia direzione. «Dammi quel cellulare» sussurra sconfitta, perché odia doversi comportare in questo modo, ma non le ho dato scelta. Lo faccio con il cuore pesante perché, stupidamente, aspetto sempre che lui mi cerchi...

«Le chiedo scusa, ho sbagliato. Avrei dovuto avvisarla del contrattempo.»

Ma le parole non bastano, e lo so. Lo capisco dal modo in cui scuote ripetutamente il capo, e si allontana da me. Non accetta le mie scuse, non commenta l'accaduto, ma mi sbatte in faccia una realtà che, spesso, io e Tate dimentichiamo.

«Non vi rendete conto di cosa succederebbe se gli assistenti sociali venissero a saperlo. Non vi rendete conto di quanto sia pericoloso, e non solo per voi, questo egoismo. Sto provando a comprendere i vostri desideri, a essere aperta, ma...»

Le sue parole vengono interrotte dal mio pianto, qualcosa a cui non è più abituata. Tuttavia non mi abbraccia come quando da bambina mi sbucciavo le ginocchia, del resto non merito che lo faccia.

«Dormirete in stanze separate. Non pensavo che foste così pericolose insieme.» Si alza e se ne va, lasciandoci sole con i nostri sensi di colpa.

La mia nuova stanza è al terzo piano, e credo di averne capito il motivo. La Morris teme che possa scappare di nuovo, anche se sono sicura che non accadrà più. Ci tengo molto a lei, alla sua considerazione di me, anche se ultimamente sto dimostrando il contrario. Ovviamente sono in punizione, e questo vuol dire che dopo la scuola devo filare dritta in istituto. A pochi metri dalla fermata dell'autobus, incontro la prima tentazione.

Non è Damon, ma qualcuno con cui non parlo da un po'.

«Ehi, Krystal.»

Tate mi stringe il gomito quando Jacob si avvicina, ma non capisco la sua reazione. Un tempo lo adorava e pensava che dovessi frequentarlo.

«Ciao, Jacob. Come stai?»

«Possiamo parlare un attimo?»

Sembra nervoso.

«Pallina, dobbiamo andare. Sei in punizione» mi ricorda la mia amica, e Jacob si acciglia.

«In punizione? Perché?»

«Magari te lo spiego domani, non posso intrattenermi dopo le lezioni» dico, anche se non ho alcuna intenzione di raccontargli un bel niente.

«È importante» bisbiglia, avvicinandosi ancora. «Si tratta di Damon.»

Ha catturato la mia attenzione e questo lo sa anche Tate, che sbuffa e si agita.

La guardo e lei mi riserva un'occhiataccia.

«Non puoi» mi ricorda.

«Ti riaccompagno io, arriverai in tempo» promette Jacob e io cedo, anche se per un motivo diverso da quello che pensa.

Tuttavia, quando ci sediamo in auto e lui mette in moto, inizio a sentirmi irrequieta, come se stessi facendo qualcosa di sbagliato, alle spalle di qualcuno, e non mi riferisco alla Morris. Ho sempre pensato che ognuno avesse i suoi tempi, e che forse io dovrei rispettare quelli di Damon per conoscere la sua storia.

«Vedi, Krystal, ci sono cose del mio passato di cui non vado molto fiero.» Inspira a fondo. «Io e Damon eravamo amici e abbiamo fatto delle cose, insieme. Con il tempo ho capito che erano sbagliate e che dovevo allontanarmi da lui.»

Una parte di me crede di aver capito.

Probabilmente anche Jacob spacciava e rubava...

«All'inizio si trattava di piccoli furti, poi le cose sono cambiate, sono diventate più serie. Io ho iniziato ad averne paura, lui no. Damon non ha paura di niente.» Fa una smorfia.

«Forse aveva bisogno di soldi» dico, e solo dopo averlo fatto mi rendo conto di aver parlato. Per un attimo mi guarda, leggo apprensione ma anche fastidio nei suoi lineamenti.

«Come tutti, ma ci sono cose che vanno oltre. Abbiamo iniziato a spacciare, a rovinare la vita di ragazzi anche più piccoli di noi. Io mi sentivo in colpa, sbagliato, perché gli altri stavano male, e noi facevamo un sacco di soldi.»

Il suo discorso non fa una piega, e per quanto io sia impreparata sull'argomento, so di cosa sta parlando.

«Non ti avevo detto che quelle cose le facevo anch'io perché temevo che mi avresti odiato e allontanato. Mi piacevi, ci stavamo frequentando e volevo che tu diventassi la mia ragazza.» Arrossisce, ma io non riesco a trovarlo tenero. Voleva ingannarmi, e non gli nascondo la mia delusione.

«Voglio proteggerti da lui, da Damon. Non è quello che sembra» sbotta. «È pericoloso, il suo mondo lo è, e se non vuoi cadere in un baratro dal quale non riemergerai più, allontanati da lui!»

Da più di un'ora sono china sui libri, ma non faccio altro che pensare alle parole di Jacob. Non posso negare che mi abbiano sconvolta, anche se non mi ha detto nulla di nuovo su Damon.

«Ehi… ehi…»

Mi volto, e noto che Tate fa capolino dalla porta della mia nuova stanza.

«Su, entra» le dico.

«Seguimi, ho un piano» borbotta, poi gira i tacchi e sparisce.

Non dovrei farlo, perché sicuramente ha in mente qualcosa che farà finire entrambe nei guai. La seguo nella speranza di farle cambiare idea.

«Dove stai andando?»

«La Morris non c'è, e io so dove nasconde i nostri cellulari» ridacchia.

«No! Scordatelo!»

Sono categorica, non farò una cosa del genere. Ma, a quanto pare, questo è il «giorno delle tentazioni per Krystal».

«Non sei curiosa di sapere se Damon ti ha cercata?»

Distolgo lo sguardo, ma al contempo la sto seguendo fino all'ufficio della Morris.

«No, non sono curiosa, e poi sicuramente non l'ha fatto.»

«Accertiamocene» ammicca, mettendo sotto il mio naso una chiave. Non le chiedo dove l'ha presa, quando la infila nella toppa e fa scattare la serratura.

Finirò all'inferno, e lì io e Tate staremo insieme per sempre.

«Dai, entra. Non abbiamo molto tempo» mi ricorda. Con il cuore pesante, la seguo.

Si accovaccia dietro la scrivania, apre un cassetto e dal suo sorriso trionfante suppongo che li abbia trovati.

«Non controlli? Oh, Carl mi ha scritto un mucchio di messaggi. Sarà preoccupato…»

Mi guardo intorno e per un attimo chiudo gli occhi, ma i sensi di colpa sono ancora lì, dove li ho lasciati.

«Krystal, approfittane. Sul serio…»

Sospiro, passandomi una mano fra i capelli, poi la raggiungo e afferro il mio cellulare.

«Questa cosa non mi piace» borbotto, ma lei mi ignora, troppo presa a messaggiare con il suo ragazzo.

Accendo il mio telefono, che per fortuna è ancora carico e…

Di nuovo in punizione?

Mi tremano le mani, dovrei rispondergli e proprio quando lo sto per fare sentiamo dei passi in lontananza.

«Dobbiamo andare!»

Tate riprende il mio cellulare e lo infila nel cassetto in cui l'abbiamo trovato. E proprio mentre chiudiamo la porta dell'ufficio della Morris, squilla.

Dopo quel giorno, non ci abbiamo riprovato. Damon è scomparso, mentre Jared e Thomas continuano indisturbati la loro vita scolastica. Io non faccio che pensare a lui, a dove sia, a cosa stia facendo e con chi. Di tanto in tanto noto Piper fissarmi in modo strano, ma mi evita e questo mi sta bene.

Sono alle macchinette del caffè, quando incontro Thomas.

«Ciao, bella ragazza.»

«Ciao, come stai?»

«Bene, mentre tu non hai una bella cera.» Ridacchia, scompigliandomi i capelli. In un'altra vita avrei potuto desiderare la sua amicizia, ma in questa mi sembra impossibile.

«Non dormo come vorrei, ultimamente» confesso, e lui si lascia sfuggire qualcosa che non avrebbe dovuto.

«Neanche Damon... Cioè, non lo so.» Si gratta la nuca.

«Sembra sia scomparso, non lo vedo da un bel po'.»

Lui si guarda intorno, prima di tornare a me.

«Ha molto lavoro. Ultimamente è agitato e non so quando tornerà a scuola, ma se ti va puoi telefonargli.» Fa un sorrisetto, ma poi cambia espressione. «Ah, no. Qualche giorno fa ha spaccato il telefono. Vallo a capire.» Scrolla le spalle.

Mi torna in mente il giorno in cui so per certo che ha provato a chiamarmi, ma suppongo siano altri i motivi per cui ha rotto il suo telefono.

«Posso dirgli che lo cercavi» continua, vedendomi taciturna.

«Sì, cioè no. Non lo so...»

Un piccolo sorriso gli increspa le labbra.

«Non credo sia una buona idea» aggiungo.

«Io penso di sì, invece. Però è una tua scelta. Ora devo andare, ciao Krystal.»

Si allontana e io mi ritrovo davanti a una stupida macchinetta del caffè a ripensare a uno dei nostri primi incontri.

Piper mi aveva attaccato un post-it alla schiena e Damon se ne era accorto. Mi manca, la verità è questa, e non so dove cercarlo oltre che nel mio cuore.

Il pomeriggio lo trascorro nella mia vecchia stanza, perché ci sono i miei libri e la Morris mi ha permesso di studiare qui. Solo che, dopo nemmeno un'ora, accade qualcosa che cambia l'andamento della mia giornata.

«Deve essere davvero noioso quello che stai leggendo. Sei ferma sulla stessa pagina da dieci minuti.»

«Dam...» balbetto, quando lo vedo seduto sul davanzale della finestra. Ho perso il conto dei giorni che sono trascorsi senza di lui, ma in questo momento vorrei solo gettarmi fra le sue braccia.

Lui non dovrebbe essere qui, se la Morris lo beccasse sarebbe la fine.

«Perché mi cercavi? Cosa vuoi?»

Il suo tono distaccato mi fa accigliare.

«Stai bene?» Mi alzo dalla sedia e lui mi indaga con gli occhi. «Sei sparito.»

Entra nella stanza e si guarda intorno.

«Detto da te, è ironico.»

«Sono in punizione, la Morris mi ha sequestrato il telefono e...»

«Sembra un carcere.» Fa una smorfia. «La tua padrona dovrebbe aggiornarsi e lasciarti vivere, almeno potrai mangiare serenamente la tua minestra riscaldata.»

«Che?»

Lo guardo, mentre tocca le mie cose e poi le posa come se gli facessero schifo.

«Gira voce che sei tornata con Jacob...»

«Cosa? No! Se mi hai vista in auto con lui…»

Alza la mano. «Frena ragazzina, a me non importa un cazzo se vai a letto con lui.»

Avvampo e dischiudo le labbra.

«Ma cosa… stai dicendo?»

Si avvicina arrogante, con occhi lucidi per le emozioni contrastanti.

«Non eri nel tuo letto ieri, e neanche l'altro ieri. Per me puoi scoparti anche tutta la scuola» ringhia, serrando la mascella «ma non prendermi per il culo, perché mentre tu pensi di poterlo fare, io lo sto già facendo…»

Cala il silenzio, un silenzio che potrebbe mettermi al tappeto. Invece scoppio a ridere.

Damon mi guarda come se volesse gettarmi dalla finestra e per una volta, per una sola volta, mi sento in grado di rispondergli a dovere.

«Ora dormo al terzo piano. La Morris teme che io possa scappare per trascorrere un'altra notte in casa di un ragazzaccio come te.» Scrollo le spalle, mentre le sue si afflosciano come se stesse reggendo il peso del mondo.

«Ah…»

Sospira e distoglie lo sguardo.

Se non lo conoscessi, oserei dire che è arrossito per la gelosia, ma è impossibile.

«Resta ugualmente una cazzata.» Si avvicina alla finestra e tira fuori una sigaretta dalla tasca della giacca.

«Ti sei calmato?»

Mi inchioda sul posto con le sue gemme blu.

«Lo sono sempre stato.»

La smetto, non voglio metterlo in difficoltà, anche se lui mi direbbe che non è così e che sono una bambina per pensare una cosa simile.

«Quando torni a scuola?» Mi avvicino con cautela.

«Cosa voleva da te Jacob?»

Alzo gli occhi al cielo, ma non perdo le speranze. Prima o poi riuscirò a ottenere risposte da questo ragazzo scontroso.

«Nulla di cui tu debba preoccuparti.» Mi siedo al suo fianco, anche se la finestra è aperta e fa freddo.

«Se sali in macchina con Jacob, c'è senz'altro qualcosa di cui preoccuparsi.» Fa una risata amara, come se stesse ricordando un episodio in particolare. «Allora?» mi coglie a fissarlo. «Che vuole quello da te?»

Una parte di me desidera dirglielo, l'altra teme che possa reagire.

«Krystal!»

Sospiro. «Mi ha detto che un tempo siete stati amici e che… avete fatto delle cose insieme.»

«Il solito ragazzino.» Fa una smorfia.

«E che lui ha provato a uscire dal tuo giro. Mi ha detto solo questo.»

«Che bugiardo.»

C'è delusione nel suo tono, e questo mi fa credere che in passato gli abbia voluto davvero bene.

«Comunque ti ha raccontato una parte piccola e insignificante.» Aspira del fumo e soffia verso di me, facendomi tossire.

«Il resto potresti raccontarmelo tu. Jacob vuole solo mettermi in guardia, continua a dire che sei pericoloso e che…»

«Perché non gli dai ascolto?»

Mi guarda, ma i suoi occhi sembrano spenti.

«Perché sono in grado di farmi una mia opinione, sulle persone.»

«Non ti ha detto una bugia. Io spaccio, rubo, minaccio le persone. Sono pericoloso…»

Smetto di guardarlo e di ascoltarlo.

«Sembra che tu voglia convincermi di qualcosa. Come se stessi sbagliando.»

Si alza, si aggiusta la giacca e mi si para davanti.

«Io non voglio convincerti di nulla, Krystal. Ho troppo da fare per perdere tempo dietro a questioni inutili, ma se vuoi la verità penso che una brava ragazza come te debba ascoltare i consigli di un bravo ragazzo come lui.» Scrolla le spalle.

«E allora vattene, se è questo quello che vuoi.» Abbasso lo sguardo, lui resta lì, al mio fianco, per qualche secondo.

Non dice nulla, ma so che mi sta guardando.

Poi fa quello che gli ho detto.

27

Una delle tante psicologhe con cui ho avuto a che fare in questi anni mi ha fatto comprendere quanto sia forte la mia paura di non essere voluta.

Non mi ha aiutato a mettere a fuoco il mio terrore di essere abbandonata di nuovo, e questo comporta un meccanismo di difesa che spesso mi induce a pensare di non meritare niente dalla vita.

La mia psiche è in netto contrasto con il mio carattere. Chiunque, esternamente, non assocerebbe mai a me un malessere così forte e invasivo. A volte penso di essermi imposta un modo di vivere che sbeffeggia ciò che provo solo perché non so affrontarlo.

«Ho sempre odiato la natura!»

Guardo Tate, dispiaciuta per le sue parole.

Anche lei mi sorprende spesso, ma so che come me dentro ha un mondo che non vuole far vedere agli altri.

Oggi abbiamo lezione di botanica, al primo piano della scuola. Oltre a noi, in questo immenso laboratorio ci sono anche altre classi.

«Preferisco questo, a due ore di matematica» le dico, abbozzando un sorriso.

«Io invece avrei preferito vedere Carl.» Sbuffa, mentre la mia attenzione viene rapita dalla voce squillante e fastidiosa di Piper.

«Dam, anche tu qui!»

Mi impongo di tenere lo sguardo basso sulla piantina di cui mi sto occupando.

«Non la stai curando» mi fa notare Tate. «La stai torturando…»

Faccio un lungo respiro. «Non sopporto la voce di Piper e… Dio mio, non guardarlo. Sei troppo sfacciata» bisbiglio, ma la risposta della mia migliore amica mi fa andare la saliva di traverso.

«Lui è sfacciato, ti sta guardando il culo da quando è arrivato.»

«Ma cosa dici?»

Inizio ad agitarmi, ma non potrebbe essere altrimenti.

Escludo a priori una cosa simile.

«La verità: è un pervertito.» Ridacchia, mentre le mie guance iniziano ad accendersi e, come al solito, scappo.

«Vado un attimo al bagno» dico, senza considerare il fatto che così sono costretta a passargli di fianco.

Non lo guardo, cammino a testa bassa mentre supero lui, i suoi amici e ovviamente Piper. Sembra che sia tornato il sereno nel loro gruppo e di questo sono felice, non avrei mai voluto creare problemi, ma al contempo sono rammaricata per il modo in cui Damon ha provato a mettere fine al nostro rapporto.

Dopo essere andata in bagno e aver abbondantemente sciacquato il mio viso, esco con tutte le intenzioni di affrontare il resto dell'ora a testa alta. Le mie convinzioni, però, vacillano quando una terribile fitta alla pancia mi costringe a fermarmi.

Sono arrivati quei giorni del mese, ma ultimamente è diverso. Non ho mai sofferto di dolori così acuti. Vorrei essere meno timida e parlarne con qualcuno.

Mi prendo qualche secondo, aspetto che la fitta passi e poi, quando credo di stare meglio, riprendo a camminare.

«Ehi, Krystal!»

«Ciao Rick.» Abbozzo un sorriso tirato, ma non per lui.

Il fastidio si ripresenta, seppure più lieve.

«Come stai? Sei sempre così sfuggente» mi dice, quando riprendo a camminare. Probabilmente dovrei andare in infermeria e prendere un analgesico, ma mi impongo di resistere fino alla prossima ora.

«Abbastanza bene» rispondo, ignorando parte di quello che ha detto. «Tu?» domando, e dirigo lo sguardo nella sua direzione.

«Io benone» squittisce, posando un braccio sulle mie spalle. «Ehm, ti va di fare due passi insieme, dopo le lezioni?»

«Magari un'altra volta» bofonchio, senza curarmi di aggiungere spiegazioni. Il dolore aumenta e mi rende indubbiamente meno gentile del solito.

«Stai male? Sei pallidissima! Posso accompagnarti in infermeria...»

Le sue chiacchiere mi stanno infastidendo, ma provo a tornare in me, anche se vorrei solo piegarmi in due per il dolore.

«Non serve, davvero.»

«Io invece dico di sì, hai bisogno di…»

«Ti ha già risposto, togliti dalle palle!»

Sgrano gli occhi quando riconosco un paio di grossi anfibi consumati dal tempo.

Serro le labbra perché in questo momento ho un'incredibile voglia di litigare con quel moretto spettinato e invadente, ma la situazione peggiora a causa dell'ingiustificata antipatia fra lui e Rick.

«Ancora tu?»

«Problemi?»

La domanda di Damon non è rivolta a Rick, ma a me. Questo però non mi tranquillizza: per quanto non voglia vederli litigare, lui non ha alcun diritto di rivolgermi la parola dopo quello che ci siamo detti l'ultima volta.

«Nulla che ti riguardi» rispondo piccata.

Damon non è abituato a questa versione di me e neanch'io, ma mi ha ferito, forse più di quando l'ho beccato a baciare un'altra ragazza il giorno dopo aver baciato me.

Ho sempre pensato che le differenze non fossero un limite, lui invece crede che io non sia degna delle sue attenzioni, e questo… questo fa male.

«L'hai sentita? Lasciala in pace!» sbotta Rick, ma al momento io non ho voglia di badare a nessuno dei due.

Li supero e mi impongo di ignorare il modo in cui Damon gli ha risposto, ma i suoi passi che rimbombano alle mie spalle è impossibile non notarli.

«La buona educazione proverebbe ribrezzo per te, ora.»

«Non seguirmi.» Sbuffo, è irrispettoso ai massimi livelli.

«Sto semplicemente tornando alla mia lezione di botanica.»

Odio quando si fa beffe di me, quando mi tratta come se fossi una stupida.

Continuo a camminare, ma questo lo disturba.

«Aspetta.»

Il suo tono cambia. Sembra aver perso l'ilarità che mi riserva sempre, anche nei momenti meno opportuni.

«Oggi sei particolarmente acida e… non hai una bella cera.»

Lo guardo negli occhi e mi stupisco della mia forza, nonostante sia sul punto di rovinare sul pavimento. Mi tremano le gambe, e in questi casi dovrei solo mettermi a letto e aspettare che passi.

«Non siamo tutti perfetti come te!»

Un sorriso increspa le sue belle labbra.

«La solita permalosa» dice, avanzando di un passo nella mia direzione. Piego il collo per guardarlo. Sembra rapito da ogni mio movimento, mentre azzera la distanza tra noi.

Dovrei andar via, ma…

«Dam! Cosa stai facendo?»

Mi allontano mentre Piper sopraggiunge con un'espressione tutt'altro che amichevole. Sembra perennemente infastidita da me, come se le avessi fatto un torto imperdonabile. Damon non la degna di uno sguardo, non le risponde mentre mi passo le mani sul viso per riprendermi.

«Cos'hai?» mi chiede, sfiorandomi il mento, ma stavolta non voglio restare.

Stavolta voglio rispettarmi e pensare soltanto a me stessa.

«Nulla, ciao Damon» rispondo, e mi avvio verso il laboratorio.

Non ho mai amato il letto come in questo momento.

Credo che riposare sia l'unica cosa di cui ho bisogno, ma la Morris sembra pensierosa mentre mi invita a bere una camomilla per alleviare i dolori.

«Da quanto avverti questi fastidi?»

Ho sempre preferito non parlare di queste cose con lei, e non perché non mi capirebbe. Semplicemente ne sono imbarazzata, ma sembra così tesa, mentre mi massaggia i capelli, da far venire l'ansia anche a me.

«Da qualche mese» sussurro fissando il muro, pur di non guardarla.

«Vuoi andare da una ginecologa? Potrebbe prescriverti qualcosa.»

Resto a fissare un punto imprecisato della stanza, senza sapere cosa rispondere. Queste sono cose di cui non abbiamo mai parlato e per cui non mi sento pronta. Insomma, mi terrorizza il pensiero di scoprire qualcosa di brutto, ma potrebbe anche trattarsi di un sintomo banale senza complicazioni.

«Non lo so» sospiro. «Ora sto meglio.»

La Morris accenna un sorriso bonario, e sembra di essere tornate indietro nel tempo. Quando non la deludevo, quando non facevo cose insensate. So che lei ricorda tutto, e che non mi ha ancora perdonata per aver dormito da Damon, ma in momenti simili so che quelle questioni possono essere accantonate.

«Pensaci, un controllo non fa mai male» dice, poi mi bacia sulla fronte e mi lascia riposare.

Damon

Queste feste sono tutte uguali, e mi chiedo per quale motivo mi ostino a frequentarle. Poi, quando Thomas mi passa una bustina bianca da vendere, me lo ricordo. Odio fare queste cose, odio fare questa vita, ma non ho altre soluzioni per raggiungere la cifra che mi serve.

Ho bisogno di quei soldi, il prima possibile.

«Dov'è Jared?»

«In bagno con una.»

Faccio una smorfia, ma trattengo tutte le cattiverie che dovrei urlargli contro.

Ultimamente non lo capisco, ma capisco ancora meno me stesso.

«Oh, guarda. C'è Tate!»

Thomas ride come un idiota, vorrei tirargli uno schiaffo, ma allo stesso tempo mi smuove dentro qualcosa che, ovviamente, non riguarda la bionda svitata.

Penso sia un'egoista del cazzo, una di quelle persone che rimpiangerà a vita un'amicizia sincera e disinteressata come quella della piccoletta.

Sospiro e stringo le mani a pugno, quando penso che anche lei potrebbe essere qui.

Questo posto fa schifo e non è adatto alla sua… gentilezza.

Krystal crede che io la consideri in difetto, ed è così.

Lei non conosce il mondo, non sa cosa significhi sopravvivere in un posto simile, e odio l'idea di saperla fra questi corpi sudati e marci.

Non per gelosia. Cazzo, io non sono geloso di nessuna, ma quando la bionda si avvicina e inizia a parlare a vanvera, ho paura di non riuscire a trattenermi.

«Oh, ma guarda chi c'è.»

Al suo fianco, Luke prova a trascinarla via.

Ho sempre pensato che fosse un codardo.

In fondo, è pur sempre un amico di Jacob.

«Andiamo» le sussurra, ma una parte di me, quella folle e malata, vuole che lei parli e mi dica tutto quello che ha da dirmi.

«Cosa vuoi, biondina?»

«Sei un bastardo, sai?»

Thomas al mio fianco ride, ma smette di farlo appena gli rifilo un'occhiataccia.

«Davvero? Dimmi qualcosa che non so.»

Incrocio le braccia sul petto, mostrando una sicurezza che vacilla appena lei riprende a parlare.

«Fai soffrire la mia amica, sei proprio uno stronzo!» urla.

So che è ubriaca, ma le sue parole riescono ugualmente a colpire nel segno.

«Dov'è?» le chiedo, e non riesco a capire il perché.

Non dovrebbe interessarmi sapere dove si trova Krystal in questo momento, eppure una strana sensazione si spande nel mio corpo, quando lei mi sputa in faccia una verità che non voglio sentire.

«Boh, forse con Rick. Non lo so.»

Il sorriso beffardo che le si distende sul viso potrebbe convincermi del fatto che sta mentendo, ma non ho alcuna certezza e questo mi manda fuori di testa.

«Damon, che…»

Afferro Luke per il bavero della giacca, quando tenta di frapporsi tra me e Tate. Ci riprova, erroneamente prova a proteggere la sua amichetta, ignaro di quello che posso fare quando vengo provocato.

«Dov'è Krystal, ora?» le ripeto, fissandola negli occhi. Lei distoglie lo sguardo intimidita.

Voglio che lo sia, e voglio che mi dica la verità, anche se… non mi interessa.

«Non ti riguarda.»

Questa Tate ha la scorza dura, ma non mi conosce e non sa che farei qualsiasi cosa pur di ottenere quello che voglio.

«Questo lo decido io» sussurro con un tono di voce così freddo che porterebbe il gelo anche nel deserto più arido.

«Ti ripeto che non sono affari tuoi, quello che fa la mia amica con quel ragazzo. Lasciala in pace!» strilla, e la sorte stasera è dalla sua.

«Krystal è nella sua stanza perché non si sente bene» interviene Luke. Lo guardo, ma non lo ringrazio.

La bionda continua ad abbaiare come un animale impazzito, ma ignoro tutti, persino Thomas che prova a ricordarmi il motivo per il quale siamo a questa festa.

Esco, raggiungo la mia moto e corro verso l'unico posto che potrebbe aiutarmi a fare pace con il cervello.

Sono confuso, infastidito e... non lo so. Non so cosa diavolo mi stia succedendo, ma sono incazzato e non riesco a calmarmi.

Quando raggiungo il mio disegno mi accendo una sigaretta.

Un tempo questo era il mio posto preferito, ma da quando anche Krystal l'ha scoperto, non riesco più ad annullare i pensieri qui.

Guardo quel quattro, quel maledetto numero che ha scritto con il rosso e mi convinco di dover tornare in me, per non commettere più alcuni errori.

Per quanto belli siano.

28

Krystal

Il giorno seguente la situazione non migliora. I dolori non fanno altro che aumentare, tanto da dover chiedere alla Morris il permesso di andare in farmacia. Avrebbe voluto che io restassi a letto, ma credo che uscire a camminare per qualche isolato possa farmi bene.

Ho bisogno di respirare aria nuova, di distrarmi anche solo per qualche minuto, e lei, seppur titubante, me lo consente, raccomandandomi di tornare presto. Le gambe pesano come un macigno, ma credo sia dovuto anche al fatto di aver trascorso le ultime ventiquattro ore stesa in un letto.

Sono le cinque di pomeriggio, l'aria è fresca, ma non potrebbe essere altrimenti. Siamo a fine novembre e l'inverno è ormai alle porte. Questo momento mi è sempre piaciuto. Ho sempre amato i colori di fine autunno, l'aria fredda e pungente e tutto quello che ci aspetta nei mesi successivi. A modo mio amo il Natale, ma i miei pensieri sfumano quando mi ritrovo fuori dalla farmacia.

Non so esattamente cosa dire, né cosa comprare, ma dovrei smetterla di farmi tanti problemi ed entrare.

«Mi scusi» sussurro, quando mi scontro con qualcuno all'ingresso.

«Ti scuso.»

Non è possibile, penso prima di alzare lo sguardo.

Il suo profilo è inconfondibile, così come il suo profumo, i suoi occhi… tutto. Damon è qui, di fronte a me, e mi guarda come se fossi uno scherzo della natura. Ci sono volte in cui non lo comprendo, e altre in cui sono sicura che mi stia prendendo in giro.

«Ciao» borbotto, poi entro e so cosa devo fare.

Damon è in grado di svegliare un lato di me che non conoscevo, ma questo solo quando sono profondamente delusa da lui o arrabbiata per lui.

Quando esco spero di non trovarlo, ma invano. È seduto sulla sua moto, con una bustina bianca fra le mani. Deve aver comprato anche lui qualcosa, anche se a me non dovrebbe importare.

«La tua padrona ti ha dato il via libera?»

Faccio un respiro profondo. Dovrei ignorarlo e andare via, ma non ci riesco.

«Esattamente, per una giusta causa.» Faccio per sorpassarlo, ma lui, prontamente, mi sbarra la strada.

«Ti ricordavo più dolce…» Mi sfiora il polso con le dita. Il suo è un tentativo di umiliarmi, prima di sparare l'ennesima cattiveria, e mi chiedo perché, dopo avermi detto quelle cose, prova ancora a tormentarmi in questo modo.

Non gli rispondo, lo guardo spazientita pur sapendo di risultare poco credibile.

«Cos'hai comprato?» Prova a sbirciare, ma io mi ritraggo.

«E tu?»

«Preservativi! No, scherzo. Non li sopporto.» Si morde le labbra, mentre io inizio ad agitarmi.

«Allora fai attenzione.»

Inizio a camminare, con l'intenzione di allontanarmi da lui, ma mi segue, abbandonando la moto sul ciglio della strada.

«Sapevo che da qualche parte c'era ancora la Krystal premurosa.» Ride, ma smette quando mi fermo e mi appoggio a un palo della luce. «Cos'hai?»

Si piega in avanti, io serro gli occhi per una fitta troppo forte e rallento il respiro nella speranza che passi.

«Ehi, piccoletta...»

Sento le sue dita sul mio viso, provo a calmarmi, ma ho bisogno di quest'analgesico il prima possibile.

«Problemi... personali. Ehi, che fai?» urlo, quando mi sfila dalle mani la scatola bianca e blu.

«Cos'è questa roba?»

La scruta, e mi imbarazzo da morire.

«Problemi... femminili» dico. «Ridammela, per favore. Mi serve.»

Lui non ride, non dice nulla, ma fa quello che gli ho chiesto. Non sempre mi sorprende in senso negativo.

«Non dovresti avere lo stomaco pieno?»

Mi prende in contropiede.

«Sì, dovrei» mormoro in difficoltà, perché purtroppo la situazione non è affatto migliorata. «C'è un bar qui vicino» dico, anche se... non lo sto invitando a farmi compagnia, ma lui mi segue e io non so fermarlo. Il problema è che mi piace la sua compagnia, soprattutto quando mi tratta come dovrebbe.

«Insomma, è normale che tu stia così male in quei giorni?»

Damon non è timido e sono sicura che non si fa problemi con certi argomenti. Io sì, ma apprezzo il suo interessamento.

«Non lo so, non credo. Dovrei consultare un medico» dico.

«Dovresti» mi fa eco senza aggiungere altro, anche perché siamo arrivati a destinazione.

«Qui hanno dei dolci buonissimi.» Istintivamente sorrido e lui sbuffa come farebbe un padre con una bambina golosa.

«Be', entriamo» dice, ma non mi aspetta. Io inizio già a pentirmi.

Con Damon è sempre un'incognita, non sai mai cosa potrebbe succedere l'istante dopo. Infatti non avrei potuto prevedere che la ragazza dietro al bancone ci avrebbe provato con lui.

«Ti consiglio i muffin al cioccolato, sono buonissimi.»

Si tocca i capelli, e spinge il petto in fuori per mostrare le sue forme. Io distolgo lo sguardo, appena li raggiungo davanti alla vetrina con dolci di ogni genere.

So già cosa voglio, oltre a scappare da qui.

«Cosa preferisci?»

La sua voce bassa, roca ed estremamente seria mi costringe ad alzare lo sguardo nella sua direzione.

«Quella ciambella rosa, con lo zucchero» dico monocorde, torturandomi le mani.

«Due» borbotta Damon e la tipa, quella che ci stava spudoratamente provando, si gioca l'ultima carta.

«Tua sorella è molto fortuna ad avere un fratello premuroso come te.»

Inarco un sopracciglio, e suppongo che le sue parole abbiano fatto lo stesso effetto anche a Damon. Che sfila i due sacchetti dalle mani della ragazza non molto gentilmente, prima di risponderle.

«Non è mia sorella!» Poi si incammina verso l'uscita e io lo seguo, ricordando di dovergli dare la mia parte.

«Aspetta, hai pagato anche per me.»

Lui mi ignora e va a sedersi su una panchina.

«Damon…»

«Mangia e basta» borbotta, ma non con quel tono burbero che è solito usare quando non faccio quello che mi dice.

Stringe il suo sacchetto con una mano, mentre con l'altra si porta alle labbra una sigaretta. Fuma troppo, e vorrei che... smettesse.

Prendo un lungo respiro; non ho voglia di litigare e far valere le mie ragioni. Non ne ho le forze. Per questo, dopo aver mangiato la mia infantile ciambella rosa, prendo subito una pillola.

«Comunque, grazie. Non dovevi pagarmela tu» sussurro, e lui scuote appena il capo.

«Ho incontrato la tua amica ieri...»

Cerco i suoi occhi, ma sono ancora puntati sulla strada dinanzi a noi.

«Suppongo a una festa.»

So che Tate la notte sta continuando a uscire di nascosto e temo per lei ogni volta. Non comprende la gravità della situazione.

«Mi odia, ma non posso darle torto.» Indirizza una nuvola di fumo verso il mio viso, poi si alza e ignora la domanda sul perché lui pensi una cosa simile.

«La tua moto è dall'altra parte» gli ricordo, quando prende la direzione sbagliata, quella che invece dovrei prendere io.

«Ti accompagno» dice continuando a camminare, come se fosse il capo.

Damon ha un passo sicuro e molto risoluto.

Sembra che non abbia mai paura di nulla, e non mi stupirebbe sapere che è proprio così.

«Non serve, sono quasi arrivata» gli faccio notare, prima di svoltare l'angolo. Non credo sia una buona idea che la Morris lo veda, ma lui mi ignora fino a quando non raggiungiamo l'istituto.

«Prendi.» Allunga il suo sacchetto nella mia direzione, e io lo guardo dubbiosa.

«È tua. Dovresti mangiarla tu.»

«Non l'ho presa per me, non mi piace.» Fa una smorfia, e capisco che questo è solo il modo contorto di Damon Cooper per dire: l'ho preso per te, ma non lo ammetterò mai.

«Oh, grazie.» Chino la testa, per nascondere le mie guance rosse. Non sono abituata alla sua gentilezza, anche se mi lusinga parecchio.

Lui scuote il capo. «Ciao, Krys.»

«Pensavo che solo gli amici usassero i diminutivi.»

Non se lo aspettava. Damon non sa prevedere i miei rari momenti di coraggio nei suoi confronti, ma sa riprendersi in fretta.

«Abitudine, piccoletta.» Sposta lo sguardo alle mie spalle, e purtroppo credo di sapere chi ha attirato la sua attenzione.

«Mi ci hai chiamata solo una volta così» ribatto, ma l'ultima parola resterà sempre sua.

«E cosa vuoi che ti dica, Krys. Ci si abitua in fretta alle cose belle.» Indietreggia e va via.

«Però, carino.»

Ho appena chiuso la porta alle mie spalle, quando la Morris mi accoglie con queste parole.

«L'ho incontrato per caso» mi affretto a dire e lei mi sorride, scompigliandomi i capelli.

«Lo so, so quando mi menti e quando mi dici la verità» borbotta con soddisfazione, e viene da sorridere anche a me.

«Mi ha regalato una ciambella rosa.» Ondeggio su me stessa, e lei mi guarda con tenerezza, con quello stesso sentimento che prova per me da tutta la vita. So di averla delusa, ma leggo nei suoi occhi qualcosa che mi confonde, ma che mi fa anche sperare.

«È stato gentile da parte sua» commenta, e so che vorrebbe sapere altro, ma altro non è successo. Questo gesto è fine a sé stesso, e Damon, domani o chissà quando, tornerà a essere il ragazzo di sempre con me. Mi ignorerà, proseguirà per la sua strada e continuerà a pensare che io sia troppo ingenua per il suo mondo.

«Comunque…» torna seria. «Ti ho prenotato una visita ginecologica, fra due giorni.»

Resta in attesa di una mia reazione, ma mi limito ad annuire, prima di lasciarmi abbracciare da lei.

«Voglio che tu restituisca quel cellulare a Damon» mi bisbiglia all'orecchio, e io alzo il capo per guardarla.

«Non le ho detto che è stato lui a regalarmelo. Come fa a saperlo?»

Fa un sorriso, ma sembra anche che qualcosa la spaventi.

«L'ho capito da sola. Non si direbbe, ma anch'io sono stata giovane.»

* * *

Non pensavo che il tempo corresse così rapido quando hai paura di fare qualcosa, eppure, prima di potermene rendere conto, mi ritrovo seduta su una sedia strana e troppo grande per me.

Io e la Morris siamo in uno studio ginecologico, precisamente quello della dottoressa White, in attesa di una spiegazione plausibile per i miei dolori.

«Voglio che tu stia tranquilla. Faremo una banale ecografia, non potendo fare altro.» Mi sorride, io prendo il colore del maglioncino rosso che indossa sotto il suo camice.

Mi limito ad annuire, mentre la Morris mi rincuora tenendomi per mano.

La sua presenza per me è indispensabile, senza di lei non sarei mai riuscita a combattere la paura di poter scoprire qualcosa di spiacevole.

«Quanti anni hai, Krystal?» mi chiede, mentre spalma sul mio ventre un liquido freddo e appiccicoso.

«Sedici» rispondo, mentre la osservo.

I suoi occhi sono puntati su un piccolo schermo alla mia destra e non aggiunge altro, almeno fino a quando non mi chiede di darmi una ripulita e di rivestirmi.

L'aria è tesa; lei conosce la mia storia e il motivo per il quale sono qui con una donna che non è mia madre.

«Non farti abbattere da questa notizia.»

Inizia il suo discorso con queste parole, che sortiscono in me l'effetto opposto rispetto a quello richiesto.

«Oggi la scienza ha fatto tanti passi avanti, e non è detto che questa sia una condizione definitiva.»

«Dottoressa, mi dica che non è nulla di grave.»

Non credo di aver mai visto tanta preoccupazione sul volto della Morris. Io, invece, non riesco a dire nulla, mentre ascolto la diagnosi.

«Si chiama ridotta disponibilità ovarica; è una condizione che potrebbe essere ereditaria, come non esserlo. C'è un mondo da scoprire dietro questa patologia, e potremmo farlo insieme quando, un giorno, vorrai provare ad avere un bambino.»

Deglutisco, ho la sensazione che il tempo si sia fermato quando inizio a metabolizzare quello che mi ha detto.

«Lei mi sta dicendo che non potrei avere...»

«No, non stiamo parlando di sterilità certa, ma potrebbe essere più difficile concepire in maniera naturale. Non vederla come la fine di qualcosa, o come un limite. Ci sono delle cure, e tu sei ancora molto giovane. È possibile che negli anni questo problema possa essere risolto con maggior facilità.»

Cala il silenzio. Le dita della Morris si posano sulla mia mano per darmi conforto, e anche se questa donna mi sprona ad aver fiducia per il futuro, io purtroppo cado in un tunnel senza luce.

Deve essere uno scherzo, uno stupido scherzo del destino.

Non credo ci sia un'altra spiegazione.

«Conosco un medico molto bravo. Esercita a Londra, e si occupa proprio di queste cose» continua, ma io ho già smesso di ascoltarla. «Potresti iniziare con lui una cura sperimentale e...»

Esco dalla stanza, perché non voglio sapere altro.

Voglio solo tornare a casa, e far finta che questo giorno non sia mai esistito.

«Hai una vita davanti, non voglio vederti così.»

Fra noi due, la Morris è l'unica che riesce a piangere.

Io sono in un turbine di emozioni contrastanti che non mi danno tregua. Vorrei piangere, vorrei urlare, vorrei che il dolore uscisse fuori, ma non ci riesco.

«Non parliamone più, prenderò quelle pillole per il dolore. Per il resto... non ha importanza.»

Lei sospira, non vorrebbe che mi arrendessi dinanzi al primo parere, ma non me la sento di andare avanti. Non ancora, almeno.

Vorrei solo...

«Ho una cosa per te.»

Di punto in bianco, tira fuori dalla borsa il mio cellulare.

«Pensavo che potresti restituirglielo proprio oggi. Sai bene che non puoi tenerlo; è un regalo troppo costoso e non voglio... Insomma, non tornare tardi.» Accenna un sorriso, e i miei occhi le dicono tutto quello che le parole non riescono.

La Morris mi comprende, l'ha sempre fatto, e sa che in questo momento ho bisogno di una persona che forse non avrà mai bisogno di me, ma che mi fa provare emozioni indimenticabili.

Damon per me è qualcosa di inspiegabile, persino quando mi fa male, ed è l'unica persona alla quale vorrei raccontare il mio dolore. In quell'oceano che ha al posto degli occhi ho visto tanta sofferenza, e per una volta vorrei fidarmi di lui senza pensare alle conseguenze.

«Grazie» sussurro, prima di scrivere un messaggio al ragazzo che sta per stravolgere la mia vita.

Possiamo vederci in quel posto dove ci sono i tuoi disegni?

Io sono già qui, seduta su queste scale sporche e impolverate a fissare il cielo grigio. Sembra che persino il tempo si stia facendo beffe di me, mentre io non so cosa pensare di quello che è successo in quello studio medico.

Ho sempre avuto il desiderio di diventare madre, un giorno.

Ho sempre pensato che per me il destino avesse in serbo qualcosa di bello. Invece mi sbagliavo; invece il mondo, proprio come dice Damon, non è un luogo incantato in attesa della sua principessa.

Perché sei lì? Arrivo.

Le sue parole, così fredde, mi confermano che lui non è il principe azzurro che mi amerà per tutta la vita.

Non gli rispondo, anche perché non saprei spiegargli la scelta del posto. So solo che mi trasmette tranquillità.

Quindici minuti dopo lo vedo.

Scende le scale rapidamente, e da come mi guarda credo di aver avuto una pessima idea.

Probabilmente l'ho disturbato…

«Non devi venire qui, non da sola» sbotta, fermandosi a un metro da me.

Perfetto, è arrabbiato e questa è l'ultima cosa di cui ho bisogno.

Dentro di me sorge il dubbio se raccontargli quello che mi è successo, così mi limito a fare quello per cui dovrei essere qui.

«Non succederà di nuovo. Ti ho chiesto di vederci solo per restituirti questo. Me lo ha chiesto la Morris» dico, restando seduta.

Lui mi guarda dall'alto, ma non afferra il cellulare che gli sto porgendo.

«Puoi anche buttarlo.»

«Sarebbe un peccato.» Abbasso gli occhi sulla punta delle mie scarpe, poi lo vedo inginocchiarsi.

«Sei strana» dice sollevandomi il mento con due dita, e quando i nostri occhi si incontrano, penso che parlare con lui sia la cosa più giusta da fare.

Succede sempre, quando gli sono vicina.

«Non è stata una bella giornata.»

«Stai ancora male?»

Il suo tono si addolcisce; è curioso, ma anche estremamente serio.

«No, le fitte si sono calmate, ma...»

Mi mancano le parole.

Damon non mi conosce e non ha mai sentito l'esigenza di farsi raccontare la mia storia. Sa quello che sanno tutti.

«Guardami» ordina «e dimmi cos'è successo.»

I miei occhi si riempiono di lacrime. È qualcosa che non potevo prevedere, una sensazione strana ma non brutta, come se mi sentissi al sicuro anche se non so come parlargli.

«Forse non... non potrò...»

Un singhiozzo mi fa sussultare.

Damon mi guarda mentre cado a picco, ma lui non si sposta e, per la prima volta, mi abbraccia.

«Sono qui» bisbiglia nel mio orecchio, e queste sono le uniche parole di cui, molto spesso, una persona ha bisogno.

Io ora ho bisogno di lui, e lui c'è.

29

Sento il suo respiro sul collo. Mi stringe forte a sé e io continuo a piangere sulla sua maglia nera.

Mi sento compresa, pur non avendo detto nulla, e questo è l'unico posto in cui so di poter provare a stare meglio.

I singhiozzi si placano, permettendomi di tornare a respirare regolarmente, e le sue dita sul mio viso, decise ma delicate, mi infondo coraggio.

«Non voglio farti fretta, ma devi dirmi quello che ti è successo.»

Mi sfugge un sorriso, perché anche in un momento simile Damon lascia prevalere un lato di lui che non saprei come definire. Potrebbe sembrare arrogante, ma in fondo la sua necessità di risposte è dovuta all'apprensione e alla preoccupazione nei miei confronti.

«Ho un problema.» Faccio un lungo respiro, provando a fare ordine fra i pensieri. «Un problema che potrebbe compromettere la mia… fertilità.»

Mi imbarazza parlare di queste cose, soprattutto con un ragazzo che ha poco più della mia età. Ma non mi sento giudicata, non temo che lui possa deridermi o sminuire una questione simile.

Seguono attimi di silenzio, nei quali cerco una risposta nei suoi occhi persi nel vuoto.

«È ingiusto» dice, tornando a guardarmi. «Ma chi, meglio di te, sa che non serve un legame di sangue per essere madre?» Le sue parole entrano nel mio cuore e nella mia anima come una medicina capace di curare ogni male, persino quello più temibile, e mi chiedo chi sia realmente Damon, e perché, in questo momento, io riesca a sentire un legame con lui così profondo e intenso. Ci conosciamo da poco, anzi, conosciamo molto poco l'uno dell'altra, ma è come se avesse intuito cose di me che nessun altro ha mai notato.

«Hai ragione» sospiro «devo solo abituarmi all'idea.»

«L'importante è che tu stia bene.»

La serietà che trapela dal suo tono di voce mi fa tremare, e mi fa credere che lui tenga davvero alla mia salute. Vorrei capirci qualcosa in più, vorrei saper leggere attraverso le righe, e vorrei non temere le tante emozioni che provo quando mi è vicino.

«Sì, più o meno sì» sussurro, prima di ricordarmi il motivo per cui la Morris mi ha dato il permesso di incontrare Damon. «Devo proprio ridartelo…»

«Hai una penna? Mi sento ispirato.»

Ancora una volta ignora il mio tentativo di rendergli il telefono, e se ne esce con una domanda che mi disorienta.

«Ehm, sì, in borsa. Ecco.»

La afferra e se la rigira fra le mani.

Poi mi guarda e mi inchioda sul posto con gli occhi.

Sono incredibilmente belli.

Glielo direi, se non fossi timida.

«Devi restare un altro po'» afferma, leccandosi le labbra, e io mi distraggo. Non ho mai avuto pensieri simili su un ragazzo, ma da quando mi ha baciata non riesco a evitarlo.

«Devo? Non posso tornare tardi.»

«Ti riaccompagno io, mi bastano quindici minuti.»

La sua richiesta è insolita, e ancora di più lo è quello che segue.

«Stenditi.» Ridacchia, quando sobbalzo. «E fidati di me. Non ho cattive intenzioni.»

Scuoto il capo senza commentare la sua allusione, anche perché non ho le parole giuste per farlo. Sono sicura che le ragazze che ha frequentato e che ancora frequenta siano molto più disinvolte di me.

«Ti sporcherai» bisbiglia con il suo tono furbo, mentre apre la zip della mia felpa.

Seguo i suoi movimenti calcolati guardandolo dal basso.

«E avrai freddo» continua, fissando ora il mio ventre scoperto.

Vorrei dirgli che i brividi sono dovuti ad altro, ma le mie guance rosse già raccontano il mio imbarazzo.

«Resisterò» balbetto, e mi mordo le labbra quando la punta della penna inizia a tracciare linee sulla mia pelle.

In questa posizione non riesco a vedere cosa sta combinando, ma gli lascio il tempo di esprimersi. A modo suo, so che Damon mi sta dicendo qualcosa.

«Non muoverti» ordina sottovoce mentre continua il lavoro, ma è impossibile per me accontentarlo, quando le sue dita premono sui miei fianchi facendomi tremare tutta.

Mi piace e mi spaventa.

«Finito.»

I suoi occhi tornano al mio viso, per poi calare l'attimo dopo su quello che ha fatto. La curiosità è tanta, e resto a bocca aperta quando vedo quello che ha disegnato su di me.

«Sei... sei davvero bravo.» Mi lascio andare a un sospiro, per trattenere parole che sarebbero fuori luogo, ma sono davvero colpita.

Sfioro con le dita il lupo.

Sta guardando la luna, proprio come piace fare anche a me.

«Cosa significa?»

Ora è pensieroso, anche un po' confuso, come se avesse fatto o detto qualcosa di sbagliato.

«Ti riaccompagno.» Svia la mia domanda. «Non voglio crearti problemi» aggiunge, e io mi arrendo. Odio quando discutiamo, ma mi è difficile anche accettare i suoi atteggiamenti ambigui.

«Damon, devo ridarti il cellulare» gli ricordo per la terza volta, prima di montare in sella.

Lui mi aiuta a indossare il casco, senza dire una parola.

Poi si abbassa alla mia altezza, facendomi battere forte il cuore.

«Piccoletta, è maleducazione restituire un regalo.»

Parlare con Tate di quello che è successo nello studio della ginecologa mi ha fatto bene. Anche se siamo molto diverse, e abbiamo idee altrettanto diverse sul nostro futuro, lei mi comprende. Sono felice di avere il suo supporto, di poterle parlare di qualcosa che ci accumuna. La maternità è un argomento ostico, qualcosa che spesso evitiamo per non soffrire. E lei è una di quelle persone che preferisce farlo in silenzio, pur di non mostrarsi debole.

Per questi motivi sono fiera di lei, che da due giorni non fa altro che coccolarmi e ripetermi che andrà bene.

Arrivate a scuola, troviamo una situazione inaspettata.

«Ma cosa sta succedendo?»

Una valanga di studenti come noi anziché entrare in aula sono seduti lungo i corridoi con degli striscioni fra le mani. Urlano come se non ci fosse un domani.

«Cazzo! Stiamo occupando!» urla la mia amica, e io ne chiedo il motivo al primo ragazzo che incontro.

«Cosa vuoi che ne sappia? So solo che oggi avevo un test!»

Ride, mentre io lo abbandono per inseguire Tate.

Qui sembrano tutti impazziti!

«C'è Luke!» Afferra la mia mano, e io mi lascio trascinare.

«Sono saltate le convenzioni per le borse di studio. Alcuni ragazzi che dovrebbero andare al College ne avevano diritto» spiega, e mi ritrovo ad annuire, anche se è la prima volta che vivo una situazione simile.

«Capisco, e… come funziona qui?»

Lui mi guarda e accenna un sorriso, come se gli facesse tenerezza la mia inesperienza. Tate invece si è già ambientata alla grande, e mi ha piantata in asso.

«Occuperemo la scuola per qualche giorno» dice.

Sul momento penso stia scherzando, ma sei ore dopo sono ancora qui, seduta a terra, con a fianco l'ultima persona con cui avrei voluto chiacchierare per tutto questo tempo.

«Quindi, sei orfana?»

Rick è un bravo ragazzo, molto solare, proprio come me. Tuttavia c'è qualcosa in lui che mi infastidisce, solo che non saprei dire cosa.

«Già.» Accenno un sorriso.

So che non vuole essere sgarbato, ma mi sento in difficoltà quando le persone mi trattano come se provassero pena di me. Io mi sento fortunata. Ad altri, da bambini, è andata peggio.

«Sei una ragazza in gamba, Krystal.» Posa una mano sulla mia spalla. «Avrai una vita meravigliosa.»

«Devo parlarti!»

Sussulto quando una seconda mano si posa sull'altra spalla.

«Dam» spalanco gli occhi, sorpresa.

Mentirei se negassi di aver desiderato di vederlo tutto il giorno, e ora che lui è qui so solo che voglio allontanarmi da Rick e seguirlo ovunque voglia.

«Vieni?»

Annuisco e mi alzo, ma qualcuno non ha apprezzato l'intromissione.

«Ma chi ti credi di essere? Stava parlando con me!»

Non dovrei ridere, non dovrei continuare a seguirlo dopo che lui ha ignorato Rick, nonostante le sue parole poco gentili.

«Dove mi stai portando?»

«Dovresti ringraziarmi. Quel tipo spara solo cazzate... e ha le mani lunghe.»

Che sia geloso?

La mia coscienza si fa beffe di me, ma per fortuna mi riprendo prima di dire qualcosa di imbarazzante.

«In effetti parla troppo.» Ridacchio nervosamente. «Ma ora puoi dirmi dove mi stai trascinando?»

Lui accenna un sorriso, poi si ferma sul primo scalino.

«In un posto dove le tue orecchie sono già state.»

E quando riprende a camminare, capisco che sta parlando della soffitta della scuola.

«Non volevo origliare, è stato un caso» mi difendo, mentre lo vedo armeggiare con la serratura di una porta in ferro.

Fuori c'è ancora il sole, nonostante sia pomeriggio.

«Certo, se lo dici tu.» Indietreggia, e a me subito sale l'ansia.

«Ehi, attento. Non è pericoloso stare qui?»

Mi avvicino, per osservare le sue mosse.

A volte penso che Damon sia un pazzo e che non pensi alle conseguenze delle sue azioni, come rapinare una villa da solo.

«Hai appena fatto la stessa cosa» mi fa notare, sedendosi con il viso rivolto al cielo.

Io sospiro. Non saprei spiegargli il perché di tante cose, il perché neanche io rifletta su quello che faccio quando sono con lui.

Vado a sedermi al suo fianco e lo guardo.

«Anche tu aspettavi una borsa di studio?»

«No, non andrò al College» replica, ed è sempre una sorpresa quando dà una risposta.

«Come mai? Cosa farai dopo?»

Lui sbuffa e si accende una sigaretta.

Ha un brutto vizio, ma non sono nessuno per farglielo notare. Sembra quasi che la sua calma dipenda da quella cartina che brucia proprio come i suoi polmoni.

«Quello che faccio ora» sbotta, e io sobbalzo.

Ha questi improvvisi sbalzi d'umore che mi fanno girare la testa. Con Damon non sai mai cosa dire per non offenderlo, anche se non ne hai la minima intenzione. Ho sempre pensato di dover essere empatica verso il prossimo, di dovermi mettere nei suoi panni, prima di giudicarlo.

«Capisco.» Abbasso lo sguardo, ma lo rialzo immediatamente quando mi dice una cosa inaspettata.

«Sei rinchiusa qui per tutta la notte. La tua padrona lo sa?»

«Cosa?»

«Non faresti una bella figura con gli altri se chiedessi di andare via come una bambina.» Mi prende in giro, ma io sono troppo concentrata su quello che ha detto prima.

«Dovrei avvisare la Morris…»

Lui si alza, e d'istinto anch'io.

«Dovresti.» Scrolla le spalle, ma giù dalle scale cambia direzione.

«Gli altri sono in palestra o nei corridoi.»

«Gli altri.»

Siamo di fronte alla porta della sua classe, dove io, per sbaglio, ero entrata pensando fosse la mia.

«Io dormo qui» dice. Mi guarda da capo a piedi. Indosso questa stupida divisa scolastica, a differenza sua…

La sua mano è ferma sulla maniglia, mentre io mi chiedo perché lo sto seguendo anche se non mi ha invitata. La risposta arriva dopo pochi secondi, quando oltre la porta vedo Thomas e Jared.

«E lei cosa ci fa?» sbotta quest'ultimo, mentre Thomas mi sorride.

«Dorme qui» risponde Damon, e io mi sento a disagio. Non so quando questa cosa sia stata decisa, ma la voglio. Voglio dormire con lui, fra le sue braccia. Sono una sciocca ragazzina romantica che crede ancora alle favole, anche se lui mi ha fatto capire di essere il lupo e non il principe.

«Mi dispiace, ma qui abbiamo solo tre sacchi a pelo.»

«Dacci un taglio.» Thomas prova a far calmare il suo amico, ma io lo accetto quando qualcuno non apprezza la mia presenza.

«Forse è meglio se cerco Tate» dico, ma lui mi prende per mano e mi conduce verso il fondo della classe.

«Ignoralo!»

«Aspetta, io dove dormo?»

Guardo il suo sacco a pelo, piccolo e stretto. Ci si infila.

«Sei piccola, non mi darai fastidio» spiega, prima di portarsi un braccio sotto la testa.

Mi giro: Thomas e Jared sono affacciati alla finestra, intenti a fumarsi una sigaretta, e hanno smesso di pensare a noi.

«Per caso vuoi dormire con Nick?»

«Si chiama Rick.» Alzo gli occhi al cielo, ma alla fine mi inginocchio al suo fianco, stringendo la gonna fra le dita.

«Non pensavo fossi una tipa da biancheria sexy» sospira «ma belle calze! E comunque pensi troppo.»

Provo a ignorare l'imbarazzo provocato dalle sue parole.

«Mi hai detto che due come noi dovrebbero stare lontani, per questo non so se... questa sia una buona idea.»

L'ho preso in contropiede, e me ne compiaccio, ma è pur sempre di Damon Cooper che stiamo parlando.

Le sue labbra si piegano in un sorriso diabolico, uno di quelli da cui doversi difendere.

«Oggi sei molto carina, non posso lasciarti nelle mani di quel coglione» borbotta, poi scoppia a ridere, divertito dalla mia espressione.

«Sei terribile» sospiro, prima di stendermi al suo fianco. Sono tesa e gli do apposta le spalle. Quando dice queste cose mi lusinga, ma mi confonde anche.

«Lo so, piccoletta.» Mi soffia sul collo, e sono costretta a serrare le gambe quando le sue dita iniziano ad accarezzare i miei fianchi.

«Perché non mi guardi?» mi sussurra.

«Non lo so... io...»

Dolcemente, mi costringe a girarmi nella sua direzione. Lo spazio è poco, eppure io non sono mai stata meglio di così, mentre le fronti si fiorano, e le labbra pure.

«Hai paura del buio?»

«In… che senso?»

Ci guardiamo le bocche, ci consumiamo di sguardi che dicono tanto e che fanno un gran casino.

«Sul tuo comodino c'è una lampada a forma di luna. È sempre accesa» sussurra, facendo scivolare le dita sotto la mia camicetta.

«Sì. Il buio un po' mi fa paura» ammetto, anche se non so più di cosa stiamo parlando. «E tu? Hai paura del buio?»

Un sorriso gli compare sulle labbra, ma è triste, proprio come il mio cuore per la sua risposta.

«Ho più paura della luce, Krys.» I nostri corpi si incendiano e io mi sento scoppiare il cuore. «Sei bellissima.»

«Dam.» Socchiudo le labbra, quando le sue dita si insinuano fra i miei capelli, e la sua bocca prende ad assaggiare qualcosa che sembra piacerle.

Chiudo gli occhi, perché questo nuovo bacio è così intenso. Damon è esperto, rapido, voglioso. Corre più di me mentre mi divora, ma io voglio essere al suo passo, voglio essere alla sua altezza e ricambiare. Io adoro baciare Damon, adoro la sensazione della sua lingua umida sulle mie labbra, dei nostri denti che si scontrano quando sorridiamo e delle sue mani che mi stringono un po' di più quando sfioro il suo viso.

«Io non ti capisco» sussurro, guardandolo negli occhi.

«Non chiedermi nulla» sussurra a sua volta, mordendomi il collo. «Non ora.»

30

Le sue labbra lasciano un ultimo bacio sulle mie, prima di fermarsi. È stato intenso, forte, bellissimo.

I suoi baci mi fanno tremare le gambe e il sangue nelle vene. Sono qualcosa di unico, qualcosa a cui non mi sono ancora abituata.

«Cosa stai facendo?» Ridacchia, quando nascondo il viso nell'incavo del suo collo.

Di solito dopo lui scappa. Stavolta non può, e questa cosa mi destabilizza. Non sono audace come vorrei, o disinibita come le altre.

«Nulla» gracchio, mordicchiandomi il labbro inferiore.

Le sue dita sollevano il mio mento. I suoi occhi sono un labirinto molto pericoloso, ho paura di perdermi, ma non di entrarci.

«Odio quando non parli» sussurra, sconvolgendomi perché ho sempre pensato che fosse vero il contrario.

Sto per commettere un errore, lo so, ma non riesco a placare la mia curiosità. Non è la prima volta che ci baciamo, e proprio per questo penso di volerlo sapere.

«Cosa sono io per te?»

Sgancio una bomba potente, ma credo di essere l'unica che riporterà ferite. Il suo sguardo vacilla, non se lo aspettava, e io non mi aspettavo dubbi da parte sua.

«Non lo so...»

Freme, si sente in gabbia. La risposta è sotto i miei occhi, ma non l'avevo vista.

«Credo di aver capito.» Sfioro la macchia di rossetto non mio sulla sua maglia. Io non uso trucchi, in ogni senso, e questa cosa, questo banale segno rosso, mi mette di fronte alla realtà. Devo capire che lui è un ragazzo diverso da come ho creduto idealizzandolo. Qualsiasi cosa io abbia sognato per noi, è arrivato il momento di svegliarsi.

«Ma cosa... Aspetta, ma dove stai andando?»

Mi alzo, scappo via da lui che mi segue fuori dalla classe.

«Non voglio essere una di loro» gli dico, e lui mi guarda confuso.

«Cazzo! Ma è una cosa vecchia!»

Non ho mai visto la paura nei suoi occhi, e sono sicura di sbagliarmi. Io per lui non conto nulla, non sono niente, e non proverà rabbia per avermi deluso.

«E poi ce ne sarà una nuova» sussurro, presa dallo sconforto.

Damon prova ad avvicinarsi.

«Di cosa stai parlando? Aspetta!»

«Scusa, ma non ce la faccio.»

Damon

Stringo i pugni per tenere a bada la rabbia, ma non serve a nulla. Vorrei spaccare qualcosa.

«Da quando rincorri le tue scopate?»

Jared è poggiato al davanzale della finestra con un'altra sigaretta fra le labbra, e mi guarda con espressione trionfale.

Ecco, potrei spaccare la sua faccia di cazzo.

«Cosa hai detto?»

In due falcate gli sono addosso, stringo il suo collo fra le mani.

«Ragazzi, non ricominciate!»

Thomas si avvicina, prova a dividerci, ma in realtà Jared non oppone resistenza.

Mi guarda senza timore, né pentimento.

«Dico solo che ti stai lasciando distrarre da una cosa inutile, perdendo di vista l'obiettivo.»

Lo strattono e mi allontano come se mi fossi ustionato.

«Stai parlando di mia sorella. So bene quello che faccio, e Krystal non c'entra nulla con quella situazione.»

Lo faccio a pezzi con lo sguardo, ma lui non si scompone.

«Lo spero.» Si allontana e riprende a fumare.

Non mi piace la sua invadenza, non mi piace il modo in cui pensa di poter commentare la mia vita o quello che faccio per Charlotte. Non sono affari suoi, e ho tutto sotto controllo.

«Resta al tuo posto, Jared. Fidati.»

Me ne esco dall'aula, perché so che potrei fare cose di cui poi mi pentirei. Lui e Thomas sono i miei migliori amici da quando ne ho memoria, ma nessuno dei due deve sfidare la mia pazienza.

Cammino per i corridoi arrabbiato; non so neanch'io il perché. Non ho mai dato importanza alle ragazze, e non mi sono mai giustificato con nessuna di loro. Non voglio che con Krystal sia diverso, anche se lei è diversa. Tuttavia, il solo pensiero che quel Nick ora le stia ronzando nuovamente intorno mi fa accelerare il passo per trovarla.

E poi la vedo, al piano terreno, mentre in fila aspetta il suo turno per prendere un sacco a pelo. Krystal è bella nella sua semplicità, nei suoi modi dolci e spontanei, in netto contrasto con i miei. Io sono uno stronzo della peggior specie, e anche un idiota per aver indossato una maglia vecchia di almeno due anni.

Fanculo tutti!

Fanculo le sensazioni che provo in questo istante!

«Ne sono rimasti solo cinque e tu sei la settima della fila.» La affianco, come il coglione che sono.

Sono diventato incoerente senza esserlo mai stato prima.

Lei mi ignora, e questo proprio non lo sopporto.

Dovrei allontanarla e in genere ci riesco, ma quando è lei a voltarmi le spalle tutto cambia, e cambio anch'io.

«Il riscaldamento è spento, avrai freddo» le sussurro all'orecchio.

Leggo irritazione nei suoi occhi, e voglia di mandarmi pure al diavolo, ma lei è troppo gentile per farlo.

Avanza, sculetta in quella gonna che ho sognato mille volte di toglierle. E, proprio come le avevo detto, il tizio dei sacchi a pelo le dice che sono finiti.

Se ne va tutta impettita, senza ringraziare come invece fa di solito.

A me viene da ridere, perché è buffa quando si comporta in questo modo, ma anche molto carina.

Cos'è lei per me?

Non lo so, lo dico sul serio.

Krystal mi confonde, ma quel che è certo è che le nostre strade non possono intrecciarsi.

«E ora cosa farai, piccoletta?»

Le stringo un polso fra le dita. Non riesco a farne a meno.

«Ho sonno.» Mi guarda con aria spazientita, vorrebbe che la lasciassi in pace.

Ma io non sono quello che pensa, anche se… anche se prenderei a calci il coglione che ora la sta fissando.

«Avevi un posto in cui dormire» le ricordo, e lei prova a liberarsi dalla presa per andare chissà dove. «Aspetta.» Accenno una risata. «Non vorrai mica andare da quel Nick?»

Impazzisco al solo pensiero, ma non è il caso che lei lo sappia.

Quel tipo vuole solo infilarsi nelle sue mutande. È uno stronzo e deve stare alla larga da una come lei.

«Rick, ma questo lo sai già.»

Socchiudo le labbra, e me le mordo per non continuare a ridere.

Quando vuole, la piccoletta sa come cavarsela ed è sempre una sorpresa scoprire nuovi lati di lei.

«Però, che caratterino!»

«Non dormirò con te, Damon! Chiama Piper, sono sicura che lei sarà contenta.»

Mi infastidisco, anche se non ne ho motivo, e d'un tratto vorrei prendere questa maglia, togliermela e bruciarla.

«Se il problema è questa, posso anche buttarla!» sbotto e lei mi guarda come se fossi pazzo. Probabilmente lo sono, anzi sicuramente è così e nessuno potrebbe biasimarmi. Ho passato l'inferno.

Lei distoglie lo sguardo, presa in contropiede dalle mie parole. Non mi importa nulla di questa maglia e non ricordavo neppure quella maledetta macchia di rossetto.

«Non è un mio problema» sussurra. Ha cambiato atteggiamento, ma questo non mi rende più sereno, né più felice.

«Allora non credo ce ne siano altri» replico, da grande stronzo quale sono. Lei annuisce appena, poi abbassa il capo e se ne va. Ma io non sono soddisfatto, non era questo quello che volevo.

Krystal

Quando Damon si comporta in questo modo, vorrei avere il coraggio di tirargli un ceffone. È uno sbruffone, uno stupido che si fa beffe di me e io glielo lascio fare.

La gelosia mi sta divorando, ma non ne ho alcun diritto.

Lui non è mio, e non lo sarà mai.

Damon è uno spirito libero, qualcosa di irraggiungibile proprio perché non vuole essere raggiunto, e devo smetterla di restarci male, perché è ovvio che non bacia solo me. Non gli permetterò più di avvicinarsi, e a mia volta gli starò lontana.

Tate è scomparsa e non posso telefonarle, perché il suo telefono è ancora sotto sequestro. Per stanotte mi accontento di restare sola, nella mia aula, aspettando le prime luci dell'alba per tornarmene in istituto.

Ho sentito che la scuola ha rintracciato i genitori degli altri, quindi – e lo spero – anche la mia istitutrice è stata informata, ma non voglio pensarci ora, mentre la luna si fa spazio in cielo e i miei occhi iniziano a chiudersi. Fa freddo qui, e sono sola, ma va bene così. Va bene così.

«Sono d'accordo con queste iniziative: è giusto che voi giovani facciate valere i vostri diritti.»

Sono tornata in istituto e, come avevo pensato, la Morris era stata avvisata.

«Ma... sei sicura che Tate si stia comportando bene?»

«Certo, l'occupazione continua, ma io non avevo più voglia di restare» dico, mentre mi ingozzo di gelato al cioccolato.

Lei mi guarda e non sembra convinta.

«C'entra ancora quel Damon?» Riduce gli occhi a fessure.

Penso che non gli piaccia, anzi ne sono sicura.

«Non sa cosa sono per lui» sospiro «e questo mi confonde. Io non voglio essere una delle tante. Preferisco... allontanarmi.»

Fa male dirlo, ma è la verità.

La Morris si mette alle mie spalle, e inizia a sfiorarmi i capelli. Sono ancora troppo corti.

«Gli uomini sono sempre molto confusi. E, nella maggior parte dei casi, si accorgono del valore di una persona solo quando quella persona si allontana.»

Le sue parole mi colpiscono. Io non conosco gli uomini e non so cosa fare per capirli. Mi sento ancora confusa, mentre la Morris continua.

«A tal proposito, volevo parlarti di una cosa.» Si prende qualche secondo per vedere se reagisco. Quello che sta per dirmi potrebbe cambiare molte cose, come potrebbe non cambiare nulla.

«Di cosa?»

«Ti ricordi che la ginecologa ha parlato di un medico di Londra?» azzarda. Non si sente a disagio, anche se io lo sono.

Annuisco e con un cenno del capo la invito a proseguire.

«Posso portarti nella sua clinica, se vuoi. Conosco molto bene lui e la moglie, saranno lieti di ospitarci.» Mi sorride.

Non mi aspettavo una cosa del genere.

«Non so cosa dire» ammetto, posando la guancia sulla sua spalla.

«Prenditi tutto il tempo che vuoi, piccola. Se dovessi accettare, sappi che sarà solo una consulenza, poi sarai tu a valutare il da farsi. Voglio che tu abbia tutte le possibilità di questo mondo, e se posso aiutarti lo faccio.»

La guardo e le sorrido, le sue parole mi danno conforto. Si tratta solo di una consulenza, ed è giusto che io non mi arrenda e non mi precluda alcuna possibilità.

«Voglio andarci» le dico, con il cuore che mi batte a mille.

Mi bacia sulla fronte e mi stringe forte a sé.

31

Quando arriva il momento di affrontare le cose, sono sempre diverse da come te le saresti aspettate. Io e la Morris stiamo per raggiungere Londra, e più precisamente la casa dei Wilson.

Sono agitata, ho paura di non riuscire a controllare le mie emozioni e di non saper gestire un altro riscontro negativo.

«Come li conosce?» le chiedo. Siamo arrivate in città, e ora un taxi ci sta portando a destinazione. È la prima volta che ne prendo uno, e mi sento come una di quelle ragazze nei film d'amore che scorrazzano da una parte all'altra in queste auto nere.

«Hanno adottato una bambina molti anni fa» mi confessa, accennando un sorriso. «Ti piacerà» aggiunge, e vengo subito raggiunta da una bellissima sensazione.

«Non vedo l'ora di conoscerla.»

Lo penso sul serio. Sapere che una di noi ce l'ha fatta mi rende felice, ma quando ci ritroviamo fuori dalla maestosa villa dei Wilson inizio a sentirmi nuovamente a disagio.

La Morris e una donna bionda, molto alta e molto elegante, si salutano con un abbraccio caloroso. Mi chiedo quando abbiano deciso di adottare la loro figlia, e per quanto tempo lei sia rimasta in orfanotrofio.

«Clelia, piacere. Tu devi essere Krystal. Prego, accomodatevi.»

La casa è ancor più prestigiosa all'interno, ma non eccentrica. Tutto sembra costoso, dall'arredamento minimale ma perfettamente curato al marmo su cui stiamo camminando. Mi sento in colpa per questo, come se le mie scarpe fossero appoggiate su un'opera d'arte.

«Mio marito è in clinica. Ci raggiungerà per cena» ci informa, mentre vengo rapita da una serie di quadri astratti che abbelliscono le pareti dell'enorme salone in cui Clelia ci invita a sedere.

«Tranquille, ci penserà Marc alle vostre valigie.»

Non so chi sia Marc, ma suppongo una delle tante persone che li aiutano a mantenere questo posto immacolato.

«Corinne come sta?»

Immagino sia la bambina che hanno adottato. Il viso di Clelia cambia espressione, sembra molto meno sicura di prima.

«Non è un bel periodo, le abbiamo confessato di non essere i suoi genitori biologici e non l'ha presa bene. Siamo in quella fase in cui vede tutti come nemici e bugiardi.»

Mi dispiace per Clelia, ma comprendo Corinne.

Non è facile accettare di essere stata ingannata, anche se deve molto a queste persone. Le hanno dato una famiglia. Io, invece, non proverò mai una gioia simile.

«Mi piacerebbe conoscerla» dico.

Sono sempre stata socievole, ma ultimamente ho fatto tanti passi indietro, come se avessi paura di legarmi alle persone.

«Certo!» Sul volto di Clelia torna il sorriso. «Puoi dormire con lei stanotte. Ha una stanza molto grande» aggiunge, e mi invita a seguirla su per le scale. La Morris annuisce, felice di questa mia iniziativa. Anche se non avrei mai potuto prevedere quello che sarebbe successo di lì a poco.

Una musica troppo alta, fuori dall'unica porta colorata di nero, ci investe. Clelia mi guarda con aria mortificata e, dopo aver bussato un paio di volte, abbassa la maniglia ed entra.

«Tesoro, sono arrivati gli ospiti.»

«Ti ho detto mille volte che non devi entrare nella mia stanza, senza il mio permesso!»

Un paio di occhi verdi mi fulminano sul posto, facendomi indietreggiare. Quando la Morris mi ha parlato di questa ragazza, non pensavo che potesse avere la mia età, ma che fosse ancora una bambina di dieci anni al massimo.

«Ciao... Io sono Krystal.»

Mi squadra dalla testa ai piedi, poi sbuffa tornando a fissare in cagnesco sua madre.

«Cosa vuoi da me?»

«Dormirà qui stanotte. Domani ha appuntamento con tuo padre» le spiega dolcemente, ma Corinne continua a sbuffare. Non mi piace il suo atteggiamento, ma non posso giudicarla visto che non so nulla di lei.

«Questo è il suo modo di accoglierti, prego.»

Clelia mi sorride benevola, poi si allontana per tornare dalla Morris. Io non so cosa fare, ma ci pensa questa ragazza dalla folta chioma rossa a strapparmi dai miei pensieri.

«Che fai lì impalata? Entra!»

Inspiro profondamente, prima di farlo.

Ci sono due letti, posizionati ai lati opposti della stanza. È molto luminosa e molto grande, in effetti. Ci sono poster ovunque e il blu è il colore predominante. Mi piace il suo stile, è molto personale. Racconta qualcosa di lei, anche se penso che non abbia alcuna voglia di rivolgermi la parola.

«Grazie...» inizio, torturandomi le mani.

Il suo sguardo annoiato si posa su di me, o meglio sull'orribile tuta che indosso.

«Quindi anche tu sei stata abbandonata.»

Così, di punto in bianco.

Sembra stanca, come se non avesse dormito per tutta la notte, e si tocca ripetutamente la testa. Mi viene subito in mente Tate, e il fatto che non si sia svegliata per salutarmi prima della partenza. A volte non la capisco, oppure sono io che ho un assurdo bisogno d'affetto in questo periodo.

«Sì, da neonata. Clelia mi stava accennando qualcosa di te.»

«Clelia è una stronza.» Fa una risata amara, e io sento di dover difendere quella donna.

«Non deve essere facile scoprirlo quando si è già grandi, ma loro ti hanno donato una cosa molto importante» sussurro, accennando un sorriso. Non voglio che mi fraintenda. Non voglio risultarle saccente, ma ci tengo a dirle la mia opinione.

«Lasciamo perdere.» Scrolla le spalle distogliendo lo sguardo, e a me viene da sorridere. «Cosa c'è?» Mi guarda male.

«Nulla, mi hai solo ricordato una persona che, quando non vuole parlare di qualcosa, cambia subito argomento.»

Sgrana gli occhi. Si avvicina e mi fa cenno di sederci sul suo letto.

«Ti si è illuminato lo sguardo. Racconta! Di chi stiamo parlando?»

La sua curiosità mi fa sorridere, anche perché pensavo che, una volta entrata in questa stanza, mi avrebbe ignorata.

«Nulla di importante» bofonchio. In pochi istanti vengo invasa dalla tristezza. «Solo qualcuno che dovrei dimenticare...»

Lei mi scruta, poi tira fuori dal comodino un quadernino nero.

«Dai, racconta, sono curiosa!»

«E con quello cosa ci fai?»

Se lo rigira fra le mani incerta.

«Non so spiegartelo, mi sento ispirata.»

Sgrano a mia volta gli occhi, ma non le dico che anche in questo mi ricorda Damon.

«Amo scrivere» confessa. «Non si direbbe, ma a modo mio sono romantica.»

Corinne mi ispira fiducia, anche se siamo diverse sento con lei una connessione molto piacevole.

«È una bella passione la tua, dovresti farmi leggere qualcosa» le dico, ma lei scuote il capo, prima di rimettere nel cassetto il quadernino.

«Dai, parlami di te e di questo ragazzo da dimenticare. Le mie sono solo cazzate.»

Non sono d'accordo, ma inizio a raccontare.

Corinne mi ascolta, mi ascolta sul serio, e sembra realmente interessata a quello che dico. Non mi giudica, non mi dà della stupida per l'interesse che provo verso Damon, e mi scompiglia i capelli quando arrivo alla macchia di rossetto.

«Cavolo. Non so che dire.» Fa una smorfia. «Ma non mi sembra uno completamente disinteressato a te, anzi.»

Resto in silenzio; non so come interpretare gli atteggiamenti di Damon. Lui mi bacia, ma non ha mai parlato d'altro, e non sa cosa sono io per lui.

«Non lo so...» sussurro scrollando le spalle. Poi le chiedo di parlarmi di lei e, inaspettatamente, lo fa.

Damon

Oggi è stata una giornata di merda. Le cose non vanno bene, i soldi sono troppo pochi. Non vado fiero di quello che faccio, non ho mai voluto rovinare la vita degli altri con questa merda, ma non ho scelta.

Io non ho mai avuto scelta. Ho sempre dovuto eseguire gli ordini, fare quello che mi veniva chiesto per non essere additato come un vigliacco, ma una parte di me sa che prima o poi sarò in grado di mettere un punto.

«Bel lavoro» dice Thomas, accendendosi una sigaretta.

«Non credo» replico con il mio solito pessimismo. Anzi, io non sono pessimista, sono realista e tutti dovrebbero esserlo. La gente dovrebbe smetterla di esaltare cose che non sono, che non esistono, e dovrebbe iniziare a guardare in faccia alla realtà. La vita fa schifo.

I soldi sono il motore del mondo, l'unica cosa che ti permette di risolvere ogni problema, tranne la morte. Per quella, almeno finora, non si può fare nulla. Ma essere ricco significa anche potersi curare, poter consultare i medici migliori e farli impegnare sul serio.

«Non fare l'antipatico, possiamo sempre prenderne una piccola parte per noi» dice, ma non gli rispondo, perché sa come la penso.

Non ho molto tempo, devo agire.

«Me ne vado.» Monto in sella e lo ignoro, quando mi chiede dove sto andando. Non lo so neanch'io, ma mi muovo, anzi sfreccio su questo mostro, come se il mio istinto sapesse perfettamente cosa fare. Mi ritrovo sotto la sua finestra. È aperta, e mi viene da sorridere al solo pensiero di beccarla nuovamente nuda nella doccia. Sospiro, non possono venirmi pensieri simili.

Non so perché sono qui, non so perché la cerco, né perché voglio vederla. Forse la prenderò un po' in giro, la farò arrossire e me ne andrò come sempre.

Io non sono fatto per restare, e spero che Krystal l'abbia capito.

Tuttavia, quando scavalco il davanzale e non la trovo, sento qualcosa muoversi in me.

Sono infastidito, quasi incazzato, senza un motivo.

Il suo letto è ancora intatto, e non c'è neppure la sua amica bionda.

Una strana rabbia si spande in me, quando penso che potrebbe essere uscita con Nick, Luke o con quell'idiota di Jacob.

Serro la mascella e mi guardo intorno, ma è inutile. Dovrei voltare le spalle e andare via, ma sono insoddisfatto, e in questi casi divento irrazionale.

La mia mano si posa sulla maniglia della porta della sua stanza; ora cammino in corridoio, silenzioso come un gatto. Non so cosa sto facendo, dove cercarla e come evitare di finire nei guai, nel caso in cui qualcuno mi veda. I primi problemi sorgono quando gemelline che sembrano uscite da *Shining* intralciano il mio cammino.

«Ma che cazzo!»

«E tu chi sei?» domandano nello stesso istante.

Inclino il capo per studiarle, sono davvero spaventose!

«Dov'è Krystal?»

Ho una reputazione da difendere, e non la perderò dinanzi a queste due ficcanaso.

«Sei un suo amico?» continua una delle due, ma sono identiche, e nonostante anch'io abbia…

Insomma, non le sopporto!

«Qualcosa del genere. Dov'è?»

Non mi curo di essere gentile, anche se avranno al massimo dieci anni. Voglio solo che rispondano alla mia domanda, e che si levino dai piedi.

«A Londra» risponde l'altra, e a me viene l'istinto di rompere qualcosa.

Perché è partita?

Tornerà?

Sono un ipocrita del cazzo, ma non m'importa. Doveva dirmelo, doveva scrivermi un messaggio prima di andare via come una vigliacca. Non penso che lei lo sia, ma... doveva dirmelo.

«Okay, sparite.» Sbuffo, ignorando l'insorgere di un problema ancora più grande. Alle spalle delle gemelline, infatti, si è appena palesata una donna con buffi capelli rossi. Credo di averla già vista in qualche cartone animato traumatizzante, ma non ne sono sicuro.

«Lei chi è?» strilla, costringendomi a tappare le orecchie. Odio le persone che urlano, soprattutto quando non è necessario. Vorrei dirle che non sono il protagonista di *Shining*, anche se mi piacerebbe pensasse che sono solo una sua allucinazione.

«Lui è il fidanzato di Krystal!»

Guardo una delle due ragazzine come se fosse un mostro pronto a sbranarmi. E la risposta della strega alle sue spalle mi fa accigliare.

«La nostra Krystal? Impossibile! Vada via, brutto maniaco!»

Le rido in faccia, quando prende una scopa, chissà da dove poi, e me la punta contro.

«Per quale motivo?» Avanzo nella sua direzione, e incenerisco con lo sguardo le due mocciose quando si avvicinano e sfiorano le mie mani.

«Cosa sono questi disegni?»

Le ignoro, voglio sentire cos'ha da dire la strega.

«Se ne vada, prima che chiami la polizia!»

È coraggiosa, audace, ma terribilmente prevedibile.

«La mia Krystal non potrebbe mai frequentare un tipo come te. La conosco da tutta la vita!»

Mi avvicino ancora, e tappo le orecchie ad almeno una delle due nane.

«Signora, anche le bambine crescono. E, devo dire, anche molto bene.»

Poi la supero, scendo delle scale ed esco dalla porta principale come il gran signore che sono. Il mio momento di gloria dura poco, perché dopo qualche istante ricordo di non averla trovata e di non sapere altro, oltre quello che mi è stato raccontato.

Uno spasimo di rabbia mi fa guizzare la mascella, ma non ha senso. A me non interessa di lei, per me non è importante sapere dove si trova ora e se sta bene.

Devo distrarmi, devo tornare alle mie vecchie abitudini.

Krystal

Parlare con Corinne si è rivelato piacevole; è una ragazza sensibile, anche se prova a mascherare il suo dolore con atteggiamenti che non le corrispondono davvero. Finge indifferenza quando vorrebbe solo che qualcuno l'abbracciasse, e ha perso molti amici per la crisi che attraversa dopo la scoperta dell'adozione.

«So di essere scontrosa, a volte, ma pensavo che le mie amiche mi restassero vicine, anche se non ero in me.»

Annuisco. «Avrebbero dovuto farlo. Tutti possiamo avere dei periodi difficili, e proprio in questi momenti si riconoscono i veri amici.»

«Già.» Abbassa lo sguardo.

Abbiamo cenato con la sua famiglia e ho conosciuto suo padre, ma non abbiamo parlato del motivo per cui domani sarò alla clinica. È una persona discreta e professionale, ma sono comunque tesa per quello che potrebbe dirmi.

«Sono felice di averti conosciuta, e mi piacerebbe presentarti Tate...»

Lei accenna un sorriso opaco. Credo abbia paura di affezionarsi alle persone, e non posso biasimarla.

«Potrei venire a Manchester, qualche volta.»

Sto per urlarle un gigantesco sì, quando il mio telefono segnala l'arrivo di un messaggio.

«Chi è?» mi chiede, ma a me iniziano a tremare le mani quando le leggo quello che c'è scritto.

Spero che ti stia divertendo a Londra.

Deglutisco. «È Damon.»

Corinne lascia il suo letto per venirsi a sedere al mio fianco, e mi strappa il cellulare dalle mani.

«Cazzo! Che tipo.»

Scoppia a ridere, mentre io non riesco a staccare gli occhi da quelle parole. Dovrei essere arrabbiata per i suoi modi prepotenti, invece sono solo confusa.

«Pensavo non lo sapesse che sei qui.»

«No, infatti.» Scuoto il capo, ma questo è l'ultimo dei miei problemi. Non riesco a comprendere cosa celino queste poche parole infastidite e beffarde.

«Non so cosa pensare» sussurro. E la mia confusione aumenta, quando mi arriva un altro messaggio.

Mi stai rovinando.

Io e Corinne ci guardiamo, ma nessuna delle due apre bocca.

Vorrei avere il coraggio di chiamarlo e di dirgliene quattro, ma non ci riesco. Non sono fatta così.

«Potrebbe essere un errore?» azzarda. «La seconda parte» precisa, e mi ritrovo ad annuire.

Prima di cambiare idea, inizio a scrivere. Cancello almeno tre volte, poi invio.

Grazie, ma credo di non essere io il destinatario del secondo messaggio. Forse hai sbagliato.

Mi sento un'idiota. Lancio il telefono ai piedi del letto e chiudo gli occhi.

Damon mi rende stupida e impacciata.

«Meglio se andiamo a dormire» dico dopo poco. Seppure riluttante, Corinne raggiunge il suo letto.

«Siete proprio strani.»

Tira fuori il quaderno dal cassetto e inizia a scrivere a manetta.

«Non dirmi che vuoi scrivere una storia su di noi!» Rido per smorzare la tensione, e lei ricambia con un sorrisetto furbo.

«È solo un'idea, un passatempo. Nulla di serio. Sareste una trilogia, voi due, troppo faticosa.»

Ridiamo, e io inizio a rilassarmi.

Damon non ha risposto al messaggio, ma sono sicura che i suoi non hanno alcun significato. Ama prendermi in giro, dovrei solo trovare il modo di non cadere più nelle sue trappole.

Sollevo la coperta fin sotto il naso e provo a addormentarmi, ma un'ora dopo, quando Corinne ha iniziato a russare, io sono ancora sveglia e fisso il soffitto.

«Oddio» sussulto. Il telefono inizia a vibrare sulla mia pancia. Non pensavo che Damon potesse... chiamarmi.

Non dovrei rispondergli, ma...

«Dam?»

«Non ho sbagliato!»

La sua voce è impastata. Non credo di averla mai sentita così. Non so dove sia, c'è un casino di sottofondo assurdo.

«Cosa?» balbetto, stringendo la coperta fra le dita.

«Quei messaggi erano per te, piccola.»

Perdo un battito per il modo in cui mi ha chiamato, anche se – e ne sono sicura – non sono la prima che chiama così.

Ho la gola secca, e non so cosa dirgli, ma Damon sembra incredibilmente loquace.

«Non sbaglio mai, neanche quando...»

Sento delle risate e il rumore di qualcosa che si rompe.

«Sei ubriaco?» sussurro come una bambina impaurita, e lui fa una risata amara, una di quelle che a me proprio non piacciono.

«Probabile, e non serve che tu mi dica quanto faccia male perché, credimi piccoletta, tu fai peggio!»

Socchiudo le labbra, i miei occhi si inumidiscono ancor prima che mi dia la mazzata finale. Non capisco il senso delle sue parole, di questa telefonata e del suo atteggiamento aggressivo.

«Dam, ma cosa stai dicendo? Dove sei?»

«Mi sto divertendo anch'io, sai?»

Anche in quest'occasione scansa le mie domande.

«E… ho ripensato a cosa mi hai chiesto.»

Chiudo gli occhi per parare il colpo.

So già che farà molto male.

«Vuoi sapere cosa sei tu per me?» Ride, ma non aspetta la risposta. Dovrei attaccare, ma resto in ascolto. «Una delle tante!»

«Sei uno stronzo!»

Le prime lacrime bagnano il mio viso, poi trovo la forza di mettere giù e di chiudere lui fuori dal mio mondo.

Un posto in cui non avrei mai dovuto farlo entrare.

32

Odio essere al centro dell'attenzione, soprattutto quando l'ansia mi attanaglia lo stomaco. Non ho dormito per tutta la notte, ma il motivo non è solo l'incontro con quest'uomo che ora mi guarda e mi sorride bonariamente. Stanotte ho pianto per Damon, per i suoi atteggiamenti e per il modo in cui io gli permetto di trattarmi.

Vorrei tenere a bada quello che sta succedendo dentro di me e l'insorgere di un sentimento in cui ho sempre creduto, ma che non conoscevo prima di lui. Ho paura, non voglio dargli un nome, ma credo di essere caduta nella trappola dell'amore.

«Oggi esistono delle terapie a lungo termine.»

Mi riscuoto; ora devo pensare a me stessa e alla mia salute.

«Come dicevo alla signorina Morris al telefono, in questa clinica conosciamo bene situazioni come la tua. Stiamo studiando da tempo la ridotta disponibilità ovarica e potremmo intraprendere una terapia insieme. Ovviamente ogni donna è diversa. Vedremo con il tempo se questa è la strada giusta per te.»

Il dottor Wilson è preparato e disponibile.

Discreto e incredibilmente umano.

Ascolto le sue parole, e, seppure riluttante, prendo in considerazione le sue proposte. La Morris è attenta, molto più di me, e annuisce mentre parla di alcuni dei tanti risultati ottenuti grazie alle terapie.

«Sei ancora giovane, ma prevenire è meglio che curare» dice, ma non so cosa intenda. Ho fatto qualche ricerca, con la Morris, ma a un certo punto lei mi ha chiesto di chiudere Google e di fidarmi. Non conosco la mia patologia, non ancora almeno.

«Sì, certo» concordo, mentre mi torturo le mani. «Sono disposta a... procedere e iniziare la terapia» dico guardando la Morris.

Lei mi sorride e mi accarezza la guancia. Voglio avere fiducia nella scienza e in quest'uomo, anche se una parte di me non si sente ancora pronta per affrontare una cosa simile.

Damon

La testa pulsa come se centinaia di spille ci stessero entrando tutte nello stesso istante. Lo stomaco brucia come l'inferno e quando provo ad aprire gli occhi vorrei non averlo fatto.

«Merda!»

«Amico, ci sei andato giù pesante stanotte!»

Provo a riaprire gli occhi. Ci riesco solo dopo qualche istante. Sono a casa, sul divano, ma non ricordo come ci sono arrivato. Thomas mi guarda mentre beve un caffè, e il solo odore mi provoca la nausea.

«Non ricordo un cazzo.»

Mi metto a sedere, la testa gira come una trottola.

Devo vomitare, ma se solo provassi ad alzarmi rovinerei al suolo come una pera matura.

«Sul serio?» Scoppia a ridere, e io lo guardo male.

«Come sono tornato?»

Lui smette e fa una smorfia.

«Cazzo, davvero non ricordi niente di quello che è successo stanotte?»

Odio questi giochetti, ma soprattutto odio non essere padrone delle mie azioni. In genere ho sempre tutto sotto controllo, e amo essere così. Per questi motivi bevo poco, o almeno ci provo.

«Thomas! Parla!» gli intimo, e lui sa che con me non si scherza per più di cinque minuti.

«Piper è incazzatissima. Le hai dato un motivo in più per odiare Krystal.»

Nella mia testa si accende un campanello d'allarme.

Krystal è a Londra, questo me lo ricordo.

«Devi dirmi esattamente cos'è successo. Cosa c'entra Krystal con Piper?»

Mi alzo e mi avvicino a lui. La nausea torna a incendiarmi lo stomaco, ma riesco a tenerla a bada, almeno per un altro po'. Non prevedo nulla di buono.

«Ieri sera siamo andati a una festa. C'era anche Piper e tu hai bevuto. Insomma, lei ci ha provato con te e tu... Cazzo, ti ho sentito parlare con Krystal al telefono e...»

«Cazzo Thom, sii più chiaro!» Sto per perdere la pazienza, la combinazione Krystal-Piper non mi piace.

«Insomma, lei ti ha baciato e tu l'hai chiamata... Krystal. Il resto puoi immaginarlo.»

Chiudo gli occhi e sono costretto a reggermi alla tavola.

Non doveva succedere.

Non dovevo lasciarmi baciare da Piper solo perché ero incazzato nero, e non dovevo dare altri motivi a lei di odiare la piccoletta.

È un fottuto casino che ho creato con le mie mani.

«E comunque non avresti dovuto dirle quelle cose, al telefono.»

«Thom, sono affari miei! Non devi origliare.»

«E tu non dovresti mentirle.»

Gli lancio un'occhiataccia. Non deve aggiungere altro. Questa è la mia vita e nessuno deve interferire.

«Devo andare da Green» sbotto, prima di raggiungere il bagno.

Mi serve una doccia per cancellare dal corpo questo orribile profumo che accresce la mia voglia di vomitare. Mi sento un ragazzino alle prime armi, anche se non lo sono affatto. Dirle quelle cose è stato giusto. Lei non è nulla per me, oltre che una ragazzina fastidiosa, ma nonostante questo farò di tutto per proteggerla da tipe come Piper o da tipi come quel Nick.

«Da Green?»

Thomas mi ha seguito, è più stupido di quanto pensassi ed è bene che anche lui comprenda i limiti oltre i quali non può andare.

«Già, per i soldi della settimana.» Faccio una smorfia.

Quell'uomo mi ha rovinato la vita, l'ha resa un inferno e crede di tenermi in pugno. Arriverà un giorno in cui sarò io a ridere delle sue disgrazie, e quel giorno si sta avvicinando.

«È un caso che il capo abiti a Londra, vero?»

Afferro la saponetta sul lavandino e gliela tiro in faccia. Lo colpisco sul naso, e lui inizia a strillare come una gallina a cui stanno per staccare la testa.

«Chiudi la porta, coglione» urlo, e dopo una serie di imprecazioni mi lascia in pace.

Non è mai piacevole incontrare quell'uomo. Green è una di quelle persone da cui tenersi alla larga, perché quando ti prende sotto la sua ala sai che non potrai mai più tornare a volare da solo. È la mia prigione, colui che ha rovinato la mia adolescenza e che finge di essermi riconoscente per il mucchio di soldi che ogni settimana poso sulla sua scrivania.

È un uomo distinto, sempre elegante e falsamente educato. I suoi modi non mi ingannano, perché so che in qualsiasi momento potrebbe farmi fuori. I nostri rapporti sono professionali, ma odio il suo modo di guardarmi. Sembra che sia sempre sul punto di dirmi qualcosa, ma poi desiste e torno a respirare.

Dico di non temerlo, ma è una bugia. Per questo, quando esco dal suo ufficio, indenne e ancora vivo, tiro un sospiro di sollievo.

È un tipo misterioso, parla poco e agisce molto.

Nessuno conosce il suo vero nome.

A Londra piove spesso, per non dire sempre, e non mi è mai piaciuta più di tanto. Forse la odio proprio a causa di Green, ma ora ho voglia di restarci ancora un po'.

Non intendo scappare come sempre.

Mi accendo una sigaretta e mi rigiro il cellulare fra le mani.

Krystal

Oggi è il primo giorno di terapia. Fin da bambina ho sempre avuto difficoltà con le pillole, ma lo tengo per me. L'ho mandata giù senza fiatare, poi sono tornata in stanza.

La Morris è uscita con Clelia, mentre Corinne è a scuola. Sua madre non voleva che saltasse le lezioni, quindi ora mi ritrovo sola in una casa troppo grande per le mie paure. In fondo sono ancora una bambina che ha paura del buio e della solitudine, ma anche questo l'ho tenuto per me.

Ho guardato un telefilm americano, bevuto una tazza di latte caldo e fatto persino una doccia, ma il tempo trascorre lento e non so cosa fare. Mi sento a disagio in un posto non mio, forse avrei dovuto accettare l'invito di Clelia e andare in giro per negozi con lei e la Morris. Un attimo dopo mi convinco di aver fatto bene a restare qui.

Un lieve dolore allo stomaco mi fa storcere il naso. Non ho mangiato tanto, né qualcosa di particolare, ma a mano a mano che questo piccolo fastidio aumenta inizio ad agitarmi. Non dovrei trarre conclusioni affrettate, e non dovrei andare nel panico. Basterà bere un bicchiere d'acqua e provare a distrarmi in qualche modo.

Esco dalla stanza di Corinne e raggiungo la cucina al primo piano. Non c'è nessuno del personale che lavora in casa. Sospiro e mi guardo intorno, dopo aver bevuto; è tutto così grande ed elegante qui, ma preferisco di gran lunga la semplicità della mia stanza. Lì ho tutto quello che mi serve. Qui, invece, mi manca Tate. Non ha provato a telefonarmi, e so bene che se avesse voluto avrebbe trovato il modo. Abbiamo un telefono fisso in istituto, ma probabilmente è troppo presa.

Mi intristisco, la delusione prende il sopravvento e lascio a quel dolore di sottofondo il potere di colpirmi ancora.

«Cavolo» sussurro, sfiorandomi il ventre.

Una fitta più forte delle altre mi fa barcollare.

Lentamente raggiungo il divano, ma anche quando mi stendo la situazione non migliora. Faccio lunghi respiri, dovrei contattare la Morris, dovrei chiederle di tornare, e quando il mio cellulare squilla, rispondo senza guardare.

«Pronto.»

Serro gli occhi, la testa inizia a girare e la vista ad appannarsi.

«Krystal.»

La sua voce…

La sua voce è in grado di risvegliare in me cose che dovrebbero restare sopite, ma ora sono così dolorante e spaventata da non riuscire a far prevalere la ragione.

«Damon» dico a fatica. «Cosa c'è?»

«Ascolta… Quello che è successo ieri sera… Insomma, ho bevuto un bicchiere di troppo e… Krystal…»

«Dam, io… credo di non stare molto bene.» Serro le labbra per non urlare. Non voglio spaventarlo, ma il dolore è forte e non riesco a gestirlo.

«Cosa? Dove sei? Dimmi dove sei!» ordina, e anche se non so come questo possa essermi d'aiuto, glielo dico.

«Manda… un'ambulanza… Oddio.» Stringo gli occhi, e all'improvviso tutto svanisce.

Le mie forze, la mia voce, il dolore e anche Damon.

Mi sento frastornata e confusa.

Non so dove mi trovo, né cosa mi sia successo.

«Tesoro, bentornata.»

La Morris mi guarda con le lacrime agli occhi e mi stringe la mano come se avesse paura di perdermi. Il dottor Wilson, alla sua destra, mi sorride e mi guarda preoccupato.

«Ricordi qualcosa?»

Mi prendo qualche istante, poi tutto diventa più chiaro.

«Oh… sì, ho preso la pillola e poi… insomma, avevo dei forti dolori al basso ventre.»

Sono in ospedale, probabilmente nella sua clinica, e proprio quando sta per darmi una spiegazione, qualcuno spalanca la porta.

«Direi che ora è il mio turno, e lei le tolga le mani di dosso. La stava per ammazzare!»

«Damon!» Sgrano gli occhi.

La Morris si passa le mani sul viso e fa una smorfia per i modi con cui è entrato in scena. Gli occhi di Damon mi trovano e io mi ci perdo. Non ho dimenticato quello che è successo, ma in questo momento vorrei che gli altri sparissero.

«Dottor Wilson, lo perdoni.»

A Damon non piace l'affronto della mia istitutrice. Per questo, prima che la situazione degeneri, chiedo a entrambi di lasciarmi da sola con lui per qualche minuto.

La Morris non è contenta, lo so, ma ho bisogno di sapere come sia finito qui.

«Non devi più prendere quella merda!» dice non appena siamo soli. Inizia a sbraitare, agitando le braccia per aria.

«Questo dottore è un assassino. Vuole sperimentare le sue cazzo di idee su di te. Non devi permetterglielo!»

«Dam» sussurro, provando a trattenere un sorriso. «Il dottor Wilson non è un assassino. Tutti i medicinali hanno effetti collaterali. Forse quello che ho preso semplicemente non fa al caso mio.» Abbasso lo sguardo perché, nonostante tutto, ci speravo.

Lui sospira.

«Non sapevo che fossi venuta qui per questo.»

«Già, non ho seguito il tuo consiglio. Non mi sono divertita molto.» Provo a guardarlo male, ma Damon in queste cose è più bravo di me.

«Ricordavo vagamente quanto fossi permalosa.» Si avvicina, posando le mani sul letto in cui sono distesa.

La mia spavalderia vacilla, quando penso alle mie condizioni.

Devo essere orribile e lui non smette di guardarmi.

«Tu perché sei qui?»

«Per lavoro!» puntualizza, e d'istinto mi faccio piccola.

«Capisco...» Mi tocco nervosamente i capelli, e il cuore prende a battere all'impazzata quando le sue braccia si piegano e il suo viso si avvicina al mio.

«Ascolta, Krys, ieri sera io ero...»

«Ragazzi!»

Ci allontaniamo. La Morris è appena entrata, senza aver bussato.

Damon serra la mascella, ma si trattiene dal dire la sua e per questo gli sono grata.

«Krystal deve riposare, più tardi un medico verrà a visitarla e forse potrà essere dimessa, ma ora...»

«Deve riposare» continua Damon, sospirando. «Certo.»

Credo stia per andarsene e mi chiedo quando lo rivedrò. Mi è mancato, e sento la necessità di parlargli e di continuare ad ascoltare quello che stava per dirmi. La Morris ha avuto un tempismo disastroso.

«Ci vediamo, piccoletta» sussurra, prima di baciarmi sulla fronte. C'è tensione nella stanza fino a quando non va via.

«Quel tipo mi preoccupa» dice la Morris, avvicinandosi a me. «E i suoi modi non mi piacciono.»

Non posso darle torto, ma lei non lo conosce e non sa tante cose di lui. In realtà neanch'io, ma c'è una parte di me che vuole proteggerlo.

«Credo... insomma, forse era solo preoccupato.»

Scuote il capo.

«Ne riparleremo» dice «ora voglio solo che tu ti riprenda.»

Dopo qualche ora, in accordo con il dottor Wilson, vengo dimessa. Per me è un sollievo trascorrere l'ultima notte a Londra nella stanza di Corinne, piuttosto che in quella di un ospedale, e mi si scalda il cuore quando lei mi abbraccia dicendomi che è stata in pensiero per me. È diversa da come si era presentata, e sono felice di averla conosciuta, nonostante la situazione.

«Quindi la Morris vi ha quasi beccati?»

«No.» Mi nascondo il viso fra le mani. «Lui mi stava spiegando quello che è successo ieri» dico, rigirandomi il cellulare fra le mani.

«Sì, certo» bofonchia, per nulla convinta. «Avrei voluto esserci solo per vedere la faccia di mio padre.»

Scoppiamo a ridere.

«Lascia perdere, volevo che la terra mi risucchiasse e… cosa?»

«Oddio!» Corinne mi sfila il telefono dalle mani, poi legge il messaggio che mi è appena arrivato e mi guarda. «Krystal, dovresti proprio farlo! Sì, dovresti proprio farlo.»

33

Scendi, sono sotto la casa del medico assassino. Ti aspetto.

Rileggo il messaggio un paio di volte, prima di convincermi che non scherza.

«Cosa stai aspettando?» mi domanda Corinne. Non lo so cosa aspetto, so solo che non me lo sarei mai immaginato.

«Pensi che dovrei andare?»

Mi rifila un'occhiataccia eloquente.

«Direi di sì, è qui per te. Io ascolterei quello che ha da dire.»

Ha ragione, anch'io sono curiosa, e poi muoio dalla voglia di vederlo. Ho addosso soltanto dei pantaloni neri e una maglia molto larga. Sono impresentabile, ma Corinne non vuole sentir ragioni.

«Dai ragazza, datti una mossa. I tipi come il tuo Damon non amano aspettare.»

«Lui non è mio» le ricordo, mentre mi spinge verso la finestra. Ormai è un'abitudine, e sono diventata anche molto agile, ma non ne vado fiera. La Morris mi ha portata qui per aiutarmi, e io la deluderò un'altra volta.

Presa dai rimorsi, guardo Corinne.

«Torno presto. Ti prego, coprimi.»

Lei annuisce e mi rassicura.

Lui è già qui, intento a fumarsi una sigaretta.

Quando mi vede, anzi, quando vede i miei piedi, la butta a terra e io vorrei rimproverarlo, ma le sue mani che agguantano i miei fianchi mi distraggono, facendomi dimenticare la buona educazione.

«Ciao.» Indietreggio un po'. Siamo l'uno di fronte all'altra.

«Seguimi» ordina con il solito tono autoritario, e attraversa il giardino di Clelia come fosse quello di casa sua.

«Quali sono le tue intenzioni?»

Si ferma e si volta a guardarmi. Non è abituato a questa versione di me, e neanche io, ma da quando lo conosco ho capito una cosa. Essere ferita da Damon mi rende più forte, nonostante io creda di non esserlo.

«Devo parlarti» dice serio. Mi squadra e mi fa sentire a disagio perché lui è sempre prefetto, io mai.

«Va bene.»

Mantengo un tono distaccato, ma non so fino a quando durerà. Con Damon non sono in grado di mantenere il punto, ma bado a restare in silenzio, quando saliamo in auto e lui inizia a sfrecciare per le strade di Londra. Ci ho vissuto per tutta la vita, ma me la sono goduta poco. Anzi, potrei affermare di non aver mai visto Londra di notte, e questa cosa mi rende triste. Abbiamo poche opportunità, e so di averne sprecate in questi sedici anni.

«Scendi!»

Lo guardo male, ma lui non se ne cura. Un attimo dopo siamo entrambi fuori dall'abitacolo.

Damon è vendicativo, e devo tenerlo a mente.

«Mi hai portata a Piccadilly.» Alzo il naso, e un sorriso increspa le mie labbra. Questo posto è magico.

«Come stai?» Si appoggia a un muro, ignorando il mio stupore e la mia felicità.

«Meglio» sussurro, stringendomi nella mia maglia. Fa freddo, ho dimenticato che siamo quasi a dicembre.

«Non devi più prendere quella roba» sbotta, infilandosi una sigaretta tra le labbra. Ma non è quello di cui voglio parlargli.

Non sopporto quando usa questo tono con me, anche perché sono in grado di decidere.

«Di cosa vuoi parlarmi realmente, Damon?»

Lo scruto e lui accenna un sorriso, che però non parte dagli occhi.

«Sei diventata più coraggiosa. Questo posto ti fa bene.»

«Okay, ciao.»

«No, aspetta.» Sospira. «Stavo scherzando, non andartene» sussurra, mentre mi stringe il polso. Ma non c'è arroganza in questo gesto, come se avesse compreso di dover mettere da parte, per un attimo, un lato del suo carattere.

«Ero incazzato con te quella sera, per questo sono stato così stronzo» ammette.

«Con me? Per quale motivo?»

Sono sicura di non aver fatto nulla di male, ma quando mi guarda in questo modo rimetto in discussione tutto quello che ho fatto.

«Perché sei sparita» risponde.

«Non sono sparita, sono venuta qui e il motivo lo sai.»

«Potevi dirmelo» borbotta, rompendo nuovamente la finta tregua che ci eravamo concessi. Ma con Damon è sempre così. Non hai il tempo di riprenderti, prima di precipitare ancora una volta.

«Non mi sembra che tu lo faccia, quando sparisci per intere settimane.» Incrocio le braccia sul petto, lontana da lui.

«Io posso fare quello che voglio.» Scrolla le spalle.

Non può comportarsi così con me; io non sono Piper, anche se gli ho spesso permesso di trattarmi come un burattino. Ma stavolta è diverso.

«Sei venuto qui solo per dettar legge? Anch'io posso fare quello che voglio.»

«Qualcosa del genere.» Sghignazza e si morde le labbra. Non lo sopporto, quando è arrogante e maschilista.

«Puoi anche andartene, Damon. Sono sicura che non puoi perdere tutto questo tempo dietro una delle tante. Riaccompagnami.»

Mi incammino verso la sua auto, con lui alle calcagna. Ha rovinato anche la mia prima uscita notturna londinese, ma in fondo dovevo aspettarmelo.

Me lo trovo davanti all'improvviso.

«Non le penso quelle cose» sussurra a un soffio dalle mie labbra, ma io mi rifiuto di credergli.

«Non ne sono tanto sicura.»

«Tu non sei come Piper o come le altre... Insomma, come quelle simili a lei.»

Indirizzo lo sguardo da un'altra parte, pur di non guardare lui.

«Non so se prenderlo come un complimento e... cosa stai facendo?» gli domando quando sento le sue dita insinuarmisi sotto la maglia: sono fredde e mi fanno rabbrividire, ma il modo in cui mi sta guardando mi scalda, anche se non dovrebbe.

«Sei nuda, Krys?»

«No... cosa dici? Non ho avuto il tempo di rimettere... il reggiseno» bofonchio, abbassando lo sguardo.

«Non ho detto che è un problema. Anzi, mi piace.»

Alzo gli occhi sul suo viso, dove mi accoglie un sorrisetto sghembo e furbo.

«Certo» borbotto. «Come no...»

«Ne dubiti?»

«Questo posto è bello, non ci sono mai stata.» Cambio discorso, e lui sembra soddisfatto di avermi messo in difficoltà. Ormai l'ho capito, almeno in alcune cose, perché per il resto Damon Cooper resta un mistero.

«E quando torni a Manchester?» chiede serio.

Lo so, ma non voglio dirglielo. Non sono mai stata vendicativa, ma con lui... voglio esserlo. Voglio che senta la mia mancanza, anche se forse non succederà mai.

«Non lo so, vedremo...»

Si allontana di colpo. «Capisco. Andiamo, ti riaccompagno.»

Non mi piace questo repentino sbalzo d'umore, e ancora meno la rabbia ingiustificata nei miei confronti.

Durante il ritorno rimugino e nessuno dei due apre bocca, ma quando arriviamo sotto casa dei Wilson non riesco a tenere a freno la mia lingua.

«Perché ora sei arrabbiato con me?»

Non ha neanche spento il motore, segno che non vede l'ora di andare via.

«Non sono arrabbiato, devo guidare per un paio d'ore in piena notte. Quindi, se non ti dispiace...»

«Bene. Me ne vado...» Tremo, quando apro la portiera della sua auto, e provo a trattenere le lacrime per esserci cascata di nuovo. Damon non cambierà mai, non smetterà mai di trattarmi come una bambola. È arrivato il momento di chiudere.

«Vattene» urlo, quando sento che mi afferra.

Non dovrei, siamo nel giardino di Clelia, ma sono così arrabbiata da non riuscire a trattenermi. Mi ritrovo con le spalle al muro, sotto una finestra dalla quale non sarei mai dovuta uscire, e continuo a sfogarmi.

«Tu sei venuto fino a qui, tu mi hai chiesto di vederci. Non hai alcun diritto di trattarmi come fai con le altre.»

Lo spintono, ma lui riesce a stringere il mio viso, ormai inondato di lacrime, fra le sue mani.

«E come vorresti essere trattata, piccola Krystal?»

Appoggia la sua fronte sulla mia, mi cerca con gli occhi, ma io non glielo permetterò. «Io non sono Jacob, non sono Nick, Rick o come si chiama! E credimi, non ti ho mai trattata come le altre, altrimenti a quest'ora non saresti più così tanto innocente. A modo mio, ti ho sempre rispettata.»

Abbasso lo sguardo, stremata dalle sue parole e da una confessione che mi confonde ancora di più.

Poi si allontana.

«Non correre. Fai attenzione.»

Sospira pesantemente.

Sembra che stia combattendo contro qualcosa quando, a passo deciso, si riavvicina a me e stringe di nuovo il mio viso fra le mani.

«Perché sei così?» mi domanda.

«Così come?»

Ho l'affanno come se avessi corso per ore, quando in realtà è solo Damon a farmi quest'effetto.

«Dolce. Sei dolce.» Annega nei miei occhi, e sembra che non riesca più a tornare a riva.

Come se non sapesse galleggiare nella mia innocenza.

Non so cosa dire, ma ci pensano le sue labbra a stordirmi.

Si posano sul mio collo. Io chiudo gli occhi e mi reggo a lui per non cadere. I suoi baci, umidi e languidi, fanno alzare in volo un esercito di farfalle nel mio stomaco. Ma non voglio che smetta, voglio che mi stringa, che mi sfiori e che mi faccia perdere la testa.

Damon, a modo suo, rispetta i miei tempi.

Non sempre, ma non è mai andato oltre, per non farmi notare la mia inesperienza. In ogni caso mi perdo fra le sue braccia e inizio ad ansimare vergognosamente, quando mordicchia il mio collo e mi stringe i fianchi.

«Dam... cosa stai...»

Lo guardo, quando si allontana da me con le labbra gonfie. Mi tocco il collo, e sussulto per un leggero fastidio.

«Perché hai...»

Lui sorride, scostandomi una ciocca di capelli dalla fronte.

«Ci vediamo a scuola, piccoletta.»

Poi sale in macchina e va via. Io ho ancora il suo odore addosso.

Salutare Corinne mi è dispiaciuto: in due giorni sono riuscita ad affezionarmi a lei, e le ho chiesto di venire a trovarci quando vuole. Le ho raccontato tutto e lei ha scritto sul suo quadernino. Non so come interpretare il suo gesto, ma la mia nuova amica viaggia troppo con la fantasia. Damon non è geloso di me, non vuole tenere gli altri lontani, perché anche se mi riserva alcune attenzioni poi tutto torna come prima. Anzi, nella maggior parte dei casi la situazione peggiora.

Siamo appena rientrate a Manchester, e la prima cosa che faccio è andare in stanza per cercare Tate. Non ci sentiamo da quando sono partita, e probabilmente non sa del mio malore.

«Ehi, sono tornata» urlo, ma quando mi guarda con un'espressione spenta mi allarmo.

«Ciao Pallina, tutto bene?»

«Ma cos'hai? Sei pallidissima» le dico avvicinandomi. Lei si ritrae come se le stessi puntando contro una pistola.

«Sono solo stanca. Sai, per l'occupazione a scuola.»

La parte razionale di me mi ricorda che anch'io ho avuto giorni difficili e che lei non mi fa neppure una domanda.

«Capisco» sussurro, mantenendo viva la speranza che si accorga di qualcosa. Ma il giorno dopo, quando torniamo a seguire le lezioni, lei continua a essere distratta e… stanca. Non so cosa pensare. Mi preoccupa, ma non posso costringerla a parlare, se non se la sente.

Ho bisogno di un caffè. Quando mi avvicino al distributore automatico e vedo Damon, provo soddisfazione per la sua espressione sorpresa e anche un po'… eccitata.

Forse i ragazzi vanno tenuti sul filo del rasoio…

«L'aria londinese ti ha già stancato? Bentornata nel tuo regno» dice, guardandomi dalla testa ai piedi.

Damon sa come imbarazzarmi, ma stavolta non voglio dargliela vinta.

«Grazie» rispondo semplicemente, infilando la moneta nella fessura. Lui è alle mie spalle, per nulla soddisfatto della mia indifferenza. Poi arriva Piper.

«Oh, ma guarda chi c'è! Pensavo fossi passata a miglior vita.»

Mi volto nella loro direzione, ma guardo soltanto lei.

«Direi di no. Ti sono mancata?»

Non aspetto una sua risposta; supero entrambi con un enorme sorriso sulle labbra, e so perfettamente quello che Damon stava guardando.

Questa mattina, prima di venire qui, ho legato i capelli.

34

Ho un brutto presentimento. Da giorni non faccio altro che osservare Tate, e purtroppo ho motivo di pensare che faccia uso di sostanze stupefacenti. Non so nulla sull'argomento, ma i miei dubbi sono forti.

«Vuoi uscire con me, stasera?»

La mia migliore amica è scettica, dopo che le ho detto che voglio andare a un rave con lei. Ovviamente non ci sono mai stata prima, e dal modo in cui sta cercando di scoraggiarmi capisco che non è un posto tranquillo.

Sto per mentire nuovamente alla Morris; lei non ci darebbe mai il permesso di fare una cosa del genere, ma mi ripeto che è per una buona causa.

«Sì, voglio trascorrere un po' di tempo con te. Che male c'è?»

Lei mi guarda sospettosa, poi scrolla le spalle.

«Niente, andiamo» sussurra. Apre la finestra; purtroppo le brutte sensazioni aumentano, e la paura pure.

Venti minuti dopo, quando scendiamo da un autobus pieno zeppo di ragazzi della nostra età, inizio a capire perché Tate fosse così scettica. Questo posto è l'inferno in terra!

«Tutto questo è illegale» dice, tenendomi per mano. «Meglio che tu lo sappia. Se dovesse arrivare la polizia, scappa o nasconditi.»

Cerco sul suo volto una traccia di ilarità, ma è seria. Non sta scherzando.

«E Carl? Che fine ha fatto?» le domando, provando a non pensare a quello che mi ha appena detto. Non posso tirarmi indietro proprio ora, anche se Tate sembra che voglia spaventarmi a ogni costo.

«Non lo so, era impegnato» dice, poi agita le braccia per aria quando vede Luke e Jacob. «Vai da loro, io torno subito. Vado a prendere qualcosa da bere.»

Quando mi giro, lei è già scomparsa tra la folla.

Sospiro. I miei dubbi aumentano e purtroppo qui da sola mi sento un pesce fuor d'acqua.

«Perché Tate è scappata?»

Guardo Luke e non so cosa rispondere.

«Ultimamente è strana» commenta Jacob, rigirandosi un bicchiere fra le mani. Quando gli chiedo spiegazioni, mi conferma quello che anch'io ho notato.

Tate tende a isolarsi, mangia tanto oppure salta i pasti. I suoi occhi rossi parlano, ma io non voglio crederci. Non posso pensare che la mia migliore amica si droghi.

«Forse sta male per Carl» ipotizza Luke.

«Si sono lasciati?» Guardo entrambi. Sono mancata per pochi

giorni, e sembra che qui tutto sia cambiato, persino una persona che conosco da tutta la vita.

«Be', sì. Così sembra.»

Mi sento in colpa per averle chiesto di Carl solo ora, e come sempre metto da parte i miei problemi.

«Vado a cercarla» dico, allontanandomi in fretta.

Questo posto non mi piace, la musica è orribile e assordante. Ci sono ragazzi che frequentano la scuola e altri che non ho mai visto. Tuttavia, fra questo ammasso di persone, non pensavo di incontrare proprio loro.

«Non ti hanno chiesto i documenti, all'ingresso?»

Guardo Damon, ma la mia attenzione va oltre, all'unico amico simpatico che ha.

«Ciao Krystal.»

Thomas mi sorride, e io ricambio.

Questo ragazzo è adorabile e persino educato, almeno con me.

«Ciao Thomas.»

Sto per proseguire, ma qui c'è qualcuno che odia essere ignorato, anche se da quando sono tornata a scuola lo fa con me.

«Sarebbe educato se rispondessi alla mia domanda.»

«Oh, scusami, non ti avevo sentito. Comunque no, non mi hanno chiesto nulla. Buona serata, ragazzi.»

Continuo a camminare, consapevole di averlo alle calcagna.

Non so perché mi stia comportando così con Damon. Anzi, lo so benissimo. Lui è sempre ambiguo con me, e non ho ancora capito cosa vuole. Mi tratta bene, poi mi urla contro cose orribili e questo… è difficile da sopportare.

«Stasera sei proprio maleducata.»

Il suo odore mi investe, stordendomi. Mi batte forte il cuore. Vorrei fermarmi, parlare con lui e dimenticare gli ultimi giorni, ma se lo facessi metterei nelle sue mani un potere troppo grande.

«Non è vero, vi ho anche augurato una buona serata… Tate…»

Il nome della mia migliore amica si solleva dalle mie labbra come un lamento.

«Dove diavolo sta andando?» sbotta Damon, affiancandomi.

Ora siamo soli, lontani dalla folla. Tate sta avanzando verso una zona completamente deserta e buia.

«Devo capire cosa sta combinando» dico e inizio a seguirla, ma lui mi blocca, parandomisi davanti.

«Non puoi andare lì, scordatelo!»

Lo guardo male, ma il suo sguardo è inflessibile.

«Perché? Cosa c'è?»

Sono sicura che non mi risponderà, ma stavolta lo fa.

«Quella è una zona di spaccio. Non mia. Per cui… cazzo, la tua amica si droga?»

Inizio a tremare, mi si appanna la vista. Anche di fronte all'evidenza, stento a crederci. Conosco Tate come le mie tasche: non si rovinerebbe la vita in questo modo.

«No… lei non è così.» Lo supero.

Devo averne la certezza.

«Cazzo, Krys. Non puoi…»

Non gli do ascolto, devo vedere con i miei occhi.

Mi nascondo dietro un pilastro. Tate ora sta ferma al centro di un piazzale, in attesa di qualcosa.

«Bastardo!» ringhia Damon, quando entrambi vediamo chi è lo spacciatore. Per la prima volta non ho tolleranza per Tate, e neanche per Jared.

«Ci penso io» dico. Accade tutto con estrema rapidità.

Avanzo e il mio piccolo pugno plana sul viso di Jared, facendolo barcollare. L'adrenalina mi aiuta con il dolore che dopo pochi istanti si diffonde in me, quando lei mi guarda e sgrana gli occhi.

«Ma che… stronza!» urla Jared, e d'istinto mi copro il viso con le braccia.

«Non ti conviene.»

La mano di Damon stringe il polso di Jared, prima di assestargli un secondo pugno, poi un terzo, poi un quarto…

«Dio mio, fermati» urlo.

Provo ad avvicinarmi, ma Damon sembra fuori di sé. Tate accenna ad andarsene, e io non so che fare.

Mi sento fra due fuochi. Sento la terra tremare sotto i piedi.

Vorrei chiudere gli occhi e capire se si è trattato solo di un incubo, ma non è così.

«Smettetela, smettetela tutti» urlo. Un singhiozzo squarcia il cielo e il vuoto attorno a noi. Damon si blocca, ha il viso rosso per lo sforzo, ma Jared è messo peggio. Tutti mi guardano, persino Tate, rimasta solo per infliggermi altro dolore.

«Perché? Perché Tate?»

Jared ha il capo chino, non riesce a rialzarsi. Sento alle mie spalle occhi che mi stanno letteralmente bruciando la schiena. Non vorrei crollare in sua presenza, ma anche lui è stato tradito da un amico, proprio come me.

«Perché sto male, perché la mia vita è una merda e tu non c'eri.»

«Cosa?»

L'ho sempre giustificata, ma stavolta non posso.

«Carl mi ha lasciato, un giorno mi lascerai anche tu e io... non avrò più nessuno.» Scoppia a piangere, paralizzandomi. «Quando tu... quando hai dormito da quello stronzo, vivere la giornata con le famiglie adottive e sentirmi così sola... È stato terribile!»

Il mio cuore si riduce in mille pezzi.

Capisco il suo dolore, capisco anche i miei sbagli, ma non può condannarmi in questo modo quando è stata la prima a comportarsi male con me. Io non le ho mai rinfacciato nulla.

«Questo non è un motivo per drogarsi, Tate.»

«Tu non capisci.» Fa una risata amara. «Sei solo un'illusa, la cocca della Morris, quella a cui va sempre tutto bene. E ora anche la preferita del ragazzo più famoso della scuola.»

D'istinto indietreggio.

«Almeno lui può divertirsi con te senza rischiare di rimanere fottuto.»

«Ora basta» tuona Damon.

Io non riesco a muovermi. Guardo Tate, ma è come se non fossi qui.

«In che senso?» chiede Jared. «Aspetta, lei... cazzo» scoppia a ridere. E il mondo, un po' per volta, inizia a crollarmi addosso.

Ma io non scappo. Lascio che le macerie mi coprano, che mi distruggano.

Damon ha appena tirato un altro pugno a Jared, Tate è andata via e le vite delle persone proseguono anche se una parte di me è morta.

Siamo tutti indifferenti al dolore altrui.

Siamo tutti egoisti e cattivi.

Ritrovo la forza e mi allontano, ma il male che ho dentro prende il sopravvento. Cado in ginocchio.

Non ho mai sofferto d'ansia e non so riconoscere un attacco di panico, ma ora fatico a respirare, persino a vivere, e capisco di aver appena conosciuto un mostro nuovo. E non uno di quelli che si nascondono sotto il letto.

Lui vive e vivrà dentro di me, anche se non lo so ancora.

«Cazzo! Piccoletta, respira.»

Damon mi stringe fra le sue braccia. Mi accarezza dolcemente il viso, ripetendomi che andrà tutto bene, che lui è qui, con me, e che è tutto finito. Ma io so che quello che è successo stasera ha creato una rottura profonda per entrambi.

«Brava, così... respira...»

La sua mano afferra la mia; è gonfia per il pugno che ho tirato a Jared, ma anche quelle di Damon sono messe male.

«Avresti dovuto lasciar fare a me.»

«Jared voleva ferirmi» dico. «Per questo ha venduto la droga a Tate.»

Mi rilasso contro il suo petto e chiudo gli occhi.

Lui sospira. «Già, anche perché questa non è la nostra zona.»

Non pensavo che mi spiegasse, e invece lo fa.

«Qui comandano i Falcones. Mi chiedo come gli sia saltato in mente di fare una cosa simile proprio qui.»

«Chi sono?»

Le sue labbra si piegano in un sorriso. Mi dirà che gli faccio troppe domande, invece cambia espressione.

«Cosa voleva Jacob da te?»

Damon ha la capacità di saltare da un argomento all'altro con troppa facilità.

«Nulla, mi ha solo detto che Tate e Carl si sono lasciati.» Scrollo le spalle, ma non mi crede e non so il perché.

«Pensavo che non ti fidassi di lui, invece... vi confessate cose.»

«Eh? Guarda che non posso ignorarlo, se mi rivolge la parola!»

Scuote il capo, poi si alza passandosi le mani sui pantaloni sporchi di terra.

«Con me prima l'hai fatto. Hai finto di non avermi sentito.»

«Non è vero...» balbetto. «La musica era assordante.»

Mi alzo anch'io, ma lui resta sempre troppo alto per me.

«Sei una bugiarda» sussurra, fissando le mie labbra. Ho voglia di baciarlo, ma mi manca il coraggio.

Per evitare un errore, mi allontano di un passo e lui ride come se avesse capito. Dio, spero di no.

«Devo prendere l'autobus» dico, grattandomi la nuca. «Rischio di perderlo, se non mi sbrigo.»

Mi rifila un'occhiataccia. «Ti accompagno io.»

«E Thomas?» domando, ma le sue dita hanno già stretto il mio polso.

Si volta nella mia direzione.

Lui sa come mettermi in difficoltà, per poi lusingarmi l'attimo dopo.

«La perdonerai. Non le pensa quelle cose, anche se è un'egoista del cazzo.»

Le sue parole mi danno speranza, ma in questo momento sono anche triste e delusa. Tate stavolta ha fatto qualcosa che non posso perdonarle facilmente.

«Non lo so» sussurro. «Mi ha fatto male.» Non mi sono mai messa a nudo in questo modo, anche se lui un po' mi conosce, ma sento di aver fatto la cosa giusta mentre, in silenzio, ci avviciniamo alla sua auto.

«Deve rispettarti, questo è certo.»

Prendo posto al suo fianco e rifletto su qualcosa che so di non volere.

«Non vorrei incontrarla di nuovo, stasera. So già come andrebbe a finire e non voglio essere debole. Io le voglio bene, sul serio, ma ho bisogno di più rispetto per me stessa. Deve capire la gravità di quello che è successo e di quello che ha detto.»

Manchester sfila al nostro fianco, ed è la prima volta che noi due parliamo con un'intesa così forte.

Sembra che lui mi capisca e che io capisca lui.

«Dormi ancora al terzo piano?»

Una musica di sottofondo aleggia nell'abitacolo, ma non riesco a riconoscerla.

«Purtroppo no. Sono tornata nella vecchia stanza, ma potrei provare a vedere se...»

«Vuoi dormire con me?»

La sua domanda mi fa andare la saliva di traverso.

Credo di non aver sentito bene.

Lui ridacchia. «Quanto sei maliziosa, piccola Krystal» dice, accostando nei pressi dell'istituto. «Intendevo qui, nella mia auto. I sedili sono... reclinabili. Okay, scherzo.» Alza le mani in segno di resa, quando nota che sto per uscire dall'abitacolo. «Che poi quest'auto è nuova. Non è mai successo nulla di peccaminoso qui dentro.»

«Sei un cretino.» Lo guardo male e il suo sorriso si allarga per poi addolcirsi quando, senza neppure rendermene conto, metto il broncio come una bambina.

«Quindi?» bisbiglia nel mio orecchio. «Vuoi restare qui, con me?»

«Dovresti mettere del ghiaccio su quella mano» gli dico. Non ho accettato la sua offerta, non a voce almeno, ma voglio stare con Damon. Voglio trascorrere queste ore con lui, vedere l'alba, parlare.

«Be', anche tu» bisbiglia, imitando la mia posa. E il mio sguardo cade sul tatuaggio che ha sul polso.

«Perché proprio il numero quattro?»

Si irrigidisce. So che per lui è difficile raccontarsi. «Non c'è un motivo.»

Non mi guarda, mentre si sfila la giacca e la posa sul mio corpo. Il gesto mi riscalda, nonostante il tono burbero.

«Basta dire che non vuoi parlarne, e io lo accetto.»

«Be', dovrei ripetere questa frase ogni due minuti con te.»

«Ti infastidisco così tanto? Posso sempre andare via» dico, tirando fuori il mio lato permaloso.

E pensare che, prima di lui, io non ero così.

«Posso sopportarti per qualche ora» dice, infilando le mani sotto la sua giacca.

«Bene» sospiro, guardandolo negli occhi.

«Bene» ripete, stringendomi i fianchi.

35

Damon

Ho sempre avuto il controllo di me stesso in ogni circostanza. Non ho mai mostrato agli altri più di quanto fosse necessario; persino con le donne ho sempre mantenuto un certo contegno. Loro mi cercano, ma io scelgo.

Con Krystal è tutto diverso, e con il passare del tempo mi rendo conto di quanto sia difficile tenere a freno i miei impulsi. La sua vicinanza mi stordisce.

Krystal pensa – ne sono sicuro – che io non sia attratto da lei. Ho sempre scelto altro, prima di lei, e una parte di me crede di doverlo continuare a fare. Krystal è pura, innocente…

Non dovevo proporle una cosa del genere, dal momento che non tocco una donna qualsiasi da troppo tempo. Pagherei oro per una doccia, ma al contempo non voglio allontanarmi dai suoi occhi, che mi guardano come se in me vedesse qualcosa di buono. Si sbaglia, dentro non ho altro che desiderio di vendetta. Non mi importa della mia vita, della mia reputazione o di chissà cos'altro. Ho un unico obiettivo, e devo raggiungerlo.

«Così mi farai addormentare.» Sorride, mentre continuo ad accarezzarle la schiena.

«Di solito non succede» dico. Me ne pento l'istante dopo, quando noto la sua espressione.

Sono un coglione!

«Immagino» borbotta, distogliendo lo sguardo.

È buffa quando si arrabbia, anche se ora sta provando a nasconderlo. Lei per me è un libro aperto, è sé stessa anche quando non vorrebbe. So che non deve essere piacevole avere a che fare con me, soprattutto quando dimentico cosa siano l'educazione e il tatto. Lei non può essere paragonata a nessun'altra, ma sono troppo stronzo per scusarmi o per farglielo capire.

Dei fari colpiscono la mia auto, ma non mi nascondo.

Non me ne frega niente di essere visto da quell'idiota di Jacob e dalla migliore amica di Krystal. Insieme quei due stanno raggiungendo il retro dell'istituto.

«Ho cambiato idea» attiro la sua attenzione. Voglio che guardi solo me, quando siamo insieme. «La vostra amicizia non è molto forte, almeno da parte sua.»

I suoi occhi si spengono, ma io non lo volevo.

Desidero solo che Krystal guardi in faccia alla realtà delle cose.

«Perché lo pensi?» sussurra.

«Perché è sempre stata egoista con te!»

Sono un ipocrita e l'ultima persona sulla faccia della terra a poter fare un discorso simile. Non mi reputo migliore di Tate, non lo sono affatto, ma vedere Krystal stare male per quell'idiota mi dà sui nervi.

«Lei è cambiata.» Torna a guardarmi. «Ha sempre preferito uscire con altre persone lasciandomi sola, anche perché ero io che non me la sentivo. Pensavo che Manchester avrebbe rafforzato il nostro rapporto, invece...»

Lascia la frase in sospeso, e in realtà non serve aggiungere altro. Più volte ho potuto costatare gli atteggiamenti della bionda. Per questo non capisco come Krystal possa tollerare uno come me. Se mi mandasse al diavolo, la capirei.

«Perché non volevi uscire?» le chiedo. Trattengo il respiro, quando la sua mano sale sul colletto della mia maglia.

Suppongo sia un gesto involontario, ma da quella volta, prima di indossare qualsiasi cosa, controllo che non ci siano macchie. Mi ripeto che non lo faccio per lei...

«Non lo so» sospira «credo per non mancare di rispetto alla Morris.»

I suoi occhietti, più vispi del solito, tornano sul mio viso.

«Parlami di te, della tua adolescenza...» continua.

D'istinto mi ritraggo, e lei se ne rende conto.

«Se vuoi, ovviamente.»

Non voglio, non le parlerò mai di me e di quello che è successo. Scapperebbe, proverebbe ribrezzo per me e per tutto quello che mi circonda.

«Sai già abbastanza, Krystal, e non è un bene.»

Non voglio essere burbero nei suoi confronti, ma quando si toccano alcuni tasti, non sempre riesco a mantenere il mio autocontrollo.

«Non quanto vorrei» replica.

Quando vuole è una vera combattente. Vorrei che fosse così sempre, soprattutto quando qualche stronza prova a mancarle di rispetto.

«Arrenditi piccoletta.» Accenno un sorriso, ma lei non si lascia distrarre. Anzi mi sorprende.

«Un giorno ti fiderai di me e mi racconterai tutto.»

Faccio una risata amara. «Non mi fido neanche di me stesso. Non prendertela, nulla di personale.»

«Vedremo.» Scrolla le spalle, stringendosi nella mia giacca. Sono geloso delle mie cose, ma a lei sembra che stia bene tutto, persino quello che più mi rappresenta. Questo mi piace e mi infastidisce al contempo. Non so perché mi ostino a trascorre del tempo con lei; è solo una ragazza come un'altra...

Mi chiudo in me, a riflettere. Non posso condividere nulla con lei, perché so come andrebbe a finire. Io non sono quello che crede, e sto per dirglielo quando la sua vocina mi colpisce ancora.

«Se potessi andartene, dove ti piacerebbe vivere?»

Sollevo lo sguardo sul suo viso: ha le guance rosse, gli occhi luminosi e le labbra dischiuse. Cazzo se è bella!

Me la mangerei ogni giorno, ma sarebbe uno sbaglio e ne ho già commessi troppi.

«Brasile» dico, senza rifletterci più di tanto.

«Per uno a cui non piacciono i colori, è una scelta bizzarra» ridacchia, leccandosi le labbra.

Scuoto la testa. Ho bisogno di uscire dalla macchina e bisogno di fumare, ma ho anche voglia di continuare a parlare con lei.

«Non ho mai detto che i colori non mi piacciono. Finora non ho trovato l'ispirazione giusta per usarli» sussurro, guardandola negli occhi. Sono trasparenti come il mare più pulito che esista.

«Quindi il Brasile sarebbe un buon posto dove trovare l'ispirazione?» chiede incerta.

«Non sempre è necessario andare così lontano. Tu, invece, dove vorresti vivere?»

Devo allontanare l'attenzione da me, subito.

I suoi occhi si illuminano, ma restano malinconici. Non mi piace vederla così.

«Ovunque ci sia il mare. L'ho visto poche volte, nella mia vita.»

Mi rabbuio. «Sul serio? Dovrebbero denunciare la tua padrona. Quella stronza non ti permette di vivere!»

Lei accenna un sorriso timido, come se stesse trattenendo la sua voglia di darmi ragione.

«Su internet ho visto che da Manchester è possibile raggiungere Liverpool in poco tempo.»

Ho voglia di toccarla, di sfiorare la sua pelle bianca come la neve mentre mi parla dei suoi sogni; è un impulso forte, e non lo controllo mentre le mie dita sfiorano il suo mento.

«Sei preparata» le dico, indugiando con il pollice sul suo labbro inferiore.

«Dovresti portarmi al mare, Dam.»

Queste parole accendono qualcosa in me. Qualcosa che mi fa desiderare di essere diverso, ma anche di strapparle di dosso tutti questi inutili strati di stoffa.

Non posso negarlo: sono attratto da Krystal e muoio dalla voglia di assaggiare ogni parte di lei.

«Dovresti spogliarti, in quel caso.»

Il mio scopo è intimidirla, ma la piccoletta ha un asso nella manica.

«Non posso, è inverno.» Sorride beffarda, ma io sono più furbo.

«Lo farai lo stesso, vuoi scommettere?»

«Dormi Lupin, sei incorreggibile proprio come lui.» Ridacchia, poi chiude gli occhi, posando la guancia sul palmo della mano.

La guardo e mi perdo nei suoi lineamenti perfetti.

Non ho mai incontrato una ragazza con un viso così affascinante.

La mia mano, invece, si insinua nuovamente sotto la mia giacca, precisamente sui suoi fianchi.

Non posso farne a meno, stanotte non voglio trattenermi.

Non del tutto, almeno.

«Notte Margot.»

* * *

I miei risvegli sono sempre stati traumatici.

Mi capita spesso di avere incubi su quella notte e di aspettare l'arrivo dell'alba con un enorme macigno sullo stomaco. Aprire gli occhi e vedere lei come prima cosa è inaspettato e… appagante.

Krystal dorme rannicchiata come una bambina. Il suo naso è rosso, forse per il freddo, mentre io ho fin troppo caldo in quest'auto con lei.

«Che ore sono?» bofonchia, stropicciandosi gli occhi.

Mi riscuoto solo dopo qualche istante, allontanando dalla testa tutte queste cazzate adolescenziali che non fanno per me.

«Le sette.»

Lei accusa la mia asciuttezza, e non posso biasimarla.

I pensieri non mi danno tregua, e inevitabilmente torno a quello che Jared ha fatto alle mie spalle.

Voleva colpirmi.

Pensa che io sia distratto da Krystal, e mi domando per quale motivo creda di poter interferire nei miei piani per Charlotte. È mia sorella, e so quello che faccio.

«Fra un po' ci sarà la colazione, quindi…»

«Sì, anch'io devo andare» borbotto con fare sbrigativo.

Non vorrei essere così, non sempre almeno, ma mi è appena arrivato un messaggio di Thomas e so già di cosa si tratta.

«Va bene» sussurra, rendendomi la giacca.

Non sono il tipo che si giustifica o che chiede scusa. Tuttavia, non voglio andarmene in questo modo.

Afferro il suo mento fra le dita, la fisso negli occhi. «Non ce l'ho con te. Ho solo dei problemi da risolvere.»

Lei annuisce, dubbiosa. Vorrebbe chiedermi di cosa si tratta, ma riesce a tenere a freno la sua curiosità.

«Va bene, tranquillo.» Mi sorride. Provo una sensazione strana, quasi fastidiosa, ma la ignoro perché non ho tempo da perdere.

«Ci vediamo» conclude, scendendo dall'auto.

Non le rispondo; è letteralmente scappata via con le guance rosse come una bambina. Io, invece, mi impongo di non fare cazzate, di mettere in moto e di allontanarmi.

Krystal

Ho il cuore a mille, quando chiudo la finestra alle mie spalle.

Sono state le ore più belle di sempre con lui, anche se non sono mancati momenti di silenzio. Damon ha costruito un muro attorno a sé, e so che sarà difficile abbatterlo, ma non mi arrendo. Vivo di sensazioni, ma credo che prima o poi riuscirò a guadagnarmi la sua fiducia.

Forse sono un'illusa.

Lui è stato chiaro: non si fida neanche di sé stesso.

Cosa gli è successo per essere diventato così?

Gli avvenimenti della scorsa notte sono ancora impressi nella mia mente. Ho desiderato più volte un suo bacio, e non nego di aver notato una certa voglia anche nei suoi occhi. Io non lo conosco, ma a volte qualche piccolo spiraglio si apre.

Sento ancora il suo odore. La sua auto ne era impregnata e vorrei tanto essere ancora lì, a parlare con lui di qualsiasi cosa, ma devo tornare alla realtà. Una realtà che mi ricorda quanto la mia migliore amica sia stata meschina nei miei confronti.

Ora è stesa sul suo letto, avvolta in una coperta di lana, e mi guarda come se bastasse a esprimere tutto il suo dispiacere. Ma non basta.

Faccio per sorpassarla, mi serve una doccia prima di scendere in mensa, ma lei si alza, e afferra la mia mano come quando eravamo bambine.

«Ti prego, ascoltami» mi supplica.

Sta piangendo, ma non immagina quante volte io lo abbia fatto a causa sua.

«Ora non ne ho voglia» dico, e lei si acciglia.

«Mi sono persa, Kry. Non è un bel periodo, ma tu non mi hai mai tagliata fuori. Mi hai sempre ascoltata...»

«Ti ho sempre giustificata, e ho sbagliato» ammetto, con profondo dolore. Non mi piace parlarle così, ma quando continua, so di aver fatto la cosa giusta.

«Quel tipo ti sta facendo il lavaggio del cervello. Un tempo non mi avresti liquidata così.»

Fa molto male quando la persona che consideri tua sorella ha una pessima opinione di te. Tate crede che io sia un oggetto che puoi rompere e aggiustare ogni volta che vuoi.

In questo Damon non c'entra nulla.

La decisione di distaccarmi per un po' di tempo da lei è mia e soltanto mia.

«Tu non sai quello che dici. Non mi hai mai presa sul serio, e Damon non influenza il mio comportamento nei tuoi confronti. Se avessi un po' di rispetto per me, sapresti che sei tu quella che ha sbagliato, e non io.» Mi allontano con il cuore che mi sanguina.

Piove a dirotto, quando raggiungo la scuola. Non me la sono sentita di prendere l'autobus con Tate, e ho notato lo sguardo perplesso della Morris mentre ignoravo la mia amica. Sono bagnata dalla testa ai piedi. Raggiungo i bagni, in fondo al corridoio.

C'è Piper che si guarda allo specchio, mentre si ritocca il rossetto. Quando mi nota, la sua attenzione è tutta per me.

«Ehi, ciao.» Mi sorride, squadrandomi dalla testa ai piedi.

Il suo sguardo non mi piace, ma mi impongo di ricambiare il saluto.

«Ciao.»

Preferirei restare bagnata per tutto il giorno, pur di non stare qui con lei, ma non voglio dargliela vinta. Spero che vada via il prima possibile, ma si avvicina, poi inizia a girarmi intorno.

«Ho saputo del tuo problema. Da donna, mi dispiace molto» dice, trattenendo a stento una risata.

Chiudo gli occhi e serro le mani a pugno.

«Ti chiedo di non usare contro di me questa cosa.» La guardo.

Vorrei trovare nei suoi occhi un briciolo di umanità, soprattutto su una questione così delicata. Non pensavo che Jared potesse farmi anche una cosa simile.

«Oh, ma tranquilla. Non sarò così perfida con te.» Indietreggio, finendo con le spalle al muro, quando lei si avvicina. «In fondo, ci ha già pensato la natura.»

I miei occhi si riempiono di lacrime.

Potrei risponderle a tono, andare via, fare qualsiasi cosa.

Invece non faccio nulla.

Lascio che mi umili, come se nulla fosse. Sono debole in modo imbarazzante, e me ne vergogno.

«Fammi passare.» Tremo e lei se ne compiace.

Il suo sorriso si spegne. Sussulto, quando afferra il mio viso con una mano.

«Non metterti contro le persone sbagliate, e non pensare che abbia scelto te solo perché non mi scopa da qualche mese» sputa, dandomi una spinta. Poi se ne va, e le prime lacrime si fanno beffe di me.

Mi accuccio per prendere un fazzoletto dallo zaino.

Vorrei andare via, nascondermi, ma non posso.

Quando apro la tasca anteriore, però, noto qualcosa.

Un foglio spiegazzato.

36

Cara Krystal,

potrei iniziare presentandomi, ma non lo farò.

In questo caso non serve.

So che sei una ragazza educata e rispettosa delle regole. Sono caratteristiche che apprezzo molto, e so che questo permetterà che tu comprenda le mie ragioni.

Nella vita non si può avere sempre quello che si desidera, perché spesso i propri sogni possono infrangere quelli degli altri, e tu sai bene cosa vuol dire essere scavalcati.

Già, io ti conosco e ho avuto modo di vedere come la tua presenza abbia infranto un mio sogno, e non uno qualunque. Un sogno che io mi sono

ripromesso di proteggere con le unghie e con i denti, e non permetterò a nessuno di mettermi i bastoni fra le ruote.
Non è una minaccia, Krystal, ma ricorda che tu sei l'ultima arrivata.

Mi tremano le mani, i battiti del cuore aumentano e non so controllarli. Chiunque abbia scritto queste parole non ha buone intenzioni.

Si tratta di una minaccia in piena regola. Non so cosa fare, né a chi rivolgermi. So solo che non avrei voluto trovarmi in una situazione simile, e non capisco come faccio a essere un ostacolo per il raggiungimento del sogno di qualcuno.

Di cosa stiamo parlando?

A quale sogno fa riferimento?

Le domande si moltiplicano nella mia mente, e non troverò pace fin quando non otterrò qualche risposta. Questa situazione non mi piace, ma parlarne con Damon comporterebbe altri problemi anche per lui, e non voglio. Per una volta voglio cavarmela da sola, pur consapevole che si tratta di una storia tutt'altro che semplice.

Inevitabilmente, la prima persona che mi viene in mente è Jared.

In più occasioni ha mostrato la sua antipatia nei miei confronti, con gesti estremi e parole poche carine.

L'ultima cosa che ha fatto mi ha lasciato con l'amaro in bocca.

Ha venduto della droga alla mia migliore amica per dimostrare a me e a Damon qualcosa che però ancora mi sfugge. Sono sicura di non avergli mai fatto alcun torto, ma al contempo potrebbe esserci dietro una storia che, in qualche modo, mi vede coinvolta.

Sembra un rebus.

Sembra un gioco al quale sto partecipando senza volerlo, e questo mi spaventa, perché non so fino a che punto le persone possano spingersi per ottenere quello che vogliono.

La seconda persona a cui penso è Piper.

Lei mi odia, mi reputa responsabile del suo allontanamento da Damon, ma non credo di essere così importante per lui. Se non è lei, è un'altra, e questo pensiero mi stringe lo stomaco in una morsa.

L'ultima notte con lui è stata stupenda, e per me ha avuto un grande valore, ma per lui?

Devo spegnere il cervello, calmarmi e provare a riflettere. Anche quando raggiungo la piscina dopo le lezioni, tuttavia, la situazione è rimasta la stessa. Sono tesa e anche infastidita per la piega che sta prendendo la mia vita. Mi sento come in una palla di vetro; mi muovo con la sensazione di essere spiata e con la convinzione che, prima o poi, qualcuno proverà a farmi del male.

Le altre proseguono indisturbate la loro giornata: ridono, scherzano, parlano con gli amici e fanno quello che vorrei fare anch'io.

Ho sempre amato nuotare, è la mia più grande passione. Il momento in cui tutto si ferma e penso solo a me stessa. Ora però non ci riesco neanche dopo tre vasche, e questo non mi piace. Non mi piace l'angoscia che provo ogni volta che ripenso a quelle parole. Mi piace solo quello che sento divampare nel petto appena lo vedo.

«Oggi sei distratta.»

La voce di Damon mi getta nella nebbia, fa nascere in me idee strane. L'imbarazzo per la sua vicinanza mi fa divampare le guance, e lui lo nota. Ovviamente.

«Ero sovrappensiero» dico, guardando la folla disperdersi. L'ora di corso è quasi finita, ma sembra che a lui non importi.

«L'ho notato. La tua amichetta invade la tua mente?»

Ha il gomito sul trampolino, mentre io mi mantengo alla corda che separa le nostre corsie per restare a galla.

Lo guardo negli occhi e sento il senso di protezione che solo lui sa darmi. Vorrei raccontargli tutto, ma non intendo farlo soffrire: dietro quella lettera potrebbe esserci lo zampino di uno dei suoi più cari amici.

«Ehm, sì» sussurro, distogliendo lo sguardo. All'improvviso le sue mani mi trascinano sul fondo bianco della piscina.

«Oddio» tossisco, annaspando in cerca d'aria. «Sei pazzo? Perché l'hai fatto?»

Ho bevuto e lui se la ride, con l'espressione strafottente che si ritrova. Noto che si avvicina; il suo viso è a pochi centimetri dal mio, ma i suoi occhi...

«No, vuoi farlo tu» sussurra, leccandosi le labbra, e solo quando le sue dita sollevano il mio top sportivo capisco il perché.

«Cosa? Oddio!» urlo allontanandomi. «Sei proprio uno… Dio, sei proprio uno stupido!»

I suoi lineamenti sono un mix di dolcezza e sensualità, quando allunga le mani dietro la mia schiena per riportarmi dov'ero.

«Pensi che il mio autocontrollo sia infinito…» soffia sulle mie labbra.

Non so se siamo soli, ma in questo momento per me esiste solo lui e il modo in cui mi fa sentire.

Damon non è sempre lo stesso. Ho la sensazione che in lui convivano due personalità. Per quanto questo mi spaventi, non riesco a fare a meno di lui. Adoro il modo in cui si lascia andare e la delicatezza dei suoi gesti, nonostante sappia quanto esperte siano le sue mani.

«Perché sei qui?»

Io lo voglio, voglio osservarlo, venerarlo e lasciarmi stringere fra le sue braccia. Lui mi sposta una ciocca di capelli dal viso, indugiando poi sulle mie labbra.

«Per queste» dice, continuando a toccarle.

«E poi?»

Le bacia. Una sola volta, senza esagerare.

Il suo è un semplice tocco che ha acceso fiamme in me.

«Poi, cosa?»

Un altro bacio.

«Poi te ne vai?»

Sfioro il suo petto con le dita; è la prima volta che lo faccio.

«Torno sempre.»

Le sue mani scendono lungo la mia schiena. Chiudendo in una morsa i miei fianchi. Mi piace il modo in cui ci incastriamo. Ci completiamo anche se non abbiamo il coraggio di dirlo a voce alta.

«Perché non posso conoscerti più a fondo?»

Commetto un errore: pretendo qualcosa che lui non vuole darmi. Si irrigidisce e la passione nei suoi occhi si spegne.

«Sai già troppo.» Si allontana, e a me inizia subito a mancare.

«Vorrei solo che ti fidassi di me…»

«Non ne ho bisogno, grazie lo stesso» sbotta, creando nuove crepe.

Sono sempre stata combattiva, ma Damon mi disarma. Mi fa capire quanto poco conti per lui una come me.

In fondo mi ha solo baciata...

«Va bene. Non insisto.»

Un ultimo sguardo, poi esco dalla piscina e lui non fa nulla per fermarmi.

Da questo momento qualcosa cambia, ma non quello che io provo per lui. Non è stato facile ammetterlo, ma Damon è parte del mio cuore. Penso a lui costantemente, soprattutto quando scompare e poi torna a scuola con qualche livido nuovo. Vorrei avvicinarmi a lui, sfiorare il suo dolore e capire perché mi scruta l'anima e poi scappa. I suoi occhi li sento ovunque, ma il suo profumo mi manca, così come le sue braccia. Non so come affrontare quello che sta succedendo dentro di me, da quando lui è entrato a far parte dei miei giorni.

Tate e io, oramai, siamo due estranee. Fa male vederla gettare il suo tempo con persone che non la meritano. Non so più nulla di lei, tranne che, spesso, vomita dopo l'ennesima sbronza. Dovrei provare a parlarle, ma i nostri rapporti sono freddi.

L'unica nota positiva, a pochi giorni dalle festività natalizie, è l'arrivo di Corinne. Mi mancava. Con lei mi sento libera di parlare, non mi sento giudicata. E ho bisogno di condividere quello che mi è successo nell'ultimo periodo.

Fuori dalla scuola, su una moto nera, trovo Rick.

Urla il mio nome per farsi notare, ma sta piovendo, quindi mi copro la testa con lo zaino per avvicinarmi.

«Ciao» dico.

Non lo vedo da giorni.

«Ti serve un passaggio?»

Rick è un ragazzo solare, con me era gentile persino quando provava a fare il piacione.

«Non lo so, sta piovendo e...»

«In cinque minuti arriviamo in istituto. Così non prendi freddo.» Prova a convincermi con un sorriso, e io non ho motivi per non accettare. Mi ispira fiducia, anche se non so nulla di lui.

«Ti ringrazio. Avrei dovuto aspettare l'autobus...»

«Nessun problema, è un piacere» replica, ma quando salgo mi sento... in colpa.

Come se stessi facendo qualcosa di sbagliato, ed è assurdo.

Non dico nulla, oltre il mio indirizzo, mentre lui guida. Resto tesa fino a quando non arriviamo a destinazione.

«Grazie ancora. Davvero» sussurro restituendogli il casco. Che lui non prende.

«Ecco...» Si gratta la nuca. «Mi chiedevo se questo venerdì ti andasse di venire con me al cinema.»

Non me lo aspettavo.

«So che avevi una situazione strana con quel tipo, l'ho capito, per cui possiamo considerarla un'uscita tra amici. Per ora...»

«Stavi andando bene.» Ridacchio, e lui arrossisce.

Non immagina quanto sia strano trovarsi dal lato opposto.

La sua reazione mi intenerisce, e in fondo non mi dispiace avere un amico nuovo.

«Lo so, sono un cretino.»

«Allora... da amica, accetto di uscire con te, venerdì.»

Sono ancora un po' titubante, ma il suo sorriso sincero cancella i miei dubbi. Non sto facendo nulla di male, non ha senso sentirmi in colpa, e poi Rick è solo un amico.

Non mi interessa altro, da lui.

«Perfetto, amica.» Calca l'accento sull'ultima parola. «Ci vediamo venerdì» dice, ma io continuo ad avere i miei dubbi, anche quando va via.

In istituto il momento dello scambio dei regali natalizi è sempre stato molto emozionante.

Non abbiamo mai strafatto; tutte noi abbiamo sempre apprezzato la semplicità dei nostri gesti, e sono sicura che anche quest'anno sarà così. Tuttavia, a differenza degli scorsi Natali, in cui io riuscivo a convincere Tate a collaborare con me, questa volta sarà diverso.

In questi giorni non mi prenderà in giro per le mie idee infantili, per i miei lavoretti da bambina di cinque anni e per le parole cariche d'affetto che scriverò sui bigliettini per le mie compagne. Mi si stringe lo stomaco al solo pensiero di come sia cambiato il nostro rapporto, ma in fondo l'unica con cui devo prendermela è lei, perché ha lasciato vincere qualcosa che non doveva esistere.

Vorrei aprirle gli occhi anche se mi ha ferita nel profondo, e so che quando ho chiesto alla Morris di uscire per poter comprare qualche regalo lei si è insospettita. Le ho detto che Tate non poteva, che doveva studiare. Lei ovviamente non mi ha creduto.

Fra pochi giorni arriverà Corinne e questo, mentre attraverso sulle strisce pedonali, è l'unico motivo per cui oggi ho voglia di sorridere e darmi da fare per comprarle qualcosa di bello.

Damon invece è scomparso nuovamente, ma la scuola ora è chiusa, e le mie possibilità di vederlo si sono azzerate. Non lo capirò mai, oppure sono io che continuo a negare l'evidenza.

Lui non crede nell'amore, io sì, e questo aumenta il mio disagio quando penso ai sentimenti che provo per lui.

Vorrei reprimerli, ma non sarebbe giusto.

È la prima volta che mi innamoro, anche se mi fa paura persino dirlo a voce alta.

Non potrei mai, perché so che lo perderei e io… non voglio.

I miei occhi vengono catturati da qualcosa di elegante. Mi avvicino alla vetrina di una gioielleria come se lì vendessero chili di ciambelle rosa, e mi scappa un sorriso davanti a un paio di orecchini d'argento con al centro una gemma celeste. Sono stupendi, ma il prezzo…

Ovviamente sapevo che non avrei potuto permettermeli, ma resto a osservarli immaginando di indossarli con un abito ampio e dello stesso colore della gemma.

Scuoto il capo, poi mi allontano e riprendo a camminare. Non conosco bene i gusti di Corinne, ma quando ci siamo viste ho avuto modo di constatare quanto le piacesse il rock.

Mi ha assordata, ma il ricordo mi strappa un sorriso mentre entro in un negozio di musica e compro un cd che mi sembra adatto.

Spero possa piacerle; ho sempre paura di deludere le persone.

«Grazie, alla prossima» dico, salutando il commesso.

Sono quasi le sette di sera, è arrivato il momento di rientrare, ma le cose vanno diversamente. A pochi metri da me accade qualcosa che mi paralizza. Urla, intimidazioni e imprecazioni mi fanno tremare le ginocchia.

Qualcuno sta rapinando la gioielleria in cui ho visto gli orecchini. Dovrei allontanarmi immediatamente. Ma sono incollata alla strada sotto i miei piedi.

Una parte di me vuole sapere chi si nasconde dietro le maschere che riesco a scorgere attraverso la vetrina. L'altra sa di dover correre. E così resto lì, immobile, ad aspettare, fino a quando due uomini escono con il bottino fra le mani.

Uno dei due si scopre il volto, lo vedo.

Vedo i suoi occhi ingigantirsi quando mi nota, ma non è lui.

Non è Damon e ora ho paura; ora ho capito di aver commesso un grandissimo errore, quando alza la pistola e la punta nella mia direzione.

«Mi ha visto in faccia!» urla al compagno, prima di premere il grilletto.

L'altro lo strattona, mentre le fiamme dell'inferno mi mordono il braccio, facendomi barcollare all'indietro.

«Dio mio.» Scoppio a piangere, e guardo disperatamente il titolare del negozio di musica che, anziché aiutarmi, abbassa le serrande.

Con una forza che non pensavo di avere, mi rimetto in piedi e corro fino a un vicolo. Non c'è nessuno qui, e le lacrime aumentano quando mi rendo conto di quello che è successo. Non è un dolore insopportabile, ma brucia come un'ustione.

Abbasso gli occhi dove sono stata colpita. Tiro un sospiro di sollievo, rendendomi conto che è una ferita superficiale. Nessun proiettile, poco sangue, solo una scia nera e maleodorante che ha lacerato la mia pelle nonostante il giubbotto.

«Cavolo.» Ansimo. Sono terrorizzata.

Temo che quell'uomo possa tornare indietro e finire quello che ha iniziato. Altri singhiozzi mi squarciano il petto, mentre rifletto sul da farsi. L'unica certezza è che non posso tornare dalla Morris in queste condizioni.

37

Damon

«Hai consegnato tutto a Green?»

«Ovviamente» mi risponde con un'occhiataccia.

Dopo quella fottuta notte al rave, il mio rapporto con Jared è peggiorato di molto. Ci provochiamo, ci lanciamo sguardi rabbiosi che preoccupano Thomas, ma l'unica persona che deve aver paura in questa casa non è lui.

«Non scherzare con il fuoco, Jared. Non mi provocare» gli ripeto, mentre mi accendo una sigaretta.

«Hai sbagliato, amico» concorda Thomas. «Non puoi spacciare in quella zona. Non puoi mettere in pericolo tutti noi solo perché… cazzo, non lo so neanche il perché.»

Io sì, ma se solo ci penso mi si gela il sangue nelle vene.

In questi giorni ho avuto più volte la tentazione di picchiarlo fino a renderlo irriconoscibile, e dovrebbe ringraziarmi per aver resistito. Non sono uno che dimentica e che perdona facilmente, e questo Jared lo sa. Mi conosce da tutta la vita.

«State esagerando, vi ho già detto che è stata lei a venire da me e non il contrario. Piuttosto, ci servono altri soldi. Da quanto tempo non facciamo una rapina come si deve?»

La mia lucidità viene meno. Mi avvicino a lui, afferrandolo dalla maglia.

«A me servono i soldi. Ci penso io a Charlotte» metto in chiaro. Lui distoglie lo sguardo e non replica. Da tempo ho una brutta sensazione, spero di sbagliarmi. Non mi piace la sua invadenza, e mi piace ancora meno quando qualcuno mi fa notare quello che non faccio. Ho tutto sotto controllo, anche… altro.

«Ho capito, puoi anche togliermi le mani di dosso» borbotta, sotto lo sguardo preoccupato del nostro amico.

«Ragazzi, smettetela» dice infatti.

Mollo la presa, ma Jared non perde occasione per sconfinare in un territorio ostico per me.

«Non farti distrarre da quella ragazzina, tra di noi non ci sono mai stati problemi del genere» mormora, e proprio quando sto per rispondergli il mio cellulare lo salva.

«Che tempismo!»

«Thom, dammi quel fottuto telefono» urlo, quando se lo porta all'orecchio.

«Krystal! Buonasera, principessa. Come stai?»

Serro le mani a pugno per il nervosismo.

L'ultima volta lei è scappata via, come se da me si aspettasse chissà cosa e l'avessi delusa. Ho odiato il modo in cui mi sono sentito dopo perché, onestamente, non le devo nulla. Non voglio conoscerla, non voglio che lei mi conosca, ma... non doveva andarsene in quel modo. Non dopo che io stavo per baciarla, commettendo un altro errore.

«Levati dalle palle, Thom» sbotto, ma qualcosa nella sua espressione e nel modo in cui mi guarda non mi piace.

«Cosa? Dove sei?» urla, e il mio cuore per un attimo si ferma. Gli strappo il telefono dalle mani, e sento la sua vocina bassa e timida.

«Thomas, non so il nome della strada, ma...»

«Dam, le hanno sparato. Dobbiamo andare.»

Il mio mondo si ferma, il mio respiro si spezza e per la seconda volta nella vita avverto una paura immane attraversarmi le viscere. Pensavo che, dopo quella notte, nulla potesse affondarmi come invece sta accadendo in questo momento. Sono così terrorizzato da quello che ho sentito da non riuscire a muovere un muscolo.

Non è possibile, non di nuovo, penso, mentre Jared mi strattona e Thomas riprende il mio cellulare.

Il suo gesto, però, risveglia in me un senso di possesso inaspettato, furente e incontrollabile. Qualcosa che non mi aspettavo...

«Ridammi quel dannato telefono!»

Lui lo fa e non obietta, mentre afferro la giacca e le chiavi dell'auto.

«Guido io, però» dice. Non ho la forza di replicare, prima di sentire la sua voce.

«Krystal, sono Damon. Dove ti trovi?»

Ogni mio tentativo di starle alla larga fallisce, quando la paura che lei possa stare male si insinua in me. Chiunque abbia osato fare una cosa simile la pagherà.

«Dam, io...» Trascorrono secondi che per me sono un'interminabile tortura. «Sono in centro, vedo l'insegna di un fast food, è rossa e blu, poi c'è... un negozio di dischi e una gioielleria...»

«Ho capito, non muoverti. Come stai? Sei ferita?»

Parlo, e spingo con una mano Thomas mentre scendiamo le scale. Ho il cuore in gola, tremo come una fottuta foglia in autunno e ho le mani gelate.

«Mi hanno preso di striscio a un braccio. Brucia, ma non perdo sangue. Sto... bene» sussurra, ma è impossibile non notare il terrore nelle sue parole.

«Sto arrivando, sono già in macchina» le dico. Vorrei rassicurarla di più, ma in questo momento non riesco a ragionare. Ho solo paura e rabbia in me.

Sono due sentimenti contrastanti. Il primo lo conosco poco, il secondo troppo bene. Non so gestirli insieme. Mi sento perso, mentre lei mi sussurra «Va bene, non correre» e la strada scivola rapida sotto di noi.

Le dico di non riattaccare e che manca poco, ma per me manca molto, anche mentre la distanza diminuisce e Thomas accelera.

«Tranquillo, non sarà nulla di grave.»

Prova a confortarmi, dandomi una pacca sulla spalla, ma non serve. Quello che ho dentro sta per esplodere, facendo del male a tutti quelli che mi stanno vicino.

«Guida e basta» dico, mentre il respiro della piccoletta accarezza il mio orecchio.

«Ci siamo, eccola.»

Non aspetto che rallenti, apro la portiera e mi precipito verso quel corpicino rannicchiato in un angolo.

Una sensazione di calore mi riempie lo stomaco quando i suoi occhi incontrano i miei e dimentico tutto, tranne quello che le è stato fatto.

«Dam.» Socchiude le labbra, rosse e screpolate per il freddo.

Vorrei baciarla, muoio dalla voglia di farlo proprio in questo momento, ma non posso. Cazzo, non posso.

«Dove ti hanno colpita?»

Lei mi guarda un po' titubante, mentre mi impongo di evitare il suo viso, dolce e perfetto anche in una situazione simile.

«Qui.» Si regge alle mie braccia, mentre l'aiuto ad alzarsi e le sfilo la giacca.

«Cazzo, deve bruciarti parecchio» dice Thomas, mettendosi al suo fianco. Lei annuisce. Preso dalla rabbia, dico qualcosa di cui mi pentirò.

«Che diavolo ci facevi, qui da sola?»

Sussulta e mi sento una merda.

Thomas dice qualcosa, ma non gli presto attenzione.

«Un... regalo di Natale» balbetta. «Quando sono uscita dal negozio di musica, ho visto che stavano rapinando la gioielleria.»

Ho una brutta sensazione perché non è la prima volta che lei si ritrova nel posto sbagliato al momento sbagliato.

«Non dirmi che volevi controllare se fossi io» urlo. Thomas si mette tra noi, come se dovesse proteggerla. «Tu vattene a fanculo.» Lo faccio a pezzi con lo sguardo. Subito si sposta.

«Mi dispiace.» Abbassa il capo. «Sono stata una stupida, ma è successo tutto così in fretta che...»

Le scappa un singhiozzo e io distolgo lo sguardo.

Non ho mai provato empatia per nessuno, non mi ha mai turbato vedere gli altri stare male, ma con lei... è diverso.

«Dam, è già abbastanza spaventata così. Disinfettiamo la ferita, poi la accompagniamo in istituto.»

La mia pazienza ha un limite, e Thomas lo sa bene.

«Non serviva che tu lo dicessi. So cosa devo fare. Andiamo.»

Afferro la mano di Krystal e la aiuto a salire in macchina. Lei è confusa, lo so, ma non posso spiegarle cose che neanch'io comprendo. Non ancora, almeno.

Thomas non dice nulla, prende posto dietro e nessuno apre bocca fino a quando non arriviamo a destinazione.

«Scendi» gli ordino. «Tu non ancora.»

Krystal mi guarda da sotto le folte ciglia nere, Thomas sbuffa, ma lo fa perché sa che l'avrei cacciato a calci in culo.

«Mi dispiace, sono stata davvero una stupida.» Scuote il capo.

Ora siamo soli. Sono dieci giorni che non sentivo il suo profumo. Sono incazzato con lei, davvero, ma non riesco a smettere di guardarla e di desiderarla.

«Solleva la manica» le dico. Intanto apro una piccola cassetta del pronto soccorso che nella mia macchina non può mancare. Sono abituato a queste cose: ai lividi, al sangue, alle ferite di ogni genere, ma lei no.

Lei non dovrebbe conoscere questo tipo di dolore.

Fa quello che le ho chiesto. Serro la mascella, quando vedo la sua pelle lacerata dalla bruciatura di un proiettile.

«Disinfettala per un paio di giorni» sussurro, dopo averlo fatto io. Ho le mani gelate, vogliose di stringerla a me. Vorrei dirle che scoprirò chi è il bastardo.

«Mi ha vista in faccia.»

Le sue labbra tremano, il mio cuore pure, ma la rabbia, la paura e chissà quale altra emozione risvegliano la bestia che è in me.

«Cazzo, Krystal. Cazzo» urlo e lei sobbalza, quando inizio a prendere a pugni il volante. Thomas resta fuori, senza interferire.

«Io... so di aver sbagliato, so di... Dam, ero solo preoccupata, pensavo che fossi tu. Non ti vedevo da un po' e...»

Chiudo gli occhi.

A volte mi sento debole con lei, e ora lo sono.

Afferro il suo viso fra le mie mani a coppa, e dopo troppi giorni la guardo negli occhi come avrei voluto fare anche prima.

«Sarei impazzito se ti fosse successo qualcosa.»

Arrossisce, e io la trovo ancora più attraente.

Con lei perdo il controllo, parlo senza riflettere.

Agisco e faccio danni. Ci guardiamo le labbra, e quando lei posa la fronte sulla mia non ho più dubbi. Voglio baciarla e lo farei, se solo un idiota del cazzo non avesse un tempismo di merda.

«Perdonatemi, ma sta diluviando. Mi si sono bagnate anche le mutande.»

Krystal si allontana da me quando Thomas risale in auto. Si guarda attorno imbarazzata.

«Come stai, principessa?»

«Meglio. Ma ora devo andare.» Ora guarda me, ed è l'unica cosa che deve fare, anche in presenza d'altri.

Non sono possessivo, con lei non potrei mai esserlo, ma...

«Grazie per avermi aiutata, davvero.»

Non dico nulla, quando scende dall'auto e corre via sotto la pioggia. Solo la mano di Thomas sulla mia spalla, mi riscuote dai pensieri.

«Questa situazione non mi piace. Dobbiamo capire chi è stato.»

Annuisco.

«E tu dovresti smetterla di combattere contro te stesso.»

Lo guardo male, non gli rispondo e vado via solo quando Krystal è rientrata.

Krystal

Sono fradicia dalla testa ai piedi quando raggiungo il salone. La Morris sta leggendo una rivista, quando mi nota.

Quello che è successo stasera mi ha sconvolta, ma so di non poterne fare parola con lei, anche se vorrei tanto che mi consolasse.

«Tesoro, sei tutta bagnata. Non avevi un ombrello?»

Annaspo, quando il giubbotto sfrega sulla ferita. Per un attimo mi perdo nel ricordo del tocco di Damon e della sua voce calda e roca.

Ho visto qualcosa nei suoi occhi, e quella frase, detta guardandomi negli occhi, mi fa ancora arrossire.

Sarei impazzito se ti fosse successo qualcosa.

A modo suo ci tiene a me, me l'ha dimostrato in diverse occasioni, anche se io ho paura di ammetterlo a me stessa per non illudermi.

«L'ho dimenticato, ma... ho trovato un regalo per Corinne.» Sforzo un sorriso e per fortuna se la beve.

«Vai in camera ad asciugarti. Ti farò portare qualcosa di caldo dalla Red.»

No, la Red no.

So, grazie alle gemelline, che la cuoca ha visto Damon quando ero a Londra, ma non ha fatto la spia, né ha mai provato a parlarmi. È una donna molto particolare, spesso nervosa e scostante, ma mi conosce da quando sono piccola e purtroppo percepisco una certa paura in lei, quando mi vede.

«Okay…» bofonchio. A ogni passo stringo i denti, finché raggiungo la mia stanza.

«Ciao.»

La voce di Tate mi prende alla sprovvista, e così il suo sguardo freddo e distaccato.

Ha un nuovo cellulare, con un nuovo numero che non conosco.

Non ne sapevo nulla.

«Nascondilo» le dico. «Fra non molto salirà la Red.»

Lei si acciglia ma non mi domanda nulla. Ormai è completamente disinteressata alla mia vita.

Va in bagno e ci resta per un bel po'. Poi qualcuno bussa alla porta.

«Avanti.» Sospiro pesantemente e le mie paure aumentano, quando la Red posa un vassoio sulla mia scrivania e poi mi guarda.

Non abbiamo mai parlato molto. Con lei non ho il rapporto che ho con la Morris e non mi sono mai confidata.

Si guarda intorno, il suo sguardo punta prima la finestra, poi me.

«Sono preoccupata, Krystal» inizia, e io le lascio il tempo di parlare senza interromperla. «Non pensavo che frequentassi certa gentaglia.»

Storco il naso. Non mi piace il modo in cui parla di Damon, anche se non so esattamente cosa sia successo tra loro.

«Cosa… sta dicendo?»

Alza gli occhi al cielo.

«Nessuno può entrare in questo istituto come un ladro, nessuno può spaventare le mie bambine come ha fatto quel tipo solo perché sostiene di essere… tuo amico.»

Non so cosa dire, perché ha ragione.

«Non amo fare la spia, Krystal, e tu puoi frequentare chi vuoi, ma bada a chi lasci entrare nel tuo cuore e nel tuo letto.»

Sgrano gli occhi. «Cosa?»

Lei sbuffa, come se stesse parlando con una bambina che non comprende una cosa semplice.

«Il tuo amico è un arrogante, e anche molto sfacciato. Sei solo una ragazzina e le sue allusioni su di te non mi sono piaciute.»

Le mie guance si tingono di rosso, sono arrabbiata ma anche tremendamente imbarazzata per quello che lui ha lasciato intendere. Me ne sto zitta e lei se ne va turbata tanto quanto me.

«Lo ammazzo!» Stringo i denti, poi sento Tate alle mie spalle.

«Damon ha davvero fatto una cosa simile?» ridacchia, ma sono troppo nervosa per badare anche a lei o al suo tentativo di parlarmi come se nulla fosse.

Riesco a ignorarla, mi chiudo nelle mie perplessità. Ora e fino a quando non arriva il fatidico venerdì…

Presa dagli ultimi eventi, avevo dimenticato l'appuntamento con Rick.

Tuttavia, quando ne parlo con la Morris ne sembra entusiasta, molto più di me.

Questa cosa mi infastidisce, ma la comprendo.

Rick ha la faccia del bravo ragazzo, anche se sa essere spavaldo quando vuole.

Il mio umore non è dei migliori, Damon non si è più fatto sentire per sapere come sto.

Mi sento persino in colpa per aver chiamato lui, quella sera.

«Pensavo a un film d'azione, ma se preferisci altro…»

«Va bene.» Gli sorrido.

Devo concentrarmi su questo momento; lui sta diventando mio amico e merita le mie attenzioni. Non come qualcun altro, che ha completamente dimenticato la mia esistenza. Purtroppo però, per quanto provi ad allontanarlo, Damon è sempre nella mia mente. Anche durante la stupida scena di un film che nemmeno mi piace penso a lui e lo cerco in ogni persona, in ogni luogo e in ogni attimo.

Sto continuando a sbagliare nonostante abbia compreso tante cose di lui. Non ci tiene a me, e devo smetterla di farmi ammaliare.

Annuisco distrattamente quando Rick mi chiede se mi stia piacendo il film, e mi irrigidisco quando mi avvolge le spalle con un braccio.

Mi infastidisce questo contatto, ma ancora di più il messaggio arrivato sul mio cellulare.

La ferita?

Damon sa sempre come essere distaccato. Non spreca parole, le usa con il contagocce.

Sono indecisa se rispondergli, se farlo subito o alla fine di questa serata, ma senza quasi accorgermene ho già digitato una risposta.

Meglio.

Poi infilo il cellulare in borsa e non lo riprendo fino a quando Rick non mi ha accompagnato in istituto. Lì davanti cala fra noi un silenzio imbarazzante.

«Grazie» dico, restituendogli il casco.

«Grazie a te, sono stato bene.» Sorride, grattandosi la nuca. «E mi sono anche comportato come un vero… amico.»

Rick riesce a mettermi in difficoltà quando penso che stia andando tutto alla grande, ma sono stanca e la ferita ha ripreso a bruciare.

«Sì, come un vero amico. Buonanotte e grazie per il cinema.» Gli sorrido, prima di attraversare il cancello.

Lo sento che ridacchia alle mie spalle prima di mettere in moto; spero abbia compreso la mia posizione. Non mi piace illudere le persone, so cosa si prova, anche se non è colpa di Damon.

Lui non mi ha mai parlato di sentimenti. Non ha mai accennato ai nostri baci.

«Non ti ho regalato un cellulare per organizzare appuntamenti.»

Sobbalzo e rischio seriamente di sentirmi male.

Lui è qui, a pochi passi da me, nel nostro giardino, poggiato all'albero preferito della Morris. Una sigaretta pende dalle sue labbra, mentre mi guarda con le braccia incrociate sul petto.

«Gesù.»

«No, sono solo Damon.»

Con una spinta si stacca dall'albero e avanza nella mia direzione.

«Che ci fai qui?»

Provo a darmi un contegno, ma qualcosa scatta in me quando cambia direzione.

«Niente, me ne vado.»

«Aspetta.» Lo afferro per un braccio. Non so perché io lo sto trattenendo, né perché sembri infastidito.

«Quindi ora te la fai con Nick!»

Il suo tono mi offende.

«Rick» lo correggo, e lui mi guarda malissimo. «Comunque siamo solo amici e…»

Mi blocco. Perché mi sto giustificando?

«Certo.» Fa una risata. «Sei così ingenua da pensare che voglia essere solo un tuo amico?»

Calca l'accento sull'ultima parola come fosse un insulto.

«Cosa c'è di strano?» sbotto, portandomi le mani ai fianchi.

Le sue dita stringono la sigaretta, prima di buttare fuori un po' di fumo nella mia direzione.

Tossisco, quando mi si avvicina.

«Le tue illusioni sono strane, piccoletta.»

Ha gli occhi ridotti a fessure e le labbra a una linea dura: mi fa intuire che è arrabbiato, ma Damon è sempre così. Il suo umore cambia repentinamente, ed è difficile stargli dietro.

«Come al solito sono io quella sbagliata.»

«Dove ti avrebbe portata, il tuo amico?»

«E tu perché sei qui?» ripeto, ma il caso è dalla sua parte.

«Krystal, sei tu?»

I passi della Morris rimbombano oltre la porta che mi separa dal tepore dell'istituto.

«Aspettami nella tua stanza.»

Accenna un sorriso furbo, poi si allontana.

Per questo motivo, dopo aver salutato la Morris, salgo in fretta e furia. Avrebbe voluto sapere dell'appuntamento con Rick. Ma tanto non è lui quello che mi fa arrabbiare e perdere la testa ogni volta.

«Finalmente!»

Lo trovo seduto sul davanzale ad aspettarmi, con una mano fra i capelli e il gomito su un ginocchio. Ha il classico aspetto del ragazzaccio, questo è assodato, ma nei suoi occhi c'è altro. Qualcosa che custodisce gelosamente e di cui, forse, non mi parlerà mai.

«Devi essere impazzito.» Gli punto un dito contro, quando mi ricordo della conversazione avvenuta con la Red proprio qui.

Non si aspettava una reazione simile da parte mia, mentre io mi imbarazzo quando sono costretta a dargli qualche spiegazione in più.

«Perché hai fatto credere alla cuoca che tu... che io... insomma, hai capito!»

Un sorrisetto impertinente aleggia sul suo bel viso.

«Che ci divertiamo?»

Qualcosa nel mio sguardo lo fa incupire, come se avesse capito di avermi offesa.

«Non dovevi dirle quelle cose» sussurro.

«Ho una garza sterile e il disinfettante.»

Torna serio e cambia discorso. Solo in questo momento mi rendo conto di aver ottenuto una risposta. Lui è qui per questo, e mi si stringe il cuore.

«Grazie, non dovevi disturbarti» dico, togliendomi il cappotto. Potevo immaginarlo che avrebbe iniziato a prendermi in giro. Non capisco perché lo faccia, ma mi ferisce e non se ne rendo conto.

«Oh, ci siamo messe in ghingheri per il nuovo tipo...»

Sospira, poi fa una smorfia di puro disgusto.

«Perché mi tratti così?» sbotto. Ed ecco un'altra delle sue affermazioni fuori luogo.

«Togli la maglia!» Sgrano gli occhi. «Per medicarti. È troppo attillata» aggiunge, come se fosse una spiegazione plausibile.

La parte timida di me non è d'accordo, l'altra pensa che lo abbia fatto proprio per farmi sentire una bambina impaurita. Non sono lucida. In genere non ragiono in questo modo, ma non ho ripensamenti mentre lo accontento e vado a sedermi sul mio letto.

Ho il respiro spezzato e le guance rosse.

«Devi continuare a disinfettarlo, per evitare infezioni» sussurra, prima di stringere il mio braccio fra le sue dita lunghe e fredde.

Sussulto, ma non reagisce.

Inizia a fare quello che deve, mentre io chiudo gli occhi.

«Piano.» Stringo i denti.

«Ho quasi finito» mormora mentre qualcosa di soffice avvolge il braccio.

D'istino porto l'altro sul petto e lui fa un sorriso.

«Grazie, davvero.»

«Ti piace?» mi domanda di punto in bianco.

«Cosa?»

«Rick.»

Il fatto che lui abbia ricordato il nome mi fa pensare che sia serio e che dietro la domanda ci sia qualcosa… di più.

«Quindi sai come si chiama.»

Non sono mai stata così spavalda, ma con Damon viene fuori questo lato di me.

«Rispondi.»

Le sue mani si piantono sul materasso, imprigionandomi fra le sue braccia.

«Non ti riguarda» continuo, ma questo è un gioco in cui, contro di lui, non posso vincere.

«Krystal.» Scuote il capo. «Non giocare con me quando…»

«Quando?»

Alzo il viso per guardarlo.

Mi scruta a fondo: i suoi occhi tracciano un disegno invisibile sulla mia pelle, e non mi vergogno dei miei difetti, del mio corpo infantile.

«Due settimane, sono due fottute settimane che resisto.»

«A me?» chiedo d'impeto.

«A te» conferma strofinando il suo naso sulla mia mascella.

Ho bisogno del suo tocco come l'aria che respiro, perché anche se Damon mi fa soffrire, allo stesso tempo mi aiuta a stare meglio.

Chiudo gli occhi e socchiudo le labbra quando le sue mani mi accarezzano la schiena. Sussulto quando una si posa sul gancetto del mio reggiseno in attesa di consenso.

«Ci sono un mucchio di ragazze in giro, molto più belle di me. Non dovrai penare ancora a lungo.»

Una scia di brividi percorre il mio corpo come una serie infinita di stelle scintillanti. Mi aggrappo alle sue braccia quando, d'improvviso, mi stringe al petto.

«Ora so perché il nero è il mio colore preferito.» Indugia sulle mie labbra, prima di far scendere lo guardo più in basso.

«Io non penso che il nero sia il tuo colore preferito» gli dico, perché sono convinta che prima o poi Damon troverà il suo arcobaleno.

Mi sorride, poi porta le mani sull'ultimo ostacolo che ancora mi protegge dal desiderio che leggo nei suoi occhi.

«Forse hai ragione, piccoletta. Ora, però, è il primo in classifica.»

38

Il mio respiro si spezza, mentre continuiamo a fissarci come due assetati davanti a una sorgente d'acqua pura.

Damon continua ad accarezzarmi lentamente. Come se non volesse graffiare la mia anima neppure per sbaglio. Ma lo sta già facendo.

«Quindi ti piace avere nuovi amici...»

«Sì...» Ansimo, e il suo naso traccia una linea immaginaria che parte della mia tempia e arriva fino alla base del mio collo.

«Più di questo?» Continua a lasciare scie infuocate sul mio corpo, fino a quando non torna a guardarmi negli occhi.

«Dam.» Sussurro il suo nome come una supplica, e trattengo il fiato per le sue mani che mi fanno scivolare le spalline del reggiseno lungo le braccia, lasciandomi completamente esposta a lui.

«Sono sicuro che tu preferisca questo.» Mi guarda negli occhi, prima di baciare la punta del mio naso, poi il mento; come se intenzionalmente stesse scansando le mie labbra. Sono costretta a chiudere gli occhi e a serrare le gambe, quando le sue scivolano lungo il solco tra i miei piccoli seni.

«Oddio... Dam.» Gemo, posando la fronte sul suo petto dopo che con la lingua ha stuzzicato i miei capezzoli. Mai avrei immaginato di provare una scossa elettrica che parte dal cervello e che scende chissà dove.

Muoio di vergogna e precipito nei suoi occhi che cercano i miei, ora che è fra le mie gambe.

«Adoro la tua voce.» Mi morde, strappandomi un urletto che inghiotto quando si alza. Mi sovrasta. «E queste.» Sfiora le mie labbra con il pollice, poi arriva la sua bocca calda e accogliente.

Lascio che mi baci, che si prenda ogni parte di me mentre mi invita a distendermi. Non penso alle conseguenze, perché il cuore batte troppo forte per dare ascolto alla ragione.

La mia mano si insinua fra i suoi capelli, e sorrido contro la sua bocca per la premura che ha verso la mia ferita persino in un momento simile. Mi stringe al suo corpo bollente e virile, e tremo quando spinge fra le mie gambe. Non ci sono abituata. Lui lo sa, conosce la mia inesperienza mentre provo a stare dietro la fame che ha di me. Sembra voglia divorarmi, e non immagina che anch'io vorrei fondermi con lui, sciogliermi a contatto con il suo corpo e diventare una sola cosa, ma sono troppo timida per dirlo, per fare la cosa giusta o anche solo quella che a qualunque ragazzo della sua età piacerebbe. Ma le mie stupide paranoie vengono cancellate dal suo tocco, dal suo profumo che si diffonde ovunque. Dai suoi baci languidi e dalla sua bocca che non mi lascia tregua mentre divora, succhia e morde le mie labbra.

«Sto per mandare tutto a fanculo!» Spinge la fronte contro la mia, e quando vedo i dubbi nei suoi occhi so di poter dire quello che realmente sento.

«Mi sei mancato.»

«Non devi più uscire con quello.»

Il mio petto è sul punto di esplodere, lui continua a strofinarsi contro di me sempre più voglioso, sempre più insaziabile, e mi chiedo dove sia finita la parte timida di me, quella che pensava e sperava di incontrare un principe azzurro che l'avrebbe amata, coccolata e trattata come una vera principessa.

«È solo un mio amico…»

«Non mi piacciono i tuoi amici» replica. Poi all'improvviso si allontana da me, come se fossi lava cocente.

«Dam…» Mi metto a sedere, mentre lui va avanti e indietro nella stanza con le mani fra i capelli.

«Tutto questo è sbagliato» sbotta, facendomi sussultare.

Non mi guarda più, non mi cerca più, non mi bacia più.

«Perché è sbagliato?» riesco a chiedere, coprendomi il petto. Quando mi guarda con troppa oscurità negli occhi, capisco quanta sofferenza porta dentro.

«Quello non ti basta.» Indica il mio braccio, ma non riesco a capire il nesso con le sue parole.

«Non mi hai sparato tu.» Mi alzo e mi avvicino a lui.

«Sono come loro, Krystal. Faccio le stesse cose.»

I suoi occhi inchiodano i miei, ma sono privi di qualunque sentimento. Mi punisce in questo modo, con una freddezza che non merito. «Ed è bene che tu lo capisca. Scoprirò chi è stato e la pagherà, ma io con te non c'entro nulla.»

Abbasso il capo per nascondergli il mio istinto di piangere. Capisco il suo discorso, ma… non riesco ad accettarlo.

«Quindi non ci parleremo più?»

«Non sono pronto per questo.»

Non pensavo che mi rispondesse. Quando con due dita mi solleva il mento, sento il cuore tornare al suo posto.

«A cosa sei pronto, Damon?»

Lui scuote il capo e si allontana. «Sono attratto da te, Krystal, ma è una cosa che devo tenere a bada.» Qualcosa in me si rompe, nonostante quello che dice dopo. «Non sei una ragazza come un'altra. Sei diversa, ma ti rispetterò. Ci proverò, almeno» sospira, avvicinandosi ancora. «Resto qui, stanotte.»

Dovrei obiettare, ma il cuore vince e mi infilo a letto, non prima di aver tentato di indossare…

«Metti la mia» dice, sfilandosi la maglia. «Puzza di Nick, la tua.» Fa una smorfia, e a me viene da ridere.

«Non è vero, ma… okay.»

Lui non replica, e dopo pochi minuti ci ritroviamo a fissare il soffitto, nel mio letto, stesi l'uno accanto all'altra.

«Per chi è quel regalo?»

«Per la mia amica di Londra, verrà a trovarmi.» Sorrido.

Pensare a lei mi rende felice.

«La figlia dell'assassino?»

«Già, lei.» Ridacchio. Un tonfo ci fa sobbalzare.

«Merda, che dolore.»

«Tate!» Mi metto a sedere, ma la mia espressione muta rapidamente. Non è sola.

«Non pensavo fosse una cosa a quattro.»

Al suono di quella voce, anche Damon si alza. Scivola fuori dalle coperte a torso nudo, sotto lo sguardo sconvolto della mia amica.

«Pallina, sono ubriaca, ma questo è Damon?»

«No, bionda. Non puoi farmi questo!» dice il ragazzo al suo fianco, prima di puntare gli occhi su di me.

«Direi che puoi anche andartene» sbotta Damon, fronteggiandolo. Il tipo lo capisce, nonostante Tate continui a dire cose senza caso.

«Sì, tu puoi andare. Non ho voglia di scopare, ma... tu...»

«Sei seria? Perché devo andarmene io» ribatte. «Potrebbe essere divertente.» Continua a guardarmi.

«Damon.» Mi avvicino a lui, quando lo afferra per il bavero della giacca di pelle.

«Sparisci e dimentica questo posto.» Lo strattona, e per fortuna quello va via senza aggiungere altro.

«Regolati Cooper, hai spaventato il mio amico.»

«Tate, chi era?» chiedo. «Non puoi portare sconosciuti in...»

Lei mi guarda male, poi indica Damon con un cenno del capo. «Potrei dire la stessa cosa.»

«Non paragonarmi a quella merda, idiota» replica Damon, e io non so come gestirli quando iniziano a litigare come bambini.

«Per favore, è tardi. Andiamo a dormire» dico, tornandomene a letto.

«Già, meglio» borbotta Tate. «Ne riparleremo.»

Non rispondo alla sua provocazione, perché ci sono cose molto più gravi di cui dovremmo parlare, ma lei finge che non esistano e non va bene. Non mi lascerò rimproverare perché Damon è qui. Anche se, effettivamente, non dovrebbe dormire nella nostra stanza.

«Non deve portare ragazzi in questo posto.»

Siamo di nuovo a letto. Il suo corpo caldo è di fianco al mio, e il mio cuore ha ripreso a battere più forte.

«Hai già comprato qualche regalo di Natale?»

So che mi sta guardando male per aver cambiato discorso, ma sa anche che sto infrangendo una regola per lui.

Anzi, per lui ne ho infrante tante.

«Non avresti dovuto rischiare» dice. «Non avresti dovuto restare fuori dalla gioielleria anche se lì dentro ci fossi stato io.»

Stasera siamo molto bravi a passare da un argomento all'altro.

Sbuffo e lui accenna un sorriso.

«Solo uno per mia madre. Hai finito l'interrogatorio, piccoletta?»

Infilo la mano sotto la guancia e poi lo guardo negli occhi.

«Per stasera, sì. Terrò le altre domande per la prossima volta.»

«E chi ti dice che ci sarà?»

Ho un asso nella manica, e lo sfrutto perché con lui bisogna giocare d'anticipo.

«L'hai detto tu che non sei pronto per questo e che vuoi continuare a parlarmi, a vedermi...»

«Sei diabolica.»

Il sorriso più bello del mondo gli illumina il viso, e io me lo godo pochi attimi prima di abbandonarmi fra le sue braccia.

Non ne sono sicura, ma mentre il sonno mi rapisce lo sento bisbigliare: «Piccoletta, la prossima volta ti sequestro il cellulare».

Negli ultimi giorni ho immaginato spesso l'incontro tra Tate e Corinne, ma non pensavo che potesse essere così disastroso.

«E questa chi è?» sbotta Tate, quando la rossa entra nella nostra stanza.

«Oh, lei è l'amica stronza?» replica Corinne, facendomi andare la saliva di traverso. Sono davvero felice del suo arrivo, ma... credo di essere l'unica.

«Cos'hai detto? Come ti permetti?» strilla la bionda.

«Tate, per favore. Corinne, calmati. Stavo per presentarvi. Lei è la figlia del dottor Wilson. Quello di Londra» specifico, perché sono sicura che Tate lo abbia dimenticato.

«Ah, molto piacere. Io sono la sua migliore amica.»

Lei non è mai stata gelosa di me e del nostro rapporto, quindi questa reazione mi colpisce. Per tutto questo tempo ha finto che non esistessi, non può pensare di rivendicare il suo ruolo proprio ora.

«Io, la sua nuova amica.»

Mi sento un marinaio su una nave, con il mare in tempesta. Non so cosa fare per placare le due belve che si studiano come se dovessero sbranarsi da un momento all'altro.

Tate mi guarda con disappunto, sembra persino triste.

«Capisco, io vado a fare colazione» dice e se ne va sbattendo la porta.

«Brutto momento?» mi domanda Corinne.

«Brutto periodo, in realtà, ma sono davvero felice che tu sia qui.» Le sorrido, provando a camuffare la delusione che provo per Tate. Non può comportarsi così, non ora.

«Dai, parlami di cose belle. Novità?» mi domanda trascinandomi sul letto. Quando avrò finito di raccontarle gli ultimi giorni, sono sicura che un quadernino nero non basterà per raccogliere tutto quello che è successo.

«Sono ancora incredula» sussurra dopo un bel po'.

I suoi occhi sono carichi di preoccupazione, ma appena sentiamo Tate entrare in stanza, abbasso la manica della maglia. So di aver sconvolto Corinne e so che le sue raccomandazioni sono dovute solo alla paura di perdermi. Crede che Damon un po' abbia ragione. Che stare al suo fianco sia pericoloso, perché la sua stessa vita lo è.

«Pallina, stasera ti va di andare a una festa?»

Mi acciglio. «Pensavo ti piacesse andarci da sola…»

«Vorrei anche parlarti» dice, tornando seria. «Da sole» sussurra, guardando male Corinne.

Conosco Tate come le mie tasche, la conosco da una vita e so che non le piace stare in panchina. Non ho mai dubitato del bene che mi vuole, ma i suoi modi non mi sono piaciuti e so che ne dobbiamo parlare. Sono sempre stata quella che dava un'altra opportunità, ma stavolta non risolveremo tutto con un abbraccio.

«Che festa? Ci sarà anche il tuo... Damon?»

«La rossa non è invitata!»

«Tate, se Corinne vuole, andremo a questa festa.»

La mia frase e il mio tono la infastidiscono, lo so, ma non immagina quante cose io abbia sopportato per lei.

«Come vuoi, per le otto pronte.» Si avvicina all'armadio, prima di rivolgere alla mia nuova amica uno sguardo poco rassicurante. «Spero che tu sappia scendere da un albero. Stasera non chiederemo il permesso alla Morris per uscire.»

Alla fine non ho ceduto ai ricatti di Tate e ho chiesto il permesso alla Morris per poter portare Corinne a mangiare fuori, anche se la villa in cui siamo non corrisponde a quello che le ho detto. Ma non volevo mentirle. Non del tutto.

«Quindi esiste una casa più grande della mia» dice con il naso all'insù.

«Modesta la ragazza» borbotta Tate, ma non la conosce.

Sa poco della sua storia e come al solito giunge a conclusioni affrettate. Mi ha detto che qui c'è il rischio che io possa incontrare Damon; le ho risposto che non importa, che non sono qui per questo e che non sono delusa dal fatto che non mi abbia più cercata.

Ha detto che avrebbe voluto continuare a vedermi, forse come amica, e gli amici non si sentono tutti i giorni.

«E comunque il tuo bel tenebroso è proprio lì...»

«Dove?» urla Corinne, ma la musica è troppo alta, e questo mi salva da una colossale figuraccia.

«Dietro quel pilastro» dico, dopo averlo visto.

Damon mi farà sempre lo stesso effetto e penserò sempre che lui sia perfetto e bellissimo, persino quando indossa una semplice T-shirt nera a mezza manica e dei banali jeans scuri.

Su di lui nulla risulta banale.

Proprio nulla.

Il suo portamento fiero, la sua camminata sicura e controllata lo rendono attraente agli occhi di tutti, e purtroppo ne sono consapevole.

Mi chiedo cosa gli piaccia di me, perché lo attraggo, perché vuole baciarmi quando è circondato da ragazze più belle e disinibite.

«Krystal, ora ti capisco» borbotta Corinne, dandomi una pacca sulla spalla. «Un figo… assurdo!»

«Dai, andiamo a prendere qualcosa» dice Tate, trascinandoci verso il bancone degli alcolici.

Non sono molto propensa a bere, non lo faccio mai e l'ultima e unica volta in cui è successo, mi sono sentita abbastanza ridicola.

«Principessa, ciao.»

Solo una persona mi chiama in questo modo. Quando mi volto, so già che troverò Thomas sorridente.

Al mio fianco, Corinne sembra sia sul punto di svenire; guarda me, poi Thomas, poi me, poi di nuovo Thomas.

«Ciao. Come stai?» gli domando, ma la sua attenzione è immediatamente presa dalla rossa al mio fianco.

«Ora direi alla grande.» Presa dalla scena, non noto, alle sue spalle, l'arrivo di un'altra persona.

«Ciao, Krys.»

E il mio mondo si ferma.

39

«Tre margarita.»

«Tate, non credo sia il caso» le dico, dopo che ha ordinato un cocktail che per me sarà sicuramente troppo forte.

«Tranquilla, è buono» ridacchia, guardando alle mie spalle. «L'abbiamo già persa.»

Istintivamente sorrido anch'io quando vedo Corinne e Thomas parlare come si conoscessero da una vita. Lei di tanto in tanto arrossisce, mentre lui sembra padrone della situazione.

Nonostante il suo atteggiamento da ragazzo esperto, riesco ugualmente a notare un certo imbarazzo mentre agita le mani e se le passa fra i capelli.

«Prendi e bevi. Ti piacerà.»

Non appena l'ho fatto, però, inizio a tossire.

Come fa a piacere una roba simile alle persone?

Qualcuno dietro di noi ridacchia, e per quanto abbia provato a ignorare la presenza di Damon, in attesa del suo turno, so che sto fallendo.

«Qualcosa ti diverte, Cooper?»

Tate è sicuramente più schietta e meno timida della sottoscritta, e non sempre questa cosa gioca a mio favore.

«Lo ammetto, è sempre divertente quando una novellina supera i suoi limiti.» Le sue parole accendono in me un secondo di competizione che solitamente non provo.

«Novellina? Guarda che riesco a berlo tranquillamente.»

«Tutto?» Mi provoca, e le mie guance si tingono di rosso.

«Ci vorrebbe una sfida» suggerisce Tate. Le sue idee mi spaventano sempre. Tende a esagerare, e con Damon è meglio non farlo.

«Non sono così meschino da farle fare una cosa simile.»

Faccio un lungo respiro, provo a calmarmi e solitamente ci riesco. Poche sono le cose che generano in me nervosismo, ma sembra che lui le abbia scoperte e che le stia usando tutte contro di me.

«Mi sottovaluti…»

Ci chiudiamo nel nostro mondo, un po' come Thomas con Corinne, ma le cose fra me e Damon sono diverse. Lui si controlla anche quando vuole fare lo spavaldo per rubarmi un altro bacio.

«Qualcuno mi offra qualcosa da bere. Ciao, tesoro!»

Distolgo lo sguardo: è appena arrivata Piper e ovviamente pretende tutte le attenzioni per sé. Odio il modo in cui chiama Damon, ma in fondo loro due hanno condiviso una certa intimità e nessuno può escludere che lo facciano ancora. Questo pensiero mi fa chiudere lo stomaco e voglio allontanarmi, nonostante la risposta di Damon.

«Arrangiati» sbotta, ma resta in fila al mio fianco.

«Noi andiamo a fare un giro… Corinne, muoviti!»

Ci pensa Tate a risolvere la situazione, anche se la rossa e il povero Thomas non sembrano contenti di questo improvviso cambio di programma.

«Aspetta, rallenta» strilla Corinne per sovrastare la musica, mentre Tate ci trascina da un'altra parte, in questa immensa villa. Mi guardo intorno e mi chiedo a chi verrebbe in mente di usare la propria casa per una festa simile. C'è gente ovunque: chi vomita, chi beve, chi rompe quello che gli capita a tiro. Non è un bello spettacolo…

«Hai fatto colpo, ragazzaccia. Complimenti» le dice Tate, scompigliandole i capelli, e a me viene da sorridere. Da troppe ore speravo in un piccolo avvicinamento tra le due, ma ovviamente Tate ha scelto il momento sbagliato.

«Perché mi avete trascinata via?» piagnucola.

«Thomas è un bravo ragazzo» le dico, nonostante anche lei sappia che lavora con Damon. Non conosce tutti i dettagli, solo il minimo indispensabile. Semmai volesse continuare a conoscere Thomas, si chiariranno tra loro.

«E anche molto bello» concorda, prima di concentrarsi su di me. «Comunque è chiaro al mondo quello che succede tra te e il tuo Damon.»

Alzo gli occhi al cielo. Corinne dice spesso che lui è il «mio» Damon, ma non è vero. Tipi come lui non appartengono a nessuno; è uno spirito libero, anche se con me non si sentirebbe mai in gabbia. Non sono quel tipo, ma questa è un'altra storia.

«Cioè?» domando timorosa.

«Vi volete! Dai, non dirmi che non l'hai capito. Ti guarda in un modo…»

«A malincuore devo dar ragione alla rossa. Pallina, sai come la penso, ma è evidente che gli piaci, solo che… tu sei diversa e lui mi fa paura.»

Entrambe le confessioni mi destabilizzano. Io non ho mai pensato di potergli piacere, anche se lui mi ha parlato di attrazione. Mi sono sempre svalutata, soprattutto dopo aver visto il genere di ragazza che è solito frequentare.

«Non lo so, non ne sono molto convinta» sussurro. «Potrei essere una delle tante e… non voglio.»

Non sono ancora riuscita a confessare alle mie amiche quello che provo per Damon, ed è meglio così. So già cosa mi direbbero, e non posso dar loro torto. Mettere nelle mani di Damon il mio cuore sarebbe un suicidio in piena regola. So poco di lui, ama scomparire per giorni, e poi ritorna come se nulla fosse.

«Ehi, Krystal!»

Io, Corinne e Tate ci voltiamo.

Corinne, in particolare, mi guarda come se fossi un'apparizione, poi si scambia una strana occhiata con Tate.

«Lui è Rick» bisbiglia la bionda, quando il mio amico si avvicina e mi stampa due baci sulle guance.

«Ciao» lo saluto, sorridendogli.

Non lo vedo da quel famoso venerdì e mi sento un po' in colpa per non aver pensato a lui nemmeno una volta.

Come amico, ovviamente.

Rick è un bel ragazzo, ma io non sono mai stata in cerca di una storia d'amore, da quando ho messo piede a Manchester. Tutto quello che è successo è stato un po' frutto del destino e un bel po' di una serie di cose che non riesco a comprendere.

«Pensavo che non ti piacessero queste feste. Ciao, ragazze.»

«Ehm, noi andiamo un attimo in bagno.»

Le guardo e le supplico con gli occhi di non farmi una cosa del genere, ma loro mi ignorano, se la ridono e poi scappano come due bambine.

«Non mi piacciono, sul serio. Diciamo che ci sono ricascata.» Scrollo le spalle, e lui mi guarda con tenerezza, accennando un sorriso. Rick sembra un libro aperto, nel quale trovi solo cose belle, ma come tutti avrà la sua storia e non è detto che sia semplice come la immagino.

«Diciamo che il cinema era più tranquillo» replica sfrontato.

Questo lato di lui non è male, ho sempre apprezzato le persone che dicono quello che pensano.

«Sì, non posso darti torto.»

Io invece almeno con lui tendo a trattenermi, anche se Rick non è mai stato troppo invadente. Sinceramente non so perché mi comporti così, né di cosa abbia paura.

«Ti va di bere qualcosa?» mi chiede, ma proprio in questo momento sento il cellulare vibrare nella borsa. Dentro di me so chi potrebbe essere, lo so bene anche se l'ho perso di vista…

«Scusami un attimo» dico, prima di leggere.

Vieni in un posto con me?

I miei occhi ispezionano la stanza e mi arrendo quando lo trovo. Sembra che Damon decida anche questo.

Si fa vedere solo se lo vuole.

Serro le labbra, facendo emergere un sentimento che non conoscevo prima di lui.

Abbiamo entrambi compagnia…

Ho sempre provato a non giudicare le persone prima di conoscerle, a non essere scortese o malpensante, ma la mano di Piper sul ginocchio di Damon mi fa mettere in discussione la mia eduzione.

«Tutto bene?» mi domanda Rick. Mi limito ad annuire.

«Come trascorrerai la vigilia di Natale?»

In tutto questo caos avevo quasi dimenticato che giorno fosse domani. Damon mi distrae troppo!

«In istituto con le altre, ma sono felice perché ci sarà anche Corinne. La mia nuova amica» spiego. «E tu cosa farai?»

I suoi occhi si spengono, sembra triste.

«Ceno con i miei nonni.» Non aggiunge altro, e purtroppo io non riesco a prestargli la dovuta attenzione. Il cellulare vibra ancora.

Non gradita. Ti aspetto sul retro!

Faccio una smorfia. Damon sa essere arrogante anche con poche parole, e per questo mi impongo di ignorarlo e di continuare a parlare con Rick. Tuttavia, quando vedo Luke in lontananza, alzo la mano in segno di saluto. Lui ricambia, ma non mi sorride. Forse è ubriaco, stanco…

Ultimamente ci vediamo poco, ma non posso farmi paranoie anche su questo.

«Vado un attimo a salutare un amico» dico e mi alzo senza aspettare una risposta di Rick.

Gli sarò sembrata una maleducata, ma in fondo non sono costretta a trascorrere la serata con lui. Cammino tra la folla verso Luke, ma con la testa sono da tutt'altra parte. Quando raggiungo il posto dove era seduto prima, lo trovo vuoto.

Decido di lasciar perdere.

Sono in bilico tra ciò che è giusto e ciò che è sbagliato.

Damon non mi ha scritto altro, ma io cosa voglio?

Conosco bene la risposta e per l'ennesima volta non ascolto la ragione, che mi suggerirebbe di cercare Tate e Corinne.

Fuori fa freddo. L'aria gelida mi colpisce il viso come centinaia di schiaffi, ma questo non mi ferma, anzi.

La mia sicurezza inizia a vacillare quando non trovo Damon da nessuna parte.

«Ti fai attendere, principessa?»

Come sempre si nasconde nell'ombra per poi colpirmi con una delle sue frasi.

«Ciao...» sussurro, restando dove sono.

Damon mi fa battere forte il cuore ogni volta che lo vedo.

«Sei riuscita a liberarti di quel morto di...»

«E no!» Mi avvicino. «Non dirlo.»

Anche lui cammina nella mia direzione, e ci ritroviamo vicini, proprio come volevo.

«Lo sai anche tu.»

«Siamo solo amici» ripeto.

Ovviamente non ci crede.

«Andiamo.» Mi supera e io non posso fare altro che seguirlo.

La nostra destinazione mi piace, anche se non ci sono mai stata, ma è sempre bello restare aggrappata alle sue spalle sulla moto, quando mi conduce verso qualcosa di nuovo. Non c'è nessuno qui, a quest'ora, il che rende il posto ancora più magico e romantico. Sono sicura che Damon non la pensi allo stesso modo; uno come lui non potrebbe mai considerare romantico il porto di una città. Io invece sì.

L'infilata di barche a pochi metri da noi, la luna e le stelle che ci osservano dall'alto mi incantano. Lui invece ha smesso di parlare da quando siamo saliti sulla sua moto, e ora cammina incurante di me.

«Perché mi hai portata al fiume?»

Rompo il silenzio quando si siede su una panchina e sfila una sigaretta dal pacchetto rosso e bianco.

«E chi lo sa» replica, scrollando le spalle.

Sospiro, arrendendomi al non capire le sue iniziative.

«Ci starebbe un bel tuffo» dico, sedendomi al suo fianco.

«Inizia a spogliarti, allora.»

«Cretino» borbotto, pressando le labbra fra loro. «Fumi tanto.»

L'ho sempre pensato e non mi è mai piaciuto. Anzi, credo che questa sia l'unica cosa che non mi piace di lui. Fa male, ma non gliene frega niente e questo mi rende triste.

«Vuoi provare?» Sfila la sigaretta dalle labbra per avvicinarla alle mie. So che mi sta mettendo alla prova solo per dirmi che sono una bambina e una perfettina del... insomma, quello.

«Su, prova» sussurra, sfiorando le mie labbra con il filtro. Per istinto le dischiudo. «Ehi, ferma. Pensavi davvero che ti avrei fatta fumare?»

Mi guarda male, e io scuoto il capo.

«Ti diverte prendermi in giro?»

«Non sai quanto...»

I suoi occhi scivolano su di me, provocandomi imbarazzo.

Damon ha un modo tutto suo di osservare le persone. Mi piace pensare che con me sia diverso e che non guardi le altre allo stesso modo. Sono una stupida, ma a volte bisogna anche sognare.

«Vieni.» Si alza e io parlo senza rendermene conto.

«No, vuoi già andare via?»

Un sorrisetto increspa il suo viso. Lo trattiene mordendosi la lingua. Chissà cosa pensa di me, dei miei modi...

«Voglio farti vedere una cosa» dice. Quando succede, sono felice di averlo seguito.

In una zona più appartata dell'area portuale c'è un muro ricoperto di disegni di ogni colore. Sono belli, ma non quanto quelli di Damon.

Forse sono disorientata dai sentimenti che provo per lui, ma penso davvero che questo ragazzo abbia talento e che dovrebbe sfruttarlo.

«Non c'è nulla di tuo qui, vero?»

Lo guardo, mentre i suoi occhi erano già su di me.

«Non ancora.»

Si muove come se sapesse esattamente cosa fare, dove cercare quello che gli serve.

Anche qui, nascosta in una rientranza, c'è una scatola piena di bombolette spray. Come sempre la sua scelta ricade sul nero.

Arretro di un passo per lasciargli lo spazio e il tempo di esprimere sé stesso, e parlarmi senza usare le parole.

Le sue braccia si irrigidiscono e poi si rilassano mentre traccia linee, curve e ombre sull'unico spazio ancora immacolato.

E aspetto che finisca, curiosa più che mai.

Quindici minuti dopo, le sue braccia si allineano al busto e giungo alle sue spalle, non potendo più farne a meno.

«Mi sembra di averti appena conosciuto» sussurro. C'è un ragazzo, il suo volto è triste e piegato in una smorfia di pura sofferenza. Sta male, si sente piccolo e indifeso. Si sente attaccato dai giudizi degli altri, dalle persone che parlano, che urlano e che lo additano. È del tutto realistico. Sembra di vivere in quel disegno, ho la sensazione che quel ragazzo mi stia guardando, che mi stia chiedendo aiuto mentre troppi corpi lo avvolgono e lo soffocano con i loro pregiudizi e le loro cattiverie. Tutto quel nero mi rende triste, ma è bello, perché rappresenta appieno quello che sento mentre lo guardo.

Damon sa trasmettere tanto senza aprire bocca, e anche se proverà a sminuire tutto, so cosa mi sta chiedendo. Ho ascoltato la sua tacita richiesta di fidarmi di lui, di ignorare le dicerie sul suo conto, perché lui è diverso. Lui è come quel ragazzo che sembra sia sul punto di piangere, ma non lo fa. Mi si spezza il cuore perché vorrei abbracciarlo, ma so che lui non sarebbe d'accordo.

«È solo un disegno» dice grattandosi il mento. Pensa di essersi spinto oltre, ma io quell'oltre vorrei che lo raggiungesse con me.

«Trovo che sia stupendo, non ho mai visto qualcosa di più bello.» Cerco i suoi occhi. «Dovresti firmarlo, inventarti un logo, qualcosa del genere.»

Lui inarca un sopracciglio. «Prego, l'idea è tua.» Mi porge la bomboletta nera, ma io mi chino a prendere quella rossa. Con un pizzico d'imbarazzo traccio, in basso a destra, una D con dentro una K.

«Tu sei l'artista, ma il logo è una mia invenzione, quindi...»

«L'hai sbavato tutto» ride, sfilando quella bomboletta dalle mie mani. «Così è molto meglio» dice, vantandosi come suo solito. Ma gli è sfuggito un dettaglio che invece io ho notato.

«Sei molto bravo, te l'ho sempre detto» mormoro, avvicinandomi ancora «e lo sei anche con altri colori.»

Passa un attimo, poi comprende il senso delle mie parole, i suoi occhi corrono rapidi su quel piccolo logo, tutto nostro, e lo fissa come se ne avesse paura.

Sta per dire qualcosa, ma il cellulare lo anticipa segnalando l'arrivo di un messaggio.

La sua espressione cambia e non capisco cosa stia succedendo, fino a quando i suoi occhi non mi puntano di nuovo. Sembra furente, spaventato, fuori di sé. Stringe il telefono fra le sue mani come se volesse spaccarlo, respira a fatica, la sua mascella si tende prima di avviare una conversazione con chissà chi.

«Perché non me lo hai detto? Non dovevi indagare senza di me!» urla, e io sobbalzo per l'intensità della sua voce.

«Cazzo, lo sapevo, lo sapevo.»

Lo vedo camminare sul molo, una mano fra i capelli.

Vorrei fare qualcosa per lui, capire cos'è successo, ma quando mi avvicino e lui infila il telefono nella tasca dei jeans, ho la sensazione che qualcosa di molto brutto stia per accaderci.

«Cos'hai?» gli chiedo.

«Cos'ho?» Mi punta un dito contro. «Tu e la tua fottuta curiosità prima o poi mi ucciderete» sbotta, facendomi indietreggiare.

Non temo Damon, non in quel senso.

Lui non mi farebbe mai del male, ma ora sembra completamente fuori controllo.

«Di cosa... di cosa stai parlando?»

«Dimmi che quel tipo non saprebbe riconoscere la tua faccia!»

Le sue mani afferrano il mio viso con dolcezza, nonostante i suoi occhi racchiudano l'inferno. Non lo capisco, non capisco la sua reazione, né perché sembri arrabbiato e premuroso allo stesso istante. «Dimmi che il bastardo che ti ha sparato non ha visto il tuo viso.»

La sua sembra una supplica, ma non ne sono sicura.

«Dam io… ti avevo già detto che lui…»

«Cazzo.» Tira un pugno sul muro, dopo essersi allontanato da me.

«Ti prego, smettila.» Lo raggiungo e provo a fermarlo, ma lui è più forte, più arrabbiato, più… tutto.

«Tu non capisci.» Si volta e mi guarda come se dentro avesse il mare: potrei annegarci anche se solo provassi a bagnarmi i piedi. «Tu non capisci, non sai chi è quella gente. Non dovevi restare lì, non dovevi farlo anche se pensavi che fossi io. Devi restare lontana da queste cose.»

Mi sento incredibilmente in colpa per essere stata così stupida.

«Avete scoperto chi sono?»

«Non ha importanza, me ne occupo io» sbotta. Poi di nuovo afferra il mio viso accarezzando con i pollici le mie guance bagnate. Non mi ero accorta di stare piangendo. Il mio dolore non fa rumore, ma lui riesce a sentirlo.

«Mi… dispiace, non volevo crearti problemi.»

«Krys» sussurra, posando la fronte sulla mia. «Non piangere, non avrei dovuto urlarti contro» ammette.

Damon non ama chiedere scusa e non lo sta facendo, ma il solo fatto che abbia capito di avermi ferita mi rende più serena.

«Cosa succederà?»

Ho paura, lui non mi dirà nulla. Lo so.

«Me ne occupo io» ripete ancora. «Tu puoi stare tranquilla, ma…» cerca i miei occhi «se dovessi notare qualcosa di strano, me lo dirai. Intesi?»

Annuisco e mi rilasso fra le sue braccia quando mi bacia sulla fronte. Damon ha un modo tutto suo di dirti le cose, e in fondo mi sono innamorata anche per questo. L'unica cosa che non riesco a comprendere è il motivo per il quale solo ora sembra così preoccupato per l'eventualità che chi mi ha sparato possa riconoscermi.

40

Quella di ieri è stata una serata strana. In questi pochi mesi ho sentito tante dicerie sul conto di Damon. So che è stato in riformatorio, per un anno, per aver picchiato brutalmente un ragazzo. La gente parla, ma sono sicura che sa poco, proprio come me.

Ho sempre odiato i pregiudizi, ho sempre odiato le chiacchiere senza un fondamento, perché nella maggior parte dei casi dicono poco sulla persona interessata e tanto su chi invece ne spettegola.

«Ieri sei sparita!»

Inizio a pentirmi di questa strana alleanza fra Corinne e Tate, e vorrei che quest'ultima non pensasse di risolvere le cose fra noi, in questo modo. Ci tengo molto alla sua amicizia, e lei lo sa.

«Mi dispiace» ammetto. Mi sento colpevole per non averle avvisate e per averle fatte preoccupare.

«Devo prendere carta e penna?» mi domanda Corinne, convinta che io abbia molto da raccontare, ma per una volta voglio tenere per me quello che lui, a modo suo, mi ha confessato. Vorrei che mi parlasse più spesso attraverso i suoi disegni, che si sentisse libero di esprimersi con me come meglio crede.

Accetterei qualsiasi cosa per lui, tranne essere presa in giro.

Non lo sopporterei, ma non ho ancora il coraggio per porgli di nuovo quella domanda.

Cosa sono io?

Forse non lo sa nemmeno lui.

«In realtà non è successo nulla, abbiamo fatto un giro e poi mi ha riaccompagnato qui. Tu, invece?»

I suoi occhi si illuminano, e anche quelli di Tate.

Entrambe siamo curiose per questo inaspettato feeling con Thomas.

«Mi ha domandato fino a quando resterò qui» sussurra, mordicchiandosi il labbro. «Ha detto che vuole rivedermi.»

«In pratica le ha chiesto un appuntamento» interviene Tate, ma la rossa non sembra convinta. A detta sua, Thomas non le ha chiesto un appuntamento vero e proprio, e non sa se quel ragazzo facesse sul serio o se fosse soltanto ubriaco.

«A volte i ragazzi dovrebbero essere più chiari, su questo sono d'accordo» dico, e Tate ci ricorda molto gentilmente che siamo all'antica: alcune parole, fra i giovani, non vengono più usate.

Il momento tanto atteso arriva. Ho sempre adorato la cena della vigilia. Come al solito, io e le altre ne approfittiamo per mangiare tutto quello che durante l'anno non ci è concesso. La Red è sempre molto rigorosa, quindi quando possiamo sgarriamo alla grande.

«Dovremmo parlare» mi bisbiglia Tate all'orecchio, e io annuisco. Prima o poi questo momento doveva arrivare, e sono felice che abbia preso lei l'iniziativa.

Ci allontaniamo dalla grande sala con una scusa e andiamo a sederci sulle scale che portano alle stanze. Quando vivevamo a Londra, io e Tate avevamo un nascondiglio. Sono sicura che anche qui riusciremo a trovarne un altro.

«Voglio che tu mi racconti tutto dall'inizio» le dico. «Perché sei arrivata a tanto?»

Fa un lungo respiro. So quanto odia mettersi a nudo, parlare delle sue debolezze e dei suoi errori, ma non possiamo fare finta di nulla, non quando rischiamo di perdere una cosa importante come la nostra amicizia.

«Sono dipendente affettivamente da te.» Mi guarda. «Non te l'ho mai detto, ma negli anni, grazie anche alle sedute con lo psicologo, ho capito quanto tu sia importante. È paradossale, dal momento che ti tratto malissimo.»

Le sue parole mi fanno inumidire gli occhi, perché so di cosa sta parlando. Sono anni che veniamo seguite da professionisti che cercano di rendere meno amaro il nostro senso di abbandono.

«Da quando siamo arrivate a Manchester sento che ti sto perdendo, che ti stai allontanando, e questo mi fa paura. Persino la Morris ama di più te.»

«Ma cosa dici? Questo non è vero.» Le prendo la mano, e la stringo fra le mie.

«Alcune cose non le superi mai, Pallina. Potranno passare anni, diventerò grande e magari incontrerò anche l'uomo giusto.» Fa una risata amara. «Ma non supererò mai il fatto che i miei genitori non mi abbiano voluto e che non mi abbiano mai cercato.»

Per tutta la vita ci siamo sentite dire che a volte questa è la decisione migliore per dare una possibilità a un bambino di stare bene, che ci sono persone costrette ad abbandonare i propri figli e che, a modo loro, stanno facendo un gesto d'amore.

Sono d'accordo, non posso pensarla in modo diverso, ma è anche normale soffrire e avere paura di rivivere l'abbandono.

«Non ti dirò che c'è una soluzione. Anche per me è difficile, ma tu resti l'unica persona, al mondo, a cui affiderei tutto di me. Non devi mai dubitare di quello che ci lega, Tate. E quando stai male non cercare conforto in altro, perché nessuna distrazione, nessuna novità potranno spezzare quello che siamo.»

Tate non piange mai, si trattiene, si graffia il viso pur di non farlo. Un po' come ho fatto io negli ultimi anni; per questo, quando i nostri visi si bagnano per le nostre debolezze, mi viene da sorridere.

«Io sono qui sempre, e non esiste posto al mondo in cui io non proverei a trascinarti con me» le dico, accarezzandole i capelli.

«Ti voglio bene, Krystal. Non avrei dovuto farmi coinvolgere da Jared, sapendo che ti odia. Avrei dovuto fidarmi di più della nostra amicizia.»

Sentire quel nome accende un campanello d'allarme in me.

«Quindi, lui ti ha avvicinato oppure...»

«Sì, durante i giorni dell'occupazione» ammette con una punta d'imbarazzo. «Quel tipo è strano, vorrei capire perché ce l'ha con te.»

Vorrei capirlo anch'io, ma lo temo e non potrei mai avvicinarmi a lui per togliermi il dubbio. E Tate ne sta per aggiungere altri.

«In quei giorni l'ho visto litigare con Damon per una certa... Oddio, come si chiamava?» Fa una smorfia, poi si alza e urla più del necessario. «Charlotte. Ero in bagno, per sbaglio sono entrata in quello degli uomini e li ho sentiti litigare per una certa Charlotte.»

Questo nome non mi è nuovo, ricordo perfettamente dove l'ho visto e la reazione di Damon.

«Lui ha scritto il suo nome su una parete» sussurro, presa dallo sconforto. Ha definito quella persona come la sua vita, e questo mi rende triste, anche se non conosco il resto della storia.

«Cavolo, pensi sia la sua ex?»

«Non credo, lui ha detto di no, ma io non so nulla di lui, né dei suoi amici. Persino Luke sembra strano ultimamente» mi lascio sfuggire, e purtroppo la reazione di Tate alimenta le mie perplessità.

«Anche Jacob, in effetti. Ci siamo fidate di quei due sin dall'inizio, ma in fondo cosa sappiamo di loro?»

«Nulla» rispondo, e lei annuisce.

Tate ha ragione, abbiamo sottovalutato tante cose e dato per scontato rapporti che con il passare del tempo sono diventati sempre più ambigui.

La sera della vigilia porta con sé un'incredibile attesa. Attendiamo l'arrivo di qualcosa, della speranza, di un cambiamento o altro. Ogni anno ho sempre aspettato lo scoccare della mezzanotte: anche se ho smesso di credere a Babbo Natale da tempo, questa è una tradizione che continuo a tenere viva.

«Cosa stai facendo?» mi chiede Corinne.

Le è piaciuto molto il mio regalo, e a me il suo.

Non so quando potrò indossare quel vestito, ma è stupendo.

«Una stupidaggine, sta venendo maluccio» dico mostrandole un pezzetto di legno sul quale sto lavorando. «Dovrebbe essere un portachiavi.»

«Con dentro le vostre iniziali» sorride. «Sei proprio romantica.» Mi scompiglia i capelli, io invece mi sento stupida.

«Tanto non glielo darò mai.»

Lo nascondo nella tasca della felpa e lei mi guarda con rimprovero. Corinne crede in qualcosa a cui io non potrei mai credere. Mi farei troppo male, se continuassi a illudermi.

«Andiamo a letto?»

Annuisco, e mezz'ora dopo lei e Tate stanno dormendo.

Io sono nel mio letto, a fissare il vuoto, con il cellulare stretto nella mano e l'irrefrenabile voglia di fare qualcosa di molto stupido.

Buon Natale, Damon.

Nascondo il telefono sotto il cuscino, ma questo non annulla ciò che ho appena fatto. Un gesto simile gli risulterà infantile, potrebbe addirittura infastidirlo, ma non sono riuscita a trattenermi.

Quando il telefono vibra sotto la mia testa, il cuore prende a battere all'impazzata.

Sei talmente piccola che la rossa non mi permette di guardarti.
Stavo per incazzarmi quando ho pensato che non fossi qui...

«Cosa?» Mi metto a sedere nel letto, e per poco non urlo quando lo vedo seduto sul davanzale della finestra a fissarmi.

«Sei troppo silenzioso. Come fai? Sei un vampiro o qualcosa del genere?»

Mi trema la voce, ma non credo sia solo colpa dello spavento.

«Solo un ladro con molta esperienza, Margot.»

«Non possiamo stare qui.» Scendo dal letto. «Disturbiamo.»

Lui mi guarda, osserva i miei movimenti prima di incamminarsi verso di me. Non dovrebbe essere qui, nella stanza in cui le mie amiche stanno beatamente dormendo.

«Devo parlarti» dice serio, e io non ho nessuna intenzione di cacciarlo via.

«Vieni con me.» Afferro la sua mano, ma mi ritraggo subito quando me ne rendo conto. «Ecco... al terzo piano c'è una stanza libera, quella in cui ho dormito quando ero in punizione.»

Mi agito sotto i suoi occhi e mi vergogno per quello che indosso. Sono inguardabile, con questa felpa larga e rovinata.

«Allora fammi strada verso la tua vecchia cella.»

Con un cenno della mano mi invita a camminare, e purtroppo solo ora ricordo che non indosso i pantaloni.

«Non è una cella» replico, arrossendo all'istante.

Lui ride, ma per fortuna nessuna delle due si sveglia.

«Lo vedremo.» Poi mi supera e cammina lungo i corridoi come se conoscesse questo posto meglio di me. Damon mi mette in soggezione, ma la sua vicinanza mi rende anche estremamente tranquilla, come se, quando siamo separati, mi mancasse la parte più bella di me.

«Lì» sussurro quando arriviamo a destinazione.

Il nostro istituto è essenziale, modesto.

Non c'è più di quello che ci serve.

«Ho scoperto chi è stato a spararti.» Mi colpisce con questa affermazione, quando sono seduta sul letto. «Si tratta di uno degli uomini di Falcones. Non lo conosci, è il nemico del mio capo» sospira, come se si fosse già pentito di avermelo confessato.

«Come hai fatto a scoprirlo?» gli chiedo, stringendo le braccia sul petto. Lui si appoggia con le spalle al muro, dirigendo lo sguardo alla finestra.

«Siamo riusciti a ottenere le registrazioni delle telecamere della gioielleria. Dalla mattina, all'ora del tuo... incidente.» Fa una smorfia.

Una cosa non mi è chiara, e glielo faccio subito presente.

«Non dovrebbe averle la polizia, quelle registrazioni?»

Lui fa una risata, si dà una spinta prima di avanzare verso di me.

«Nessuno denuncerebbe i Falcones, anche se dovessero portarti via tutti i guadagni per settimane.»

Sono troppo ingenua per questo mondo.

Me lo ha sempre detto.

«Per ora non sono sulle tue tracce, ma...» Il suo indice preme sul mio naso. «Non devi uscire da sola, in zone che ancora non conosci. Può essere pericoloso.»

«Lo so, quel giorno ho perso la cognizione del tempo.»

«Me ne sono accorto, so tutto quello che hai fatto... grazie alle telecamere» spiega, con un sorriso sornione.

«Comunque, grazie.» Lo guardo, anche se la prossimità del suo viso inclinato verso il mio mi fa tremare le mani. Non immagina quanto potere abbia su di me, quanto sia importante vederlo, parlargli, passare del tempo con lui.

Si allontana, prima di prendere qualcosa dalla tasca dei suoi jeans.

«Questo è per te.»

Mi porge una piccola scatola blu, di velluto, estremamente elegante. Non so che dire, ma quando mi vede confusa afferra la mia mano e mi costringe a prendere la scatola.

«Apri» ordina, distogliendo lo sguardo. Se non lo conoscessi, direi che è agitato.

«Oddio, Dam… io… li avevo visti…»

«Lo so» ridacchia, passandosi una mano fra i capelli. «Quei video parlano, li stavi consumando con gli occhi.»

Sfioro con le dita il suo regalo, un paio di orecchini d'argento con al centro una gemma celeste. Me ne sono innamorata fuori dalla vetrina di quella gioielleria.

«Sono… Dio mio, non posso accettare.» Sgrano gli occhi, ricordando il prezzo.

«Perché? Non ti piacciono?» Con l'indice mi solleva il mento.

«Li adoro, sono stupendi, ma… costano tanto. Non me li merito.»

Lui fa una smorfia, e stringe un po' di più il mio mento fra le dita. «Non dire cazzate!»

«Ora il mio regalo sembrerà molto stupido» sussurro, con un filo di voce. Ho attaccato il portachiavi che ho fatto per lui a un mio bracciale. Provo a nasconderlo con la manica della mia felpa, ma il gesto non sfugge ai suoi occhi indagatori.

«Mi hai fatto un regalo?» Ne sembra sorpreso.

«Sì, ma… è davvero stupido.» Mi gratto la nuca; mi afferra per i fianchi, spezzandomi il respiro.

«Voglio vederlo. Ora» precisa, facendomi sorridere. Purtroppo non posso fare altro che assecondarlo. Mi sento in difficoltà, un po' bambina, un po' troppo romantica e illusa, quando gli mostro quello che ho fatto per lui.

«Non è venuto un granché, avevo solo un pezzo di legno e…»

«L'hai fatto tu?» chiede, sfilandomelo dalle mani.

«Già, dovrebbe essere un portachiavi» dico. Recupera le chiavi della sua moto dalla tasca dei pantaloni e sostituisce il vecchio portachiavi con il mio. «Sul serio ti piace?»

«Non lo userei, se non mi piacesse» risponde serio.

Mi sto illudendo troppo, molto più di quanto abbia fatto finora. Lui però dice qualcosa che mi fa storcere il naso.

«A Thomas piace la tua amica rossa. Organizza qualcosa per farli incontrare. Odio queste cose, ma se non te le dicessi mi righerebbe l'auto.»

Sono perplessa, decido di prendermi del tempo tornando a sedermi sul letto.

«Vuole chiederle un appuntamento?» chiedo, indossando il primo orecchino. Lui mi guarda, osserva ogni mio movimento come un predatore.

«No.» Fa una risata. «Un'allegra uscita tutti insieme, cosa pensavi?»

Lo guardo male, ma lui mi ignora.

«Be', mi sembrava strano che appartenesse a quella categoria» dico, con l'intenzione di colpire lui e non Thomas.

«Quale categoria?»

Si avvicina di nuovo, poi si china verso di me, spostandomi i capelli dietro le spalle. «Ti donano.»

«Ci sono due tipologie di uomini: i decisi e gli indecisi. Per la mia amica voglio il meglio.»

Damon solleva il mento in segno di sfida.

«Parli per esperienza?»

«Non serve averne molta, per capire certe cose.»

Stiamo giocando, lo so, ma in fondo gli sto anche dicendo il mio punto di vista. Entrambi stiamo fingendo di non capire; io non sto facendo il suo nome e lui non chiede chiarimenti in merito.

«E Nick a quale delle due appartiene?» bisbiglia, riducendo gli occhi a fessure.

Siamo così vicini che per la prima volta noto delle sfumature dorate nei suoi occhi.

«Oh, lui è molto deciso» mento, in parte. «Rick è sempre stato molto chiaro» continuo, anche se gli ho ripetuto fino alla nausea che siamo solo amici. Ma in questo momento Damon sembra così infastidito dalle mie parole da averlo dimenticato.

«Addirittura? E cosa vuole il bastardo da te?»

Resto incastrata nel suo sguardo di fuoco, ma non lo temo. Mi alzo e lo sfioro. Non so cosa mi faccia questo ragazzo, né perché io cambi e tiri fuori un lato di me finora sconosciuto.

«Questo.» Mi sollevo sulle punte, lasciando un casto bacio sulle sue labbra. Ne è sorpreso e lo sono anch'io. Ma sa come ribaltare la situazione, come comandare anche quando è con le spalle a muro.

«Quindi…» sospira, avvolgendo i miei fianchi «mi stai dicendo che quello stronzo vuole baciarti.» Annuisco. «E lo sa che lo ammazzo, se ci prova?»

«Perché dovresti?» Lo sfido, e lui odia essere messo in difficoltà.

«Dormo qui» dice, di punto in bianco, indietreggiando. Lo ammiro mentre si toglie la maglia, gettandola in un angolo della stanza. Solo Damon può cambiare le cose in un attimo.

«Va bene» sussurro. Vorrei capire cosa lo blocca, ma non ho voglia di litigare con lui proprio la notte di Natale.

«Non li togli?» Indica il suo regalo, dopo avermi fatto infilare, prima di lui, sotto le coperte.

Siamo strani noi due: non siamo niente e abbiamo paura di baciarci, eppure amiamo dormire insieme e abbracciarci quando non ne siamo consapevoli.

«Lo faccio sempre con le cose che mi piacciono, sin da bambina» confesso. E anche a lui sfugge qualcosa.

«Come Charlotte» dice, poi sospira. «Mia sorella.»

«Non sei costretto a dirmi altro.»

A volte mi stupisco di me stessa. Sono la persona più curiosa al mondo, ma con Damon riesco a rispettare i suoi limiti.

Non mi risponde, e so di aver fatto la cosa giusta.

«Cosa farai l'ultima notte dell'anno?» gli chiedo per smorzare la tensione.

«A proposito di questo.» Tossisce, prima di cercare il mio viso nella penombra. La luna ci illumina, e mi piace. «Sto per confessarti una cosa molto importante, Krys, e stavolta non puoi deludermi.»

La premessa mi spaventa.

«Quella notte io e i ragazzi abbiamo un lavoro molto importante.» Distoglie lo sguardo. «Rapineremo la banca più importante di Manchester e… preferirei che tu restassi qui. Succedono sempre casini durante quelle ore e... non voglio distrazioni» dice. Poi torna a guardarmi, ma io sono ferma alla prima frase.

Rapineremo la banca più importante di Manchester.

«Cosa? No, non puoi fare una cosa simile! Rischi di farti arrestare.»

I miei occhi si riempiono di lacrime che non riesco a trattenere.

«Abbiamo un piano, non devi preoccuparti.» I suoi lineamenti si addolciscono, ma solo per un attimo, perché poi torna serio come sempre. «Conosco la tua amica bionda, sicuramente proverà a trascinarti a qualche festa. Rifiuta o... fai in modo che non sia in quella zona. Intesi?»

Chiudo gli occhi per frenare altre lacrime...

«Damon, il tuo è un suicidio. Quella è una banca, non puoi... non puoi rischiare tanto.»

Sospira e vedo le sue mani muoversi verso il mio viso, poi cambia idea.

«So quello che faccio, credimi. Ma se sarai lì attorno, non te lo perdonerò mai.»

Sussulto in questo letto che ora odio perché conosce un segreto orribile come questo.

«Dico sul serio, Krystal. Non venire, non cercarmi quella notte perché... non posso distrarmi e... mi deluderesti molto, se ficcassi il naso in una cosa simile. Non è uno scherzo.»

Non riesco a calmarmi, né ad accettare quello che vuole fare, ma so di non avere alcun diritto di intromettermi. Vorrei dirgli tante cose, vorrei confessargli la mia paura di perderlo e i miei sentimenti per lui, ma ora sarebbe sbagliato, quindi faccio l'unica cosa che posso fare. *Perché io non voglio deluderlo.*

«Te lo prometto, Damon. Non sarò là attorno.»

Serro le labbra per non farle tremare. Lui sfiora il mio viso, prima di trascinarmi contro il suo petto e coprire entrambi con un piumone blu come il cielo.

«Okay» sospira, baciandomi i capelli. «Buon Natale anche a te, piccola Krystal.»

Nonostante tutto, questo è il migliore di sempre.

41

Da quella notte non faccio altro che pensare alle parole di Damon e a quello che farà a breve. Il trentuno dicembre è domani e io non sono pronta. Non voglio perderlo: ho paura che stavolta sia diversa dalle altre e che lui non se ne sia reso conto. Ovviamente non ne abbiamo più parlato e l'unico motivo per cui ci siamo scritti si trova proprio di fronte a me.

Corinne è agitata, mentre Tate le fa provare almeno una decina dei suoi vestiti. Sono contenta che fra loro due sia stato raggiunto un certo equilibrio, ma i pensieri mi allontanano ancora una volta, trascinandomi in scenari a cui non dovrei pensare.

Se dovessero arrestarlo ne morirei.

Non so il perché di un gesto così folle.

Forse il suo misterioso capo non gli ha dato scelta, e questo me lo fa odiare ancora di più. So davvero poco del lavoro di Damon, oltre quello che accidentalmente ho scoperto, ma sono sicura che dietro ci sia molto altro e che sia molto più brutto di quanto si possa immaginare.

«Questo o questo?»

Corinne attira la mia attenzione mostrandomi due vestiti neri. Sono praticamente identici, ma non ho il coraggio di farglielo notare. Ci tiene molto a questa «allegra uscita di gruppo», come l'ha definita Damon, e il pensiero di rivederlo mi fa battere forte il cuore. Da quello che ho capito, Thomas ha usato il suo telefono per messaggiare con me, proprio perché non voleva rendere questa uscita un appuntamento. Non ho commentato, e ho messaggiato con Thomas tranquillamente. Anche se, in certi momenti, ho avuto l'impressione di parlare con qualcun altro.

Per il resto non ho notizie di Damon, non so nulla dalla notte di Natale, ma non mi separo dal suo regalo neanche quando faccio la doccia. Mi tranquillizza sfiorare quegli orecchini, soprattutto quando non riesco a addormentarmi.

«Quello di destra» le dico e lei mi guarda scettica.

«Sei strana, sicura che vada tutto bene?»

Annuisco e mi perdo a fissare Tate, che continua a gironzolare per la stanza alla ricerca della borsa perfetta.

«E tu cosa metterai? Dovresti iniziare a prepararti!»

Corinne non mi ha creduta e continua a indagare, ma io non potrei mai tradire la fiducia di Damon raccontando loro la verità.

«Il tuo vestito, credo che questa sia l'occasione giusta.» Le sorrido e abbandono finalmente il letto nel quale mi sono crogiolata per troppi giorni.

«Perfetto, non vedo l'ora.» Mi accarezza il viso e mi guarda fino a quando non sparisco in bagno.

Corinne mi conosce da poco, ma ha già capito tutto.

Non ho mai pensato che Thomas fosse un romantico, ma quando tre ore dopo arriviamo fuori dalle porte del locale resto davvero perplessa per la scelta. Ragazzi e ragazze già ubriachi, chi urla, chi spinge e chi…

Insomma, speravo in qualcosa di più semplice e di meno incasinato, ma mi sbagliavo. Ho paura che in questa bolgia infernale non si respiri, ma le ragazze mi trascinano e ben presto mi imbatto nei capelli spettinati di Jared e nella sua espressione costantemente corrucciata. Non è un bel segnale, soprattutto quando ci vede a sua volta e sorride in modo diabolico alla mia amica. Tate lo ignora, ma io non posso dimenticare quello che ha fatto.

«Ehi, ragazze!»

Ecco Thomas, bello e sorridente. Inizio a rilassarmi.

Lui sì che è un bravo ragazzo, l'unico che non ha provato a farmi del male da quando ci conosciamo.

«Ciao» lo saluto, e quando si avvicina per darmi due baci sulle guance gli sento sussurrare un «arriverà».

Non voglio crearmi illusioni. Non è la nostra serata, perché noi due non ne avremo mai una.

«Vi va di sedervi con noi?» continua Thomas, e mi viene da sorridere quando noto le guance di Corinne tingersi di rosso.

«Patetici.»

Guardo Jared. Mi aspettavo un commento simile da parte sua.

«Il fatto che tu ce l'abbia con me senza un motivo, non vuol dire che tu debba offendere anche la mia amica.»

Non so da dove venga fuori questo coraggio, ma non gli permetterò di sabotarla, solo perché ha una strana fissazione nei miei confronti.

La sua occhiataccia dovrebbe spaventarmi. Invece, per la prima volta, quando ci guardiamo negli occhi sento che Jared non è cattivo come sembra.

«Il mondo non ruota attorno a te, ragazzina» sbotta. Poi se ne va, dopo avermi dato una spallata.

«Cosa ti ha detto?»

Mi volto.

«Ciao Damon» sussurro. «Nulla di nuovo.» Scrollo le spalle per stemperare la tensione, mentre il suo sguardo corre ai miei lobi.

«Li togli almeno quando fai la doccia?»

Le sue dita mi sfiorano la guancia, e mi perdo nei suoi occhi, pieni di qualcosa a cui non posso dare un nome.

«No.» Sorrido. «Neanche in quel caso.»

«Bene» replica, sfregando le mani fra loro.

Vorrei sapere se è pronto per quello che deve fare, se ha paura, se ha cambiato idea, ma so che rovinerei questo momento. Non voglio litigare con lui, non ora.

«Tu come stai?» gli chiedo, non potendo farne a meno.

È una domanda banale, di cortesia, che potrebbe fargli qualsiasi persona, ma Damon è diverso e con lui anche queste semplici cose sono rischiose.

«Bene» risponde senza aggiungere altro, e quando Thomas ci invita a seguirlo a un tavolo distoglie lo sguardo dal mio. Si avvia senza aspettarmi.

Sospiro. Non voglio sembrare opprimente, ma non posso farci nulla se ho paura di perderlo.

La mia agitazione certo non migliora con l'arrivo di una cameriera che prende le ordinazioni e guarda Damon come se volesse consumarlo con gli occhi.

«Quella tipa vuole essere sbattuta da te» dice Jared, dando una pacca sulla spalla dell'amico, e io distolgo lo sguardo anche se Damon non commenta. Sono consapevole di quanto piaccia, so che in questo locale potrebbero esserci diverse ragazze con cui è stato. Purtroppo nei bagni di scuola la gente parla, e ricordo perfettamente quello che alcune di loro hanno detto sul suo conto.

Ne sono gelosa, ma è una cosa stupida. Lui non è mio, non lo è mai stato e il fatto che sia attratto da me non vuol dire che voglia soltanto da me quello che altre potrebbero dargli. Io sono l'ultima arrivata, quella inesperta. Nient'altro.

Presa da questi pensieri mi isolo, fino a quando qualcuno mi calpesta un piede. Damon mi è seduto di fronte in tutta la sua bellezza, e mi scruta prima di aprire bocca.

«Nuovo?» dice, indicando con un cenno del capo il mio vestito.

«Sì, è un regalo di Corinne.»

Sostengo il suo sguardo, incapace di mollarlo.

«Capisco.» Scende con gli occhi fino a dove gli è possibile.

«Domani sera cosa farete?» chiede Corinne.

La nostra attenzione ora va a lei, che ha appena posto una domanda molto scomoda per questi tre ragazzi.

Thomas guarda Damon, sembra dispiaciuto per la risposta che è costretto a dare.

«Una cena in famiglia, nulla di che.» Scrolla le spalle, e Damon annuisce.

«Oh, capisco...» Ne è delusa e non immagina quanto mi dispiaccia vederla così. «Noi invece andremo a ballare, dopo la mezzanotte.»

«Dove?» le chiede Damon. È la prima volta che le rivolge la parola.

«A noi piace un locale in centro, ma Krystal insiste per portarci da un'altra parte. Però è troppo lontano, non credo sia il caso» replica, facendomi una smorfia.

Ho provato a dire loro che non avevo alcuna voglia di uscire, ho persino provato a convincere la Morris che in serate simili è tutto più pericoloso, ma Tate e Corinne mi hanno presa a cuscinate quando l'hanno scoperto.

Non voglio rovinare il loro divertimento, ma... temo anche per la loro incolumità.

«Magari potreste raggiungerci dopo...»

«Ci proveremo» dice Thomas, accennando un piccolo sorriso.

Poi cambiano argomento, e io faccio un lungo sospiro. Questa situazione non mi piace, odio le bugie e odio ancora di più quello che i ragazzi faranno fra poche ore.

«In che zona si trova l'altro locale?»

Alzo lo sguardo e noto che Damon mi sta guardando. Sembra più nervoso di prima, anzi oserei dire che è arrabbiato.

«Ricordi il rave? Ecco, credo nei dintorni.»

«Allora tu non esci!» ringhia sottovoce. «Sai bene che quello è un posto di merda, ci siamo già stati» spiega, passandosi una mano fra i capelli. Sembra voglia strapparseli.

«Tu sei pronto per domani? Non hai paura?»

Mi lancia un'occhiataccia torva per aver spostato l'attenzione su altro, ma voglio davvero conoscere le sue emozioni.

«Sai come la penso, ho un piano. Non parliamone.» Sbuffa, afferrando in modo rude il bicchiere che la cameriera ha appena posato sul tavolo.

«Non devi fingere che vada sempre tutto bene. Sei umano anche tu.» Mi tremano le mani mentre parlo e lui lo nota.

Fa un respiro profondo e per un attimo distoglie lo sguardo dal mio. «Non sto fingendo.»

Con i piedi cerca i miei, li cattura, li stringe.

Mi viene da ridere.

«Cosa stai facendo?»

I suoi occhi contengono una luce nuova, molto più brillante. Come se il mio sorriso lo facesse stare bene, ma questo non è possibile e lo so.

«Andiamo» sussurra. Poi afferra la mia mano e mi invita ad alzarmi sotto lo sguardo perplesso dei presenti.

«Dove mi stai portando?» gli chiedo, ma la risposta che ottengo quando entriamo in un bagno e mi spinge contro il muro vale più di mille parole.

Le sue labbra si schiacciano sulle mie con urgenza, come se attraverso la mia bocca potesse respirare rubandomi ossigeno. Mi perdo in quest'attimo di follia inaspettato, che mi ridà la voglia di combattere per quello che sento per lui e con lui.

Mi aggrappo alla sua maglia e ansimo vergognosamente per le sue mani che mi stringono scendendo fino ai miei glutei. Non l'ha mai fatto, non mi ha mai toccata lì, e non gli ho mai visto perdere il controllo in questo modo. Mentre si strofina su di me, esplora la mia bocca come se fosse una casa che vuole fare sua.

«Dam» gemo, e non lo fermo quando mi solleva il vestito.

«Non devi avere paura, piccola.» Mi sfiora le gambe, coperte solo da calze nere, poi mi solleva.

Mordo le sue labbra come se fossero il mio frutto preferito e mi lascio andare a una supplica.

«Non andarci. Ti prego.»

«Non chiedermelo, Krys. Non chiedermelo» soffia, prima di assaltare il mio collo con morsi e baci languidi che mi scombussolano lo stomaco. In questo momento potrei anche morire fra le sue braccia e sarei felice lo stesso. Quando mi guarda negli occhi, non ho più dubbi. Io lo voglio e lui vuole me, ma questo passa in secondo piano perché qualcuno bussa con una certa insistenza alla porta.

«Sono Jared. Devo parlarti, è urgente.»

Poso la fronte sul suo petto, lo sento respirare pesantemente. Sono ancora aggrappata a lui.

«Quanto urgente?» ansima, poi mi bacia sulla testa.

Amo la nostra intesa, questo perfetto momento di intimità.

«Per te molto, credimi» replica Jared. Poi sentiamo i suoi passi allontanarsi e torniamo con i piedi per terra.

«Spero lo sia davvero» borbotta sottovoce aiutandomi a sistemare il vestito sui fianchi. Questo gesto mi imbarazza, ma mi lusinga anche. Damon ha un modo tutto suo di prestarmi attenzione.

Quando usciamo dal bagno, mano nella mano, sento ancora i suoi occhi su di me.

«Tutto bene?» domanda, ma non ho il tempo di rispondere.

«Che puttana! Con me facevi tanto la preziosa.»

Il pugno di Damon plana sullo zigomo di Jacob, e io non posso fare nulla per fermarlo. Il mio ex barcolla. È ubriaco, e la sua risata sguaiata mi provoca brividi lungo la schiena.

«Non azzardarti mai più, bastardo. Ti conviene.»

Jacob continua a guardarci con un'espressione di scherno, anche quando lo sorpassiamo e andiamo via.

Sono sconvolta, ma soprattutto delusa.

Gli volevo bene, ormai lo consideravo un amico.

«Io...»

«Te l'avevo detto che era uno stronzo» sbotta Damon, facendo scrocchiare le dita. Odio la violenza, ma odio anche saperlo ferito, nonostante i suoi modi.

Non replico, anche perché è vero. Lui ha sempre provato a mettermi in guardia su Jacob e non gli ho mai creduto. Provo sempre a dare una seconda possibilità alle persone, ma con il mio ex finisce qui.

Quando torniamo dagli altri, noto che Jared ci guarda in modo strano, ma non come le altre volte. Sembra preoccupato.

«Non andartene, ti riaccompagno io dopo» mi dice Damon.

Annuisco mentre si allontana con il suo amico.

Damon

Ho le mani serrate a pugno, mentre mi faccio largo tra la folla con alle calcagna Jared, che vorrei ammazzare per averci interrotti. Ho ancora sulle labbra il suo sapore e nelle orecchie i suoi gemiti.

Se continuo a pensare a lei, so già che tornerò indietro per stringerla a me e per portarla via da questo posto di merda. Krystal fa svanire la mia lucidità; la accarezza con le sue mani e poi la sotterra come se nulla fosse. La bacerei di continuo, toccherei e leccherei la sua pelle per ore senza mai stancarmi. Il modo in cui il suo corpo reagisce al mio mi manda fuori di testa, e quelle calze me le sognerò stanotte.

Lo so, non ho dubbi.

Poi penso a Jacob, alle sue parole e al modo in cui l'ha guardata. La rabbia aumenta, soprattutto perché non ho ancora capito il motivo per cui Jared ci abbia interrotti.

«Spero sia davvero urgente» gli dico, a pochi passi dall'uscita.

«Per te sì, a me non importa un cazzo.»

«Parla! Cos'è successo?» Quando lo guardo in faccia, capisco che non mente.

«Ho visto quei due. Sono qui e potrebbero riconoscerla.»

«Cosa?»

Mi si gela il sangue nelle vene, quando metto a fuoco quello che mi ha detto. Il bastardo che ha sparato a Krystal è qui, in compagnia del suo complice.

«Perché mi hai fatto allontanare da lei?»

Lui mi rifila un'altra occhiataccia, più torva della precedente.

«Per dirti di portarla via, idiota.» Mi strattona. «Thomas ora la sta tenendo d'occhio, ma non potevo dirti una cosa simile davanti alle altre. Sapevo come avresti reagito.»

Per un istante mi sento in colpa per aver dubitato di lui. Conosco Jared da sempre e ci siamo sempre sostenuti in tutto.

«Non credo siano qui per lei» continua «ma è meglio se non la vedono.»

«Già.» Odio pensare che dei bastardi potrebbero farle del male se dovessero riconoscerla, e odio l'idea di essere in parte responsabile di questa cosa.

Krystal è dannatamente curiosa, ma io non dovevo permetterle di legarsi a me tanto da stare male pensando che possa accadermi qualcosa. Non sono uno stupido, sono consapevole dei pericoli a cui vado incontro con i miei amici.

«Domani non sono ammessi errori, Damon. Trascorri pure la serata con la tua amichetta, ma domani...»

«Jared, chiudi la bocca! Non devi dirmi niente.»

«Quei soldi ci servono. Tua sorella ha bisogno dell'operazione.»

Lo so, so bene per cosa sto rischiando tutto, per questo non ho paura. Lo faccio per lei, per la persona più importante della mia vita, in modo che possa vivere la sua dignitosamente.

«Ci vediamo domani.» Lo guardo. A modo mio lo sto ringraziando per avermi avvisato della presenza di quei due, ma lui sa che non lo farò a voce.

«Va bene, ci vediamo nel pomeriggio. Zero distrazioni, Dam» mi ricorda ancora.

Devo tornare da Krystal. Ho bisogno del suo profumo, di un contatto con lei per non spaccare tutto. Quando la vedo, seduta dove l'ho lasciata, tiro un sospiro di sollievo.

La affianco e le appoggio un braccio sulle spalle.

«Tutto okay?» mi chiede, e vedo che è già arrossita per il mio gesto.

Questo non è niente.

La mia mente è molto più perversa di quanto possa immaginare.

«Sì, andiamo?» Mi sono appena seduto, ma voglio andare via il prima possibile.

Dopo aver salutato le sue amiche e Thomas con un bacio, la scorto fino all'uscita con le mani piantate sui suoi fianchi.

Mi piace toccarla proprio lì, soprattutto quando sono alle sue spalle. All'improvviso però si blocca e si volta verso di me.

«Cos'hai?» le chiedo. Nei suoi occhi leggo paura, e non mi piace.

«Rientriamo, ti prego. Lì fuori ci sono…»

Non deve aggiungere altro, purtroppo so di cosa sta parlando. Avrei voluto che non li vedesse. Odio non poter far nulla per tranquillizzarla.

«*Sssh*, ci sono io.» La stringo al petto, quando quei bastardi passano al nostro fianco. Non l'hanno vista, ma questo non mi tranquillizza. «Andiamo, non preoccuparti.»

D'istinto le prendo la mano.

Il pensiero di non essere adatto a lei mi turba così tanto da farmi chiudere in me stesso, dopo che siamo saliti in auto. Non parlo, ignoro completamente Krystal. So dove voglio portarla. Sono una continua contraddizione, sto sbagliando e anche tanto, ma non riesco a darci un taglio.

Poi è lei a parlare, formulando la domanda più sbagliata possibile.

«Piper sa cosa fai nella vita?»

Non capisco il perché di questa curiosità e forse neanche lei, visto che inizia ad agitarsi al mio fianco. Non le ho mai parlato di Green, per cui non può sapere che Piper…

«Qualcosa.»

«E sa di domani?»

Non mi piacciono gli interrogatori e la piccoletta ha deciso di mettere alla prova la mia pazienza. Mi sto innervosendo.

«Qualcosa.»

Sono uno stronzo.

So che avrebbe preferito un'altra risposta, ma non è da me.

«Ho capito» sbuffa. Se non fossi così infastidito, mi verrebbe da ridere.

«Perché queste domande? Cosa ti importa di lei?»

La guardo, ma i suoi occhi sono puntati sulla strada. Quando ci si mette, Krystal sa essere davvero strana.

«Era solo una curiosità, tranquillo» sbotta.

«In ogni caso sono cose che non ti riguardano» le dico, e non perché sto difendendo Piper. Di lei non me ne frega niente, ma è necessario mettere un limite alla curiosità di questa ragazza che non ha ancora capito chi sono e cosa faccio. Sono sicuro che nella sua testa sono una specie di eroe glorioso, non immagina quanto marcio ci sia nella mia vita.

«Non volevo essere invadente.»

La sua vocina fa accendere in me qualcosa. E temo che prima o poi mi distruggerà.

Non le rispondo, non la rassicuro sul mio rapporto con Piper, perché Krystal non sa quello che mi lega a lei. Me ne vorrei liberare, ma ora non posso e non so quando ci riuscirò.

Tuttavia non ho intenzione di rinunciare a un'ultima sera con lei, perché so che potrebbero non essercene altre.

Quando arriviamo sotto casa mia, Krystal si guarda intorno. Non si aspettava che la riportassi qui, ma ora voglio fare solo quello che sento di dover fare.

«Spero ti piacciano gli horror» le dico, poi scendo dall'auto e non la aspetto. Mi trattengo dal ridere quando la sento correre alle mie spalle, poi la guardo ed è ancora imbronciata come una bambina.

«Vuoi guardare un film?» mi chiede perplessa. Se non la conoscessi penserei che aveva in mente altro; non perdo l'occasione per metterla in imbarazzo.

«Krystal, non pensavo fossi così maliziosa. Cosa volevi fare?»

Le sue guance si tingono di rosso, poi mi colpisce sul petto con le mani aperte, dopo che le ho pizzicato il naso con le dita.

42

Krystal

Ho il cuore in gola e mi tremano le gambe.

Anche se sono stata qui solo una volta, mi sembra di conoscere bene questo posto. Casa sua mi piace, mi dice qualcosa di lui senza che debba indagare.

Quello che è successo nel bagno del locale mi rende nervosa. Non so fino a che punto mi sarei spinta, ma so che sarebbe stato molto difficile fermarlo perché lo voglio, perché sento che con lui sarebbe giusto.

«Vuoi qualcosa da bere?»

Sono seduta sul divano, con ancora la giacca addosso. Temo di dire qualcosa di sbagliato. Non so cosa mi sia preso quando gli ho chiesto di Piper. Purtroppo la temo e ne sono gelosa. Ed è innegabile il legame che Damon ha con lei, che sembra conoscerlo meglio di chiunque altro.

«No, grazie» rispondo.

Dopo un attimo mi raggiunge con una birra fra le mani. Fa partire un film. Spero non sia davvero un horror, ma Damon è abbastanza stronzo da ignorare la mia espressione di sgomento quando una musichetta inquietante si diffonde nella stanza.

«Vuoi traumatizzarmi» borbotto, adagiandomi contro lo schienale del divano dopo aver tolto la giacca.

Lui fa una risata con quelle labbra piene e rosse che un'ora fa mi stavano divorando. Devo smetterla di pensarci e devo evitare di fare la figura della stupida con lui. Per un attimo però mi lascio intristire dall'idea che possa aver portato qui altre ragazze, prima di me.

«Sei proprio una fifona» dice allungando i piedi sul tavolino. Quando ci provo io, scoppia a ridere.

«Smettila! L'hai messo lontano solo per prendermi in giro.» Gli do una spinta, che ovviamente lo fa divertire ancora di più.

«Non è colpa mia se sei una nana. Questa casa è adatta alle mie dimensioni, non alle tue» dice in modo allusivo, e anche se potrebbe essere un commento privo di doppi sensi arrossisco ugualmente. Damon sa come mettermi in difficoltà, ma in questo momento sembra solo un normale ragazzo della sua età e non una persona con addosso un carico di problemi enorme. Nasconde tanto dolore, ne sono certa. Vorrei aiutarlo a portarne il peso.

«Hai freddo?»

Il suo tono cambia. Lo guardo e mi piacerebbe entrare nella sua mente per capire a cosa sta pensando.

«Un po'» rispondo. Trattengo il fiato per le sue mani che, dopo aver preso una coperta che era piegata vicino a me, indugiano sul mio corpo.

Cala il silenzio, c'è tensione nell'aria e sussulto quando al protagonista del film sparano. Penso al ragazzo al mio fianco. Vorrei parlargli delle mie paure per domani, ma so che non gli farebbe piacere. Così mi dedico all'ennesimo argomento ostico, perché ferma e zitta proprio non so stare.

«Com'era il riformatorio?»

Sento il suo respiro spezzarsi, i suoi muscoli tendersi e la mia ansia aumentare.

«Grigio.» Mi sorprende rispondendomi. Poi i suoi occhi mi puntano, e aggiunge: «Cosa ti hanno raccontato?»

Non è tranquillo. L'argomento non gli piace, ma il fatto che stia cercando di non chiudermi fuori mi fa piacere.

«Tate mi ha detto che hai picchiato un ragazzo, e che lui ha rischiato di morire. In realtà questa storia l'ho sentita anche da altri, ma qualcosa non mi torna.»

Le sue labbra si atteggiano a una smorfia, ma le sue dicono altro.

Mi afferra per i fianchi e mi fa scivolare sulle sue ginocchia. Mi piace, anche se non c'è malizia, ma solo voglia di stare vicini. Damon ha un modo di fare tutto suo. Non è il classico ragazzo che ti tocca solo per un motivo, o almeno non lo è con me.

«E tu non hai paura di queste dicerie?»

È come se mi stesse studiando, come se avesse bisogno di capire le mie intenzioni. Mi ha sempre detto di non fidarsi di nessuno e credo che anche con me le cose non sono diverse. Non riesce a capire il motivo per il quale gli sto accanto accettando determinate cose di lui.

Razionalmente non saprei spiegarlo.

Emotivamente lo so bene.

Io sono innamorata di Damon Cooper, ma è un segreto che devo continuare a custodire nel mio cuore.

«Non ho paura di te, se è questo che mi stai chiedendo» dico posando la guancia sul suo petto. Trattiene il fiato, mentre gli sfioro il palmo della mano. «Certo, sei un po' incivile e arrogante. Soprattutto quando getti qualcosa a terra e scavalchi le persone che sono in attesa del proprio turno in mensa.»

Il suo petto vibra, e una scarica di felicità mi percorre.

«Pensi che queste siano le uniche cose sbagliate che ho fatto nella vita? Saresti un'ingenua.»

Torna serio, infastidito come ogni volta in cui accenno alla percezione che ho di lui.

«Non so se tu abbia fatto quello che dicono» cerco i suoi occhi, ora spenti e vuoti «ma non sei un mostro. Non sei una cattiva persona e so che dentro hai tanto da dare, anche se non tutti riescono a vederlo.»

«Scusami, devo fumare.»

Prova ad alzarsi, e io mi sposto dalle sue gambe per permetterglielo. Mi dispiace che non abbia apprezzato le mie parole. Non pretendo la verità, ma odio la scarsa considerazione che ha di sé stesso. Damon si detesta, forse si odia, e mi fa male il cuore perché penso davvero quello che gli ho detto. Vorrei che anche lui lo pensasse, che si desse il giusto valore.

«Forse è meglio se mi riaccompagni» sussurro. Lo guardo mentre si distrugge con un'altra sigaretta. Sembra che voglia sempre punirsi, che stia pagando per un errore imperdonabile, ma resta un libro chiuso.

Un libro che non vuole essere sfogliato.

«Puoi restare qui.» Mi blocca con occhi così sfacciati, così belli, così incasinati. «Ti riaccompagno all'alba. La tua padrona non si accorgerà di nulla.»

Evito di contestare il modo in cui ha chiamato la Morris, e mi concentro sul fatto che mi vuole qui con lui. Non so cosa fare. Anzi, sì: voglio trascorrere la notte con lui, perché la paura di perderlo mi fa fare cose che non dovrei.

La Morris non me lo perdonerebbe mai, mentre io non perdonerei me stessa se dovessi rinunciare a qualcosa che voglio intensamente.

«Va bene, resto.» Getta la cicca oltre la finestra e si trattiene dal canzonarmi per la mia espressione contrariata. Poi tende la mano nella mia direzione e io la afferro.

Non gli chiedo di dormire nella stanza degli ospiti, non provo a stargli lontana perché non è quello che voglio, ma distolgo lo sguardo quando si sfila la maglia e me la passa dicendo che va in bagno.

Sa di buono, sa dell'unico ragazzo a cui darei ogni parte di me. Perché sento che è giusto anche se farà male, anche se lui mi farà male.

Quando torna, con i capelli ancora bagnati per la doccia, io sono già sotto le coperte del suo letto. Ora indossa solo dei boxer neri.

«Quindi domani andrai a ballare.»

Le nostre teste sono posate sullo stesso cuscino, ma entrambi stiamo fissando il soffitto.

«Credo di sì.»

«Preferirei di no» ribatte, e si gira con tutto il corpo nella mia direzione.

«Anch'io. Non mi piace molto, ma sai Tate com'è fatta.»

Mi giro a mia volta. Mi piace la vicinanza dei nostri nasi e delle nostre labbra.

Mi attira a sé con un abbraccio, e io poso una mano sul suo petto, all'altezza del cuore.

«Allora non ballerai con nessuno.»

Gli sorrido. «Ti piace dare ordini, Dam?»

«Hai fatto una promessa, Krystal.» Mi guarda seriamente e so che il momento dei giochi è finito. Non credo di aver mai letto tanta fermezza nei suoi occhi.

«Anche tu. Mi scriverai un messaggio quando… sarà tutto finito.» Deglutisco e abbasso il viso per nascondergli le mie paure.

Poi mi solleva il mento e mi bacia sulle labbra. «Sai cosa rischi se ti presenti lì.»

La sua è una dolce minaccia, ma so che perderei la sua fiducia se lo facessi.

«Non puoi baciarmi ogni volta che vuoi, Cooper. Lo sai questo?» Arriccio il naso e ridacchio, quando me lo morde.

«Non sono uno che chiede il permesso, soprattutto per una cosa del genere» sussurra accarezzandomi le braccia. Il suo tocco è come una droga molto potente, ormai non posso più farne a meno, come non posso più fare a meno di quello che ci lega.

«Sei così audace con tutte?»

Rischio, mi spingo oltre perché con lui non riesco a controllarmi e anche se so di rischiare un litigio lo sfido.

«Krystal.» Mi stringe i fianchi. «Se avessi voluto solo scoparti, l'avrei già fatto.»

Le sue parole non mi offendono, nonostante la loro volgarità, perché riesco a scorgere un significato più profondo in esse.

«E cosa vuoi?» Sostengo il suo sguardo mentre inizia ad accarezzarmi una gamba.

«Oltre quello?» Si morde le labbra, poi torna ai miei occhi e mi sento a casa. «Non manderei tutto a puttane solo per qualcosa di fisico, non con te. Ora dormi, fra non molto dobbiamo svegliarci.»

Non voglio chiudere gli occhi, voglio continuare a parlare con lui, ma sono troppo timida per farlo.

Sospiro e appoggio la guancia sul suo petto.

«Quando avrai finito quella cosa… verrai a prendermi?»

«Se riesco, sì.» Mi stringe.

«Devi riuscirci.» Mi aggrappo a lui, che ovviamente non mi risponde.

Lo odio e lo amo un po' di più per avermi scelta in mezzo a un mare di persone.

43

Damon

Siamo pronti da mesi, abbiamo studiato tutto nei minimi dettagli e non sono consentiti errori. Anche un piccolo sbaglio potrebbe compromettere tutto, persino la nostra vita, e io non sono disposto a fallire, non quando la salute di mia sorella dipende da me. I posti in clinica scarseggiano, quei soldi mi servono per pagarle un'operazione decisiva. Voglio che torni a camminare, che abbia almeno la speranza di poterlo fare, ma per questo occorre essere ricchi e noi non lo siamo mai stati. Sono un ragazzo di strada, che sa come funziona la vita da queste parti. Il classico tipo che non puoi presentare ai genitori.

Ma in realtà la situazione è ancora più grave: non sono un semplice teppistello, sono un delinquente in piena regola. Un ladro, uno spacciatore e uno degli uomini di Green. Il suo nome fa tremare tutti, o almeno quelli che sono abbastanza furbi da sapere di doversi tenere alla larga.

Sono seduto in questo furgone bianco, circondato da borsoni ancora vuoti che spero di riempire fino a farli scoppiare.

Non siamo degli sprovveduti.

Sappiamo a cosa stiamo andando incontro e sappiamo anche come evitare quello che potrebbe bloccarci.

Thomas è un esperto di computer, sarebbe stato un ottimo hacker se avesse deciso di fare soldi per conto suo. Invece ha scelto di aiutare me, alle spalle dell'uomo più potente di Londra. Green non approverebbe mai questa follia, lui non sa di me nulla oltre lo stretto necessario. Non gli ho mai parlato di Charlotte o di mia madre, perché so che potrebbe ricattarmi tramite loro.

«Nessuna distrazione» ripete Jared guardandomi negli occhi, poi distoglie lo sguardo e scuote il capo. Ultimamente è strano, ma ora non posso pensarci. Se qualcosa dovesse andare storto non me lo perdonerei mai, e non solo per Charlotte.

Piper

La delusione, la rabbia, il senso di tradimento mi stordiscono.

Damon Cooper mi è sempre piaciuto; io e lui abbiamo sempre avuto una certa intesa, soprattutto a letto. Ci capivamo e non avevamo bisogno di parlare, perché quando tutto finiva sapevo cosa fare per continuare ad attirare la sua attenzione.

Da quando quell'orfanella è comparsa nelle nostre vite qualcosa è cambiato, e non in meglio. La odio. La odio perché non amo restare in panchina, perché vuole prendersi ciò che è mio, e l'idea che Damon possa essere attratto da una ragazzina insulsa mi fa perdere la ragione.

Li guardo nel furgoncino bianco in cui sono nascosti e l'angoscia mi pervade, quando penso a quello che vuole fare a mio padre. Non potrei mai restare con le mani in mano mentre lui prova a fotterci, anche se conosco il perché.

Un tempo Charlotte era la mia migliore amica, la sorella che non ho mai avuto, il legame più sincero e puro della mia vita. Poi qualcosa è cambiato, e ora sono costretta a reprimere i miei sensi di colpa per non avere ripensamenti. Damon è stato chiaro. Non vuole la ragazzina fra i piedi stasera, a modo suo vuole proteggerla da sé, ignaro della presenza di un nemico molto più pericoloso. Dobbiamo liberarci di lei, è un ostacolo troppo fastidioso, e so bene cosa fare per allontanarli definitivamente.

Resto nascosta in auto, e trattengo il fiato quando li vedo entrare.

Hanno poco tempo.

Mi è stato detto che il colpo si deve concludere in diciassette minuti al massimo e li conto, a uno a uno, secondo dopo secondo, finché un rumore acuto mi costringe a tapparmi le orecchie. Ma a quel punto loro sono già fuori, corrono verso il furgone con i borsoni fra le mani. Quando la polizia giunge sul posto, sono già lontani.

Sono pronti a festeggiare la loro vittoria, e io sono felice che ci siano riusciti, ma la vera festa inizia domani.

Krystal

Ripiego il vestito che avrei dovuto indossare stasera e lo ripongo nell'armadio. Ho ancora di fronte agli occhi le espressioni deluse delle mie amiche, quando ho finto di stare male. Mi dispiace, ma non sarei riuscita a trascorrere del tempo con loro in un locale senza rischiare di sentirmi male.

L'ansia mi impedisce di respirare bene, da un'ora non faccio altro che camminare nella stanza in attesa che il telefono squilli. Non l'ho mollato per un solo istante; più volte sono stata tentata di scrivere un messaggio, ma non posso. Devo fidarmi di lui e sperare che si faccia sentire il prima possibile.

Mi infilo a letto con ancora il telefono fra le mani, posato sul cuore. Dopo poco sobbalzo per i fuochi d'artificio di fine anno.

«Auguri, Krystal» borbotto, e imito un brindisi solitario con la tazza di camomilla fumante che è sul comodino.

Due ore dopo, nulla è cambiato. Damon non si è ancora fatto sentire e a me viene da piangere. L'idea che possa essere stato arrestato, o peggio ancora ferito, mi fa inumidire gli occhi.

Darei qualsiasi cosa per avere sue notizie e stavolta non resisto.

Tutto okay?

Spero che risponda quanto prima. Io ho mantenuto la mia promessa, e lui dovrebbe mantenere la sua.

Non può essere successo qualcosa di brutto. Mi fido di lui, non lo avrebbe mai permesso.

Tre giorni dopo non ho ancora ricevuto nessun cenno da parte di Damon, ed è solo grazie a Corinne se ho saputo che i tre sono vivi e vegeti. Non so se lei sappia la verità, anzi sono sicura che Thomas non le abbia raccontato nulla, per cui ho dovuto raccontare alle mie amiche di aver avuto un banale litigio con Damon e che presto ci chiariremo.

Ma tra di noi il dialogo non è mai esistito, soprattutto quando si irrita per chissà quale assurdo motivo. Avrei potuto scrivergli un altro messaggio, o chiamarlo, ma la tristezza si trasforma in rabbia, e non riesco a gestirla.

Ho rifiutato l'invito di Corinne e Tate a trascorrere un pomeriggio di shopping con loro, ma questo ovviamente la Morris non lo sa. Ho promesso che al ritorno racconterò tutto, ma non sono sicura che ne avrò le forze, mentre marcio spedita alla fermata dell'autobus che mi porterà a casa sua.

Voglio affrontare Damon, dirgli che è stato brutto da parte sua comportarsi in questo modo, che sono stata male per lui, che non ho dormito per tre giorni e che da allora mangio pochissimo. Voglio che veda nei miei occhi la delusione per essere stata ignorata come se non valessi niente. Forse è così, ma voglio che me lo dica in faccia una volta per tutte.

Tuttavia, quando Thomas apre la porta e mi vede, sembra sul punto di sentirsi male.

«Krystal...» balbetta, guardandosi subito alle spalle.

«C'è Damon? Devo parlargli.»

Il suo sguardo è incerto, sembra che voglia mettermi in guardia, ma io voglio vederlo, a prescindere da tutto.

«È in camera sua...»

Mi lascia entrare.

«Ho detto che non dovete disturbarmi.»

La porta è aperta; tiro un sospiro di sollievo quando lo vedo chino sulla scrivania con una valanga di scartoffie fra le mani. «Thomas, chiudi quella dannata porta...»

Si gira. Le sue labbra restano dischiuse per qualche secondo, i suoi occhi si sgranano, poi le mani iniziano a tremare.

«Dam» riesco a dire.

«Cosa ci fai qui?» sbotta alzandosi.

Resto paralizzata per i suoi modi, per il suo tono e per le sue parole intrise di veleno.

«Tu... sei sparito. Mi avevi detto che mi avresti scritto...»

Avanza verso di me, mi si ferma di fronte. Mi mette una mano sul collo come se volesse farmi del male, ma allenta la presa appena ci guardiamo negli occhi.

«Che faccia tosta! Puoi anche andartene, ragazzina!»

«Ma di cosa stai parlando?»

Mi supera e va nel salone, dove ci sono i suoi amici.

Io lo seguo, perché sono confusa, stupida, innamorata...

«Non prendermi per il culo. Sparisci!»

Apre la porta di casa come un chiaro invito, ma io continuo a non capire.

«Dam...»

«Ho detto che devi andartene» urla, afferrandomi per il braccio. Solo adesso Thomas interviene, mettendosi fra di noi.

Inizio a tremare, mi viene da piangere, e perdo ogni speranza quando Jared inizia a ridere.

«L'abbiamo saputo, ragazzina. Lui te l'aveva detto, che non ti voleva lì.»

«Jared, smettila» ringhia Thomas, mentre le prime lacrime mi bagnano il viso. Nonostante questo, ho la forza di riscuotermi.

«Non è vero!» Cerco Damon. In tutto questo caos, continuo a cercare lui. «Ero in istituto, non sono nemmeno uscita con le ragazze! Ho aspettato un tuo messaggio per tutta la notte.»

La sua mascella si tende. Guarda male Thomas, che continua a dividerci. Lo sposta, poi si abbassa alla mia altezza e mi guarda come se fossi un rifiuto.

«Le tue bugie non mi incantano. Ci vuole altro per fottermi. Ti hanno vista. Sparisci e vattene a fanculo.»

La freddezza del suo tono mi colpisce, ma la delusione è più forte.

«Chi? Chi mi ha visto, Damon?»

D'istinto guardo Jared, che continua a godersi lo spettacolo come se nulla fosse. Odio avere pregiudizi, ma c'è qualcosa, in questa stanza, che non mi convince.

«Non ti riguarda. Fuori!» urla ancora, e io non posso accettarlo.

Ho il cuore rotto, perché anche quando mi allontana da lui continua a guardarmi negli occhi. È in questo momento che capisco che è finita, e che io non potrò mai fare parte del suo mondo.

Sono sempre stata il nulla per lui, ora lo so.

«Non ti ho mentito» gli dico, mentre mi chiude la porta in faccia.

Quando vedo le ragazze non ho modo di trattenermi. Il dolore mi penetra fin dentro le ossa. La cosa peggiore è che non posso e non voglio raccontare loro quello che è successo, ma mi limito a dire che, qualunque cosa c'era tra me e Damon, è finita.

Fa male dirlo, perché avevo iniziato a crederci. Avevo iniziato a credere alle sue mani scrupolose e attente, ai suoi baci passionali, al suo senso di possesso nei miei confronti, ma era soltanto un castello di sabbia. Il mio rapporto con lui si è sgretolato alla prima difficoltà, e questo mi fa comprendere quanto fosse debole.

Non ho capito chi gli abbia mentito sul mio conto, ma mi basta sapere che lui non mi ha dato neanche il beneficio del dubbio. Non si fida, non si fiderà mai, anche se io avrei fatto qualsiasi cosa per lui.

«Mi dispiace dover andar via proprio ora, ma ricomincia la scuola» dice Corinne, stringendomi in un abbraccio.

Il suo rapporto con Thomas va alla grande, si sono baciati e lui le ha promesso che andrà spesso a trovarla.

Sono felice per loro, lo sono davvero.

«Ci vedremo presto» replico accennando un sorriso, cosa molto rara da vedere sul mio volto negli ultimi tempi.

«Tutto si risolverà.» Accarezza il mio viso; a questo però non rispondo, perché penso che stavolta sia diverso.

Anch'io sono delusa, ma a Damon non importa.

Il momento che più temevo è arrivato. Ho sempre amato la scuola, ma da quando ho iniziato a frequentarla qui a Manchester qualcosa è cambiato.

Sono in mensa, seduta al solito posto. Rick mi sta parlando, ma non riesco a prestargli attenzione.

«Non ti è arrivato il mio messaggio, a Capodanno?»

Sì, mi è arrivato, ma ero così in ansia in quelle ore da non riuscire a badare ad altro.

«Non avevo credito, scusami.» Sforzo un sorriso.

Oggi ho visto Damon in compagnia di Jared e Thomas, ma ci siamo ignorati. Sembra di essere tornati indietro, a quando io e Tate ci nascondevamo nei corridoi per parlottare dei ragazzi più temuti della scuola.

«Tranquilla.» Posa una mano sulla mia, e subito mi irrigidisco. «Mi conviene chiederti dal vivo questa cosa, se non hai credito...»

Suppongo che non se la sia bevuta, ma non mi giustifico.

«Certo, dimmi pure.»

«Sei mai stata a un concerto?»

Il suo sorriso è sincero. Rick è un ragazzo solare, trasmette positività, ma in questo momento non riesco a farmi contagiare.

«Mai.»

«Ti andrebbe di venire con me a quello degli One Direction?»

«Cosa?»

Non ci posso credere. Io adoro Harry Styles, e non ho mai immaginato di poterlo vedere dal vivo.

«Ho sentito bene? State parlando di Harry Styles?»

Tate si siede al mio fianco. Lei ne è praticamente ossessionata. Per questo, quando Rick dice di conoscere qualcuno che può procurargli dei biglietti, lei ne approfitta per intromettersi.

«Devi farci un po' di sconto. Siamo tue amiche» dice.

Rick non sembra entusiasta della sua presenza, io da morire, perché non ho alcuna voglia di trovarmi in situazioni scomode.

Anche se spero che Rick ricordi che siamo solo amici.

«Certo, nessun problema» borbotta, grattandosi la nuca.

«Grazie, Rick.» Lo guardo con riconoscenza e lui annuisce, un po' titubante.

Ed è proprio in quel momento che lo vedo. I suoi occhi incrociano i miei per pochi secondi. Si dicono qualcosa senza esserne consapevoli.

«Quindi, passo a prendervi con l'auto.»

Rick posa un braccio sulle mie spalle, e solo allora mi ricordo della sua presenza. Però noto qualcosa in lui che non mi piace.

«Perché stai guardando Damon?»

«Lui stava guardando te con una certa insistenza» risponde piccato. Vorrei dirgli che non sono affari suoi e che dovrebbe ricordarsi che siamo solo amici, ma non ne ho la forza.

«Tate, io non resto per i corsi pomeridiani» dico, poi mi scrollo Rick da dosso, senza aspettare la reazione di nessuno dei due.

Odio quest'atteggiamento tipicamente maschile. Io non sono un oggetto da reclamare, né un territorio di cui marcare i confini. Rick è gentile e non mi dispiace trascorrere del tempo con lui, ma a volte fa cose che mi infastidiscono.

Arrivo alla fermata dell'autobus che piove, e come sempre è in ritardo.

«C'è lo sciopero.»

Trasalisco al suono della sua voce.

Sembra passata una vita dall'ultima volta.

«Ah, non lo sapevo» sussurro. «Grazie.»

Faccio per allontanarmi, ma Damon mi segue con la moto a passo d'uomo.

«Vuoi un passaggio?»

Sì.

«No, grazie» borbotto, e la sua mascella si tende come se si stesse trattenendo dall'aprire bocca.

Continuo a camminare sotto la pioggia, e lui a seguirmi.

«Cosa vuoi?» sbotto.

«Dovrei essere io quello arrabbiato, signorina. Quindi calmati.»

Damon sa tirare fuori il peggio di me.

«Infatti io non sono arrabbiata, ma delusa.»

Noto che si fa scuro in volto, così continuo. Sono sempre stata per il dialogo. Se questa dovesse essere l'ultima volta che parliamo, voglio che conosca la mia versione.

«Non valgo il tempo di una spiegazione?»

«So già tutto. Non metto in dubbio la parola di un amico per te!»

Commette un errore, e conferma la mia ipotesi.

«Quindi Jared ti ha detto che io ero fuori da quella banca…»

Mi guarda male, conscio di essersi sbilanciato. Non è da lui, perché ha sempre tutto sotto controllo.

Allora mi fermo, poso le mani sul manubrio della moto e lo guardo negli occhi.

«Damon, io ho mantenuto la mia promessa. Ora scegli tu a chi credere.»

Quando faccio per allontanarmi, lui afferra nuovamente le mie mani e si alza, sovrastandomi in altezza.

«Perché dovrei credere a te? Dammi un motivo» mi sfida.

«Perché non ti tradirei mai.» I suoi occhi sono attraversati dall'incertezza e la mia voglia di verità aumenta. «Chi ti ha detto che ero lì?»

Respira a fondo; è teso, confuso.

Non sa cosa fare, poi sbotta. «Piper, è stata Piper. Lei non sapeva della rapina, non poteva saperlo e...»

Quasi come se fosse stata richiamata, appare alle sue spalle.

«Tesoro, che succede?» Gli sfiora il braccio, ma a me non sfugge l'agitazione nei suoi occhi.

«Non toccarmi» ringhia Damon, mentre in me si accende la fiamma della rabbia. Voglio che lui sappia la verità, voglio che lei ammetta di averlo ingannato.

Mi avvicino con le braccia incrociate sul petto.

«Piper, dove mi hai vista di preciso?»

Si volta, si fa beffe di me con un solo sguardo. «Dam, perché glielo hai detto? Non lo vedi quanto è stupida?»

Il suo tono è cambiato. Piper non balbetta mai e questo disorienta il ragazzo al mio fianco.

«L'hai vista davvero, Piper?»

Il momento della verità è arrivato, ma il suo cellulare ci interrompe. Qualcosa nello sguardo di Damon muta. Si allontana da noi e inizia a parlare.

Vedo che sorride, i suoi occhi non sono mai stati così luminosi.

«Ci vediamo presto, piccoletta» gli sento dire alla persona con cui sta parlando. A quel punto scappo, perché mi rendo conto che sto combattendo per lui inutilmente.

44

Damon

Dopo aver ricevuto da Charlotte la notizia più bella che potesse darmi, mi sono reso conto che Krystal era andata via.

Non mi è piaciuta la sensazione che ho provato quando non l'ho trovata.

Ora sono a casa con Thomas, e non faccio che pensare al modo in cui mi ha guardato mentre mi diceva che era sincera, che non mi avrebbe mai tradito e che aveva rispettato la promessa.

Solitamente non mi faccio fottere, so riconoscere i bugiardi, ma lei… non sembrava che mi stesse mentendo.

«Dai, Dam. Jared non farebbe mai una cosa simile.»

Thomas prova a rassicurarmi, ma poi aggiunge qualcosa che mi getta nel dubbio.

«Anch'io penso che Krystal non sia una bugiarda. Potrebbe trattarsi di un equivoco.»

Non ne sono convinto. In situazioni simili non c'è spazio per un banale errore, così la rabbia aumenta insieme al terrore di aver fatto un'enorme cazzata. Accusarla sulla base del nulla è stato sbagliato, lo so, ma sono impazzito quando tramite Jared sono venuto a sapere della sua presenza fuori dalla banca.

«Insomma Dam, non me la sento di accusare nessuno. Neanche Piper. Però se viene fuori che Krystal è innocente, per te è un casino.»

«Non ricordarmelo» stringo le mani a pugno. «Jared in quel caso farebbe una brutta fine.»

Lui scrolla le spalle, ma sa che non gli perdonerei mai una cosa simile, soprattutto perché non capisco il motivo per il quale lui sembri odiare quella ragazza.

«Quindi è vero? Ti sei preso una cotta per Krystal?»

Mi guarda.

«Non paragonarmi a te, che da quando hai conosciuto la rossa sembri un cagnolino smarrito.»

Devo fumare, ho la necessità di riflettere, ma Thomas ha deciso di provocarmi.

«Non c'è nulla di male, ma se lei non ti piace» mi prende in giro «non ti dispiacerà sapere che se ne andrà a un concerto con quel… Rick. Me lo ha detto Corinne.»

«Cosa?» Riduco gli occhi a fessure, e lui sghignazza per l'idiota che è. «Quando?» domando, ma la porta di casa si apre e Jared fa la sua comparsa. Devo prima risolvere questa questione, e poi capire perché Krystal intende andare a un concerto con quel coglione di Nick.

«Perché non me lo hai detto? Ho dovuto saperlo da Piper, che si è liberato un posto per Charlotte.»

Jared mi conosce bene, eppure in questo momento sembra che non sappia come sono fatto. Conosce alla perfezione il mio carattere e il rapporto che ho con mia sorella, per cui il suo atteggiamento mi fa mettere sulla difensiva.

«Perché non sono cose che ti riguardano e tu non dovresti parlare di Charlotte con Piper» ringhio come un leone in gabbia. Sa quello che è successo quella notte e quello a cui ho dovuto rinunciare per non peggiorare la situazione.

«Piper non è una minaccia!»

Commette un errore, e lo sa.

Piper è la figlia di Green, e non deve neanche sospettare quello che abbiamo fatto. Possibile che Jared questo non lo abbia capito? Il mio sesto senso mi fa avvicinare a lui. Mi sembra di avere di fronte un perfetto estraneo.

«Guardami negli occhi» dico. «Non mi hai tradito, vero?»

«Ma cosa dici?» sbotta, poi inizia ad agitarsi come fanno i bugiardi. «Siamo amici da tutta la vita, non dovresti mettere in dubbio me per una qualsiasi.»

Continuo a osservarlo, a studiare la sua reazione, e non mi piace quello che vedo perché, purtroppo, ancora prima di sentirlo ho già capito tutto.

«Jared…» Anche Thomas si avvicina. Non credo di averlo mai visto così serio. «Piper ha davvero visto Krystal, quella sera, o ve lo siete inventato?»

Mi tremano le mani, e anche la terra sotto i miei piedi inizia a vacillare. Mi sento sbagliato, oltre che tradito; sento di aver commesso uno degli errori più grandi della mia vita, anche se può sembrare che esageri. A me non dovrebbe fregare nulla di Krystal, né di aver dubitato di lei o di averla ferita; eppure, mentre Jared farnetica, penso solo che voglio fargli molto male.

«Rispondi» urlo, spingendolo contro il muro.

I suoi occhi diventano lucidi. «L'ho fatto per te, okay? Avevamo bisogno di quei soldi e tu ultimamente eri troppo distratto. In fondo ti ho fatto un piacere, lo sai anche tu che prima o poi l'avresti scaricata come fai con tutte.»

E allora tutto crolla, tranne il mio muro che si fortifica ancora di più. Guardo Jared e non ho neanche voglia di prenderlo a pugni; non sento le parole di Thomas, che inveisce contro di lui, né una serie di scuse e giustificazioni che non servono a nulla.

Poi la rabbia torna, sovrasta lo shock per essere stato ingannato da un fratello.

«Lei non c'era! Lei non è venuta e tu mi hai fatto credere che…»

Lo prendo per il collo, e deve ringraziare Thomas se poi lo lascio.

«Tu non l'hai mai capito» urla Jared, tossendo. «Sono innamorato di Charlotte da una vita, e quando l'ho vista in quell'auto, sporca di sangue, al fianco di quel bastardo, io… cazzo, Dam, io non sono riuscito a controllarmi…»

C'è fumo ovunque.

Non riesco a vedere nulla, ma quando ci riesco penso che avrei preferito non farlo.

Una macchina capovolta, Charlotte inerme fra le lamiere, sangue ovunque e non so che fare. Sono paralizzato. C'è chi prova a tirarla fuori, ma lei dorme, e spero che questo significhi soltanto che così non sentirà dolore.

Mi guardo intorno, in cerca di Jacob.

Lui è un mio amico, e in tutto questo inferno penso anche a lui. Poi lo sento, il rumore di ossa che si rompono, grida disumane, imprecazioni e Dio sa cos'altro.

Corro verso i miei amici, verso Jared che continua a sferrare colpi sul viso di Jacob. Lo fermo prima che affondi una scheggia di vetro nel corpo inerme del biondo.

«Che cazzo fai?» Lo tiro via per le spalle. «Lo hai ammazzato?»

«L'ha tradita con Piper, era ubriaco... Ha perso il controllo dell'auto» farfuglia. «Cazzo, la polizia! Dobbiamo andare.» Si alza, ripulendosi le mani sporche di sangue sui jeans.

«Non possiamo lasciarlo qui. Merda, che cazzo hai fatto?» urlo.

«Andiamo Damon, stanno arrivando.»

No, penso, io non posso abbandonarlo.

«Vai tu, ci penso io» dico, ma non avrei mai potuto immaginare che nessuno avrebbe creduto che stavo davvero tentando di salvarlo.

«So di aver sbagliato, Dam.» China il capo. «Ma da quando c'è quella ragazza, tu trascuri Charlotte!»

«Non osare parlarmi in questo modo.» Lo spingo ancora.

Devo allontanarmi, altrimenti rischio di commettere qualcosa di cui, forse, non mi pentirò.

«Dopo quello che ho fatto per te, non dovevi tradirmi così» sussurro, perché la delusione è tanta ed è un sentimento che io non riesco a gestire.

Non ho mai permesso a nessuno di scalfirmi l'anima, ma Jared ha scoperto i miei punti deboli e li ha usati contro di me, come un vigliacco.

Krystal

Trattengo il respiro mentre Tate chiude la cerniera del mio vestito.

Non sono mai stata a un concerto e questo mi provoca una certa agitazione, ma sono anche molto curiosa.

«Ti farà bene uscire con Rick» mi dice, fissandomi nello specchio.

«Non sto uscendo con Rick, ci sarai anche tu» mormoro, perché purtroppo so bene che non basterà una semplice serata in amicizia per cancellare quello che sento. Sono delusa e amareggiata, ma il sentimento predominante è la tristezza. Mi dispiace per il modo in cui sono finite le cose fra me e Damon, e nonostante lui non mi abbia creduto né cercato, c'è ancora una parte di me che vorrebbe quantomeno dirgli la verità. Non vorrei mai che pensasse di essere stato tradito da me, ma probabilmente ha già voltato pagina e non si ricorda nemmeno chi sono.

«Va bene, come vuoi. Dai, scendiamo. Rick ci sta aspettando.» Mi sorride, ma quando usciamo dal portone il mio respiro si spezza.

Non lo vedo da troppo tempo, e mi è mancato da morire.

«Ehm, Rick ci sta aspettando» borbotta Tate, provando a trascinarmi verso l'auto del nostro amico, che ora mi guarda come se gli stessi facendo un torto.

Si avvicina, fermandosi di fianco a Damon. Io mi sento in bilico, perché la testa mi induce a guardare da un lato, il cuore dall'altro.

«Krystal, faremo tardi» dice Rick, porgendomi la mano.

«Devo parlarti» si inserisce Damon, avanzando di un passo nella mia direzione. Dovrei ignorarlo e godermi la serata con Tate e Rick. Dovrei ricordare il modo in cui mi ha trattata quando mi sono presentata a casa sua, o quando, fuori dalla scuola, mi ha piantato in asso per parlare al telefono con un'altra.

«Ora non posso, abbiamo da fare.» Tento di sorpassarlo, ma lui afferra il mio polso e lo stringe fra le dita.

«Ho bisogno di cinque minuti, solo cinque minuti.» Mi guarda negli occhi e mi destabilizza.

«Krystal, dobbiamo andare» insiste Rick, che con la sua insistenza inizia a infastidirmi. Sto sbagliando, lo sto facendo ancora, ma quando le dita di Damon mi accarezzano il polso non resisto.

«Solo cinque minuti» dico, liberandomi dalla presa. «Tate, Rick, aspettatemi in auto.»

Poi mi incammino verso un albero nel giardino dell'istituto. Devo controllare le mie emozioni, combattere contro di loro se necessario, perché stavolta non posso permettere a Damon di fare come gli pare. Mi ha ferita, e anche molto, ma sono curiosa e voglio sapere cosa ha da dirmi.

«Mi servono più di cinque minuti» inizia, ma io lo stoppo.

«Non posso, ora non ho tempo.» Incrocio le braccia sul petto, dove cade il suo sguardo nonostante io indossi un cappotto. Mi fa sentire nuda anche con venti strati di lana addosso; c'è qualcosa nel suo sguardo che mi fa tremare.

«Perché devi uscire con quel coglione? Okay, la smetto» sospira, quando faccio per andarmene. «La smetto» ripete «ma è una cosa importante e non voglio minimizzare.»

Mi mordo le labbra per il nervoso; lui è sempre enigmatico e so che anche a me non bastano cinque minuti per capire cosa gli frulla per la testa.

«Di cosa stai parlando?»

Lui distoglie lo sguardo e si prende qualche secondo. Quando inizia a parlare, so già che non mi piacerà.

«Avrei dovuto crederti. Jared ha confessato di essersi inventato tutto. Si è messo d'accordo con Piper per farci litigare, per... allontanarci.» Fa una smorfia, ma io non sono sorpresa. In cuor mio sapevo già chi era il responsabile della carognata. Quello che mi fa male è sapere che lui a me non ha dato neanche il beneficio del dubbio.

«Avresti dovuto, ma a quanto pare la mia parola non conta molto.» Lo supero. «Lasciami andare, spostati.»

«Aspetta, Krys. Devi ascoltarmi.» Mi posa le mani sui fianchi, ma il suo tocco non mi fa bene come le altre volte.

Ora mi infastidisce.

«Tu lo hai fatto? Mi hai ascoltato quando ti supplicavo? No, non ci hai neanche provato. Io ero colpevole e basta. Quindi, se permetti, ora sono io quella che non intende ascoltare. Buona serata, Damon.»

Non so come sono riuscita a dire tutte queste cose senza scoppiare a piangere, ma la situazione si complica quando lui mi segue e mi afferra di nuovo sotto lo sguardo perplesso dei miei amici ancora seduti in auto.

«So di aver sbagliato, per me non è mai stato facile fidarmi. Vieni con me, ti spiegherò tutto» sussurra, afferrando il mio viso fra le sue mani a coppa. Se non conoscessi Damon, penserei che sta per supplicarmi. Ma io devo andare, devo mettere il cuore in un cassetto e ricordare le sue parole. Non ci cascherò di nuovo, anche se, quando lo allontano e salgo in auto, ho già iniziato a piangere.

Damon è riuscito a rovinare anche una cosa bella come il mio primo concerto.

Negli ultimi giorni non ho fatto altro che pensare a quanto sarebbe stato emozionante ascoltare Harry Styles dal vivo. Invece, mentre sono seduta tra Tate e Rick, la mia mente è ancora ferma al suo tocco, alle sue parole e ai suoi occhi mentre cercava di aprirsi con me. Mi ha parlato di fiducia e della sua difficoltà di accordarla agli altri. Solo ora mi rendo conto che una confessione simile non me l'aveva mai fatta.

Le prime note di *Sweet creature* risuonano nell'aria; è una delle mie canzoni preferite, ma non riesco a godermi il momento.

«Scusatemi, torno subito.» Mi alzo e corro via per evitare che mi vedano frignare come una bambina. Ma sto male, non riesco a dimenticare quello che è successo, quello che abbiamo vissuto e soprattutto quella frase.

Jared e Piper volevano dividerci. Perché?

Perché pensano che sia un problema, dal momento che Damon e io non siamo niente?

Lui ha la sua vita e le sue priorità, tra cui non rientro. Questa consapevolezza mi colpisce come un pugno nello stomaco.

Mi appoggio a una ringhiera di ferro, anche da qui riesco a sentire le parole di Harry, e voglio che mi accarezzino l'anima e che mi aiutino a credere in me, in quello che sono. Da quando sono arrivata a Manchester, in molti hanno provato a farmi sentire sbagliata, come se i sentimenti fossero un difetto.

Chiudo gli occhi, ma non riesco a trattenere le lacrime.

Sweet creature
Had another talk about where it's going wrong
But we're still young
We don't know where we're going
But we know where we belong

«Quel tipo l'ha scritta per te?»

Sobbalzo, quando due mani si posano sui miei fianchi. Provo a girarmi, ma la sua voce mi blocca.

«Tranquilla, sono io» sussurra Damon, spostandomi i capelli tutti da un lato per avere accesso al mio collo.

«Quindi non posso essere tranquilla» borbotto.

«Troverò il modo di spiegarti come sono andate le cose, ora goditi il concerto» soffia, spingendo contro la mia schiena.

Io tremo e stringo la ringhiera di ferro fra le mie mani, come se volessi spezzarla.

«So già come sono andate le cose, è tutto molto chiaro.»

Chiudo gli occhi per trattenere le emozioni che mi suscita il suo bacio sotto l'orecchio. Posa il mento sulla mia testa. Chiunque, vedendoci da fuori, penserebbe di noi come a una coppia affiatata, che si sta abbracciando sulle note di un testo molto bello.

«Ti sbagli, ma lo capirai» replica.

«Devo andare, devo tornare...»

«Da Rick? No, stai bene qua» borbotta, stringendomi di più. Le sue dita fanno forza sui miei fianchi, come se temesse davvero di perdermi, ma ormai lo so che non è così.

Devo solo provare a spiegarlo anche al mio cuore.

«No, Damon.» Mi volto, pronta ad affrontarlo. «Da Tate e da Rick. Sono venuta qui con loro e tu devi rispettare la mia scelta di non parlare con te, adesso.»

Lui sospira, si scompiglia i capelli e so che sta facendo uno sforzo per trattenersi.

«Lo capisco. So di non poter pretendere tutto e subito, ma non finisce qui» dice, stringendomi il mento fra le dita. «Ne riparleremo quando vorrai. Aspetto un tuo messaggio.»

Abbozzo un sorriso triste. «Anch'io aspettavo un tuo messaggio.» Faccio per andarmene, dal momento che vedo Tate e Rick avvicinarsi.

«Forse non ti è chiaro» continua, accarezzandomi il viso. «Io non sono uno che molla.»

«Non puoi sempre ottenere quello che vuoi» gli dico ignorando i miei amici, che ora, al nostro fianco, ci fanno da spettatori.

«Tipo te?» ammicca, avvicinando il viso al mio. «A presto, piccoletta» sussurra, prima di baciarmi all'angolo delle labbra. Quindi se ne va, dando una spallata al povero Rick.

«Il concerto è finito» borbotta infastidito, mentre Tate, alle sue spalle, se la ride.

Mi dispiace, non avrei dovuto essere così scortese, ma quando vedo Damon divento irrazionale. Dobbiamo parlarne e so che prima o poi lo farò, ma la parte più orgogliosa di me è contenta di aver rimandato.

«Tipo te?» ha detto, guardandomi negli occhi.

Stento ancora a credere che mi abbia risposto in questo modo; devo tornare con i piedi per terra e darmi un contegno.

Il timore di farmi del male è grande, e quello di rinunciare a lui non è inferiore.

45

Tre giorni dopo il concerto, Corinne è tornata a Manchester. Tra due settimane è il suo compleanno e per la prima volta, a detta sua, non vede l'ora di festeggiarlo. Sono felice della sua visita e spero che la Morris ci permetta di raggiungerla a Londra quel giorno, ma sono sicura che sarà così.

La mia amica ha completamente perso la testa per Thomas; sono una coppia a tutti gli effetti, e più li guardo, più penso a quanto siano belli insieme. Lui è un ragazzo d'oro, uno di quelli che non teme di impegnarsi con una persona, e dopo aver saputo che ora Corinne conosce molti dettagli del suo lavoro ne sono ancora più contenta.

Non nega di essere spaventata all'idea di perderlo in ogni senso, né nasconde il timore per una possibile reazione dei suoi genitori, ma al momento ha scelto di vivere questa storia e di darsi l'opportunità di conoscerlo davvero.

Sorrido quando lui le tira una ciocca di capelli e Tate alza gli occhi al cielo. Lei non amerà mai le smancerie, ma in realtà credo che sia solo un modo per nascondere la sua voglia di amare e di essere amata.

«Sono troppo sdolcinati, non trovi?» bisbiglia nel mio orecchio.

«Sono molto belli» replico, stringendomi nella giacca. Stasera fa freddo, ma Tate mi ha costretta a indossare uno dei suoi vestiti.

Siamo usciti a cena tutti e quattro, e ora per concludere la serata abbiamo raggiunto il campo da basket della scuola, dove berremo una birra.

A me non piace, dopo la mia prima e unica sbronza ho deciso di controllarmi, e inevitabilmente i miei pensieri corrono alla sola persona che è stata in grado di rapire e distruggere il mio cuore.

Non l'ho cercato, non ancora. Non gli ho ancora scritto il famoso messaggio per parlargli, e non perché io non voglia vederlo.

La verità è che sono ancora turbata per la storia di Piper e Jared; sapere che quei due mi odiano fino a questo punto mi preoccupa, e mi rende triste sapere che Damon non abbia avvertito la necessità di confrontarsi con me. Se il suo amico non avesse confessato, a quest'ora penserebbe ancora cose orrende, e purtroppo non riesco ad accettarlo. La sua lontananza e il suo silenzio, poi, alimentano le mie insicurezze.

«Se lo dici tu» dice Tate riferendosi al mio commento. Poi scrolla le spalle e si rimette a bere.

Ci stiamo annoiando, e sono sicura che anche lei preferirebbe tornare in istituto per infilarsi sotto le coperte, ma lo stiamo facendo per Corinne, per farle trascorrere quanto più tempo possibile con Thomas. Nessuno sa di loro, e quando lui la raggiunge a Londra sono costretti a vedersi di nascosto. Provo tenerezza; l'amore non dovrebbe mai essere un problema per gli altri, ma so che non è sempre facile far accettare al mondo la propria felicità.

«Ehi, guarda chi c'è!»

La voce di Thomas mi strappa ai miei pensieri, dando spazio a uno tsunami di emozioni. Damon avanza verso di noi con il solito portamento fiero. Non lo vedo da quando, senza troppi indugi, ha detto di volermi. Ho riflettuto su quella frase, sui suoi modi e sul suo atteggiamento nei confronti di Rick.

Mi è parso geloso, ma non ne capisco il senso.

Una persona che ti vuole ha stima di te, prova a fidarsi. Damon invece è diverso, eppure, nonostante tutto, non lo cambierei. Non cambierei neanche i momenti difficili, quelli in cui non riuscivo a capire cosa volesse da me, quelli in cui mettevo in discussione tutto, persino le cose in cui ho sempre creduto.

«Pallina, forse è meglio se andiamo.»

Tate è ancora molto ostile a Damon, pensa che io possa piacergli e anche molto, ma che questo sia una disgrazia.

Non le rispondo perché quando i nostri occhi si incrociano non ricordo più neppure il mio nome. Per quanto sia sbagliato farsi accecare dai sentimenti, ormai sono consapevole di volergli dare una seconda possibilità. Ho temporeggiato, ma qualcosa mi suggerisce che il suo arrivo non sia del tutto casuale.

Guardo Thomas, che sembra quasi più allegro di cinque minuti fa, e poi Damon che va a sedersi al fianco dell'amico, ignorando la presenza di Corinne e mia.

«Tra pochissimo è il mio compleanno» dice la rossa, attirando l'attenzione di tutti. Con noi ne aveva già parlato, ma credo che questo sia il momento giusto per avvertire anche il suo... ragazzo. «Vi aspetto a Londra per festeggiarlo» conclude, posando la guancia sulla spalla di Thomas.

«Ovviamente ci sarò!» risponde lui, baciandola sul naso. Quindi la mia amica va oltre, e mi fa venire un'incredibile voglia di sparire dalla circolazione.

«Damon, ovviamente sei invitato anche tu. Mi farebbe piacere se venissi, in fondo casa mia la conosci già!»

Lui non mostra alcun tipo di emozione.

«Nelle prossime settimane sarò molto impegnato, non credo che ce la farò» mormora con un tono di voce così monocorde da farmi provare dispiacere. Mi sento una stupida ad aver immaginato che potesse essere qui per me quando, in realtà, non si è degnato neanche di salutarmi.

Sfilo dalle mani di Tate la sua birra e ne bevo un sorso generoso. Quel ragazzo mi destabilizza e mi rende insofferente. Non voglio che il mio umore dipenda da lui, ma mentre continuo a bere non riesco a ignorare l'espressione preoccupata di Thomas, che continua a guardare Damon come se stesse per fare qualcosa di pericoloso.

I ricordi della notte in cui ha rapinato la banca riaffiorano alla mia mente. Damon non mi ha mai parlato di cosa lo spinga a una vita così pericolosa. Credo abbia un particolare bisogno di soldi, e vorrei tanto capire il perché.

«Oh, capisco. Se dovessi cambiare idea... raggiungici» balbetta Corinne, anche lei vittima dei suoi modi.

Lui annuisce appena, poi si apre una birra e se la porta alle labbra, proprio come me. Faccio una smorfia, non mi piace affatto, ma continuo a berla pur di fare qualcosa.

«Vacci piano» sussurra Tate. La calma apparente viene spazzata via da chi proprio non può farmi la predica.

«Dovresti chiedere alla tua cuoca di usare meno sale nei suoi intrugli, perché altrimenti ti viene troppa sete...»

«Stai parlando con me?»

Damon è seduto abbastanza lontano, con i gomiti puntati sulle ginocchia e con lo sguardo dritto davanti a sé. In poche parole: non mi sta guardando, ma si è preso ugualmente la briga di infastidirmi.

«Se vuoi stare male, la strada è quella giusta» aggiunge, voltandosi verso di me.

«Meglio che non ti risponda...»

Sento gli occhi dei nostri amici alternarsi da me a lui che ha appena lanciato il tappo della birra a terra, invece che in un cestino. Ama provocarmi, ma stasera non gli darò soddisfazioni. Se questo è il suo modo di approcciarsi dopo quello che ha fatto, sta sbagliando di grosso.

«L'ho notato» borbotta, facendo una smorfia.

«Quindi? Non sono costretta a parlare con te!»

Damon Cooper è questo: una persona che farebbe perdere la calma anche a chi ha messo la calma al centro della sua esistenza.

Non sono mai stata scontrosa, ma con lui sto tirando fuori un caratterino...

«Da quando sei diventata così?» domanda con tono strafottente.

Noto che Corinne tocca il braccio di Thomas per farlo intervenire, ma lui le sorride e prova a tranquillizzarla.

«Da quando ho conosciuto te» sbotto. Tate al mio fianco se la ride.

«Però con gli altri hai mantenuto la tua gentilezza.» È un'allusione, e io non sopporto quando usa dei mezzucci per dirmi qualcosa. Odio le mezze frasi, quelle parole velenose che in realtà intralciano la comunicazione. Lui invece le ama, con me le ha sempre usate sia per mettermi in difficoltà sia per lusingarmi.

Ci sono volte in cui vorrei dirglielo e pretendere da lui verità che potrebbero anche farmi male, ma mi manca il coraggio e lui lo sa. Damon un po' mi conosce, anzi potrei dire che mi conosce meglio di chiunque altro, e questo mi spaventa.

«Cosa stai insinuando?»

«Ehm, ragazzi… forse è meglio se andiamo.»

Ancora una volta Corinne prova a intervenire, sembra l'unica preoccupata.

«Lasciali continuare» dice Thomas, incrociando le braccia sul petto, e Damon va avanti imperterrito per vincere una guerra che ha iniziato lui. Non si rende conto di quello che dice o di quello per cui mi accusa. Spesso penso che abbia una gran faccia tosta.

«Che dovresti fare buon uso dei miei regali.» Si alza. D'istinto faccio lo stesso.

«E tu buon uso delle persone. Me ne vado. Tate?»

Non resterò qui a farmi umiliare da lui, perché dopo quello che ha fatto non può permettersi un atteggiamento simile.

«Scordatelo, dobbiamo parlare» dice. Mentre tento di allontanarmi, sento le sue mani posarsi sui miei fianchi. Poi mi carica come un sacco di patate in spalla.

«Damon» strillo «mettimi giù. Tate, aiutami!» Continuo a scalciare, ma la mia amica sembra paralizzata, mentre quest'uomo delle caverne mi trascina via.

«Mettimi subito…»

Le parole muoiono e restano in fondo alla mia gola.

Mi ha bloccata a terra, sull'erba. Lassù c'è un manto di stelle che ci guardano come se volessero dirci qualcosa.

«Mi sposto solo se non scappi.»

«Ti prendo a calci se non lo fai» sbotto e lui fa una piccola risata.

Ora siamo seduti l'uno di fronte all'altra.

«Quanto avrei dovuto aspettare ancora?» mi provoca, stringendomi con le mani le caviglie.

«Tanto.» Distolgo lo sguardo.

La sua vicinanza mi rende debole, e non voglio esserlo.

Voglio invece che Damon mi rispetti.

«Non pensavo fossi così insolente.»

Il suo petto vibra, scosso da una risata calda e bassa che si scontra con la mia decisione di non farmi sedurre dalla sua bellezza. Lo guarderei per ore, con la consapevolezza di potermi innamorare di più ogni minuto che passa.

Sospiro e abbasso lo sguardo sulle sue mani che ora sono salite sui miei polpacci, accarezzandoli lentamente.

«Aggiungilo alla lista dei miei difetti.»

«Dobbiamo parlare» ripete. Mi manca il respiro quando, con un movimento secco, mi tira in avanti. Mi ritrovo con le mie gambe avvinte a lui.

«Così?»

Sono sicura di essere arrossita, e spero che da qui i nostri amici non riescano a vederci. Damon è un prepotente, ma inconsciamente io volevo un contatto.

«Così.» Mi guarda come se non mi vedesse da una vita, e mi sfiora come se fossi la cosa più importante al mondo. Tremo, il mio corpo è percorso da brividi, ma non voglio andare via, non voglio ascoltare la ragione: soltanto il mio cuore. Non so cosa dire, non so da dove iniziare perché lui mi annebbia i pensieri, ma per fortuna le sue parole iniziano a farmi calmare e... sperare.

La sua espressione cambia. Si fa improvvisamente serio.

Damon ha tante sfaccettature, ma quando sceglie di fare qualcosa la fa senza tirarsi indietro. Ha i suoi tempi, che spesso non tollero, ma che mi aiutano a comprenderlo quasi del tutto.

«Hai il diritto di essere incazzata, ma se ho dubitato è anche colpa tua.»

Mi acciglio, e i miei occhi tradiscono il mio tentativo di mostrarmi forte.

«Aspetta...» sussurra sfiorandomi il viso come se non volesse farmi male, come se non conoscesse altri modi per parlarmi di quello che pensa. «Devi ascoltare fino alla fine.»

Annuisco. Per me è importante conoscere la verità.

«Io non mi fido di nessuno, non te l'ho mai nascosto. Pensavo che Jared fosse dalla mia parte e non contro di me, ma non è di questo che voglio parlarti.»

«Non ti seguo» sussurro, e lui si morde le labbra.

«Lo so» sospira, infilando le mani sotto il mio cappotto. «A volte anch'io non mi capisco e sto cercando le parole giuste per non essere... Insomma, Krystal, per me era più facile credere a loro che a te. Per me è più facile pensare che tutti vogliano fottermi, piuttosto che... proteggermi.» Fa una smorfia. «Lo so, sono contorto, ma per fartela breve mi spaventava l'idea di fidarmi di te.»

Il ritmo del suo respiro cambia, ora sembra lui quello in difficoltà. Lo capisco dal modo in cui mi tocca, quasi avesse bisogno di un appiglio per non cadere.

«Quindi... ora ti fidi?»

Forse è la domanda sbagliata, dovrei concentrarmi su quello che è successo, su come mi ha trattata e non sulle sue paure che, inevitabilmente, si ripercuotono su di me.

Invece io voglio comprendere lui, i suoi timori, i suoi limiti e il nostro legame.

«Ho iniziato a fidarmi di te. Per me non è facile accettarlo. Questa è la verità.»

Le mie labbra si dischiudono per la sorpresa. Sono felice più di quanto le parole possano esprimere.

«Io... non me lo aspettavo.»

«Per la mia mente malata era più facile pensare che tu mi avessi tradito, ma non per questo è stato meno... deludente.»

Mi viene da sorridere e stavolta non mi trattengo.

Damon si sta aprendo, seppure poco alla volta, e questo mi fa credere di non essermi completamente sbagliata su di lui. So che ci saranno altre volte in cui mi farà soffrire, pentire e impazzire, ma ora muoio dalla voglia di tuffarmi fra le sue braccia e restare lì per tutta la notte. La mia timidezza però mi impedisce di prendere l'iniziativa, anche quando il suo viso si avvicina al mio e le sue dita mi sfiorano le labbra.

«L'idea che tu pensassi quelle cose mi ha fatto stare male» ammetto. «Odiavo pensare che tu ti sentissi tradito da me.»

«Lo so» sussurra, facendo poi un profondo respiro.

«Quindi ti stai scusando?»

«Sei proprio una streghetta, stasera» abbozza, e io chiudo gli occhi quando accoglie la mia nuca nella sua grande mano.

«Pensavo volessi far pace.»

«Krystal…»

Il mio nome lascia le sue labbra come una supplica che vorrei esaudire; Damon non immagina quanto mi stia cambiando e quanto vorrei essere più coraggiosa per parlargli dei miei sentimenti. So che lo allontanerei, lo so benissimo, ma quando mi guarda e mi tocca in questo modo inizio a crederci un po' di più.

«Ti fiderai ancora di me.»

Ne è sicuro, anche se sa di avermi ferita e che questa conversazione non risolverà il caos che c'è tra di noi. Sa di aver sbagliato, anche se non mi chiederà mai scusa, e ha capito che se mi ferisce io saprò stargli lontana.

Ho sempre pensato di essere incapace di farmi rispettare, soprattutto da ragazzi come lui. Ma quando dico che Damon mi sta cambiando, non è in peggio.

Al suo fianco sento di crescere, sento di voler preservare la mia dolcezza e anche un po' la mia innocenza, ma al contempo voglio che quando sarà pronto per aprirmi il suo cuore, io sia forte abbastanza da reggere il confronto.

«Sei troppo sicuro di te.»

Trattengo il fiato e mi stringo a lui.

I baci sul collo sono diventati la mia droga, e sono sicura che ne diventerò spaventosamente dipendente.

«Non fallisco mai.»

Mi sfiora lo zigomo con il naso, mentre ripercorre con le labbra un sentiero che mi ha già fatto perdere la testa. Damon sa come far impazzire una donna; per questo, quando mi fa distendere di nuovo sull'erba e mi sovrasta con il suo corpo, sento l'esigenza di essere rassicurata.

«Ho voglia di te, Krys» ansima.

«Solo di me?»

I miei occhi sono un pozzo di paure e insicurezze. Temo il giorno in cui potrebbe capire di volere altro, di volere di meglio. Sono legata a lui, sento di appartenergli anche se non è così, e i miei sentimenti premono per uscire, anche se per ora riesco ancora a trattenerli.

«Solo di te.»

La serietà con cui me lo dice mi emoziona come se si fosse dichiarato. So che non è così, so che potrebbe trattarsi solo del momento, perché fra di noi è come un eterno ballo.

Tanti passi avanti, poi altri indietro.

Ci muoviamo su un filo sottile, che potrebbe rompersi, ma che potrebbe anche essere fatto di un materiale molto resistente.

«Allora dimostramelo, Damon» riesco a dire, prima che le sue labbra si scontrino con le mie. Ogni volta è una guerra, una lotta all'ultimo sangue mentre combattiamo contro qualcosa che desideriamo ardentemente. Lo guardo, mentre mi divora a occhi chiusi, mi stringe, mi morde e mi lecca per curare le mie ferite. Mi chiede scusa a modo suo. Lo fa con una carezza, o con una stretta più forte delle altre. E non mi vergogno, non mi sento sbagliata o inesperta mentre le sue mani afferrano le mie gambe e le accarezzano languidamente, dal basso verso l'alto. Mi sento in un posto giusto e adatto a me, perché c'è lui. E dove c'è Damon, io so di essere sempre a casa.

«Te l'ho detto Krystal, io non fallisco mai. Soprattutto quando c'è in ballo così tanto.»

«Dam.» Lo guardo, voglio che dai miei occhi comprenda quanto siano importanti per me le sue parole. Quanto sia importante per me il suo rispetto e la sua voglia di riconquistare la mia fiducia.

«Non voglio più che tu esca con quel Nick» tuona, accarezzandomi il viso con una mano, mentre l'altra si insinua sotto la mia gonna. Non conosco le sue intenzioni, ma continua a guardarmi, ad aspettare e ad aspettarmi.

«Nessuno può toccarti, oltre me... se lo vuoi.»

Lo voglio, io voglio lui.

Voglio soltanto Damon Cooper e tutto quello che è disposto a darmi. Non sarò mai abbastanza coraggiosa da dirglielo a parole, quindi sfioro il suo viso con le dita, lo bacio sulle labbra e alla fine annuisco per dirgli che sì, proverò a fidarmi di lui, in ogni senso.

I suoi lineamenti si addolciscono davanti al mio imbarazzo e mi sorride ripetendomi di non avere paura, mentre le sue dita spostano le mie mutandine.

«Dio, Dam...» Chiudo gli occhi e sento il suo respiro sul viso, come se quello che sta facendo a me lo stessi facendo a lui. Il solo pensiero mi fa tingere le guance di rosso, ma quello che provo, mentre piano mi accarezza lì dove nessuno ha mai provato ad arrivare, mi fa battere forte il cuore e mi fa venire voglia di guardarlo e di baciarlo senza freni, né inibizioni.

«Non avere paura» sussurra. Stento a riconoscere la sua voce, ora così carica di tensione ed erotismo.

Il mio petto si alza e si abbassa ripetutamente. Il mio respiro si spezza, poi tutto torna a posto quando mi bacia. Mi tremano le gambe, ho il cuore in gola e lui continua a guardarmi come se fossi preziosa.

«Piano» ansimo e lui scende sul mio collo continuando a massaggiare, a stuzzicare, a farmi perdere la testa, fino a quando qualcosa di sconosciuto mi percorre come una scarica elettrica.

«Cazzo, Krys.»

Le sue labbra imprigionano i miei gemiti, mentre lui continua a infliggermi le ultime torture, prima di stringermi e di accogliere il mio momento di totale sconcerto.

«Mi ucciderai» bisbiglia nel mio orecchio, lasciando poi un ultimo bacio sulle mie labbra. Ma è quando porta le dita alle sue che sento di poter morire.

«Dolce» dice leccandole.

«Oddio, smettila.» Mi copro il viso, non prima di aver riabbassato la gonna.

Mi sposta le mani e mi guarda.

«Non ho mai visto nulla di più bello.»

Amo i suoi complimenti. Sono rari, sinceri, mai scontati.

Qualsiasi uomo potrebbe dire una cosa simile, ma quando è lui a farlo, mentre mi aiuta a rimettermi in piedi, è tutta un'altra storia.

Non sono abituata a queste cose, non siamo abituati a lasciarci andare, né lui a perdere il controllo. Per questo, presa da un moto di coraggio, mi avvicino e lo abbraccio.

«Dimmi che nei prossimi giorni non dovrai fare un'altra rapina.»

Il suo sguardo corrucciato, mentre poso la guancia contro il suo petto, mi fa sorridere.

Damon non è affettuoso e non è dolce, io sono entrambe le cose in modo spropositato e stanotte voglio dimostrarglielo.

«Perché mi chiedi una cosa simile, piccoletta?» Mi solleva il viso e mi bacia sulla punta del naso. Poi, inaspettatamente, mi prende di nuovo in braccio e si avvia verso l'auto.

«Aspetta! Devo avvisare Tate...» dico, ma quando mi ritrovo fra il suo corpo e la sua macchina, smetto di pensare a qualsiasi cosa non riguardi noi.

«Quindi?» Dopo quello che abbiamo fatto non ha mai smesso di guardarmi, come se temesse di avere sbagliato.

Io vorrei saper dire la cosa giusta, vorrei sapere cosa fare, come... ricambiare, e solo ora mi rendo conto di aver tremato come una foglia e di essermi subito ricoperta come una bambina.

«Hai detto che hai da fare, nelle prossime settimane, e Thomas mi è parso preoccupato» dico d'un fiato. «Sono in pensiero per te. Scompari sempre e non so se...» Abbasso lo sguardo, quando lui distoglie il suo.

La mia curiosità rovina sempre tutto...

«Fra tre giorni parto per la Svizzera» dice, posando le mani sui miei fianchi. Sembra che abbia bisogno di un contatto costante con me, e io voglio darglielo, anche se mi spezza il cuore.

«Andrai... via?»

«Per poco» sospira. «Lì c'è una clinica prestigiosa, la migliore per le condizioni di mia sorella...»

«Oh, Charlotte.»

Quando parla di lei riesco a percepire il suo dolore, anche se non ne so molto. Per questo quando continua ne sono sorpresa.

«Ha avuto un incidente, e da allora è su una sedia a rotelle.»

Non aggiunge altro e non voglio che lo faccia, se non se la sente. Lui sta iniziando a fidarsi di me e non immagina quanto questa cosa mi renda felice.

«Andrà tutto bene.» Gli sorrido accarezzando il suo viso, e lui non si ritrae.

«Quando torno voglio portarti in un posto.»

«Quando torni?»

L'ho appena ritrovato e sapere che staremo nuovamente lontani mi rende triste, ma non posso essere egoista. Spero solo che mi permetterà di restargli vicino anche solo attraverso una telefonata.

«Non lo so» sussurra, poi si allontana. «Ti riaccompagno» dice. Io lo seguo, perché voglio sfruttare ogni secondo che il destino mi permette di vivere con lui.

46

Damon

Manca poco alla partenza, e nonostante questo sia stato il mio obiettivo da quella maledetta notte, ora sento che sto sbagliando qualcosa. Non parlo di Charlotte. So di aver fatto il possibile per ottenere quello che ho ottenuto, ma ora manca l'ultimo step, quello più importante. Fra qualche giorno verrà operata e, se non dovesse andare bene, mi sentirei un fallito.

Ho costruito l'ultimo anno della mia vita su di lei, e sulle cure che non potevamo permetterci. Ora che finalmente sono riuscito a racimolare la somma necessaria, pretendo che vada tutto per il meglio. Lo sa anche quel bastardo di Jared, che continua a guardarmi come una fidanzata incazzata solo perché gli ho categoricamente vietato di partire con me e mia sorella.

«Non puoi farmi questo!»

Non l'ho perdonato e non tollero i sentimenti che prova per lei. Sono un bastardo, lo so, ma non augurerei mai alla persona più importante della mia vita di avere una relazione con uno che mi somiglia fin troppo.

«Invece sì, a quanto pare» borbotto, mentre riconto per l'ennesima volta i soldi che mi serviranno per pagare un maledetto hotel.

«Dam, non fare lo stronzo. Jared è soltanto innamorato!»

Pensavo che Thomas fosse dalla mia parte, e che come me non avesse perdonato quello che Jared ha fatto. Ma, a quanto pare, da quando se la fa con la rossa anche lui ha perso la spina dorsale.

«Dobbiamo andare a scuola» dico, ignorando le loro espressioni penose, anche perché muoio dalla voglia di provocare una moretta molto sexy che, solo ieri, ha letteralmente rischiato di farmi perdere il controllo. Krystal non immagina quanto sia destabilizzante per la mia sanità mentale, e questo non mi piace. Non ho mai avuto problemi del genere con nessuna, e non pensavo che una stronzata simile potesse accadermi.

Tuttavia, quando con i ragazzi raggiungiamo la scuola e la vedo correre nella mia direzione, con quella gonnellina stretta e corta, penso che del mio autocontrollo non me ne frega niente.

«Damon.» Si ferma al mio fianco, non prima di aver guardato Jared per qualche secondo come se lo temesse. Non voglio che lei abbia paura di lui e mi piacerebbe rassicurarla, ma non è da me.

«Krystal...» sussurro il suo nome come fosse una cosa sconcia. Onestamente non pensavo che mi rivolgesse la parola dopo quello che le ho fatto, e mi rendo conto che questo è il momento peggiore per pensarci.

Thomas la saluta e poi si allontana con quel coglione del nostro amico, lasciandoci soli. Odio l'idea che lui sarà a Londra con lei per il compleanno della rossa, mentre io non potrò. Ma lo costringerò a riferirmi tutto quello che combinerà questa nanetta.

«Ecco...» dondola sui talloni «mi chiedevo se ora sapessi quanti giorni dovrai restare fuori. Stanotte ho pensato che forse non te lo ricordavi, dato che avevi bevuto un po'...»

Serro le labbra per non ridere; Krystal è maledettamente sexy anche quando è adorabile come una bambina.

«Pensi che una birra possa farmi dimenticare le cose o… quello che è successo?» Mi tocco il mento, mentre lei spalanca gli occhi e arrossisce come un peperone.

Sono uno stronzo, ma mi piace troppo metterla in difficoltà.

Si agita, so che non accennerà a quello che le ho fatto e questo alimenta ancora di più la mia voglia di farglielo ricordare a modo mio.

«Quindi suppongo che tu davvero non sappia quanto tempo resterai in Svizzera» balbetta, tormentandosi i capelli.

Più la guardo e più penso che sarà difficile rinunciare a lei.

«Sai preparare una valigia? Dovrò infilarci dentro parecchia roba e non ho il dono dell'ordine» replico, appoggiandomi all'armadietto più vicino.

Il fatto che sia il suo è solo un caso…

«Parecchia roba?»

«Venti giorni sono tanti» borbotto. «Dovrà fare anche riabilitazione.» Sospiro perché quella è una fase prevista solo se l'operazione sarà andata bene.

«Capisco. Sarà un lungo percorso, ma devi avere fiducia.» Abbozza un sorriso.

«Bene, ora che ho soddisfatto la tua curiosità, direi che puoi anche darmi una risposta…»

«Che risposta?»

I suoi occhioni blu si sgranano di nuovo e io, da grande bastardo quale sono, mi avvicino al suo corpicino ansante per destabilizzarla ancora un po'.

«Mi aiuterai a infilare tutto in valigia?» sussurro sulle sue labbra.

Lei si guarda intorno imbarazzata come se l'avessi toccata davanti a tutti. Non lo farei mai. Ho ancora impressi nella mia mente i suoi gemiti e voglio essere l'unico a goderne.

«Sì, certo. Va bene. Quando?»

«Al termine delle lezioni» dico, prima di sorpassarla per raggiungere la mia classe.

Krystal

Damon influenza le mie giornate, entra nei miei pensieri, ci resta per tutto il tempo che desidera. Vorrei parlare con Tate, raccontarle quello che abbiamo fatto e magari chiederle qualche consiglio. So che mi sentirei a disagio, ma al contempo ho bisogno di lei per non impazzire.

Oggi, però, non è il mio giorno fortunato.

La mia migliore amica ha marinato la scuola con Luke, con cui non parlo da tempo, ma che prima consideravo come un fratello.

Ultimamente mi ignora, mi lancia strane occhiate ed evita di sedersi con noi a mensa, per chissà quale assurdo motivo.

Dovrei parlargli e mi riprometto di farlo appena lo vedrò.

Mi manca il nostro rapporto, ma ora sono troppo presa da altro.

Damon ha detto che starà via per venti giorni, ma dentro di me so che saranno molti di più. Mi piacerebbe fargli capire che mi mancherà e che vorrei essergli vicino in queste settimane molto difficili per lui e per sua sorella, ma non sono sicura che sia la cosa giusta da fare. Probabilmente non ha bisogno di questo, non ha bisogno di me né di nessun altro, e mentre sono assorta in questi pensieri non mi rendo conto che qualcuno ha appena posato le sue mani sul mio banco.

«Ciao, Krystal.»

C'è una pausa fra le lezioni, e Rick ha appena deciso di rivolgermi la parola dopo avermi ignorata e guardata male dal giorno del concerto di Harry Styles. Ho sbagliato anch'io a non chiedergli nulla, avrei dovuto scusarmi, ma sembra che ora non abbia voglia di parlare di questo.

«Ciao.» Gli sorrido, mentre tiro fuori i libri dell'ora successiva dallo zaino.

«Devo chiederti un favore enorme, non puoi dirmi di no» sussurra, sporgendo il labbro inferiore.

«Ehi, dimmi pure!» Ridacchio, davanti alla sua espressione.

«Ecco, mio padre questo venerdì organizzerà una cena con dei suoi colleghi e vuole che ci sia anch'io. Sarà una cosa molto noiosa e io ti sarei infinitamente grato se mi facessi compagnia.»

Sbatto le palpebre. Credo di non aver capito bene.

«Perché? Cioè, voglio dire, cosa c'entro io?»

«Renderesti il tutto più sopportabile. Mi metterebbero sotto torchio, se non ci fosse una persona con cui parlare per sottrarmi alle loro attenzioni. Te ne prego, da amico» aggiunge, facendomi accigliare. «Ricambierò il favore.»

Vorrei trovare una scusa, ma non sono mai stata molto brava, e poi non amo vedere le persone in difficoltà.

«Ci penserò» dico. «Insomma, cerco di organizzarmi, ma... non so, potrei metterti in imbarazzo, in un ambiente simile.»

Lui agita le mani come se stesse scacciando una mosca.

«Non dire sciocchezze, ne sarei davvero felice e spero che tu... possa aiutarmi.» Abbozza un sorriso. «Allora, fammi sapere» aggiunge prima di andare via e io, ancora una volta e inspiegabilmente, mi sento in colpa al solo pensiero di trascorrere del tempo con lui. Ovviamente è una cosa assurda, ma che non riesco a controllare.

Questo pensiero mi accompagna fino al suono dell'ultima campanella, quando arriva il momento di vedere l'unico in grado di provocarmi il batticuore.

«Pronta?»

Mi stava aspettando fuori dalla classe, e io non dovrei vederlo come un gesto galante. Damon non lo è affatto. Anche se, a modo suo, mi fa sentire speciale.

Annuisco e lo seguo fino alla moto, ma lungo il tragitto noto Piper guardarmi come se, anche solo con gli occhi, potesse uccidermi. Non posso negare di temerla ancora molto; a causa sua ho rischiato di perdere Damon e in futuro potrebbe riprovarci. Sembra avere un'ossessione per lui, ma anche per me, e in cuor mio spero che Damon non stia continuando... ad andare a letto con lei. Non lo sopporterei.

A casa sua vengo accolta da un silenzio totale. Siamo soli e, dopo quello che mi ha fatto, sono un po' agitata. Non immaginavo di poter provare certe sensazioni con un ragazzo, e mi imbarazza ammettere persino a me stessa quanto sia stato bello. Ho avvertito tra di noi intimità, connessione e voglia di stare insieme. Vorrei rivivere quel momento solo per averlo così vicino, ma non glielo dirò... mai.

«Quanti bei colori» dico, davanti al suo armadio pieno zeppo di maglie nere.

«A ognuno il suo» replica alle mie spalle.

«Cosa vuoi portare?» chiedo, voltandomi nella sua direzione.

«Quello che entra.»

«Me compresa?»

Sul suo volto vedo nascere un sorrisetto furbo, poi mi si avvicina.

«Vediamo» borbotta, mordicchiandosi le labbra. «Sì, potresti starci.»

«Non ti conviene dirlo. Potresti seriamente trovarmi nella valigia quando arriverai in Svizzera.»

Raggiungo il suo letto, sistemando lì sopra qualche maglietta.

«È un rischio che sono disposto a correre.»

Sento il suo respiro sul collo, le sue mani sui fianchi muoversi lentamente e l'agitazione correre dentro di me. So quello che voglio, so quello che sto provando in questo momento anche se ne ho paura; per questo, quando le sue mani scivolano più in basso e le sue labbra prendono a baciare avidamente il mio collo, non lo fermo. Voglio vivermi questo attimo perfetto, voglio vivermi le emozioni che solo lui è in grado di regalarmi, pur sapendo che potrebbero non durare per sempre.

«Hai promesso di portarmi in un posto, quando tornerai.»

«Me lo ricordo, tranquilla.» Mi fa voltare. Sono fra le sue braccia, e proprio quando sto per baciarlo e prendere l'iniziativa, qualcuno irrompe nella stanza.

«Domani parto con te!»

Sussulto e mi allontano di scatto.

Damon fissa Jared come se fosse un leone in gabbia che sta per essere liberato.

«Ops, non pensavo che fossi in compagnia della tua amichetta.»

«Domani non verrai. E ora sparisci.»

Domani? Quindi ha anticipato la partenza…

«Si era detto niente donne, qui. Anzi, in questo caso dovrei usare un'altra parola!»

«Damon!» urlo, quando lo vedo marciare minacciosamente verso il suo amico, ma per fortuna non lo picchia, né ci prova.

Lo spinge fuori dalla stanza, poi mi guarda.

«Resta» dice prima di chiudere la porta alle sue spalle.

Fisso il rettangolo di legno, con la speranza che non succeda niente di brutto.

Non mi piace il modo in cui Jared prova a sabotare non solo il nostro rapporto, ma anche la serenità di un suo amico.

Dopo mezz'ora, Damon torna e mi dice di prendere le mie cose. Vuole riaccompagnarmi in istituto e io non posso far altro che rassegnarmi alla sua decisione.

Stavolta prende l'auto e per l'intero tragitto nessuno dei due parla; noto le sue mani stringersi sul volante a ogni semaforo rosso e il suo piede spingere forte sull'acceleratore come se non vedesse l'ora di arrivare a destinazione. Questo mi rende triste, mi fa sentire stupida e illusa.

Poi spegne il motore, e io vorrei scappare prima di scoppiare a piangere.

«Suppongo che tu domani parta, quindi... buon viaggio, e spero che tua sorella si riprenda presto» balbetto. Poso la mano sulla maniglia, pronta ad andare via.

«Aspetta.» Mi appoggia la sua sul ginocchio, e i nostri occhi si incontrano. «Stai lontana dai guai, Krystal. Soprattutto a Londra, ma non solo.»

Stare al fianco di Damon è come vivere su una giostra che ti sballotta da una parte e l'altra senza darti il tempo di respirare.

«Lo farò» dico, accennando un sorriso. Ci guardiamo per alcuni secondi che sembrano eterni, fino a quando decide di abbattere un piccolo pezzo del suo muro.

«Vieni qua.» Mi afferra, mi stringe a sé e poi mi bacia. Così, all'improvviso, a pochi passi dall'istituto.

«Dam.»

«Non ci vede nessuno.»

Mi abbraccia e mi bacia senza prendere fiato, accarezzandomi la schiena, i capelli e il viso.

Non so come farò senza di lui, non lo so davvero.

«Dovrai fare la brava in questi giorni» mormora, mentre le sue mani si infilano sotto la mia camicia.

«Anche tu, io lo sono sempre.»

«Non sempre.»

Sussulto quando stringe un mio seno nella sua grossa mano.

«Idiota» borbotto e lui ride, regalandomi la versione migliore di sé.

In questo momento mi viene da pensare che in fondo, se lo vogliamo, nessuno può mettersi fra di noi.

47

Sono trascorse ventiquattr'ore da quando Damon mi ha baciata fuori dall'istituto, e da allora non ho sue notizie.

Tuttavia per ora non voglio farmi assalire da dubbi. Ho imparato a conoscerlo, almeno un po', e so che non ama riempire di attenzioni gli altri. È fatto a modo suo, e ti lascia intendere le sue intenzioni senza gridarle ai quattro venti. Non so cos'abbia significato quel bacio per lui; io non ho dubbi, ormai ho accettato i miei sentimenti, ma lui?

Lui cosa ha provato?

Sospiro e provo a rilassarmi per non cadere nel baratro delle insicurezze. Venti giorni sono tanti e non posso iniziare a farmi prendere dall'ansia sin da subito.

Tate è sul mio letto, e mi guarda mentre io continuo a fissare il soffitto. Sembra più irrequieta della sottoscritta.

«Cos'hai?» le chiedo. Si alza e mi raggiunge come se non aspettasse altro.

«Devo dirti una cosa» bisbiglia, guardandosi intorno. «Ieri mattina sono uscita con Luke e… lui mi ha detto…»

Arranca tra le parole, continua a toccarsi i capelli senza arrivare al nocciolo della questione.

«Che gli piaci? L'ho sempre pensato!»

Ne sono entusiasta. Avevo notato sguardi strani, ed effettivamente penso che lui possa essere perfetto per placare una come Tate. Ma lei mi guarda male, e il mio sorriso si affievolisce.

«Questo lo sapevo già» borbotta. «Mi ha chiesto di te e... di Damon. Mi ha detto che è molto preoccupato, che dovresti smetterla di frequentarlo.»

«Cosa?»

Lei alza le spalle. «Non ci ho capito granché, ma sembrava scosso all'idea che voi due...»

Questo discorso mi infastidisce, soprattutto perché fatto alle mie spalle. Sembra che tutti abbiano da dire la loro su di me, e ancor più su Damon. Giudizi, giudizi e ancora giudizi.

«Avrebbe dovuto parlarne con me, ma in ogni caso non sono affari suoi» borbotto. Per quanto titubante, Tate annuisce.

So come la pensa, so che anche lei non vede di buon occhio quello che sta nascendo tra me e il ragazzo più chiacchierato della scuola, ma almeno sta provando a farsi da parte e a non giudicarmi.

«Prova a parlargli, e fallo il prima possibile» mi suggerisce. È quello che farò, appena lo vedrò a scuola domani.

Stavolta sembra che il tempo e il destino siano dalla mia parte.

Il giorno seguente, al termine delle lezioni, vedo Luke aggirarsi nel parcheggio della scuola in cerca della sua auto. Una parte di me è restia, come se temesse quello che potrebbe rivelarmi; l'altra, invece, è fermamente convinta di dover difendere il rapporto con Damon e Damon stesso. Troppo spesso le persone vengono etichettate erroneamente: per tutta la vita portano un peso e non possono farci nulla per riscattarsi.

Per cui, di qualsiasi cosa si tratti, sono disposta ad affrontarla.

«Luke» lo chiamo. Quando lui si volta nella mia direzione, sono sicura che ha capito.

«Hai parlato con Tate, vero?»

Annuisco e lui si lascia andare a un lungo sospiro.

Ora sembra un po' preoccupato, persino triste, e mi dispiace vederlo così perché comunque gli voglio bene e lo considero ancora un mio amico.

«Dovremmo parlarne» aggiungo.

È pensieroso, lo capisco dal modo in cui continua a grattarsi la nuca fissando il vuoto.

«Hai ragione. Ti va di venire con me in un posto? Poi ti riaccompagno in istituto.»

«Certo» rispondo.

Non è la prima volta che salgo sulla sua auto, ma oggi sento una tensione che non riesco a spiegarmi. Accende il riscaldamento e si immette in strada senza proferire parola. A quest'ora la città è caotica, ma non mi aiuta né a distrarmi, né a chiacchierare di un argomento qualsiasi con Luke, almeno fino a quando non lo vedo prendere una direzione insolita, che ci porta verso uno scenario molto diverso da quello che abbiamo appena lasciato.

«Ma dove stiamo andando?»

«Devo fare una consegna» risponde. Un gruppo di ragazzini si avvicina alla sua auto. Luke abbassa il finestrino e a uno di loro dà una busta bianca piena.

Sono soldi, e ne sono abbastanza sicura.

Poi richiude il finestrino e riprende a guidare tranquillamente, come se nulla fosse.

«Cosa vuoi dimostrarmi? Non sapevo che anche tu...»

Lui sospira, si prende un attimo prima di rispondermi.

«Voglio dimostrarti quello che siamo e quello che anche Damon è.»

«So cosa fa, non mi dici nulla di nuovo» sbotto.

Il suo tentativo di farmi cambiare idea su di lui è fallito. Se pensava che bastasse così poco, allora Luke è un illuso.

«Lo so» mi guarda «immaginavo che ti avesse raccontato alcune cose, ma non conosci tutto. Non sai quello che c'è dietro e inevitabilmente lui ti trascinerà nei suoi problemi.»

«So di Charlotte, e penso che lo sappia anche tu, a questo punto. Sembra che tutti voi conosciate ogni dettaglio della vita di Damon. E che lo giudichiate.»

Sembra sorpreso, probabilmente non pensava che io sapessi di

Charlotte, ma quando continua sono costretta a mettere in discussione quello a cui penso.

«Damon avrà sicuramente i suoi motivi per fare la vita che fa, non lo giudico per come usa i soldi che ruba. Anzi: spero che vada tutto bene. Ma quando dico che ti trascinerà nei suoi problemi, mi riferisco ad altro.»

Ho sempre odiato i giri di parole e mi rendo conto che, quando si tratta di Damon, divento fin troppo irascibile.

«Cosa vuoi dirmi, Luke?» sussurro, ormai stanca di tutto questo mistero.

«Dovresti allontanarti da Damon ed evitare anche Jacob» bisbiglia, stringendo le mani sul volante. «In caso contrario ti troveresti coinvolta in una vendetta che non ti riguarda. Ti prego, non chiedermi altro. Fidati e basta.»

«Non puoi impormi di non chiederti altro. Damon non mi dirà mai nulla.» Sono sull'orlo di un pianto disperato.

Quando sono salita su quest'auto, non pensavo che le cose potessero evolvere in questo modo. Sento di non averci capito nulla, di essere stata ingannata.

«Se ci tiene a te, un giorno lo farà» mi assicura, guardandomi con tenerezza. «Non voglio che ti succeda quello che è successo a Charlotte. Eravamo amici, sai? Non la vedo da un anno, precisamente da... quella notte.» Deglutisce, poi ferma l'auto proprio di fronte all'istituto.

Speravo aggiungesse altro, perché in realtà queste parole mi hanno confusa di più.

«Vorrei solo aiutarlo.» Chino il capo, e lui mi scompiglia i capelli come fossi una bambina.

«Per quanto vorrei che tu lo allontanassi, non posso negare di aver notato un certo cambiamento in Damon.»

Alzo lo sguardo, dopo essermi asciugata le lacrime con il dorso della mano.

«In che senso?»

«Damon non sorride mai, è sempre cupo. Dopo quello che è successo a sua sorella, nessuno pensava di poter rivedere un minimo di felicità sul suo viso. Krystal, non so cosa provi lui per te, ma da quando ci sei tu è… diverso, diciamo così.» Scrolla le spalle, accennando un timido sorriso.

«Non lo so, forse sei più illuso di me.»

Damon nasconde tante cose, e non sono sicura che un giorno me le racconterà. Probabilmente sono l'ennesimo divertimento per lui, un passatempo che abbandonerà appena troverà qualcosa di più interessante. Questi pensieri mi fanno tornare la voglia di piangere.

Io lo amo, e temo sul serio di lasciarci il cuore in questa storia.

«Questo lo capirai con il tempo, ma stai attenta. Per favore» dice, prima di salutarci.

«Lo farò.» Scendo dall'auto e prima di chiudere la portiera mi confessa qualcosa che, anziché farmi arrabbiare, mi strappa un sorriso.

«Ehm, strappa quella lettera minatoria e… scusami per tutti quegli errori di ortografia. A scuola sono sempre stato una capra.»

Damon

Sono un maniaco del controllo, amo programmare ogni cosa e rispettare i miei fottuti piani, ma a causa di un coglione abbiamo dovuto rimandare la partenza di un giorno. Ovviamente si tratta di Jared: sono incazzato con lui per aver chiamato mia sorella a mia insaputa, e aver piagnucolato con lei come una femminuccia rompipalle.

«Potete fare silenzio? Starei cercando di dormire» borbotto.

Siamo in aereo da dieci minuti, e mia sorella e quello che pensavo fosse un mio amico non fanno altro che parlottare come due pettegole.

«Fratello, sei un po' nervoso.»

«Parlavamo del freddo che ci aspetta in Svizzera» bisbiglia Jared, guardandomi di sottecchi. Sa di averla combinata grossa, sa che non doveva interferire in una cosa che non lo riguarda ma, da quel che ho capito, è innamorato di Charlotte e pensa che prima o poi accetterò questa cazzata. Be', non lo farò mai.

«A me non interessa, fate silenzio» ripeto, avvolgendo le spalle di mia sorella con un braccio. Non voglio che la tocchi, che la guardi e che respiri la sua stessa aria.

«Jared, lascialo perdere. Ultimamente è strano, chissà perché» cinguetta lei, guardandomi con uno strano sorriso.

Io e Charlotte siamo gemelli, e lei è convinta che questa cosa le dia il potere di leggermi nel pensiero. Per sua fortuna non è così, altrimenti ora saprebbe cosa succederebbe al suo amichetto se si azzardasse a superare limiti invalicabili per lui e non solo per lui.

«Cosa vorresti insinuare?» Riduco gli occhi a fessure e lei se la ride. È sempre stata molto solare, a differenza di me: ci somigliamo solo fisicamente. Ma un anno fa qualcuno ha osato spezzare il suo sorriso e questo io non posso accettarlo.

«Che c'è una ragazza nel tuo cuore.»

Scoppio a ridere, poi la guardo con l'intenzione di metterla a disagio e di farla sentire una pazza per aver affermato una cosa simile.

«Sei seria? Smettila e dormi» borbotto, dandole uno sbuffetto sulla guancia. Un tempo avrebbe funzionato...

«Ma dai, Damon non è il tipo» interviene Jared, alimentando la mia voglia di metterlo a tacere.

«In fondo ci somigliamo, amico.» Lo guardo. «Chi meglio di te può capirmi» aggiungo. Quando abbasso gli occhi su mia sorella e noto che è triste, vorrei spaccare l'oblò e gettarmi di sotto.

«Si può sempre cambiare, se ti innamori della persona giusta.»

«Oh, ti sei innamorato Jared?» gli chiede mia sorella, dispiaciuta.

Sto per sentirmi male.

«Ehm, è solo un modo di dire. Nel senso che... non è vero che sono allergico alle relazioni e all'amore.»

Questo è troppo, le mie orecchie hanno già sentito cazzate a sufficienza. Devo isolarmi e allontanare dalla mia mente scenari che non si verificheranno mai. Infilo gli auricolari, facendo partire gli Imagine Dragons. In pochi minuti, però, capisco che neanche questo riuscirà a calmarmi. Sono irrequieto, infastidito e... non so cos'altro.

Charlotte posa la guancia sulla mia spalla e mi guarda per qualche secondo, prima di afferrarmi la mano. Le nostre dita si incrociano. Farei di tutto per lei, anche quando farnetica cose senza senso.

Tolgo gli auricolari, che non bastano a placare il caos che ho in me. Un tormento che non so spiegare, e a cui non posso dare alcuna spiegazione…

«Mi dici almeno il suo nome?»

Sbuffo e alzo gli occhi al cielo.

Come al solito sopravvaluto mia sorella. In realtà lei è un diavolo travestito da angelo, e quando ci si mette è più fastidiosa di… merda.

«No.» Chiudo gli occhi. Pagherei oro per riuscire a dormire, o anche solo per mettere a tacere la curiosità di Charlotte.

«So che il suo nome inizia con la K. Ho visto il tuo portachiavi.» Ridacchia come se avesse scoperto l'esistenza degli alieni su Marte.

Non so come salvarmi, perché credo sia l'unica persona a terrorizzarmi. Quando inizia a parlare, nulla è in grado di fermarla. Così mi arrendo, sperando che le basti.

«Krystal, ma non è la mia ragazza e mai lo sarà. Quello è solo un portachiavi, fine della storia.»

«Che bel nome, mi piace» bisbiglia, stringendo più forte la mia mano. «Parlami di lei. Ti piace? Vi siete già baciati? Avete già avuto un appuntamento?»

Rido ancora. «Ti sembro il tipo da appuntamenti?»

La sua espressione cambia, e ora mi guarda come se fossi un rifiuto.

«Effettivamente, sei abbastanza idiota da sottrarti.»

«Charlotte!»

«Dico solo la verità. Sai, ultimamente ti ho osservato molto e ho notato che sei più sereno. Ho subito pensato che ci fosse una ragazza dietro. E non una come Piper.» Abbassa lo sguardo. È arrivato il momento di cambiare argomento. Non voglio che si intristisca a causa di quella stronza.

«Non è come Piper, proprio per questo motivo non vado bene per lei, né lei va bene per me. Non parliamone più, okay?»

Sembra titubante, la sua allegria si è spenta.

Non perdonerò mai nessuno per quello che le è stato fatto. Appena potrò, la pagheranno cara.

Quando arriviamo in albergo, l'unica cosa di cui ho bisogno è una doccia. Charlotte e Jared hanno parlato per tutto il tempo, in aereo, e non si sono fermati neanche quando alla reception ci hanno chiesto i documenti.

«Ora basta» sbotto, facendoli a pezzi con lo sguardo.

Sono ore che non fumo, ma non credo che il mio nervosismo sia dovuto a questo. C'è qualcos'altro che mi turba; un paio di occhi blu e delle labbra carnose che non hanno abbandonato la mia mente neanche per un secondo.

Non so perché, ora che sono qui, non riesco a smettere di pensarla. Mi ripeto che sono semplicemente preoccupato perché è una ragazzina combinaguai, e che sarebbe in grado di farsi sparare anche durante una battuta di caccia a mille chilometri da Manchester. Non possono esserci altri motivi se continuo a pensarla, non devono esserci. È semplicemente impossibile.

«Dam, dove dorme Jared? Qui c'è solo un letto matrimoniale!»

«Lo so, lui non era previsto. La poltrona là in fondo andrà benissimo» sbotto, prima di togliere il cappotto e chiudermi in bagno. Non va bene. La situazione mi sta sfuggendo di mano, e io non sono venuto fino a qui per affrontare questi giorni con i nervi scoppiati. Non posso darle questo potere su di me, non posso pensare alla sua voce, ai suoi gemiti o alle sue mani mentre la baciavo ovunque. Non posso…

Tiro fuori dalla tasca dei jeans il cellulare, cerco il suo nome, ma mi blocco prima di chiamarla. Lei non è la mia ragazza, lei non è niente per me, ed è bene che io lo capisca.

Krystal

In questi due giorni Rick non ha fatto altro che darmi il tormento. Ho provato più volte a fargli capire che non mi sarei sentita a mio agio durante una cena con la sua famiglia e con i colleghi di suo padre, ma si è quasi messo a piangere quando ho provato a rifiutare.

Ho un grandissimo difetto: non so dire di no, anche quando non ho voglia di fare una cosa.

Una delle tante psicologhe che ho frequentato mi ha fatto notare che questo è un problema, e che non è giusto scomodare la nostra serenità per non dispiacere gli altri. Dietro questo c'è un discorso molto più ampio, da applicare a ogni cosa. Ma ora, mentre sono in auto con Rick e mi sento in colpa come se stessi tradendo un marito inesistente, non riesco a pensarci.

«Tranquilla, in genere sono persone simpatiche. E poi ho capito che alla tua istitutrice ha fatto piacere che tu stasera sia uscita con me.»

Già, me ne sono resa conto anch'io, e purtroppo credo di sapere il perché.

Anche se la Morris non me ne parla, so che ha notato alcune cose. Non faccio riferimento alle fughe notturne, perché in quel caso sono sicura che non farebbe finta di nulla, anzi.

Credo che abbia notato i miei continui sbalzi d'umore in base a come vanno le cose con Damon. Non le è mai piaciuto, e dentro di me so che mi sta solo lasciando il tempo per farmela passare. Be', non so se riuscirò a soddisfarla.

«Ehm, sì, sicuramente.» Accenno un sorriso e non smetto di mordicchiarmi l'interno della guancia finché arriviamo a destinazione.

La casa di Rick è molto più grande di quanto immaginassi, urla lusso da ogni millimetro così come le persone che ora stanno brindando ai lati di una piscina rigorosamente al coperto e super riscaldata.

Mi sento a disagio, quando qualcuno mi invita a cedergli il cappotto, e ancora di più quando Rick afferra la mia mano e mi trascina verso quelli che suppongo siano i suoi genitori.

«Mamma, papà, lei è Krystal!»

«Molto piacere» dico stringendo le loro mani, ma inevitabilmente noto l'occhiata di Rose, sua madre, che scende sprezzante sul mio vestito.

«Marc, molto piacere. Anche tu frequenti la stessa scuola, vero?»

«Sì, da poco.» Provo a sorridere, anche se vorrei soltanto andare via e rifugiarmi nella mia stanza. Mi sento fuori luogo, e questa Rose non prova certo a migliorare la situazione.

«Una scuola prestigiosa» dice, sfiorandosi gli orecchini d'oro. «Conosciamo la tua famiglia?»

Li guardo e sbatto gli occhi per accertarmi di aver sentito bene. Rick viene in mio soccorso.

«Non penso mamma, sono nuovi. Sono degli imprenditori. I Baker.»

«Mai sentiti, ma se sono degli imprenditori sicuramente avremo modo di conoscerli» conclude suo padre.

Io non riesco a parlare, né a muovermi, e solo quando ci spostiamo a salutare altre persone torno a respirare.

«Scusami, Krystal. Sono particolari e...»

«Tranquillo.» Sforzo un sorriso. «Vado un attimo al bagno» dico, ma in realtà ho solo intenzione di allontanarmi da tutta questa ipocrisia. Mi chiedo perché invitare me, dal momento che si vergogna della mia condizione.

Raggiungo il giardino. Nonostante il freddo, penso sia meglio stare qui che seduta a un tavolo con persone simili. Non voglio giudicarli, come non voglio giudicare Rick, ma mi ha ferita vedere che ha dovuto mentire per non sentirsi in difficoltà di fronte ai genitori.

Sono sicura che in quella sala non siano tutti come loro, ma non intendo accertarmene. Ora voglio solo sentire una persona, l'unica che, a modo suo, mi ha sempre accettato.

Ciao Damon, ci sono novità per tua sorella?

Invio e mi stringo le braccia sul petto immaginando che siano le sue. È lontano da pochi giorni, ma io non ho mai smesso di pensare a lui o di sentirne la mancanza. Non mi aspetto una risposta, so che questi sono momenti particolari per lui e che non ama parlare della sua famiglia, ma in cuor mio ci spero.

Per questo, quando il telefono squilla e il suo nome lampeggia sul display, sussulto.

«Dam» sussurro, guardandomi intorno.

«Piccoletta.»

Amo questo nomignolo, mi fa sentire speciale.

«Come stai?»

«Cosa stai facendo?»

«Dimenticavo che tu hai dei problemi con le domande.» Ridacchio, anche se avrei voluto che mi rispondesse.

«Ti sbagli. Il tuo segnale è in ritardo. Quindi dovresti rispondere prima tu alla mia domanda.»

È molto furbo, anche se sappiamo entrambi che sta solo provando a farsi beffe di me.

«Bene, facciamo finta che sia così. Io mi sto annoiando a morte. Devo imparare a dire di no quando non mi va di fare una cosa.»

«Perché? Dove sei?»

Se non lo conoscessi, direi che è preoccupato.

«Rick mi ha chiesto di fargli compagnia a una cena piena di gente ricca che non fa altro che guardarmi dalla testa ai piedi inorridita.»

«Sei con Rick?»

Il suo tono cambia, non c'è più alcuna traccia di divertimento, ma solo fastidio, giudizio e qualcos'altro a cui non so dare un nome.

«Mi ha chiesto un favore e...»

«...e tu non sai dire di no. Capisco. Ora devo andare. Ciao, Krystal!»

«Aspetta.» Il suo improvviso cambio d'umore mi dispiace. «Non mi hai detto come stai. Tua sorella...»

«Sarà operata domani. Ora sono impegnato.»

Questo è il modo più gentile che Damon conosce per mandarmi a quel paese, ma non capisco perché si stia comportando così con me.

«Scusami, non volevo disturbare» sussurro.

«Non farli aspettare, i ricchi amano mangiare presto. Ciao Krystal» ripete, poi riattacca.

«Ma che stronzo» sbotto indignata per i suoi modi e per il suo fastidio basato su... cosa?

Voglio andare via, voglio tornare a casa e dimenticare questa assurda serata.

Dopo aver salutato Rick e avergli detto che preferisco prendere un taxi, me ne vado e trascorro tutto il viaggio di ritorno a rimuginare sull'atteggiamento di Damon.

Con che diritto osa parlarmi in quel modo?

Sono stata gentile con lui, come sempre, e in cambio ricevo solo disprezzo e frasi poco carine. Sono stanca, non voglio più permettergli di deludermi e ferirmi ogni volta che vuole; per questo, prima di mettermi a letto e dopo aver liquidato la Morris con un veloce «tutto bene», sono tentata di sfilarmi i suoi orecchini.

Ma non ci riesco.

Purtroppo io non ci riesco.

Tate dorme, e vorrei tanto che non fosse così. Vorrei dirle che aveva torto e che non è stata una buona idea andare alla cena con Rick, vorrei dirle che aveva ragione su Damon, che lui è uno stronzo menefreghista e che dovrei dimenticarlo.

Sbuffo, quando noto che i termosifoni sono spenti; la Morris aveva accennato a un guasto, e ora persino questo mi rende triste.

Mi spoglio e mi infilo subito a letto per scaldarmi, ma il telefono squilla, e se non rispondo rischio di svegliare l'intero istituto.

È una videochiamata da parte di Damon. Non dovrei accettare, ma quando lo faccio e vedo il suo viso imbronciato non riesco a pentirmene.

«Cenerentola è rientrata?»

«Cosa vuoi, Damon?» borbotto, tirando le coperte fin sotto il naso.

«Che stai facendo?» Riduce gli occhi a fessure.

«Provo a scaldarmi perché i termosifoni sono rotti. Cosa vuoi?»

I suoi lineamenti si addolciscono, ma solo per qualche secondo.

«Continui a non fare buon uso dei miei regali» commenta. Forse avrei dovuto togliere gli orecchini prima di rispondere, per non dargli anche questa soddisfazione.

«Be', credo sia l'unica cosa che hanno apprezzato di me, stasera.»

«Giusto, ma bastava non andarci. Ah, dimenticavo. Non sai dire di no.»

Faccio un respiro profondo; è davvero difficile, persino per me, restare calma davanti alle sue continue provocazioni.

«Mi hai chiamato solo per litigare?» sussurro con un filo di voce.

«Quando parti per Londra?»

Sbuffo, ma lui resta impassibile.

«Lunedì. Contento?»

«Non molto» replica, portandosi una sigaretta alle labbra.

Mi manca persino quando fa lo stronzo, ma lo tengo per me. In questo momento non so se lo bacerei e se lo prenderei a schiaffi. Mi sembra di arrossire, così alzo ancora un po' la coperta sul mio viso.

«Fa davvero così freddo?»

«Eh? Sì, abbastanza.»

Tra noi cala il silenzio, che interrompo pur di sentirlo parlare ancora…

«Rick ha detto ai suoi che sono figlia di imprenditori; mi sono sentita offesa e me ne sono andata. Se si vergognava di me, poteva anche chiedere a un'altra di fargli compagnia.»

Lo vedo sospirare.

«Rick non se la merita, una come te.»

«Guarda che siamo solo amici.»

«Neanche come amica» conferma, poi si passa le mani sul viso. Sembra stanco e preoccupato.

«Vedrai che andrà bene, devi essere fiducioso. È la sorella di Damon Cooper. Sarà sicuramente molto forte.» Sorrido e per un attimo anche le sue labbra si sollevano un po'.

«Già.» Annuisce lentamente. «Buonanotte.»

Avrei voluto che dicesse altro, che continuassimo a parlare. Il suo umore mi rende triste.

«Sì… va bene. Buonanotte anche a te, Damon» dico, mordicchiandomi le labbra per non farle tremare.

«Krystal…»

«Dimmi.»

Trattengo il fiato.

«No, niente. A domani» dice, prima di riattaccare. Anche se questa è una bella promessa, io non riesco a essere tranquilla.

Voglio parlargli, devo solo trovare il momento giusto.

48

Tate ha da anni una bizzarra patologia che può essere riassunta semplicemente con una frase: «E se poi dovesse servirmi?»

Trascorreremo solo qualche giorno da Corinne, e la sua valigia pesa come se dovessimo trasferirci a Londra per più di un mese.

La Morris, anche se perderemo qualche lezione, è entusiasta al punto da accettare la nostra decisione di andare da sole in stazione. A detta sua, mi farà bene qualche giorno lontana da Manchester, anche se non immagina che con noi ci sarà Thomas. Non lo conosce, ma sono sicura che il solo fatto che sia un amico di Damon lo farebbe finire direttamente sulla lista nera.

«Alla buon'ora, ragazze» borbotta il fidanzato di Corinne con un enorme mazzo di rose rosse fra le mani.

«Scusaci.» Sorrido di fronte al suo gesto galante.

Ho sempre pensato che Thomas fosse il più dolce dei tre, e ora non ho più alcun dubbio. Damon e Jared non farebbero mai una cosa simile, per nessuna…

«Non mi si chiudeva la valigia» bofonchia Tate. Ha fra i denti la cinghia dell'ennesima borsetta che ha tentato di far entrare in valigia senza grandi risultati.

«Su, andiamo. Il treno sta per partire.»

Sono emozionata all'idea di trascorrere qualche giorno con Corinne, e non vedo l'ora di mostrarle il mio regalo: un semplice quadernino rosso, da usare quando quello nero sarà ormai pieno zeppo delle sue fantasie su di me e… su Damon.

Il mio umore, da quando è andato via, oscilla.

Vorrei contattarlo, chiedergli di Charlotte e tante altre cose, ma dopo l'ultima volta non mi ha più cercata e non so se apprezzerebbe il mio tentativo di stargli vicino. Ultimamente alterno momenti in cui sono super euforica e altri in cui il mio umore è sotto i piedi. È una situazione fastidiosa, che non riesco a gestire, ma a cui devo dare un senso se non voglio impazzire. Ormai ho accettato il fatto di essermi innamorata di lui, ma se non riuscirò a controllare questa cosa sono sicura che mi farò molto male.

Procediamo lentamente, nonostante la distanza non sia troppa, e più volte mi perdo nei miei pensieri, tanto da attirare l'attenzione di Thomas.

«Ehi, torna sulla terra. Siamo arrivati» mi dice, pizzicandomi la guancia. Anche lui è teso, ma anche emozionato.

Io invece divento triste, quando penso che quei venti giorni potrebbero aumentare e che lui potrebbe allontanarsi da me più di quanto non sia già successo in passato.

«Ah, sì. Ero sovrappensiero.»

Prendo la valigia e li seguo giù dal treno, fino a raggiungere l'esterno della stazione. Ovviamente i genitori di Corinne non sospettano dell'esistenza di Thomas, e mi dispiace che lui debba andare a dormire in un hotel. La vita è strana. Più passa il tempo, più me ne rendo conto.

«Eccola» urla Tate, iniziando a correre verso la rossa, ma Thomas la supera afferrando la sua ragazza tra le braccia. Mi si inumidiscono gli occhi. Sono bellissimi. Per evitare di scoppiare a piangere, prendo il cellulare e scatto una foto.

Clelia mi accoglie come una figlia, sono felice di trascorrere alcuni giorni anche con lei e con il dottor Wilson. Inevitabilmente penso al modo in cui Damon l'ha definito e mi scappa un sorriso. Non abbiamo più parlato del mio problema e non mi sento pronta per affrontare una cosa simile. So che prima o poi dovrò farlo, ma non ora. Ora voglio solo provare a godermi questi anni di gioventù, curando i sintomi e non il problema.

Mi sento troppo piccola per alcune cose…

«Thomas è già arrivato al pub, dobbiamo sbrigarci» dice Corinne, mentre camminiamo per le strade di Londra.

A mezzanotte sarà il suo compleanno e io stento a credere di essere qui, di notte.

La Morris ci sta dando fiducia, ovviamente con tutte le dovute precauzioni. Del resto, io non mi sono mai sentita in gabbia, nonostante la situazione.

«È proprio un ragazzo d'oro» sussurro, afferrando il suo braccio. «Sono felice per voi, siete bellissimi insieme.»

I suoi occhioni verdi si riempiono di lacrime; si ferma al centro della strada e mi abbraccia.

«Grazie.» Accarezza il mio viso. «Mi piacerebbe vederti più serena» bisbiglia quando Tate ci urla di darci una mossa.

«Sto bene, è solo un periodo.»

«Devi raccontarmi tutto» afferma, guardandomi seriamente. Io mi limito ad annuire. Non voglio rovinarle il compleanno con i miei problemi, ma so che per lei non sarebbe un fastidio ascoltarmi e confortarmi.

Il pub scelto per l'occasione è molto carino. Sembra che qui Corinne conosca molte persone e questo non va giù al suo ragazzo, che non ha smesso di borbottare da quando siamo arrivati.

«Non fare il geloso» ridacchio. «Corinne ha occhi solo per te.»

Ma lui continua a lamentarsi e a interrogare la mia amica su tutti i ragazzi che saluta.

«Vado a chiedere al batterista se ha bisogno di una mano.»

«Tate! Non farmi fare la candela» urlo, ma ormai è troppo tardi. Ha già preso la sua strada e qualcosa mi suggerisce che stasera tornerò a casa di Corinne da sola.

«Vado a prendere una boccata d'aria» dico ai due piccioncini, ma sono così presi a scambiarsi effusioni da non calcolarmi minimamente. «Ehm, okay, a dopo.»

Con non poche difficoltà raggiungo l'esterno del pub e tiro un sospiro di sollievo, quando vedo una panchina. Mi ci fiondo sopra, prima di prendere il cellulare dalla borsa per controllare l'ora. È già mezzanotte, ma sono sicura che gli auguri alla mia amica possono aspettare qualche minuto.

«Ma cosa...»

Sorrido, quando vedo due messaggi da parte di Damon.

Il primo dice:

Non divertirti troppo a Londra.

Il secondo:

Rileggi il messaggio.

«Che stupido.»

Sono sicura di avere un'espressione da ebete, mentre rispondo.

In realtà mi sto già divertendo molto...

Cosa stai combinando, piccoletta?

Tua sorella come sta?

Continuo a sorridere per il nostro scambio di battute, e sono sicura che il signor Damon Cooper non tolleri quando qualcuno evita le sue domande. Per questo, quando il telefono squilla, so già cos'ha da dirmi.

«Non sono un buon esempio, non imitarmi.»

«So cosa si prova, è giusto che lo sappia anche tu.»

Alzo lo sguardo verso la luna, e mi piace pensare che anche lui lo stia facendo. Sono una romantica, una della peggior specie, e sono sicura che Damon me lo farebbe notare se fosse qui.

«Quindi ti stai divertendo... Come?»

Ancora una volta ignora le mie parole, ma ormai so che non posso farci nulla. Se Damon non vuole rispondere a una provocazione, non lo farà.

«Nulla di particolare. Stiamo festeggiando il compleanno di Corinne. Tua sorella, invece, è stata operata?»

«Sì.»

«E come è andata?»

«È troppo presto per dirlo, ma inizierà domani la riabilitazione.»

Mi batte forte il cuore, mentre mi parla di lei. Non conosco Charlotte, non so minimamente come sia fatta, ma una parte di me vorrebbe conoscerla.

«Ne sono felice.»

«Dove sei ora? Questo pub è troppo silenzioso» borbotta, ma non riesco a rispondere subito, perché qualcosa attira la mia attenzione.

«Aspetta un attimo.»

«Cosa succede? Dove sei?»

«Oh, nulla. Sono fuori a prendere una boccata d'aria e... nulla, mi sono impressionata» dico. Nel frattempo mi alzo per tornarmene dentro.

«In che senso? Thomas dov'è?»

«Con Corinne. Fuori c'era un'auto che aveva semplicemente dimenticato di spegnere... i fari... suppongo. Insomma, non penso stessero fotografando me. Forse era una coppia che...»

«Torna dai tuoi amici, ed evita di stare da sola» sbotta. Poi, sentendo il mio sussulto, aggiunge: «Sono lontano, non farmi preoccupare».

Il cuore inizia a scalpitarmi nel petto.

L'idea che lui possa essere preoccupato per me mi lusinga, ma allo stesso tempo non voglio dargli pensieri.

«Va bene, torno dagli altri.»

«Brava Margot.» Sghignazza, prima di mettere giù.

In questo momento vorrei solo sentire il suo odore e avere la certezza che, anche fra molti giorni, lui avrà ancora voglia di parlare con me. Damon mi manca, e non so fino a quando resisterò.

Rientrata nel pub vado alla ricerca dei miei amici, ma sembrano scomparsi; dopo mezz'ora non sono ancora riuscita a trovarli. Sono stanca, così mi limito a scrivere a Tate un messaggio in cui le dico che torno a casa e che entrerò dal retro per evitare di essere vista da Clelia.

Non mi entusiasma l'idea di camminare da sola, e so che avevo fatto una promessa a Damon, ma non posso trascorrere altro tempo qui dentro senza sapere quando li troverò. Molto probabilmente entrambe si staranno divertendo, e non voglio rovinare loro il resto della serata. Quindi esco e mi incammino verso casa. Non è molto lontana, ma lungo il tragitto vengo tentata dalla vetrina di una pasticceria.

A Londra sembra che la vita non si fermi mai, che la notte e il giorno siano la stessa cosa. Per questo faccio una piccola deviazione ed entro nella pasticceria più carina che abbia mai visto.

Impossibile prevedere quello che trovo al suo interno. C'è una donna, dietro la cassa, e due uomini la stanno minacciando con una pistola.

Non è possibile, non posso essere così sfigata, penso, quando riconosco il tipo che mi ha sparato. Stavolta non indossano maschere e mi chiedo come sia possibile che agiscano anche qui, oltre che a Manchester. Mi dispiace per quella donna: vorrei aiutarla, ma per una volta penso solo a me stessa. Quando sto per andarmene, proprio quello che mi ha sparato si accorge della mai presenza.

«Ancora tu!»

Mi si avvicina e in due falcate me lo ritrovo davanti.

Mi afferra il polso, quando provo a scappare, e stringe fino a farmi male.

«Io... non ho visto niente...»

Mi viene da piangere, mi sento una stupida per essere finita di nuovo in una situazione così assurda.

«Ti ho riconosciuta» urla. «Chi sei? Per chi lavori?»

Ormai sto piangendo e purtroppo, anche se quella donna mi guarda come se volesse aiutarmi, so che non può farci nulla.

«Per nessuno... io... non so chi...»

«Lo spero per te» sbotta, poi mi lascia e penso che mi abbia creduta.

Se ne vanno e io cado in ginocchio.

«Piccola, mi dispiace. Come stai?»

La donna corre in mio soccorso e mi abbraccia, fino a quando non riesco a calmarmi almeno un po'.

«Io... bene» gracchio guardandomi il polso, su cui affiora una macchia violacea.

«Posso chiamare qualcuno?» mi chiede.

La prima persona che mi viene in mente è Corinne.

Tate non sa che mi hanno sparato.

Mentre Thomas lo riferirebbe a Damon, e questo non posso permetterlo.

«Perché non me lo hai detto?» urla Tate. Poi scoppia a piangere.

«Io chiamo Damon» dice Thomas, bianco come un lenzuolo.

Lo prego di non farlo, poi scoppio a piangere anch'io.

Damon si arrabbierà e se la prenderà con me per essere stata così imprudente da girare da sola per le strade di Londra.

«Mi dispiace, Krystal. Non vederlo come un tradimento, questo è un problema molto grande» mi dice Corinne, mortificata per averne parlato con il suo ragazzo.

È scoppiato un caos che non avrei mai voluto.

Ora persino Tate è arrabbiata con me per averle nascosto una cosa simile, e io non so cosa fare per calmare tutti, dal momento che io per prima ho paura.

«Non voglio che Damon lo sappia, ha già i suoi problemi e io...»

«Sono sicura che vorrebbe, a prescindere dalla situazione che sta affrontando» prova a rassicurarmi Corinne con qualche carezza, ma stavolta non basta. Non basta quando sai di aver innescato una bomba. Litigheremo, lui mi offenderà e poi... ci perderemo.

«Non lo so...» dico, un attimo prima del ritorno di Thomas.

La sua espressione non lascia presagire nulla di buono; mi guarda e si gratta il mento, come se non sapesse da dove iniziare.

«Cos'ha detto?»

«È arrabbiato. Sai come è fatto» borbotta, scuotendo il capo. «Vuole che tu lo raggiunga in Svizzera.»

«Cosa?» urla Tate, di ritorno dal bagno. «Ma chi si crede di essere?»

Sono sorpresa e confusa.

Perché Damon vuole una cosa simile?

Intende uccidermi il prima possibile?

«Perché?» domando titubante, e Tate mi guarda male.

«Nei prossimi giorni indagherà. Sono uomini di Falcones, gente senza pietà, e lui pensa che io non sia in grado di badare a te, qui a Londra.» Fa una risata, che però non coinvolge nessuno.

«Non posso andare in Svizzera! Tra quattro giorni dobbiamo tornare a Manchester e poi... con quale autorizzazione prenderò un aereo dal momento che vivo...»

Mi interrompe.

«Quell'uomo ora è a Londra e potrebbe essere già sulle tue tracce. È il loro modo di agire, quando credono che qualcuno voglia fotterli. Non pensa di certo che sia un caso il fatto che tu per due volte lo abbia visto in faccia mentre faceva una rapina.»

Non so cosa dire. Sono frastornata e preoccupata, ma continuo a pensare che tutto questo caos sia esagerato.

«Non credo di essere la prima che assiste a una rapina.»

«Non parleresti così, se conoscessi i Falcones. Ascolta» mi prende le mani «nei prossimi giorni starai con Damon, poi tornerai a Manchester e nessuno si accorgerà di niente. Proverò a parlare con quel tipo, a fargli capire che è stata soltanto una coincidenza. Damon non vuole che tu sia qui quando accadrà. Per la cronaca, non prenderai un aereo di linea. Arriverai in Svizzera e atterrerai in aeroporto, ma… nessuno chiederà nulla.»

Come si reagisce in questi casi?

Non lo so. Non ne ho idea. So solo che ora Tate vorrebbe uccidermi. Se qualcosa dovesse andare storto, la Morris le procurerà un'ascia molto grande per seppellire e nascondere il mio cadavere. Sto sbagliando, lo so, eppure alla parte folle di me non dispiace l'idea di rivedere Damon.

Non so cosa si sia inventata Corinne con sua madre, né se lei si sia bevuta quello che sua figlia le ha raccontato.

Tuttavia, cinque ore dopo l'incredibile chiacchierata con Thomas sono salita su un jet privato e ho rischiato di vomitare tre volte durante il volo. Damon non mi ha scritto, non mi ha cercato e non so cosa aspettarmi da lui.

So solo che è arrabbiato.

Thomas mi ha consigliato di andarci piano con lui e di non dare peso a tutte le cattiverie che mi urlerà contro quando mi vedrà. Anche se in realtà Damon conosce un metodo molto più efficace per ferirmi: l'indifferenza.

«Ciao» sussurro, quando lo vedo appoggiato alla fiancata di un taxi.

Si gela, ma non potrebbe essere altrimenti qui.

«Sali» ordina, prima di salire a propria volta.

Non mi aspettavo una grande accoglienza, ma così è ancora peggio. Odio quando alza un muro tra di noi, e ho la sensazione che stavolta sarà ancora più difficile farglielo abbassare, almeno un po'.

Stringo le braccia sul petto, quando apre il finestrino e inizia a fumare. Fuori nevica, ma sembra che non lo abbia notato.

«Potresti chiuderlo? Ho freddo…»

«La prossima volta indossa dei pantaloni.»

Il suo tono non mi piace, non ha alcun diritto di trattarmi così.

Non è mio padre e non può tenermi il muso perché mi sono trovata coinvolta in una situazione assurda.

«Questo viaggio non era previsto, per questo non ho l'abbigliamento adatto» sbuffo.

E pensare che ero quasi felice di vederlo, nonostante quello che è successo. A quanto pare lui no, e non ha problemi a farmelo notare.

«Non è colpa mia, se non sai badare a te stessa» urla, facendomi sobbalzare. Queste parole fanno male, soprattutto perché non so reagire neanche quando arriviamo a destinazione e lui non si cura di aspettarmi.

Siamo fuori da un motel realizzato in mattoni rossi scoloriti dal tempo. Alla reception nessuno bada a noi. Non mi chiedono i documenti, ma noto l'occhiata che Damon si scambia con il portiere.

Il suo passo è rapido, troppo per una come me. Entriamo in una stanza vuota. Penso che ora inizierà a inveire, ricordandomi quello che pensa di me e delle mie scarse esperienze di vita.

Invece non lo fa. Non mi guarda neanche.

«Ordina quello che vuoi. Io ho da fare e, se non è chiedere troppo, evita di uscire da qui.»

Poi se ne va, lasciandomi sola con mille dubbi e con l'incredibile voglia di rompere qualcosa.

49

Mi sono sempre assunta la responsabilità dei miei errori, ma stavolta non gli permetterò di farmi pesare una cosa di cui non ho colpa.

Non potevo prevedere la presenza di quell'uomo in una pasticceria di Londra, ma come al solito Damon ama trarre conclusioni affrettate, piuttosto che parlare.

In questa stanza ci sono solo un letto matrimoniale e due valigie. Ovviamente il mio arrivo non era previsto, e mi chiedo quali siano le intenzioni di Damon.

Dove dormirò?

Ma il primo, vero problema si presenta quando, dopo pochi minuti, la porta si apre, rivelando la figura dell'ultima persona che avrei voluto vedere qui.

«Non riusciamo proprio a liberarci di te!»

Jared cammina nella mia direzione con tre cartoni di pizza tra le mani, ma il suo tono è diverso da quello a cui sono abituata. Sembra felice.

«Ehm, ciao» borbotto. Dopo qualche secondo, anche Damon rientra, ma va a chiudersi direttamente in bagno, ignorando entrambi.

«Mangia» dice, posando la mia cena sul tavolino di fianco al divano. «Damon mi ha costretto a prenderne una anche per te» spiega, come se ci tenesse a mettere in chiaro che di sua spontanea volontà non avrebbe mai fatto una cosa simile.

Forse non capirò mai perché questo ragazzo provi tanto astio nei miei confronti, ma sicuramente questo è il momento meno adatto per chiederglielo.

Sono agitata per Damon, per i suoi modi e per il suo umore.

Vorrei parlargli, ma al contempo lo temo.

«Grazie lo stesso» sospiro, guardandolo appena.

Mi sento in soggezione, non dovevo venire qui.

Ho lo stomaco chiuso, ma per non risultare scortese inizio a mangiare la mia pizza, seduta di fianco a Jared. È una situazione insolita, e il disagio aumenta quando Damon ci raggiunge e tutti e tre continuiamo a mangiare in religioso silenzio.

«Questa dove dormirà?»

«Mi chiamo Krystal» sbotto, sorprendendo persino me stessa, ma la tensione gioca brutti scherzi ed è meglio che Jared la smetta di trattarmi come un soprammobile ingombrante.

Sono una persona, non gli ho fatto nulla e...

«Tu dormirai a terra» risponde Damon con fin troppa tranquillità, rivolgendosi all'amico.

«No, non preoccupatevi. Starò sulla poltrona. Sono piccola, andrà benissimo» sussurro, mantenendo lo sguardo basso.

«Hai visto, Dam? Problema risolto.»

Jared si alza e dopo essersi strofinato le mani tra di loro si avvia al bagno.

«Non entrare, piccoletta» sghignazza, e per la seconda volta non riesco a trattenermi.

«Ho appena mangiato, puoi stare tranquillo.»

Giurerei di averlo visto ridere, prima di chiudersi la porta alle spalle.

«Sarcastica...»

Dopo fin troppe ore, Damon mi rivolge la parola. Ovviamente per farsi beffe di me.

«Ti è tornata la voce?»

Non so da dove venga questo lato di me, ma lui è in grado di provocarmi reazioni molto lontane dal mio modo di essere. Non era mia intenzione disturbarlo e creargli altri problemi, avrebbe potuto lasciar perdere, farsi gli affari suoi e continuare la sua vita qui.

Invece mi ha fatto prendere un jet privato solo per ricordarmi quanto io sia stata stupida a non eseguire i suoi ordini.

«E anche un po' acida» aggiunge, rigirandosi una sigaretta tra le dita.

«Perché sei arrabbiato con me?» Mi alzo, incrociando le braccia sul petto. «Lui mi ha sparato. Sempre lui mi ha minacciato. Non io. Per cui smettila di puntare sempre il dito contro di me.»

Per la prima volta mi guarda, mi indaga con un'espressione tutt'altro che felice. I suoi occhi sono velati di un sentimento che non so riconoscere. Non saprei dire se la sua è rabbia, preoccupazione, fastidio o altro. Damon è bravo a nascondersi.

«Se imparassi a non oltrepassare alcuni limiti, tutto questo non sarebbe accaduto.»

Si alza a sua volta e, come prevedibile, si avvicina alla finestra per fumare. L'aria gelida mi mozza il respiro, ma a lui non importa.

Non bada a niente e a nessuno.

«Di quali limiti parli? Credi che io sia una stupida? Una che non sa badare a sé stessa...»

«Puoi darmi torto?» Mi sbeffeggia, facendo scivolare i suoi occhi lungo tutto il mio corpo. Per un attimo il suo fare arrogante viene meno, ma poi torna alla carica con altre cattiverie. «Pochi giorni e già ti sei messa nei guai!» urla, facendomi trasalire. Sono stanca di questo atteggiamento, stanca di essere additata per cose che non posso prevedere, per cose che mi spaventano e anche tanto.

Stringo le mie piccole mani a pugno, come se in questo modo riuscissi a trattenere il dolore causato dalle sue accuse.

«Cosa potevo saperne io?» strillo e mi fa male la gola. «Non mi hanno mai sparato, non ho mai vissuto situazioni simili e non ti ho mai chiesto di prenderti cura di me. Potevi lasciarmi lì, a Londra, e continuare la tua vita. Non volevo che Thomas te lo dicesse proprio per questo! Per te è più facile colpevolizzare me, far sentire me come quella sbagliata, dimenticando quello che mi è successo.»

Ho il fiatone, le guance rosse e un'incredibile voglia di piangere.

Damon mi guarda come se mi vedesse per la prima volta. Sul suo volto scorgo l'ombra di qualcosa di inaspettato e...

«Però, che caratterino la tua amichetta.»

«Jared, sparisci!»

Mi allontano da entrambi, ho bisogno di un momento da sola. Per questo sorpasso Jared, che è appena uscito dal bagno, e mi ci fiondo dentro.

Scivolo contro la porta, ormai satura di questo clima così ostile nei miei confronti, e lascio alle prime lacrime l'onore di bagnare il mio viso stanco.

Quando ho accettato di venire qui sapevo che non sarebbe stato semplice, avevo messo in conto un'eventuale sfuriata, ma non questo.

Non avevo previsto la sensazione di sentirmi di troppo, di sentirmi sbagliata. Per cui, mentre mi spoglio e mi infilo sotto la doccia, mi chiedo per quale motivo lui mi abbia voluta qui, se a malapena riesce a guardarmi in faccia.

Quando torno in camera, con addosso una maglietta larga e un paio di pantaloncini, trovo Damon seduto sulla poltrona a smanettare sul cellulare. Alza lo sguardo su di me, mi osserva per qualche istante e poi lo punta sul suo amico, ormai addormentato sul letto.

«Ho provato a tirarlo giù» dice, facendo un lungo sospiro. Gli animi si sono calmati, ma restiamo freddi come l'inverno più rigido.

«Non è un problema. Dormirò... dove sei seduto tu» dico, pensando che a breve si alzerà e che raggiungerà il suo amico.

«So di non essere un gentiluomo, ma non ti farei mai dormire con un altro» sussurra, porgendomi una coperta. La afferro dalle sue mani. Senza dire altro, si allontana andando a stendersi al fianco di Jared.

Provo a non farmi ingannare dai miei sentimenti e dall'irrazionalità che ora sta provando a trascinarmi dalla sua parte. Questa situazione non riguarda noi, non riguarda quello che io provo per lui e devo smetterla di illudermi, di credere in qualcosa che non accadrà mai, anche se nei suoi occhi ho visto di tutto.

Anche se lui mi ha guardata come se fossi la cosa più preziosa a questo mondo.

Scuoto il capo, e a dispetto di quello che ho detto, butto la coperta a terra. È stata una giornata sfiancante per vari motivi, e non posso negare di essere preoccupata anche dall'eventualità che la Morris possa scoprire la mia fuga. Stavolta non mi perdonerebbe. Più passa il tempo e più mi rendo conto di quante cose io stia facendo per Damon e con Damon. Pochi attimi prima di addormentarmi, mi chiedo fino a dove sarei disposta a spingermi, pur di stare con lui.

Sono in uno stato di dormiveglia, da più di un'ora non faccio altro che rigirarmi alla ricerca di una posizione comoda, ma con scarsissimi risultati. Sbadiglio, poi sento dei passi nella stanza. Chiudo gli occhi e trattengo il respiro, ma li spalanco quando sento un corpo scivolare al mio fianco e un braccio avvolgermi con decisione.

«So che sei sveglia.»

La voce di Damon ha sempre lo stesso effetto su di me, anche quando dovrei essere arrabbiata con lui, anche quando dovrei ignorarlo o addirittura cacciarlo via.

«Il letto era scomodo?»

«Parecchio.»

Non sono disposta a lasciarmi andare, dopo il modo in cui mi ha trattata. Anche se non sembra, ho una dignità.

«Non ti capisco.» Mi volto nella sua direzione. Nonostante il buio, riesco a percepire il suo sguardo, mentre la sua mano mi sfiora la schiena lentamente.

«Cosa non capisci?» mi sfida.

«Il tuo atteggiamento. Prima mi fai la guerra, poi…»

«Chi ti dice che anche ora non stia continuando?»

Scuoto il capo. Sono delusa dai suoi continui giochetti e dal suo costante e fastidioso modo di affrontare i nostri problemi.

Non ho più voglia di parlare, né di chiedere chiarimenti, così chiudo gli occhi e mi impongo di dormire, nonostante sappia che sarà impossibile, con lui al mio fianco.

«Non hai più voglia di parlare?» bisbiglia al mio orecchio, baciandomi poi alla base del collo.

«Non ho più voglia di litigare, è diverso.»

«Non stiamo litigando, non ora almeno.»

Muoio dalla voglia di baciarlo, di dirgli che mi è mancato e che nonostante tutto sono felice di vederlo, ma non posso.

Proprio ora non posso.

Così mi allontano, mi sottraggo al suo tocco e mi metto a sedere, guardandolo dall'alto.

«Avresti dovuto chiedermi una spiegazione! Chiedermi come sono andate le cose» dico, e dalla sua espressione so che probabilmente inizieremo a litigare per davvero.

«So già come sono andate le cose. Ti conosco abbastanza da sapere che sei entrata in quel posto solo per accertarti che fosse quel tipo» sbotta, incurante della presenza di un'altra persona nella stanza.

Si solleva puntellandosi sui gomiti. «Vorresti negarlo?»

«Sì. Non sono entrata in quella pasticceria per lui. Stavo camminando e ho visto in vetrina le ciambelle rosa che ho mangiato anche a Manchester. Quando l'ho visto… era troppo tardi per tornare indietro.» Sbuffo come una bambina di cinque anni, ma è la sua reazione la vera sorpresa.

«Aspetta.» Mi guarda. «Una ciambella… rosa?»

«Ehm, sì. Non potevo sapere che…»

«Tu… ti sei ficcata in questo casino per una ciambella?»

«Che alla fine non ho neanche mangiato» borbotto, scrollando le spalle.

«Dovrei… ammazzarti» sospira. Il suo sguardo ora è diverso, non c'è più rabbia, malizia e indifferenza. Se non lo conoscessi, oserei dire che vorrebbe stringermi a sé e riempirmi di baci.

Ma è pur sempre di Damon Cooper che stiamo parlando.

«Ho chiesto a Thomas di non dirtelo. So che hai cose più importanti a cui pensare, ma lui non ha voluto sentire ragioni.»

«Thomas ha fatto bene a informarmi» replica serio. «L'avrei preso a calci in culo, se non l'avesse fatto.»

In momenti come questo vorrei porgli mille domande, ma rischierei di innescare un'altra reazione e ora non voglio.

«Tua sorella come sta?» gli chiedo, stendendomi nuovamente al suo fianco.

«Ci sono stati dei miglioramenti, ma ci vuole tempo» sospira, riportando nuovamente le mani sui miei fianchi.

Damon è la contraddizione fatta persona. Mi sbraita contro, dice che vorrebbe ammazzarmi e intanto mi tocca come se non potesse farne a meno. Io, dal canto mio, vorrei solo che mi stringesse e che mi dicesse che è felice di avermi qui, con lui, ma so che una cosa simile non succederà mai, e questo mi turba più dell'ipotesi di essere scoperta dalla Morris.

«Ne sono felice, ma ero certa che ci sarebbero stati.» Abbozzo un sorriso sul quale i suoi occhi sostano per un attimo.

Le sue dita mi sfiorano il viso lentamente, indugiando poi sulle labbra, e se provasse a baciarmi, stavolta non oserei fermarlo. Lo voglio anch'io, anche se i nostri problemi e i miei dubbi continueranno a esistere. Lo voglio anch'io, anche se dopo lui mi ignorerà ancora. Quando penso sia sul punto di farlo, scuote il capo e si allontana.

Se ne torna a letto senza dire nulla, lasciando in me una valanga di dubbi.

Damon

Sono nei guai fino al collo, ma il paradosso è che non voglio uscirne. Se così fosse, avrei già messo fine a questa cosa e alla mia costante voglia di perdermi in lei.

Krystal però non è come le altre. Con lei il rapporto non potrebbe mai ridursi a una semplice scopata. Mi sono dovuto allontanare, ho dovuto allontanarmi da lei e dalla mia voglia di baciarla e di consumare quelle splendide labbra.

Sono incazzato per una serie di motivi.

Sono incazzato con me stesso per quello che sento, con lei per avermi fatto perdere la testa e con il resto del mondo per avermi reso quello che sono.

Non ne sono innamorato.

Cazzo, non so neanche cosa sia l'amore. Però so di essere tremendamente infastidito al solo pensiero che qualcun altro possa sfiorarla. Avrei voluto rinfacciarle la cena di famiglia con Nick, farla sentire a disagio ricordandole che è solo grazie a me se ha avuto il suo primo orgasmo, ma mi sono trattenuto.

Me ne sono andato per non continuare a fare lo stronzo, per non complicare ancora di più la situazione.

«Dobbiamo sbrigarci. Charlotte ci sta aspettando!» dice Jared.

«Vai, arrivo fra poco!» sbotto, guardandolo male. Da stamattina non fa altro che dare il tormento a me e a Krystal.

«Le hai già detto che dobbiamo andare?»

«Fuori!» urlo. Dopo aver borbottato, finalmente mi ascolta.

Mi passo le mani fra i capelli, frustrato e sempre più in lotta fra ciò che è giusto e ciò che è sbagliato. L'idea di lasciarla sola per tante ore in questa stanza non mi entusiasma, ma la prospettiva di farle conoscere Charlotte mi destabilizza.

Mi siedo sulla poltrona per aspettarla e ripeterle che può telefonare alla reception per ordinare da mangiare qualsiasi cosa, ma quando la porta del bagno si apre e lei esce avvolta soltanto in un asciugamano bianco, penso davvero che il mio autocontrollo sia agli sgoccioli.

«Oddio» urla, portandosi le mani al petto, anche se è coperta. «Non eravate già usciti?»

«Jared, sì» dico; e meno male, aggiungerei.

«Ehm… dimmi» sussurra, guardandosi intorno.

Non riesco ad aprire bocca, che noto qualcosa che mi fa accapponare la pelle.

«E quello cos'è?»

In due falcate le sono vicino, le afferro il polso e lo esamino.

«Chi è stato? Rick? Devi dirmelo e giuro che lo ammazzo.»

I suoi occhioni si sgranano. Sono pieni di paura e non voglio che sia così.

«No, non è stato Rick, ma... quell'uomo quando...»

«Cosa?» urlo. Lei sussulta. «Perché non me l'hai detto? E Thomas dov'era quando quel tipo ti metteva le mani addosso?»

Sono fuori controllo.

La mia testa e la mia bocca sono scollegate.

«Non è nulla, è soltanto un livido su cui sto già mettendo una pomata e... Thomas non c'entra.»

«Non è nulla?» Faccio una risata amara. «Anche un tuo capello in meno, per me è un problema.»

Krystal socchiude le labbra, sorpresa per quello che le ho appena detto. Non dovrei lasciarmi andare in questo modo, ma non mi pento. Lo penso sul serio.

«Fammi vedere questa pomata» sussurro, passandomi le mani sul viso. Lei, per quanto titubante, si avvicina allo zaino e me la porge. In questo momento è stupenda, più del solito.

«Dam, ma cosa stai facendo?» Arrossisce, perché l'ho fatta sedere sulle mie gambe, dopo essermi sistemato sul letto. «Posso metterla da sola.»

«Bastardo» ringhio. Me la pagherà per averle fatto del male.

Le accarezzo la pelle, e provo a concentrarmi sulle sensazioni che provo, per non impazzire. Non scherzo quando dico che ammazzerei chiunque provi a farle del male. A modo mio, so dell'importanza che questa ragazza ha per me. Sto provando ad accettarlo.

«Grazie.» Sorride, rendendo tutto più difficile. «Ora dovrei rivestirmi» dice. Come il gran coglione che sono, continuo a provocarla.

«Stai bene anche così. Lo preferisco» dico, baciandola su una spalla.

«Ti piacerebbe.» Mi fa la linguaccia, e proprio quando sono sul punto di cedere, entra Jared.

«Dam... ma che cazzo!» urla, scoppiando a ridere.

«Sparisci» ringhio.

«Amico, vai avanti dopo. Abbiamo da fare.» Continua a ridere, e solo per caso riesce a chiudere la porta prima che il posacenere che gli ho tirato dietro lo colpisca.

Krystal si alza, imbarazzata più che mai, e io so che devo andare.

«Non puoi farmi questo, Dam. Non è possibile che il tuo cellulare non sia connesso» piagnucola Charlotte, mettendo il broncio.

Si sta lamentando perché sperava di guardare, con il mio cellulare, un episodio della sua serie preferita. Sono perplesso per i suoi gusti, ma ancora di più per l'espressione di Jared che sembra sul punto di fare una ramanzina al sottoscritto.

«Non dovrebbe esserci il wi-fi, in questa clinica?»

Lo guardo male, e neanche gli rispondo.

«Charlotte, calmati. Prima o poi lo vedrai» sbuffo. «Piuttosto, dov'è il medico? Devo parlarci» dico. Lei fa una strana smorfia con le labbra che fa ridere Jared, ma non me.

«Ignoralo, Char. È nervoso perché ho interrotto le smancerie con la sua amichetta.»

«Oddio, le hai telefonato?» urla mia sorella.

«Purtroppo è qui» la informa Jared.

«Perché rispondi al mio posto?» sbotto, ma sembra che oggi nessuno riesca a prendermi sul serio.

Mia sorella parte con una serie di domande inopportune. Mi chiede, addirittura, se anche Krystal sia una fan di *The Vampire Diaries*, e io le rispondo che sono l'unico Damon che conosce.

Punto sull'ironia, anche se questa piccola impertinente non la tocca.

«Ora basta, sta arrivando il dottore» sbuffo al limite dell'esasperazione.

Il dottor Brown mi parla di un percorso riabilitativo che potrebbe durare più del previsto, ma che sta già dando i primi risultati. Resto in silenzio ad ascoltare. Lo osservo quando con un piccolo martello colpisce il ginocchio di Charlotte.

E si muove!

Lei scoppia a piangere, persino Jared ha gli occhi lucidi, mentre io mi avvicino per baciarla sulla tempia.

Vederla felice riempie il mio cuore di gioia. All'improvviso ho un'incredibile voglia di tornare in albergo e di portare anche Charlotte con noi.

50

Damon

«Stasera mi sento particolarmente gentile, vi cedo il mio letto.»

Guardo Jared, che come al suo solito non sa quando è il momento di tacere, poi la mia attenzione va a un fagotto rannicchiato per terra.

Non mi piace l'idea di averla lasciata sola per tutto il giorno e ancora meno non vedere tracce di cibo in giro.

«Ti ricordo che la tua presenza non era prevista» borbotto, togliendomi la giacca.

Almeno, in questa stanza non fa freddo come fuori.

«Lo so, e sai che ti sono grato per avermi permesso di venire.»

Non sono abituato a queste cose, né alla versione sdolcinata del mio amico. Quando vuole, sa essere più bastardo di me. Per questo evito di ripetergli che deve tenere le sue manacce lontane da mia sorella.

«Sembra che tutto stia tornando al suo posto» dice, mentre io mi inginocchio per prendere Krystal in braccio. Per fortuna non si sveglia neanche quando la adagio sul letto e la copro con un piumone più caldo e più morbido di quello che stava usando.

«Solo quando mia sorella tornerà a camminare e mi vendicherò per quello che le è stato fatto, tutto sarà tornato a posto.»

«Sai che sono dalla tua parte.»

Non ho mai avuto dubbi su questo; a differenza di Thomas, convinto che devo lasciar perdere per non rovinarmi la vita, Jared ha sempre approvato la mia intenzione di vendicarmi. So che farebbe qualsiasi cosa, e purtroppo questo mi fa credere che i sentimenti che dice di provare per mia sorella siano reali.

«Lo so» replico, sfilandomi i vestiti. Sono esausto, sia fisicamente sia mentalmente. Voglio solo dormire, anche se oggi è stata una bella giornata. Vedere Charlotte così felice mi dà la forza di resistere.

Mi infilo sotto le coperte e sospiro quando guardo Krystal.

«Quanto ci sei sotto? Per lei, intendo.»

«Mia sorella ti ha infettato?» borbotto, ma lui non si arrende.

«Ormai l'ho capito, ti piace» dice, prima di stendersi lì dove fino a poco fa c'era Krystal. Potrei ignorarlo, come sempre, ma ho una domanda per lui e non riesco a trattenermi.

«Tu perché non la sopporti? Cosa ti ha fatto?»

«Ti sta cambiando. Forse in meglio, forse in peggio, ma in ogni caso non mi piace saperti distratto. Non vorrei che cambiassi idea su quello che vuoi fare.»

«Non mettere in dubbio le mie intenzioni. Di qualunque natura sia il mio rapporto con Krystal, non ti autorizza a darle il tormento.» Mi metto a sedere e lui mi guarda. «D'ora in poi tu e Piper la lascerete in pace, o non risponderò delle mie azioni.»

Abbassa gli occhi.

«So di aver sbagliato, so che lei non c'entra nulla...»

«Allora chiudiamo il discorso, Jared. Perché la prossima volta non ti perdonerò.»

Annuisce senza aggiungere altro. I suoi sentimenti verso mia sorella non giustificano come si comporta con Krystal, e se c'è qualcuno con cui deve prendersela, se a volte mi vede distratto, quello sono io.

«Bene, buonanotte» mormora, ma non gli rispondo.

Ho bisogno di calmarmi, perché altrimenti non riuscirò a prendere sonno. Mi stendo e appena mi volto a destra mi viene da sorridere. Krystal sta dormendo beatamente, con la mano sotto la guancia e le labbra dischiuse. Sembra una bambina, una bambina molto bella e incredibilmente attraente.

Sovrappensiero inizio a sfiorare il contorno delle sue labbra con un dito. Non so perché faccio un'idiozia simile, ma continuo a infastidirla fino a quando non apre i suoi occhietti blu.

«Dam, sei tornato» bofonchia, sbattendo le palpebre.

«Stanotte ti sei guadagnata un posto in Paradiso» sghignazzo, notando la sua confusione mentre si guarda intorno.

«E Jared?»

«A terra. Non rallegrarti troppo.»

«Solo un po'?» Ridacchia, e a me viene voglia di morderle le labbra. Poi torna seria, e ci provo anch'io. «Tua sorella?»

«Meglio» sussurro distratto. Non vedevo Krystal da pochi giorni e da ieri non faccio altro che trattarla male per evitare di cedere. Ora che è qui con me, in un letto, non riesco a reprimere l'euforia che invece dovrei tenere a bada.

«Mi fa piacere» bisbiglia, facendo un respiro profondo.

«Domani usciamo» le dico di punto in bianco, non so neanche io il perché. Non sono qui in gita, ma ho parlato prima di rendermene conto.

«Anche questo mi fa piacere» sorride ancora. «Sempre se... hai il tempo» aggiunge premurosa.

Sono convinto che questa ragazza sia unica e che non esista nessuno al mondo che la merita. Soprattutto io.

È pura e incredibilmente dolce. Ha tutti quei pregi che in genere mi fanno storcere il naso, ma in lei... be', in lei sono tutta un'altra storia. Non dovrebbe essere così con chiunque, vorrei che lo capisse.

A volte vorrei impormi su di lei come un vero troglodita solo per essere l'unica persona a godere delle sue gentilezze.

Sarebbe strano se glielo dicessi, ma lo penso sul serio.

«E... volevo anche dirti che lunedì dovrò tornare a Manchester» aggiunge, riportandomi sulla terra.

«Cosa? No, non possiamo andare via prima di due settimane!»

«Pensavo che Thomas te l'avesse detto. Ovviamente la Morris non sa che sono qui, ma pensa che mi trovi a Londra, e non posso essere scoperta.»

«No, Thomas non mi aveva detto niente» sbotto e lei mi guarda come se fossi pazzo. Probabilmente è così, sto perdendo la testa. «In ogni caso, troverò una soluzione» aggiungo.

Tuttavia neanche Krystal è molto normale, dal momento che, proprio come me, salta da un argomento all'altro.

«Come te la cavi in matematica?»

Riduce i suoi occhi a fessure, e mi scruta mentre mi agito al suo fianco come un ragazzino.

«In matematica? Alla grande, sono il migliore» rispondo, ed è la verità.

«Allora dovresti aiutarmi» dice, sporgendo il labbro in fuori «ho un test il mese prossimo e non ho capito un bel po' di cose.»

Scacco matto, penso prima di uscirmene con una delle mie frasi da latin lover, anche se ho smesso di esserlo da tempo. Non so cosa mi stia succedendo, ma da quando Krystal è entrata nella mia vita, non riesco a toccare, né guardare nessun'altra. Fare sesso non è mai stato un problema per me, non ho mai dovuto faticare per trovare ragazze. Non sono mai stato quello che chiedeva, quello che ci provava. Non sono mai corso dietro a nessuna, mentre ora… cazzo, non voglio pensarci.

«Ripetizioni… interessante…»

«Ovviamente ti pagherei» propone ingenuamente. Poi, quando nota la mia espressione, arrossisce come un peperone. «Smettila! Cosa vai a pensare?»

«Io non ho detto nulla, piccola Krystal. Non pensavo fossi così maliziosa.»

Alza gli occhi al cielo, illudendosi di potermi nascondere l'imbarazzo. Non immagina quanto mi piaccia questa cosa.

«Quindi, mi aiuterai?»

«Probabile» sussurro sulle sue labbra. «Dobbiamo solo parlare di alcuni dettagli, ma… potrei farci un pensierino.»

«Cooper, non rovinare la tua fama» borbotta indispettita. Poi si volta, dandomi le spalle, e io sento la necessità di una doccia gelata. Sono rovinato, e non l'ho neanche baciata.

Krystal

Giocherello con i miei piedi nel letto, in attesa che Damon esca dal bagno.

Ho un sorriso enorme stampato sul viso e non riesco a smettere di pensare alla notte che abbiamo trascorso insieme, non tanto per le chiacchiere o per il suo modo di mettermi in difficoltà, quanto per come ci siamo sfiorati e stretti mentre eravamo in stato di semi-incoscienza. Ricordo le sue dita che cercavano le mie pochi attimi prima di addormentarmi e le sue labbra sulla mia fronte quando mi sono svegliata. Credo che questa notte sia stata la più dolce che abbiamo vissuto insieme.

«Ciao» sussurro, quando lo vedo uscire dal bagno e cedere il posto a un Jared alquanto impaziente.

«Giorno.» Fa un mezzo sorriso, passandosi una mano fra i capelli. «Hai dieci minuti per prepararti.»

«E se ce ne metto undici?» lo sfido, guardandolo dal basso.

Damon non mi risparmia uno dei suoi sguardi languidi.

«Peggio per te, piccoletta. Prenditi pure la libertà di sfondare la porta se Jared dovesse metterci troppo» aggiunge, con tono beffardo. «Ti aspetto di sotto. Dieci minuti, non uno di più» ripete.

Di minuti invece ne passano venti, prima che venga investita da un'ondata di gelo che mi spezza il respiro.

Damon è appoggiato al muro in mattoni rossi e si fuma una sigaretta. Appena mi vede, mi inchioda sul posto con un'occhiataccia che dovrebbe spaventarmi, ma che invece mi fa ridere.

«Jared si stava facendo la ceretta» dico, alzando le mani in segno di resa. Noto che a stento trattiene un sorriso. Poi si incammina, ovviamente senza aspettarmi.

«Dove stiamo andando?»

Provo a tenere il suo passo e per poco non gli finisco addosso, quando all'improvviso si ferma fuori da un bar.

«A fare colazione. Ho controllato, nessun rapinatore in giro. Puoi entrare.»

«Simpatico» borbotto, quindi lo sorpasso accompagnata dalla sua risata beffarda.

Prendiamo posto a un tavolo appartato. Senza chiedere il mio parere, ordina due brioche alla Nutella e un caffè.

«Fra quanto dovrai andare via?»

Il suo umore cambia drasticamente, lo capisco dal modo in cui stringe le mani a pugno. Non posso affermare di conoscere Damon, ma è evidente che ora è nervoso.

«Lunedì» rispondo, e mi sento un po' in colpa.

Come se lo stessi abbandonando.

«Okay.»

Arriva la nostra ordinazione e lui mangia la sua brioche, senza più rivolgermi la parola. Come al solito, preferisce il silenzio al dialogo. Io no, però.

«Ho avuto una strana conversazione con Luke, la settimana scorsa.»

Il suo sguardo torna su di me, so di aver attirato la sua attenzione.

«Cosa vuole quello?»

«Mi ha consigliato di allontanarmi da te» dico, guardandolo negli occhi. «Sostiene che sei pericoloso e che non vuole che succeda a me quello che è già capitato un anno fa.»

I suoi lineamenti si tendono, sapevo che affrontare questo argomento sarebbe stato controproducente.

«Ma non mi ha detto altro.»

«Parlare alle mie spalle è già abbastanza, non trovi?» Si alza, facendo stridere la sedia al suolo.

«Cosa? Non hai capito, io ti sto semplicemente raccontando quello che…»

«Quello che ti ha consigliato di fare un tuo amico. Bene, allora perché non segui il suo consiglio e la smetti di indagare sulla mia vita?» urla. In molti si voltano nella nostra direzione.

«Io… Aspetta, Damon.» Gli corro dietro, quando si avvia fra i tavoli per raggiungere l'uscita. «Aspetta» sussurro. Lui però non stava scappando. Non mi avrebbe lasciata qui, da sola. «Non ho agito alle tue spalle.» Mi avvicino, fermandomi a un passo da lui. «Luke non è la prima persona che mi parla male di te. Volevo solo raccontarti questa cosa, ma non avevo doppi fini. Devi credermi.»

Mi trema la voce, non vorrei che lui pensasse queste cose di me. Sospira e chiude gli occhi.

«Lo so.» Inspira profondamente. «Ma questo non vuol dire che io ti debba qualcosa!»

Sussulto e non gli nascondo il mio fastidio, dinanzi all'ennesima mancanza di fiducia nei miei confronti.

«Come al solito, non capisci nulla!»

«Non fare l'offesa» sbotta. «Io... non parlo di te con le mie amichette» aggiunge, dandomi il colpo di grazia. Non ho mai pensato di essere l'unica, ma sentirselo dire è molto peggio.

Il suo cellulare squilla proprio quando sta per aggiungere qualcosa, e io ne approfitto per allontanarmi. Ovviamente mi segue. Provo a ignorare persino la sua voce, mentre parla con Jared.

«Okay, arrivo.» Mette giù, poi mi afferra il polso e mi fa voltare nella sua direzione. «Devo andare in clinica.»

«Okay, torno in albergo» dico liberandomi, ma lui insiste e mi tocca ancora.

«Puoi venire con me» sussurra, in difficoltà. Non so per cosa lo sia, ma di certo non per la nostra discussione.

«Non sei obbligato.»

«Non mi sento obbligato, infatti» replica piccato «ma Charlotte non sa niente di quello che faccio. Per cui...»

«Puoi stare tranquillo» dico, anche se so che non dovrei seguirlo. Dovrei allontanarmi da lui, ora, e difendermi in questo modo dalle ferite che continuerà a infliggermi se non la smetto di far prevalere il cuore.

«Va bene» bisbiglia, poi mi afferra di nuovo la mano.

«Oddio, tu devi essere Krystal!»

Quando Damon mi ha detto che sarei potuta entrare nella stanza di sua sorella, con lui, non pensavo di trovarmi di fronte alla sua copia spiccicata.

Jared è già qui, seduto al fianco di questa bellissima ragazza e la guarda come se... Dio mio.

Qualcosa mi suggerisce che il mio peggior nemico sia follemente innamorato di Charlotte.

«Sì, sono io. Molto piacere.» Mi sporgo nella sua direzione, e lei mi sorprende con due energici baci sulle guance.

Ovviamente arrossisco, e spero che Damon, fermo in un angolo della stanza da quando siamo arrivati, non lo noti.

È una situazione abbastanza strana. Sembriamo un po' tutti a disagio, tranne lei.

«A chi lo dici, sono davvero felice di conoscerti.»

«Charlotte, perché mi hai fatto cercare?»

Damon si intromette, e quando le si avvicina, spostando Jared non troppo gentilmente, mi viene da sorridere.

La situazione mi è abbastanza chiara…

«Il medico vuole parlarti della mia riabilitazione. Ci sono buone notizie» dice, e a me batte forte il cuore.

Mi piacerebbe conoscere la sua storia, ma non potrei mai chiederle di raccontarmela contro il volere di Damon.

La mia curiosità non vale quanto la sua fiducia, anche se spesso mi fa del male e neanche si scusa.

«Bene, vado a parlargli» dice. Se ne va, e Jared lo segue.

Restiamo sole e subito mi sento a mio agio, nonostante il modo ambiguo in cui mi sta guardando.

«Posso farti una domanda, Krystal?»

«Certo.»

«Sei la ragazza di mio fratello?»

Per poco non mi strozzo con la saliva.

«No.» Accenno un sorriso pigro. «Siamo solo…»

«Due che si vogliono?»

La sua espressione furba mi ricorda quella del fratello. Si somigliano tanto, solo che Charlotte ama chiacchierare.

«Ma no, litighiamo spesso. Siamo solo conoscenti.» Deglutisco a vuoto, e lei scuote il capo.

«Se tu fossi solo questo, per lui, non ti avrebbe portata qui.»

La sua affermazione mi colpisce, ma non riesco a dire altro.

«Mio fratello è particolare, ma dà il giusto valore alle sue azioni. Per lui devi essere importante, anche se non te l'avrà detto.»

«No, mai.» Scuoto il capo, avvicinandomi al letto. «Il nostro rapporto è complicato, non saprei in che altro modo definirlo.»

Mi afferra le mani e le stringe fra le sue.

«Dagli tempo, sono sicura che gli piaci. E anche molto.»

«Ne sei sicura?» domando, ma Damon rientra e Charlotte non fa in tempo a rispondermi.

«Puoi tornare con noi in albergo» le dice avvicinandosi. Poi nota dove sono seduta. Mi alzo all'istante, ma lui non mi lascia lo spazio per passare. «Ti accompagnerò qui ogni pomeriggio per la riabilitazione, ma non serve che tu resti in clinica.»

«Che bello, ne sono felicissima. Krystal, mi aiuti a preparare le mie cose?»

«Eh? Sì, certo» rispondo. A dispetto di quello che mi immaginavo, Damon resta con noi e mi aiuta a infilare i vestiti di Charlotte in una valigia. Insieme, la aiutiamo persino a togliere il pigiama. Prima di lasciare la stanza, Charlotte richiama la mia attenzione.

«Lo penso davvero.» Mi sorride, sotto lo sguardo perplesso del fratello, al quale nessuna delle due dà spiegazioni.

51

Charlotte è una vera forza della natura, non ha smesso di sorridere per un solo istante da quando abbiamo lasciato l'ospedale. Persino nei momenti più faticosi, come salire o scendere dal taxi, non ho visto tracce di insofferenza sul suo volto, e questo mi rende felice.

È molto diversa da suo fratello, non ho dubbi.

Damon non ha fatto altro che battibeccare con Jared ogni volta che sfiorava sua sorella. La situazione è chiara: Jared è innamorato di lei e a Damon non va giù.

Non pensavo fosse un fratello geloso, invece lo è, e anche tanto. Ma sa essere premuroso e persino dolce, con lei.

Questa versione di Damon è completamente inaspettata. Se non fossi qui, non avrei mai potuto vederla.

Quando siamo nell'ascensore dell'albergo, tuttavia, distolgo lo sguardo dal suo. Non ho dimenticato il nostro litigio, né quello di cui mi ha accusata. I bei momenti non devono farmi distrarre. Lui non vorrà mai farmi varcare alcuni confini, anche se quello che sta avvenendo ora sembra comunque un modo per farmi entrare nella sua vita.

Scuoto il capo, non voglio illudermi. Lunedì andrò via e lui non mi cercherà in alcun modo.

«Damon, smettila di trattarlo male» strilla Charlotte una volta arrivati di fronte alla stanza. Solo in questo momento ricordo che siamo in troppi e che lì dentro c'è solo un letto.

«Vado a chiedere se hanno camere libere» dico, guardando Damon.

«Dai, Krystal. Resta con noi. Non lasciarmi da sola con questi due. Troveremo un modo.» Sua sorella mi sorride.

«Troveremo un modo» ripete Damon, scrutandomi.

Sono due gocce d'acqua. Così simili, ma anche così diversi.

«Dormirai con mia sorella» aggiunge. Poi apre la porta, e a questo punto non me la sento di creare ulteriori fastidi.

I disagi iniziano quando Damon chiede a Jared di chiudersi in bagno, perché lui deve aiutare la sorella a svestirsi per mettere il pigiama.

«Cara, tu puoi restare. Suppongo che almeno di te non sia geloso.» Mi sorride, e Damon la fulmina con un'occhiataccia.

Mi siedo sulla poltrona. Non sapendo cosa fare, mi limito a osservarli mentre Damon con una delicatezza incredibile le sfila le scarpe, poi i vestiti. Sono i gesti di chi lo fa da molto tempo. Mi chiedo quando sia avvenuto e come; me lo chiedo almeno una volta al giorno, da quando l'ho saputo.

Mi incanto a guardarli. Sono ammaliata dal loro legame, dal modo in cui si guardano e dalla dolcezza di Charlotte, che prima di coprirsi fino al naso con una coperta, chiede un bacio a suo fratello.

Noto che si irrigidisce, ma credo sia per la mia presenza. Damon non ama mostrare agli altri le proprie fragilità. Vorrei dirgli che io non le userei mai per ferirlo.

«Tocca a me» dico, appena Jared esce dal bagno. Damon non perde occasione per rimproverare l'amico.

«Non ti avevo detto di uscire. E se non avessi ancora finito di metterle il pigiama?»

«Fratello, smettila!»

Sorrido, prima di chiudermi la porta alle spalle. Non pensavo fosse così... esagerato, ma questo mi fa tenerezza. Mi piace.

Prendo un lungo respiro, posando le mani ai lati del lavandino.

Anche questa è stata una giornata pesante per alcuni versi, e bella per altri. Ho conosciuto Charlotte, che è una parte importante della vita di Damon. Ho avuto modo di entrare un po' nel suo mondo e credo di aver capito qualcosa. Ora so il perché di alcune sue azioni e questo me lo fa amare ancora di più.

Faccio una doccia, che però non mi aiuta a calmarmi. Dieci minuti dopo sono fuori per dar modo anche a Damon di fare le sue cose. È seduto al fianco della sorella, le sta accarezzando i capelli mentre Jared, a terra, dorme beato.

«Resta pure lì, posso dormire sulla poltrona» gli dico, quando mi nota e fa per alzarsi.

«No» replica.

Mi sovrasta in altezza, e per qualche istante restiamo a guardarci negli occhi, senza muoverci.

«Questo letto è abbastanza grande per tutti e tre. Perché non chiacchieriamo un po'? Non ho sonno» propone Charlotte, prendendomi in contropiede. Lei non sa quello che è successo questa mattina fra me e suo fratello, non immagina quanto sia complicata la nostra situazione. A dispetto di quello che penso, tuttavia, Damon sembra d'accordo con la proposta.

«Prego» sussurra, facendomi cenno di stendermi.

La situazione è imbarazzante, ma quando Charlotte inizia a parlare a manetta, senza prendere fiato, e suo fratello a borbottare come un grillo, inizio a rilassarmi. Insieme sono esilaranti.

«Krystal, perché non mi parli di te?»

«Sei invadente, Char» replica Damon.

«No, non lo è.» Lo guardo appena, prima di raccontarle quel poco che anch'io so sulla mia vita. Lei mi ascolta con interesse e noto i suoi occhi rattristirsi più volte. Non è quello che voglio. Non credo di aver avuto una vita triste, fino a questo momento. Anzi, penso di essere stata fortunata.

«...e quando saremo grandi, Tate e io prenderemo una casa insieme.»

«La vostra amicizia mi piace molto.» Sorride entusiasta.

Damon fa una smorfia, ma lo ignoro. Sicuramente Tate ha commesso degli sbagli, come anche Jared, ma se entrambi li abbiamo perdonati un motivo ci sarà.

«Ah, e frequento la stessa scuola di tuo fratello.»

«Adoravo quella scuola» sussurra, cambiando espressione. «Mi manca tanto, nonostante quello che è successo...»

«Non è necessario parlarne.»

Le parole di Damon fanno sussultare entrambe, e ancora una volta mi sento di troppo. Ancora una volta capisco che lui, con me, non vuole condividere più di quello che ha condiviso.

«Le stavo solo raccontando...»

«Tranquilla, parliamo d'altro.» Provo a sorriderle, e per stemperare la tensione passo a una mia grande passione. «Per caso conosci la serie *The Vampire Diaries*?»

Non l'avessi mai fatto...

Il suo urlo fa svegliare anche Jared, che spaventato incespica nella nostra direzione per accertarsi che Charlotte stia bene.

«Ma sei impazzita?» urla suo fratello, poi mi guarda come se fossi un alieno, quando mi avvicino a sua sorella per farle vedere che è appena uscito un nuovo episodio della quinta stagione.

«Dio mio, ti adoro» continua a urlare. «Quell'idiota di mio fratello non aveva la connessione.»

«Qui c'è il wi-fi» le dico, e ovviamente lei preme subito PLAY per iniziare a guardare i nostri vampiri preferiti.

«Per te non c'è spazio» sbotta Damon, quando Jared prova a sedersi a fianco di sua sorella, ma per una volta lo ignora e fa quello che vuole. Charlotte è in un mondo tutto suo. Mi ha persino strappato il telefono dalle mani. Per capirci qualcosa dovrò rivedere l'episodio, così ne approfitto per girarmi verso il mio più grande tormento.

L'altro Damon, *il mio preferito*.

«Smettila di trattarlo male!»

«No» risponde, guardandomi negli occhi.

Mi impongo di non ricascarci, quindi torno al cellulare, finché il suo braccio non mi avvolge i fianchi.

«Non distrarmi.»

«Sei ancora arrabbiata?» mi sussurra all'orecchio, facendomi rabbrividire.

«Sto guardando…»

«Sono l'unico Damon che deve interessarti.»

Mi afferra il mento e mi fa voltare nella sua direzione.

«Presuntuoso.»

«No, realista» sussurra, fissandomi le labbra.

Spero con tutta me stessa che Charlotte e Jared non stiano assistendo a questo scambio, ma non riesco a controllare, perché Damon mi infila le dita fra i capelli.

«Non ti bacio da troppo tempo» dice, facendomi trasalire. Sa come sconvolgermi, sa come risvegliare in me sensazioni che, in realtà, quando sono con lui non dormono mai.

«Non puoi farlo quando vuoi, solo perché non accade da tempo» replico sollevando il mento, e lui sorride.

Nei suoi occhi non ci sono più rabbia o fastidio, come questa mattina, ma ciò non giustifica tante cose. Glielo direi, se solo non fosse così bravo.

«Se lo facessi ogni volta che voglio, le tue labbra ora non sarebbero così… in salute.»

Sgrano gli occhi e lui accenna una leggera risata.

«Smettila, non siamo soli.»

«Per questo volevi prendere un'altra stanza?»

Provo a sfuggire al suo sguardo, provo a guardare Charlotte e Jared, ma si sono già addormentati.

«Non illuderti, io non sono come Piper, né come la bionda che ti sei portato in bagno.»

Il suo sguardo si fa serio. Mi stringe con più forza i fianchi, ma senza farmi male.

Sembra quasi che io lo abbia offeso.

«Non voglio che parli di altri, quando sei in un letto con me.»

«Solo quando sono in un letto con te?» sbotto.

«Mi piace il modo in cui lo dici» abbozza, e io spalanco gli occhi quando, all'improvviso, scende dal letto e mi prende in braccio.

«Cosa stai facendo?»

«Mi dispiace principessa, ma stanotte io e te non dormiremo in questo letto.»

Non faccio in tempo a dire altro che mi ritrovo a terra, fra calde coperte, sotto di lui.

«Cosa stai...»

«Questo» sussurra, prima di baciarmi.

Mi coglie alla sprovvista, rapisce il mio respiro e le mie parole senza chiedermi il permesso, ma questa è l'unica cosa che può fare anche quando vorrei prenderlo a sberle.

Baciare Damon è una delle cose che mi piace fare di più. Non è qualcosa solo di fisico: è qualcosa di molto più potente, una sorta di energia misteriosa che fa muovere il mondo, che lo rende vivo e attivo.

Baciare Damon è come guarire da una malattia che non dava speranze, come bere dopo mesi di sete.

È come vedere il sole per la prima volta, e sei felice anche se temi possa accecarti. Sono sensazioni, indescrivibili ma reali, a cui non riesco più a rinunciare.

Abbandono ogni logica, quando le sue mani si insinuano sotto la mia maglia, massaggiandomi i fianchi prima di risalire ai miei seni.

«Dam» ansimo per il suo tocco esperto ma mai invadente.

Con me Damon non corre, non pretende e mi lascia il tempo di vivermi quello che sta accadendo.

E io lo bacio, continuo a farlo anche dopo che mi ha sfilato la maglia e l'ha gettata chissà dove. Chiudo gli occhi, infilando le dita fra i suoi capelli, quando con le labbra inizia a tracciare cerchi immaginari sul mio petto ormai indifeso.

Non so cosa significhi questo per lui, non so se i suoi sentimenti potranno crescere come il desiderio che ha di me mentre si muove fra le mie gambe. Non so se un giorno mi amerà, ma non lo fermo quando con un movimento brusco si toglie la maglia.

Averlo a contatto pelle con pelle è magnifico; sento il suo cuore e il suo odore, mentre i nostri corpi si bramano come mai prima d'ora.

«Dam, ci sono...»

«Lo so» dice, posando la fronte contro la mia. «Non permetterei mai a nessuno di sentirti mentre sei con me. Voglio solo baciarti» sussurra, e io non posso che assecondare il suo volere.

«Quindi fai la brava, piccola Krystal. Trattieniti» dice prima di posare le mani sui miei pantaloncini.

«Sei... impazzito?» Mi metto a sedere, e mi abbraccia per coprirmi.

«Krys, stenditi! Se Jared ti vede così, mi incazzo con te.»

Sospiro pesantemente, ma resto aggrappata a lui. Non immagina quanto lo desideri e quanta paura abbia di non essere abbastanza.

Sembra avermi letto nel pensiero, sembra aver capito i miei dubbi, perché il suo sguardo si addolcisce pochi attimi prima che le mie labbra si posino sul suo petto.

«Baciami e basta» sussurra, spostandomi i capelli dietro le spalle. Non sono brava a prendere l'iniziativa, ma quello che sto provando ora, mentre le nostre pelli si toccano, mi dà il coraggio necessario per rischiare.

Mi sposto, ma solo per afferrargli il viso fra le mani e baciarlo. Sono diversa da lui: sono lenta, romantica. Mi godo ogni istante. Dal modo in cui segue il mio ritmo, guardandomi di tanto in tanto come se dovesse accertarsi che ci sono ancora, penso che forse sto facendo la cosa giusta.

Ci teniamo stretti, ci abbracciamo per tutto il tempo, anche quando ribalta la situazione, facendomi sedere a cavalcioni sul suo corpo.

È la prima volta per me, ma sembra che sappia esattamente cosa fare, mentre inizio a muovermi su di lui.

Il suo respiro si spezza, le sue mani mi stringono i fianchi. Spinge con il bacino contro il mio, senza sosta.

«Non smettere» ansima. Continuiamo fino a quando le forze non ci abbandonano.

Qualcosa di morbido e umido mi sfiora il viso, facendomi sorridere.

«Questa espressione potrebbe essere fraintesa, dal sottoscritto.»

Sgrano gli occhi, e immediatamente ricordo quello che è successo prima che mi addormentassi fra le sue braccia.

Siamo ancora distesi in questo letto improvvisato; la mia guancia è sul suo petto, così come i miei seni.

«Dobbiamo vestirci» mi bisbiglia all'orecchio. «Se Jared dovesse vedere le tue tette, non valuterò la possibilità di punirti e sculacciarti.»

«Dam» borbotto avvampando.

Mi alzo, coprendomi con un braccio.

«Cercavi questa?»

La mia maglia penzola dal suo indice. Per fortuna me la porge immediatamente, prima di gettare un occhio su Charlotte e Jared che stanno ancora dormendo.

«Grazie» sussurro.

Con la luce del giorno è tutto diverso, e i primi dubbi gettano ombre sul mio buonumore.

Ho amato quei momenti con lui, ma ora, mentre lo guardo passarsi le mani fra i capelli e sul viso, mi chiedo fino a che punto tutto questo possa bastarmi.

«Cos'hai?» Si acciglia, notando la mia espressione.

«Niente» sussurro, dandogli le spalle mentre mi rivesto.

Sento che sospira spazientito.

«Sei strana. Non sarai ancora offesa per ieri?»

Mi afferra il polso, quello sbagliato, e trasalisco.

«Cazzo, ti ho fatto male?»

Quando mi volto nella sua direzione, vedo che è dispiaciuto davvero, ma non mi ha fatto male. Non ancora, almeno.

«No, tranquillo. Io...»

«Krys» mi afferra il viso con le mani a coppa. «Mi dici cos'hai?»

Non so come evitare altri litigi, ma non posso più trattenermi. Sento che non è giusto, per me, restare con il dubbio dopo quello che è successo stanotte. Probabilmente per lui baciare una ragazza dopo averla spogliata non ha alcun significato, ma per me sì, e voglio conoscere le sue intenzioni.

«Damon, perché mi baci?»

Non ho il coraggio di guardarlo.

«Speravo non me lo chiedessi mai.»

«Non è questa la risposta che volevo sentire.» Faccio per alzarmi, ma lui mi ferma ancora una volta.

«Cosa vuoi che ti dica?» Spalanca le braccia. «È complicato, e io non ho una risposta.»

I miei occhi si riempiono di lacrime, ma non gli darò la soddisfazione di vedermi piangere di nuovo. Non lo merita.

«Io non sarò la tua amichetta di turno.»

«Non ti ho mai trattata come se lo fossi» sbotta, guardandomi male. «Cosa diavolo dici?»

Si sta innervosendo. Ogni volta che Damon si sente alle strette, perde la ragione.

«E, per la cronaca, il mese di prova l'hai già superato!»

«Damon!» Sua sorella lo chiama.

Purtroppo penso che abbia sentito tutto, ma non ho il coraggio di chiederglielo.

Vado a chiudermi in bagno, dove so già cosa succederà.

Damon

«Cos'hai combinato? Puoi dirmelo, ora!»

Dopo aver letteralmente scaraventato Jared fuori dal letto, mia sorella ha proposto di uscire a pranzo.

Ho provato a oppormi, ma senza risultato.

Ora siamo per strada e stiamo per raggiungere un ristorante qualsiasi.

«Basta, Charlotte. Non ne parlerò con te!»

Jared e la piccoletta sono alle nostre spalle. Lei non mi ha degnato di uno sguardo e ha rifiutato una mia felpa, quando le ho detto che era vestita troppo poco, vista la temperatura.

Ovviamente mi sono incazzato, e ho peggiorato la situazione.

Perché la bacio?

Vorrei saperlo anch'io, ma non ho il coraggio di scoprirlo. So solo che se non lo faccio sto male, mi manca il fiato e non riesco a resistere.

So solo che lo voglio, che desidero quest'intimità fra di noi più di ogni altra cosa al mondo.

«Sei così stupido da rovinare una cosa così bella.»

Non rispondo e continuo a spingere la sedia a rotelle, fino a quando giungiamo a destinazione. Si tratta di una tavola calda identica a tutte le altre. Non ha nulla di speciale, oltre un odore nauseante, ma sembra che Charlotte sia appena entrata nel Paese dei balocchi e che voglia convincere di questo anche Krystal. Lei però è triste e non riesce a sorridere come vorrebbe, per colpa mia.

«Oddio, qui avete i bicchieri con i nomi» urla Charlotte, quando un cameriere viene a prendere le nostre ordinazioni. Nemmeno lo guardo, preso a osservare la piccoletta che non volge gli occhi a me neanche per mezzo secondo.

«Certo, ditemi i vostri nomi» replica il tipo. Qualcosa si risveglia in me, quando è lei a parlare.

«Mi chiamo Krystal.»

«Hai un bellissimo nome, e non solo.»

Inquadro lo sfigato di turno con gli occhi ridotti a fessure, quando noto una serie di cifre scritte su quel dannato bicchiere di carta. Le ha scritto il suo numero di telefono…

«Grazie» risponde lei, sorridendogli. Stringo le mani a pugno, pur di non compiere gesti irrazionali.

Lo ammazzerei? Sì, volentieri.

Sono geloso? Sì, anche troppo.

52

La tensione fra me e Damon si taglia con il coltello.

Mi impegno a ignorarlo, a parlargli solo lo stretto necessario da quando siamo seduti al tavolo, ma all'improvviso mi sfila il bicchiere dalle mani e se lo porta alle labbra.

«Un'altra Coca-Cola» dice «possibilmente nel vetro.»

Il cameriere arrossisce e scappa via, come se avesse commesso qualcosa di grave. Solo quando guardo il punto in cui Damon sfrega, riesco a comprendere il senso delle sue azioni.

«Fratello, ma a te la Coca-Cola non piace.»

«Ricordi male, Charlotte» replica, continuando a bere.

Cerco di nuovo il suo sguardo, ma stavolta me lo nega.

Non posso pensare che la sua sia gelosia; una cosa simile, dopo quello che mi ha detto, è da escludere.

Tuttavia, quando il cameriere torna e mi porge un bicchiere di vetro, Jared scoppia a ridere.

«Ha imparato la lezione» commenta. Poi un messaggio sul cellulare si mette di traverso a qualsiasi tentativo di farmi tornare il buonumore.

«Cavolo» sussurro, rilasciando un lungo sospiro. Senza rendermene conto, inizio a tremare.

Pallina, la Morris ci ha chiesto di rientrare prima. Domani sera dobbiamo essere a Manchester.

«Cosa succede?» mi chiede Damon. Quando incrocio il suo sguardo, mi pento del tempo sprecato a litigare. È sbagliato pensarla così: so che i miei sentimenti non possono cambiare la realtà e so anche che prima o poi me ne sarei comunque dovuta andare.

Pensavo di avere ancora qualche giorno a disposizione con lui.

Giorni nei quali le cose si sarebbero sistemate, e invece non sarà così.

«Devo andarmene» sussurro, ma anche Charlotte, seduta al mio fianco, lo sente.

«Perché?» mi domanda Damon, mentre lei si limita a guardarmi.

Qualcosa nell'espressione pensierosa di suo fratello deve averla convinta a non intervenire, così mi limito a mostrargli il messaggio che Tate mi ha scritto.

«Be', non puoi. Thomas non ha ancora...»

«Ragazzi, tutto bene?»

Persino Jared ci guarda con preoccupazione. Nessuno gli risponde, e capisce che non è il caso di insistere. «Noi andiamo a fare due passi.»

Damon si alza e so che si aspetta che lo faccio anch'io, così lo seguo, pur non avendo ancora mangiato.

Ma ho lo stomaco chiuso e zero voglia di ripartire.

Il freddo della città ci colpisce appena siamo fuori, ma non oso lamentarmi, dal momento che Damon mi aveva offerto una felpa che ho rifiutato.

«Chiamo Thomas» dice, prima di allontanarsi di qualche metro. So che non vuole coinvolgermi in queste cose, ma purtroppo stavolta ci sono in mezzo.

Scrivo un messaggio a Tate in cui le chiedo spiegazioni, ma dopo dieci minuti non ho ancora ottenuto risposta. Non voglio pensare al peggio, se la Morris mi avesse scoperta sono sicura che a quest'ora un branco di assistenti sociali mi starebbe già alle calcagna, e il solo pensiero mi fa inumidire gli occhi. Sto sbagliando, sto facendo cose che una ragazza che vive in un istituto non dovrebbe fare. Sto mettendo in pericolo il buon nome della struttura e la professionalità di una donna che mi ha cresciuta come una figlia.

«Thomas mi ha detto che quei tipi sono scomparsi, che non è riuscito a parlare con loro, ma sembra tutto… tranquillo» dice Damon, appena si avvicina a me.

«Ringrazialo da parte mia» sussurro.

«Finalmente mi parli» sbotta, con il solito tono arrogante che per una volta non dovrebbe permettersi. Non capisco perché sembri così arrabbiato. Dovrebbe essere felice, di liberarsi di me.

«Pensavo preferissi il mio silenzio.»

Faccio per tornarmene dentro, quando mi si para davanti, bloccandomi per le braccia.

«Non ricordo di averlo detto.» Fa una risata amara. «In ogni caso, preferisco che tu rimanga qui. Saresti nuovamente in grado di cacciarti nei guai.»

Sto per tirar fuori gli artigli che non ho, ma sembra che questa sia la sua giornata fortunata. Tate ha appena risposto al mio messaggio e purtroppo non ha buone notizie per me.

«Allora, cosa succede?» Mi sfila il cellulare dalle mani, ignorando la mia espressione furente.

«Le ispezioni sono importanti. Anche se abbiamo avuto un permesso per dormire fuori dall'istituto, la Morris preferisce farci tornare. Ci saranno assistenti sociali e… cose simili» sussurro, distogliendo lo sguardo.

Ho sempre odiato questa cosa. Mi sento sempre un animale da laboratorio, quando quelle persone vengono a farci visita. In poche ore, nessuno può farsi un'idea su come veniamo trattate. Io sono stata fortunata, ma sono sicura che non tutti gli orfanotrofi sono come il mio.

«Capisco, ci penso io.»

Non mi guarda, come se non ci riuscisse. Non ci rivolgiamo la parola fino a quando, un'ora dopo e digiuni, torniamo in albergo.

«È un peccato che tu debba già andare via.»

Il calore di questa stanza mi ridà un po' di pace, ma non abbastanza. Sono ancora tesa, e Damon non è da meno. Da quando siamo rientrati non fa altro che fumare, andare in bagno e poi fumare di nuovo.

«Dispiace molto anche a me.»

Non aggiungo altro perché so che Charlotte non conosce molti dettagli della vita di suo fratello, per cui non potrei mai dirle da cosa mi sta proteggendo.

Tuttavia, d'un tratto, approfittando del fatto che il fratello è fuori dalla stanza, chiede: «Hai notato la sua gelosia?»

«Sì, ma…»

«Krystal, non so cosa tu gli abbia fatto, ma è evidente che lo rendi molto felice.»

Scuoto il capo, e in un'altra occasione avrei anche riso, per l'assurdità di quello che sta dicendo.

«Ti sbagli, purtroppo. Lui non sa cosa vuole da me, e penso che prima o poi si stancherà anche di quello che abbiamo.» Abbasso lo sguardo per nascondere i miei sentimenti, anche se, dal modo in cui mi accarezzano il viso, so che ha capito.

«In queste cose mio fratello pecca d'intelligenza, ma lo conosco e so che tu non sei come Piper o come la bionda che si è portato in bagno.» Mi sorride, ma il discorso viene interrotto proprio dal ritorno di Damon.

Fra le sue mani c'è un piatto fumante. Lo posa sul tavolino in legno, di fianco alla famosa poltrona, poi mi guarda.

«Non hai mangiato, prima.»

Le sue attenzioni potrebbero lusingarmi, se solo la sua espressione non fosse così apatica.

«Neanche tu, possiamo dividerlo» dico, andandogli incontro.

«Non ho fame» risponde, prendendo il mio posto al fianco della sorella, che segue la scena in religioso silenzio. Sembra quasi che ci stia studiando, mentre io spero solo di non dare luogo a un altro spettacolo poco piacevole.

«Va bene, grazie... per il pranzo.» Gli sorrido, e prima di iniziare chiedo: «Dam, sai già a che ora partirò?»

«Non ho ancora avuto modo di organizzare.»

Charlotte lo guarda, come se tacitamente gli stesse chiedendo qualcosa, come se stesse provando a... evitare qualcosa.

«Okay. Solo che... per domani sera dovrei essere lì e...»

«Hai rotto il cazzo, Krystal!» Si alza, facendomi trasalire. «Tranquilla, domani sera sarai nel tuo fottuto letto.»

«Damon, smettila!» urla sua sorella, ma ormai quello che doveva succedere è successo. Non si torna più indietro.

Mi alzo senza aver mangiato ed esco dalla stanza a testa bassa, nonostante non sia io quella in errore. Le prime lacrime mi appannano la vista mentre scendo le scale, e so che non dovrei dargli potere su di me, so che non lo merita, so che devo allontanarmi da lui e mettere fine a qualcosa che ha avuto inizio solo nella mia testa.

Continuo a camminare, fino a quando non scorgo una piccola biblioteca al pian terreno. Non l'avevo notata, finora. Mi ci fiondo dentro perché, dopo tanto tempo, so che i libri riusciranno ancora a calmare il dolore che non mi permette di respirare.

Non lo capisco, non capirò mai perché mi tratta in questo modo, perché mi urla contro quando provo ad avere un normale dialogo con lui. Non capirò mai cosa vuole e cosa non vuole da me.

Sospiro, mentre il profumo dei libri mi riempie le narici. Devo distrarmi, pensare ad altro per non impazzire.

Damon

Cinque sigarette dopo, non sono ancora riuscito a calmarmi.

Ho i nervi a fior di pelle e se solo qualcuno provasse a sfiorarmi, so già che farei un macello. Sono dovuto uscire dalla stanza, le domande di mia sorella mi soffocavano. So di aver sbagliato, so di aver commesso l'ennesima cazzata, ma non sono riuscito a fermarmi. Non quando so che andrà via e che non la vedrò per chissà quanto tempo. Sono irrazionale quando c'è di mezzo Krystal, faccio quello che non dovrei fare sia nel bene sia nel male, ed è solo colpa mia se lei ora si trova in questa situazione, mentre è solo colpa sua se io non riesco a tenerla lontana.

Dovrei spezzare il nostro legame, di qualunque natura esso sia. Dovrei proteggerla da lontano e non interferire più nella sua vita. So quello che dovrei fare, ma non ci riesco.

È scappata, proprio come ho sempre fatto io, e non so dove cercarla. Penso di chiamarla, ma quando rientro in stanza il mio autocontrollo vacilla ancora. Non mi fermo neanche quando Charlotte mi urla di farlo.

Colpisco Jared un numero infinito di volte e lui reagisce. Stava baciando mia sorella, su quel dannato letto. Lei glielo lasciava fare.

«Bastardo.» Lo spintono, toccandomi lo zigomo. «Non la devi toccare.»

«Qual è il problema, Damon? Sono io, mi conosci e sai… quello che…»

Distoglie lo sguardo, probabilmente perché non vuole confessare i suoi sentimenti per Charlotte in modo così plateale. Vorrei rispondergli che è proprio perché so com'è fatto, che non lo voglio al fianco di mia sorella, ma lei mi precede e mi spiazza.

«Damon, io so quello che fate. Non sono una stupida e so quanto ti è stato vicino per aiutarmi. Mi ha raccontato persino di essere stato uno stronzo con Krystal… proprio per me.» Arrossisce e a me viene la nausea.

Tuttavia, sentire quel nome risveglia in me qualcosa.

«Dov'è?» le chiedo, ignorando il sospiro di sollievo del coglione al mio fianco.

«In biblioteca. Me l'ha appena scritto.»

Faccio per andarmene, ma lei mi ferma e mi fornisce un consiglio che dovrei prendere in considerazione. Krystal non lo sa, ma io odio farle del male.

«Fratello, non fare lo stronzo con lei.»

Non le rispondo, perché dovrei darle ragione.

Socchiudo gli occhi, appena una luce soffusa mi accoglie. Non ero mai entrato qui.

Penso che chiunque ci lavora dovrebbe dare una bella spolverata, poi vengo rapito da una visione che mi fa sorridere come un coglione. Non so cos'abbia questa ragazza di tanto speciale, né perché io la trovi dolce, sexy e tremendamente giusta.

So che dovrei tenere a bada i pensieri, ma non riesco a fermarmi quando la trovo rannicchiata su una poltrona con un libro aperto sulla faccia. Krystal sa essere buffa, ma anche eccitante in una posa del genere.

Le pizzico la guancia solo per darle fastidio; credo sia diventata una delle mie attività preferite da quando la conosco. Oltre a baciarla, ovviamente.

«Finalmente.» Alzo gli occhi al cielo, quando lei spalanca i suoi.

Mantengo un tono spazientito solo perché non sembri che sono venuto qui soltanto per chiederle scusa. Non lo farei mai.

«Damon…» Sbadiglia come una bambina e io resto il burbero di sempre.

«Hai un letto, in quella stanza.»

«Mi sono addormentata» borbotta, e finalmente salta fuori il suo bel caratterino.

Come sopravvivere a uno stronzo. Guida completa. Leggo il titolo del libro che stava leggendo e le lancio un'occhiataccia per non scoppiare a ridere. «Sul serio?»

«Pensavo potesse aiutarmi a capirti» risponde, con quel tono da impertinente che le dona.

Non immagina quante cose di lei mi piacciano.

«Partirai alle dieci, domattina» le dico, ignorando volutamente il suo commento. Poi, non troppo gentilmente, l'afferro per i fianchi e mi accomodo sulla seduta.

«Che modi!»

Si agita sulle mie ginocchia, ma in realtà so che le piace avermi vicino. Tanto quanto piace a me. La parte folle della mia testa vorrebbe legarla a me con un incantesimo che non conosco. Ma non sono sicuro che lo farei davvero, se ne avessi il potere.

Sono egoista. Non gliel'ho mai nascosto.

«Sono i miei» le ricordo, ma lei non replica. «Hai perso la lingua?»

«No, sto solo cercando di non litigare di nuovo. Domani andrò via e...»

E io non voglio.

«Aspetta, ma... cosa hai combinato alla faccia?»

«Jared ha baciato mia sorella. E io l'ho picchiato.»

Scoppia a ridere e continua anche quando le pizzico i fianchi. «Smettila, è una cosa grave!»

«Non puoi interferire con l'amore. Lasciali stare» mi rimprovera. Io sbuffo come un bambino.

Quei due non si amano.

È una grandissima cazzata!

«E comunque stai sanguinando» borbotta, infilando la mano nella tasca della felpa per estrarne un fazzoletto.

Ricordo ancora la prima volta in cui me ne ha offerto uno. Solo lei poteva fare un gesto simile, verso uno come me.

«Li spacci ancora?»

Trattengo il fiato mentre mi tampona, ignara di quanto questi gesti su di me siano sbagliati.

Io non la merito la sua dolcezza, anche se la vorrei tutta per me.

«Solo a te.» Sorride, e io mi sciolgo come un cazzo di ghiacciolo al sole. Krystal non è rancorosa, a differenza mia, e vorrei tanto che lo rimanesse per sempre.

Io la contaminerei, lo so. Sarei una sciagura.

«Avresti dovuto tirarmi anche tu un bel pugno, questa mattina… e prima» le dico. Sbatte le ciglia come se ci stesse realmente riflettendo.

«Perché mi dai questi consigli?»

Si alza, ma io non voglio che mi stia lontana.

Mi alzo a mia volta, la faccio indietreggiare fino a uno scaffale.

«Solitamente mi eccita litigare con te, ma prima non è stato così. Prima non mi sono divertito, e neanche stamattina.»

Suppongo di aver perso il controllo sul mio cervello e sulle mie parole. Ne ho la conferma da come mi sta guardando. La confondo, come sempre, e non faccio nulla per cancellare i suoi dubbi. So che sono tanti, come so di non poterli chiarire.

«Dovresti restare. Ci parlo io con la tua padrona.»

«Damon, non posso» sussurra con un filo di voce. «Non dipende da me.»

I suoi occhioni trasmettono sincerità, ma ho bisogno di sentirglielo dire a voce alta.

«E se avessi avuto una scelta, saresti rimasta?»

La risposta è immediata.

«Anche per un anno, Dam. Anche per un anno.»

«Facciamo due.» La stringo a me, e proprio quando sto per mettere fine a questa tortura, diventa tutto buio.

53

Krystal

«Cosa succede?»

Mi guardo intorno, ma non si vede nulla.

Solo buio, silenzio e… ancora buio.

Sento Damon muoversi nella stanza come se vedesse.

Dal canto mio, vorrei solo che non mi abbandonasse.

Sì, ho paura del buio e sono disposta ad ammetterlo pur di non…

La sua risata incrina i miei pensieri. Dopo un attimo, sento le sue mani sulle braccia.

«Sei bloccata in una biblioteca con Damon Cooper. Quanto puoi essere fortunata?»

I suoi continui sbalzi d'umore mi fanno girare la testa, almeno quanto il suo egocentrismo.

«Eppure sembra che sia tu quello contento» replico, aggrappandomi alla sua maglia. Lui ridacchia ancora, poi afferra i miei fianchi e mi riporta alla poltrona.

«Pian piano ci si abitua al buio. Parlo per esperienza» mi bisbiglia all'orecchio facendomi rabbrividire, e non per la paura di rimanere chiusa in questo posto per chissà quanto.

Mi fa sedere sulle sue ginocchia. C'è una finestra, sulla destra, mi aiuta a intuire i contorni del suo volto.

Illuminato dalla luna, Damon è ancora più bello.

«Ti riferisci alle tue esperienze da Lupin?»

«Anche» dice sornione. Lo colpisco sul petto.

In questi pochi giorni, ho imparato un'altra cosa di lui.

«Cosa facciamo? Il telefono non prende, e non possiamo restare qui per tutta la notte. Dovremmo metterci a urlare.»

«Io non la faccio, una cosa del genere» sussurra, facendo scivolare le sue mani sulla mia schiena «e per me non è un problema restare qui per tutta la notte.»

Trattengo a stento un sorriso, quando mi rendo conto che quello che sto per dirgli gli farà cambiare decisamente idea. Adoro la gelosia di Damon nei confronti di sua sorella. È molto divertente.

«In effetti, in questo modo daremo un po' di privacy ai due piccioncini. Damon!» urlo, scoppiando a ridere mentre mi fa alzare dalle sue gambe per correre alla porta.

«Cazzo, Krystal!»

Sono sicura che mi sta guardando male, anche mentre continua a tirare pugni. Suppongo che la porta sia massiccia, magari insonorizzata per non disturbare la lettura.

«Scherzavo. Tranquillo, domattina verranno ad aprirci e tu tornerai a terrorizzare quel povero ragazzo» mormoro, comodamente seduta in poltrona.

Damon aveva ragione: *pian piano ci si abitua al buio.*

«Pensavo avessi un aereo da prendere.»

Fa ritorno, molto lentamente, verso di me. Inizio a pensare che non sia stata una buona idea, farmi beffe di lui. Si puntella con le mani sui braccioli, si china in avanti e il suo naso sfiora il mio, come se stesse sondando un terreno prima dell'attacco.

«Farò in tempo» dico, anche se non ne sono sicura. «E comunque: sei sempre stato così geloso di lei? O solo perché ora c'è… Jared nella sua vita?»

Se possibile, tenta di polverizzarmi con lo sguardo.

«Jared non fa parte della sua vita. Non in quel senso.»

«E gli ex? C'è stato almeno uno che ti sia piaciuto?»

Si allontana come quando provo a parlare di qualcosa che lo riguarda. Anche se stavolta non pensavo di essere stata invadente.

«Non voglio parlarne» borbotta, poggiandosi con le spalle al muro.

«Capisco» sussurro, abbracciandomi le ginocchia. È difficile immaginare quali siano gli argomenti che non devono essere trattati con Damon; a volte vorrei chiedergli un elenco, ma ne approfitterebbe per essere arrogante e scorbutico. Semplicemente lui non vuole farsi conoscere, e io dovrei farmene una ragione.

«Non mi piace ricordare quella storia.» Mi sorprende aggiungendo un dettaglio neppure insignificante. Poi, ovviamente, torna a fare lo stronzo.

«Perché non parliamo del tuo, di ex. Non ho ancora capito perché lo hai lasciato…»

La sua espressione soddisfatta rivela una nuova presa per i fondelli. So che Damon ha qualche problema con Jacob, e viceversa, ma non ho ancora capito di cosa si tratta.

«Perché… non mi piaceva. Suppongo.»

«Viva la sincerità, piccoletta.»

Seguo con lo sguardo i suoi movimenti, il suo nuovo tentativo di mettermi in soggezione mentre si avvicina, stavolta per inginocchiarsi alla mia altezza. Damon conosce molti metodi per far capitolare una ragazza ai suoi piedi.

Scrollo le spalle, e dopo un attimo passa a un argomento da cui, fossi stata al posto suo, mi sarei tenuta alla larga.

«E allora perché ci sei uscita un bel po' di volte?»

Usa un tono a cui non so dare alcuna spiegazione diversa dal fastidio. Mi chiedo se sia mai stato davvero geloso del rapporto che avevo con Jacob. All'inizio pensavo che le sue interferenze non riguardassero me, ma dipendessero da un litigio avuto con il mio ex in passato. A oggi non so più cosa pensare e la mia sete di curiosità aumenta a dismisura.

«Non lo so, forse perché Tate ha insistito. Non lo so… davvero. Facevo fatica persino a baciarlo.»

I suoi lineamenti si tendono e le sue mani si posano sulle mie ginocchia, come volesse trasmettermi un messaggio che non può ripetere a voce alta.

«Quindi, devo dedurre che a lui non chiedessi spiegazioni come hai fatto con me. Che poi non erano veri baci» sbotta dopo qualche secondo, e non ne ha alcun diritto. Non dopo quello che mi ha urlato contro questa mattina.

«Non ne sentivo il bisogno.» Mi alzo e lo sorpasso. Lui non sembra gradire la distanza che ho appena posto fra noi. «Jacob è sempre stato chiaro. Mi baciava perché gli piacevo e perché voleva stare con me.»

Non so dove ho trovato il coraggio di dire una cosa simile guardandolo negli occhi, ma ne sono felice. Fra poche ore andrò via e non voglio tornare a Manchester con la sensazione che avrei potuto fare qualcosa in più per noi.

«Mi sembra ovvio» replica, con una smorfia di disgusto.

«Non direi. Una persona può piacerti, ma ci sono modi e modi.»

Mi avvicino alla porta, che vorrei si aprisse solo grazie a un mio sguardo.

«Sii più chiara.»

I suoi occhi mi trafiggono come spilli, trasmettendomi tutto il suo fastidio per averlo sfidato.

«Una persona può piacerti fisicamente, mentalmente o fisicamente e mentalmente insieme» spiego e mi impongo di mantenere il contatto visivo anche quando accorcia la distanza fra di noi.

«E io in che modo ti piaccio, Krystal?» chiede posando le mani sulla porta.

Resto in mezzo.

Sono in trappola, in ogni senso, e me la sono cercata.

«Dai per scontato che tu mi piaccia.»

«Sei troppo romantica per baciare uno che non ti piace» mi prende in giro, gettandomi in faccia una verità scomoda.

Io sono romantica, ma lui no. «Non giocare con me, Damon.»

«Cosa ti fa pensare che lo stia facendo? Ehi...» urla, quando mi allontano ancora.

Sembra un maledetto gioco.

Sembriamo il gatto e il topo, e tutti sanno che fine fa il topo.

«Sei strana!» dice, ma sa il perché.

Il problema è che lui non vuole affrontare il problema. Così, anziché provare a capirmi, si mette sulla difensiva.

«Sono solo stanca.» Mi raggomitolo ancora una volta sulla poltrona chiudendomi in me stessa, e lui non prova a risolvere la situazione. Non ci prova affatto.

«Certo, fa' come vuoi Krystal. Non ho tempo da perdere» sbotta. Poi si accovaccia sul pavimento e da questo momento in poi cala un altro tipo di buio su di noi.

«Ma che fine avevate fatto?»

Alle otto, un dipendente dell'albergo ci ha liberati. Per tutta la notte non ho fatto altro che rigirarmi in cerca di una posizione comoda, e per Damon è stato anche peggio. Restargli lontano non è stato semplice, più volte ho pensato di avvicinarmi, magari per stendermi al suo fianco e abbracciarlo, ma sono riuscita a resistere. Mi sarei fatta altro male, o avremmo continuato a litigare, e nessuna delle due ipotesi mi piaceva molto.

Ora siamo tornati in stanza, e abbiamo poco tempo per raccogliere le mie cose e correre in aeroporto, dove un jet privato di chissà chi mi sta aspettando per tornare a Manchester. Non sono pronta per andare via e non voglio farlo, ma Damon continua a ignorarmi e ad avere atteggiamenti che dovrebbero invogliarmi a scappare.

«Ci hanno chiusi in biblioteca» dico infilando una gonna in valigia, sotto lo sguardo dispiaciuto di Charlotte.

«Fai prima colazione» mi dice, ma è suo fratello a mettersi di traverso ancora prima che possa risponderle.

«Lascia perdere Char, la signorina ha fretta» dice. Poi prende il pacchetto di sigarette dal comodino ed esce.

Persino Jared osserva la scena con aria pensierosa. Poi mi si avvicina, porgendomi il beauty.

«Non farci caso, alcune cose lo destabilizzano» sussurra senza aggiungere altro. Purtroppo non mi dà tempo di fargli domande, che va a chiudersi in bagno.

È arrivato il momento di andare via, di chiudere questa parentesi che, per quanto difficile, è stata importante per me.

Mi avvicino a Charlotte e ci abbracciamo forte come se ci conoscessimo da una vita, come se con questo abbraccio volesse dirmi qualcosa che a voce non può.

«Riguardati» le dico.

«Anche tu.»

Il viaggio in taxi è silenzioso e triste.

Sono i nostri ultimi momenti insieme, e ancora una volta stiamo facendo vincere la ragione.

Damon mi mancherà, vorrei abbracciarlo, baciarlo e dirgli...

Non so neanch'io cosa sia giusto dirgli in un momento simile, so solo che lui non mi starebbe ad ascoltare.

Quando arriviamo in aeroporto, mi scorta fino a un gate deserto. Qui non c'è fila, né qualcuno che controlli i documenti. Solo un uomo con il quale lui si scambia un'occhiata senza aprire bocca. Arrivata a questo punto, penso che se non dicessi nulla me ne pentirei.

Devo farlo, a prescindere dalle conseguenze.

«Sei arrabbiato con me?»

Abbassa gli occhi e mi guarda con insofferenza e noia, come se lo avessi disturbato mentre stava facendo qualcosa di importante.

«Perché dovrei? Il mio mondo non ruota attorno a te.»

Ennesima delusione, ennesimo colpo da incassare, ma non mi do per vinta.

«Non intendevo questo, ma…»

«Thomas verrà a prenderti. Per una volta segui i miei consigli e non metterti nei guai.»

Questo lo dice guardandomi negli occhi, ma non basta quando ami così tanto una persona.

Non basta, ma non puoi farci niente.

Non puoi costringerla a ricambiare quello che provi tu, non puoi pretendere cose che non è disposta a darti.

«Okay, lo farò» sussurro. Anche se non sono pronta, devo andare. «Grazie per avermi aiutato in questi giorni. Ehm… ciao.»

Faccio per voltarmi, perché purtroppo non c'è altro che possa fare, ma mi afferra il polso e mi trattiene.

«Scrivimi, quando arrivi nella tua stanza.»

Le sue labbra si posano sulla mia fronte per qualche secondo, poi mi lascia andare, *anche se i suoi occhi continuo a sentirmeli addosso.*

Quindici giorni dopo, ho ancora il sorriso sulle labbra.

Qualsiasi cosa sia successa in quell'aeroporto fra me e Damon, non voglio che finisca. Da quel giorno, infatti, non ne è trascorso uno in cui non ci siamo sentiti. All'inizio è stato strano: ci sono stati momenti in cui non sapevo come trattenere la mia felicità, altri in cui lo riempivo di domande e litigavamo e altri ancora in cui, come in questo momento, mi faceva intendere di sentire molto la mia mancanza.

Odio la matematica. Appena torno giochiamo al professore e l'alunna.

Damon è sfacciato, l'ho sempre saputo. Tuttavia, non siamo mai stati lontani per tanto tempo, e questo, a volte, lo fa sbilanciare… un po' di più.

«Ma cosa avete da dirvi tutto il giorno?»

Siamo in classe, e Tate non perde occasione per farmi notare quanto io sia ormai diventata una cosa sola con il cellulare.

Non me ne separo mai, neanche quando dovrei.

«Dai, non sbirciare» le dico, mentre leggo un altro dei suoi messaggi.

Ovviamente dovrai indossare quella gonna…

«Ah, però. Il ragazzo non te le manda a dire.»

Ridacchio, perché Tate ha ragione.

Damon non ha pudore, e non immagina quante volte, in un solo giorno, mi faccia arrossire nonostante i chilometri che ci dividono.

«Damon è…»

«Uno sporcaccione?»

«Smettila.» Alzo gli occhi al cielo. Poi, quando mi rendo conto che mi sta chiamando, chiedo alla professoressa il permesso di andare in bagno.

Tate mi guarda male, dice che mi sto distraendo troppo. Ma ho tutto sotto controllo. Sul serio.

Esco dall'aula, ma non faccio in tempo a rispondere.

«Jacob?» Mi faccio scura in volto, quando lo vedo avanzare minacciosamente nella mia direzione.

Mi afferra per le spalle, spingendomi contro il muro.

«Dimmi dov'è Charlotte» urla, facendomi tremare.

54

«Jacob… mi fai male.»

Ho paura, ho paura per una serie di motivi a cui ora non posso pensare. Non posso cercare di capire cosa lo sta spingendo ad agire in questo modo. Voglio solo che la smetta di stringere e di terrorizzarmi come sta facendo.

«So tutto!» urla. «Dimmi dov'è?»

Tremo come una foglia, e anche se sarebbe facile rispondere a questa domanda, so di non doverlo fare.

«Ti conviene lasciarla andare subito!»

Tiro un sospiro di sollievo quando vedo Thomas alle sue spalle, ma la mia confusione aumenta per la risposta di Jacob.

«Sei piena di angeli custodi» sussurra, prima di voltarsi verso il mio amico. «Sparisci, moccioso.»

«Non coinvolgere Krystal in questa storia e, soprattutto, non toccarla mai più.»

Thomas mi si avvicina e mi difende con il suo corpo.

Non ho mai avuto paura di Jacob, neanche quella volta in cui l'ho lasciato e lui mi ha urlato contro.

Non ho mai pensato che potesse farmi del male, che mi odiasse.

Invece ora sono questi i pensieri che mi invadono.

«Ci ha già pensato il tuo amichetto a trascinarla in questa storia. Spero almeno che, ora, conosca alcuni dettagli.» Fa una smorfia di puro disgusto e a me questa situazione piace sempre meno.

«Krystal, andiamo.»

Thomas mi prende per mano e mi allontana dalla verità che stava per venir fuori.

«Quello che è appena successo…»

«Lo so, hai ragione. Parlerò con Damon perché non si ripeta più.»

Sgrano gli occhi, non intendevo questo. Se Damon sapesse quello che è successo, sono sicura che diventerebbe furioso. E io non voglio creargli altri problemi. So che finiremmo per litigare, che lui mi accuserebbe a prescindere, facendomi sentire colpevole persino per una cosa simile e poi... non lo so. Siamo in un circolo vizioso, stavolta non voglio che sappia quello che è successo. Vorrei essere io a conoscere la verità.

«Si arrabbierebbe, lo sai, e ora deve pensare soltanto a sua sorella» sussurro «ma odio essere all'oscuro di tutto. A volte mi sento una completa estranea, per lui.»

Thomas sospira, poi mi scompiglia i capelli e mi pizzica la guancia come se fossi una bambina triste.

«Se lo fossi, non sarebbe ossessionato dall'idea di proteggerti.» Lascia emergere sulle labbra un sorriso dolce e mesto. «So che è difficile avere a che fare con lui. Lo conosco da sempre e tu l'hai incontrato nella fase più buia. Ma sono sicuro che, prima o poi, troverà la forza di raccontarti tutto.»

Non gli rispondo, perché finirei per scoppiare a piangere. Purtroppo quel «prima o poi» io non riesco a vederlo. Non riesco a immaginare il momento in cui Damon si fiderà di me, e quando chiedo a Thomas di non parlargli di quello che è successo, lui evita di promettermelo.

Da quel giorno, ne sono trascorsi altri tre. Poi Thomas mi ha confessato di aver detto a Damon *parte* di quello che è accaduto, ossia che Jacob ha inveito contro di lui e non contro di me.

A detta sua, se gli avesse riferito la verità, a quest'ora Damon sarebbe già tornato o avrebbe costretto me a raggiungerlo nuovamente in Svizzera. Ho riso, anche tanto, e poi ho pianto, perché ho pensato che mi sarebbe piaciuto rivederlo.

Ci sentiamo ogni giorno, ogni notte e in ogni attimo disponibile, ma lui non mi ha mai confessato quello che Thomas mi ha raccontato.

Purtroppo Damon è un libro chiuso, che a me piacerebbe leggere fino all'ultima riga.

Come stai?

Gli chiedo per messaggio, pur sapendo già come risponderà.

Normale, tu?

Anch'io...

Questa forse non è la risposta che si aspetta da me. Potrebbe pensare che lo stia prendendo in giro perché, da sempre, replica con quell'aggettivo che ormai odio.

Premo la guancia sul cuscino, arrendendomi all'idea che la conversazione possa continuare sullo stesso tono, messaggio dopo messaggio. Sono solo una stupida ragazzina innamorata che non sa tenere a bada i sentimenti; per questo, quando il cellulare squilla, sobbalzo sul letto come una molla.

«Dam?»

«Chiariscimi la tua risposta!»

Sorrido. Solo lui è in grado di avviare una conversazione in questo modo e di farmi battere il cuore… *in questo modo*.

«Tu sei pazzo» ridacchio, ma lui resta serio.

«È successo qualcosa?»

La domanda mi coglie in contropiede; ho sempre odiato le bugie, anche se ultimamente con la Morris ne sto usando tante. Con Damon però è diverso, anche se so che stavolta dovrò almeno tentare.

«No, nulla… Piuttosto, lì tutto bene?»

«A parte le smancerie fra quei due? Ho la nausea, ma per il resto… normale!»

Alzo gli occhi al cielo, anche se non può vedermi.

«Lasciali in pace, sono bellissimi insieme.»

«Certo, come no» borbotta, e io me lo immagino con una sigaretta fra le mani e l'espressione leggermente infastidita.

«Sembra che tu stia facendo una maratona. Dove sei?» domando titubante. Con lui non sai mai quale sia il momento giusto per chiedere qualcosa.

«Sto andando in biblioteca, pur di non guardarli. Peccato che non possa godere della visione di una delle tue gonnelline.» Mi mordicchio le labbra per trattenere l'agitazione che la sua spavalderia mi provoca ogni volta, ma non mi precludo la possibilità di dirgli qualcosa che avrei voluto confessargli fin dal primo giorno in cui sono andata via da lì.

«Non dirmi che senti la mia mancanza.»

«Quella sei tu» ride.

«Non ho problemi ad ammettere che mi manchi.»

Seguono secondi di silenzio, nei quali ho tempo di temere di essermi spinta troppo oltre.

«Molto, Krystal?»

«Abbastanza» sospiro.

«Abbastanza» ripete come se stesse soppesando la risposta.

«Quando tornerai?»

Non glielo chiedo mai, mi trattengo perché questo vorrebbe dire esporsi più di quanto non abbia già fatto finora.

«Quando meno te lo aspetti, piccoletta.»

Non potevo immaginarmi nulla di diverso da questo, ma mi sta bene. Con il tempo, per quanto difficile, sto imparando ad amare anche i dubbi che questo moretto spettinato e anche un po' lunatico insinua nella mia mente.

«Va bene. Allora, a domani?» gli chiedo.

«Sì, a domani, Krystal.»

Quando poso il telefono sul comodino, noto una scena insolita, ma tenera. Tate ha creato una sorta di capanna con le coperte e lì sotto sta palesemente parlando al telefono con qualcuno. Chiunque sia, ha la sua totale attenzione: la mia amica non si è resa conto che anch'io sono ancora sveglia.

Come un gatto, avanzo fino al suo letto per farla spaventare.

Sembra passata una vita da quando ero io quella che la beccava. Ora sono cambiate molte cose.

Sto per strapparle le coperte per farla sobbalzare, quando le sue parole mi paralizzano.

«Lo so, Luke. Anch'io sono stata bene con te ieri notte e sai che questo mi spaventa. Siamo sempre stati solo amici...»

«Oddio» urlo.

«Cazzo, Krystal!» sussulta lei, spaventandosi a morte, giustamente.

Non ci credo.

L'ho sempre sospettato, ma ora voglio sapere tutto.

Le sfilo il cellulare dalle mani, mettendo fine alla sua telefonata con il povero Luke, che spero capisca la mia esigenza di sapere cosa sta succedendo.

«Devi raccontarmi ogni dettaglio. Dio mio, vi siete baciati? Che bello. L'ho sempre pensato che fra voi due ci fosse del tenero.»

Tate vorrebbe ammazzarmi, lo so, ma al contempo sembra anche abbastanza intimidita.

«Okay, Pallina. Calmati» borbotta, trascinandomi sul letto al suo fianco. «Non è una situazione semplice. Io non so cosa pensare.»

Nei suoi occhi leggo tanti dubbi e la paura di rovinare un bel rapporto. Conosco Tate da sempre e so quanto lei sia ostile verso le relazioni. Luke non è un ragazzo qualunque, non potrà liquidarlo con un messaggio se le cose dovessero andare male. A modo suo gli vuole bene e non vuole farsi del male.

«Lui ti piace?»

«Sì, e non me lo aspettavo» ammette con un sospiro. «Mi conosci, voglio andarci piano prima di espormi.»

Mi ritrovo ad annuire, nonostante la mia vena romantica mi faccia avere visioni abbastanza sdolcinate sul loro futuro insieme.

«Credo sia la soluzione migliore, per entrambi.» Poso la guancia sulla sua spalla e lei sbuffa. Tate non cambierà mai, ma dentro di me so che la sua è soltanto una maschera. Ha sofferto tanto, ha sempre pensato che tutti volessero abbandonarla e purtroppo da queste cose non si guarisce in fretta.

Non so come andranno le cose fra lei e Luke. Se sarà una cotta passeggera o qualcosa in più, ma spero che a prescindere da tutto proteggeranno il loro rapporto.

Per una che ha sempre amato nuotare, è strano trovarsi in piscina e non aver voglia di fare nulla.

La verità è che mi manca tutto di Damon, persino i momenti in cui litigavamo proprio qui e poi uno dei due scappava.

«Ehi Rick. Ciao!»

Non ci parliamo dalla sera della cena a casa sua, da allora non fa altro che ignorarmi. Dovrei essere io quella arrabbiata, invece sembra che lo sia lui. A me è passata, so che quello che ha fatto non è colpa sua, ma a quanto pare c'è qualcos'altro che mi sfugge.

«Ciao» mormora, reggendosi al trampolino.

«Tutto bene?»

«Dovresti dirmelo tu» sbotta, di punto in bianco. «Non mi hai più chiamato dopo quella sera, e non mi hai neanche avvisato quando sei arrivata in istituto.»

«Oh, io… sono stata fuori città.»

Mi giustifico così, anche se non dovrei. Mi ha offesa, ed è ovvio che io non l'abbia più cercato. In realtà non ne ho sentito l'esigenza neanche dopo, non solo quella sera. Sto zitta per non ferirlo.

Siamo amici, e forse io sono stata troppo poco presente per lui.

«Esistono i telefoni per questo» mi ricorda, e io non posso dargli torto.

«Mi dispiace, hai ragione. Sono una pessima amica» dico, accennando un sorriso. Lui fa una smorfia che non riesco a comprendere.

L'ora di nuoto è quasi finita, e io non ho combinato nulla.

Tuttavia so di dovermi scusare con lui e di dover recuperare.

«Dai, non tenere il muso.»

«Tranquilla.» Distoglie lo sguardo dal mio, quando sulla piattaforma bianca vedo Piper. Ultimamente è strana e non frequenta le lezioni con regolarità, ma sembra che per lei questo non sia un problema.

«Recupereremo» aggiunge, prima di andarsene.

Lo seguo con lo sguardo, un po' confusa, fino a quando la mia visuale non viene oscurata da un paio di occhi verdi che mi mettono in soggezione.

«Guarda chi si rivede.»

«Piper...» sussurro, con tutte le intenzioni di allontanarmi, ma lei mi stringe le spalle con le mani.

L'acqua è diventata incredibilmente fredda, voglio solo andare via e mettere una distanza fra noi.

«Un uccellino mi ha detto che hai conosciuto la signorina Cooper.»

Non so il perché, ma inizio a tremare.

«Lasciami passare, devo andare.» Provo a oppormi alla pressione delle sue mani, ma non ci riesco.

Piper è più forte, sotto ogni punto di vista.

«Ti stai circondando di persone sbagliate, piccola Krystal. Sei troppo ingenua per far parte di questo mondo» miagola con falso dispiacere. Ormai la conosco e so che sta cercando di intimorirmi con le sue bugie.

«Tu vuoi solo allontanarmi da Damon.»

«Io? No, non servirà. Ci penserà lui molto presto. Non dirmi che credi davvero di essere importante ai suoi occhi.» Finalmente si allontana, ma continua a guardarmi dall'alto con espressione trionfante. «Non conti abbastanza da farlo rinunciare ai suoi… piani.»

Il modo in cui dice queste parole mi angoscia. Ho sentito parlare spesso di una vendetta, di qualcosa che Damon sta progettando da tempo, ma solo ora mi chiedo quanto sia grave e pericolosa questa cosa.

«Tu… non sai niente.»

Tremo e lei mi risponde con una verità che non sono ancora in grado di accettare.

«Lo conosco meglio di quanto credi» dice, e poi se ne va, lasciandomi con il cuore in gola e con la sensazione di non averci mai capito nulla.

Le sue parole mi seguono in ogni cosa che faccio, mentre corro nello spogliatoio, mentre mi lavo e piango sotto la doccia. Si insinuano nella mia mente e non mi danno tregua fino a quando, ormai stremata, raggiungo il mio istituto. Mi sento strana, ferita come se qualcuno mi avesse presa a schiaffi e poi gettata in un dirupo. Sento di aver frainteso tante cose, di aver vissuto in una valle incantata per tanto tempo, per poi essere sprofondata all'inferno. Questa vendetta di cui non so niente mi tormenta. Mi rende irrequieta e triste, ma anche molto arrabbiata.

Una volta arrivata nella mia stanza, la situazione non migliora.

Ho caldo, qualsiasi cosa mi infastidisce, soprattutto questa maledetta divisa scolastica che evoca ricordi che in questo momento potrebbero solo farmi crollare ancora di più. Così la tolgo gettandola in un angolo, e infilo una maglia larga con la quale trascorrerò il resto della giornata a letto. Voglio soltanto dormire, crogiolarmi nelle mie paure in attesa di parlare con lui. Stavolta non potrà ignorare le mie domande, perché non sono in grado di sopportarlo.

«È stato un bello spettacolo. Devo ammetterlo. Anche se è stato abbastanza umiliante rendermi conto che, mentre ti spogliavi, non mi hai notato.»

«Damon» urlo, quando lo vedo seduto sul davanzale.

«In persona, piccoletta.»

Le paure degli ultimi giorni mi colpiscono tutte nello stesso istante. Jacob, Piper e i segreti che si celano tra le pieghe di questa storia aumentano la mia angoscia e la mia voglia di farmi consolare dall'unica persona che, nonostante tutto, mi fa sentire protetta come il tesoro più prezioso custodito nel museo più importante del mondo. Non rifletto su quello che è giusto fare, non penso ai dubbi con i quali c'è chi ha provato a turbare il mio cuore.

Corro verso *la mia felicità* e mi stringo a lui, come se da questo dipendesse la mia vita.

«Ehi...»

La mia guancia preme sul suo petto e le sue braccia si chiudono sulla mia schiena, riconsegnandomi subito la serenità che mi è stata portata via in questi giorni. Scoppio a piangere, tremo e singhiozzo, e non riesco a calmarmi neanche quando lui mi stringe più forte.

«Devo ammazzare qualcuno, Krystal?»

Mi solleva il mento con due dita. Mi guarda seriamente e con un pizzico di dolore in quel mare blu che ha al posto degli occhi.

«Non capisco più nulla, Dam.»

«Cos'è successo?» Con i pollici prova ad asciugare le lacrime che, copiose, continuano a bagnare il mio viso stanco.

«Piper... mi ha chiesto di Charlotte. Mi ha parlato di... quella vendetta... Non lo so, non so come faccia a sapere che ho conosciuto tua sorella. Forse è stato Jacob...»

Poi mi fermo, quando mi rendo conto di aver detto qualcosa di troppo.

«Jacob? Cosa ne sai tu di Jacob?» sbotta, ma resta aggrappato a me, non mi allontana e non si allontana.

«Io...»

Vorrei prendermi a sberle, vorrei mentire ancora, ma non so farlo. Non con lui e non davanti a questi occhi.

Abbasso il capo, conscia di quello che accadrà a breve.

«Non ha chiesto a Thomas di tua sorella.»

Non ho il coraggio di guardarlo, temo una sua sfuriata e tutto quello che ne consegue, ma lui resta in silenzio, almeno fin quando torno a indirizzare gli occhi nei suoi.

«Non sei arrabbiato?»

«Da morire.» Si allontana. «Ma con me stesso. Non avrei dovuto fare alcune cose» ringhia come un leone in gabbia e io mi chiedo a cosa si riferisca.

L'insicurezza bussa alla mia porta e non mi dà scampo.

«Tipo?»

Seguo i suoi movimenti e, istintivamente, tiro un sospiro di sollievo quando si toglie la giacca di pelle e la poggia sulla sedia.

«Domani niente scuola.»

Non ha risposto alla domanda, ma si siede sul mio letto a gambe aperte e mi guarda, spogliandomi con gli occhi. Ho ancora il viso umido e sono ancora scossa, ma mi viene anche da sorridere perché, per la prima volta, non ha dato di matto. Mi piace pensare di essergli mancata troppo, ma non gli chiedo se è così.

«Tu dovresti tornarci. Oddio...» urlo quando, dopo essermi avvicinata, afferra la mia mano e mi trascina a sé. Ho le guance rosse e sono cavalcioni sopra di lui, mentre mi infila le mani sotto la maglia.

«Cappello, sciarpa e possibilmente abiti caldi.» Continua a parlare, a dare ordini su qualcosa di cui non ho assolutamente idea.

Ma il solo pensiero mi rende gelatina fra le sue mani.

«Ti piace comandare, eh?»

Poso le dita sulle sue spalle e quando mi sorride, lasciando scorrere lo sguardo lungo tutto il mio corpo, mi rendo conto che questa battaglia potrà vincerla sempre e solo lui.

«Abbastanza.»

Poi torna ai miei occhi, e non trattengo il sorriso perché ricordo quando ho usato la stessa risposta.

«Dimmi che non ti ha fatto del male.»

So a chi si riferisce, lo capisco dal modo in cui continua a toccarmi. Come se stesse stabilendo qualcosa...

«Thomas è arrivato subito» sussurro. Mi infila le dita fra i capelli e fa in modo che i nostri visi si avvicinino. Sento il suo corpo tendersi contro il mio, la sua agitazione contaminare questo momento.

«Nessuno deve toccarti.»

Gli sfioro il viso, prima di baciarlo sul collo.

Ho sempre paura quando prendo l'iniziativa. Ci vado piano, mi godo il momento e… il suo profumo. Ma sono trascorsi troppi giorni, e la pazienza non è mai stata una virtù di Damon Cooper.

Le sue labbra trovano le mie in un bacio che ha tutto il sapore di una guerra, quando è soltanto la dimostrazione di qualcosa di cui entrambi non possiamo parlare. È un'esigenza, è spirito di sopravvivenza, è il nostro volere che vince contro il dovere.

Non ho paura di quello che gli altri dicono, né di quello che Damon ha in mente da più di un anno. Voglio solo fargli capire che con me potrebbe essere felice, che può fidarsi e che gli darei anche quello che non ho. L'amore è questo: donarsi senza pretendere.

E anche se quest'attimo di passione non ha nulla di romantico e io ansimo senza alcun pudore, mi sento ugualmente amata.

Forse, per la prima volta in tutta la mia vita.

«È abbastanza?» gli chiedo, sorridendo sulle sue labbra.

E lui scuote il capo, prima di baciarmi ancora e ancora.

55

Damon

Stringo le mani attorno al marmo freddo del lavandino del suo bagno. Sono qui, a pochi passi da lei, e mi chiedo come fare a resistere.

Non è da me essere così, non è da me perdere completamente la ragione per una ragazza, e non è da me ammetterlo con questa facilità.

Ho combattuto contro sensazioni che provo da tempo, ma che si sono intensificate da quando, poche ore dopo la sua partenza dalla Svizzera, ho distrutto tutto quello che mi capitava a tiro. E il pugno che ho tirato a Jared, dopo averlo beccato nuovamente a baciare mia sorella, è stato solo un modo per esprimere quel senso di soffocamento che mi provocava l'idea di saperla lontana da me.

Krystal mi ha fottuto senza farlo, e nessuna doccia fredda, in questo momento, riuscirebbe a placare il desiderio che arde dentro di me.

Quando torno nella stanza, si è già addormentata.

Il suo corpo rannicchiato sul letto viene illuminato dalla luna, ed è una delle visioni più pure e insieme sensuali che abbia avuto in tutta la mia vita. Mi chiedo come faccia a essere così tante cose, a emanare questo fascino nonostante il suo corpo da bimba. Per me lei è perfetta, e amerei conoscere ogni singolo lembo di pelle e baciarlo fino a farle perdere la testa.

«Dam» sussurra, stropicciandosi gli occhi «mi sono addormentata.»

«Ho notato.»

Mi impongo di tenere le mani al loro posto e di non perdermi in gesti che non mi appartengono.

Io le donne non le accarezzo e non desidero farlo, ma da quando c'è lei, molte cose sono cambiate e non va bene.

I miei piani, le mie intenzioni e la mia follia non potranno mai combaciare con una vita pulita e semplice come quella di Krystal.

E per quanto egoista io sia, non posso rischiare di trascinarla in qualcosa di brutto come quello che ho in mente.

Non me lo perdonerei mai, ma rinunciare è… difficile.

«Devo mettere la sveglia per domani» dice e accenna un sorriso come se non vedesse l'ora. Quindi sbaglio, mi lascio tramortire dalla piega delle sue labbra che ora rendono il suo viso più sereno e ancora più bello.

Mi infilo sotto le coperte, invado il suo spazio, la sua vita e forse anche altro; avvolgo il suo piccolo corpo con un braccio, per tenerla più vicina. Mi piace avere un contatto costante con lei, e non so rispondermi quando mi chiedo come farò quando tutto sarà finito.

«Non serve, ti sveglio io.»

Mantengo un tono di voce freddo, perché se mi lasciassi andare non la farei dormire neppure per un attimo.

«Va bene, allora buonanotte.»

Lei sorride ancora e appoggia la sua guancia sul mio petto, dove il mio cazzo di cuore inizia a battere più di quanto sia necessario. Mi irrigidisco, non so cosa fare, ma non ho alcuna intenzione di allontanarla.

Krystal

La mia coscienza mi ricorda quanto sia diventata bugiarda nei confronti della Morris.

A quest'ora dovrei essere a scuola, seduta al mio banco con un libro sotto il naso ad ascoltare le spiegazioni della prof; invece la situazione è ben diversa, ma io non riesco a pentirmene o a sentirmi in colpa.

Damon mi guarda, con la sua solita espressione da burbero, prima di iniziare a camminare verso una destinazione a me ancora ignota.

«Quando ti ho detto di indossare qualcosa di pesante, non intendevo certo una gonnellina.»

«La Morris pensa che sia a scuola, dovevo per forza indossare la divisa.» Arranco, cercando di tenere il suo passo.

Lui non mi risponde, sbuffa soltanto.

Da quando ci siamo addormentati, dopo che lui si è chiuso in bagno per parecchio tempo, è diventato strano e taciturno. Come se qualcosa lo avesse turbato. E ovviamente non ha condiviso con me i suoi pensieri.

«Ma cosa...»

Le parole restano incastrate sul fondo della mia gola, quando riconosco il posto in cui mi ha portata. Siamo al porto, ci siamo già stati insieme la sera in cui ho inventato il suo *logo*, ma di giorno è ancora più bello.

«Volevi vedere il mare. Quindi...»

Mi guarda con la coda dell'occhio, prima di proseguire. Non so cosa intenda fare, ma quando ci avviciniamo a un piccolo traghetto brulicante di persone, il mio cuore prende a battere all'impazzata.

«Quindi noi...»

«Scenderemo al porto di Liverpool» mi spiega, stringendomi il polso. So che lo fa per non perdermi e che non dovrei pensare ad altro, ma non riesco a trattenere le mie emozioni quando i nostri piedi smettono di toccare terra e tutto diventa incredibilmente reale.

«Grazie, non pensavo che... che mi ci portassi sul serio.»

Per un istante i suoi occhi catturano i miei, e mi sembra di scorgere qualcosa nel *suo* mare infinito e pieno di segreti. Sono belli come l'esperienza migliore della vita, sono colmi di desideri inespressi, di emozioni che non vuole far trapelare, ma che io ora riesco a vedere.

«Ti piacerà» sussurra appena, poi ci spostiamo verso il primo balconcino, che è leggermente meno affollato, e poggiamo i gomiti sul parapetto che ci separa dall'acqua.

Siamo partiti, ci stiamo allontanando da una realtà che sembra voglia dividerci a tutti i costi, e subito mi sento libera, non appena me ne rendo conto. Quando siamo lontani dal resto del mondo, io e Damon siamo diversi. Siamo più uniti, più forti e coraggiosi.

«Siamo fortunati, è anche una giornata soleggiata» dico con il naso all'insù, ma lui mi copre gli occhi spingendo in basso il mio cappello e facendomi ridere come una bambina a cui è stato regalato un giocattolo che ha desiderato per un anno intero.

«C'è vento, però. Entriamo» impone.

Poso la mia mano sulla sua, e lui mi guarda.

«No, per favore. Mi piace qui.»

Mi piace guardare il mare con te, con il vento fra i capelli e il profumo che emana la tua pelle, penso, ma non glielo dico. A Damon non dico tante cose, e non so se un giorno avrò il coraggio di confessargli quello che provo per lui.

Distoglie lo sguardo, non so per quale motivo. Acconsente alla mia richiesta, seppure tacitamente.

Il viaggio non dura molto, e quando arriva il momento di scendere dal traghetto Damon cerca di nuovo un contatto con me. Stavolta la sua mano scende più in basso, afferra la mia e la stringe appena mentre ci facciamo largo tra la folla.

«Seguimi» dice salendo su un autobus, ancora con il tono teso di poco fa. Farei qualsiasi cosa perché lo abbandonasse, o anche solo per capire come mai lo usa. Non è facile, non lo è mai stato con lui, ma so che quello che stiamo facendo ora è un suo tentativo di dirmi qualcosa. Forse non lo sa, forse non se ne rende conto, ma sono questi piccoli gesti a parlarmi di lui, di alcuni aspetti del suo carattere che sono ancora mascherati da strati di diffidenza e rabbia.

Dopo pochi chilometri, l'autobus accosta e noi scendiamo.

«Da questa parte.»

Poi la vedo: una grandissima spiaggia ci accoglie in tutta la sua bellezza. Non c'è molta gente e mi piace, voglio godermi il rumore delle onde, l'odore del posto e la sabbia sotto le dita. Voglio vivere sensazioni che non provo da tempo, e che forse non sono mai state così intense come quelle che provo ora.

Ci sediamo sul bagnasciuga, e Damon sfila una sigaretta dalla giacca.

«Puoi non fumare solo per oggi?»

Appoggia i gomiti sulle ginocchia e mi guarda.

«Perché?»

«Solo per oggi» ripeto. «Prendila come una sorta di sfida personale. Ti serve davvero una sigaretta per stare bene, ora?»

I suoi occhi diventano maliziosi. Ho detto qualcosa che ha appena risvegliato il suo buonumore.

«Ci sono tante cose che potrebbero farmi stare bene in questo momento, che potrebbero... farmi rilassare.» Ammicca, mordendosi le labbra.

«Idiota» borbotto, distogliendo lo sguardo; spalanco gli occhi appena la sua mano si posa sul mio ginocchio.

«Krystal, ho proprio voglia di... una pizza.»

Poi scoppia a ridere, e io lo colpisco sul braccio come meglio posso. «Sei la solita sporcacciona malpensante.»

«Oh, smettila» sbuffo, gonfiando le guance, sicuramente rosse.

Tuttavia sono felice che abbia lasciato la sua versione fredda e distaccata su quella nave. Odio quando si chiude in sé stesso e odio ancora di più quando, all'improvviso, se ne esce con affermazioni che vorrei approfondire, ma che, senza ombra di dubbio, rovinano immediatamente il clima che si era creato fra noi.

«Quello di cui tutti parlano è vero.»

Il suo sguardo torna sul mare davanti a noi, e il suo sorriso si spegne di nuovo.

Lo guardo e pochi attimi dopo lui guarda me. Mi inchioda con una verità che è molto più brutta di quanto immaginassi.

«Ho in mente un piano per vendicare mia sorella.»

«Capisco» sussurro. «Ed è pericoloso, quello che hai in mente?»

Lui esita, non mi risponde subito, ma quando lo fa non distoglie lo sguardo neanche per un secondo.

«Cambierà molte cose, molte vite. Compresa la mia. Ma è necessario che lo faccia.»

La convinzione che leggo in queste parole mi mette con le spalle al muro e mi fa tremare come una foglia. Pur non conoscendo le sue intenzioni, la paura mi soffoca come una corda attorno al collo. Non posso parlare, perché se lo facessi mi lascerei sfuggire qualcosa per cui nessuno dei due è ancora pronto.

«Cos'hai?» mi chiede.

«Nulla» mento ancora, ma stavolta non mi sento in colpa.

Lo faccio per me, ma anche per lui. Io non ho alcun diritto di fargli cambiare idea o di pregarlo affinché rinunci.

Si tratta di sua sorella e io non sono nessuno.

«Sappiamo entrambi che non è così. È per quello che ho detto?»

Sento i suoi occhi incendiare il mio viso, ma se lo guardassi capirebbe tutto e non posso permetterlo.

Bofonchio parole a caso: «No, solo che… non lo so».

«Vieni qua» ordina tendendomi la mano, e quando allarga le gambe e mi fa cenno di sedermi proprio lì, non riesco a sottrarmi. Voglio stargli vicino fino a quando potrò. Perché in fondo lo so, che il nostro tempo è limitato.

«Sono solo preoccupata. Non voglio che tu finisca nei guai» riesco a dire prima che le sue mani si posino sui miei fianchi e il suo mento sulla mia testa.

Mi piace: noi due abbracciati, di fronte al mare.

Mi piace più di quanto sia possibile; per questo, quando alzo il viso nella sua direzione, so che sto facendo la cosa giusta.

«Tu non devi avere questo genere di preoccupazioni.»

Potrebbe sembrare una frase scortese alla Damon, un modo poco gentile per farmi fare gli affari miei.

Invece non è così. Il suo tono è basso ma dolce, impostato ma rassicurante, nonostante io, sicura, non mi senta affatto. Di qualunque cosa si tratti, so che non è uno scherzo e che potrebbe rovinargli la vita.

«Non è una cosa che posso controllare» ammetto e resto incantata dalle sue dita che ora mi accarezzano il viso come se fossi la cosa più bella che abbia mai visto.

«Ehi ma… Oddio, hai visto?»

Mi allontano da lui, quando mi accorgo di un cagnolone che ha appena iniziato a mordere i suoi anfibi neri.

«Direi di sì» borbotta, provando a liberarsi di lui.

«Ehi, ma sei bellissimo!»

Ho sempre amato i cani, ho sempre desiderato poter crescere con uno di loro in una famiglia che lo amasse tanto quanto me.

Damon continua a borbottare, sembra infastidito, ma non gli do peso. «Ti sei perso, piccolo?»

«Sai che non può risponderti, vero?» Mi prende in giro, ma quello che attira la mia attenzione è la frase dopo.

«Ci ha interrotti.»

«E cosa avrebbe interrotto?» Alzo il mento in segno di sfida, ma con Damon è una partita persa in partenza.

«Lo so io» sussurra, guardandomi le labbra. Io ribatto, presa da un incredibile moto di coraggio.

«Non ti avrei baciato, quindi… non ha disturbato, né interrotto.»

I suoi occhi si fanno fessure, ma c'è ancora troppa ilarità in lui per pensare di averla fatta franca.

«Chi ti dice che avrei voluto baciarti?»

«So quando sta per accadere… Damon!» urlo, quando mi prende in braccio e inizia a camminare verso il mare. «Oddio, ma…»

Urlo e scalcio a più non posso, mentre il nostro nuovo amico ci insegue e scodinzola quando Damon minaccia di buttarmi in acqua. Resto aggrappata a lui, ma un'onda ci colpisce in pieno facendoci cadere.

«Sei pazzo!»

Il suono delle nostre risate rimbomba in questo paradiso terrestre. Io lo guardo, e mi innamoro ancora e ancora.

Non credo esista un momento in cui ho smesso di prendermi una cotta per lui, succede spesso e in modi diversi ma tutti belli, unici e perfetti.

Io lo amo, anche se forse lui non ricambierà mai. Anche se la vita ci vorrà divisi.

Io lo amo, e lo amo ancora di più quando fa lo scemo e si ricorda di doversi godere la sua età e tutto quello che il destino ha in serbo per lui.

Vorrei che smettesse di pensare alla vendetta, alle cose brutte e pericolose che intende fare. Vorrei che crescesse con me, che mi abbracciasse e che mi guardasse come sta facendo ora.

«Ecco, ora vorresti baciarmi» dico. «Mi sbaglio?»

«Presuntuosa» sussurra, ma un attimo dopo le sue labbra si posano sul mio collo, poi passano al mento e si avvicinano alla mia bocca, vogliosa della sua. «Tu vuoi baciare me.»

«Non posso negarlo» dico. Lui spalanca gli occhi quando mi avvicino, ma…

«Piccola perfida…» urla.

Una manciata di sabbia finisce sul suo viso, ed è solo questione di fortuna se riesco a sgattaiolare via e a correre con al seguito il mio nuovo amico a quattro zampe.

«Su, difendimi» gli dico, quando Damon è vicino, ma lui lo prende come un gioco e, anziché aiutarmi, mi si butta addosso, rendendomi facile preda per il mio nemico.

«Ben fatto, cane.»

Damon gli accarezza la testa con una mano, mentre con l'altra mi blocca a terra.

«Dovremmo dargli un nome» sussurro stremata, ma il tentativo di distrarlo non funziona.

«Piccoletta, ti punirò per quello che hai fatto» mormora con un luccichio negli occhi che mi provoca una sensazione nel basso ventre. Mi sento strana, ma anche incredibilmente felice. Non so cosa sia, ma mi piace questo momento. Che però si interrompe quando vediamo una coppia correre nella nostra direzione e *cane* correre verso di loro. Ci ringraziano per aver giocato con lui, ci dicono che erano preoccupati e che temevano di averlo perso. Io, da grande melodrammatica quale sono, trattengo a stento le lacrime quando lo vedo andare via.

«Ti ho vista!»

Damon mi pizzica il naso.

«Stavi piangendo.»

«Non è vero» borbotto, stringendomi le ginocchia al petto, ma lui non ci crede e fa bene.

Ho il vizio di affezionarmi subito a tutti.

«Lo conoscevi da pochissimo, Krystal.» Mi tende la mano e penso che voglia andare a mangiare quella famosa pizza, ma quando mi alzo e ci ritroviamo l'uno di fronte all'altra non riesco a trattenermi.

«Non mi piacciono gli addii. So che può sembrare una cosa stupida, probabilmente dovrei solo provare a non affezionarmi a chiunque.»

«Su questo sono d'accordo» dice, ma non prende nessuna direzione. Resta qui, con me, e mi mette di fronte a una realtà che conosco bene. «Tutti se ne vanno, le cose cambiano e se ti affezioni rischi solo di starci male. Per cui non legarti a nessuno, perché ognuno può avere in mente qualcosa che lo porterà lontano da te. Siamo egoisti per natura.»

Il suo discorso non mi piace, ma non ho la forza di replicare perché so che mi metterei a piangere sul serio, stavolta.

«Quindi tu non ti affezioni mai?»

«Non ho detto questo, ma so controllarmi. Altrimenti sarebbe un problema.»

Un problema...

Pensa che affezionarsi a qualcuno sia un problema, e mi chiedo se...

No, non penso che lui possa essersi affezionato a me.

«Cosa sta succedendo qui dentro?» Preme con un dito sulla mia tempia e io accenno un sorriso.

Non mi reputo coraggiosa.

Parlo troppo e spesso non mi controllo.

«E io sono un problema per te?»

Dal modo in cui passa la punta della lingua sulle labbra, prima di piegarle in un sorriso, suppongo che si aspettasse una domanda simile da parte mia.

«In quel caso avrei detto un grandissimo problema, una rovina.»

«Addirittura? Che brutta cosa!»

«Sei la mia rovina, Krystal» sussurra con quel suo fare seducente, prima di pizzicarmi il naso con le dita.

Poi si avvicina ancora un po' e mi posa una mano sul fianco, stringendolo appena.

«Decidi. O te o una sigaretta.»

56

Damon Cooper ha il potere di mettermi con le spalle al muro usando solo poche parole. Penso di avergli concesso questo lusso troppo facilmente, e sono sicura di non poter fare nulla per tornare indietro ed evitare di ritrovarmi in certe situazioni. La verità è che a me non dispiace essere presa alla sprovvista da lui, non mi dispiace quando, a modo suo, mi fa intendere di desiderarmi, anche se non sarò mai in grado di sorprenderlo come lui fa con me.

Resterò per sempre la timida Krystal, quella che non prende mai l'iniziativa, neanche quando vorrebbe solo tuffarsi sulle sue labbra per trasmettergli tutto quello che prova per lui. Vorrei dirgli che questa giornata è stata bellissima, che non la dimenticherò mai e che amo il modo in cui lui si prende cura di me, anche attraverso dei gesti semplici. Non ho la presunzione di pensare che possa essere geloso di me, e non lo penso neanche quando prendiamo posto sul traghetto che ci riporterà a Manchester e alcuni ragazzi mi guardano e mi sorridono a più riprese.

«Vieni, da questa parte.»

La mano di Damon afferra la mia, mentre mi trascina verso una cabina e chiude la porta alle nostre spalle. Sembra nervoso, probabilmente perché dopo la sua frase ammiccante non ha mangiato nessuna pizza e non ha nemmeno fumato una sigaretta.

Io resto in silenzio, seduta al suo fianco, con la voglia di fare qualcosa di molto stupido, ma che desidero ardentemente. A volte mi capita di guardare Damon con malinconia, come se dentro di me sapessi già come andrà a finire; altre volte invece lo osservo e mi viene da sorridere.

Sento il cuore più leggero, i problemi svanire e le paure anche.

«È tutto okay?» domando, non potendo farne a meno.

Per una logorroica come me, il silenzio è un'offesa.

«Perché non dovrebbe?»

Non mi guarda, mentre risponde a domanda con domanda. Il suo atteggiamento mi confonde e arrivo persino a pensare di aver detto qualcosa di sbagliato. Sto per continuare il mio interrogatorio, nonostante il suo distacco non solo fisico, quando la porta della cabina si apre. Ci sono due ragazzi che ho già visto prima che ci rintanassimo qui.

«Possiamo sederci?» chiede il biondo, e dal momento che Damon li ignora sono costretta a intervenire.

«Sì, certo» dico, per poi beccarmi l'attimo dopo un'occhiataccia dal moretto spettinato al mio fianco. Se anche chiedessi spiegazioni, non otterrei alcun risultato.

Sospiro e mi posiziono meglio su questa poltrona di pelle che ora sembra molto più scomoda. Mi dispiace quando fra di noi si innalza un muro, soprattutto dopo aver trascorso del tempo insieme.

«Siete di Manchester?»

Alzo lo sguardo sul biondo, che mi sorride in modo strano. Ma non posso trarre conclusioni affrettate e non rispondergli.

«Noi...»

«Non credo siano cazzi tuoi!»

Lo sguardo di Damon ora è piantato su quel povero ragazzo come se volesse ucciderlo. Infatti lui sgrana gli occhi e, dopo aver fatto un colpo di tosse, inizia a scusarsi.

«Che ti prende?» bisbiglio, ma Damon non mi risponde. Il suo braccio avvolge le mie spalle e resta lì fino alla fine di questo strano viaggio.

Il quartiere in cui vive Damon mi ha sempre affascinato. Di sicuro non è uno dei posti più sicuri di Manchester, ma ha qualcosa che lo rende speciale.

È la terza volta che mi porta qui, ma come la prima sono agitata e tesa per quello che potrebbe succedere una volta oltrepassata la soglia di casa sua.

Siamo ricoperti di sabbia, e suppongo che siamo qui per darci una pulita.

«Puoi fare una doccia» dice, prima di girare la chiave nella toppa. Pochi attimi dopo, però, veniamo subito assaliti dall'ultima persona che speravo di vedere oggi. Le cose fra me e Jared vanno meglio, lui ha smesso di tormentarmi, ma io ho ancora paura che possa inventarsi qualcosa per allontanare Damon da me.

«Ma che fine hai fatto?» urla. «Green ti sta cercando!»

Damon lo guarda male, soprattutto quando nota la presenza di sua sorella che, appena mi vede, cinguetta il mio nome.

«Oddio, che bello vederti. Come stai?»

Mi avvicino per non farla sforzare. Mentre l'abbraccio, una frase di Jared mi colpisce, ma stavolta in modo positivo.

«Sa tutto, sa che lavori per il padre di Piper. Non voglio mentirle» dice. In un altro momento, riderei per la reazione di Charlotte di fronte a suo fratello.

«Sei un bugiardo. Voglio che mi racconti tutto!» piagnucola, ma nel frattempo continua a stringermi fra le braccia, anche se io sono rigida come un palo della luce. So di non poter pretendere spiegazioni, so di non poter chiedere nulla né su questo Green, né su Piper, ma mi sento ugualmente ferita, nonostante non ne abbia alcun diritto. Io e Damon trascorriamo tanto tempo insieme, ci baciamo, a volte lui mi fa sentire davvero speciale, ma… oltre questo, noi non siamo niente.

«Io e te dobbiamo fare un lungo discorso» dice all'amico. Poi guarda me: io capisco, bacio Charlotte sulla guancia e lo seguo.

«A dopo.»

Lei mi sorride, sembra davvero felice della mia presenza qui.

«Ho un'asciugatrice, in bagno. Puoi lavare le tue cose e rimetterle.»

Si muove nella sua stanza come un automa, come se io non ci fossi e come se non avesse trascorso le ultime ore con me.

«Va bene, grazie.»

Non perdo tempo, raggiungo il bagno e una volta dentro scivolo contro la porta.

Ho bisogno di qualche minuto per fare ordine nella mia testa, per provare a capire il senso di alcuni dei suoi tanti sbalzi d'umore, e mentre l'acqua calda scorre sul mio corpo arrivo all'amara conclusione che lui si sia pentito di avermi portata al mare.

Quindici minuti dopo, sono ancora avvolta in un asciugamano nero. Il cestello dell'asciugatrice continua a girare e io non sono abbastanza coraggiosa per uscire dal bagno e andare da lui così.

«Oddio!» urlo, premendomi le mani sul petto, quando è proprio Damon a rompere la bolla nella quale mi sono chiusa.

«Il tuo telefono.»

Tiene gli occhi puntati sul mio viso, non abbassa lo sguardo neanche per sbaglio mentre si avvicina e me lo porge. «Era Nick. Ho risposto perché non la smetteva di richiamarti.»

«Cosa?» Mi acciglio.

«Era fastidioso, ma ha riattaccato appena ha sentito la mia voce.» C'è soddisfazione nella sua voce, e questo mi infastidisce.

«Bastava abbassare la suoneria. Non dovevi rispondere» dico. Ha una reazione che in fondo un po' mi aspettavo.

«Qual è il problema? Puoi sempre richiamarlo» sbotta, spalancando le braccia.

«Certo, ma se l'avessi fatto io...»

«Tranquilla, ti perdonerà!» urla, riducendo gli occhi a fessure. «E datti una mossa, devo fare anch'io una doccia.»

Poi se ne va, sbattendo la porta alle sue spalle con un tonfo.

Damon

Sono nervoso.

La calma ha iniziato ad abbandonarmi nel momento in cui siamo saliti su quel traghetto e due idioti si sono messi a fissarla.

Sono strano, lo so.

Sono ipocrita, incoerente ed egoista.

Sono tutto quello che una come lei non meriterebbe, eppure non riesco a lasciarla andare e neppure a capire come dovrei comportarmi per non ferire lei e allo stesso tempo non tradire la mia natura.

Sono nervoso, e non per il motivo giusto. Dovrei afferrare la faccia di Jared e ridurla in poltiglia solo per aver rivelato troppe cose a mia sorella, dovrei essere incazzato perché non ne ha parlato prima con me, perché la bacia e invade il suo spazio.

Dovrei concentrarmi sulle cose serie, sui problemi che non mancano mai nelle mie giornate, e invece, da quando sono uscito dalla mia stanza, non faccio altro che pensare ai suoi occhi quando le ho urlato contro e… al fatto che lei, prima o poi, richiamerà quel coglione di Nick.

«Te l'ho detto, Green ti sta cercando!»

«Cosa vuole?»

Mi sono appena preso una birra e Jared ha finalmente capito di dover abbassare la voce in presenza di Charlotte. Non voglio che si preoccupi per me.

«Temo che Piper gli abbia detto della rapina di fine anno.»

Lo sapevo, in fondo sapevo che era solo questione di tempo prima che la bomba esplodesse. Il nome Piper urla guai, ma non risparmio un'occhiataccia al mio amico perché è soltanto colpa sua se lei sa della rapina.

«Lo so, Dam. Lo so.» Mi guarda come un cucciolo, prima di mostrarmi i tre messaggi che Green gli ha scritto.

In genere è un uomo di poche parole, ma stavolta è diverso.

So che è pericoloso, so che… potrebbe ammazzarmi.

Ho agito senza il suo permesso, per interessi personali, e quando lavori per uomini come lui non puoi permettertelo.

«Ho bisogno di un'ora. Devo riaccompagnare Krystal, poi andrò a Londra» dico, ostentando una calma finta.

«Forse non ti è chiaro. Green vuole vederti subito. Lo conosci, non ama aspettare.»

«Non importa, aspetterà» sbotto, proprio mentre vedo Krystal venire verso di me. I suoi occhi non sono più luminosi come quando le ho detto che l'avrei portata al mare. Ora sono spenti e delusi.

«La riaccompagno io» sbuffa Jared, avvicinandosi a lei che lo guarda come se fosse un mostro.

Detesto il fatto che lei lo tema, e detesto il fatto di non poter perdere altro tempo. Devo andare a Londra, da Green, e lo devo fare il prima possibile.

«Su, andiamo. La gita è finita, ragazzina.»

Avanzo nella loro direzione e do uno spintone a Jared in modo da fargli male, prima di ritagliarmi gli ultimi istanti con lei. Non mi piace l'idea di doverla salutare così.

Sento lo sguardo di mia sorella su di noi, ma lo ignoro.

«Ho un impegno e non posso rimandarlo. Sono già in ritardo e...»

«Tranquillo, nessun problema.»

Krystal accenna un sorriso, ma starà pensando che l'ho fatto apposta, che voglio solo liberarmi di lei, che... Dio, non lo so. Ma mi dà fastidio. Odio l'idea di aver rovinato tutto, non lo tollero, ma quando la vita ci si mette di mezzo non c'è molto altro da fare.

Vorrei dirle tante cose, vorrei dirle che la riporterò al mare e che preferisco baciare lei piuttosto che intossicarmi con il fumo, ma non lo faccio. Me ne sto zitto e accetto il fatto di averla delusa di nuovo.

La vedo andare via e non dico nulla. Non dico nulla perché sono consapevole di tante cose; a volte ragiono e mi ricordo chi sono, da dove provengo e cosa faccio.

Quando, un'ora dopo, sono fuori dall'ufficio di Green so di aver fatto la cosa giusta. So di dover allontanare Krystal e magari ci riuscirò.

Sì, ci riuscirò. Lei è speciale e, a modo mio, la sto proteggendo.

«Finalmente, ragazzo!»

Odio quest'uomo dal profondo del mio cuore; se fossi coraggioso l'avrei già ucciso, ponendo fine a una parentesi della mia vita che invece non si chiuderà mai.

«Mi cercava?»

Ignoro le sue provocazioni, ma lui non ama essere ignorato.

Lui vuole spadroneggiare su tutto e su tutti.

«Spero di non averti disturbato, qualsiasi cosa stessi facendo» dice, tamburellando le dita sul legno scuro della scrivania.

Temo il suo ufficio, temo lui e il suo potere, ma sono bravo a nasconderlo.

Green si nutre di queste cose e io non posso permetterlo. Devo essere più forte per non farmi schiacciare da lui, anche se mi ha in pugno da tempo.

«Nulla che non abbia concluso.»

Lui mi guarda male, ma poi torna impassibile e so che non ha più voglia di scherzare.

«Ho saputo che uno dei miei ha spacciato nella zona dei Falcones.» La frase mi arriva al cervello come un pugno inaspettato, e non so cosa sia peggio. Se questo o la storia della rapina.

Quando dal cassetto tira fuori delle foto e le posa sulla scrivania, il mondo mi crolla addosso e non so più come si respira.

«Purtroppo i volti dei due ragazzi non si vedono bene…» borbotta infastidito, puntando l'indice prima sulla schiena di Krystal e poi sul volto di Tate.

«Trova queste due e scopri chi dei miei ha osato agire alle mie spalle.»

Deglutisco a vuoto, mi trema la mano e so che in questi casi il rischio di esplodere è alto, ma se lo facessi… Non voglio pensarci.

«Sarà fatto.»

Esco dall'ufficio con il solo desiderio di ammazzare Jared, e quando raggiungo l'auto la prima cosa che faccio è prenderla a calci.

Mi odio. Odio la mia vita, odio tutto quello che mi circonda e odio ancora di più aver coinvolto in questo schifo l'unica persona che avrei voluto proteggere, persino da me stesso.

Sto sbagliando tutto, ma non posso tornare indietro.

Allontanarla era già un'utopia prima, ma ora lo è ancora di più.

Voglio proteggerla, devo farlo. Così guido verso un posto che dovrei evitare, ma quando finalmente arrivo a destinazione, è come tornare a respirare aria buona.

Lascio persino l'auto aperta, non m'importa di niente mentre scavalco il cancello sul retro per avvicinarmi alla sua finestra.

Voglio vederla, ma qualcosa va storto.

«Tu non dovresti essere qui, a quest'ora.»

Mi volto verso destra. Immagino che questa tipa dovrebbe essere la famosa, e odiosa, signorina Morris.

Qualcosa nel suo atteggiamento mi suggerisce che sa chi sono.

«Solo negli ospedali e in carcere esiste un orario per le visite» le rispondo, e lei sussulta appena.

Non vuole mostrarsi spaventata, forse non lo è.

In realtà voglio solo che si tolga dalle palle.

«Anche qui ci sono delle regole, sai?»

Il suo tono è pacato, anche se non vuole essere gentile con me.

«Devo vedere Krystal.»

Vado dritto al sodo. Lei sa, per cui non mi perdo in chiacchiere.

Ma è lei a dire parole in grado di destabilizzarmi e di farmi vacillare.

«Non è possibile, parlerai con lei un'altra volta. Anche se preferirei che tu la lasciassi in pace.»

«Prego?» Incrocio le braccia sul petto, ma lei non si lascia intimidire.

«Mi è bastato vederla stasera, per capire che non le fai bene. E non mi riferisco al fatto che lavori per un uomo come Green.»

Il fatto che lei lo conosca non mi sorprende. A Manchester tutti sono costretti ad avere a che fare con lui, per stare tranquilli.

«Devo parlarle, il resto non le riguarda.»

«Krystal non c'entra niente con te. Se hai una coscienza, lasciala in pace e falle vivere la sua vita.»

La serietà del suo sguardo mi mette con le spalle al muro, ma non demordo.

«A Krystal non piacerebbe. Deciderà lei quando sarà abbastanza. Nessun altro.»

«Non voglio che tu la prenda in giro» ribadisce. «Non voglio che si illuda di qualcosa che con te non potrebbe mai avere. Ora vai, per favore. Dormono tutte.»

Mi volta le spalle senza accertarsi che segua la sua indicazione, mi dà la possibilità di scegliere cosa fare.

Potrei ignorarla, aspettare e poi intrufolarmi nella stanza di Krystal. Potrei farla franca, rotolarmi a letto con lei e magari baciarla. Tuttavia, quando quella donna chiude la porta dell'istituto, io scappo.

Scappo perché ho paura delle sue parole.

Scappo perché ho paura che lei possa avere ragione.

L'unica cosa di cui sono certo, mentre me ne torno a casa, è che io con *lei* non ho mai finto.

Krystal

A colazione la Morris non mi ha tolto gli occhi di dosso per un solo istante, e questo mi ha fatto riflettere.

Sono immersa nel mio mondo e non riesco a concentrarmi su quello che Tate mi racconta.

«E poi l'abbiamo anche fatto. Sai Kry, penso proprio che Luke mi piaccia molto.»

Sbatto le ciglia, mentre chiudo il mio armadietto.

Ho sempre pensato che quei due insieme fossero perfetti, e vorrei mostrarle più entusiasmo.

«Quindi ora siete una coppia?» Le sorrido, e lei mi guarda come se l'avessi offesa.

«Non lo so, vedremo.»

«Capisco» sussurro, prima di seguirla.

Alla prima ora abbiamo matematica, la materia che odio di più. A pochi passi dalla nostra aula, vengo bloccata da Rick.

«Per te. Sono brioche alla Nutella» dice con un sorriso che va da un orecchio all'altro, prima di porgermi un sacchetto bianco.

Tate ne ruba una, poi ci lascia soli anche se avrei preferito di no.

«Grazie mille, e scusami se ieri non ti ho richiamato.»

Me ne sono completamente dimenticata!

«Tranquilla, tranquilla. Ti va di pranzare insieme?»

No, non mi va, penso, ma mi dico che sono già stata abbastanza scortese con lui. Rick è un amico, ma io non lo tratto come tale.

«Va bene, ci vediamo dopo.»

Mi saluta con un bacio sulla guancia e mi convinco di aver fatto la cosa giusta.

In fondo sono felice di trascorrere del tempo con lui.

«Pensavo ti piacessero le ciambelle rosa.»

Mi volto e alle mie spalle, poggiato contro un armadietto, c'è Damon Cooper con la sua solita aria un po' scazzata e il suo immancabile giubbotto di pelle nero.

«Ciao anche a te» borbotto con l'intenzione di entrarmene in classe e di ignorarlo, ma lui non molla. Quando Damon ha un obiettivo non si arrende fino a quando non lo ha raggiunto.

«Cambi gusti facilmente...»

«Prego?»

«C'è una netta differenza fra una brioche alla Nutella e una ciambella rosa.» Fa una smorfia.

«Cosa stai insinuando, Damon?» Incrocio le braccia sul petto.

Il suo sguardo è cattivo e non lascia presagire nulla di buono.

«Che sei troppo golosa. Fai attenzione a quello che mangi.»

«Non paragonarmi alle tue amichette usando frasi velate e piene di cattiveria.» Lo sorpasso, ma lui mi afferra per il polso e mi blocca.

«Piccola, sei troppo nervosa. Forse dovresti chiedere al tuo amichetto qualche dolce in più, magari ti calmi.»

«Hai ragione, vado subito da lui» sbotto, liberandomi dalla presa. «A differenza tua, non aspetta altro» aggiungo, e non me ne pento.

Non so quale sia stata la sua reazione, perché sono scappata. Due ore dopo, però, trovo il mio armadietto rotto, e so fin troppo bene chi è stato.

57

«Sono contento che tu abbia accettato.»

Quando ho detto di sì a Rick, non potevo immaginare che mi avrebbe portato in un lussuoso ristorante italiano. Siamo ragazzi, siamo amici, ma a volte sembra che lui voglia comportarsi come un quarantenne che prova a conquistare la donna della sua vita. Mi sento a disagio, ma sarei un'ingrata se glielo facessi notare ora.

«Qui la cucina è ottima.»

Dico la cosa più banale, ma lui apprezza il mio commento e lo fraintende.

Purtroppo non so se sono stata chiara con lui o se mi sto semplicemente creando problemi che non esistono.

«Sì, credo sia il miglior ristorante italiano in tutta Manchester.» Sorride, prima di continuare a mangiare.

Io, invece, penso a quanto costi quello che sta per finire nel suo stomaco. Tuttavia, e un po' me lo aspettavo, quando chiediamo il conto Rick non mi dà neanche il tempo di aprire lo zaino che ha già pagato.

«Ti ho invitato io, sei mia ospite» spiega. Non posso che esserne felice. Non avevo abbastanza soldi con me, e soprattutto non avrei potuto sprecarli tutti in una sola volta.

Dopo che siamo usciti e abbiamo raggiunto la sua auto, mi propone di andare al bowling, ma io rifiuto usando come scusa la Morris e un test di matematica che in realtà è previsto più avanti. Inevitabilmente penso a Damon, al fatto che mi aveva promesso di darmi ripetizioni.

Sembra trascorsa una vita da quel giorno, e noi sembriamo sempre più lontani nonostante la mattinata a Liverpool sia stata magnifica. Damon riesce a rovinare tutto con poche parole, e le sue allusioni non mi sono piaciute. Non può e non deve paragonarmi alle altre. Io non sono Piper, e neanche la bionda che a inizio anno si è portato in bagno. Gli darei tutta me stessa, se solo me lo permettesse, ma a quanto pare questa ipotesi non ha mai sfiorato la sua mente o il suo cuore.

Divento triste e taciturna; sono così immersa nei miei pensieri da non sentire le domande che Rick mi sta facendo. Per questo, quando arriviamo fuori dall'istituto, mi impongo di darmi una regolata. Scendiamo dall'auto e mi accompagna fino al cancello principale. Con Rick non ho mai sentito la necessità di nascondermi e non mi ha mai creato problemi, ma non mi ha mai fatto battere davvero il cuore.

«Grazie per il pranzo.» Abbozzo un sorriso.

Le sue labbra si appoggiano sulle mie. Ho la prontezza di allontanarlo con uno spintone. Sgrano gli occhi e mi tocco le labbra come quando qualcuno ti ha tirato uno schiaffo e tu resti incredulo.

«Rick, ma cosa… Perché l'hai fatto?»

Sul suo volto scende un velo di delusione e imbarazzo.

«Cavolo, Krystal. Scusami. Pensavo che… io…»

«Credevo che avessi capito.»

Mi trema la voce e un ingiustificato senso di colpa mi invade lo stomaco.

Non ha senso. Perché dovrei sentirmi in colpa se un ragazzo mi ha baciata?

«Ora, sì.» Abbassa il capo. Ha il viso rosso e gli occhi lucidi.

Mi dispiace. Non voglio umiliarlo, per questo mi avvicino e gli prendo la mano.

«Va tutto bene, non è successo nulla.»

«Spero che continuerai a essere mia amica.»

«Ma certo.» Gli sorrido ancora, e sembra che si stia tranquillizzando, anche se nei suoi occhi c'è un'ombra.

«Ci vediamo a scuola» dice, poi scappa verso l'auto e va via.

Scuoto il capo, ma non serve a cancellare in me la sensazione di aver fatto qualcosa di sbagliato.

Quando entro trovo ad aspettarmi la Morris. Ha un sorriso che va da un orecchio all'altro. È felice e serena.

«Salve» le dico, ma lei non perde tempo, mi afferra per le mani e mi trascina sul divano.

«Chi è quel bel ragazzo? Scusami, ma vi stavo guardando dalla finestra.»

Mi imbarazzo, come sempre, ma non per il motivo che lei crede.

«Si chiama Rick, frequenta la mia scuola, ma… gli ho appena detto che siamo solo amici.»

Non è facile parlare con lei di queste cose, poche volte le ho raccontato di Damon e in quei momenti non è mai stata felice come lo è ora.

«Oh, non ti piace?» domanda dispiaciuta.

«A me piace Damon.» Lo dico con naturalezza, perché in fondo non ha più senso nascondere quello che provo per lui. La sua espressione cambia, diventa pensierosa e cupa.

«Ti piace anche quando ti fa soffrire?»

Alzo lo sguardo nella sua direzione, ma non so cosa rispondere.

«Ti osservo Krystal, e anche se resto in silenzio non vuol dire che non mi accorga di alcune cose. Quel ragazzo non ti fa bene, per non parlare poi di quello che fa... per vivere.»

Tossisco, la saliva mi è andata di traverso e ho il cuore in gola.

«Lei... come fa a sapere cosa...»

«Lo so e basta» sospira, poi mi afferra le mani e le stringe fra le sue. «Ti ho sempre lasciato la massima libertà, soprattutto nell'ultimo periodo, ma questo non significa che io approvi le tue scelte. Hai una vita davanti e sprecare del tempo con quel ragazzo non ti porterà che guai. Guarda in faccia alla realtà, Krystal.»

Le sue parole mi feriscono, anche se so che lo fa soltanto per il mio bene. Tutti sono sempre pronti a giudicarlo, e io sono stanca di questo.

«Lei non lo conosce, non è una brutta persona.»

«E tu lo conosci?» riduce gli occhi a fessure. «Io non credo. All'inizio è sempre tutto bello, ma quando capirai i tuoi sbagli potrebbe essere tardi.»

Si alza, si liscia la gonna e poi mi guarda.

«Non posso importi nulla, ma abbi rispetto per questo posto. Lui non può entrare qui quando vuole.»

Poi se ne va, lasciandomi sola con una valanga di sensi di colpa.

Non ho mai amato l'ora di educazione fisica.

E ho sempre odiato le risatine di sottofondo che si sentono ogni volta che non riesco a far arrivare la palla oltre la rete. La pallavolo non mi è mai piaciuta, e la mia altezza non è d'aiuto.

«Mi arrendo» dico, tornandomene in panchina, dove trovo Tate intenta ad accorciarsi i pantaloncini della squadra.

Sono già inguinali, ma a quanto pare lei vuole esagerare.

«Come sto?» mi chiede, facendo una piroetta.

«A te bene, io mi vergogno» piagnucolo, provando a tirarli più in basso possibile.

«Non ne hai motivo, stanno benissimo anche a... Luke!»

I suoi occhi si illuminano, e a me viene da sorridere quando lui si avvicina e poggia un timido bacio sulle labbra della mia migliore amica. È strano e divertente al contempo vederli insieme, ma se Tate sembra abbastanza a suo agio, Luke no. Mi guarda e si gratta la nuca come se mi temesse.

«Ciao Krystal.»

«Luke, che piacere vederti.» Gli sorrido e poi gli pizzico la guancia. «Se farai soffrire la mia amica, ricordati che so dove abiti.»

Lui ride, ma è ancora troppo teso e questo mi diverte.

«Dai, tranquillo. Stavo scherzando.»

«Eh, certo. Lo so» borbotta, rosso come un peperone.

Non mi aspettavo che in amore fosse così, è molto tenero e persino dolce, mentre accarezza la spalla di Tate e la guarda.

Sono belli insieme.

«Ora vado ad allenarmi» dice, correndo via.

Io e Tate scoppiamo a ridere, ma il mio sorriso si affievolisce appena vedo Damon entrare in palestra.

«Piper gli sta sempre attaccata come una piovra» mormora Tate, posando un braccio sulle mie spalle.

«E lui non fa nulla per allontanarla» sussurro appena, ma in fondo cosa mi aspettavo? Che lui scegliesse me? Impossibile.

Io sono stata un semplice gioco che probabilmente è già finito.

Devo solo accettare la realtà dei fatti e andare avanti.

La Morris aveva ragione, purtroppo.

«Però ora sta guardando te.» Mi impongo di non alzare gli occhi, almeno fino a quando non sono costretta a farlo.

«Ehi, Krystal.»

Rick ha sempre un tempismo perfetto.

«Ciao.»

«Pensavo che mi avresti ignorato. Sai... per quello che è successo ieri.»

«Abbiamo già chiarito» dico, con un tono abbastanza spazientito, non da me. Non voglio essere scortese con lui. Anzi, mi è dispiaciuto vederlo in difficoltà, anche se a volte sa essere davvero esasperante.

«Quel tipo ti segue» borbotta, guardando oltre le mie spalle. Non occorre che mi volti per capire a chi si riferisce.

«La sua classe è qui» dico, e spero che capisca di doversene andare. Tate segue il nostro scambio, ma non interviene. Vorrei che mi aiutasse, ma Rick se ne esce con una frase che mi lascia a bocca aperta.

«Però vuole incenerire me, con lo sguardo. Mi chiedo se avrei avuto più possibilità con te, se lui non ci fosse stato.»

«Rick, ma cosa dici?»

Spalanco gli occhi quando afferra la mia mano e mi tira a sé.

«Non mi pento di ieri, tu mi piaci davvero.»

«Non so se sei più stupido o più sfigato.»

La sua voce bassa e roca graffia persino la mia anima. Probabilmente ha sentito tutto, dalla prima all'ultima parola.

«Fatti gli affari tuoi, Cooper.»

«Rick, forse è meglio se vai» interviene Tate, finalmente.

«Non credo di aver interrotto qualcosa.»

Sento che si è avvicinato alle mie spalle, sento il suo profumo come se lo avessi addosso io. Tuttavia in questo momento ricordo anche le manacce di Piper e il modo in cui mi ha trattata l'ultima volta che ci siamo visti.

«In effetti sei stato invadente» dico, e lo guardo.

Il suo sguardo percorre il mio corpo senza alcun ritegno e poi risale sul mio viso. Fa un sorriso da capogiro.

«Hai ragione, con te sono sempre stato molto… invadente.»

Arrossisco alla velocità della luce e non so replicare. «Per cui non sei costretta a tollerare questo tipo. Se vuoi, ti do una mano a mandarlo via, piccola Krys» sussurra, chinandosi leggermente in avanti.

«Krystal sa difendersi da sola.»

La premessa di Rick non mi piace, dentro di me so che sta per aggiungere qualcosa che non gli conviene.

«Sa dirmi quando smetterla, e io non vado oltre. Scusami per ieri, non ho resistito» aggiunge guardandomi. Poi, in pochi secondi, succede di tutto.

«Dam» urlo, quando lo vedo afferrare Rick per la gola.

Lo spinge contro il muro e lui non fa nulla per difendersi. Ride e basta, come se avesse previsto tutto, persino la reazione del ragazzo di cui sono innamorata.

Thomas e Jared corrono nella nostra direzione, ed è solo grazie a loro che Damon non picchia Rick. Lo guardo e quando i nostri occhi si incrociano succede qualcosa…

«Cosa fai?» urlo, con la testa all'ingiù e le gambe in aria. «Lasciami andare» strillo, ma lui non mi dà ascolto.

Usciamo dalla palestra in questo modo, sotto lo sguardo divertito dei presenti. Poco dopo mi ritrovo in un'aula, stesa sulla cattedra.

«Levati.» Lo spintono e lui si discosta, seppure di poco.

«Dov'eri, ieri? A cosa non ha resistito quel pezzo di merda?»

Damon è completamente fuori di sé.

Ha gli occhi iniettati di rabbia e di sentimenti inespressi.

Sembra un'altra persona e io non so cosa fare.

«Rispondi.»

Ha l'affanno, mi inchioda con le mani sulla cattedra e mi guarda come se da questa risposta dipendesse tutto.

«Non ti riguarda, Damon.» Faccio una smorfia e provo a resistere al suo fascino, quando con una mano inizia ad accarezzare dolcemente il mio viso, mentre con l'altra mi stringe il fianco.

«Non mi riguarda?» Mi osserva con sdegno, come se l'avessi ferito. «Ne sei sicura?»

«Certo! Non sono la tua ragazza. Non puoi trattarmi male, ignorarmi e poi pretendere di sapere quello che faccio della mia vita.»

Sono esausta e delusa dalla piega che sta prendendo il nostro rapporto. Lui si allontana, si passa una mano fra i capelli e poi torna a guardarmi con la solita espressione strafottente.

«Invece posso.»

La cattiveria con cui lo dice mi fa venire voglia di prenderlo a schiaffi; è un arrogante, un violento e anche uno stronzo.

«Scordatelo.» Scendo dalla cattedra con tutte le intenzioni di uscire dall'aula e di fare uscire lui dalla mia vita.

Non gli permetterò mai più di trattarmi in questo modo.

Non sono una bambola.

Lo guardo negli occhi, e mi avvicino più che posso.

Voglio che questo discorso gli sia chiaro.

Stavolta faccio sul serio. Abbiamo sempre rimandato e abbiamo sempre finto che tutto mi andasse bene, ma non è vero. *Non è più così.*

«Hai smesso di giocare con me, Damon. Non mi farò prendere in giro da te e non accetterò mai più questi atteggiamenti. Ciao.» Provo ad andare via, ma mi afferra i fianchi e preme la sua fronte sulla mia.

«A cosa non ha resistito?»

Nel suo tono leggo dolore, ed è strano, inaspettato…

A lui non importa di me, ma la sua insistenza mi fa vacillare.

Mi fa credere cose che non dovrei.

«Cosa ha fatto?»

«Dam io… Lui… credo che abbia frainteso ancora una volta il mio volergli essere solo amica.» Deglutisco e non so il perché.

Non riesco a guardarlo negli occhi.

«Ti ha toccata?» urla.

«Cosa? No, non mi ha toccata. Io… lo stavo salutando e all'improvviso mi ha… baciata. Ma l'ho subito respinto. Subito.»

Silenzio. Tutto è immobile, almeno fino a quando non alzo lo sguardo e lo vedo.

«Sei un'idiota» sbotta. Si stacca dal mio corpo come se si fosse ustionato. «Ma cos'hai in quella testa?»

Tira un calcio a un banco, facendolo ribaltare.

«Aspetta, di cosa mi stai incolpando? Sei pazzo!» Lo guardo male, e lui fa peggio. Lui fa sempre peggio.

«Sei tu quella pazza, oppure sei semplicemente uguale alle altre» sputa, ferendomi nel profondo.

«Come ti permetti?» Mi avvicino e lo afferro per la maglia. Sembro ridicola e indifesa, ma non mi importa. «Non paragonarmi alle tue amiche, io non sono così. Ti ho già detto che l'ho subito… Anzi, sai una cosa? Io non ti devo alcuna spiegazione.»

«Ne sei sicura?»

L'arroganza trapela da ogni sillaba che pronuncia, da ogni parte di lui. Mi afferra e mi stringe tra le braccia.

«Probabilmente Rick non sa cosa ti provoco ogni volta che ti bacio.»

Sembra quasi che voglia rivendicarmi, che voglia dirmi qualcosa quando in realtà il suo è solo egoismo allo stato puro.

«Peccato che quei baci per te non abbiano mai contato nulla.»

Afferro le sue mani e le allontano dal mio corpo.

Devo andarmene, devo salvarmi da lui.

* * *

In tutto questo caos, l'unica nota positiva è l'arrivo di Corinne.

Starà con noi per il weekend, e ha già iniziato a scrivere e a farmi domande sulle ultime settimane che ci hanno viste divise.

«A scuola tutti parlano di loro due» commenta Tate, mentre siamo in fila fuori da un locale.

Non avevo voglia di uscire, ma lei è venuta qui anche per Thomas e non mi andava di fare la guastafeste.

Non sono dell'umore giusto e spero di non incontrare Damon.

Non ci siamo più parlati, lui non mi ha cercata e io ho trascorso le notti dopo a piangere come una bambina.

Non va bene. Tutto questo mi sta logorando e persino parlarne con Corinne non è stato un sollievo.

«Be', ci credo» commenta la rossa. «La sua è stata una scenata di gelosia in piena regola.»

Sospiro e non replico. Ho smesso di illudermi e di pensare che Damon possa provare qualcosa per me.

«Parliamo d'altro, per favore» dico, e tiro un sospiro di sollievo quando entriamo e vediamo subito Thomas. Fuori si gelava, e mi si scalda il cuore quando Corrine gli corre incontro e lo bacia.

«Ho il vomito» borbotta Tate, ma sono sicura che a breve vedrò una scena simile con lei come protagonista.

Le mie previsioni risultano esatte una decina di minuti dopo, quando mi ritrovo sola, seduta su uno sgabello a bere Coca-Cola con lo sguardo puntato sulla folla. Sapevo come sarebbe andata a finire la serata, ma neanche stavolta sono riuscita a salvarmi.

Vorrei andare via. Nessuno se ne accorgerebbe, ma la mia attenzione cade su una scena che mi provoca tristezza e mi stringe lo stomaco in una morsa.

A qualche metro da me, Damon e altri che non ho mai visto sono seduti su un divanetto di pelle rossa in compagnia di alcune ragazze. Lui sta bevendo qualcosa assorto nei suoi pensieri. Da quando lo sto osservando, è già la terza volta che allontana la mano di una bionda dal suo ginocchio.

Tuttavia questo non mi rende più felice; non mi piacciono i suoi occhi rossi e privi di luce, non mi piace il modo in cui le sue gambe entrano in contatto con quelle di un'altra ragazza e mi piace ancora meno il fatto che, alla sua destra, se ne sia appena seduta un'altra ancora, davvero bella.

Dovrei andare via e smetterla di torturarmi, ma poi i suoi occhi mi trovano e io non riesco più a muovermi.

Mi osserva come se stesse provando ad accertarsi di qualcosa, come se non fosse sicuro che sono proprio io. Suppongo che sia ubriaco. Anzi, ne sono quasi certa.

La sua espressione è seria, forse un po' apatica. Sono costretta a distogliere lo sguardo quando qualcuno, e non una persona qualunque, mi rivolge la parola.

«Ciao, Krystal.»

Non vedo Jacob dal giorno in cui mi ha sbattuto contro un muro per avere informazioni su Charlotte.

Non ci siamo più parlati e non si è mai scusato.

«Vai via.»

Mi metto sulla difensiva e sembra quasi che ci rimanga male.

«Lo capisco» sussurra, abbassando lo sguardo. «Mi sono avvicinato per chiederti scusa, non volevo spaventarti quel giorno. Ero solo… fuori di me. Non vedo Charlotte da più di un anno.»

La sua confessione mi incuriosisce, vorrei chiedergli altro.

Vorrei, ma non faccio in tempo.

Due braccia mi cingono da dietro.

«Sparisci, ora!»

Jacob guarda Damon, poi me, accennando un piccolo sorriso che non so decifrare. Se ne va troppo facilmente, e io mi ricordo dello stronzo che ho alle spalle.

«Levati e non mi toccare!»

«Gattina, hai tirato fuori gli artigli?»

Mi volto nella sua direzione. Sta sorridendo come un idiota e se non fossi come sono, gli tirerei uno schiaffo.

«Peccato che i miei non siano laccati di rosso fuoco come quelli delle tue amichette.»

Scoppia a ridere e mi infastidisce.

Preme le mani sulle mie ginocchia e la fronte contro la mia.

«Non essere gelosa, piccola. In fondo lo sai che ho occhi solo per te.»

«Sei ubriaco.» Distolgo lo sguardo, ma lui afferra il mio mento.

«Per colpa tua» soffia sulle mie labbra, guardandole come se fossero il suo cibo preferito. «Queste sono soltanto mie.»

«Però ti stavi facendo toccare da quelle.»

Di nuovo quel sorriso, di nuovo la mia gelosia.

«E tu ti sei fatta baciare da Rick.»

«A me non interessa Rick.»

«Allora siamo sulla stessa barca» dice, facendo scivolare le mani sulla mia schiena. Mi stringe a sé, facendomi perdere la ragione e tutti i buoni propositi.

«Dovresti essere più chiaro.»

La mia è una preghiera, una richiesta d'aiuto per non impazzire. Malgrado tutto, non riesco a tenere le mani a posto.

Lo avvolgo tra le mie braccia e poso la guancia sul suo petto, non potendone fare a meno. Lui sospira forte e mi posa un bacio fra i capelli, ispirandone il profumo.

«Non è conveniente esserlo.»

Torno a guardarlo, con la speranza negli occhi e nel cuore.

«Cosa mi nascondi, Damon?»

«Il peggio di me.»

«Mi piacerebbe anche quello» ammetto, e un velo di tristezza cala sul suo bel viso.

«Come sei bella, Krystal.»

C'è tanta malinconia in queste parole, in questo riavvicinamento naturale che non ci permette mai di chiarirci come dovremmo.

Lui continua a guardarmi, a stringermi a sé, e io mi convinco che questo basti per non perderlo mai.

58

L'intensità del suo sguardo mi fa tremare le ginocchia. So che questa non è la soluzione, so che è sbagliato illudermi con momenti che finiranno e che precedono solo altre sofferenze.

Damon mi sfiora, fissa le mie labbra e le accarezza con il pollice come se stesse pregustando il momento in cui mi bacerà. So che vuole farlo e so che lo voglio anch'io, ma la voce di Thomas giunge all'improvviso alle nostre orecchie.

«Dam, devo parlarti!»

Sembra allarmato, mentre il moretto sembra che voglia staccargli la testa per averci interrotti.

«Che diavolo vuoi, Thom?»

«Gli uomini di Falcones sono qui, forse è meglio se… non la vedono» dice, indicandomi con un cenno del capo. L'espressione di Damon cambia. Thomas non è solo. Al suo fianco c'è un ragazzo, uno di quelli che poco prima era seduto sul divanetto.

«Sono all'ingresso, non potete uscire da lì» chiarisce Thomas.

«Vieni con me.»

Damon mi prende per mano. Vorrei chiedergli spiegazioni, ma non me ne dà il tempo. Camminiamo seguiti da quei due, ma resto perplessa quando ci ritroviamo di fronte a un ascensore.

«Dove porta?» domando, ed è proprio l'amico misterioso a rispondermi.

«Questo è un posto molto interessante, i veri affari si fanno ai piani alti.»

Damon gli lancia un'occhiataccia, ma il tipo se la ride e non smette neanche quando entriamo e la cabina inizia a muoversi.

Non mi sono mai piaciuti gli ambienti stretti.

«E… a che piano dobbiamo arrivare?»

Mi rivolgo a Damon, che probabilmente deve aver colto un certo nervosismo in me. Avvolge i miei fianchi con un braccio e mi dice che dobbiamo raggiungere il quinto con un tono fin troppo rassicurante. Per un attimo mi perdo nei suoi occhi, nei suoi modi che, quando vuole, sanno essere davvero molto belli. Pochi istanti dopo, succede qualcosa.

«Non ci credo, che sfiga! Ci siamo bloccati» sbuffa Thomas.

«Cosa?» balbetto, stringendomi a Damon. «Dimmi che non è vero» piagnucolo, e lui sorride.

«Tranquilla, non succede nulla. A breve ripartirà» dice. Infila le dita fra i miei capelli e io mi rilasso. Sono rari questi momenti fra di noi e lo sono ancora di più in presenza d'altri. Sarà l'alcol, ma stasera sembra che non riesca a fare a meno di me.

«Merda, io devo anche pisciare» dice l'altro e Thomas ride.

«Amico, c'è una signora. Sii meno cafone.»

«Oh, l'ho vista. E ora capisco perché Damon Cooper non scopa più ogni essere vivente.»

«Chiudi quella fogna» sbotta il ragazzo alle mie spalle, aumentando la presa su di me. Io sono confusa e insieme felice, anche se non posso avere la certezza di quello che ha appena affermato.

«Non ho detto nulla di male.» Alza le mani in segno di resa. «E comunque io sono Tony.»

«Nessuno te l'ha chiesto» continua Dam, per poi portarsi una mano alla tempia.

«Stai male?»

Deve aver bevuto parecchio, e questo è il risultato.

«Mal di testa» sospira, strizzando gli occhi.

«A chi lo dici, amico» continua Tony imperterrito, e a me viene in mente una cosa.

«Prendete, sono antidolorifici. Ne ho sempre qualcuno con me per Tate, per quando prende una delle sue sbronze colossali» dico e sento i suoi occhi su di me, quando porgo una pillola anche a lui.

«Dam, questa ragazza è da sposare.»

Thomas se la ride per la battuta di Tony. A me questo ragazzo sta simpatico, anche se ha la vocazione a creare situazioni imbarazzanti.

«Un tempo non eri così logorroico, Tony. Quindi, stai zitto.»

Damon fa per sedersi a terra. Mi invita ad accomodarmi fra le sue gambe aperte.

Lo faccio e avvampo quando circonda di nuovo il mio bacino con un braccio, facendo aderire il petto alla mia schiena.

«Ho un'ultima curiosità: state insieme?»

«E vengo a dirlo a te!»

La risposta di Damon provoca una reazione in me. Ho lo stomaco in subbuglio e un esercito di farfalle mi svolazzano impazzite dentro. Non è un no, ma neanche un sì, eppure la risposta mi è piaciuta, e dal modo in cui Thomas sorride ora sembra che anche lui l'abbia apprezzata.

Tony non aggiunge altro, anche se ha ancora quell'espressione beffarda stampata sul viso, ma io smetto di pensarci e di pensare a qualsiasi altra cosa, quando le mani di Damon si fermano sul cinturino delle mie scarpe.

Non metto spesso i tacchi, e sono sicura di non saperli neanche portare, ma Damon è ancora ubriaco, probabilmente, e se ne esce con una frase che mi fa andare la saliva di traverso.

«Sono belle e sexy» sussurra nel mio orecchio, stringendo le mie caviglie fra le dita.

«Grazie, ma sono di Tate.»

Lo guardo con la coda dell'occhio, ma i suoi sono puntati da tutt'altra parte.

«Immaginavo, non è il tuo genere.»

Mi acciglio. «In che senso? Non mi stanno bene?»

Poi mi guarda e mi sento nuda.

«Non ho detto questo. Anche il vestito è bello.»

«Anche questo è di Tate, e lo so che non è il mio genere.»

«Infatti dovresti toglierlo» ammicca, posando il mento sulla mia spalla.

«Dam.» Ridacchio nervosamente.

«Ti sei truccata?»

«Hai da ridire anche su questo?» sbuffo.

«Stai meglio senza.»

«Mi sta male?»

«Non ho detto neanche questo.» Si lecca le labbra e, quando una sua mano risale sul mio viso, l'ascensore inizia a muoversi di nuovo.

Dovrei esserne felice, e invece avrei voluto continuare quel gioco con lui all'infinito.

Non ho ancora ben capito che posto sia questo.

Quando le porte dell'ascensore si aprono, ci ritroviamo in una stanza piena di pc.

Non c'è nessuno. Ci accoglie soltanto una portafinestra che, a detta di Tony, dà alla scala di emergenza dalla quale potremmo uscire per non incrociare gli uomini di questo Falcones.

Non so chi sia. Tony avrebbe voluto spiegarmelo, ma Damon l'ha interrotto prontamente dicendogli di stare zitto. Non dovrei restarci male, forse questo non è il momento giusto per parlarne e forse non arriverà mai.

«Cazzo, qualcuno sta salendo» bisbiglia Thomas, indicandoci il display dell'ascensore che ora mostra il crescere del numero dei piani.

«Possiamo dirgli che siamo qui per affari» propone Tony.

«Non quando c'è lei.» Damon mi prende per mano e tutti noi usciamo sul piccolo ballatoio dal quale dovremmo scappare.

Si congela, e indosso solo un vestitino senza spalline che mi farà prendere un malanno.

«Resisti» mi dice, abbracciandomi.

Non possiamo scendere le scale ora, perché faremmo rumore e loro si accorgerebbero di noi. Quindi restiamo nascosti ad ascoltare parole che mi fanno raggelare ancora di più.

Due ragazzi sono entrati in questa stanza e subito riconosco la voce del primo che parla.

Si tratta del biondo, quello che mi ha sparato.

La mascella di Damon si tende, anche lui l'ha riconosciuto, e la situazione peggiora quando il tipo va avanti.

«Dobbiamo collaborare con gli uomini di Green. Se loro accettassero di organizzare lo spaccio con noi, ci sarebbero molti più soldi per tutti.»

«Cooper non accetterà. Non tradirebbe mai il suo capo» commenta l'altro.

«Potrei aver trovato qualcosa per fargli cambiare idea.»

«Davvero? Quel tipo non ha punti deboli, come pensi di...»

«E invece ti sbagli, ne ha uno ed è anche molto carino. Si chiama

Krystal. Sembra un fantasma, quella ragazza, ma a quanto pare lui tiene molto a lei. Non so altro per adesso. Qualcuno sta indagando per me, penso stiano insieme.»

«Dam, no.»

La mano di Thomas si posa sul braccio di Damon appena comprende le intenzioni dell'amico. A me viene da piangere, ma mi impongo di resistere e di provare a dissuaderlo da qualunque cosa voglia fare.

«Ti prego, lascia perdere» gli dico e la mia voce, ridotta a un sussurro, riesce a bloccarlo. Ma il biondo continua, e tutto diventa spaventosamente complicato.

«Mi è arrivata una foto. Qualcuno ha spacciato nella nostra zona. C'era Cooper e anche lei, anche questa Krystal.»

«La cosa si fa interessante» replica il complice. «Quindi si vede il volto di Cooper?»

«Nelle foto che ho io sì. Se ci tiene a quella puttanella, farà quello che gli chiederò di fare» aggiunge. Dopo essersi acceso una sigaretta, va via con al seguito quel tipo.

«Li ammazzo.»

Il pugno di Damon sbatte contro il vetro, ed è solo fortuna se non si rompe. Thomas prova a calmarlo. Io ho paura, ho tanta paura e vorrei solo che lui mi abbracciasse.

«Calmati amico, fallo per lei. Non lo vedi che è spaventata?»

Damon mi guarda e io mi sento come una bambina in cerca di protezione. Sospira, e poi si avvicina a me.

«Cosa succederà ora?»

«Nulla, se mi dai ascolto. Andiamo.» Mi prende per mano e poco dopo siamo di nuovo al primo piano. I ragazzi della mia età ridono, scherzano e si divertono, eppure io non rimpiango nulla.

Neanche i problemi che sto affrontando per restare al suo fianco.

«Ti riaccompagno» dice, e mi scorta fino alla sua auto.

Ho tante domande da fargli, vorrei sapere se c'è anche Tate in quella foto, se si vede anche Jared e il motivo per cui dovrebbero ricattarlo. So che non mi risponderebbe, so che finiremmo per litigare, quindi me ne sto zitta, mentre ci allontaniamo.

«Hai dimenticato la giacca.»

Rompe il silenzio con una frase qualsiasi.

«Perché quei tipi ce l'hanno con te?»

«Non parleremo di questo» sbotta, stringendo le mani sul volante.

«E invece dovremmo, devo sapere perché hanno anche una mia foto» dico, ma non è questo il motivo.

«Risolverò tutto, non serve coinvolgerti.»

«Lo sono già» replico, e lui esplode.

«No, non lo sei, cazzo. Non è uno scherzo, non c'è nulla su cui indagare. Lascia fare a me e restane fuori.»

Abbasso lo sguardo e non provo neppure a difendermi.

Quando mi attacca in questo modo mi disarma e non so cosa fare. Arriviamo all'istituto senza che apra bocca, e sono una stupida perché mi dispiace separarci in questo modo. Domani non andrò a scuola, e dopodomani è sabato. Probabilmente lo rivedrò lunedì e ci ignoreremo.

«Grazie del passaggio» dico, aprendo la portiera.

Lui mi segue fin fuori dal cancello, ignorando la possibilità di essere visto dalla Morris.

«Ci vediamo domani» dice.

Non me lo aspettavo. Io e Damon non ci promettiamo mai queste cose.

«Domani non verrò a scuola, ci sono le adozioni.»

Siamo strani noi due, prima ci urliamo contro e poi lui si toglie la giacca e me la posa sulle spalle.

«Non puoi permetterti la febbre.» Giustifica così il suo gesto. «Sabato abbiamo da fare.»

«Eh?»

«Come ti sei resa disponibile per Rick, sabato lo sarai per me» aggiunge piccato. Se non fossi così triste, mi verrebbe da ridere.

«Dai per scontato che io accetti la tua proposta.»

«Non lo do per scontato, ma dovresti accettare.»

«E dove vorresti andare, eh?» Incrocio le braccia sul petto.

«Lo saprai a tempo debito.»

«Be', io vorrei andare al cinema. C'è *Me Before You* e vorrei vederlo.»

Le sue labbra si piegano in un sorriso, dinanzi alla mia insolenza.

«Il titolo promette male. Scordatelo, piccoletta.»

«Peggio per te.» Mi tolgo la giacca dalle spalle e gliela porgo. «Buonanotte, Damon.»

Mi guarda fino a quando non sono rientrata.

Mi sento i suoi occhi addosso per tutta la notte.

Alcune persone non credono alle sensazioni, e io sono tra queste. Ho sempre creduto all'istinto, al sesto senso e a tante altre cose.

Quando questa mattina mi sono svegliata e ho visto Tate, ho subito pensato che questa giornata non l'avrei mai dimenticata. Ho pensato che qualcosa stava per accadere, che un grandissimo cambiamento stava per stravolgere le nostre vite.

Ho indossato il mio vestito preferito e sono scesa con lei a fare colazione.

Quante volte mi ha detto che nessuno ci avrebbe mai volute, che non ce ne saremmo mai andate da qui, come accade da ormai sedici anni…

Ora mi ritrovo a stringerla e a tranquillizzarla perché la amo e perché *devo* essere felice per lei. Lo sono davvero, lo merita. Una coppia cercava una ragazza grande, e la sorte ha indicato lei.

Merita una famiglia, merita di essere stata scelta, e sono sicura che i Miller saranno degli ottimi genitori. Tate dice che proverà a parlare con loro e che li convincerà a adottare anche me, ma l'adozione non è come quando fai la spesa al supermercato.

Non puoi comprare due bottiglie di latte solo perché ne è rimasta una nel banco frigo. L'adozione è un'altra cosa, e diventa ancora più speciale quando sei grande.

Me ne ritorno in camera.

Ora lei, la Morris e quelle due persone dovranno parlare a lungo.

Non è una cosa semplice, è un processo lungo e pieno di burocrazia. Andrà bene, me lo sento.

Mi stendo sul mio letto e guardo quello di Tate, immaginando già il momento in cui resterà vuoto. Non posso piangere perché mi sentirei in colpa, ma non ci riesco.

Poi, il mio telefono squilla: è un messaggio di Damon, e nel mio dolore trovo la forza di sorridere.

Ritieniti fortunata, ultimi due biglietti disponibili per quella sottospecie di film. Vengo a prenderti alle otto.

59

Mi asciugo il viso, faccio un lungo respiro e provo a tornare in me. La verità è che sto male, non riesco a riprendermi e vorrei solo che Damon venisse qui e mi abbracciasse.

Ho bisogno di lui ora più che mai, ma mi manca il coraggio per chiedergli una cosa simile.

Cosa ti ha fatto cambiare idea?

Invio questo messaggio con le dita che tremano. Una parte di me non riesce ad accettare l'idea che Tate andrà via, che avrà una nuova vita senza di me, l'altra si sente in colpa perché dovrei essere soltanto felice per lei. Sta per realizzare il suo sogno, e questo non comprometterà la nostra amicizia. Tate non mi abbandonerà, ne sono... sicura.

Non ho cambiato idea sul film. Posso sempre dormire, mentre tu lo guardi.

La sua risposta mi fa sorridere. Damon ha questo potere su di me e non è l'unico. Sa come distruggermi, ma anche come curarmi, ed è una combinazione molto pericolosa dalla quale non so allontanarmi. E dovrei farlo, dovrei aver paura del mondo che lo circonda e delle dinamiche della sua vita. Dovrei aver paura di quello che ho scoperto ieri sera, di quelle foto e di tutto il mistero che le avvolge.

Invece mi si scalda il cuore, quando ripenso alle sue braccia attorno a me per tenermi al caldo, o alla sua gelosia quando Tony lo provocava.

Ti farò ricredere…

In un'altra occasione avrei scritto righe e righe sull'argomento, gli avrei raccontato la trama e la mia paura di uscire da quel cinema in una valle di lacrime. Ora sono stanca, soprattutto mentalmente, e vorrei solo dormire e cancellare i brutti pensieri che offuscano la mia serenità.

Va tutto bene?

Non me lo aspettavo. Non abbiamo mai avuto grandi conversazioni telefoniche, tranne quando lui era in Svizzera ed era l'unico modo per tenerci in contatto.

Non so cosa rispondergli. Non voglio mentirgli, ma se iniziassi a raccontare quello che sto provando in questo momento mi lascerei sfuggire anche altro. Sì, ho bisogno di lui e lo vorrei al mio fianco, ma sarebbe sbagliato dopo il modo in cui ci siamo lasciati l'ultima volta. Le cose fra di noi sono sempre indefinite.

Scrivo qualcosa, poi lo cancello e ci riprovo almeno per quattro volte. Qualsiasi risposta mi sembra banale, e ho la sensazione che lui abbia capito che c'è qualcosa che non va. Potrei non rispondere, come fa spesso lui, ma non è da me comportarmi così. Quindi agisco d'istinto, correndo il rischio di farmi di nuovo male.

Posso chiamarti, Damon?

Trattengo il respiro, ma dopo pochi istanti il mio telefono squilla e inizio subito a sentirmi meglio.

«Che succede, Margot?»

Poi arriva quel momento in cui sai che, se apri bocca, scoppi a piangere. È fastidioso come se qualcuno ti stesse stringendo le mani attorno al collo, come se non potessi respirare, come il mal di testa più forte che hai mai avuto. Le parole sono bloccate sul fondo della gola e raschiano per uscire, per emergere, per salvarti.

Ma è difficile, perché vorresti restare forte, vorresti affrontare i problemi a testa alta, ma non ci riesci.

«Io…» Deglutisco a vuoto, e le labbra tremano.

«Ehi, che succede?»

Un singhiozzo sfugge al mio controllo, ma prima di cadere in un baratro riesco a dire un'unica frase.

«Credo che Tate verrà adottata. E ci sto male.»

Ammetterlo aumenta i miei sensi di colpa. Ho sempre trovato il lato positivo in ogni cosa, ho sempre affrontato la vita con il sorriso e non mi sono mai lasciata abbattere da niente.

«Sono un'egoista.»

«Non lo sei.»

La risposta di Damon è categorica, come se avessi detto un'eresia.

«Non darti colpe che non hai, chiunque reagirebbe in questo modo» aggiunge.

«Lo pensi davvero?»

«Non mentirei mai su una cosa simile.»

«Io... sono felice per lei, davvero. So cosa vuol dire non essere mai scelti. Dovrò solo... abituarmi a stare sola in questa stanza.»

«Questo è un problema che si risolverà facilmente. Eh, buona, te lo spiego domani.»

Ho perso il conto dei sorrisi che hanno illuminato il mio volto da quando Damon mi ha scritto il primo messaggio, stasera.

«Domani sembra una giornata molto impegnativa.»

«Con me tutto è impegnativo.»

«Dam, dobbiamo andare.»

L'inconfondibile voce di Jared interrompe questo momento.

«Oh, scusami. Non volevo disturbarti» dico prontamente, anche se non mi aspetto alcuna spiegazione.

«Non hai disturbato. Sono a Londra per lavoro, ma anche a noi è concessa una piccola pausa» sussurra con quel suo fare seducente che in questo momento non mi è di aiuto. Non so cosa mi succeda con lui, ma mi fa desiderare cose per cui provo ancora una certa vergogna.

Vorrei chiedergli di che lavoro si tratta, ma Jared lo richiama.

«Allora ti lascio andare. A domani.»

«Sì, a domani» mormora dopo qualche secondo.

Damon

Jared è l'ultima persona al mondo che può farmi la morale.

«Vorrei ricordarti che siamo qui per colpa tua» gli dico, dopo aver riagganciato.

«Lo so. Volevo solo farti ritornare con i piedi per terra. Krystal e le vostre smancerie possono aspettare.»

Thomas scoppia a ridere, e io guardo male entrambi prima di entrare in questo maledetto ascensore che ci condurrà al cinquantesimo piano. Solo un megalomane come Green poteva scegliere un ufficio a un'altezza simile.

«Chiudi quella fogna e non sfidarmi.»

Per sua fortuna Jared legge fra le righe e tace, ma non Thomas.

Thomas ha appena deciso di fare una brutta fine.

«A Krystal sarebbe venuto un infarto, qui dentro. Non arriviamo più.»

«Perché? Non dirmi che la bambina ha paura degli ascensori.»

Mi sbagliavo: Jared non ha capito un cazzo.

«Già. E Tony ha rischiato grosso, l'altra sera.»

«Avete mezzo secondo per chiudere le vostre bocche se non volete che schizzi le pareti con il vostro sangue.»

«Uh, che paura.»

«Jared. A mia sorella faresti ribrezzo con il naso rotto.»

Uso le paroline magiche, che stavolta sembrano funzionare.

Siamo al trentesimo piano, ma io avrei preferito prendere le scale piuttosto che ascoltare altre cazzate.

«Quindi… siamo alla seconda fase.»

«Thomas, non siamo tutti dei rammolliti come te» sbuffo, ma lui ha un asso nella manica.

«Be', sono orgoglioso del fatto che Corinne sia mia.»

Io mi limito a smanettare sul cellulare, pur di ignorarlo.

«Lascia perdere, amico. Damon Cooper non è fatto per queste cose.»

Le porte si aprono e paradossalmente, mentre raggiungo l'ufficio di Green, sono più infastidito da quello che è appena successo che per quello che potrebbe succedere a breve con l'uomo più potente e pericoloso della città.

«Ragazzi! Novità?»

Non busso, io non busso mai quando entro in questo posto ed è sbagliato. Tutti sanno che Green non va sfidato e che non ha scrupoli. Eppure, io non riesco a mettermelo in testa.

«Gli uomini di Falcones vogliono ricattarmi per tradirla» sgancio la bomba. «Vogliono che noi spacciamo con loro.»

Thomas e Jared, al mio fianco, sembrano delle mummie. Si era detto di usare parole diverse, di non essere diretti, ma non ho resistito. Questa storia e il fatto che quei bastardi sappiano di Krystal hanno azzerato la mia lucidità. Voglio solo vendicarmi di loro.

«Ricattarti? In che modo?»

Ecco, io non avevo pensato a questo. Dal modo in cui Jared sospira, so che vorrebbe prendermi a sberle.

«Questo non lo so, li ho sentiti parlare a una festa.»

«Unire l'utile al dilettevole. Bravo Cooper, così si lavora.»

Quest'uomo mi dà il voltastomaco, ma purtroppo sono legato a lui fino a quando non farò quello che devo. Ho spesso desiderato ucciderlo, ma è una cosa molto più difficile di quanto si possa immaginare.

Lui è Green, e qualcuno pensa che sia immortale.

«E le ragazze delle foto? Le avete trovate?»

«Siamo sulla buona strada» dice Thomas. «Ci dia qualche altro giorno.»

«Allora muovetevi. Nessuno deve pensare di potermi ingannare in questo modo.»

Non riesco a fare un passo.

«Trovatemi quelle ragazze.»

È solo grazie a Jared se riesco a uscire da questo posto senza fare cazzate. Litigo con lui per tutto il viaggio di ritorno, gli rinfaccio ogni cosa perché se non avesse avuto questa malsana ossessione per Krystal, ora lei non rischierebbe di finire nel mirino di Green.

Non posso permetterlo. Da sempre lotto per non coinvolgere altre persone in questo schifo e Krystal è in cima alla lista.

Non me lo perdonerei mai se le capitasse qualcosa. Lo urlo contro i miei amici, quando provano a inventarsi dei piani per pararsi il culo.

«Andate al diavolo!»

Dopo un viaggio che, per quanto lungo, ci ha visti più silenziosi del solito, li scarico sotto il nostro palazzo. Thomas però si avvicina al finestrino della mia auto per dirmi qualcosa.

«Troveremo una soluzione, Dam. Non permetteremo che le accada nulla. Dobbiamo solo studiare un piano. Andrà bene.»

Non gli rispondo, non sono mai stato uno positivo, non ho mai visto il bicchiere mezzo pieno e non ci riesco neanche stavolta.

L'unica cosa che voglio ora è andare da lei e stare con lei. Al resto penserò in un altro momento.

Per questo, quando dopo venti minuti mi ritrovo nella sua stanza e chiudo la finestra alle mie spalle, tiro un sospiro di sollievo. Non so perché sono qui, ma lo volevo.

Lo voglio con tutto me stesso.

Voglio stendermi al suo fianco e stringerla a me. E vorrei essere dentro di lei, morire dentro di lei, ma so che dopo sarebbe tutto più complicato. Mi tolgo la giacca e provo a non far rumore, mentre scivolo sotto le sue coperte.

«Dam...» sussurra mentre la abbraccio. La sua schiena aderisce al mio petto, e il suo bel culetto...

Merda, sono spacciato.

«Sono io, dormi.»

Ho provato a tenere un tono neutro, anche se credo di non esserci riuscito. Ultimamente non sono sicuro di niente, ma so di stare sbagliando con lei. So di essere un egoista, so di non potermi permettere quello che sta accadendo fra noi. La mia vita non prevede progetti a lungo termine, e non solo perché non ci credo, ma perché quello che ho in mente ha un unico finale possibile.

Qualcosa che questa piccola anima non potrebbe mai sopportare. E io non voglio farle del male, non è mai stata mia intenzione, eppure sento che è tardi e che non so più tirarmi indietro.

«Quando sei arrivato?»

«Qualche minuto fa.» Poso le mani sul suo ventre e inizio ad accarezzarlo. La sua pelle è liscia, morbida e sicuramente profumata.

Vorrei annusare ogni parte di lei.

Lo desidero dalla prima volta che l'ho vista.

«Capisco.» Sbadiglia, poi si volta e nasconde il viso nell'incavo del mio collo. «Hai fatto bene a venire.»

Non sono sicuro che sia consapevole delle sue azioni, forse è in dormiveglia e parla a caso. Eppure, quando mi bacia sul collo e si rannicchia meglio contro di me, penso che abbia ragione.

Sì, ho fatto bene a venire qui.

Krystal

Ho vaghi ricordi di quello che è successo stanotte, quando Damon si è intrufolato nel mio letto e mi ha stretta a sé.

Tuttavia, da quando ho aperto gli occhi e l'ho trovato a fissarmi, non ho smesso di arrossire per un solo istante.

«Quindi oggi sei libera per tutto il giorno?»

«Sì, non ho nulla da fare, tu?»

«Lavoro. Provo a liberarmi per le sette.»

Il suo sguardo è sempre così serio.

Non sai mai se sta bene o se è annoiato, e questo mi agita.

Ho sempre paura di non piacergli.

«Il film inizia alle otto, giusto?»

Annuisce, poi si pizzica le labbra con fare pensieroso. Non so cosa farà, ma so che non me ne parlerà.

Ormai questo l'ho capito, e credo sia una delle poche cose su cui lui è sempre stato chiaro con me.

«Cercherò di liberarmi per le sette» ripete. Non capisco il senso di questa frase.

«Va bene, quindi... sarò pronta per quell'ora. Più o meno.»

«Sì, ovviamente» risponde, prima di passarsi una mano fra i capelli. «Ora devo andare» dice e la parte stupida di me vorrebbe trattenerlo. Per fortuna che sono timida.

«Va bene, allora...»

«Ci vediamo prima delle otto.»

«Tu sei scemo» ridacchio, e giurerei di aver visto una luce strana nei suoi occhi.

Il nostro non è davvero un appuntamento, non so cosa sia, ma quando va via e mi ripete ancora una volta che verrà a prendermi un'ora prima dell'inizio del film, inizio a sperare in qualcosa di diverso.

«Quindi, cos'è?»

Le urla di Corinne mi fanno sbuffare.

A detta sua e di Tate, questo è un appuntamento a tutti gli effetti e io dovrò essere impeccabile.

«Stiamo andando al cinema, non è la prima volta che... siamo soli.»

«Il cinema è l'emblema del romanticismo. Damon avrà anche i suoi modi, ma andare al cinema è un appuntamento, da che mondo è mondo.»

Non la penso come lei, e i primi dubbi fanno capolino nella mia testa quando Tate mi porge un suo vestito nero, molto bello, ma anche molto poco da me.

«Questo è perfetto, provalo.»

Ha ragione, mi piace e mi sta anche bene, ma non fa altro che aumentare la paura di essermi illusa. Non ti vesti così se non pensi che questo sia un appuntamento, e una parte di me teme che lui possa prendermi in giro per aver frainteso. Non lo sopporterei.

Ovviamente ho dovuto mentire alla Morris, le ho detto che sarei uscita con Rick, e non ne sono orgogliosa. Mentire non mi è mai piaciuto, ma non potevo rischiare, soprattutto dopo la nostra ultima conversazione su Damon. A lei non piace, forse non accetterà mai che me ne sono innamorata, ma io... non rinuncerei a lui per nessuno.

Mi tremano le gambe e ho il cuore in gola mentre cammino verso la sua auto. Sono le sette, ha mantenuto la sua promessa.

Salgo, ma non ho il coraggio di guardarlo.

«Ciao.»

«Ciao, Krystal.»

Mette in moto e la mia agitazione aumenta.

Non so come andrà questa serata ma, a prescindere da tutto, sono sicura che la ricorderò per sempre.

60

Esistono pochi attimi in cui riesci davvero a essere felice, e bisogna approfittarne. Siamo in auto, e finora non è successo nulla di eclatante. Io sto zitta, Damon sta zitto, ma c'è un'atmosfera magica, familiare e tremendamente giusta in questo momento.

A volte le parole non servono, e non serve neanche dover dare sempre un senso a quello che si fa. Detto da me suona strano; per una che ama chiacchierare e porre mille domande al secondo è abbastanza inusuale godersi un momento simile senza rovinarlo, ma è quello che sta accadendo.

La città scorre al nostro fianco e io mi perdo ad ammirarla per non fissare lui. Per non guardare con insistenza la cosa più bella che mi potesse capitare nella vita. E non parlo del nostro rapporto, perché so di non avere alcuna certezza. Parlo dell'amore che provo per lui: questo nessuno potrà mai portarmelo via.

Nessuno potrà impormi di non amarlo.

Sarebbe come togliere il cuore dal corpo di una persona, e si sa che in quel caso la persona morirebbe.

«E io che pensavo ti facessi bella solo per gli altri.»

«È il tuo modo per dirmi che sto bene, vestita così?»

Il suo sguardo si sposta su di me per qualche secondo.

«Dovresti togliere qualche strato, ma il cappotto è bello» scherza, facendomi alzare gli occhi al cielo.

Damon è furbo, ma mi piace anche questo di lui.

«Allora, grazie» replico e poi torna il silenzio, almeno fino a quando parcheggia e abbandoniamo l'auto.

Fuori si gela, le temperature saranno bassissime e inoltre ha piovuto per tutto il giorno.

«Non dobbiamo fare la fila?» gli domando mentre supera chi deve comprare il biglietto.

«Ho già preso i biglietti, te l'ho detto. Sei un po' smemorata, piccoletta.» Si prende gioco di me, ma ha appena compiuto un errore che non posso ignorare.

«Pensavo che i nostri fossero gli ultimi due. Ammettilo, non vedevi l'ora di disperarti con me quando lui…»

«Krystal, il fatto che ci siano ancora tanti biglietti disponibili non è un buon segno. Non trovi?»

Come sempre, Damon ha la risposta pronta ed è riuscito a ribaltare la situazione in un attimo.

«Vedremo. Dai, entriamo» dico e lui mi segue iniziando a lamentarsi ancor prima che il film inizi.

Com'è normale che sia, ci sono delle coppie in sala che si baciano, che si abbracciano e che consolano il partner durante le scene più intense.

«Questi due dovrebbero prendersi una camera» borbotta, facendo una smorfia. «Non è un porno, eppure loro…»

«Non hai mai pomiciato al cinema?»

«Be', no. Ma potrei iniziare adesso. Ti sono cresciute le tette, Krystal?»

Lo guardo male, quando mi posa un braccio sulle spalle e avvicina il suo viso al mio con la classica espressione da furbetto che si ritrova.

«Guarda il film, Dam.»

«Vuoi provocarmi? E comunque, anche il vestito non è male.»

«Smettila.» Mi guardo intorno, ma per fortuna nessuno presta attenzione a noi.

«Mi sto annoiando, è tutto così scontato. Lui morirà, tu invece sei molto più interessante» sussurra, baciandomi sul collo e facendomi il solletico.

«Oh, questa sì che è una novità.» Lo guardo con sfida e lui accenna un sorriso da capogiro.

«Sto solo facendo il bravo ragazzo, non voglio che tu pianga come la tipa al tuo fianco, che sta frignando da quando è iniziato questo dannato film» borbotta, mentre la sua mano scende sul mio ginocchio.

«Ah, quindi dovrei ringraziarti? Oddio, no...»

E non sono l'unica ad urlare quando...

«Voi siete pazzi» borbotta Dam per la reazione, più che plausibile, di tutta la sala. «E se piangi ti mordo il naso» aggiunge, prima di riportare il braccio sulle mie spalle.

Mi appoggio a lui e strizzo gli occhi per non mettermi a frignare e, come promesso, lui mi morde il naso.

«Ahi, non stavo piangendo.»

«Bugiarda» sussurra, guardandomi negli occhi. Per un attimo dimentico tutto.

La prima parte di questa serata non appuntamento è stata bella; è stato come se ci conoscessimo da sempre, come se fossimo una di quelle coppie che non ha gli stessi gusti, ma che scende a compromessi pur di far felice l'altro.

Ho sempre pensato di avere tutto quello che si potrebbe desiderare dalla vita, mentre in realtà prima di conoscere Damon ho solo sopravvissuto.

Lui mi mostra ogni giorno opportunità nuove, modi di affrontare il mondo che a me iniziano a piacere, come la semplicità e la bellezza di queste ore che stiamo trascorrendo insieme.

Dopo il cinema mi ha chiesto se avessi fame, e gli ho subito proposto di andare a prendere dei panini in un chiosco non troppo distante.

Poi abbiamo raggiunto il mio posto preferito, quella specie di galleria d'arte all'aperto dove ci sono molti suoi disegni. Damon dice che è stupido definire questo posto così, che è solo un ammasso di cemento abbandonato, frequentato da drogati. Ogni volta che ci veniamo non c'è mai nessuno e di questo sono felice.

«Non trovi che sia il panino migliore che tu abbia mai mangiato?» gli domando. Da quando ci siamo seduti su questo muretto non parla, è pensieroso e purtroppo io ho paura di dire la cosa sbagliata.

«Perché non mi domandi quello che davvero vorresti?»

Quando mi guarda, con una serietà tale da farmi tremare, penso che questo sia l'inizio di un litigio.

«Di cosa stai parlando?»

«So che vorresti sapere il senso di quest'uscita, ti conosco.» Fa una smorfia che mi confonde parecchio. Non so se sia infastidito da me o da qualcos'altro, ma voglio essere sincera con lui.

«Hai ragione, e se non l'ho fatto è solo perché temo di sentire una risposta che potrebbe non piacermi.»

I suoi occhi trovano i miei. «E questo ti sta bene?»

«No, ma...»

«Cosa?» sbotta. «Sei una ragazza intelligente, Krystal. E penso che tu abbia capito qual è il destino delle persone che conducono una vita come la mia.»

«Non mi interessa il destino degli altri.» Afferro le sue mani, anche se è un gesto avventato che potrebbe non apprezzare.

«Allora dovresti sapere che fra qualche mese tutto questo non esisterà più.» Mi distrugge con questa frase, anche se so già a cosa si riferisce. Parla della sua vendetta, e per la prima volta aggiunge un dettaglio che mi fa smettere di ragionare. «Sarò costretto a scappare, se tutto andrà bene, e non tornerò.»

«Quindi... io e te non ci vedremo più?»

Mi tremano il cuore, il sangue nelle vene e le ginocchia.

Temo di sentirmi male, ma non mi importa di espormi, non mi importa se stavolta mi faccio sfuggire qualcosa che potrebbe farlo scappare. Abbiamo un timer sulla testa: ora lo so, ne ho l'assoluta certezza, e lo sa anche lui. Tuttavia la sua risposta è diversa da quella che mi aspettavo, forse è una bugia che non riesce a evitare.

«Forse.»

«Forse non è una risposta.»

Fa un sorriso amaro, poi mi posa una mano sulla guancia e mi guarda perlustrando con gli occhi tutto il mio corpo.

«Ma tu che vuoi da me, piccoletta?»

E allora lo dico e non me ne pento, anche se questo potrebbe rovinare la vita di molte persone.

«Se proprio devi farlo, portami con te.»

I suoi occhi si sgranano per poi tornare seri.

«Faresti sul serio una cosa simile... per me?»

Le sue labbra pronunciano queste parole a un centimetro dalle mie, mentre le sue mani scendono in basso, sulle mie ginocchia nude, percorse da brividi.

«Sì.» Annuisco appena, prima di chiudere gli occhi e di lasciarmi andare. Il suo naso sfiora il mio collo e scende fino all'incavo fra i miei seni, lasciando dietro di sé una scia di baci infuocati che fanno scatenare una tempesta nel mio stomaco. Sono sensibile e inesperta, potrei perdere la testa per il suo tocco e per la paura di non essere abbastanza brava per lui.

Così mi aggrappo alla sua giacca di pelle, quando le sue mani si infilano sotto il mio vestito, raggiungendo l'elastico delle mie mutandine nere.

«Dimmi che nessuno ti ha mai baciata...»

Avvampo perché ho capito di cosa sta parlando, ma non ho voce per dirgli che no, nessuno ha mai fatto una cosa simile. Scuoto il capo, e chiudo gli occhi quando inizia a baciarmi lentamente le labbra, per poi cambiare il ritmo e rendere tutto sfacciatamente sensuale.

Infilo le dita fra i suoi capelli, mentre le sue massaggiano il centro del mio desiderio. Mi contorco sotto il suo tocco esperto, fra i suoi baci e le sue parole che mi destabilizzano.

«Dam...» Cerco i suoi occhi e li trovo pochi attimi prima che faccia scivolare le spalline del mio vestito verso il basso. Non sento freddo. Anzi sto morendo dal caldo, e la situazione peggiora quando lo vedo abbassarsi verso le mie gambe aperte. Dovrei vergognarmi, dovrei fermarlo e coprirmi, ma non lo faccio perché è quello che voglio.

«Oddio» urlo quando la sua bocca raggiunge l'obiettivo e sono costretta a reggermi sui gomiti per non cedere all'ondata di calore che mi sta uccidendo.

«Chiedimi di fermarmi e lo farò» ansima. Sento il suo fiato su di me, ma non esiste ragione al mondo per cui io debba fermarlo.

Damon prende il mio respiro affannato come un invito a continuare e lo fa, spezzando la mia anima e ogni parte di me mentre non smette di infilare le mani sotto il mio vestito e di toccarmi ovunque gli è possibile.

Non credo di aver mai provato qualcosa di così intenso e struggente al contempo. Ho bisogno di lui, delle sue braccia mentre cado a pezzi nel modo migliore possibile e lui mi accoglie, mi stringe e mi sostiene quando la vista si appanna e tutto trema. Non so descrivere questa sensazione, non so nemmeno di cosa si tratti. So soltanto che, qualunque cosa questo ragazzo mi sta facendo, non voglio che smetta. Voglio ancora le sue mani su di me, la sua bocca su di me e il suo cuore che preme contro il mio. Non voglio provare vergogna per il senso di appagamento che provo, né per il fatto che i suoi occhi siano così sfacciatamente avidi e concentrati su di me.

«Hai freddo?»

Ho il viso sul suo petto, stiamo guardando la luna, e se solo penso che tutto questo un giorno potrebbe finire, mi si inumidiscono gli occhi.

«Un po'.» Abbozzo un sorriso, e lui tira la stoffa del mio vestito quando provo a coprirmi. «Sei proprio un… Cos'è stato?»

Mi guardo intorno, un fascio di luce ci ha colpiti, ma non ho capito altro.

«Rivestiti» ordina Damon e si alza, guardandosi anche lui intorno. «Cosa può essere stato?»

Mi rivesto più in fretta che posso e lo affianco.

Sul suo viso c'è di tutto, ci sono emozioni di ogni tipo, ma quella predominante è la rabbia.

«Dobbiamo andare.»

«Dam, ma…»

«Probabilmente qualcuno ci stava spiando!» sbotta.

Inizio a tremare, il solo pensiero mi fa venire voglia di scappare. Vorrei che lui mi tranquillizzasse, che mi dicesse che la sua è stata un'ipotesi affrettata e che potrebbe essersi sbagliato. Invece ne sembra abbastanza convinto e subito mi vengono in mente il biondo e il suo amico.

«Pensi che siano stati i…»

«Non lo so, me ne occuperò il prima possibile.»

Il suo tono si fa cauto, dinanzi alla mia espressione, ma la sua rabbia è la stessa. Lo capisco dalle sue mani strette a pugno e dalla mascella serrata. Sembra sia sul punto di esplodere e lo so che si sta trattenendo solo per non spaventarmi ancora di più, ma non ci riesce.

«Cazzo, sono stato un idiota!» urla, passandosi le mani sul viso, ma io non voglio che si dia colpe che non ha.

«Ehi, non potevi saperlo.»

«E invece dovevo immaginarlo. Mancava poco che ti scopassi davanti a loro» dice, e solo dopo averlo fatto se ne rende conto.

Non sapevo che rumore fa un cuore spezzato, fino a un attimo fa, ma ora credo di poterlo intuire.

«Krystal... io...»

«Accompagnami in istituto.» Lo supero, avviandomi verso l'auto, ma la sua mano afferra la mia facendomi voltare.

«Non volevo dirlo in quel modo.»

Mi guarda seriamente, come se mi stesse giurando amore eterno, anche se non è così.

«Lascia perdere, voglio solo tornare a casa.»

«So che sei incazzata e che sono stato un coglione, ma... non riesco a ragionare, Krystal. L'idea che qualcuno possa averti fotografata mezza nuda mi... cazzo.» Si allontana, come se dovesse nascondersi da me.

«Questa cosa distrugge anche me, ma...»

«Lo so.» Mi cerca ancora. «E ti giuro che se le mie ipotesi sono giuste, quel bastardo la pagherà. Nessuno può farti una cosa simile.»

Il senso di possesso che leggo in queste parole mi fa vacillare, non dovrei farmi ammorbidire da questo, non dovrei ma... lui continua a parlare e mi sorprende.

«Se avessi solo voluto scoparti, se il sesso fosse l'unica cosa che mi interessa, non pensi che l'avrei già ottenuto?» Mi sfida, mettendomi in imbarazzo.

Lo sa, lo sa fin troppo bene.

«Non penso che a te manchi l'opportunità, anche di farlo con altre.» Distolgo lo sguardo e lui fa una risata amara.

«Altre?» domanda cinico, poi ammutolisce.

Mi supera e sale in auto. Non ho capito il senso della sua mezza domanda, non so se avrebbe aggiunto qualcosa, se mi avrebbe confessato di non volere un'altra ragazza oltre me.

Questo è uno dei tanti dubbi che custodisco nel cuore dopo una serata che, proprio come immaginavo, ricorderò per sempre.

61

Sono trascorsi due giorni dal nostro *non appuntamento*, e malgrado il modo in cui la serata è finita, non riesco a essere arrabbiata con lui.

No, non credo di essere una stupida e continuano a non piacermi le parole che ha usato per quello che sarebbe potuto succedere fra di noi, ma mi sono fermata a pensare. Ho riflettuto su tante cose, e da quando ci siamo conosciuti non posso negare di aver notato dei cambiamenti in lui nei miei riguardi.

Damon non è sempre gentile con me, non è romantico e non è neanche il mio ragazzo. Non ho certezze sul nostro rapporto, solo poche cose che i suoi amici si sono lasciati sfuggire.

Da quel che so non va a letto con altre da molto tempo e, proprio sabato sera, mi ha parlato del suo futuro.

Lo scenario che mi ha prospettato ovviamente non mi piace, ma il solo fatto che sia stato sincero mi ha fatto vedere tutto da un altro punto di vista.

Qualsiasi cosa ci sia fra di noi, non era prevista.

Io non me la aspettavo, e neanche lui.

Non si è fatto sentire, ma questo non mi stupisce. Quindi, sono abbastanza sorpresa quando il cellulare inizia a vibrare sulla mia pancia.

«Dam?»

«Sei abbastanza sveglia?»

Sono le sette del mattino e fra mezz'ora dovrei essere pronta per andare a scuola.

«Sì, dimmi.»

«Scendi, ti aspetto giù. Devi aiutarmi a organizzare una cosa per Charlotte, oggi è il suo compleanno» borbotta.

«Oh!» Un sorriso aleggia sul mio viso, mentre scosto le coperte e raggiungo l'armadio. Tate dorme ancora e per un attimo mi perdo a guardarla. Il primo incontro conoscitivo è andato molto bene, non ci resta che aspettare. «Hai già in mente qualcosa? Aspetta!» Mi acciglio. «Quindi oggi è anche il tuo compleanno!»

Lo sento sbuffare.

«Ti aspetto giù, sbrigati!» E attacca.

«Stronzo» borbotto, ma se pensa di passarla liscia, si sbaglia di grosso. Infilo dei pantaloni neri e un maglione rosa, prima di raggiungere il bagno per lavare i denti e dare una rinfrescata alla faccia. Non ho mai dato importanza a queste cose, ma ora mi sento agitata all'idea di poter sembrare poco... carina. L'amore fa questo effetto: ti agita, ti rende anche un po' insicura e io mi sento una stupida, perché non so se mettere un filo di lucidalabbra o meno. Alla fine lascio perdere. Scendo le scale in fretta e furia, stando attenta a non incrociare la Morris. Domenica mattina mi ha guardata con sospetto, purtroppo temo che non si sia bevuta la mia bugia e che sappia che non sono uscita con Rick, ma con Damon.

Non posso rischiare che mi veda senza la divisa scolastica.

«Ehm, ciao» dico, appena mi ritrovo davanti al ragazzo per cui ho perso il senno.

«Quanta fretta. Da chi stavi scappando, piccoletta?»

«Ovviamente dalla Morris.» Rido nervosamente, prima di avvicinarmi. «Buon compleanno, Damon.»

Dondolo sui piedi come una bambina e lui, con il suo sguardo imperscrutabile, non mi è d'aiuto.

«Dai, sali.» Allunga il casco nella mia direzione, e subito penso a quanto mi sia mancato andare in moto con lui.

«Di solito si ringrazia» dico mentre lo indosso e le sue mani mi aiutano nell'allacciarlo, sfiorando appena le mie guance.

«Allora sono l'eccezione.» Accenna un sorriso, di fronte al quale mi sciolgo.

Ma devo darmi una regolata e smetterla di comportarmi come una stupida innamorata del ragazzo irraggiungibile.

Salgo alle sue spalle e trattengo il respiro, quando le sfioro con il petto. Vorrei sempre avere un contatto con lui.

«E poi non accetto auguri da parte di una persona che non mi saluta come si deve!»

«Cosa?»

Non mi risponde, parte a razzo senza darmi l'opportunità di riflettere sulle sue parole.

Venti minuti dopo ci ritroviamo in un centro commerciale; non ci sono mai stata e non so neppure cosa stiamo cercando.

«Anch'io voglio prenderle un regalo» dico, guardandomi intorno.

«Non sei costretta.»

«Lo so, ma voglio farlo. Se me lo avessi detto prima, avrei preso un regalo anche per te.»

«Non lo voglio» sbotta, anche se non alza la voce più di tanto. Sembra che oggi non si sia svegliato con la voglia di litigare, ma ovviamente Damon è sempre Damon e questi sono i suoi modi quando non vuole che qualcuno faccia qualcosa per lui.

Evito di commentare la sua risposta perché tanto ho già deciso che riuscirò ugualmente a fargli un regalo, così mi concentro su Charlotte, appena vedo un negozio di abbigliamento.

«Festeggerete stasera? Potresti comprarle un vestito!»

«No, ha la febbre e si è praticamente trasferita a casa mia per limonare meglio con quel coglione di Jared.»

Mi scappa da ridere. «Ho capito, dai entriamo» dico e non lo aspetto. Un attimo dopo le sue mani mi afferrano i fianchi, prima che mi posi un braccio sulle spalle.

«Sei bassa, perderti è fin troppo facile.»

«Ti piace quel vestito?»

In questo negozio vendono cose bellissime. Non sono mai stata un'amante dello shopping e non ho mai avuto occasioni in cui indossare vestiti così belli, ovviamente tranne quando Tate me li prestava.

«Troppo rosa per lei. Non le piacerebbe, e non piace neanche a me» borbotta, ma io me ne sono innamorata.

«Ehm, ti dispiace se lo provo un attimo? A me sembra carino, poi continuiamo a cercare qualcosa per lei.»

I suoi occhi guizzano sulla mia figura e mi sorride in quel modo lì. «Ma certo, potrei cambiare idea.»

«Cretino.» Scuoto il capo, ma in realtà sto solo provando a camuffare il mio imbarazzo. Forse la mia non è stata una buona idea, ma non posso tirarmi indietro. Così prendo quel famoso vestito rosa e uno nero che potrebbe fare al caso di Charlotte.

«Vado… in camerino.»

«Ti aspetto qui» dice, stravaccandosi su una poltrona a pochi metri da me.

Faccio un profondo sospiro, ma mi impongo di mostrare un po' di sicurezza quando, dopo aver chiuso la tendina, inizio a spogliarmi.

Mi piace, è molto semplice e per nulla volgare. Posso dire che mi sta bene, ed è davvero raro trovare una cosa così carina per un corpo esile come il mio.

«Dam.» Sbuco solo con la testa, e lo trovo lì dove l'ho lasciato.

La mia sicurezza vacilla un po' quando mi mostro a lui, soprattutto perché per i primi secondi non dice nulla.

«Cosa ne pensi?»

Altro silenzio, poi...

«Non mi piace.»

«Guarda che non è per Charlotte!»

«Lo so.» Sospira pesantemente, muovendosi sulla poltrona. Penso si sia già stufato, quindi faccio retromarcia e mi chiudo nel camerino prima di offendermi sul serio.

Il nero, quello per sua sorella, lo approva. Dice che potrebbe starle bene, ma non aggiunge altro. Si allontana con la scusa di cercare anche un paio di scarpe. E io ci resto male, non per il vestito in sé, ma per l'indifferenza che mi ha riservato quando gli ho chiesto un consiglio.

Ovviamente è normale che a una persona possa non piacere una cosa e... cavolo, non dovevo restarci male.

Mi avvicino alla cassa. Damon è già lì.

«Dammi.» Prova a sfilarmi il vestito di sua sorella dalle mani, mentre nelle sue tiene un paio di scarpe.

«No, questo è da parte mia» replico, guardando ovunque tranne che nei suoi occhi.

«E tu? Non l'hai preso quel vestito?»

«No!»

Sento il suo sguardo su di me, ma non ricambio. Il mio comportamento può risultare infantile, ma non mi importa, non adesso.

«E come mai?»

«Perché non mi stava bene» sbotto e avanzo, quando la fila scorre. Lo sento ridere alle mie spalle, ma quando nota che continuo a ignorarlo si innervosisce.

«Se ti piace quel dannato vestito, andiamo a prenderlo!»

«No, non mi piace!»

«Ma che ti prende?»

«Avevo chiesto se a te piacesse, e neanche mi hai guardata!»

Che figura! Vorrei sotterrarmi, ma ormai il danno è fatto.

Damon, tuttavia, sa come rendere questi momenti ancor più memorabili. Si avvicina, mi posa una mano sul fianco e poi mi bisbiglia all'orecchio una frase che spero nessun altro abbia sentito.

«Ecco il motivo per cui non mi sono espresso su quel vestito.»

Annaspo quando il suo bacino preme dietro di me, fornendomi una prova di quello che sta accadendo... in lui.

«Dam... siamo...»

«Lo so.» Ride, baciandomi sul collo prima di superarmi e pagare le scarpe. Alzo gli occhi al cielo, ma solo per camuffare l'effetto che mi fa questo ragazzaccio.

Appena usciamo dal negozio, sono costretta ad afferrare la sua mano per non fargli raggiungere l'uscita.

«Voglio farti un regalo!»

Lui sbuffa, come prevedibile, e mi ripete che non è necessario, che non vuole nulla e che odia i regali.

«Ci metto poco.» Congiungo le mani a mo' di preghiera. Prima ho visto un negozio che potrebbe fare al caso suo, e non posso lasciarmi scappare l'occasione.

«Dove vai?» Mi riacciuffa, quando inizio ad allontanarmi. In realtà a me piace quando lo fa, quando mi stringe a sé come se non volesse lasciarmi andare.

«Non posso dirtelo.»

Fa una smorfia, ma alla fine si arrende.

«Se proprio devi. Ma non fartelo incartare, perché stasera voglio scartare altro.»

«Stupido.» Abbasso lo sguardo sulle mie scarpe, e poi mi allontano sotto i suoi occhi, che non mi mollano fino a quando gli è possibile.

Damon

Riesco a nascondere, giusto in tempo, quello che ho preso per lei, prima che torni da ovunque sia andata.

Non mi piace ricevere regali, ma il fatto che lei abbia fatto questa cosa per me un po' mi eccita. Sono un idiota, lo so, ma è davvero difficile fare il bravo in sua presenza.

«Fatto, ora possiamo andare.»

Krystal ha un'espressione fin troppo soddisfatta, e la mia mente malata proietta la sua immagine entro fantasie poco consone alla circostanza.

«Finalmente» sbuffo, e la seguo mentre sculetta fino al parcheggio. Merito un premio per la pazienza, anche se lei continua a pensare cose sbagliate circa il mio interesse nei suoi riguardi. Non immagina quanto la desideri, è troppo ingenua per pensare a quello che vorrei farle se solo avessi una vita diversa, normale. E invece non posso, non posso perché dopo sarebbe molto più difficile rinunciare a lei. Ne sono sicuro e, a modo mio, a volte sbagliando altre no, sto provando a non farle del male.

«Dove andiamo, ora?»

Il suo entusiasmo quasi mi contagia, sembra una bambina la mattina di Natale. Io invece sono uno stronzo e devo darmi un contegno. Non le rispondo, ma rido quando la sento sbuffare alle mie spalle. Mi piace portarla in moto con me per un motivo preciso. Mi piace sentirmela addosso, mi piace il modo in cui le sue mani si posano sul mio petto, la sua pelle che emana un buon profumo, e mi piace la velocità con cui io, se solo potessi, mi allontanerei da tutto, solo con lei.

«Ora puoi scendere.»

So che aveva intuito la nostra destinazione a metà percorso; non è di certo la prima volta che la porto a casa mia, ma è senza dubbio la primissima in cui desidero uccidere mia sorella.

Lei ci accoglie alla porta, ma quando ho deciso di venire qui con Krystal non potevo immaginare che avrei trovato anche… mia madre.

«Tesoro.» Mi corre incontro, mi abbraccia e mi scocca due baci sulle guance. «Buon compleanno, bambino mio.»

Voglio morire!

«Mamma! Eh, okay… può bastare» borbotto, togliendomi le sue braccia dal collo. La amo con tutto me stesso, ma questo è troppo.

Mi impongo di non guardare Krystal, ma quella nanetta non passa inosservata agli occhi della donna che non dovrebbe ridicolizzarmi in questo modo.

«Chi è questa bella ragazza?»

Se gli sguardi potessero uccidere, Charlotte sarebbe morta e il fatto che ora stia provando a scusarsi con me, non cambia il suo destino.

«Sei impazzita?» bisbiglio e faccio l'errore di guardare verso destra, dove mia madre sta letteralmente martoriando le guance di Krystal.

«Mamma, lasciala in pace!» dico, ma lei non demorde e Krystal è costretta a dirle che siamo solo… compagni di scuola.

Be', è vero, ma… cazzo.

«Mamma, per quanto ti fermi?»

«Oh, stavo andando via. Ero passata solo per farti gli auguri.» Mi sorride ancora, guardando alternativamente me e la moretta.

«Bene, allora ti accompagno alla porta.»

Lei mi guarda male, ma saluta di nuovo Krystal con due baci sulle guance, prima di seguirmi.

«A me puoi dire la verità, è la tua ragazza?»

«No, mamma» mormoro, e lei sembra dispiaciuta.

«Oh, peccato. Allora, ci vediamo presto» aggiunge e io tiro un sospiro di sollievo solo quando chiudo la porta alle mie spalle.

Il pranzo fila liscio, Charlotte non ha smesso di parlare neanche per un istante e Krystal le ha dato man forte quando la loro attenzione si è spostata su quegli squallidi succhiasangue.

Odio quella serie tv, ma… è stato strano vederle così complici su praticamente tutto.

Jared si è beccato scappellotti sulla nuca ogni volta che provava a baciare Charlotte. A Krystal veniva da ridere. Ha detto che sono eccessivamente geloso di mia sorella e per una volta Jared è stato dalla sua parte. Con Thomas parla tanto, pure troppo, ma lui dovrebbe essere innamorato della rossa, per cui ho evitato di cavargli gli occhi e sono riuscito a resistere finora.

Alla fine è toccato a me lavare i piatti, cazzo, e pensare che è anche il mio compleanno. Charlotte si è commossa quando ha aperto i nostri regali e... io mi sono trattenuto.

Per un intero anno non ho potuto regalarle scarpe, ma ora sta migliorando, la riabilitazione sta dando i suoi frutti e riesce a stare in piedi per qualche minuto.

«Siete una bella famiglia.»

Solo Krystal si è proposta di aiutarmi, e non mi dispiace vedere il suo culetto gironzolare per la mia cucina mentre mette a posto pentole e stoviglie.

«Già» sussurro e poi penso a lei, a quello che non ha mai avuto e al fatto che a breve anche la sua migliore amica la lascerà sola. Non l'ho mai sopportata, ma non mi piace sapere che Krystal starà male per il suo abbandono. Che poi lo so che non si tratta di questo, ma... non lo sopporto lo stesso.

«Charlotte ha amato molto il tuo regalo, era felicissima. Mi ha detto che ha tantissime scarpe» dice sorridendomi, e io mi perdo un po'.

«E tu? A te cosa piace?»

«Credo di avere più libri che vestiti... Un po' noioso, lo so.»

«Be', se tu leggessi nuda nel mio letto, non penserei mai che sia noioso.» Mi avvicino a lei, posando una mano sul tavolo per imprigionarla.

«Sei sempre il solito.» Prova a guardarmi male, ma è poco credibile.

«Sempre.» La guardo negli occhi, anche se è peggio.

«Ehm, devo ancora darti il mio regalo.» Distoglie lo sguardo e solo allora la lascio respirare, ma solo per dirle che tutte le sue buste sono in camera mia e che quindi deve seguirmi nella tana del lupo. Sembra un po' titubante, ma lo fa. Viene con me e non esita neanche quando chiudo la porta e restiamo soli nel mio mondo.

«Comunque dormi qui» le dico di punto in bianco.

«Cosa? Non posso. Devo tornare a metà pomeriggio, la Morris pensa che io sia a scuola.»

«Oggi è il mio compleanno. Dovresti accontentare me, non lei.» Mi lecco le labbra, pregustando il momento che mi sta letteralmente facendo perdere la testa, per quanto lo desidero.

«Ah, quindi ora ti sta bene che sia il tuo compleanno.»

Avanzo verso di lei e lei indietreggia, finendo con le spalle al muro.

«Ora, sì» bisbiglio nel suo orecchio. «Mandale un messaggio, dille la verità o quello che vuoi, ma tu stanotte resti qui.»

«Non ho scelta?»

«Non hai scelta.»

Non ho più il controllo su nulla, ma per la prima volta non mi interessa. Sto sbagliando, lo so, ma continuo perché è quello che voglio.

«Prima voglio darti il mio regalo.»

Voglio te. Penso e non glielo dico. Farlo sarebbe ancora più da egoista, così mi limito a spostarmi e a guardarla mentre mi porge una piccola scatola blu di velluto.

«Spero ti piaccia, ho notato che ne indossi anche altri e poi penso che il significato di questa pietra rossa rispecchi la tua… personalità.»

Afferro l'anello e me lo rigiro fra le dita, mentre leggo su un bigliettino prestampato quello che lei ha provato a spiegarmi.

Rosso, per una persona forte, passionale, coraggiosa e che desidera arrivare al successo, di qualunque tipo esso sia.

Lo infilo all'indice, al fianco di quello che mio padre mi ha regalato tanti anni fa. Non riesco a dire nulla, non sono bravo in queste cose, non sono bravo con le parole.

«Se non ti piace, puoi…»

Allora agisco nel solo modo che conosco: con il mio corpo, con il mio impeto e con tutto il desiderio che nutro nei suoi confronti. Nel modo meno romantico possibile, la prendo in braccio e la faccio sedere sulla scrivania, che da oggi in poi guarderò in modo diverso. La bacio perché non posso più aspettare, perché se non lo facessi rischierei di impazzire sul serio. La divoro, a modo mio: non so controllarmi, quando si tratta di lei. Voglio tutto, voglio ogni suo sospiro, ogni suo lembo di pelle e tutto quello che può darmi.

La tocco, accarezzo le sue gambe ancora nascoste da questo inutile pezzo di stoffa e la bramo come un assetato che non vede un goccio d'acqua da troppo tempo. La sua pelle è liscia, morbida e profumata mentre le bacio il collo, mentre le mie mani si infilano sotto la sua maglia e raggiungono i suoi seni. Li adoro, amo il modo in cui si adattano alle mie dita. Amo il modo in cui reagiscono, in cui si induriscono.

«Non immagini cosa vorrei farti» le dico e inizio a camminare con lei fra le braccia fino al letto, ma Krystal ha il potere di lasciarmi senza parole.

«Ecco… stavolta vorrei fare io qualcosa per te» sussurra con un filo di voce, e mi sento morire.

Potrei morire, sul serio.

Il solo pensiero me lo fa venire duro. Fa male, anche troppo.

«Cosa, precisamente?» la provoco e la metto in imbarazzo, ma lei non demorde.

«Quello che vuoi, insegnami quello che vuoi.»

Stampa un bacio innocente sulle mie labbra, e capisco di non avere più scampo.

62

Damon

«Krystal.»

Non so in che modo io ho pronunciato il suo nome, se come una supplica o come un avvertimento. So solo che sono sconvolto e paurosamente eccitato al solo pensiero di quello che vuole fare.

Non ero pronto, anche se muoio dalla voglia di godere per lei.

«Non devi sentirti obbligata a fare nulla.»

Mi risulta difficile dirlo, ma lo penso. Non vorrei mai che si sentisse in obbligo di ricambiare le mie attenzioni.

«Voglio farlo, non mi sento obbligata.» Con il viso in fiamme, mentre è distesa sotto di me, pronuncia queste parole. Nonostante l'imbarazzo, non sembra affatto titubante. «Solo che non so cosa… insomma, sai che non ho molta esperienza.»

«Molto meglio» dico deciso, iniziando a baciare le sue labbra ancora e ancora. Voglio che sia a suo agio, che non cada in paranoia e che sappia che a me andrebbe bene qualsiasi cosa fatta da lei e con lei. Non sono mai stato così premuroso con nessuna, per me erano solo corpi, valvole di sfogo e nient'altro. Krystal è… Dio, non lo so, ma non potrei mai paragonarla a niente e a nessuno.

Non c'è stato un solo istante in cui, mentre ero con lei, abbia pensato ad altro. Si prende tutto di me: ogni bacio e ogni sospiro, e mi accetta per come sono, per come la tocco, per come la pretendo anche se sono un egoista.

Mi accarezza i capelli, mi fa conoscere una gentilezza che non ho mai sperimentato prima e mi fa capire cose che neppure immaginavo.

Sfioro il suo viso e la bacio, prima di iniziare a spogliarla perché non ne posso più; voglio sentirla, voglio che sia nuda davanti a me, sotto ogni punto di vista. Voglio che non si vergogni perché è perfetta, perché è bellissima e perché mi piace da impazzire il contrasto tra di noi quando i nostri petti si sfiorano. Non so quando mi sono tolto i vestiti, ma ora mi sento libero, sto bene e voglio che anche lei non abbia dubbi su quello che sta per fare.

«Krys.» Gemo vergognosamente quando le sue mani tremanti si posano sull'elastico dei miei boxer. So che sta facendo uno sforzo enorme per non arrossire, o meglio, per nascondermi il rossore delle sue guance, ma è anche questo a renderla diversa, unica. Finalmente i suoi occhioni mi guardano e peggiorano la situazione lì sotto. La sua innocenza mi ha sempre eccitato e in questo momento sta facendo un ottimo lavoro. Potrei sciogliermi o esplodere fra le sue mani nel giro di qualche minuto, ma non voglio. Voglio che duri il più a lungo possibile, ma non riesco a trattenere un gemito quando la sua mano mi accarezza attraverso i boxer.

«Così…» Chiudo gli occhi, ho bisogno di un attimo, solo uno, per riprendermi, ma non serve a nulla mentre continua a toccarmi e ad accarezzarmi in un modo tutto suo, che manda in cortocircuito la mia mente. «Sei… bellissima» le dico.

Non sono solito farle complimenti, ma anche se lei bella lo è sempre, ora ha una luce diversa negli occhi. È perfetta anche se ha paura, anche se non si sente sicura, anche se vacilla e poi riprende.

«Grazie.» Accenna un timido sorriso e io faccio l'errore di baciarla di nuovo, aumentando la mia esigenza di liberarmi e di esplodere con ancora le mutande addosso.

E succede, mentre le stringo un seno fra le mani e le mordo le labbra. Vengo e le bagno le mani. Forse anche altro, non lo so, ma è una delle sensazioni migliori che abbia provato in tutta la mia vita.

Krystal

«Fingerai di essere morta ancora per molto?»

Da quando Damon mi ha trascinato su di sé, umido del suo seme, non ho ancora avuto il coraggio di aprire gli occhi e di guardarlo. Mi vergogno da morire per quello che gli ho fatto, anche se sono felice di… insomma, di quello che è successo.

«Cosa? No!»

Non voglio fare la figura della ragazzina proprio ora, anche se è difficile mostrarmi sicura di me.

«Dovremmo fare un bagno, entrambi» scherza accarezzandomi la schiena, e so bene a cosa si riferisce.

«Ecco, sì, forse dovrei…»

«Tutto bene?» Mi scruta attentamente, e sembra preoccupato.

«Sì, tutto bene.» Gli sorrido e lui annuisce, invitandomi ad alzarmi e a seguirlo in bagno.

Indossiamo ancora l'intimo, solo quello, e non immagina quanto io mi senta nervosa per questo. Non mi reputo bella, né attraente, non ho chissà quali forme e sicuramente lui era abituato al meglio.

Afferro la sua mano. Entriamo nel bagno della camera e ho ancora più paura, non so perché.

Damon apre l'acqua calda e inizia a riempire la vasca, mentre io me ne sto in un angolo, con le braccia conserte. Non so cosa fare.

«Vieni.» Mi guarda da sopra la spalla, e io spalanco gli occhi quando si sfila i boxer prima di entrare in vasca. La sua schiena si appoggia al marmo bianco e io… non riesco a muovermi.

«Ora hai paura, Krystal?» Mi sfida come solo lui sa fare, ma se pensa di potersi fare beffe di me si sbaglia. Non sono coraggiosa, ma non voglio neppure che dimentichi così in fretta quello che gli ho fatto provare; quindi cammino verso di lui ed entro in acqua, dandogli le spalle.

Le sue braccia mi chiudono in una morsa. Quando poggio la schiena contro il suo petto, inizio a rilassarmi.

Tuttavia, Damon è pur sempre Damon. Le sue mani raggiungono l'elastico delle mie mutandine che lui fa scivolare giù per le mie gambe, per poi gettarle lontano.

«Non sarebbe stato equo.»

«Certo.» Provo a guardarlo male, ma lui mi sorride e io non ho più motivi per essere infastidita. Non credo di esserne capace con lui. Afferra una spugna e con questa inizia a tracciare disegni immaginari sul mio ventre; d'istinto sfioro le sue mani e non riesco a trattenere una curiosità.

«Perché ti sei tatuato il numero quattro sul polso?»

«È una specie di persecuzione. Sono nato il quattro febbraio, mia sorella ha avuto un incidente il quattro dicembre, mio padre è… morto il quattro luglio. E quattro era anche il numero della mia stanza in riformatorio.»

Ha il fiatone, sembra abbia fatto fatica a dire queste cose e io posso capirlo.

«Un incidente d'auto?»

«Sì, era con Jacob. Erano insieme.»

«Oh, ecco perché tu lo odi.» Provo a guardarlo, ma con la mente è altrove.

«E non odio solo lui» dice, ma non aggiunge altro. «Possiamo non parlarne?»

«Certo» replico prontamente, non voglio rovinargli il compleanno. Questa storia può aspettare.

«Bene» sospira, posando il mento sulla mia spalla, ma io ho ancora voglia delle sue labbra, ho ancora voglia di stringermi a lui e di sentirmi sua anche solo attraverso un abbraccio. Mi volto nella sua direzione e lo bacio. A occhi chiusi e con le mani fra i suoi capelli, non penso al fatto che siamo nudi, non penso alle conseguenze, ma solo al modo in cui sta rispondendo al bacio. Sono così presa da non controllare il mio corpo. Sollevo una gamba per sedermi a cavalcioni su di lui, ma mi blocca, mi respinge e mi spezza il cuore.

«Non farlo, fermati.» Si alza ed esce dalla vasca. Si avvolge un asciugamano ai fianchi, e io sento freddo.

«Cosa...»

«Cos'ho fatto?» mi domanda, e sembra arrabbiato. «Vuoi davvero perdere la verginità con uno che scomparirà fra qualche mese e che neanche conosci? Io non penso, Krystal, e per quanto io ti voglia... cazzo, non potrei mai.»

Non riesco a parlare, né a reagire.

Mi sento ferita, ma anche stupida.

Mi sento umiliata, rotta e incompresa.

Lui sospira. So che mi sta guardando, ma non me ne accerto.

«Quando hai finito, prendi quello che vuoi dall'armadio» sussurra, poi se ne va e mi lascia sola.

Una singola lacrima solca il mio viso. Mi riprometto che questa sarà l'ultima che verserò per lui.

Provo a comprendere il suo atteggiamento, ci provo con tutta me stessa, ma non riesco a spiegarmi la sua fuga improvvisa, come se avesse paura di... me.

So che questa è un'ipotesi abbastanza stupida e lontana dalla realtà, ma nei suoi occhi ho letto tanti dubbi e domande inespresse.

Forse dovrei credere a quello che mi ha detto, forse dovrei apprezzare il suo ragionamento e credere che lui abbia deciso di fermarsi per rispettarmi.

Forse sono soltanto una stupida illusa...

Damon

Sono seduto sul letto di mia sorella, con lei che mi fa il terzo grado da quando mi sono presentato con due birre fra le mani.

«Tu non me la racconti giusta!»

Ovviamente non si è bevuta la scusa che le ho rifilato quando le ho detto che volevo trascorre l'ultima ora del nostro compleanno con lei. Mi ha puntato il dito contro, affermando con fin troppa sicurezza di aver fatto lo stronzo con Krystal. Ho provato a negare, ho provato a non cadere nel vortice dei sensi di colpa per quello che ho fatto, ma non ci sono riuscito.

«Non sono adatto a lei, la ferisco di continuo.»

Parlo con un tono di voce freddo e distaccato che non c'entra nulla con il caos che ho dentro.

«Puoi scegliere di non ferirla, e poi non è vero che non sei adatto a lei.»

«Magari non voglio esserlo.» Scrollo le spalle e lei mi guarda male.

«Se quella ragazza non ti piacesse come invece ti piace, a quest'ora non staresti qui con me a leccarti le ferite.»

Mi lascio andare a una risata amara. «Vedi troppi film, Char. Mi conosci e sai che non credo a queste cazzate.»

«Scusami, eh, ma non vuoi crederci solo perché hai una vita di merda» mi ricorda, e mi rimprovera per non averle detto prima dei miei giri.

«Stai farneticando!»

«Qualunque cosa tu le abbia fatto, chiedile scusa. Non rovinare una cosa così bella.»

Ci rifletto, Char ha ragione. Passare il tempo con Krystal è una cosa molto bella, proprio per questo non posso rovinarla.

Quando me ne torno in camera, lei è rannicchiata nel letto. Fa tanto per me, anche se spesso non lo noto. Si mette nei guai e mi dimostra più di quanto abbia mai fatto io, ma stavolta so di averla ferita. Avevo previsto che mi avrebbe mandato al diavolo, appena mi sarei infilato sotto le coperte con lei.

«Dove vai?» le chiedo, quando scende dal letto in fretta e furia.

«Non dormirò con te» sentenzia ed esce dalla stanza; io ovviamente la seguo e inizio a innervosirmi.

«Perché?»

Sono un coglione e dal modo in cui mi incenerisce con lo sguardo, suppongo che lo stia pensando anche lei.

«Perché non sono un gioco e devi smetterla di confondermi. Mi ferisci di continuo e non sei mai chiaro, oltre al fatto che prima mi hai rifiutata e umiliata.»

«Cosa?» Mi avvicino a lei e le stringo i fianchi. «Io non ti ho rifiutata, cosa ti passa per la testa?»

Non penserà mica che non volevo...

«Be', mi hai lasciata sola in quella vasca e te ne sei andato» sussurra, ma non ho modo di cancellare i dubbi dalla sua mente che il campanello suona. «Chi è a quest'ora?»

Apro la porta, ma subito mi pento.

«Buon compleanno, tesoro...»

Come se mi fossi ustionato, tolgo le braccia di Piper dal mio collo e mi allontano.

«Cosa ci fai tu qui?» sbotto, e i suoi occhi si venano di cattiveria e di invidia quando nota la presenza di Krystal.

«Da quando ti sbatti quella lì?» Fa una smorfia, mentre io voglio solo che si tolga di mezzo.

«Sparisci, nessuno ti ha invitato.»

«Un tempo festeggiavi con me il tuo compleanno e ti piacevano i miei regali.»

«Hai ragione, un tempo, e non mi piacevano neanche più di tanto» dico. Poi, senza troppe cerimonie, la allontano e le chiudo la porta in faccia. Mi chiedo come ho fatto a sopportarla, ma poi mi ricordo il motivo. Dovevo.

Quando mi volto, noto che Krystal è pensierosa e non mi piace.

«Ignorala, non è un nostro problema.» Mi avvicino a lei, non voglio che mi sia lontana. «Torniamo a letto?»

Annuisce appena, ma devo inventarmi qualcosa per farla sorridere.

«Quand'è il tuo compleanno?»

«Oh, è il... no, aspetta. Non meriti di saperlo.» Fa quella sua faccia furbetta e a me viene da ridere. Sta provando a trattenersi, ma non ci riuscirà.

«Lo scoprirò da solo.» Poso un braccio sulle sue spalle e la trascino in camera.

Non sono degno di lei, ma quando si stende al mio fianco e si lascia abbracciare penso che, d'ora in poi, il mio compleanno potrebbe iniziare a piacermi.

63

«Dove mi stai portando?»

Dal giorno del compleanno di Damon, qualcosa è cambiato. Non saprei dire cosa, ma il suo atteggiamento nei miei confronti mi fa pensare di essere sulla giusta strada.

Ora stiamo correndo per i corridoi della scuola, la sua mano è stretta alla mia e la lascia solo quando finisco con le spalle contro un muro del bagno delle ragazze.

Mi afferra il viso e mi bacia, mi toglie il fiato e mi fa tremare le ginocchia. Damon è insaziabile e io non sono da meno.

Lo bacerei sempre, a ogni ora e in ogni momento.

Chiudo gli occhi quando mi solleva la gonna e mi tocca il sedere. Le sue labbra scendono sul mio collo, dove succhiano avidamente un lembo di pelle.

«Sono in punizione per colpa tua.» Ansimo fra i suoi baci, ma queste parole attirano la sua attenzione e si ferma.

«Cosa vuole quella vecchia?»

«Dam.» Lo guardo con rimprovero, ma non serve a nulla.

La Morris e Damon Cooper non andranno mai d'accordo e questa è una realtà con cui devo fare i conti. «Si è arrabbiata quando le ho chiesto di dormire da te la sera del tuo compleanno e il giorno dopo mi ha messo in punizione. Non posso uscire per un mese.»

Il suo sguardo si incupisce e so che sta per sparare l'ennesima cattiveria contro la mia istitutrice.

«Col cazzo, può scordarselo» sbotta, posando le mani sul muro ai lati della mia testa.

Questa è la gabbia più bella in cui essere prigioniera.

«Damon, a noi non è concesso dormire fuori dall'istituto.» Sospiro, perché in realtà vorrei un po' di libertà in più, ma so di non poter pretendere nulla. Da quando siamo arrivate a Manchester ne ho combinate di tutti i colori, ed è un miracolo se la Morris non ha preso provvedimenti seri nei miei confronti. Non voglio deluderla, ma non voglio neanche rinunciare a Damon.

«Sai meglio di me che ti mancherei troppo, per un mese intero» dice, riportando le sue mani sul mio corpo; questo è un gioco pericoloso, ma non ho intenzione di ritirarmi. E lui ha ragione, mi mancherebbe troppo avere momenti solo nostri, al di là di quei pochi che riusciamo a ritagliarci a scuola.

«Mancherei anche a te.» Lo provoco e lui mi guarda senza aggiungere altro. Damon non ama ammettere nulla, ma i suoi occhi mi dicono più di quanto le sue labbra abbiano mai fatto.

«Comunque la mia punizione parte domani. Stasera Tate vuole uscire per festeggiare il fatto che tutto stia procedendo alla grande. Sai… l'adozione.»

È ancora difficile per me parlarne, anche se sto provando a guardare solo i lati positivi. Non devo aver paura di perderla, perché non accadrà mai.

«Ah.» La sua espressione mi confonde, e ben presto ne comprendo il motivo. «Dove andrete?»

Non sono la ragazza intraprendente che prende l'iniziativa, ma stavolta voglio farlo, anche se non so esattamente come stanno le cose fra noi.

«Al Northern Monk, e mi chiedevo se ti andasse di venire con noi.»

«Stasera lavoro» dice, mordicchiandosi le labbra.

«Tranquillo, non fa nulla» replico agitandomi un po', ed è sbagliato. Insomma, può capitare che una persona possa avere altro da fare, non è un… rifiuto.

«A che ora andrete?»

Per questo motivo capisco ancora meno il motivo della domanda.

«Perché? Tu non verrai.»

«Rispondi lo stesso» ordina. Io sbuffo, ma subito cedo.

È risaputo che Damon è strano e che fa domande altrettanto strane quando meno te lo aspetti.

«Alle nove.»

«Capisco.»

Sembra infastidito, o comunque pensieroso, ma non ho il tempo di chiarire. Due ragazze entrano in bagno. Appena ci vedono, ridono e iniziano a parlottare fra loro.

«Che cazzo avete?»

«Dai, andiamo.» Lo prendo per mano, e provo a ignorare la sensazione che quelle risate hanno generato in me.

«Ignorale, sono delle stronze» dice, ma io non riesco a smettere di pensare che, agli occhi degli altri, posso apparire come la nuova amichetta di Damon.

«Ehm, ora devo tornare in classe» balbetto.

Lui si avvicina a me, ancora e ancora, e stringe il mio viso a coppa fra le mani.

«Oggi esco prima da scuola.»

«Va bene.»

Non riesco a guardarlo, e odio profondamente il senso di malessere che quelle due ragazze hanno scatenato in me, in quei pochi istanti.

«Ci sarà anche Nick?» domanda, posando la fronte sulla mia.

«Non lo so, non credo sia stato invitato. Tate non è sua amica.»

«Be', neanche tu.» Mi bacia sulle labbra, poi si allontana, prendendo una direzione diversa dalla mia. «Stavolta sono giustificato, se gli spezzo il collo» aggiunge, creando in me una valanga di dubbi sopra la quale svolazza una marea di farfalle.

Tate stasera è bellissima ed è molto emozionata. Sono sicura che ben presto arriverà l'ufficialità della sua adozione e che finalmente inizierà la sua nuova vita con una famiglia vera e propria.

«Ancora non ci credo, che stia per succedere» mi dice, mentre Luke riempie i nostri bicchieri. Vuole fare un brindisi in onore della sua ragazza perché, anche se lei non lo ammette, ormai fanno coppia fissa. Li adoro, sia insieme sia singolarmente, sono gli amici più cari che ho, oltre a Corinne, e sono davvero felice per loro.

Hanno avuto coraggio, ci hanno provato e continuano a farlo ogni giorno perché si amano, perché si vogliono sul serio.

«A questo nuovo inizio» urla lui, e tutti noi avviciniamo i bicchieri al suo.

«Credo sia ubriaco» sussurra Jacob. «Anche se è felice per lei, ha molta paura che le cose fra di loro possano cambiare.»

Mentre raggiungevo il locale, non pensavo di incontrare il mio primo ragazzo. Più volte sono stata sul punto di girare i tacchi e andare via, ma sapevo che in quel caso avrei rovinato l'atmosfera e la festa di Tate.

Jacob ha provato a scusarsi per il modo in cui mi ha trattata e mi ha confermato quello che anche Damon mi aveva detto, cioè che in passato ha avuto una storia con Charlotte e che l'ha amata molto. Non gli ho chiesto altro, e lui non ha aggiunto altro, e questo è di certo il momento meno adatto per parlarne.

«Già, non l'ha presa molto bene, ma si abituerà. Tutti ci abitueremo» dico, sospirando pesantemente.

Sono ancora un po' sulle mie, ma Tate e Luke sono già finiti in un mondo tutto loro, e io e Jacob non sappiamo cosa fare.

«Certo, dobbiamo essere felici per lei.»

Annuisco alle sue parole, ma è tutto molto imbarazzante. Ormai io e Jacob non abbiamo più nulla da dirci, così invento una scusa per allontanarmi e raggiungo l'esterno.

Torno subito a respirare meglio: lì dentro stavo soffocando e un sorriso enorme mi si allarga sul viso quando noto che Damon mi sta chiamando. Non ci siamo sentiti per tutto il giorno, e ora ho solo voglia di sentire la sua voce.

«Ehi.»

«Sto arrivando, piccoletta. Sono riuscito a liberarmi» dice.

In sottofondo una canzone dei Coldplay fa allargare ancora di più il mio sorriso.

«Oh, bene. Mi stavo annoiando» dico, mordicchiandomi le labbra.

«Oh, bene. Quindi vuoi sfruttare me per risolvere questo problema» sussurra, e posso immaginare quale sia la sua espressione. Ovviamente mi imbarazzo.

«Ma… cosa dici? Io…» Le parole muoiono sulle mie labbra quando vedo chi avanza nella mia direzione.

Il cellulare mi scivola dalle mani e cade a terra.

Dal rumore, temo che si sia rotto lo schermo, ma non riesco a muovermi o a reagire, mentre il biondo si china e lo raccoglie.

«Ops, temo che tu l'abbia rotto. Che sbadata.»

Inspiro a fondo, mentre me lo porge. Allungo la mano, ma lui ritrae la sua. Non so a cosa Damon stia pensando ora, forse pensa che sia semplicemente caduta la linea. Mentre io spero che arrivi il prima possibile.

«Ridammelo.» Tremo come una foglia, e lui ride.

«Non così in fretta.»

Il suo sguardo annuncia guai, e mi chiedo perché sia così ossessionato da me. Non ho mai fatto nulla contro di lui, non l'ho denunciato o altro, eppure sembra che il suo unico divertimento sia quello di perseguitarmi.

«Io… devo rientrare.»

«E perché mai? Non stai bene qui con me?»

«Perché altrimenti io ti ammazzo!»

Sgrano gli occhi quando alle sue spalle vedo Damon, Jared e Thomas avanzare nella nostra direzione.

«Amico, voleva che le scrivessi il mio numero.» Il biondo ride, provocandomi la nausea. La sua espressione divertita non cambia neanche quando Damon lo afferra per il bavero della giacca e gli dice qualcosa. Non riesco a sentirlo, ma riesco a percepire il senso di soddisfazione che sta provando il tipo.

«Grazie Cooper, non ti facevo così stupido.»

Damon lo lascia andare come se si fosse ustionato, ma il peggio deve ancora arrivare.

«Che cazzo vuoi da lei?»

Thomas posa una mano sulla spalla dell'amico, il biondo non gli risponde. Si pulisce il petto come se si fosse sporcato, poi si avvicina a Damon e lo guarda dritto negli occhi.

«Da lei? Da lei niente, ma...»

«Cosa?»

Le mani di Damon sono di nuovo su di lui, gli stringono i lembi della camicia e sono sicura che, se fossero salite più in alto, a quest'ora il biondo avrebbe smesso di respirare.

«Cooper, non fare il duro. Sappiamo entrambi che non sei in grado di uccidere nessuno.»

«Non esserne tanto sicuro, soprattutto quando tocchi ciò che mi appartiene.»

Il mio cuore perde un battito, lo guardo e penso a quanto questo ragazzo sia importante per me, a cosa farei per lui se solo me lo chiedesse. Ho sempre paura di travisare le sue parole, ho sempre paura di illudermi, ma stavolta lui... ha fatto intendere che io...

Voglio solo andare via, voglio che tutto questo finisca e penso di non essere l'unica.

«Dam, taci.»

Jared prova ad allontanarlo dal nemico, sembra che abbia capito meglio degli altri le intenzioni del biondo.

«Andiamo.»

Dopo aver recuperato il mio cellulare da terra, Damon mi si avvicina e posa un braccio sulle mie spalle. Il biondo se ne va, con una soddisfazione stampata in faccia che mi fa accapponare la pelle.

«Devo avvisare Tate» sussurro, ma non posso mandarle un messaggio.

«Te ne comprerò un altro» dice Damon, e quando provo a spiegargli che non è necessario, veniamo interrotti dall'ira di Jared.

«Hai fatto il suo gioco. Voleva solo provocarti, voleva conoscere i tuoi punti deboli!»

Damon lo guarda, nei suoi occhi arde una fiamma che potrebbe incenerire qualsiasi cosa.

«Mi parli di gioco?» urla. «Sai che è solo colpa tua se lei...»

«Lo so, cazzo. Lo so.»

«Dam.» Anche Thomas prova a farlo ragione. «Devi essere più lucido, anche in situazioni simili. Sai che gli uomini di Falcones sono subdoli e che da sempre provano a fotterti sfruttando i tuoi punti deboli. Non dovevi…»

«Ti posso fare una domanda, Thomas?»

L'aria è tesa, e vederli litigare per me è l'ultima cosa che voglio.

«Se al posto di Krystal ci fosse stata Corinne, tu saresti stato lucido?»

Thomas abbassa lo sguardo, e non risponde.

«Appunto» mormora Damon, mentre io sono sempre più… confusa. «Andiamo, Krys.»

Vorrei sapere perché quel ragazzo mi segue e da quanto, vorrei sapere se Damon ne era al corrente, vorrei capire il senso delle sue parole, ma quando saliamo in auto e lui posa la fronte sul volante, smetto di pensare a me stessa.

«Dam.» Poso una mano sul suo braccio e per qualche secondo mi ignora. «Ehi.»

«Perché non mi mandi al diavolo? Perché non mi chiedi di starti lontana?» sbotta, voltandosi nella mia direzione.

«Perché tu…»

«Krystal, smettila! Non trovare del buono dove non c'è. Non ti rendi conto? Non vedi in cosa ti sto trascinando?»

Mi fa male quando pensa di essere il peggio per me, odio l'opinione che ha di sé stesso e odio ancora di più quando prova ad allontanarmi.

«Io sono convinta che ci sia, invece. Non sempre nella vita abbiamo scelta, e quello che fai non ti rende un mostro o una persona da dover allontanare.»

«Tu non capisci!» Scuote il capo.

«Vuoi allontanarmi?» gli chiedo, perché è questo quello di cui stiamo parlando. «Non vuoi vedermi mai più? Pensi che questa sia la soluzione?»

Distoglie lo sguardo, nonostante lo stia pregando di guardarmi, di resistere e di lottare per quello che sta nascendo fra di noi.

Perché lo so, lo sento che tutto questo è incredibilmente giusto.

«Preferiresti dimenticarmi?» continuo e mi avvicino.

Sciolgo il nodo che ha creato con le sue braccia e lo costringo ad abbracciarmi.

Lui sospira forte e mi guarda come se volesse rimproverarmi.

«Preferirei odiarti.» Si lecca le labbra e il mio sguardo cade lì: le desidero con tutta me stessa, in questo momento.

«Allora, fallo. Odiami.» Poi lo bacio piano. Prima il labbro inferiore, poi quello superiore. Lui prova a resistermi, fino a quando le mie labbra non hanno insistito a sufficienza. Le sue si schiudono e iniziano a divorarmi come se non mangiasse da una vita intera.

Mi lascio amare dalla sua bocca, mi lascio toccare il corpo e l'anima che ormai appartiene a lui. Non c'è più alcuna traccia del Damon arrabbiato con il mondo intero, del Damon che avrebbe voluto uccidere quel tipo e picchiare Jared.

C'è solo il mio Damon, che mi accarezza con passione ma anche con delicatezza, come se fossi la cosa più importante e fragile del mondo.

«Resta da me, stanotte» gli dico.

«Non tentarmi.» Strizza gli occhi come se provasse dolore. «Dobbiamo analizzare un pc.»

«Va bene, non fa nulla.»

Ci sono rimasta male, non posso negarlo, ma mi impongo di non farglielo notare. Lui ha la sua vita, le sue cose, e dovrei già apprezzare il suo tentativo di trascorrere qualche ora con me qui, a questa festa che si è rivelata un totale disastro.

«Puoi accompagnarmi tu in istituto?»

Non mi risponde.

Mi bacia ancora.

«Domani staremo insieme» dice e i brutti pensieri si annullano, almeno per ora.

Oggi Tate non verrà a scuola, trascorrerà la mattinata con la sua probabile futura famiglia in compagnia della Morris e di un'assistente sociale. È stato strano non vederla seduta sull'autobus con me, ma è qualcosa a cui dovrò abituarmi.

Cammino per i corridoi della nostra scuola e… noto qualcosa di strano. Troppi occhi sono fissi su di me, alcune persone ridono, altre parlottano mentre passo. Non riesco a comprendere il motivo del loro comportamento, almeno fino a quando raggiungo il mio armadietto e…

Il mondo mi crolla addosso.

Non ho mai desiderato sparire come in questo momento.

Guardo *quelle foto* e… scappo.

Ho bisogno di Damon.

64

L'essere umano sa essere davvero meschino, penso, mentre il panico si impossessa di me. La mia mente è preda di mille pensieri, sono angosciata e corro verso i bagni per nascondermi. Sì, sono io quella che si nasconde perché il mondo va al contrario. La vittima diventa il colpevole e deve vergognarsi, deve provare ribrezzo per sé stessa.

Stringo fra le mani le foto, e il mio corpo diviene preda di singhiozzi irrefrenabili che fanno crescere la paura. Mi chiudo in bagno, scivolo contro la porta e continuo a piangere senza riuscire a calmarmi. Ci siamo io e Damon qui, siamo sulla bocca di tutti, negli occhi di tutti, e non riesco a farmene una ragione. Una parte di me sa chi potrebbe averci scattato queste feste quando, dopo essere andati al cinema, siamo andati nel nostro posto preferito e… ci siamo baciati.

Con le dita sfioro le fotografie e tremo, quello che stavamo facendo è inequivocabile e anche se il mio corpo, mezzo nudo, è coperto da quello di Damon, i nostri volti sono facilmente riconoscibili. Vorrei tornare indietro nel tempo e trattenermi, e questa è la prima volta in cui penso a una cosa simile. Non si tratta di Damon, con lui rifarei tutto, ma… starei più attenta. Rispetterei le regole e troverei il modo di farle rispettare anche a lui.

Inevitabilmente il mio pensiero corre alla Morris; queste foto sono diventate di pubblico dominio e sono sicura che la preside ne sarà già a conoscenza. Questo aumenta il mio malessere. Non riesco a respirare.

«Sei diventata famosa.»

Avevo dimenticato che questo bagno ha due ingressi. La cattiveria di Piper è l'ultima cosa di cui ho bisogno ora.

«Lasciami stare.» Mi rimetto in piedi, non so con quali forze.

Si avvicina, ma sono così turbata per il resto da non lasciarmi intimorire da lei.

«Pensi di essere la mia sostituta? Ti sbagli, ragazzina!» sputa fuori, guardandomi negli occhi. «Sei solo un mezzo, suppongo che tu sappia che lui odia Jacob e... all'epoca, tu eri la sua ragazza.»

«Smettila!» ringhio. «Damon non ci ha provato con me quando stavo con Jacob.»

Sono poco lucida, ora. Non sono in grado di ragionare e Piper se ne sta approfittando.

«Be', ma questi erano i piani di Damon. Non ti sto mentendo.» Scrolla le spalle.

«Ti stai rendendo ridicola.» La supero ed esco in corridoio. Ovviamente Piper Green non è ancora soddisfatta e mi segue.

«L'ha detto, perché non chiedi conferma direttamente a lui?» Solleva il mento e quando seguo la traiettoria del suo sguardo, noto Damon avanzare verso di noi. «Ciao, Dam. Da quanto tempo!»

«Sei stata tu?»

L'espressione seria con cui la guarda, dopo aver notato le mie condizioni, cancella ogni mio dubbio. Damon non ha mai provato a ingannarmi, ne sono certa. Anche se a volte sbaglia i modi, è sempre stato sincero con me.

Si avvicina e avvolge i miei fianchi con un braccio, ed è proprio lì che cade lo sguardo di Piper.

«Non sono mai stata granché, come fotografa» dice. Ma c'è qualcosa di strano in lei, come se vedere Damon con me le provocasse dolore. Non ho mai pensato che potesse essere innamorata di lui e... non lo vorrei neanche. Il solo pensiero mi fa male.

«Piper, se scopro che dietro quello schifo ci sei davvero tu...»

«No, non vi ho scattato io quelle foto.» Alza gli occhi al cielo. «Le ho solo raccontato una cosa, ma come al solito nessuno mi crede.» Fa una smorfia divertita.

«Cosa ti sei inventata stavolta, eh?»

Seguo questa scena e mi sento di troppo, anche se Damon continua ad accarezzarmi e a infondermi coraggio.

Lo guardo e per un attimo dubito di lui.

«Le ho semplicemente spiegato il motivo per cui ti sei avvicinato a lei. Dio, pensavo che l'avesse capito. Trovatene una più intelligente.»

«Che diavolo stai dicendo?»

Damon sembra sinceramente confuso e io torno a respirare. Poi Piper continua e le mie certezze ricominciano a cedere.

«Non te lo ricordi? Hai detto, testuali parole: "Soffierò a Jacob la prossima ragazza e la farò soffrire come lui ha fatto soffrire mia sorella".»

La presa di Damon rallenta e il mio cuore inizia a sgretolarsi, quando sento incertezza nella sua voce.

«L'ho detto anni fa, non conoscevo Krystal e… non mi sono avvicinato a lei per questo.»

L'espressione trionfante di Piper mi fa capire che lei ha vinto e che noi abbiamo perso.

«Se lo dici tu.» Scrolla le spalle, poi se ne va lasciandoci soli.

«È… vero?»

«Krystal!» Gli occhi di Damon sono due pozzi di paure e sensi di colpa. «Ho detto quella frase pochi giorni dopo l'incidente di Charlotte. Ero sconvolto, ero arrabbiato con Jacob perché avevo scoperto che tradiva mia sorella con Piper e… no, mi devi credere, non mi sono avvicinato a te per vendicarmi di lui.»

Gli tremano le mani mentre afferra il mio viso. Non l'ho mai visto così preoccupato. Forse sono stupida, ma gli credo.

«Spero sia così» sussurro abbassando il capo.

In questo momento mi sento sopraffatta da troppe cose.

«Te lo giuro su Charlotte, io non ti ho mai presa in giro.»

Alzo gli occhi su di lui, dinanzi a questa confessione così pura, così forte, e le mie labbra iniziano nuovamente a tremare.

«Ci hanno visti tutti.»

Non so controllare le lacrime, non più.

Damon mi attira contro il suo petto, mi stringe forte e mi promette che chiunque abbia fatto una cosa simile la pagherà.

«Non dare loro questo potere, sei più forte» sussurra fra i miei capelli.

«Cammina a testa alta perché non dobbiamo vergognarci di nulla. Quel gesto è stato una cosa ignobile, non quello che stava accadendo tra di noi» mi dice, mentre mi accarezza una guancia.

Annuisco ed è incredibile come lui, in così poco tempo, sia riuscito a farmi calmare. Anche se sto ancora male e so che questa storia avrà degli strascichi con cui dovrò fare i conti.

«Mi credi?» mi domanda, e so a cosa si riferisce.

«Ti credo» sospiro, e lui con me. «Ti sei avvicinato perché ti serviva un fazzoletto.» Provo a sdrammatizzare, e per come mi guarda mi fa venire voglia di dire qualcosa di molto... stupido.

«Be', sì. Anche per quello.»

«E poi? Per quale altro motivo?»

«E lo vengo a dire a te!» Si morde le labbra, prima di sfiorare il mio naso con il suo. «Sono un tipo riservato, non insistere» scherza, prima di mordermi il naso.

«Ahi!» Provo a guardarlo male, ma le sue carezze e le sue parole incoraggianti me le porterò dietro tutto il giorno.

Non è facile quando tutti ridono di te, non è facile quando tutti ti giudicano e parlano, ma Damon ha ragione: io sono più forte e nessuno deve farmi sentire sbagliata.

Il momento peggiore arriva quando entro in mensa. Come prevedibile tutti mi guardano e lo fa anche Luke, quando mi siedo al suo fianco. La prima cosa che fa Jacob, quando poso il vassoio sul tavolo, è dirmi che gli dispiace.

«Ignorali, le persone sanno essere davvero cattive.»

Luke, invece, posa una mano sulla mia spalla e guarda male chi, nelle vicinanze, continua a spettegolare.

«Prima o poi la smetteranno. La gente dimentica in fretta» prova a rincuorarmi, ma io vorrei solo trovare Damon e scappare con lui da questo posto.

Come se l'avessi richiamato, lo vedo entrare in mensa. Ammutoliscono tutti. Lo rispettano e non lo offendono come hanno fatto con me. Ovviamente di questo sono contenta, ma mi rendo anche conto di quanto il mondo sia strano e di quanto le persone siano ipocrite e false.

Punto gli occhi sul piatto, ma li spalanco quando noto che Damon si è appena seduto al mio fianco e che…

«Ciao, piccoletta.» Mi bacia sulle labbra, davanti a tutti.

Smettono di sorridere, di guardarmi e di parlare di me.

Persino Luke e Jacob sembra abbiano avuto una paralisi facciale. In un'altra occasione, avrei riso per le loro espressioni.

«Ehm, ciao Damon.»

«Oggi hai nuoto?» domanda, sfilando la forchetta dalle mie mani. Inizia a mangiare il mio pranzo, e sono sicura di avere la stessa espressione dei ragazzi seduti al nostro tavolo.

«Sì, ma non sono sicura di…»

«Anch'io» dice, come se volesse rassicurarmi. Lo capisco dal modo in cui posa la mano sulla mia gamba, ma senza malizia.

E anche quel momento arriva e Damon c'è, sempre.

Oggi è strano, ma in senso buono. Adoro questo suo lato così protettivo che ho avuto modo di sperimentare solo raramente.

L'acqua è fredda, ho brividi ovunque e il suo sguardo sfacciato mi mette in soggezione.

«Non pensavo che gli allenamenti potessero essere così piacevoli» dice, con i gomiti poggiati sulla scaletta in ferro. Io sto prendendo fiato dopo la terza vasca, mentre lui sembra che si stia godendo uno spettacolo.

«Oggi sei troppo gentile con me» gli faccio notare. Se ne esce con un sorriso da capogiro che mi distrae.

«Io non sono gentile.»

«Okay.» Alzo gli occhi al cielo. «E devi restare lì?»

«Mi sto riposando.»

«Devi riposare proprio dietro di me?» sbuffo, ma la sua risposta mi fa andare la saliva di traverso.

«Dietro di te non potrei mai riposarmi!»

Sgrano gli occhi e so di avergliela data vinta, quando lo vedo uscire dalla piscina con aria trionfante.

Prima o poi Damon mi manderà al manicomio. Ultimamente ci stiamo punzecchiando tanto, con frasi che lasciano poco all'immaginazione. A volte mi chiedo se non sia stufo di questi giochetti, se non voglia altro. La verità è che io lo voglio, vorrei fare certe esperienze con lui, ma sono troppo timida per parlargliene e lui... be', lui sa come trattenersi.

Con gli ormoni in subbuglio, riprendo il mio allenamento, ma neanche tutti gli sforzi del mondo riescono a placare quello che sta accadendo dentro di me.

Damon

Krystal ha ragione, oggi ho provato a essere una persona migliore: solo per lei, ma questo non può saperlo. Non si tratta di gentilezza, ma vederla stare male ha scatenato qualcosa di strano in me. Così sono riuscito a trattenere la rabbia.

Ora è diverso, ora posso di nuovo perdere la calma e ammazzare chiunque mi capiti a tiro. Thomas e Jared parlano, abbozzano teorie su teorie, ma attirano la mia attenzione solo quando nominano Piper.

«Non penso sia stata lei» dico.

Non è così intraprendente da organizzare una cosa simile.

«Potresti sbagliarti, quella ragazza ha perso la testa da quando l'hai sostituita con Krystal.»

Guardo Jared nel peggiore dei modi. «Krystal non è la sostituta di Piper. I loro nomi non possono stare nella stessa frase.»

«Okay, concetto afferrato, ma ciò non toglie che potrebbe esserci lei dietro questa storia. Ricorda che è la figlia di Green e che potrebbe sapere molte più cose di quante possiamo immaginare.»

«Parli del piano di Damon?» domanda Thomas e io mi agito.

Conosco i rischi e so quello a cui dovrò rinunciare quando lo metterò in atto.

«Ovviamente, sempre che tu sia ancora convinto di volerlo fare.» I dubbi di Jared sono un tentativo di mettere in dubbio la mia parola. Sin dall'inizio, è stato l'unico ad appoggiare il mio piano di vendetta contro Piper e Jacob.

«Devi credere alla mia parola, soprattutto quando si tratta di mia sorella.»

Thomas abbassa lo sguardo e un po' vacillo anch'io.

Me ne vado nella mia stanza perché ho bisogno di stare da solo, non mi servono le loro chiacchiere quando sono di fronte a una decisione che non dovrei mettere in discussione.

Non mi era mai successo prima d'ora, ma…

No, non voglio pensarci.

Apro il cassetto del comodino e prendo il telefono di Krystal. L'ho fatto riparare e dovrei ridarglielo il prima possibile, ma la tentazione è tanta e io non sono mai stato un bravo ragazzo. So che non dovrei farlo, io non sono un insicuro, ma non riesco a fermarmi. Apro i messaggi e vado spedito sulle conversazioni che ha avuto con quel dannato Nick.

Che poi lo so come si chiama, ma non m'importa.

Non c'è nulla di compromettente, almeno da parte di Krystal. Lui invece è un coglione proprio come sospettavo, e il fatto che lei non abbia più risposto mi rende felice. Non so cosa mi stia facendo quella ragazza, so solo che quando non la vedo perdo la testa, che quando sono con lei vorrei stringerla, divorarla e non lasciarla andare via mai più. Nessuna potrebbe mai competere con lei, nessuna sarà mai lei, e mi chiedo come sarà la mia vita quando sarò costretto a rinunciare a questo spicchio di felicità.

Chiudo gli occhi, ma quelle foto tornano a tormentarmi, così come il dolore che ho letto sul suo viso. Sono sbagliato per lei, ma farei qualsiasi cosa per proteggerla. Sono geloso, sono ingiusto ed egoista. Non riesco a controllarmi: cancello il numero di Rick dalla rubrica, dopo avergli scritto un ultimo messaggio. Quindi cancello anche la chat.

Infine ripongo il cellulare nel cassetto e sorrido.

Sono uno stronzo.

65

Oggi Tate è tornata a scuola e ha scoperto quello che è successo.

Ovviamente è andata su tutte le furie e ha provato a convincermi che denunciare una cosa simile è la scelta migliore. Io le ho detto che Damon si stava occupando della questione e lei non l'ha presa nel migliore dei modi.

«Sei troppo accondiscendente, quando c'è lui di mezzo. È solo colpa sua se ti trovi in una situazione simile, ed è questione di tempo prima che arrivi alle orecchie della preside e della Morris.»

Lo so, so che è solo questione di tempo, ma voglio sfruttarlo per dare modo a Damon di limitare i danni.

«Non è colpa sua» dico, e lei inarca un sopracciglio.

«Sei talmente innamorata da non pretendere neanche un chiarimento sul vostro rapporto; è inequivocabile quello che stavate per fare, e la vecchia Krystal non si comporterebbe così con qualcuno che non è nemmeno il suo ragazzo.»

Abbasso lo sguardo e mi fisso le scarpe.

«Non voglio essere cattiva, Pallina, ma devi farti rispettare. Se lui ti chiede di uscire, non accettare subito. Non rendergli le cose troppo semplici, meriti più rispetto.»

Chiudo il mio armadietto, ma non ho voglia di entrare in classe. Il mio umore è sotto i piedi.

«Hai ragione, vorrei solo... essere più coraggiosa.»

«Be', non è mai tardi per iniziare a esserlo.» Accenna un sorriso. «Ti aspetto in classe» aggiunge, mentre l'oggetto della nostra discussione si avvicina a noi. Non ci vediamo da ieri, ma mi è mancato tanto. Sono rovinata.

«Come nuovo.»

Guardo Damon, poi la sua mano tesa nella mia direzione. Mi ha riportato il cellulare, che ha un aspetto decisamente migliore rispetto all'ultima volta che l'ho visto.

«Grazie, hai speso molto per...»

«Niente» replica, poi il suo sguardo si incupisce. Guarda oltre le mie spalle.

Mi volto e vedo Rick. Lo saluto, ma lui si gira dall'altra parte e mi ignora.

«Che strano» commento.

«Che t'importa di quello sfigato?»

Torno a Damon perplessa. «Va tutto bene?»

«Alla grande, hai da fare dopo scuola?»

Il mio cuore prende a battere all'impazzata, poi mi ricordo della punizione e so che stavolta non posso commettere errori. In cuor mio spero ancora che la Morris non vedrà mai quelle foto, ma devo comunque evitare di farla arrabbiare di più non tornando in istituto dopo le lezioni come stabilito.

«Devo rientrare immediatamente. Sai, la punizione.»

Fa una smorfia. Sembra che ci sia rimasto male, ma non ne sono sicura. Damon non è mai chiaro.

«Che c'è?»

«Nulla, ora vai. Le lezioni sono iniziate» sbuffa, mettendomi in mano il cellulare. Lo guardo allontanarsi teso verso l'uscita. Mi chiedo cosa sia successo e il perché della sua reazione.

La risposta alle mie domande arriva nel tardo pomeriggio. Nel modo peggiore possibile. Sono nella mia stanza a rimuginare sulle azioni di Damon, quando mi arriva un messaggio da parte di un numero sconosciuto.

Non pensi sia da ipocriti salutarmi dopo avermi chiesto di non scriverti più?

Rileggo il messaggio un paio di volte. Sono confusa, così rispondo chiedendo chiarimenti. Non so chi sia, e penso che sia soltanto un errore, qualcuno che ha sbagliato numero.

Sono Rick, hai già dimenticato anche questo? Solo ieri mi hai chiesto di cancellare il tuo numero dalla mia rubrica e di non contattarti mai più se non volevo avere problemi.

Il telefono scivola dalle mie mani e cade sul letto. Ieri lo aveva Damon, per cui…

La rabbia prende il sopravvento e non ragiono quando mi calo giù dalla finestra, infrangendo una delle tante promesse fatte alla Morris. Sono fuori di me, non mi capacito di quello che ha fatto. Non tanto per Rick, quanto per il fatto che ha agito alle mie spalle. Non è il mio ragazzo, non ha provato a parlarmi dei suoi sentimenti o anche solo di quello che prova quando è con me, perciò un gesto simile non ha alcuna giustificazione.

Prendo l'autobus, fremo per i successivi venti minuti e quando mi ritrovo fuori dalla porta di casa sua sono ancora arrabbiata come una belva. Capita di rado, ma lui è in grado di tirare fuori il peggio di me.

«Apri, stronzo!» urlo, battendo i pugni contro il legno. Quando apre, penso che sia stato molto sfortunato.

«Krystal, cosa succede?» I suoi occhi preoccupati per un attimo mi fanno vacillare, ma poi mi riprendo.

«Come ti sei permesso?» strillo, mostrandogli il cellulare. Lui me lo strappa dalle mani, ma la sua espressione resta impassibile.

«Quindi?»

«Sei stato tu.»

«Quindi?» ripete, portandomi al limite.

«Non dovevi farlo, non dovevi scrivergli al mio posto.» Spalanco le braccia, ed è solo a questo punto che ottengo una reazione.

«Oh, sei così arrabbiata perché il tuo amichetto si è offeso. Ora capisco» sputa guardandomi male, ma se pensa di poter ribaltare la situazione si sbaglia di grosso.

«No, sono arrabbiata perché hai agito alle mie spalle.»

«Stai esagerando» sbotta.

«Perché l'hai fatto?»

Pretendo una spiegazione, per una volta voglio sentirmi dire che l'ha fatto perché è geloso, perché mi vuole e perché non sopporta l'idea che mi voglia anche qualcun altro.

Ma non accade nulla di tutto questo.

«Non c'è un motivo. Mi andava, ero annoiato.»

La delusione sul mio volto sarebbe visibile anche da chilometri di distanza.

«Bene.» Faccio per andarmene, ma mi afferra la mano.

«Aspetta, entra e...»

«Non ne ho voglia» dico, guardandolo negli occhi. «Sono stanca di questi giochetti, Damon. Quando avrai abbastanza coraggio per avermi nella tua vita, sai dove trovarmi, ma fino ad allora io non ti permetterò più di trattarmi come una stupida.» Giro i tacchi e inizio a scendere le scale.

Non è stato facile dirgli queste cose, con la consapevolezza di non poter ricevere più nulla da lui, ma ho troppo rispetto per i miei sentimenti e gli ho perdonato tante cose, persino quando lui non mi chiedeva scusa.

Damon non mi ha seguita, mi ha lasciata andare e forse è arrivato il momento di accettare la realtà.

Due giorni dopo il mio umore ha toccato livelli bassissimi.

Le pratiche per l'adozione di Tate procedono alla grande, e manca poco al momento in cui mi ritroverò sola in questa stanza. Ora dorme, completamente ignara di quello che sta accadendo nella mia testa, ma i pensieri scompaiono quando sento un rumore provenire dalla finestra. Sobbalzo nel letto, non ho alcuna intenzione di andare a controllare, soprattutto perché temo possa trattarsi di Damon. Vorrei vederlo, mi manca tanto, ma non voglio cedergli per poi stare male di nuovo.

Il rumore continua. Qualcuno sta lanciando sassolini contro il vetro: per evitare che tutti si sveglino, sono costretta ad affacciarmi.

«Jared! Cosa ci fai qui?»

«Krystal, devi venire con me. È urgente!»

«Damon? Gli è successo qualcosa?» mi allarmo.

«Ti spiego per strada, ma devi venire» ripete, e questo basta per convincermi. Quando si tratta di lui io non ragiono, anche se so che a volte dovrei controllare le mie emozioni.

In auto cala il silenzio, ma dopo pochi istanti sbotto.

«Aspetta, dove mi stai portando?»

«Da lui, deve parlarti» dice e io perdo la calma.

«Stai scherzando? E ha mandato te?»

Mi lancia un'occhiataccia, ma continua a guidare.

«Non poteva venire qui; è molto importante quello che ha da dirti e purtroppo non poteva rischiare o esporti.»

«Non ti seguo» dico iniziando ad agitarmi, ma lui mi risponde che a breve capirò tutto.

«Ti chiedo solo di lasciarlo parlare» sussurra, spegnendo il motore. Mi guardo intorno, siamo al porto di Manchester. «La vedi quella barca? Ti aspetta lì.»

«Ma… sta bene?»

I suoi lineamenti si addolciscono. Annuisce, ma non aggiunge altro. Di qualsiasi cosa si tratti dovrò scoprirlo da sola, ma non ho paura. Io voglio vederlo, voglio parlare con lui e voglio che lui parli con me.

«Grazie per avermi accompagnata qui.»

«Di nulla.» Abbozza un sorriso, poi ci salutiamo e credo che questa sia la prima volta in cui ci siamo comportati come persone normali.

Mi tremano le gambe quando cammino verso la barca, sembra così indifesa mentre galleggia sull'acqua.

Damon è voltato di spalle, con le mani poggiate sul timone e non mi guarda.

«Ciao» dico. Si volta nella mia direzione, e io sussulto. «Cosa? Oddio… cos'è successo alla tua faccia?»

Ha il volto tumefatto e ricoperto di lividi, nei suoi occhi spenti leggo una paura nuova, qualcosa che mi terrorizza ancora prima di conoscerla.

«Voglio parlarti.» Si avvicina e prende le mie mani fra le sue.

«Stai bene?»

«No, non sto bene» risponde e non immagina quanto mi faccia male ascoltare queste parole, anche se l'ho sempre saputo. Damon è un libro chiuso, ma solo se hai davvero intenzione di leggerlo lui si lascerà scoprire, e io ne ho sempre avuto voglia, anche quando provava ad allontanarmi, anche quando mi respingeva e mi trattava male. Ho sempre saputo che dietro tanta freddezza nascondeva un cuore caldo e bisognoso d'amore, e io sono disposta ad amarlo, perché se non lo facessi la mia vita non avrebbe alcun senso.

«So che, dopo questa conversazione, rischio di perderti» continua.

«Io sono qui, e non vado da nessuna parte» mi avvicino ancora un po' e lui abbozza un sorriso stanco.

«Green sa tutto. O meglio, sa quello che ho dovuto inventare per proteggere Jared. Lo avrebbe ammazzato se avesse scoperto che era stato lui a spacciare nella zona dei Falcones.»

«Non ti seguo. Cosa sa Green?»

Fa un lungo respiro, prima di allontanarsi verso sottocoperta invitandomi a seguirlo. È stanco, lo capisco dal modo in cui il suo corpo si adagia su una brandina che in realtà sembra comoda.

«Vieni qui.» Batte la mano sulle sue ginocchia e io lo faccio. Mi siedo su di lui e accarezzo il suo viso. Odio chiunque lo abbia ridotto in questo stato.

«Le foto attaccate sul tuo armadietto sono arrivate nelle mani di Green. Lui pensa che mi sia avvicinato a te per scoprire chi dei suoi aveva spacciato nel territorio dei Falcones. Nelle prime, che ci sono state scattate quella sera, quelle di cui il biondo stava parlando in discoteca, si vedeva chiaramente il volto di Tate e suppongo anche il tuo, a questo punto. Purtroppo anche Jared è stato quasi scoperto.» Abbassa lo sguardo.

«Quindi il tuo capo ha picchiato te per questo?»

«Voleva che gli dicessi il tuo nome, purtroppo pensa che io e Jared stiamo agendo contro di lui. Diciamo che anch'io gli ho dato modo di pensare questo. Sono stato… poco convincente quando ti ha nominata. Dice che per la società tu sei un fantasma e… io sono stato un coglione!» Chiude gli occhi. «Non volevo coinvolgerti, non so cosa vuole Green da me e da te, e non so perché non mi abbia sparato quando ha avuto il dubbio che stessi proteggendo Jared e… anche il resto.»

Alcuni dei miei tanti dilemmi iniziano a trovare una soluzione. Non posso dire di aver capito tutto, ma so che lui ha fatto questo per me, ha rischiato tanto per me quando gli sarebbe bastato dire il mio nome.

«Dam io… odio l'idea che quell'uomo ti abbia fatto del male a causa mia. Quella sera ho voluto seguire Tate e tu…»

«*Shhh.*» Posa un dito sulle mie labbra. «Dovresti odiarmi.»

«Non potrei mai farlo, mai» dico e lui chiude gli occhi quando poso la guancia contro la sua tempia.

Damon

Voglio raccontarle tutto, voglio che Krystal conosca ogni dettaglio della mia vita, anche se so che così rischio di perderla. Quando Green l'ha nominata e mi ha mostrato quelle foto, ho perso la testa.

Sono stato impulsivo, poco lucido, e la sua reazione non poteva essere diversa da quella presente sul mio volto. Mi ha colpito, ho provato a difendermi, ma un uomo come lui non ha scrupoli e agirà sempre secondo le sue regole. Ho perso la testa, ma tengo queste cose per me perché non voglio che Krystal si spaventi più di quanto non lo sia già.

Ho rovinato la sua vita e la cosa bella è che io sapevo perfettamente che non avrei dovuto trascinarla nella mia merda, ma non ho resistito e ora... non riesco a perdonarmelo. Sono terrorizzato all'idea che Green possa seguirmi e scoprire dove abita Krystal.

«Voglio parlarti di me» le dico, sfiorandole le gambe. Temo che questa possa essere l'ultima volta in cui potrò toccarla e non riesco a farmene una ragione.

«Solo quello che vuoi, io... non voglio obbligarti.»

Lei è sempre stata paziente, anche quando non lo meritavo. Ha accettato ogni cosa di me, soprattutto i difetti, e so che non è stato facile.

«Jacob e io eravamo molto amici. Eravamo come fratelli e a me andava bene che lui frequentasse mia sorella. Mi dicevo: meglio Jacob che qualcun altro. Mi sono sempre fidato di lui, sempre. Poi sono iniziate ad accadere cose strane. Litigavano sempre, lui diceva che Charlotte era esagerata e troppo gelosa. Io provavo a non mettermi in mezzo. Lei era mia sorella e lui un amico, pensavo che avrebbero risolto come sempre. Poi...»

Sono costretto a fermarmi, i ricordi mi spezzano il respiro, ma la mano di Krystal che accarezza la mia nuca mi aiuta e restare qui, con lei.

«Poi c'è stato l'incidente, ricordo perfettamente il sangue sull'asfalto quando sono arrivato. Jared stava picchiando Jacob.»

«Jared?» Si acciglia.

«Sì, è stato lui a ridurlo in fin di vita e ora capisco il perché. È sempre stato innamorato di Charlotte e quando si è trovato sul luogo dell'incidente, sapendo che Jacob la tradiva, ha iniziato a inveire contro di lui. Io ero confuso, mia sorella era ancora in auto, l'ambulanza non era ancora arrivata e poi... abbiamo sentito le sirene della polizia. Ho provato a fermare Jared, lui... si è spaventato, voleva scappare, ma io... non potevo lasciare Jacob lì. Non ho fatto la spia, non ho detto che era stato Jared. Lui era scappato e la polizia ha pensato che fossi stato io a picchiare Jacob.»

«Oddio... io non pensavo che...»

I suoi occhi si riempiono di lacrime.

«Dio, Dam. Hai pagato ingiustamente per l'errore di qualcun altro.» Si aggrappa alla mia maglia. Sta piangendo, lo so, ed è l'ultima cosa che volevo.

«Sì, ma... Jacob e Piper me la pagheranno. Non si sono mai scusati con mia sorella, hanno continuato a frequentarsi anche dopo e... nessuno dei due ha mai... cazzo, li odio. Odio loro, odio Green per essere il padre di quella stronza e lo odio perché io... non volevo lavorare per l'uomo che ha messo al mondo una traditrice simile. Ha reso la mia vita un inferno. Era la migliore amica di Charlotte e... la pagherà. Fosse l'ultima cosa che faccio.»

Krystal mi comprende e lo capisco dal modo in cui annuisce e continua a starmi vicino. Temevo che potesse provare ribrezzo per me e per tutto lo schifo che mi circonda da sempre. Invece, l'unica cosa che mi chiede mi fa battere forte il cuore.

«La tua vendetta è... una cosa pericolosa?»

«Negli anni ho raccolto informazioni su Green e su sua figlia. Sono persone potenti e l'unica cosa che potrebbe metterli in ginocchio è rovinare la loro reputazione, spedendoli in carcere.»

«Entrambi? Pensavo che lei ti... piacesse.» Arrossisce e io non dovrei trovarla... adorabile.

«Lei mi serviva. Ha usato e tradito mia sorella, per cui meritava di essere trattata allo stesso modo» dico, guardandola negli occhi. «Piper non mi è mai piaciuta, la odio.»

Non se ne rende conto, ma tira un sospiro di sollievo che a me fa sorridere. Krystal è unica, è buona e pura, e io non la merito.

«Capisco, voglio dire... io non ti giudicherei mai, anche se ho paura delle tue intenzioni.»

«Ho una cosa per te» dico di punto in bianco.

Voglio allontanare i brutti pensieri e non voglio pensare a cosa dovrò fare contro quei due, quando arriverà il momento.

Voglio solo che Krystal torni a sorridere, e che non abbia paura.

Ovviamente non apprezza il mio improvviso cambio d'argomento, ma quando le porgo una busta rossa e vede quello che c'è dentro, la sua espressione cambia.

«Ma questo è il vestito rosa che...»

«Che non mi piaceva. Sì, è quello.» Accenno un sorriso, stringendole la gamba. Lei arriccia il naso, vorrei divorarla.

«Quando l'hai preso?»

«Mentre tu eri troppo impegnata a comprare questo» mormoro, mostrandole il mio anello.

Il suo sorriso timido sfocia in qualcosa di più grande; è bellissima e non immagina quanta voglia ho di baciarla.

«Ti dispiace se lo provo?»

Sì, renderesti tutto più difficile.

«Se proprio vuoi» dico. Si alza dalle mie gambe: ci guardiamo, ed è come se lo stessimo facendo per la prima volta.

«Grazie per avermi parlato di quella storia. Non immagini quanto sia importante per me sapere che ora, almeno un po', ti fidi di me.»

Mi avvicino a lei, resistere è davvero difficile.

«Almeno un po'? Pensi che sia soltanto un po'?»

Le porto una ciocca di capelli dietro l'orecchio. È bellissima e la voglio. In ogni senso. Non so dare un nome a quello che provo per lei, oppure ho semplicemente paura di ammettere qualcosa che non ho mai conosciuto in vita mia.

«Spero molto di più» dice. La bacio, perché da questo dipende tutto. Da lei dipende la mia felicità e la salvezza della mia anima.

66

Damon

La vita è fatta di scelte sbagliate, di ripensamenti e di rimpianti. Non so cosa accadrà fra cinque minuti né domani, nessuno di noi può saperlo, ma mentre avvolgo i fianchi di Krystal e lei continua a guardarmi, penso che sia la cosa più giusta di sempre, in mezzo a un mare di scelte sbagliate.

Faccio un lungo respiro, la scruto attentamente e poi lascio che siano le sue labbra a dettare il ritmo di questo bacio. Sento che questo è il nostro momento, e per la prima volta da quando mi sono reso conto di quanto lei sia importante per me non penso alle conseguenze. Averle parlato, anche se solo di una parte della mia vita, mi ha dato il coraggio necessario per affrontare quello che desidero da sempre, con lei.

«Vieni qui.» La pretendo, voglio che mi stia vicina mentre affrontiamo le nostre paure perché, anche se non ce lo siamo detti espressamente, i nostri occhi stanno urlando quello che vogliamo. Ci vogliamo, io la voglio più di qualsiasi altra cosa al mondo e, a prescindere da tutto, non smetterò mai di amare il modo in cui solo lei sa sfiorare il mio viso. Non mi è mai piaciuto essere toccato con dolcezza, ma Krystal è unica e qualsiasi cosa faccia a me piace.

Ora sta tremando. È tesa, ha paura, e mi ritrovo anch'io ad averne, persino quando afferro le sue gambe e la spingo a cavalcioni del mio corpo. Ho sempre avuto un rapporto tranquillo con il sesso, non ho mai pensato o temuto di poter fare la cosa sbagliata con qualcuna.

Adesso, invece, sono terrorizzato. Non mi perdonerei nessun errore.

Mi sento fortunato quando la faccio stendere e posso guardarla. Mi sento lusingato perché ha scelto me, perché nei suoi occhi non leggo dubbi, ma solo certezze. Krystal non ha mai vacillato, in nessuna occasione. Non mi ha mai voltato le spalle, non è mai scappata come facevo io. Con le mani mi agguanta l'orlo della maglia, le sue braccia sono percorse da brividi.

I suoi lineamenti mi sono sempre piaciuti, li ho sempre apprezzati anche quando fingevo di ignorarla. Ero bravo a nascondermi, la guardavo solo quando ero certo che non potesse accorgersene, ma ora sono stanco. Ora voglio godermi ogni cosa di lei, ogni sua espressione mentre le regalo tutto di me, e non parlo del mio corpo, non parlo del senso di appagamento che leggo sul suo viso mentre le sfilo i vestiti e mentre lei, molto timidamente, prova ad aprire il bottone dei miei jeans. Parlo di qualcosa che ancora adesso mi spaventa a morte, parlo di una cosa che non conosco, ma che è l'unica che posso associare a lei. Ci ho messo tempo per accettarlo, ma è la realtà dei fatti e non vorrei cambiarla.

«Dam.» Chiude gli occhi, quando le sue mutandine scivolano via e le mie labbra iniziano a baciare il suo collo, poi il suo seno. Voglio assaggiarla tutta, da cima a fondo, e voglio che sia lento, vissuto...

Voglio rispettare i suoi tempi, le sue paure e persino il suo imbarazzo, ma sono un po' stronzo e non riesco a trattenere un ghigno quando la tocco proprio lì e scopro che è completamente fradicia.

«Fidati di me» le sussurro e lei mi dice che si fida, che è qui per me, e a me batte forte il cuore. È impazzito, ha vita propria e non ho intenzione di fare nulla per farlo calmare. Mi va bene così, mi va bene questo turbine di emozioni che ora mi sta squassando lo stomaco. Mi va bene sentirmi debole quando mi abbraccia, quando mi stringe a sé e quando mi guarda come se sapesse di avere il controllo su tutto. Krystal pensa il contrario, si sta affidando a me quando in realtà, da sempre, io le ho dato il permesso di proteggermi. Può suonare strano, se a dire una cosa simile sono proprio io, e non riesco a capacitarmi di averlo pensato, ma è la verità.

Lei mi protegge con i suoi modi, con le sue carezze e con le parole che dice.

Non cambierei nulla di lei, neanche una virgola.

Non cambierei nessun momento con lei, persino quelli in cui mi faceva incazzare come una bestia. Non li cambierei perché ci hanno portato a questo, perché mi fanno sperare in una vita migliore che non potrò avere se porterò a termine quello che ho in mente. E ora, mentre le bacio una caviglia, mentre aspetto che sia pronta per me, immagino quanto sarebbe bella la quotidianità con lei.

Krystal mi guarda, quando sono di nuovo su di lei, quando la sovrasto con il mio corpo che a breve rivendicherà il suo.

Perché lei è *mia*, anche se non gliel'ho ancora detto.

La bacio di nuovo, e so che lo farò per tutta la notte fino a consumarle le labbra. I suoi occhi, stavolta, mi dicono che il momento è arrivato e che lei c'è, c'è sempre stata e forse ci sarà per sempre.

Almeno nel mio cuore. Si tratta di un posto strano: ha accolto poche persone negli anni e le uniche donne che lo abitano da sempre sono mia madre e mia sorella.

Mentre scivolo in lei con la paura di farle del male, mi rendo conto che nel mio cuore avevo conservato un angolo solo per Krystal. Uno spazio grande, bello e speciale, dove tenerla al sicuro anche quando non sarò in grado di rassicurarla a parole.

Le sue labbra si schiudono, so cosa sta provando, so che non è piacevole e ammiro la sua forza quando riapre gli occhi e mi sorride.

«Piccola.» Ansimo come un dannato e, molto lentamente, inizio a muovermi. È una dolce tortura che sono felice di patire solo per lei. Le sue unghie mi graffiano la schiena a ogni colpo di bacino e lo adoro. Amo l'idea di avere i suoi segni addosso, le sue reazioni sulla mia pelle. Amo il modo in cui i nostri corpi sono avvinghiati. Amo il fatto che lei si stia fidando di me e che me lo ripeta mentre le chiedo se è tutto okay.

«Continua.» Mi morde le labbra e perdo la testa.

«Sei mia» le confesso ed è una liberazione, soprattutto quando afferro la sua mano, la porto sopra le nostre teste e lei incrocia le dita alle mie.

Iniziamo a tremare come foglie. Ho paura di cadere, ho paura di staccarmi da quest'albero che ci tiene uniti, ma poi entrambi esplodiamo come la bomba più potente del mondo e non ci allontaniamo. No, noi continuiamo a impazzire insieme, anche quando tutto sta per finire.

E resistiamo, resistiamo e… resistiamo.

Krystal

Amare qualcuno è la sensazione più bella del mondo, e amare Damon è molto di più.

Il suo cuore preme sul mio e mi sento felice.

Sono in pace con me stessa, mentre lo guardo. Ha ancora gli occhi chiusi e il respiro affannato; è bellissimo così sconvolto, così spettinato e completamente mio.

Non so se lo sarà anche dopo. Non voglio pensarci, ma non riesco a togliermi dalla mente le immagini di quello che è appena accaduto fra di noi. Non parlo solo del sesso, quello è stato magnifico e doloroso, ma della connessione che si è creata quando ci siamo uniti diventando una cosa sola.

Ho amato ogni secondo, ogni sguardo, ogni carezza.

Ho amato tutto e amo lui, più di qualsiasi altra cosa al mondo.

Che poi lui è il mio mondo, la realtà in cui vorrei vivere ogni giorno con la consapevolezza di non rischiare di farmi male.

«Tutto bene?» Scivola al mio fianco per non schiacciarmi, poi mi trascina sul suo petto, lì dove vorrei trascorrere ogni notte.

«Sì» sussurro, ma l'imbarazzo torna e non riesco a guardarlo.

Sono pur sempre io, anche dopo quello che abbiamo fatto.

«Sicura?» Con l'indice mi solleva il mento.

«Sì, sto benissimo.» Accenno un sorriso timido, che però illumina i suoi occhi di una luce nuova e bellissima.

«Voglio mostrarti una cosa.» Si alza e allunga una mano nella mia direzione. Non posso fare altro che afferrarla, anche se sono nuda. Damon si lecca le labbra, e io alzo gli occhi al cielo pur di mascherare la mia timidezza, ma serve a poco.

Afferra una coperta e la posa sulle mie spalle.

«Solo perché fuori fa freddo» dice con la sua solita espressione da furbetto. Quando raggiungiamo l'esterno e mi fa sedere sulle sue gambe, penso a quanto sono stata fortunata a incontrarlo.

«La tua fissazione ti perseguita.»

«La luna non è una fissazione. Non trovi che sia bellissima?» Lo guardo, prima di riportare il naso all'insù.

Sospira sulla mia spalla, e la bacia. «Sì, lo è.»

«Questa barca è tua?» gli domando e chiudo gli occhi, posando la guancia sul suo petto, quando inizia ad accarezzarmi i capelli.

«Di un amico, ma possiamo tornarci ogni volta che lo vorrai.»

«Meno male» sospiro, guardandolo. «È appena diventato il mio posto preferito.»

«Voglio ben dire.» Mi fa una linguaccia e io sorrido ancora. Credo di averlo fatto parecchie volte, stanotte.

«Non pensavo… potesse essere così bello» ammetto, anche se non riesco a confessarlo guardandolo negli occhi. Damon ha avuto altre ragazze prima di me, ha più esperienza, mentre io… temo di non avergli dato quello che si aspettava.

Come se avesse intuito le mie paranoie, afferra il mio viso con le sue mani a coppa e trova i miei occhi.

«Tu sei perfetta, Krystal.»

La serietà con cui lo dice fa svolazzare centinaia di farfalle nel mio stomaco. È il caos più totale, ma non voglio gestirlo. Voglio vivermi queste emozioni, voglio vivermi lui e le sue follie che ora sono anche le mie. Per questo, quando afferra le mie gambe e mi fa posizionare a cavalcioni su di sé, smetto di aver paura.

«Piano, non farti male» sussurra, aiutandomi a calare sul suo… corpo.

Fa male, ma la sua espressione mi dà la forza per affrontare ogni cosa. È un'altra prima volta per noi. Con lui ne sto affrontando tante.

Lo guardo, mentre godiamo insieme sotto la luna, e mi innamoro sempre di più.

«Dai, dobbiamo andare.» Scoppio a ridere, mentre lui continua a farmi il solletico. Ormai è l'alba e devo tornare in istituto prima che la Morris si accorga che sono scappata.

«Non sono d'accordo, ma… andiamo» borbotta mentre mi infilo il casco, nonostante i tentativi di trascinarmi di nuovo sulla barca. Ha un pezzo di me, di noi, e la amerò per sempre. Spero un giorno di poterci tornare, anche se ora, mentre salgo alle sue spalle e lo abbraccio, inizio a temere il *dopo*.

Cosa succede dopo?

Cosa si dice in quei casi?

Noto Damon guardarmi dallo specchietto. Posa una mano sul mio ginocchio, accarezzandolo. Si immette in strada e io provo a cancellare ogni stupida paura dalla mia testa, ma non è facile quando ami tanto qualcuno quanto io amo lui.

Arriviamo a destinazione troppo presto, e comincio ad agitarmi dal momento in cui scendo dalla moto e gli restituisco il casco. Non parlo, non riesco a dire nulla.

«Smettila di pensare.» Damon mi afferra per i fianchi e pretende che io lo guardi. «L'ho fatto anch'io stanotte» continua, accarezzandomi la guancia.

«Okay» sospiro, ma lui non è ancora soddisfatto.

Appoggia la fronte alla mia.

«Non finire nei guai, non farti beccare dalla vecchia. Ho bisogno di rivederti il prima possibile» dice, e a me viene voglia di scappare con lui, *adesso*.

«Anch'io» sussurro.

Mi bacia. E stavolta si prende anche la mia anima.

Poche ore dopo la sveglia suona e io ho dormito pochissimo. Sbuffo e provo a spegnerla, ma quando mi rendo conto dell'orario, sgrano gli occhi.

«Oddio!»

Sono le otto e mezzo, e questo vuol dire che ho saltato la prima ora. Quello che mi fa urlare di nuovo, dopo pochi istanti, è l'espressione della Morris che ora mi sta guardando con le braccia incrociate, in piedi sulla soglia della camera.

Tate non c'è, siamo sole.

«Dormito poco?»

«Ehm, sì. Credo di avere posticipato la sveglia senza rendermene conto.»

«Entrerai alla seconda ora» dice.

Sembra sospettosa. Penso che abbia dubbi, ma non prove.

«Va bene.» Scosto le coperte e mi sento strana, come se fossi cresciuta di botto e temo, stupidamente, che lei possa accorgersene. «Tate?»

«Non te l'ha detto ieri sera? È andata a fare colazione con i suoi genitori.»

Sgrano gli occhi, è la prima volta che la Morris li chiama in questo modo.

«Ormai è solo una formalità, mancano gli ultimi incontri, ma sono delle persone magnifiche e considerano già Tate figlia loro.»

Il mio cuore un po' si incrina. Sapevo che mancava poco, abbiamo anche festeggiato, ma ora è come se cadessi dalle nuvole, come se... vivessi da un'altra parte e questa non fosse più casa mia.

«Sì, certo. Me lo ha detto» sussurro e lei un po' si addolcisce.

«Mi ha chiesto se nel pomeriggio tu potessi stare un po' con lei e con la sua... famiglia. Le ho detto che hai il mio permesso, se ti fa piacere.»

Ci penso su e mi sento anche in colpa per questo.

Certo che voglio conoscere i suoi futuri genitori, ma una parte di me continua a sanguinare.

«Ne sarei felice.»

«Bene» sorride. «Ma ora preparati, devi andare a scuola» borbotta. Poi, per fortuna, qualcos'altro mi fa tornare il buonumore.

Noto infatti che Damon mi ha scritto due messaggi. Nel primo mi chiedeva se fossi sveglia e viva, nel secondo invece...

Piccola, stamattina lavoro. Aspettami fuori dalla scuola e non prendere l'autobus. A dopo.

È un messaggio semplice, privo di qualsiasi romanticismo, ma nel linguaggio di Damon queste parole suonano come una promessa che vuole mantenere. Stamattina mi sono svegliata con la paura di aver solo immaginato quello che era successo fra di noi e con il terrore che, in ogni caso, lui potesse essersene pentito.

Invece non è così, lui mi vuole ancora e io voglio lui così tanto da dimenticarmi del mio impegno con Tate.

67

Damon

Dentro di me sapevo fin troppo bene che la mia felicità sarebbe finita nell'esatto momento in cui sarei sceso da quella barca con Krystal. Tuttavia, non immaginavo che i problemi sarebbero sorti dopo così poco tempo.

Le ho appena scritto che alla fine delle lezioni andrò a prenderla, e lei mi ha detto che va bene, che mi aspetterà, e subito mi sono eccitato come un fottuto ragazzino. Come dicevo, però, le prime rogne stanno per rovinare tutto.

«Green vuole vederci subito.»

Jared è portatore di brutte notizie; stamattina, subito dopo il risveglio, mi ha parlato di una cosa che dovremmo fare stasera. E io non me la sento. Non so il perché, non è la prima volta che il capo ci chiede di rapinare un negozio, ma ho una strana sensazione da quando mi è stato detto e non riesco a cacciarla.

«Era da un po' che non ci chiedeva una cosa così» commenta Thomas, mentre sorseggia una birra. Cazzo, sono le nove del mattino, ma in questo momento anch'io avrei bisogno di bere qualcosa di molto forte.

«Temo che voglia mettere alla prova Damon. Sospetta che lui abbia una relazione con una ragazza che compra droga dal nemico. Purtroppo non ha creduto alla mia storia, ed è un miracolo che non mi abbia ucciso.»

«Be', come dargli torto, Jared. Ci sono le vostre facce in quelle foto.»

Hanno ragione entrambi. Anch'io penso che Green voglia mettermi alla prova, e questa cosa mi dà sui nervi.

Lo ammazzerei, e non scherzo.

«In ogni caso, io ora non posso partire per Londra» sentenzio sotto i loro sguardi perplessi, e lo so, so che a breve mi diranno che nessuno può negarsi quando Green chiama, ma ho promesso a Krystal che sarei andato a prenderla a scuola e non ho intenzione di infrangere la mia promessa.

Sospiro pesantemente, poi tolgo dalle mani del mio amico la bottiglia di birra e me la scolo.

«Quindi, com'è andata ieri?» domanda Jared. Per poco non mi strozzo. Non rispondo, ovviamente, e questo alimenta l'idiozia di quei due che, dopo una valanga di cazzate, arrivano lì dove non devono.

«Non dirmi che... Insomma, amico, a che punto siete?»

«Avete scopato?» Jared è il più coglione fra i due, e neanche l'occhiataccia che gli rifilo lo fa tacere. «Cazzo, non ci credo!» ride sguaiatamente. Non mi trattengo dal dargli una spallata, quando ce l'ho a tiro.

«Tappa quella fogna. Argomento chiuso!»

Continuano a sghignazzare come due imbecilli, fino a quando Thomas non prende in mano la situazione e tutti torniamo seri.

«Dam, lo sai anche tu che dobbiamo andare. Non complicare le cose proprio ora che lui ha adocchiato Krystal.»

Queste parole mi colpiscono come un pugno allo stomaco. Mi odio per non essere stato più attento, per averla trascinata in questa storia. Thomas ha ragione, lo so, ma non riesco ad accettare il fatto che oggi non potrò trascorrere del tempo con lei.

«Aspettatemi in auto» dico, mantenendo la solita espressione da persona fredda e calcolatrice. Ma ora decisamente non lo sono e le mie inaspettate debolezze emergono tutte insieme quando chiamo Krystal.

«Ehi, ciao.»

Non so come abbia potuto rispondermi, visto che dovrebbe essere a lezione. Forse sono in pausa, forse è in bagno. Mi sento un paranoico del cazzo, ma riesco a controllarmi.

«Ciao» sospiro, passandomi una mano fra i capelli. «Non potrò venire a prenderti. Ho un lavoro da fare.»

Potrei aggiungere altro, potrei essere meno formale, ma sono incazzato con me stesso, con la mia vita e con le mie scelte. Quando siamo vicini è diverso, lei mi rende migliore. Ora invece mi sento di nuovo impotente e vuoto.

«Ah, capisco» sussurra. Dal suo tono capisco che ci è rimasta male. Corro ai ripari.

«Volevo davvero stare con te. Aspettami sveglia» le dico e già immagino le sue guance tingersi di rosso. Voglio perdermi in lei stanotte, perché è lì che io mi ritrovo sempre.

Krystal

Per tutto il giorno non faccio altro che pensare a lui e al modo in cui ci siamo salutati. Ha detto che avrebbe davvero voluto trascorrere del tempo con me, e in fondo lo so che il suo «lavoro» è imprevedibile, ma... non riesco a contenere la delusione.

Ora sono con Tate, nella sua futura casa, quella in cui man mano si sta abituando a vivere, ed è bellissima, molto spaziosa. Avrà una stanza tutta per sé, potrà arredarla come vuole e, a detta dei suoi genitori, potrà ospitarmi anche ogni notte. Ho pensato che fossero ironici, o che volessero solo essere gentili con me, ma sono simpatici, molto premurosi e... perfetti.

«Mi piace molto qui, starai bene.» Le sorrido.

Le mie sofferenze possono aspettare, ma Tate mi conosce e sa quando c'è qualcosa che non va.

«Come vanno le cose con Damon?»

So che non le è mai piaciuto più di tanto, che ha sempre avuto dubbi in merito al nostro rapporto, e ora io non riesco a trattenermi.

Devo dirglielo, anche se mi vergogno da morire.

«Ecco, noi...»

«Non mi dire che sei la sua ragazza!»

«Abbiamo fatto l'amore» lo dico d'un fiato, con gli occhi chiusi. Poi mi tappo le orecchie. La conosco abbastanza bene da sapere che urlerà, e infatti non delude le mie previsioni.

«Oddio, oddio, oddio! Quando pensavi di dirmelo?»

La sua reazione mi fa sorridere, ma anche arrossire.

«Devi raccontarmi tutto, ogni dettaglio. Com'è stato? Aspetta, dimmi che dopo non è sparito!» Si rabbuia, e io corro subito ai ripari. Non è facile parlare di queste cose non sapendo quando lo rivedrò, ma mi emoziono mentre le racconto di quando l'abbiamo rifatto sotto la luna e delle parole che mi ha sussurrato per tutto il tempo.

«Sembri felice.» Mi stringe le mani fra le sue. Io annuisco, perché lo sono, ma sono anche molto confusa.

«Lui è stato perfetto con me, ma non ti nego di temere quello che succederà ora.»

«Non lo conosco bene come lo conosci tu, e sicuramente la sua reputazione non è delle migliori, ma Krystal, è innegabile il cambiamento che ha avuto in questi mesi. Non dico che sia innamorato di te, ma sei importante e te lo ha dimostrato tante volte.»

Le sue parole sono inaspettate e ne avevo bisogno, soprattutto perché finora Damon non si è fatto sentire.

«Il tempo mi darà ogni risposta, giusto?» domando con esitazione.

«Certo, e se fa lo stronzo sappi che dovrai aiutarmi a nascondere il suo cadavere.»

Scoppiamo a ridere. Mi è mancato trascorrere del tempo con Tate e so che, a modo nostro, continueremo a farlo anche quando non vivremo più insieme. Il nostro rapporto va oltre ogni cosa, e in un mare di dubbi lei è l'unica certezza che ho.

Per il resto del pomeriggio non fa altro che punzecchiarmi, e mi rimprovera quando le confesso di non aver usato precauzioni. Le dico che *una cosa simile* è impossibile, ma lei mi ricorda che un preservativo non serve solo per quello e che, prima di me, Damon ha avuto altre donne.

Questo pensiero mi tormenta fino a tarda notte. Non riesco a addormentarmi, anche se dovrei. Ormai non penso più che possa venire come promesso, per cui è inutile aspettarlo. Eppure il mio cuore lo fa, fino a quando non cedo al sonno e mi addormento con il telefono fra le mani.

Damon

Sono le quattro del mattino e tutto è andato per il meglio, a parte il fatto che a quest'ora Krystal avrà smesso di aspettarmi.

Ho appena finito di litigare con Jared al telefono. Domani non andrò di nuovo da Green per assecondare altre follie, ma lui pensa che dovrei farlo, se non voglio che si insospettisca. Ora come ora non me ne può fregare di meno, intendo solo entrare nella sua stanza e starle vicino. Mi sento uno stronzo ingrato, mentre apro la finestra il più silenziosamente possibile e scivolo nella sua stanza. Non vedo un cazzo, è tutto buio, ma so bene cosa sto cercando.

Da grande egoista quale sono mi tolgo le scarpe, scosto le coperte e mi stendo al suo fianco.

«Dam» gracchia, voltandosi nella mia direzione.

«Chi, se non io?» Catturo con le mie mani le sue guance, e la bacio anche se è mezza addormentata.

«Che ore sono?»

«È tardi» le dico, poi nascondo il viso nell'incavo del suo collo, solo per sentire il profumo della sua pelle. Cazzo, quanto mi è mancata!

«Stai bene? È andato tutto bene?»

«Non mi hanno arrestato neanche stavolta. Quindi è andata bene» scherzo, ma lei non sembra divertita.

«Meglio per te. Non devi farti arrestare» borbotta e io la stringo un po' di più.

«Ci provo.»

«Devi riuscirci.» Posa la guancia sul mio petto, e io... *voglio riuscirci*. Non voglio trascorrere il resto della vita a chiedermi come sarebbe stato. Ma il piano è ancora qui, fisso nella mia mente. Provo a scacciarlo via solo mentre la bacio, solo mentre lei mi accarezza i capelli e mi trascina nel suo mondo. Il mio fa schifo, ha sempre fatto schifo e spero che non riuscirà a contaminarla come ha fatto con me.

Le sollevo la maglia, le bacio i seni, la tocco ovunque. La spoglio e ringrazio Dio quando i nostri corpi nudi si cercano. La bramo, la pretendo e la venero pochi istanti prima di scivolare in lei, di perdermi nella sua carne bollente che ora appartiene a me.

Mi prendo i suoi ansimi, i suoi tremori, mentre sfrego, spingo e poi la bacio.

Ovunque, come piace a me, e come piace anche a lei. Mi piace quando prova a non urlare perché qui non può, mi piace quando si morde la mano e arrossisce, mi piace che si fidi di me al punto tale da avermi regalato la cosa più preziosa.

E mi piaccio io, ma solo quando sono con lei.

Mi accetto, mi voglio bene e mi odio di meno.

68

Krystal

Sono sveglia da un po' e mi perdo a guardarlo mentre mi tiene ferma con le mani. Sembra che non abbia alcuna intenzione di mollare la presa. Amo la sua incoscienza, amo il modo in cui inconsapevolmente mi accarezza quando è ancora nel mondo dei sogni.

Lo guardo e mi viene da sorridere, se ripenso a tutte le paranoie di ieri. Lui è tornato, mi ha baciata e abbiamo fatto di nuovo l'amore.

Vorrei che mi parlasse di più del suo lavoro e delle cose che ci tengono distanti, ma sono paziente, con lui lo sono sempre stata.

«Non muoverti, piccoletta.»

La sua voce roca destabilizza la mia anima, Damon sa farmi perdere la testa con poco.

«Ho un crampo al piede» mento, e nascondo il viso contro il suo petto per non guardarlo. Altrimenti capirebbe quanto sia imbarazzata per il fatto che siamo ancora completamente nudi.

«Vuoi un massaggio?»

«Eh?» Sgrano gli occhi, ma li riduco a fessure quando lo sento ridere. «Idiota» borbotto, alzando il capo. Le sue labbra si schiantano sulle mie, come se non aspettasse altro.

«Ciao, Krys.»

«Buongiorno» sospiro leccandomi le labbra, dove c'è ancora il suo sapore. È un gesto involontario, ma che non sfugge alla sua attenzione.

«Oggi niente scuola» sussurra, facendo scivolare le sue dita sul mio ventre piatto.

«Vuoi condurmi sulla cattiva strada?»

Provo a mantenere un contatto visivo.

Non voglio dargliela vinta, perché so che il suo scopo è solo quello di mettermi in difficoltà.

«Ci sei già da un po'.»

Questa frase, pronunciata come tante altre, in realtà è quello che pensa davvero. Lo capisco dal modo in cui si incupisce all'improvviso, da come la sua espressione cambia. Non voglio questo, non voglio che la nostra giornata insieme parta male. Così, poso una mano sul suo petto e lo bacio proprio lì, a pochi millimetri dal cuore.

«E dove andiamo?» Gli sorrido. Non ho la presunzione di pensare che questo basti a farlo stare meglio, ma inaspettatamente il grigiore nei suoi occhi viene spazzato da una luce che a me piace tanto. Voglio renderlo felice.

«Vedremo.»

Abbassa lo sguardo verso il punto in cui i nostri petti si sfiorano senza alcun indugio. Poi, come se volesse camuffare la sua sfacciataggine, mi copre meglio le spalle con la coperta. «A che ora puoi lasciare questo posto?»

«Alle otto, però a breve devo andare in… Oddio» urlo, quando noto che ore sono. Mi siedo sul letto, incurante del fatto di essere nuda, e lo guardo.

«Dam, a quest'ora dovrei già essere a colazione.»

Lui si porta le braccia dietro la testa e non smette di guardarmi.

«Allora sbrigati, fa finta che io non ci sia» abbozza, ma io ho capito fin troppo bene le sue intenzioni. Non potrei mai camminare nuda per la stanza con lui nel letto. Mi vergogno troppo, nonostante quello che abbiamo fatto.

«Io… Guarda, sei proprio uno sfacciato» borbotto gonfiando le guance, ma Damon resta immobile. Continua a sorridermi, steso comodamente nel mio letto. Quando prova a trascinarmi nuovamente a sé, sono costretta a scappare.

«Questa me la paghi» sbuffo, rossa in viso.

Mi sto vergognando da morire.

Prendo le mie cose dalla sedia e corro a chiudermi in bagno.

«Così non vale» urla, e in cuor mio spero che la Morris non abbia l'orecchio attaccato alla porta della stanza.

Non sono mai stata così rapida, non ho mai ingurgitato un pancake in due minuti e non ho mai avuto paura della mia istitutrice come ora. Non mi ha chiesto niente del ritardo, a volte penso che faccia finta di non sapere, quando in realtà sa tutto.

E questo non mi tranquillizza.

So che sto sbagliando, so che le mie azioni potrebbero avere conseguenze molto gravi, ma quando trovo Damon di fianco alla sua moto i sensi di colpa scompaiono.

Si annullano completamente.

«Pronta?»

Annuisco, perché se parlassi me ne uscirei con una frase sdolcinata non adatta a uno come lui. Però sospiro, mentre lo avvolgo con le braccia e il mio mento si posa sulla sua spalla. È il mio posto preferito.

Stiamo per partire quando il suo telefono squilla. Ancor prima che risponda, ho un presentimento.

«Jared, ti ho detto di no. Non verrò. Ho da fare!»

Mi stacco dalla sua schiena per dargli modo di parlare tranquillamente, ma tranquillo lui non lo è affatto.

«Cosa? Cazzo! Siete degli incapaci» sbotta, poi arriva la mazzata finale. «Ho capito, sto arrivando.»

Gli tremano le mani quando attacca, e non riesce subito a guardarmi. Scendo dalla moto, perché so che la nostra giornata insieme è già terminata.

«Devo andare a Londra.» Continua a starsene girato.

«Posso venire anch'io?»

Finalmente mi guarda e non nel migliore dei modi.

«Non esiste, Krystal. Vado lì per lavoro, altrimenti... Altrimenti avrei trascorso la giornata con te.»

Dovrebbe suonare come una bella frase, ma in realtà Damon è infastidito dalla mia proposta.

«Va bene, ho capito.» Mi tolgo il casco e glielo rendo, ma lui non lo prende. Sembra pensieroso.

«Aspetta» sospira, passandosi una mano fra i capelli. «Ti accompagno dalla tua amica rossa e, quando ho finito, vengo a prenderti.»

Non dovrei sorridere, non dovrei comportarmi come una bambina a cui è stato promesso il regalo di Natale più bello al mondo, e invece lo faccio.

«Va benissimo, direi che è un'ottima idea.»

Il mio sorriso va da un orecchio all'altro e Damon, per quanto cerchi di controllarsi, sta per emularmi.

«Ma non combinare guai» mi punta un dito contro. «Mi aspetterai lì, non sono ammessi colpi di testa.»

«Puoi stare tranquillo.» Sollevo il mento in segno di sfida e lui scuote il capo. «Su, andiamo.» Infilo il casco, e a questo punto lui ride. Anzi: scoppia letteralmente dalle risate, ed è il suono più bello del mondo.

Monto alle sue spalle, di nuovo, e lo bacio sulla guancia.

«Grazie» gli dico, mentre lo guardo attraverso lo specchietto.

«Così baci qualcun altro» borbotta, fingendo di essere arrabbiato.

«Tipo, chi?»

Ora mi guarda malissimo. «Nessuno» sbotta, e io me ne ritorno al mio posto con un sorriso enorme stampato in faccia.

Mi accarezza il ginocchio come ogni volta, poi partiamo.

Stento ancora a credere che stiamo andando a Londra, ma non mi guardo indietro quando iniziamo ad allontanarci dall'istituto.

Corinne mi è mancata tantissimo e sono felice di trascorrere del tempo con lei. Tuttavia, da quando sono entrata in casa sua ho notato una cosa: si comporta in maniera strana. Quando le chiedo spiegazioni, mi rendo conto di avere trascurato un dettaglio importante.

«Sono stanca di questa situazione. Amo Thomas e apprezzo il fatto che sia sincero con me, ma non è sempre un bene. Trascorro le giornate con la paura che possa capitargli qualcosa, e oggi è peggio.»

Le sue parole accendono la preoccupazione in me, e mi sento anche abbastanza stupida, in questo momento. Lei è la sua ragazza e, com'è giusto che sia, sa tutto.

«Cosa… dovevano fare oggi?» Mi guardo le mani. Corinne mi ha offerto dei biscotti, ma mi si è chiuso lo stomaco.

«Consegnare dei soldi al loro capo. Un certo Green, è un uomo spregevole che… non ha scrupoli.»

Deglutisco e tremo. «Ehi, stai tranquilla. So che non è facile accettare il suo lavoro, ma…»

«Quell'uomo sospetta di loro, me lo ha confessato proprio ieri

Thomas. Crede che lo stiano tradendo e… Oddio, è vero. Ha visto le foto, quelle in cui tu e Tate…»

«Lo so» sospiro. «Damon mi ha raccontato questa parte.»

«Oggi sono qui per questo.» All'improvviso vengo colpita da una realtà che fino a questo momento non avevo compreso.

«Damon ha delle informazioni su Green. Ha trovato delle cose molto compromettenti su di lui, ma la cosa che più l'ha sconvolto è che è saltato fuori anche il nome di *suo padre*…»

«Cosa?» Sgrano gli occhi. Mi sento un'estranea, mi sento ferita anche se non dovrebbe essere così.

«A quanto pare i Falcones potrebbero saperne qualcosa e ovviamente Damon vuole incontrarli per ottenere qualche informazione in più. Dopo essere andati da Green, andranno da loro.»

«Oddio.» Chiudo gli occhi per trattenere le lacrime, ma non serve a molto. Ora comprendo benissimo la preoccupazione di Corinne.

«Thomas sa che se vuole stare con me deve essere sincero, è la mia unica condizione. Però odia quando mi intrometto e gli chiedo di non fare alcune cose.»

Si stende sul letto e so che sta piangendo anche lei. «Gli ho promesso di restarne fuori, ma stavolta non ci riesco.» Mi guarda e credo di aver capito cosa mi sta chiedendo tacitamente.

«Corinne, io… non credo che lui apprezzerebbe.»

«Damon parlerà anche con il tipo che ti ha sparato.»

«Cosa?» urlo.

«Sai anche tu quanto è impulsivo, quando si tratta di te. E quei tipi escono sempre armati dalla testa ai piedi.»

Sono arrabbiata, sono triste e anche molto confusa. Non dovrei intromettermi, Damon mi ha sempre tenuta all'oscuro di questa parte della sua vita, non mi ha mai parlato di suo padre, mentre Thomas… be', Thomas è impegnato seriamente con Corinne, e la loro situazione è del tutto diversa dalla nostra. Sono così immersa nei miei pensieri, da non notare che la mia amica mi si avvicina.

«Ti prego, andiamo a dare un'occhiata. Non si accorgeranno di noi, ma se non vado rischio di impazzire.»

So già come andrebbe a finire, se Damon mi vedesse. Si arrabbierebbe tantissimo e non me lo perdonerebbe mai. Non posso farlo. Provo a spiegarlo alla rossa, ma lei dice che in fondo io non devo alcuna spiegazione al – parole sue – ragazzo più stronzo della terra. Sto aiutando una mia amica, e sono libera di fare quello che voglio. In parte la penso come lei, ma quando saliamo sulla sua auto me ne sono già pentita.

E poi arriviamo a destinazione.

Sembra che Corinne sappia fin troppo bene dove cercare, e questo mi rende ancora più triste e consapevole della realtà dei fatti. Io non merito di conoscere la verità, questo è quello che Damon pensa.

«Lo vedi quel gruppo di ragazzi lì giù? Sono loro.»

«Come facevi a sapere che li avremmo trovati qui?»

«Thomas mi avvisa di ogni suo spostamento anche mentre lavora» dice, e un'altra verità si aggiunge alle altre che ho scoperto stamattina. Non è vero che Damon non può usare il telefono mentre lavora, semplicemente non sente l'esigenza di scrivermi.

«Capisco» sussurro, guardando fuori dal finestrino.

Anche lui è qui, e sta parlando con il biondo. Ovviamente non posso sentire quello che si dicono, ma per ora la situazione sembra tranquilla.

«Scusami, non ti ho chiesto nulla. Come vanno le cose con Damon?»

«Vorrei saperti rispondere, ma credo che sia abbastanza evidente.»

«Ehi.» Mi posa una mano sul ginocchio. «Non vederla in questo modo. Damon è diverso da Thomas, ma non vuol dire che lui non ci tiene a te.»

«Lui non mi offrirà mai una relazione vera, e io non voglio essere la nuova Piper.»

Dirlo è liberatorio, ma non per questo mi sento meglio.

«Non lo so. So solo che lui non era contento di incontrare il tipo che ti ha sparato. Thomas teme che non si controllerà, se il biondo dovesse anche solo nominarti.»

«Certo, come no» borbotto.

«Krystal, so che non è facile e so che quello che ti ho raccontato ti ha fatto mettere in dubbio tante cose, ma... Dai, ne riparliamo davanti a una tazza di cioccolata calda.»

«Forse è meglio se torniamo a casa» dico. «Qui sembra che abbiano quasi finito, il biondo e l'altro stanno andando via.»

«Ehm... Cazzo, la macchina non parte!»

«Stai scherzando?» Sgrano gli occhi quando noto Damon, Jared e Thomas salire sulle loro moto e... venire nella nostra direzione.

«No, non sto scherzando. Merda» impreca. «Oddio, ci hanno viste.»

Lo so, lo so fin troppo bene, ma riesco a sostenere lo sguardo furente di Damon.

«Corinne, cosa ci fai qui?» urla Thomas, affiancando l'auto. Lei scende: li sento urlarsi contro, ma la mia attenzione è tutta focalizzata su Damon e su Jared al suo fianco.

Apro la portiera e scendo a mia volta.

«Perché sei qui?»

Ho visto tante volte Damon incazzato, ma stavolta c'è qualcosa di diverso nel suo sguardo.

«Io ho accompagnato...»

«Prego?» riduce gli occhi a fessure, e Jared posa una mano sulla sua spalla come se volesse farlo calmare.

«Ho accompagnato Corinne perché era preoccupata per Thomas» concludo la frase a testa alta, e non me ne pento.

Lui fa una risata amara.

«Be', non avresti dovuto assecondare le idiozie di quella!»

«Bello, vola basso. Io faccio quello che voglio. Stavo seguendo il mio ragazzo, non te.»

Mi sento tra due fuochi. A breve mi brucerò e farà molto male.

«Appunto, quindi non coinvolgere lei.»

«Sono qui» sbuffo. «Ed ero preoccupata anch'io. Non sapevo che avresti incontrato quel tipo e...»

«E cosa? Se lo avessi saputo, cosa avresti fatto?» urla, e a questo punto anche Thomas si avvicina.

«Nulla, ma...»

«Cosa? Io non sono Thomas, ricordalo. Non sono tenuto a dirti i cazzi miei.»

«Damon!»

Jared si mette in mezzo, ed è la prima volta che lo fa per me.

Nella mia mente, invece, rimbomba un'unica frase: Io non sono Thomas. E queste parole hanno un significato inequivocabile.

«Lo so benissimo» riesco a dire, poi lo sorpasso e mi avvicino alla moto di Jared. «Per favore, puoi accompagnarmi a casa?»

«Cosa hai in mente?» Damon mi afferra per il polso. Prova ad attirare la mia attenzione, ma io nemmeno lo guardo.

Jared è in difficoltà. Guarda me, poi l'amico, e non sa cosa fare.

«Per favore.»

«Ragazzi, io...»

«Vuoi andartene?» sbotta il ragazzo di cui sono innamorata. «Bene, fallo. Non dovevi neanche essere qui.»

Trovo la forza di guardarlo negli occhi e per un attimo i suoi vacillano.

«Non hai mai capito nulla, Damon.»

Jared, invece, sembra che abbia capito quale sia la decisione da prendere. Mi tende il casco e io salgo alle sue spalle.

«Vaffanculo, Krystal.»

«Parti, Jared» dico, anche se il cuore mi fa male.

69

Tutto quello che ho sempre temuto si sta realizzando, e in fondo avrei dovuto immaginare che Damon sarebbe sparito.

Sono trascorsi quattro giorni da quando siamo stati a Londra, e lui non mi ha cercata. È stato difficile resistere e non scrivergli, ma credo di avercela fatta perché mi sono resa conto di quanto poco gli importi di me. Non per orgoglio: ho sempre pensato che non serva a nulla.

Oggi è il quattordici febbraio, un giorno importante per tante persone, ma per me... è solo una data che mi ricorda quanto mi sia illusa, con lui.

«Stasera Luke mi porta a cena!»

Tate è cambiata da quando ha iniziato una relazione ufficiale, e di questo sono felice. Non credeva all'amore, pensava che fosse una stupidaggine; ora, invece, ci crede molto più della sottoscritta.

«È magnifico.» Le sorrido mentre camminiamo per i corridoi della scuola. Per l'occasione, alcuni maschi stanno offrendo rose a tutte le ragazze.

«Grazie» sussurro quando ne viene donata una anche a me. I fiori mi sono sempre piaciuti, anche se nessuno si è mai preoccupato di regalarmeli.

«Il tuo ragazzaccio ti sta guardando male.»

«Cosa?» Apro l'armadietto per prendere i libri e mi nascondo dietro l'anta.

«Damon ti sta guardando! Suppongo che non abbia apprezzato molto il gesto di quel tipo nei tuoi confronti.»

«Be', non mi importa. Chiunque può regalarmi una rosa.»

Stringo i libri sotto il braccio, e provo a non cedere alla tentazione di guardare a mia volta.

«Cazzo, sta venendo qui.»

Sgrano gli occhi; la parte immatura di me vorrebbe scappare via, ma quando alzo lo sguardo noto che non è solo.

«Ciao ragazze!»

«Ciao Thomas, da quanto tempo!» cinguetta la mia amica, con un sorriso falso come i soldi del Monopoli.

«Ciao» sussurro io, rigirandomi questa dannata rosa fra le mani. Non so perché lo sto facendo; non ha alcun senso, ma dal modo in cui Damon la sta guardando credo di aver smosso qualcosa.

«Questa sera Corinne verrà a cena da noi. Perché non ci raggiungete?»

Ora Damon mi guarda in faccia, e continua a restare in silenzio come se stesse usando altri modi per comunicare con me, ma io mi rifiuto di prestargli attenzione.

«Non sapevo che Corinne venisse a Manchester» commento.

«Oh, giusto. L'altro giorno non ha avuto modo di dirtelo» borbotta Thomas grattandosi la nuca. Tutti, persino Tate, sanno che è pericoloso parlare di quello a cui ha accennato.

«Grazie dell'invito, ma stasera starò con Luke.»

«Io… sono in punizione, non credo di poter venire» dico, portandomi una ciocca di capelli dietro l'orecchio. Sono nervosa, non posso nasconderlo. Damon mi ignora da giorni, poi cerca un contatto con me nel modo più infantile. Non sono stupida, so che se lui è qui, al fianco di Thomas, è perché avrebbe voluto parlarmi ma è troppo orgoglioso per farlo.

«Quando vuoi sei brava a scappare.»

Mi colpisce con questa frase, e io cedo. Lo guardo.

«Magari non ne ho voglia, stavolta.» Occhi dentro occhi, ci sfidiamo nel gioco più pericoloso al mondo.

«Ehm, Kry. Dobbiamo entrare in aula.»

Senza aggiungere altro sorpasso Damon e mi scuso con Thomas perché non so ancora se riuscirò o meno a esserci, per cena. A pochi passi dalla mia aula, Damon mi dice di non indossare il vestito che mi ha regalato quella notte, sulla *nostra* barca. Ovviamente, semmai dovessi andarci, sarà proprio quello che indosserò.

Trascorro tutto il pomeriggio sul letto a rimuginare su cosa fare. So che dovrei rispettare la punizione e restarmene a letto, ma un'ora dopo sono davanti all'armadio, anche se so già cosa vorrei indossare.

Fantastico su tante cose, cerco di decifrare il comportamento di Damon, quando la porta della mia stanza viene aperta e…

«Krystal, perché non me lo hai detto?»

Mi volto e trovo la Morris con in mano quelle maledette foto. Il mio mondo crolla, la terra inizia a tremare sotto i miei piedi e ho davvero tanta paura.

«Signorina Morris, io…»

Non riesco a parlare, sono sconvolta e lei sembra a dir poco furente. Chiude la porta alle sue spalle, la delusione è grande, sul suo volto.

«Sono stata contattata dalla tua preside. Krystal, questa è una cosa gravissima e non parlo solo del fatto che a quell'ora avresti dovuto essere nel tuo letto. In queste foto tu sei… Dio mio.» Va a sedersi sul mio letto con le mani sul viso. «Se queste foto dovessero finire nelle mani degli assistenti sociali, verresti immediatamente trasferita in un altro istituto. Io ho delle responsabilità su di te, e tu… mi stai mettendo in difficoltà.»

Le lacrime bagnano il mio viso. Mi sento in colpa e anche molto stupida. Sapevo che prima o poi questa storia sarebbe venuta a galla, ma non ho mai pensato alle conseguenze.

«Mi dispiace da morire, sono un disastro. Non so come…»

«Sapevo che quel ragazzo avrebbe creato solo problemi» scuote il capo. «Chi ti ha fatto una cosa simile e perché?»

Quando ero piccola e stavo male, la Morris mi abbracciava sempre. Ora la sento distante, come se faticasse persino a guardarmi.

«Non lo so» sussurro con il capo basso. «Damon sta cercando di capirlo.» Credo, perché non me ne ha più parlato.

«Questa storia non mi piace. Dovremmo sporgere denuncia, ma se la notizia esce da queste mura…»

«No, la prego. Si fidi di me, non contatti la polizia.»

Ho un enorme peso sul petto, come se faticassi a respirare, e credo che lei se ne sia accorta. Sospira e allunga una mano sul mio viso.

«Perché ti stavi vestendo?»

Il suo tono è stanco e io mi sento egoista come non mai. Non voglio mentirle, non dopo quello che è appena successo.

«Dovevo andare a casa sua per San Valentino» dico, e per un attimo il suo sguardo si addolcisce. «Non per lui, non stiamo insieme, ma un suo amico mi ha invitata. Ovviamente non ci andrò, e mi dispiace se stavo scappando di nuovo.»

I suoi occhi abbandonano il mio viso e si concentrano sul nulla.

«Non vedermi come una nemica. Non voglio metterti i bastoni fra le ruote e non voglio impedirti di vedere quel ragazzo, anche se non mi piace. Ma vorrei più rispetto, più sincerità.» Poi torna a guardarmi. «Krystal, io non ti voglio perdere. Sei come una figlia per me, ma il tuo comportamento potrebbe avere conseguenze irrimediabili.»

I suoi occhi si riempiono di lacrime e io mi sento male.

Scoppio a piangere come quando da piccola mi sbucciavo le ginocchia. Lei mi abbraccia e mi ripete che lo fa soltanto per il mio bene. In cuor mio lo so, so che lei ha ragione e so che dovrei fermarmi ora che sono ancora in tempo. La questione delle fotografie è grave, ma possiamo gestirla insieme, mentre se…

«Se vuoi, stasera puoi uscire, ma le prossime volte dovrai chiedere il permesso. Ti sto dando un'altra opportunità. Non deludermi di nuovo.»

Se fossi razionale, non uscirei e le dimostrerei la mia riconoscenza per avermi perdonata, ma ultimamente non lo sono affatto.

Agisco d'istinto, faccio scegliere al mio cuore e il mio cuore, quando lei esce dalla stanza, sa già quale sarà la decisione.

La Morris non sembra sorpresa quando, dopo venti minuti, scendo le scale e le dico che è venuta a prendermi Corinne. Questo la tranquillizza leggermente, ma mi ricorda di dover tornare entro mezzanotte.

In auto la mia amica chiede se ci sono novità e mi confessa che sta continuando a scrivere il suo racconto su me e Damon. Mi strappa un sorriso; vorrei tanto leggere quello che scrive, ma lei dice che non me lo permetterà mai. Io le racconto dello strano incontro avuto con Thomas e Damon nei corridoi di scuola, e lei concorda sul fatto che Thomas sia stato solo una copertura.

Ho mal di stomaco quando arriviamo sotto casa dei ragazzi. Mentre saliamo le scale, sono tentata di girare i tacchi e scappare via. Non sono pronta per affrontarlo, anche perché continuo a pensare a quello che è successo con la Morris e a quello che potrebbe succedere a me se quelle foto dovessero arrivare ai piani alti. All'improvviso divento triste e nemmeno vedere Corinne che bacia Thomas riesce a ridarmi speranza.

«Entrate, fuori si gela.»

«Krystal» urla Charlotte, appena mi vede.

Provo a sorriderle, a concentrarmi sul fatto di essere qui, e quando noto che riesce a stare in piedi da sola, il mio cuore si riempie di gioia.

«Sono felice di vederti.»

Ci stringiamo, e la sensazione che mi lascia questo abbraccio è bellissima. Charlotte mi invita a sedermi al suo fianco, e lo faccio solo dopo aver tolto il cappotto. È in questo momento che lo vedo. Damon è appena sbucato dal corridoio e, come se esistesse una forza magnetica fra di noi, i nostri occhi si trovano. I suoi rimandano sentimenti contrastanti, mentre mi scruta da cima a fondo.

Sono così ambigui da costringermi a guardare altrove. So bene di averlo sfidato, indossando il suo regalo, e non me ne pento.

«Ehi Krystal, ti ricordi di me? Sono Tony, ci siamo conosciuti in… ascensore!»

Un ragazzo moro e alto mi si avvicina. Certo che mi ricordo di lui, così come mi ricordo degli interminabili minuti che abbiamo trascorso in quella scatola per topi.

«Ciao, Tony. Come stai?»

«Alla grande, tu?»

Si avvicina, ma quando sta per baciarmi sulle guance, Damon lo spinge e si siede al mio fianco.

Stringo i denti. «Bene, grazie.»

Lo prenderei a sberle, per i suoi modi. Lo farei davvero, se solo non avesse un tono di voce così… non so come definirlo.

«Ti risulta così difficile fare quello che ti chiedo?» mi bisbiglia all'orecchio. Gli altri parlano fra di loro, vorrebbero fare un gioco tutti insieme. Io e Damon, invece, ci siamo già chiusi nella nostra bolla, ma non voglio rendergli le cose troppo semplici. Mi ha ferita con quella frase, anche se non lo sa.

«Già.» Dico solo questo, ma lui sembra notare altro.

«Va tutto bene? Sei strana.»

«Anche se fosse, che t'importa?» Fingo interesse verso qualsiasi cosa stiano facendo i nostri amici, ma Damon ha deciso di rendere tutto complicato.

«Mi importa.» Posa un braccio sulle mie spalle, e io sussulto.

Lo guardo. «Cosa stai facendo?»

«Mi rilasso» replica, mordicchiandosi le labbra. Vuole solo mettermi in difficoltà, lo so. A lui non importa nulla di me, e io sto mettendo in discussione la mia vita per una persona che non mi considera come la sua ragazza neanche dopo quella notte. Non ne abbiamo più parlato, e forse è arrivato il momento di accettare la realtà, prima che sia troppo tardi.

«Devo andare in bagno.» Mi alzo e mi allontano da lui in fretta e furia.

Rimasta da sola, sento di poter crollare da un momento all'altro, sento di aver sbagliato tante cose e non solo nei confronti della Morris. Per lui rischio sempre, ogni giorno, mentre lui con me non lo fa mai. Non si espone, non mi parla e…

Voglio andare via. Che ci faccio qui?

Mi asciugo il viso.

Ormai piango senza neanche rendermene conto, ma quando apro la porta, trovo lui ad aspettarmi.

«Krystal.» Mi viene incontro e mi ferma, quando provo a scappare. «Cos'è successo? Perché stai piangendo?»

Se non lo conoscessi, direi che è preoccupato.

«Nulla, lasciami andare.»

Ci provo ancora, provo ad andare via, provo a gettarmi tutto alle spalle, ma lui accoglie il mio viso fra le sue mani e mi guarda.

Perdo.

Altri singhiozzi scuotono la mia anima, e non so controllarli.

Sospira come se provasse dolore, e mi conduce nella sua stanza. Si siede sul letto, e mi invita a sedermi sulle sue gambe. Vorrei essere più forte, più temeraria…

«Devi dirmi cosa… cos'è successo.»

La sua voce tradisce emozioni che vorrei provasse per me. Mi sono sempre fidata di quello che pensavo lui provasse, ma ora ho paura e non so controllarmi.

Gli racconto della Morris, delle foto e delle conseguenze se dovessero circolare.

«…mi trasferirebbero in un altro istituto.» Deglutisco e tremo.

Non riesco a respirare bene per le tante lacrime che sto versando. Damon guarda il vuoto mentre mi stringe forte, come se solo ora comprendesse il significato delle mie parole.

«Non accadrà» dice, e io mi lascio coccolare da lui, anche se non dovrei. Succede sempre così fra di noi, finiamo sempre per stare insieme, finisco sempre per cercare riparo in lui. E lo amo, lo amo da star male.

«Non lo so, Dam. È complicato» dico.

«Piuttosto ti porto via con me.»

Non credo di aver capito bene.

«Non permetterei mai a nessuno di separarci, Krystal. La mia vita è un casino e ho ancora tante cose in sospeso con questo posto, ma… Dio, non vorrei mai perderti.»

Sta tremando e forse non è consapevole di quello che ha appena detto, ma l'ha fatto. Seppure a modo suo, mi sta dicendo che mi vuole e che non vuole perdermi.

«Damon… io…»

«Ti voglio.»

Le sue mani scivolano sul mio corpo. Mi afferra per i fianchi e mi fa stendere sul letto.

«So solo che se non ti ho tutta per me, impazzisco.» Inizia a baciarmi, ad accarezzarmi, e io perdo la ragione.

Rispondo ai suoi baci, ai suoi abbracci, ora sempre più possessivi, e infilo le dita fra i suoi capelli per rendere ancora più forte questa unione che nessuno potrà distruggere.

«Anch'io, Dam.»

«Sarà tutto diverso» mi promette, e io ci credo. Voglio crederci, anche se dovremmo parlarne. Voglio fidarmi del fatto che la paura di perdermi gli abbia donato coraggio e forza per vivermi. Lascio che mi spogli e sorrido, quando dice che dovrebbe punirmi per aver indossato questo vestito.

«Dam» ansimo nella sua bocca, mentre le sue mani scendono fino all'elastico delle mie mutandine, che fa calare lentamente giù per le mie gambe. Proverò sempre un po' d'imbarazzo, e arrossirò ancora di più quando lui me lo farà notare.

«Sei mia» mi ripete all'infinito, mentre mi tocca lì dove solo lui è esistito. Mi stringo a lui quando scivola in me, stavolta più rapidamente.

«Dio mio.» Boccheggio in cerca d'aria. Le sue spinte sono forti, decise, ma a me va bene così. Voglio godermi ogni aspetto di lui e voglio conoscerlo alla perfezione.

«Ti faccio male?» mi chiede.

Io scuoto il capo e lo bacio perché non posso farne a meno. Mi perdo nei suoi respiri e nei suoi occhi, che mi catturano. Lui accenna un sorriso, quando si porta una mia gamba sulla spalla e continua a spingere. Diventa più intenso, è quasi insopportabile l'eccitazione che divampa nel mio ventre. Urlo, quando esplodo su di lui, e dopo poco mi raggiunge.

Ovunque andiamo, in un momento simile, è un posto che a noi piace molto.

Damon

È mezzanotte e Krystal si è appena addormentata fra le mie braccia.

La guardo e mi sento un bastardo fortunato per poterlo fare, per poterla avere anche se non la merito. Gli ultimi quattro giorni sono stati un inferno, mi è mancata da morire e ho pensato tanto. Ho pensato a quale sarebbe stata la soluzione migliore per lei, ho pensato alla frase che le ho detto a Londra e ho pensato a quanto avrei voluto averla con me.

Cazzo, non posso rinunciare a lei!

Le sfioro il viso e sorrido. Ho un'idea abbastanza strana per uno come me, ma chissenefrega. Voglio farlo. Voglio che sorrida, voglio proteggerla e vorrei avere la certezza di farcela. La bacio sulla fronte prima di uscire dalla stanza. Per mia sfortuna, becco Jared in cucina.

«Vi siete riconciliati?»

«Taci» dico, mentre cerco le chiavi della moto.

«Non dirmi che stai scappando per non affrontarla.»

Lo guardo male, quando trovo quelle dannate chiavi nella sua giacca, ma… anche per quello che ha detto.

«Lei ora sta con me.»

«Eh? Aspetta.» Ride. «Le hai chiesto di diventare la tua ragazza?»

Mi acciglio. «Non proprio, ma lei lo sa che è mia.»

«Cazzo.» Continua a ridere. «Non ci credo. Sei un incapace.»

«L'importante è che ci siamo capiti noi due.» Gli sfilo la birra dalle mani e me la finisco.

«Ti ha rovinato, amico mio.» Mi dà una pacca sulla spalla.

«Già.» Annuisco. «*La sua dolcezza è stata la mia rovina.*»

«Bel modo di farsi rovinare. Ehi, aspetta. Ma dove stai andando?» mi chiede, ma io non gli rispondo.

Ho da fare, spero solo di trovare quello che sto cercando.

70

Krystal

Qualcosa di morbido e umido sfiora la mia pelle. È una sensazione bellissima: non ho alcuna intenzione di aprire gli occhi e di interromperlo. Forse sto sognando, ma questa teoria viene smontata dal suono di una risata che amo in particolar modo.

«Sembra che tu stia per avere un orgasmo.»

Spalanco gli occhi e metto a fuoco quello che sta accadendo. Damon è seduto al mio fianco, sul letto, ed è completamente vestito, a differenza della sottoscritta.

«Dam.»

«Sì?» Mi guarda, prima che le sue labbra tornino ai miei seni. Sospiro.

«Sei uscito?» domando, provando a mantenere una certa dignità, ma è davvero difficile quando mi «coccola» in questo modo.

Torna a guardarmi negli occhi, e con il sorriso impertinente che si ritrova mi manda in estasi.

«Per una buona causa» replica, leccandosi le labbra. «Ho una cosa per te.»

«Cosa?» Mi metto a sedere, coprendomi con il lenzuolo.

«So che ti piacciono, quindi…»

Dal comodino, prende un cesto pieno di rose di ogni colore. Sembra un arcobaleno ed è la cosa più bella, dolce e passionale che abbia mai ricevuto.

«Sono… bellissime.» Lo guardo, e per un attimo noto imbarazzo in lui, come se non fosse abituato a fare gesti simili per qualcuno. In cuor mio spero sia così. In cuor mio vorrei essere la prima persona a cui ha regalato dei fiori.

«Bene» sospira, grattandosi la nuca.

Non resisto e me ne frego del mio pudore.

Gli getto le braccia al collo. Non immagina quanto mi abbia reso felice, con questo gesto.

«Grazie» sussurro con il viso nascosto nell'incavo del suo collo.

«Dovrei regalartele più spesso.»

Cerca le mie labbra e le trova. Muoio dalla voglia di baciarlo, muoio dalla voglia di mostrargli quanto sia bello stare insieme e quanto sia bello sapere che ora è tutto diverso fra noi.

Mi ritrovo stesa sotto di lui a rispondere al bacio più intenso che ci siamo mai scambiati.

«Voglio scattarti una foto» dice di punto in bianco, reggendosi sugli avambracci. Lo guardo, confusa e intimidita. Ho sempre pensato di non essere fotogenica.

«Dam, io...»

«*Shhh.*» Posa l'indice sulle mie labbra, prima di dare sfogo alla sua fantasia. Inizia a spargere sul mio corpo le rose, coprendo solo alcuni punti. Sembra stia creando un'opera d'arte. Fra una rosa e l'altra, non mancano i suoi baci.

«Sei proprio un artista» ridacchio.

«Guardami» ordina, e appena lo faccio il suo cellulare immortala il momento.

«Com'è venuta?»

Non mi risponde, ma continua a guardarmi in un modo che... in un modo che mi fa sperare in qualcosa a cui tengo molto. Poche ore fa, seppure velatamente, Damon mi ha fatto comprendere di volermi e di non sapere quando lo ha capito. Ora, mentre spazza via le rose e si tuffa sulle mie labbra, ho la sensazione che il nostro rapporto sia forte, intenso e voluto.

«Dam.» Sussurro il suo nome fra mille baci, e trovo il coraggio di togliergli la maglia. Voglio sentire la sua pelle sulla mia, voglio avere il suo odore su di me, e lo vuole anche lui, dal momento che mi aiuta a togliere il resto.

Siamo di nuovo nudi, in ogni senso. Abbiamo lasciato cadere a terra anche i mille problemi che esistono ancora, oltre questa porta. Abbiamo lasciato cadere le paure che minacciano costantemente quello che siamo e quello che vorremmo essere, e io, con due parole, vorrei cancellare ogni ostacolo. Ma non posso, non ora.

«Ti voglio, Damon.» Lo sussurro guardandolo negli occhi, mentre mi penetra lentamente.

Le sue braccia tremano. «Dillo ancora.»

«Ti voglio.» Accarezzo il suo viso, e lui inizia a spingersi in me, senza rompere la connessione che parte dai nostri cuori.

«Mi hai» replica, e mi dimentico del mondo, delle promesse, degli obblighi e di tutto il resto.

Un'ora dopo la vita vera bussa alle porte del mio cervello, e mi rendo conto non solo che la mezzanotte è passata da tempo, ma che anche stavolta non ho rispettato le regole della Morris.

Quando usciamo dalla stanza di Damon, troviamo silenzio e pace. Sono andati tutti a dormire, compresa Corinne.

Beata lei, penso.

«Devi proprio andare?»

Damon mi guarda, mentre con una mano mi aggiusto il cappello di lana e con l'altra sorreggo il suo regalo.

«Devo, e poi domattina ho anche un test di matematica.»

Lui sospira, però non dice nulla e io vado subito in paranoia.

Temo che possa già essersi pentito delle cose che mi ha detto, che pensi che io sia ancora una bambina che deve rispettare delle regole, mentre lui vive da solo e può fare tutto quello che vuole.

Lo seguo in silenzio giù dalle scale, e non parlo neanche quando saliamo in auto, dopo che un po' di pioggia ci è caduta in testa.

«Guarda che nessuno te le ruba!»

Mi volto e noto sulle sue labbra un sorrisetto che mi piacerebbe cancellare a suon di baci.

«Sono molto gelosa delle cose che mi piacciono» dico, sfiorando le rose. Per un attimo penso al momento in cui dovrò buttarle. Già so che potrei mettermi a piangere.

«Buono a sapersi» mormora, guardandomi con la coda dell'occhio. C'è poca gente in giro e zero traffico, e purtroppo questo diminuisce il tempo che trascorreremo insieme.

«Sto ancora aspettando le tue ripetizioni di matematica.»

«E le avrai.» Posa una mano sulla mia gamba.

Sospiro. Non può abbindolarmi in questo modo, anche se è molto bravo.

«Dopo aver preso un brutto voto...» Gli schiaffeggio la mano e lui scoppia a ridere. Mi piace questo lato di noi, mi piace perché la tensione che un tempo aleggiava nell'aria sembra essere svanita.

Stiamo crescendo insieme, il nostro rapporto si sta evolvendo e me lo conferma il fatto che, appena spegne il motore, mi confessa che domani non potrà essere a scuola, perché deve lavorare.

«Sempre per la questione foto.»

«Non sei costretto a raccontarmi...»

«Voglio farlo.» Mi guarda e posa di nuovo la mano sulla mia gamba. «Tu sei mia» dice, e sembra quasi che voglia mettere in chiaro qualcosa, ma non solo quello che ha appena detto. E allora rischio, mi lascio andare perché ho bisogno di certezze, ora più che mai.

«E tu sei mio, Damon?»

La sua mano sfiora il mio viso, poi si avvicina e mi bacia sulle labbra.

«Mai stato di nessun'altra.»

Damon non è romantico, neanche quando confessa queste cose, ma la sua serietà, mentre parla, rende tutto ancora più giusto e vero.

Lo bacio e mi perdo nuovamente fra le sue braccia, fino a quando non arriva il momento di andare, con la promessa di vederci presto.

Tornare a scuola senza Damon è come rientrare indifesa nella gabbia dei leoni sapendo che ti sbraneranno. Sento i loro occhi addosso, mentre raggiungo l'aula, sento le loro risate, i loro commenti e la loro vigliaccheria colpirmi come colpi di frusta.

Persino Piper mi sta letteralmente pedinando con gli occhi, e il gioco continua anche in classe.

Provo a ignorarla, provo a non pensare al suo passato con Damon. Provo a convincermi del fatto che la loro relazione sia esistita per uno scopo specifico.

La prof di matematica entra in aula e ci consegna il test. Per me è arabo, e trascorro l'ora seguente a rimuginare su pensieri che non hanno nulla a che vedere con gli esercizi. Dovrò recuperare, e mi scappa un sorriso quando penso che sarà proprio il mio Damon ad aiutarmi.

Già, *mio*, e vorrei urlarlo al mondo intero. Vorrei guardare Piper negli occhi e dirle che d'ora in poi non potrà mai più toccarlo. Ovviamente non lo faccio, non sono così coraggiosa, e probabilmente non è neanche necessario. Devo fidarmi di lui.

Quando esco dall'aula, cammino spedita verso il mio armadietto. Devo prendere i libri per l'ora successiva, ma qualcosa, o meglio qualcuno, ha appena deciso di infastidirmi.

«Ops, non ti ho vista.»

Cado in ginocchio sul pavimento freddo e sporco.

Stringo i denti per trattenere il dolore, ma mi ha fatto male. Alzo lo sguardo: Piper in tutta la sua cattiveria.

«Invece mi hai vista. Sei ridicola!» Mi rimetto in piedi, e lei si finge offesa per la mia accusa.

«Prego? Pensi davvero che ti abbia spinta di proposito? Non ho mica cinque anni.»

«Non saresti giustificabile neanche in quel caso.» Provo a pulirmi la gonna. Dovrei ignorarla e tirare dritto, ma stavolta non ci riesco, stavolta parlo e sto al suo gioco. «Dovresti scusarti!»

«Sei seria?» Scoppia in una risata che si affievolisce, mentre mi si avvicina. «Il fatto che tu ora ti lasci scopare da Damon non vuol dire che meriti il mio rispetto. Resti un insetto da schiacciare. Non sei il suo primo passatempo.»

No, non le permetterò di iniettare nella mia mente paure che non devo provare. Lei non sa nulla del mio rapporto con Damon, non sa cosa siamo quando gli altri non ci vedono.

«Passatempo? Se ti consola vedermi in questo modo, fa' pure. Forse hai bisogno di autoconvincerti perché non accetti che abbia scelto me.»

Non so da dove venga fuori questo coraggio, ma sono felice di essere riuscita a tenerle testa.

«Lui non ha scelto te.» Sorride di nuovo. «Damon Cooper sceglierà sempre e solo sé stesso e le sue idee.»

La mia sicurezza vacilla. Ho la sensazione che sappia più del dovuto, e questo mi fa paura.

«Non so di cosa tu stia parlando.»

«Immagino.» Scrolla le spalle. «Brutto, vero?»

«Cosa?»

«Il dubbio. Con lui penserai sempre di non essere abbastanza. Per cui non vantarti di essere la prediletta, perché non lo sarai mai.»

Il suo sorriso mi fa accapponare la pelle, e non riesco a emettere un solo suono fino a quando non la vedo andare via con la vittoria in tasca. Piper è molto furba, lo è sempre stata. Probabilmente è vero che conosce Damon, ma io… credo di aver conosciuto una parte di lui che nessun altro ha mai avuto la fortuna di vivere. Non posso negare che le sue parole mi abbiano fatto male, ha acceso dei dubbi in me, ma… non le permetterò di rovinare la fiducia che ho deciso di riporre in lui.

Prendo i libri dall'armadietto e me ne ritorno in classe.

Affronterò il resto della giornata a testa alta.

Prendo posto e tiro un sospiro di sollievo trovando un messaggio di Damon.

Dopo scuola sei mia. Prima il dovere e poi il piacere. Scommetto che il test è stato un disastro.

Arrossisco. Le sue intenzioni sono inequivocabili e mi ritrovo a pensare a quanto sia bella l'intimità che si crea con la persona che ami, dopo averci fatto l'amore. Non pensavo potesse essere così, e invece…

Poso il mento sul palmo della mia mano; una parte di me vorrebbe parlargli dell'incontro con Piper, l'altra invece pensa che non ne valga la pena, e che lei non sia abbastanza importante da rovinare il nostro pomeriggio insieme.

In fondo, non ha detto nulla di compromettente.

Damon

Quando ho proposto a Krystal di aiutarla in matematica, non pensavo sarebbe stato così difficile restare concentrato.

La guardo mentre morde la matita e fissa i numeri con aria pensierosa. Vorrei strappare quei fogli, farla sedere sulla scrivania e aprirle le gambe. Ma sto provando a fare il bravo, lo giuro.

«Sbaglio qualcosa?» Mi guarda con quegli occhietti blu grandi come il mare, e per un attimo mi perdo.

Sono bellissimi, mi incantano e… cazzo.

«Sei bravissima.» Le sfilo la matita dalle labbra, prima di afferrarla per i fianchi e farla sedere su di me.

«Dam, ma…»

«Continuiamo domani, promesso» le dico, prima di tuffarmi sulle sue labbra. Mi è mancata da morire, e questo è un problema.

Non sono mai stato dipendente da qualcosa come lo sono da lei.

Krystal è diventata la mia droga e l'astinenza mi fa paura. Non voglio pensarci ora, non voglio pensare alle certezze perdute. E invece è tutto diverso, da quando l'ho accettata nella mia vita.

«Sicuro?» mi domanda, ma nel frattempo mi avvolge con le gambe.

«Sicuro, ora baciami.»

La stringo a me e il suo respiro si spezza, quando i nostri petti si schiacciano l'uno contro l'altro. Ho bisogno di sentirla contro di me per non lasciarmi rapire dai miei demoni. Ho bisogno di lei e non gliel'ho mai detto. Non a parole almeno, perché so che, ogni volta che la guardo, i miei occhi glielo urlano.

Li chiudo, mentre le sue labbra scivolano sulla mia mascella e inizia a muoversi su di me. Mi piace quando prende l'iniziativa, in realtà mi piace anche quando non lo fa. Krystal mi piace sempre.

Le avvolgo la schiena con un braccio andando incontro ai suoi movimenti, anche se siamo ancora vestiti.

Vorrei strapparle la divisa di dosso, non immagina quante fantasie scatena in me e glielo direi, se solo non avesse appena deciso di lasciarmi senza parole.

«Krys, cosa stai…»

La vedo scendere dalle mie gambe e inginocchiarsi davanti a me. Ha il viso in fiamme.

«Lasciami fare» sussurra e io sollevo il bacino, quando posa le mani sull'elastico dei miei pantaloni.

Risucchio l'aria quando mi guarda e sbatte le ciglia. Lei pensa di essere inesperta, so che ha sempre paura di fare la cosa sbagliata, ma ora mi sento io quello… incapace di reggere il confronto.

Ovviamente non esiste. Sono l'unico con cui lei ha fatto e farà cose simili.

«Spero di...»

«*Shhh,* sei perfetta» dico giusto in tempo, perché quando le sue labbra mi accolgono, centimetro dopo centimetro, perdo la capacità di ragionare.

Mi sento in paradiso, e non parlo solo dei brividi di piacere che stanno per invadere il mio cervello.

Parlo di tutto, parlo di ogni cosa che la riguarda e che, d'ora in poi, riguarda anche me.

71

Krystal

Mi vergogno da morire. Per questo, *dopo aver finito,* Damon mi fa sedere sulle sue gambe e io nascondo il viso nell'incavo del suo collo. La mia reazione è infantile e diversa da quella che altre ragazze avranno avuto, dopo avergli regalato un momento simile. Tuttavia, mentre mi accarezza la schiena, non mi sento sbagliata. Sono semplicemente me stessa: timida, inesperta e forse ancora un po' bambina.

«Tutto bene?» mi chiede, notando il mio prolungato silenzio.

Trovo il coraggio di guardarlo e nei suoi occhi vedo un sentimento di soddisfazione e di stupore che mi fa sorridere.

«Sì, tu... come stai?»

«Alla grande.» Mi morde il naso, e io rido. Abbiamo bisogno di questi momenti, abbiamo bisogno di ritagliarci piccoli attimi di normalità adolescenziale, perché sono consapevole del fatto che i problemi sono ancora qui e che non sarà facile superarli.

Chiudo gli occhi quando con il pollice mi accarezza il labbro inferiore. È tutto così intenso, così bello e speciale. Mi bacia dapprima lentamente, come se volesse assaporare quello che è successo poco fa, poi aumenta il ritmo e io mi lascio andare.

Infilo le dita fra i suoi capelli, e sospiro per il modo in cui le sue mani si stringono sui miei glutei. Da quando abbiamo fatto l'amore per la prima volta, fra noi è nato qualcosa che giorno dopo giorno cresce a dismisura. Abbiamo raggiunto un livello di intimità e di intesa che prima tenevamo lontano per paura di fare la cosa sbagliata.

«Krys» ansima per un movimento involontario del mio bacino.

Potremmo ricominciare, proprio ora, anche se la parte razionale di me mi ricorda che sono qui per le ripetizioni di matematica. In ogni caso le nostre intenzioni vengono fermate da qualcuno che è appena entrato nella stanza senza bussare.

«Oh, scusate.»

Mi stacco da Damon, e ringrazio Dio che ora è vestito.

Charlotte ci guarda, seduta sulla sua sedia a rotelle che, per fortuna, sta quasi per diventare un lontano ricordo. E arrossisce.

«Credevo che steste studiando.»

«Si bussa, Char» borbotta Damon, passandosi una mano fra i capelli. Ha l'affanno, i capelli in disordine e i pantaloni ancora sbottonati. Dio, che imbarazzo!

«Ormai è andata.» Scrolla le spalle, avanzando nella nostra direzione.

Mi guarda e, a differenza mia, sembra aver dimenticato quello che è appena successo.

«Krystal, ti andrebbe un'uscita solo ragazze? Ovviamente puoi invitare anche Tate.»

«A volte dubito della tua intelligenza» commenta Damon, alzandosi. Mi dispiace per la risposta che ha rifilato a sua sorella.

«Non essere geloso, fratello.»

«Non puoi trascorrere una serata da sola fra un mucchio di persone.»

Inizio a capire il pensiero di Damon. È preoccupato per sua sorella, perché non riesce ancora a camminare a lungo. Ha bisogno della sedia a rotelle e in un locale potrebbe avere problemi. Sto per appoggiare

Damon, quando sua sorella aggiunge una frase che mi fa andare la saliva di traverso.

«Non usare me. So che ti infastidisce l'idea che la tua ragazza esca per locali senza di te, ma puoi star tranquillo. Siamo tutte ragazze serie.»

Non ho il coraggio di guardare nessuno dei due, e non solo perché Charlotte mi ha definita la ragazza di Damon.

Certo, lui mi reputa sua, ma ufficialmente non abbiamo ancora messo in chiaro le cose.

«Fate come volete» sbotta, e poi se ne va, lasciandoci sole nella sua camera.

«Pensi si sia offeso?»

Annuisce. «Sicuramente, ma chissenefrega. Verrai?»

«Io... dovrei parlarne con la mia istitutrice» dico, e lei annuisce di nuovo. Sembra pensierosa, si guarda indietro e poi inizia un discorso per cui nessuna delle due è pronta.

«So che ti ha raccontato qualcosa di quella notte» sussurra. I suoi occhi si sono fatti tristi, e per un attimo mi attraversa la mente l'idea di chiederle di parlarmi della sua relazione con Jacob. Per fortuna resisto, e resto in ascolto.

«Damon è un ragazzo molto riservato, non gli è mai piaciuto parlare di quello che mi è stato fatto. Mi ha sempre protetta e da poco ho scoperto che vuole vendicarsi.»

Conosco questa parte della storia, anche se non conosco le sue intenzioni. E non faccio altro che chiedermi cosa ne sarà di lui, della sua vita e di noi. Di qualunque cosa si tratti, mi ha fatto intendere che cambierà tutto e che Manchester, per lui, diventerà solo un ricordo.

«Mi ha accennato qualcosa» sussurro con un filo di voce.

«Solo tu puoi fargli cambiare idea.»

Questa frase mi colpisce come uno schiaffo.

«Cosa? Charlotte, non credo proprio. Sono soltanto l'ultima arrivata e tu sei sua sorella.»

Afferra la mia mano e cerca i miei occhi. Mi sento in difficoltà, perché non so davvero cosa dirle.

«Lui ci tiene molto a te, Krystal, anche se sono sicura che non ti ha ancora detto quanto. Mio fratello ha sacrificato gli ultimi anni della sua vita per me. Ha fatto cose pericolose per me ed è un miracolo se non è mai stato arrestato. Non posso perderlo. Io ora sto bene, sto guarendo e tornerò a camminare solo grazie a lui. Quindi non serve che faccia l'eroe. Deve pensare a sé stesso, d'ora in poi, e io sarò felice se avrà te al suo fianco.»

Sono senza parole, i miei occhi tradiscono la mia tranquillità solo apparente. Ho paura anch'io, temo anch'io di perderlo, ma non so fino a che punto riuscirò a fargli cambiare idea.

«Non sottovalutarti» continua. «Non ho mai visto mio fratello così felice.»

Felice. Lei pensa che suo fratello con me sia felice.

«Promettimi che almeno ci proverai.»

Non sono solita fare promesse che credo di non poter mantenere, ci tengo alla parola data e mi ritengo una persona leale. Una parte di me pensa che sia inutile provare a convincere Damon. L'altra un po' ci crede.

Dovrei essere più ragionevole, esporre a Charlotte le mie perplessità e farle capire che, finora, suo fratello non si è spinto così oltre con me: allo stato attuale, continuo a non essere la sua ragazza. Quello che ci diciamo in un letto, resta in un letto.

Eppure lo faccio, agisco d'impulso accettando di interferire con qualcosa in cui non dovrei immischiarmi.

«Ci proverò, promesso.»

«Grazie.» Mi sorride, e mi sento meno in colpa.

«Vado da tuo fratello» le dico. Lei continua a guardarmi con occhi pieni di gioia. Non so cosa le abbia detto Damon di me, non so se abbiano mai parlato di come tutto è iniziato fra noi.

A prescindere da questo, mi piace l'idea che un giorno noi due potremmo essere delle buone amiche.

Quando raggiungo il salotto, trovo Damon seduto sul divano di fronte alla tv. Non sono sicura che sia realmente interessato a quello che sta guardando. Insomma, non penso sia un fan di *Beautiful*; per questo mi siedo al suo fianco, in attesa di una reazione che non arriva per i successivi dieci minuti.

«Cosa stai facendo?»

«Secondo te?» sbotta, e io serro le labbra per non ridere. A differenza di Charlotte, penso che lui sia preoccupato che sua sorella possa farsi male o che possa stancarsi a trascorrere una serata intera fuori casa.

«Antipatico» borbotto, posando la testa sulle sue gambe. Non sono solita prendere iniziative simili con lui, nonostante mi piacerebbe tanto mostrargli un po' della mia dolcezza.

Lui continua a ignorarmi e non mi sfiora neanche per sbaglio.

«Vuoi che me ne vada?»

«Eri tu quella impegnata...»

Mi metto a sedere e lo guardo.

«So che potrebbe essere presto, per Charlotte, ma ti prometto che semmai dovesse uscire con noi, le starò accanto e mi assicurerò che non si stanchi troppo.»

La sua occhiataccia mi inchioda.

«Sei molto premurosa, piccola Margot.» Riduce gli occhi a fessure. «E io che pensavo fossi in punizione.»

«Non farmi credere che sei geloso di me.»

Non so da dove venga questa audacia, fatto sta che svanisce appena lui si avvicina e mi stringe il mento fra le dita.

«Tu sei mia, poi sono cazzi loro» sentenzia, prima di allontanarsi di nuovo e di tornare a guardare la tv.

Sospiro, imbarazzata fino al midollo per i pensieri strani e perversi che hanno appena invaso la mia mente.

Quando sua sorella mi ha parlato di questa uscita al femminile, immaginavo che avrebbe organizzato qualcosa di tranquillo. Magari una cena, un film. Nella mia testa sarebbe filato tutto liscio: le avrei presentato Tate, avremmo parlato del più e del meno e magari ci sarebbe stata anche Corinne, che ci avrebbe aggiornate sulla sua relazione con Thomas.

Be', mi sbagliavo.

È venerdì sera, e siamo sedute attorno a un tavolo stracolmo di bicchieri vuoti. Aumentano ogni dieci minuti, e io non so cosa fare per fermarle. Gli argomenti della serata sono imbarazzanti, anche se divertenti. Rido anch'io, almeno fin quando Charlotte, Corinne e Tate spostano l'attenzione su di me.

«E mio fratello con te com'è? Non dirmi che fa l'antipatico come con il resto del mondo!»

«Ha un carattere particolare, ma è migliorato molto nell'ultimo periodo.» Mi gratto la nuca.

«Vogliamo i dettagli» continua Corinne. «Non mi hai ancora raccontato come ti ha chiesto di diventare la sua ragazza.»

«Vero, vogliamo saperlo» interviene Tate.

I loro occhi sono puntati su di me. Mi sento in difficoltà, soprattutto perché le loro aspettative sono molto alte e la realtà non è granché.

«Non me l'ha proprio chiesto. Non ufficialmente, almeno.»

«Cosa?» urla Charlotte, prima di scolarsi un altro bicchiere di birra. Credo di essere l'unica ancora lucida.

«Dice che sono sua, me lo ripete spesso.»

«Ma non ti ha chiesto di mettervi insieme. Mio fratello è proprio un idiota» borbotta, alzando gli occhi al cielo.

Anche Tate e Corinne concordano con lei, e quando provo a dire loro che credo sia solo una formalità, mi guardano male.

«Non giustificarlo» sbotta Tate. «Quando non vengono messe le cose in chiaro, i maschietti pensano di poter fare quello che gli pare. Non va bene, Pallina. Devi dirglielo.»

Mi incupisco, all'improvviso mi isolo e rimugino su quello che stanno dicendo. E se avessero ragione? Se Damon non mi considerasse la sua ragazza e si sentisse libero di frequentarne altre? Il solo pensiero mi fa inumidire gli occhi, ma tutte e tre sono troppo impegnate a sostenere le loro tesi per rendersene conto.

Damon

Spengo la quinta sigaretta della serata, ma sono già pronto ad accenderne un'altra.

«Devo ammettere che tutto questo mi è mancato. Sembra trascorsa una vita, dall'ultima volta che siamo usciti solo noi tre.»

«Vero, sono d'accordo» conferma Thomas, attaccandosi alla bottiglia di birra che si è portato dietro da casa. «E tu Dam, non hai niente da dire?»

Alzo lo sguardo dal cellulare, che non è squillato neanche per sbaglio.

«Sì, bello» bofonchio, e loro scoppiano a ridere come se avessi fatto una battuta.

«Hai la testa da un'altra parte» commenta Jared, alzando gli occhi al cielo. «Tranquillo, nessuno te la ruba.»

Lo incenerisco con lo sguardo, ma non basta a frenare le cazzate che sta per sparare da quella fogna che si ritrova al posto della bocca.

«Dovresti essere preoccupato anche tu per Charlotte, idiota. Anzi no, ci penso io a lei» gli ricordo, ma la mia reazione non fa altro che alimentare il loro divertimento.

«Sai, stento ancora a credere che tu abbia chiesto a Krystal di essere la tua ragazza.»

Guardo Thomas, ma non gli rispondo. Ho bisogno di bere e per fortuna qui vicino c'è un locale nel quale potrei provare a smettere di torturarmi. Dovrei scriverle un messaggio, farle presente che sono trascorse due ore dall'ultima volta che ci siamo sentiti, ma poi mi trattengo e mi ricordo chi sono.

«Amico, temo che non glielo abbia chiesto.»

Ovviamente mi seguono e io mi pento subito di essere entrato in questa bolgia infernale. Un tempo era il mio pane quotidiano, questi posti mi piacevano anche se non mi hanno mai reso felice.

Niente mi rendeva felice, ora… c'è *qualcosa*.

«Non sono cazzi vostri» sbotto, sedendomi su uno sgabello di legno. Ho bisogno di qualcosa di forte per cancellare queste maledette paranoie da ragazzino alle prime armi. Io non sono questo, non lo sarò mai neanche per…

«Krystal!»

«C'è anche Corinne» borbotta Thomas con un pizzico di fastidio nella voce. Quando seguo la direzione dei loro sguardi la vedo, anzi… le vedo.

«Charlotte farà una brutta fine» sbotto, appena mi rendo conto che sono tutte ubriache… tranne *lei*.

Lei ha lo sguardo perso nel vuoto e sta stringendo il cellulare fra le mani.

«Si era detto un posto tranquillo.»

Jared mi ha letto nel pensiero, eppure ora riesco a concentrarmi solo su quel volto così pensieroso, così triste e…

Le scrivo un messaggio e fanculo l'orgoglio.

Temo sia successo qualcosa, ma tenerla sott'occhio mi rende sicuramente meno irascibile.

Che fai?

Mi sento un bastardo fortunato, quando noto la sua espressione cambiare appena legge il mio messaggio.

È qualcosa che parte dallo stomaco e si dirama ovunque. La vedo sorridere, la vedo estraniarsi dalle chiacchiere di quelle tre.

Sono in un pub con le ragazze, tu?

Mi annoio anch'io.

Trattengo una risata quando noto la sua espressione perplessa. Krystal inizia a guardarsi intorno, ma per fortuna non mi vede.

«E voi due smettetela di farvi i cazzi miei» sbotto, guardando male le pettegole alle mie spalle.

«Amico, tutto questo è divertente» commenta Jared.

Io invece penso alla prossima mossa.

Ti annoi soltanto?

Sì, per ora…

«Mi sa che si è incazzata» dice Thomas, quando la vediamo corrugare la fronte e lanciare il telefono sul tavolo.

Serro le labbra per non ridere.

«Odia quando mi mantengo sul vago.»

«Sei il solito stronzo.»

Non replico perché ha ragione, ma stavolta non mi piace quello che leggo sul suo viso quando Charlotte posa una mano sulla sua e lei annuisce appena. Di qualunque cosa stanno parlando, Krystal ne sembra turbata. Si porta il bicchiere alle labbra e lo vuota troppo velocemente.

«Prevedo guai… Aspetta amico, dove stai andando?»

Inizio a camminare nella sua direzione, proprio quando si alza e si allontana dalle amiche. La conosco abbastanza da sapere che esiste la concreta probabilità che possa ficcarsi in qualche guaio, pur non volendo.

Sta per raggiungere i bagni e accidentalmente un ragazzo la spinge, facendola barcollare.

«Guarda dove vai, idiota» sbotto.

Il tipo sgrana gli occhi. Suppongo che mi conosca, ed è per questo che non dice nulla e se ne va.

«Dam?»

«Piccoletta!»

Ci guardiamo e forse dovrei fingere stupore, ma non è da me. Voglio che sappia che sono qui per lei.

«Sei ubriaca?»

«Cosa ci fai qui?»

«Non hai risposto alla mia domanda!»

«E tu risponderai mai alle mie?» sbotta. Poi scuote il capo e chiude gli occhi. «Scusa, ho bevuto troppo in fretta. Mi gira la testa» dice, ma io so che c'è dell'altro.

So che non ha voglia di scherzare, di litigare…

Vorrei solo baciarla e portarla via da qui.

Mi avvicino e finalmente la tocco, prendendola per i fianchi.

«Sono con i ragazzi, siamo finiti qui per caso e poi ti ho vista» le dico.

Mi guarda, e sembra ancora tesa. «Che coincidenza.»

«Altre domande?»

«Eh? Sì… cioè, no.»

Si agita fra le mie braccia, so che sta mentendo, e una parte di me crede di sapere chi sono le responsabili di quello che ha in testa. Conosco mia sorella e so che potrebbe aver parlato a vanvera.

«Ascolta, Krystal. Se mia sorella ha fatto qualche battuta fuori luogo sul mio passato e sulle mie frequentazioni, sappi che è solo perché ha qualche rotella fuori posto.»

«No, ecco…» Inspira a fondo, poi mi guarda. «Sono la tua ragazza, Damon?»

Ripenso alle parole dei miei amici, a quelle di Jared la sera in cui gli ho detto che stavo con Krystal e al fatto che, molto chiaramente, mi aveva fatto intendere che per una ragazza nulla è scontato. Mi sento un idiota, un inesperto del cazzo e…

Afferro il suo viso fra le mie mani, la guardo e le dico la cosa più vera, forte e incredibile che abbia mai detto a qualcuno.

«Sei la mia ragazza, Krystal. Non dubitarne mai.»

Sospira, e poi mi sorride.

Sono felice e lo so.

Sono felice perché per una volta, forse la prima in tutta la mia vita, non ho paura di rispondere a una domanda così importante.

Sconosciuto

«Quante ne hai scattate?» domando, mordicchiandomi le unghie.

«Parecchie.»

«Bene. Inviale subito!»

72

La *sua* ragazza.

Ha detto che sono la sua ragazza senza pensarci due volte.

L'ha detto e non se lo è rimangiato neanche quando, mentre eravamo nella sua auto, gliel'ho chiesto di nuovo.

Probabilmente la birra mi ha resa più audace; sono sicura che, da sobria, non avrei mai avuto il coraggio di porgli una domanda simile. Avrei continuato a vivere nel dubbio, ad angosciarmi quando la verità è che lui mi vuole e che considera importante il nostro rapporto.

La sincerità che ho letto nel suo sguardo vale più di qualsiasi altra dichiarazione. Stiamo pur sempre parlando di Damon, e in fondo a me piace l'idea che lui sia del tutto diverso rispetto al resto del mondo.

«E quindi avete bevuto...» sussurra, quando entriamo in casa sua. Non erano questi i piani, quando sono uscita con le ragazze. Da quello che ho capito ora i suoi amici sono a piedi, ma a Damon non sembra importare più di tanto.

In quel locale gli ho chiesto di ballare e lui ha rifiutato.

Sì, ero leggermente brilla e forse lo sono ancora.

«Io solo un sorso, ma sembra che mi sia scolata quattro bicchieri di birra grandi così.» Rido, spalancando le braccia per rendere meglio il concetto.

«Divertente» commenta, avvicinandosi con fare minaccioso.

Con la schiena sfioro l'isola della cucina e lo guardo con un sorrisetto impertinente, assolutamente non da me.

«A tratti. Non mi sono divertita per tutto il tempo» ammetto, senza mettere a fuoco del tutto quello che sto farneticando.

«Solo io sono in grado di farti divertire per tutto il tempo» sussurra, posando le mani sul marmo freddo e imprigionandomi tra le sue braccia.

Adoro la mia poca lucidità momentanea, perché altrimenti mi bloccherei.

«Hai ragione.» Mi alzo sulle punte, e lo bacio con innocenza sulle labbra. Poi inizio a sbottonargli la camicia.

Vestito di nero è bellissimo, e muoio dalla voglia di dirglielo. «Con te è tutto più divertente.»

La sua pelle sotto le mie dita è bollente, liscia, morbida e profumata. Ho un debole per il suo profumo, e per tutto ciò che lo riguarda.

«È un bene che tu lo sappia.»

Non so a che gioco sta giocando, ma non mi ferma.

Mi sta lasciando fare, come se volesse vedere fino a che punto mi spingerò. Onestamente non mi sto ponendo alcun limite, voglio andare avanti, voglio continuare questa cosa che ho iniziato senza sapere dove mi condurrà.

«Dovremmo ballare» dico, gettandogli le braccia al collo, dopo aver fatto scivolare a terra la camicia che stava indossando.

«Non dobbiamo» replica. Il suo respiro si spezza, quando inizio a muovermi contro il suo corpo, prima di baciarlo.

Piccoli innocenti baci sul collo, sul mento e sul petto.

Mi piacciono i suoi tatuaggi. È come se mi raccontassero la sua storia, come se mi mostrassero un lato di lui non a tutti accessibile. Mi piace l'idea di essere l'unica lettrice dei messaggi che ha sulla pelle. Mi piace sapere che, d'ora in poi, sarò l'unica che potrà godere e toccare tutto questo, perché mi appartiene e io appartengo a lui.

«Sicuro?» Lo guardo con le mani poggiate sulla cintura dei suoi pantaloni.

«Stai rischiando, piccoletta.»

Gli sorrido. Con lui sto rischiando dal primo momento in cui l'ho incontrato, e la cosa bella è che ne sono felice. Sono felice di avergli offerto un fazzoletto quando è stato il momento, sono felice di non aver dato ascolto alle dicerie della gente, sono felice di essere andata oltre e di aver conosciuto la parte migliore dell'unico ragazzo di cui mi sarei mai potuta innamorare.

«Eppure a me sembri tu quello spaventato.»

Con un gesto inaspettato mi prende in braccio, facendomi sedere sul tavolo della cucina.

Urlo, e smetto di ridere solo quando le sue mani agguantano le spalline del mio vestito e le tirano giù.

«Peccato, non potrai più metterlo questo» gli sento dire, prima che mi baci. Mi divora, mi brama e mi pretende, mentre le nostre labbra si assaltano a turno.

«Che stronzo.» Chiudo gli occhi e lascio che l'audacia ceda il posto alla dolcezza. Accarezzo il suo viso, i suoi capelli e quell'accenno di barba che ha dimenticato di fare e che gli dona.

«Lo so.» Ansima sul mio collo e mi spoglia senza smettere di baciarmi. La connessione è vitale, da questo dipende la nostra sopravvivenza mentre i nostri corpi si uniscono.

Arrossisco per il suo tocco esperto, per le sue mani che spudorate spostano di lato le mie mutandine e mi invadono. Così, proprio in questo modo…

«Dam!»

Diventa sempre più intenso. Con Damon cresco, comprendo nuove cose e mi fido. Mi fido di quello che solo con lui so di poter sperimentare, e lui si lascia andare, mostrandomi tutto quello che è, tutto quello che ama.

Facciamo l'amore sul tavolo della cucina e scoppiamo a ridere come ragazzini innamorati, quando ci guardiamo negli occhi e ce ne rendiamo conto. Mi sussurra che Jared potrebbe avere un attacco di nervi se lo scoprisse, che è paranoico sull'igiene in casa, ma le chiacchiere durano poco, perché la passione ci distrae e ci porta in un altro mondo nel quale però ci stiamo ancora baciando.

Un'ora dopo siamo sul suo letto, abbracciati e mezzi addormentati. Dovrei tornare in istituto, dovrei chiamare le mie amiche e dire loro che non sono stata rapita da un alieno, ma suppongo e spero che ci abbiano già pensato i ragazzi.

«Mi gira un po' la testa.»

«Ben ti sta.»

Sorrido ancora, stasera ho sorriso tanto e bisogna farci caso, quando capita. Mi giro nella sua direzione e poso le mani sul suo petto. Non credo di essere ancora brilla, anzi: sono più che consapevole di quello che sto per dirgli.

Lo guardo e gli apro il mio cuore.

«Sai Dam, per tutta la vita mi sono sempre sentita sola. Anche se non lo dicevo, mi pesava non trovare una famiglia, e con il passare degli anni ho iniziato a pensare che non avrei mai provato la gioia di appartenere a qualcuno. Ecco, con te io mi sento a casa, sento di essere stata scelta fra un mare di possibilità e questo… mi rende felice. Sono felice con te.»

Mi sento leggera, come se fossi rinata e non avessi sulle spalle un bagaglio troppo pesante per una sola persona.

«Krystal…» Le sue labbra si schiudono più volte, so di averlo sorpreso anche se non me lo aspettavo. I suoi occhi brillano come la luna in cielo, *e a me basta questo.*

«Non devi dire nulla.»

Mi stringe, sento che trema.

Gli batte forte il cuore, *e a me basta questo*.

Damon

Non faccio altro che pensare a lei, a quello che mi ha detto e a come mi sono sentito mentre la ascoltavo. Mi sento un idiota per non averle risposto in alcun modo, perché l'unica cosa che avrei voluto dirle mi spaventa da morire.

Penso a lei ininterrottamente, mentre macino chilometri su chilometri per raggiungere Londra. Green vuole vedermi, ha un lavoro per me e io ho un brutto presentimento. Vorrei tornare indietro nel tempo, vorrei stare in un letto con Krystal per dirle che da quando è entrata nella mia vita io so cosa significa essere felici e, cazzo, non avrei mai pensato di poterlo dire.

Lei mi rende felice, lei mi ha fatto conoscere l'uso dei colori e mi ha fatto capire che il nero non è l'unico a dover far parte della mia arte. C'è altro, c'è il mondo fuori dalla mia finestra e io me lo voglio godere.

Voglio vederlo con lei, voglio fare qualsiasi cosa con lei, ma poi torno alla realtà, mi ritrovo nell'ufficio del mio capo. Che con poche parole mi ricorda che io non posso.

«So che hai un buon rapporto con mia figlia. Domani sera ci sarà una cena di beneficenza qui a Londra. Vorrei che tu l'accompagnassi.»

Si aggiusta le maniche della giacca, che sono già in perfetto ordine, e poi mi guarda.

Serro la mascella. «Accompagnarla? In che senso?»

«Voglio che venga notata. Ha l'età giusta per entrare in società. Voglio che tu sia il suo accompagnatore e che la protegga durante l'evento. È pur sempre la figlia dell'uomo più potente in città» dice con orgoglio.

Vorrei solo prenderlo a pugni, e poi vorrei rifiutare, chiarirgli che io non voglio nemmeno vederla sua figlia, che la odio, la odio e... la odio. Mi ha rovinato la vita, e sono pronto a rovinare la sua.

«Problemi?» domanda, quando nota che sono rigido come uno stoccafisso.

«Nessuno» replico. Non ho scelta, non ora. L'unica cosa che riesco a pensare, mentre esco dal suo ufficio e salgo in auto, è la delusione che leggerò sul volto di Krystal quando gliene parlerò. Chiamo Jared, paradossalmente ho bisogno di un suo consiglio. Dice che è un'altra prova, dopo la rapina, e conferma che accettare era l'unica possibilità che avevo per uscire vivo da quella stanza. Lo penso anch'io, anche se non ho mai visto Green uccidere qualcuno. Si dicono tante cose sul suo conto, e ci credo quando affermano che è l'uomo più spietato della città.

«Fossi in te non lo direi a Krystal.»

Allontano il telefono dall'orecchio come se mi avesse appena insultato.

«Non voglio mentirle, non più.»

«Lo so, ma non la stai tradendo. Si tratta di lavoro e puoi dirglielo al tuo ritorno. Starebbe male e non le serve, dal momento che non ha nulla da temere.»

«Jared, non era necessario che tu lo specificassi. Sto con lei ora, e non mi serve nient'altro.»

Ovviamente se la ride.

«Appunto, evitale un mal di stomaco.»

Rifletto sulle sue parole: non sono molto convinto che sia la cosa giusta da fare. Non sono convinto che una bugia possa fare meno male; per questo, quando sono a pochi chilometri da casa, devio e raggiungo il suo istituto.

Voglio dirle la verità, voglio farlo perché non ho più alcuna intenzione di rovinare quello che stiamo costruendo. Green mi ha scritto un messaggio, dice che provvederà lui a farmi recapitare quello che dovrò indossare. Ho la nausea al solo pensiero e la situazione non migliora quando, una volta arrivato sotto la finestra di Krystal, lei mi scrive che la Morris è nella sua stanza e che non sa quando la smetterà di parlare e di ricordare con lei aneddoti della sua infanzia.

Posso aspettarti, anch'io ho qualcosa da raccontarti...

E delle ripetizioni da darmi, manca poco al prossimo test.

Mi viene da sorridere quando leggo la risposta e inevitabilmente penso alle sue labbra su di me, quel pomeriggio, nella mia stanza.

«Merda» borbotto, aggiustandomi il cavallo dei pantaloni.

Sono le otto di sera e a breve ci sarà Charlotte a casa mia, le ho promesso una pizza, ma... devo anche parlare con Krystal.

Non le ho ancora risposto, ma il suo messaggio successivo mi fa capire che a volte è il destino che sceglie al posto tuo.

Dam, credo che stasera non potrai intrufolarti nella mia stanza. La Morris non demorde ed è meglio non rischiare. Ci vediamo domani?

Domani...

Domani non posso e quando le scrivo che dovrò lavorare, lei mi risponde che non fa nulla, che recupereremo, ma a nessuno dei due va bene. Per troppo tempo mi sono imposto di starle lontano, ma sembra che la vita si diverta a metterci i bastoni fra le ruote.

I soldi non fanno la felicità.

Quante volte abbiamo sentito questa frase?

Tante, eppure abbiamo sempre storto il naso.

Abbiamo sempre pensato che ci può credere solo chi di soldi ne ha in abbondanza. Probabilmente i nostri pregiudizi nascono dal fatto che non abbiamo mai visto quanto alcuni ricchi siano davvero infelici.

«E io che pensavo fosse uno scherzo. Si torna ai vecchi tempi, tesoro.»

«Non toccarmi» ringhio, appena la mano di Piper si posa sulla giacca che sono stato costretto a indossare.

Non ho mai partecipato a un evento simile, e spero di non doverlo fare mai più, ma non posso negare che le occhiatacce che Green mi rifila di tanto in tanto mi facciano accapponare la pelle.

«Rilassati» sorride. «L'amore non dovrebbe rendere tutto più bello? Non dovresti vedere farfalle svolazzare ovunque?»

«Piper, vengo pagato per tollerarti. Se non vuoi che chieda un aumento al tuo paparino, taci.»

«Quanto sei cafone.» Si finge offesa, ma in ogni caso chissenefrega. «La tua dolce metà non è gelosa del fatto che stasera sei qui tutto per me?»

La guardo male, ma devo stare attento.

«Non sei degna di nominarla.»

«Però, chi l'avrebbe mai detto? Damon Cooper che si innamora di una qualunque.»

Ho capito il suo gioco. Conosco Piper da tempo e conosco anche le sue tecniche. Non cederò, non reagirò.

«Direi la migliore.» La guardo negli occhi e per un attimo i suoi vacillano.

«All'inizio è sempre tutto rose e fiori. Perché non andiamo a prendere qualcosa da bere?»

«Devo pisciare.» Mi allontano da lei con una scusa, e subito prendo il cellulare dalla tasca di questi pantaloni insopportabili.

Ci sono due messaggi. Uno di Thomas, nel quale mi chiede se sono ancora vivo, e l'altro di Krystal.

Dam, ho provato ad aspettarti sveglia, ma ho sonno. Ci vediamo domani a scuola. Notte, mi manchi.

Odio la mia vita, odio non poter essere sincero con lei, odio non poter stare con lei ogni volta che voglio.

Le rispondo che mi manca anche lei, *tanto*, e poi me ne ritorno dove dovrei essere. Ci sono tante persone, una decina di giornalisti e persone di un certo livello.

Spero solo che finisca presto.

Krystal

Andare a dormire tardi ha un unico risultato per una come me: perdere l'autobus.

Ovviamente non ho sentito la sveglia, e mentre cammino per le strade con il cellulare stretto fra le mani, non noto le persone che passeggiano al mio fianco.

«Mi scusi» sussurro, quando per sbaglio colpisco qualcuno.

Damon, alle cinque del mattino, mi ha scritto un messaggio. Da quel che ho capito il lavoro è andato bene, ma era troppo stanco per presentarsi a scuola questa mattina.

Manca poco per la mia destinazione, quando il mio cellulare squilla. È Tate.

«Ehi, lo so che sono in ritardo. Giuro che sto arrivando» le dico.

«Kry, so che tu non hai i social ma… dovresti aprire il link che ti ho inviato per messaggio.»

Mi acciglio, il suo tono non mi convince e temo che le possa essere capitato qualcosa.

«Di cosa si tratta?» Metto il vivavoce.

«Leggi, spero si tratti soltanto di un equivoco.»

73

Per la prima volta, l'ereditiera Piper Green posa per la stampa con un misterioso ragazzo al suo fianco! Sarà il suo fidanzato?

Sento il mio cuore sgretolarsi, mentre leggo questo articolo online. Ogni mia certezza viene distrutta da un'immagine che mai avrei pensato di vedere. E invece mi sbagliavo, mi sbagliavo amaramente e ora… sono immobile, in mezzo alla strada, e non riesco a reagire. Tate mi chiama, mi dice che dobbiamo andare a scuola e che tutto si risolverà, ma io non ne sono sicura.

Il ragazzo, in quella foto, è il mio. O almeno era quello che pensavo fino a due minuti fa.

Damon

Ho un mal di testa atroce, ma non si tratta di una sbronza colossale. Ieri sera non ho bevuto e non ho mangiato nulla, per ovvi motivi. Conosco quella gente: sarei potuto finire avvelenato.

Il mio malessere ha nome e cognome: Piper Green.

Non ha fatto altro che parlare per tutta la serata. I suoi discorsi erano frivoli, falsi e spesso senza alcun contenuto. Ho odiato ogni secondo con lei, ma non ce ne saranno altri. Non ho più intenzione di sottopormi a stronzate simili, e non lo farò neanche se suo padre dovesse puntarmi una pistola alla fronte.

Mi siedo al tavolo della cucina e i miei pensieri si aprono a scenari peccaminosi che devo tenere a bada, in presenza dei miei amici.

«Com'è andata, ieri sera?» mi domanda Thomas, ma io ho appena notato che Krystal ha visualizzato il mio ultimo messaggio e non ha risposto.

«Una tortura.»

Gliene scrivo un altro e aspetto.

Non voglio essere un paranoico del cazzo, ma quando si tratta di lei non sono mai tranquillo.

«Suo padre vuole combinarvi insieme, l'hai capito?»

Jared non ha tutti i torti. Anch'io ho avuto quest'impressione, durante la serata, ma ovviamente allontano il pensiero. L'unica cosa che potrei fare per sua figlia è spedirla in un manicomio.

«Non è un mio problema. Parlerò con lui e gli dirò che non mi presterò più a queste cose.»

«Certo» commenta, ma non mi sembra convinto.

Sei a scuola?

Non resisto, le scrivo ancora. Ho una brutta sensazione e la conferma arriva quando Thomas mi si avvicina e mi mostra qualcosa sul suo cellulare…

«Cazzo!» Balzo in piedi. Non può essere, non posso essere così sfigato. E invece lo sono: me ne rendo conto quando provo a chiamarla e lei butta giù.

«Pensi che l'abbia visto?» chiede Jared. La risposta gliela fornisce direttamente Krystal. Mi ha appena scritto un messaggio e io… non so spiegare come mi sento, mentre lo leggo.

Non preoccuparti, sto bene, ma voglio restare sola.

«Mi sa di sì» commenta Thomas alle mie spalle.

Se ne avessi la forza, mi incazzerei con lui per aver sbirciato, ma mi è stata tolta dall'unica persona che me la infonde.

L'idea di averla delusa mi provoca la nausea, corro in bagno e vomito quel poco che ho nello stomaco. Non mi sento meglio, soprattutto perché non sono in grado di rassicurarla e di fare la cosa giusta.

Jared mi ha seguito. Mi dà una pacca sulla spalla e mi dice che, volendo, sappiamo come trovarla.

Già, ho la sua localizzazione e non me ne vergogno.

Krystal non apprezzerà, voleva stare da sola, voleva del tempo, ma io non sono mai stato un tipo accondiscendente.

Devo raccontarle la verità, e devo farlo il prima possibile.

Non voglio che ci siano segreti fra di noi, anche se è solo colpa mia se lei ora non si fida più di me.

Un'ora dopo sono al porto di Manchester e mi si stringe il cuore quando la vedo seduta per terra con lo sguardo rivolto verso il fiume.

La nostra barca non c'è più, ma farei qualsiasi cosa per trascorrere un'altra notte come quella, solo con lei.

Mi sento indegno, mi sento sporco e sbagliato per averle mentito, ma soprattutto per il modo in cui ha scoperto tutto. Gliene avrei parlato, l'avrei fatto, ma ora mi sembrano solo una serie di giustificazioni inutili.

Mi avvicino e mi siedo al suo fianco. Il solo fatto di vederla mi fa stare subito meglio. Ho avuto paura, ed è un'emozione che non riesco a controllare.

«Come mi hai trovato?»

La sua voce è roca, ha pianto.

«Ti troverò sempre, Krystal» le dico e provo a toccarla, ma lei si scansa e questo mi uccide.

«Voglio spiegarti quello che hai visto. Non è come pensi.»

«Avresti dovuto farlo prima.»

Non mi guarda, e questo mi destabilizza.

«Vuoi lasciarmi?» sbotto e so che non dovrei, ma è il mio modo di essere quando ho paura. Ho lottato tanto per non cedere ai sentimenti che provo per lei, ho provato a salvarla da me, ma... ora che è mia, non me la lascerò scappare facilmente.

Mi guarda male, e preferisco questo al silenzio.

«L'hai baciata?»

«Come? No, cosa vai a pensare?»

«Ho visto quella foto, Damon» sussurra e prova a trattenere le lacrime.

Cerco di sfiorarla di nuovo, con il rischio di beccarmi un ceffone.

«Suo padre mi sta mettendo alla prova in ogni modo, e l'altro giorno mi ha chiesto di accompagnare sua figlia a quella cena di beneficenza. Non potevo rifiutare, Krystal, e non ho trovato il coraggio per dirtelo.»

La guardo negli occhi e lei chiude i suoi come se provasse dolore.

Le avvolgo i fianchi con un braccio.

«Questa è la verità. Non è successo altro e l'ho trattata male per tutto il tempo. Le ho ribadito che mi stavano pagando per stare lì e che tu sei l'unica che voglio.»

Per uno come me è davvero difficile parlare così apertamente. Non sono solito tranquillizzare gli altri, ma con Krystal mi è venuto naturale. L'ho detto e mi sono sentito nel giusto.

Le sollevo il mento con due dita.

«Non ti fidi?»

«Mi fido.»

Tiro un sospiro di sollievo.

«Ma è stato orribile vederti al suo fianco» ammette con una punta d'imbarazzo. «Odio quel Green, odio il fatto che potrebbe costringerti a fare qualunque cosa.»

«No, non qualunque cosa. Parlerò con lui e gli dirò che non parteciperò più a eventi del genere. Non deve espormi. Voglio restare invisibile, e non voglio ferirti. Anche se non c'è nulla di vero in quella foto» le dico con serietà. Lei accenna un piccolo sorriso, che per me è già una grande vittoria.

E capisco di essermi innamorato di lei quando mi accorgo che le sue lacrime sono il mio dolore.

«Mi dispiace.» Posa la guancia sul mio petto, e io mi sento in pace. «Non volevo farti preoccupare, prima. Non volevo ignorare i tuoi messaggi.»

La stringo forte a me e ispiro il suo profumo.

Sono scosso per quello che finalmente sono riuscito ad ammettere a me stesso.

Mi sono innamorato di lei, vorrei solo avere più coraggio e dirglielo.

«Lo so, non fa nulla» dico e lei mi guarda, un po' perplessa.

Lo sono anch'io. Non immagina quanto.

«Stai bene?» chiede, osservandomi con attenzione.

Butto fuori una risata nervosa. Cazzo, non so cosa mi stia prendendo.

«Vieni» le dico. «Voglio portarti in un posto.»

Prende la mia mano e la aiuto ad alzarsi.

È un gesto semplice, ma per me vale molto.

Afferrare la mano di qualcuno significa fidarsi e io non voglio mai più vedere dubbi nei suoi occhi. Krystal è l'unica che voglio, l'unica che mi ha fatto scoprire il significato della parola *amore*. E ora sono pronto per mostrarle una cosa che, fino a qualche mese fa, per me non aveva una spiegazione logica.

Krystal

Con il viso poggiato sulla sua schiena, guardo la strada correre sotto di noi. Sono stata male, ho avuto paura di essermi soltanto illusa e di aver fatto almeno mille passi indietro. Nella mente ho ancora impressa quell'immagine, ma mi fido di lui e di quello che mi ha raccontato. Mi è bastato guardarlo negli occhi per azzerare le mie paranoie. Le sue parole mi hanno scaldato il cuore, mi hanno fatto credere in qualcosa che non ci siamo ancora detti. Come se entrambi stessimo aspettando l'altro.

Un sorriso enorme invade il mio viso, appena riconosco il posto in cui mi ha portata.

«Mi è mancato venire qui.»

Damon spegne il motore e mi aiuta a scendere.

Nel farlo, la gonna della divisa si solleva ed è lì che cade il suo sguardo.

«Be', a me manca qualcos'altro.»

«Idiota.» Rido, mentre mi tira a sé e mi morde le labbra. Però non mi bacia, sembra teso come se dovesse dirmi qualcosa di importante e non sapesse come farlo. Un po' mi agito; è stata una giornata strana e non voglio altre brutte sorprese.

«Vieni.» Mi prende per mano e insieme scendiamo i gradoni che ci conducono al centro del nostro grande teatro all'aperto.

C'è qualche disegno nuovo, ma sono sicura che non siano suoi.

«Dove stiamo andando?» domando, mentre prosegue e mi conduce in una zona più isolata, in cui non siamo mai stati prima. «Damon, dai, rispondi.»

Poi si ferma, di punto in bianco, mi afferra per i fianchi e mi fa voltare. Quello che vedo mi lascia senza fiato; è come ricevere una notizia che aspettavi da tempo, come rivedere qualcuno che ti mancava da morire.

Vorrei dirgli che lo amo da morire, che quello che ha disegnato per me vale più di qualsiasi dolce parola, che lui è la mia rivincita e che il suo talento mi sconvolge.

«Damon...» Gli cerco la mano e quando mi stringe le dita mi sento scelta, mi sento amata, capita... felice.

Mi sento forte. Noi possiamo farcela, possiamo resistere contro chi ci vuole divisi.

«È la cosa più bella che abbia mai visto» sussurro.

Mi avvolge con un braccio, in piedi dietro di me, e posa il mento sulla mia testa.

«Concordo.»

Il mio volto spicca, *in ogni sfumatura di colore*, su questa parete bianca. Il mio cuore si riempie di gioia al solo pensiero che ora il nero non sia più l'unico tono della sua arte.

Mi giro e lo bacio.

«Quando l'hai fatto?»

I miei occhi brillano e i suoi non sono da meno.

Siamo come stelle che vivono indisturbate e felici in cielo la loro storia d'amore.

«Dopo Londra, dopo averti visto andare via con Jared» ammette, facendo una smorfia.

Voglio cancellare i suoi dubbi.

«Mi piace da morire» sussurro, gettandogli le braccia al collo. Poi riprendiamo a baciarci, stavolta sul serio.

Mancano pochi giorni al mio compleanno. Pensare che me ne ero quasi dimenticata.

«Voglio organizzare una festa per te, a casa dei miei genitori.»

Il distacco da Tate non è stato traumatico. In queste settimane ho capito che le mie paure erano inutili e che avrei potuto vivere diversamente la notizia della sua adozione. Il nostro rapporto, infatti, si è fortificato. Trascorriamo davvero tanto tempo insieme e siamo felici. È un bel periodo per noi.

«Ehi, grazie. Sicura che per loro non sia un problema?»

«Assolutamente no» mi dice, mentre camminiamo lungo i corridoi della scuola. Le ho raccontato del disegno di Damon e di quanto è stato dolce con me dopo quello che era successo.

«Oh, guarda chi sta arrivando. Te lo sei scelto proprio bene, amica.»

Arrossisco all'istante, quando lo vedo avanzare nella mia direzione con quell'espressione sexy e trionfante. Ripenso subito all'altra sera, quella in cui… ci siamo divertiti sui sedili posteriori della sua auto. Dio, che imbarazzo. La vecchia me era più tradizionalista sull'amore, ma la verità è che mi piace da morire quello che facciamo e il modo in cui lo facciamo.

«Non dire a Damon che fra tre giorni è il mio compleanno. Si merita una piccola vendetta» ridacchio, e Tate mi guarda come se avessi tre teste.

«Piccoletta, cosa ti diverte tanto?»

«Ciao Damon, vi lascio soli. Ci sentiamo dopo, Kry» urla la mia amica. Sicuramente dopo mi chiamerà e mi aiuterà a organizzare questo piccolo e innocente scherzetto al mio ragazzo.

«Oh, nulla. Tate mi stava raccontando una cosa.» Scrollo le spalle, che lui avvolge prontamente con un braccio appena vediamo Rick passare al nostro fianco. Ci ignora ed è meglio così.

«Andiamo a pranzo in un posto qui vicino» dice, sospirando pesantemente.

Forse dovremmo parlarne, come dovremmo parlare anche delle sue intenzioni per quanto riguarda quella… vendetta.

Ora siamo una coppia, e dovremmo esserlo in tutto.

Tengo questi pensieri per me e gli stringo la mano, mentre usciamo da scuola e raggiungiamo la sua moto. Siamo entrambi tesi, ma l'atmosfera cambia quando arriviamo a destinazione e inizia a prendermi in giro per le mie scelte alimentari.

«Sei l'unica a mangiare le patatine senza ketchup.»

«Senti chi parla. A te non piace la Coca-Cola!»

«Da qualche parte ho letto che fa male, ci tengo alla salute.» Si lecca le labbra senza mai smettere di guardarmi. Damon è un grandissimo provocatore, ma non è il momento giusto.

«Non fare lo spavaldo con me, oggi non si può.» Scuoto l'indice, quando posa una mano sulla mia gamba.

«Piccola, i veri marinai navigano anche nei mari più…»

«Non continuare.» Lo guardo male, tappandogli la bocca con una patatina.

«E da qualche altra parte ho letto anche che il sesso allevia i dolori mestruali.»

Vorrei sprofondare, ma per fortuna non c'è molta gente in questo posto e nessuno sta prestando attenzione a noi.

«Leggi troppo, non trovi?»

«Trovo che tu sia davvero sexy, oggi. Be', anche ieri.»

Scuoto il capo per tentare di nascondere il sorriso ebete che aleggia sul mio viso.

«Da quando sei diventato così loquace? Un tempo non mi avresti mai fatto tutti questi complimenti. Potrei abituarmici.»

Il suo sguardo diventa serio, come se tenesse molto a quello che sta per dirmi.

«Un tempo ero troppo stupido. Ero un vigliacco, uno che preferiva la solitudine, le rinunce… l'arroganza. Sono stato molto arrogante con te, Krys.»

Le sue dita sfiorano le mie labbra e mi guarda, Dio come mi guarda.

«Forse non era ancora il nostro tempo.»

Damon scuote il capo. «Un bel po' di giorni fa mi hai detto una cosa e io non ti ho risposto.»

So a cosa si riferisce, parla di quando l'ho definito *la mia casa*.

«Non devi pensare che io non ti abbia risposto perché…»

«Ehi, tranquillo. Lo so.»

«Ascoltami. Mi piaci da impazzire, fin dalla prima volta che ti ho vista. Sono stato uno stronzo, ti ho trattata male molte volte e so di non meritarti.» Mi ferma, prima che possa replicare. «Ma ti voglio, e non rinuncerò a questo, anche se so che per te sarebbe meglio. Mi hai salvato dal male che avevo dentro e sto cercando di spingerlo ancora più a fondo per non farlo riemergere. Non è facile, non lo è affatto quando sei costretto a vedere le persone che più odi al mondo e non fare nulla, ma con te…» Stringe la mia mano. «Con te credo di potercela fare. Ecco, tu sei questo per me.»

74

Manca un solo giorno al mio compleanno e adesso l'idea di non averlo detto a Damon non mi entusiasma più di tanto.

Tate ha organizzato una festa nella piscina coperta di casa sua. Ovviamente gli altri sanno tutto.

«Ci sto ripensando. E se dovesse offendersi?» dico, mentre ci avviamo alla fermata dell'autobus.

Oggi il mio ragazzo aveva un impegno di lavoro, per questo motivo non è qui con me. Mi fa ancora strano parlare di lui in questi termini e non mi dispiacerebbe affibbiargli uno di quei nomignoli che solitamente si usano tra fidanzati. Tuttavia, non sono sicura che a lui possa piacere una cosa simile.

«Non mi pare che Damon si sia informato su quando la sua dolce metà sia venuta al mondo» borbotta Tate. «Tranquilla, è solo un'innocente vendetta.»

So di averla proposta io questa cosa, ma temo che potrebbe portare a una situazione tutt'altro che divertente.

«Se lo dici tu» sospiro, e lei mi prende a braccetto prima di salire sull'autobus.

Trascorriamo il pomeriggio insieme in istituto, con la Morris e con altre ragazze a rivangare tempi ormai passati. È sempre bello vivere questi momenti con le persone con cui si è cresciuti, e sono felice perché, dopo tanto, la Morris sembra nuovamente serena. Suppongo che abbia accettato alcune cose, come la mia relazione con Damon, e che stia cercando di fidarsi di me, anche se spesso torno a deluderla.

Dopo cena, Tate va via e io mi rintano nella mia stanza per fare una doccia. Domani sera ci sarà questa festa in piscina e sorrido al pensiero che io e Damon ci andremo come coppia.

È tutto così nuovo per me, e ne sono entusiasta. Scelgo il costume più carino che ho, e poi mi infilo sotto le coperte.

Pensavo che Damon si sarebbe fatto sentire, ma non voglio avvelenarmi con cattivi pensieri. Mi fido di lui e so che domani non troverò altre brutte notizie sparse in rete.

«Qualcuno qui è già stanco.»

Sussulto e mi metto a sedere sul letto, quando una voce, e non una qualsiasi, mi raggiunge.

«Prima o poi mi farai morire d'infarto» sospiro. Poi, mentre Damon avanza nella mia direzione, sorrido. Si siede al mio fianco e mi bacia. Mi è mancato tanto oggi, per questo lascio da parte ogni inibizione e dischiudo le labbra per accogliere le sue.

«Effettivamente me lo dici spesso, che stai per morire» ansima sulla mia bocca, infilandomi le mani sotto la maglia. «Aspetto questo momento da troppi giorni.»

«Anch'io» ammetto, e lui mi sovrasta, facendomi stendere sotto di sé.

Muoio dalla voglia che ho di lui, non pensavo di diventare dipendente anche dal suo corpo, e invece è così. Non posso fare a meno di lui sotto ogni punto di vista.

«Mi sei mancato» mormoro, guardandolo negli occhi, e il suo sorriso mi manda fuori di testa.

«Anche tu, piccola. Lascia che te lo dimostri» dice, ma ogni incanto viene spazzato via da urla che ci fanno sobbalzare dal letto.

«Buon compleanno, Krystal!»

Troppe voci iniziano a cantare *quella famosa canzoncina*. Damon mi guarda come se non riuscisse a capire.

«Aspetta… Oggi è il tuo compleanno?»

«Non urlare, potrebbe esserci la Morris lì fuori con le altre bambine» bisbiglio, ma quello che vedo nei suoi occhi mi destabilizza.

«Quindi è vero?»

«Sì, ecco, non te l'ho detto perché… non lo so il perché.» Mi gratto la nuca. Damon si alza dal letto e si allontana, passandosi le mani fra i capelli.

«Cosa significa? Oggi è il tuo compleanno e non me lo hai detto. Cazzo, Krys, sono il tuo ragazzo!»

La sua reazione mi sconvolge. Fuori dalla stanza cala il silenzio e ormai non è più un segreto che lui sia qui con me. Mi sento in colpa, mi sento una stupida perché non pensavo che potesse offendersi in questo modo. E invece…

«Doveva essere… uno scherzo.» Mi alzo e provo ad avvicinarmi, ma l'espressione di delusione che leggo sul suo volto mi fa male. «Scusami, sono stata una stupida. Aspetta, dove stai andando?»

Mi allarmo, quando noto che raggiunge la finestra.

«A casa. Se non volevi festeggiare il tuo compleanno con me, bastava dirlo.»

«Dam.» Alzo gli occhi al cielo. «Era solo uno stupido scherzo, e mi dispiace se ti sei offeso, ma…»

«Peccato che io non lo trovi divertente, ciao Krystal» sbotta, e se ne va, lasciandomi sola con la sensazione di aver rovinato tutto.

Cos'è appena successo? mi domando.

Le mie labbra iniziano a tremare e mi ritrovo a piangere come una bambina. Una mano si posa sulla mia spalla. Appena mi volto, trovo riparo fra le braccia della Morris.

«Gli passerà. Non è successo nulla di grave» sussurra, accarezzandomi la schiena. Il mio corpo è scosso dai singhiozzi, e non riesco a capire perché sto così male.

Era solo uno stupido scherzo...

«Non pensavo di offenderlo.» Tiro su con il naso, e lei mi guarda con un sorriso solo accennato.

«Onestamente anch'io l'ho trovato esagerato, ma probabilmente non sa gestire le emozioni. Suppongo abbia avuto quella reazione perché tiene molto a te.»

«Pensavo che Damon non le piacesse.»

Non lo nega, e questa cosa mi rende ancor più triste.

«Questo non vuol dire che non sappia riconoscere quando un ragazzo è innamorato.»

«Cosa?» Mi tremano le mani. La Morris le prende e le stringe fra le sue.

«Solo l'amore ti rende così... permaloso?» Ridacchia, riuscendo a coinvolgere anche me.

Damon non mi ha mai parlato di sentimenti, ma ha sempre espresso quello che prova in modi ugualmente importanti e belli. Non so se lui sia effettivamente innamorato come io lo sono di lui, ma l'unica cosa che mi preme al momento è vederlo e scusarmi per quello che è successo.

«Tranquilla, basterà un tuo mezzo sorriso per farlo sciogliere.»

Non ho più molta voglia di festeggiare il mio compleanno. Oggi è stata una giornata strana. È partita male e non è migliorata nelle ore successive. Damon non ha risposto ai miei messaggi, e quando ho provato a spiegargli per l'ennesima volta che non era mia intenzione ferirlo, mi ha risposto con un semplice okay.

Okay cosa? avrei voluto dirgli.

Quindi eccomi qui, con il costume indosso, a supplicare Tate di annullare la festa.

«Scordatelo, i nostri amici sono già arrivati. Dai, non penso che ti darà buca. Non lo faccio così stronzo e infantile!»

«Io invece credo che non verrà.» Piagnucolo e sbuffo, quando prova ad aggiustarmi i capelli.

Non m'importa nulla del mio aspetto, ora come ora.

«Dai, andiamo. Non rovinarti la serata.» Mi trascina al piano terra, dove effettivamente i nostri amici ci stanno aspettando a bordo piscina.

«Buon compleanno, Krystal!»

Corinne mi abbraccia e mi strizza l'occhio. Le ho raccontato tutto per telefono, ma sembra che qui nessuno mi abbia presa sul serio.

«Tanti auguri, bellezza.»

È il turno di Thomas, poi viene quello di Jared, di Luke e di nessun altro. Ovviamente lui non c'è, ovviamente lui ha scelto l'orgoglio.

La festa inizia, Tate è stata davvero brava e mi dispiace non darle la giusta soddisfazione. I nostri amici ballano, giocano e scherzano. Provano a coinvolgermi più volte, ma alla fine mi isolo e vado a sedermi a bordo piscina. Non riesco a credere che tutto si sia rovinato per un motivo così futile. La tristezza diventa rabbia.

«Quando vuole, Damon sa essere proprio uno stronzo.»

Sollevo il capo. Jared si è appena seduto al mio fianco.

È l'ultima persona che pensavo potesse provare a confortarmi.

«Già» sussurro. «Non ti pare che stia esagerando?»

«Un po'.» Ridacchia. «Lo conosco da una vita però, cazzo, non gli hai mica ucciso il gatto!»

Sto per replicare, quando sento la porta sbattere e una voce pronunciare parole che mi fanno incazzare ancora di più.

«*Perdonate il ritardo!*»

«Parli del diavolo...» bisbiglia Jared. Poi si alza, lasciandomi sola. Mi impongo di mantenere lo sguardo sui miei piedi e di non cedere alla tentazione di rivolgerlo a lui. Che stronzo!

Dieci minuti dopo, quando lo sento scherzare con i suoi amici, arrivo all'amara conclusione che sia venuto solo a perdere tempo. Non di certo per me.

In fondo, l'ho conosciuto che era un grande amante delle feste...

Mi alzo e vado a chiudermi in bagno. Non piangerò davanti a lui, non gli permetterò di umiliarmi. Mi chiedo come sia possibile passare da *quei giorni* a *questo momento* con una freddezza spaventosa. Non me ne capacito, ma non ho intenzione di starmene qui a rimuginarci su. Andrò via, trascorrerò le ultime ore del mio compleanno con la Morris e al diavolo Damon Cooper.

Scendo le scale e mi trovo costretta a passargli vicino, per andare via. Ma tanto neanche lo noterà, troppo preso a bere la sua dannata birra.

«Ora fingi anche di non vedermi.»

Mi faccio scura in volto. «Semmai è il contrario. Non mi hai neanche salutato» dico, poi riprendo a camminare, ma lui si alza e mi sbarra la strada.

«Probabile.»

«Dove sono finiti gli altri?»

«Che importa? Mica è una festa, questa.»

«Sei proprio uno stronzo!» sbotto. «Sei scomparso per tutto il giorno, non hai risposto ai miei messaggi e non ti sei degnato neanche di farmi gli auguri.»

«Ah, quindi oggi è il compleanno di qualcuno! Cazzo, non lo sapevo.» Fa una risata e io lo guardo male, anzi malissimo.

«So di aver sbagliato, ma non credi di esagerare?»

I suoi occhi fissano il mio volto. Si avvicina e io indietreggio per allontanarmi da lui. Non so perché lo sto facendo, forse ho solo bisogno di lucidità per affrontare questo litigio.

«Non sapere del compleanno della mia ragazza non rientra fra le cose più divertenti che mi siano capitate nell'ultimo periodo.» Fa una smorfia. «Non pensavo fossi così vendicativa. Sei stata un po' stronza.»

«Okay, datti una regolata.» Sbuffo. «Devo ricordarti che nemmeno tu mi hai detto quando...»

«È diverso, e comunque non dovresti seguire il mio esempio» commenta con quell'aria di superiorità che vorrei cancellare dal suo viso a suon di schiaffi.

«Sei proprio uno stronzo, levati» urlo cercando di scansarlo, ma lui non reagisce, non si sposta e continua a sovrastarmi.

«E se non mi andasse? Si sta così bene qui!»

«Vaffanculo, Dam! Non puoi venire qui dopo un giorno e comportarti in questo modo con me. Mi tratti come se fossi una qualunque, come se non fossi più la tua ragazza, come se meritassi di…»

«Cosa?»

La sua strafottenza tira fuori il peggio di me.

Lo spingo ancora, senza risultato.

«Ti odio» urlo.

«Io invece ti amo» risponde lui.

Le sue labbra si impadroniscono delle mie, si prendono il mio stupore, le mie paure e il terrore di aver frainteso.

Afferra il mio viso e lo stringe fra le mani per rinsaldare la nostra unione, la nostra follia e il nostro disperato bisogno di amarci come non abbiamo mai fatto prima d'ora.

E quando il mio cuore ne è certo, quando comprende che quelle parole non le ho soltanto sognate, mi fermo e lo guardo. Lo guardo con gli occhi gonfi di lacrime. Ma è felicità, questa.

La più autentica felicità che abbia mai provato.

«Ti amo, Cooper.»

I suoi occhi catturano i miei, si tuffano nel mio mare personale e non hanno più paura di affogarci dentro.

Mi stringe i fianchi così forte da farmi male e bene insieme.

«Dillo ancora» ordina, e io lo faccio. Ancora, ancora e ancora.

Questo è il compleanno più incredibile di sempre, racchiude momenti che anche fra vent'anni non avrò dimenticato.

«Buon compleanno, piccola» mi sussurra quando, dopo un bel po', i nostri amici sono ricomparsi.

Tate ha preparato una torta. Mi confessa che sapeva tutto e che è stato difficile per lei trattenersi dal picchiare Damon quando le ha telefonato per chiederle… aiuto.

Già, a quanto pare per me ha fatto anche una cosa simile.

«Direi che è arrivato il momento di cantarle la canzoncina!» urla Jared, sorridendomi.

Ora capisco tante cose, ora tutto ha un senso.

Alzo gli occhi al cielo quando iniziano a cantare a squarciagola, e Dio mio, persino Damon lo sta facendo. Riprende questo momento con il cellulare e sono sicura che, quando riguarderemo insieme il video, mi emozionerò.

Le sue labbra mimano un *ti amo* che custodirò per sempre nel cuore.

75

Senza dubbio è stato il compleanno più bello di sempre. Sono così felice, mentre salutiamo i nostri amici, da aver dimenticato le ore precedenti, quelle in cui temevo che fra me e Damon si fosse rotto qualcosa. Mi sento anche un po' in colpa per averlo pensato, e lui non mi ha risparmiato un'occhiataccia, ricordandomi che non avrei dovuto mettere in dubbio quello che siamo anche se litighiamo.

Non è facile avere questa lucidità sulle cose; ho sempre paura di perderlo. C'è sempre una minaccia dietro l'angolo, e anche se ora sto bene e sono serena so che i problemi non sono finiti.

«Ci sentiamo dopo.» Saluto Tate e la ringrazio per l'ennesima volta per aver organizzato questa festa per me.

«Non credo» sussurra il mio ragazzo, mentre mi trascina verso l'auto. Devo ancora abituarmi ad alcune dinamiche, devo ancora abituarmi all'idea che questo, d'ora in poi, per noi sarà normale. Condivideremo tante cose, come andare via insieme da una festa.

«Vuoi rapirmi, per caso?»

Lo guardo e mi mordicchio il labbro.

Siamo appena saliti in auto, che la sua mano è già sulla mia gamba. Mi chiedo come abbiamo fatto a resistere per tutto questo tempo.

«Non è una cattiva idea, ma ho promesso alla tua padrona di riportarti sana e salva per l'ora di colazione.»

«Hai parlato con la Morris?» Spalanco gli occhi e lui ridacchia, mettendo in moto.

«A quanto pare, per te farei di tutto» abbozza, strizzandomi l'occhio. Sono costretta a tacere per qualche secondo e sembra che lui abbia colto il mio momento di difficoltà. «Tranquilla, so come farti stare meglio. Abbi un po' di pazienza.»

«Damon… smettila.» Mi tocco le guance. «Piuttosto, parlami della Morris.»

«Direi di no. È un argomento troppo noioso e io non posso rischiare di addormentarmi alla guida.»

Alzo gli occhi al cielo, ma al contempo mi avvicino a lui e lo bacio sulla guancia con lo schiocco.

«Grazie.» Gli sorrido. Lui sbuffa, ma so perfettamente cosa gli sta frullando nella testa in questo momento.

Damon Cooper non è la personificazione del romanticismo, non ricambierà mai le mie manifestazioni di dolcezza e so che detesterà accompagnarmi al cinema quando vorrò vedere un film strappalacrime. Eppure non cambierei nulla di lui: è perfetto così com'è, e lo amo per le cose che lo distinguono da me, per le passioni non in comune, per tutte quelle sfumature che lo rendono unico. Nessuno sarà mai lui.

«Ti piacerà il posto in cui stiamo andando» dice, ma non ho dubbi. Con lui ogni luogo è bello, perché è la sua presenza che lo rende speciale.

«Vedremo» rispondo. Ogni tanto è giusto che provi anch'io a fare un po' la stronza. Lui si lecca le labbra, e mi guarda per qualche secondo con la coda dell'occhio, come a dire: Sì, certo; non ci credi neanche tu. Poi riporta lo sguardo sulla strada, con una mano sul volante e l'altra ancora sul mio ginocchio.

Ci siamo confessati i nostri sentimenti, ed è stata la cosa più bella che una persona innamorata può fare. Ti senti libera, leggera; senti di aver risolto qualcosa con te stessa. Stai bene, e lo sai. Non so quando avremo il coraggio di dircelo ancora, non so se saremo una di quelle coppie che se lo ripetono di continuo o solo nei momenti di passione. Conoscendoci, immagino la seconda, ma non ci metterei la mano sul fuoco. Io e Damon siamo una continua sorpresa.

Schiudo le labbra quando riconosco la barca in cui abbiamo fatto l'amore per la prima volta. Spegne il motore, e lo sguardo che ci scambiamo vale più di qualsiasi proposta indecente.

Scendiamo dall'auto e io gli corro incontro per afferrargli la mano e stringerla.

No, non saremo mai davvero romantici, e a volte io dovrò trattenermi per non fargli storcere il naso, ma oggi questa regola non conta. Oggi Damon si è superato, ed è bene approfittarne.

«Vieni.»

È come tornare a casa dopo una vita intera, le sensazioni che provo esplodono nello stomaco e non riesco a contenerle.

I nostri piedi smettono di toccare terra e subito mi sento al sicuro. Dentro di me inizio a pensare che Manchester non sia più il posto per noi, anche se qui ho tutto. Anche se qui ho la mia vita, la mia scuola e i miei amici.

Appena Damon inizia ad allontanarsi dal porto e la sua auto diventa solo un piccolo puntino nero, non ho più dubbi.

Semmai dovesse chiedermelo, accetterei.

«Vuoi provare a guidare tu?»

«Ami il pericolo.» Rido e mi avvicino a lui. Si mette alle mie spalle, e mi indica cosa devo fare per non perdere la rotta.

«Detto da te è ironico» sussurra nel mio orecchio.

«Non farmi distrarre. Andiamo lontano?»

«Non molto. Paura?»

Mi volto per un attimo, e trovo i suoi occhi pronti ad accogliere la mia risposta.

«In realtà no. Mi piace l'idea di allontanarmi da casa.»

Per qualche secondo resta in silenzio, come se stesse pesando le mie parole, poi accenna un sorriso colmo di tenerezza e mi accarezza il viso. I suoi occhi, anche se non lo sa, parlano tanto e ora mi stanno dicendo qualcosa che ho già messo al sicuro nel cuore. Ci sono promesse che non devono per forza essere fatte a voce alta.

«Ci fermiamo.» Preme qualche bottone, probabilmente quello per calare l'àncora in mare.

«Grazie per avermi riportato qui.» Mi giro, stretta fra le sue braccia, e gli circondo il collo con le mie.

«Te lo avevo promesso» sussurra sulle mie labbra.

«Forse non lo meritavo, dopo averti fatto quello… scherzetto» sussurro, ed è davvero difficile restare concentranti quando le sue mani scivolano lungo la mia schiena e la accarezzano.

È come se non riuscissimo a smettere di toccarci, come se fossimo l'uno il prolungamento dell'altra.

«Ho esagerato, Krystal, e non sono uno che ammette facilmente i propri errori.»

Da quando lo conosco, abbiamo affrontato pochi discorsi seriamente. Nella maggior parte dei casi si sottraeva e finivamo per litigare. Stavolta è diverso. Stavolta sembra che ci tenga a chiarire quello che è successo.

«Non riuscivo a capire il motivo per cui mi ero incazzato così tanto. Be', ora lo so. Io odio il mio compleanno, ma il tuo è importante. Non saperlo mi ha fatto dare di matto.»

La sincerità che trapela da questa confessione mi fa vibrare l'anima. Ho sempre sperato di raggiungere con lui un livello di intimità simile, che va oltre quella che si può creare in un letto. Damon è sempre stato molto orgoglioso, e lo sarà ancora, ma vedere come sta crescendo e cambiando il nostro rapporto, anche solo attraverso un momento simile, mi fa sperare in un futuro insieme.

Per tutta la vita mi sono imposta di non pensare a lungo termine. Non ho mai avuto la possibilità e la forza di progettare, di sognare in grande. Ho sempre pensato a vivere il momento, nonostante la mia indole da maniaca del controllo.

Probabilmente, aver vissuto sempre in un contesto che avrebbe dovuto essere temporaneo mi ha fatto crescere in questo modo.

Idealizzare la mia vita, immaginarla diversa da quella che era, mi avrebbe fatto solo soffrire. Ho sempre detto che avrei voluto una famiglia, dei genitori e un cane, ma in realtà di notte mi impedivo il lusso di sognarli o anche solo di immaginarli.

Per questi motivi ciò che sto vivendo ora con Damon mi sembra speciale, ed è la prima volta che mi azzardo a credere di aver trovato in lui qualcosa che posso chiamare… futuro.

«D'ora in poi, amerai anche il tuo.» Mi sollevo sulle punte e lo bacio. Lui mi stringe di più, mi scompiglia i capelli con le dita e so che non ne possiamo più di rimandare.

Tuttavia lui mi ferma, con il fiatone e le labbra gonfie.

«Resisti, piccola. Solo un altro po' di pazienza.» Ride, mentre si allontana da me.

«Senti chi parla.» Incrocio le braccia sul petto, ma le parole restano sospese nell'aria. Damon ha sempre un asso nella manica, mi chiedo come faccia a sorprendermi ancora dopo quello che è successo. Invece ci riesce. Ci riesce con una piccola scatola blu di velluto, che appena apro mi fa inumidire gli occhi.

«Ammetto di aver copiato la tua idea» bisbiglia, e mi accarezza la guancia per cacciare via l'emozione che rischia di farmi piangere.

«È bellissimo» sussurro con un filo di voce, mentre mi infila lo stesso anello che ho regalato a lui per il suo compleanno.

«Bene» sospira, facendo scivolare le mani lungo le mie braccia, fino a raggiungere la cerniera del mio vestito. Non c'è più tempo per le chiacchiere, so bene a cosa sta pensando perché è quello che desidero anch'io. Vorrei ripetergli che lo amo, che amo questo anello e che desidero fare l'amore con lui per tutta la notte. Ma c'è la vita, quella che ci ha inseguiti anche qui, in mezzo al mare, a ricordarci che dal destino non si può scappare.

«Oddio! Cos'è stato?» Mi aggrappo alle sue spalle.

L'aria è stata invasa da un boato molto forte.

È notte fonda, noi siamo qui, da soli, e...

«Resta qui, vado a controllare.»

Non sono d'accordo. Ho paura, ma non faccio in tempo a dirglielo. Lo vedo mentre si affaccia dalla paratia per provare a capire cosa sia successo.

Lo seguo, una macchia scura sporca il mare.

«Figli di puttana!» sbotta, facendomi sobbalzare.

«Dam, cos'è successo?»

Si guarda intorno. È teso, e la sua rabbia aumenta quando si rende conto che il cellulare non prende. In fondo, è ovvio.

«Hanno colpito il serbatoio della benzina. Siamo fottuti.»

«Cosa? Non potrebbe essere un guasto?»

«No, Krystal!» urla ancora. «Era tutto a posto. Ovviamente ho controllato, prima di partire.»

Chino il capo. Capisco la situazione, ma continuo a odiare i suoi modi, quando perde il controllo.

«Ho capito.» Me ne torno dentro, e pochi istanti dopo mi segue.

«Sono incazzato, ma non con te.»

Sento le sue mani stringermi. Mi appoggio al suo petto e chiudo gli occhi. Riusciremo mai a stare tranquilli? Ci lasceranno mai in pace?

So che ha dei sospetti. Immagino che potrebbero essere stati gli uomini di Falcones e so che litigare per questo, ora, non ci porterà da nessuna parte.

«Come faremo a tornare?»

Posa il mento sulla mia testa. Ci mettiamo a guardare la luna dall'oblò, ma stavolta non riesce a farci stare meglio.

«All'alba passano sempre i pescatori. Ci porteranno al porto, tranquilla.» Mi bacia sulla tempia e io sospiro.

Non so come faccia, ma non ho più paura.

Le sue braccia mi trasmettono forza, coraggio e calore.

Forse… mi stanno solo preparando al *dopo*.

«Va bene.» Lo assecondo, quando mi invita a stendermi sul letto.

Restiamo abbracciati, in silenzio, per qualche minuto. Come se le parole facessero fatica a uscire. Ma io riesco a sentire i suoi pensieri.

«Non è colpa tua, non potevi saperlo.»

«Dovevo immaginarlo, invece. Me la pagheranno.»

Tremo, ora ho di nuovo paura.

«Sto provando a fare il bravo, ma…»

«Cosa?» Sollevo il viso. Lui sospira, e mi guarda come se mi stesse promettendo il mondo.

«Tu sei più importante di qualsiasi vendetta. Non sono disposto a perderti per un passato che comunque non potrò cambiare.»

«Dam.» Sospiro. «Mi stai dicendo che non vuoi più fare… quella cosa?»

«Sì.» Mi bacia sulla punta del naso. «La vendetta era l'unico scopo della mia vita, prima. Ora ho progetti più interessanti.» Fa un sorriso che catturo con le labbra.

«Ti amo» gli dico. Mi sento fortunata, perché ho finalmente capito cosa significhi avere una famiglia. Non si riduce a quello che immaginavo prima, puoi trovare la tua anche in una persona sola. L'unica che ti sceglie sempre, ogni giorno, e che ti riserva ogni forma d'amore possibile. Quella che c'è quando stai male, ma anche quando stai bene, quella che ti sorride, quella con cui litighi con la consapevolezza che l'indomani ci sarà ancora.

«Ti amo, Margot.» Accoglie il mio viso nella sua mano, lo avvolge come una coperta che mi terrà al caldo.

Capisco che da questo momento smetterò di tracciare croci sul calendario per segnare i mesi che trascorrono senza che ancora abbia trovato una madre e un padre.

Per tutta la vita ho avuto delle aspettative. Damon le ha superate alla grande.

Mi accosto al suo petto, dove il cuore batte forte e di lì raggiunge meandri della mia anima.

«Grazie, anche se non vorrei mai che a causa mia tu debba...»

«*Shhh.* Per te ne vale la pena. Tutto questo finirà. Voglio una vita normale, Krystal. Non voglio più dovermi guardare le spalle e non voglio darti questo peso. Non a te.»

«Vuoi uscire dal giro di quell'uomo?»

Damon sospira. «Non è facile abbandonare Green. Non lo permetterebbe. In più c'è qualcosa in lui che non mi convince. Conosceva mio padre, ne sono sicuro, e questa cosa mi dà il tormento.»

«Vuoi... indagare?»

«Vorrei. Vorrei capire cosa c'è sotto e poi... voltargli le spalle.»

Vorrei chiedergli come sia possibile farlo, ma siamo stanchi e so che ora non ha una risposta. Lo capisco dai suoi occhi che mi chiedono di lasciar perdere.

«Andrà tutto bene.» Lo abbraccio lasciando che questa notte, tanto bella quanto complicata, ceda il passo a un domani migliore.

Pochi istanti prima di prendere sonno, mi viene in mente una cosa. Un tempo anche Jacob era immischiato in questi giri, e così Luke. Entrambi ne sono usciti. Anche se nessuno, Damon compreso, ha mai capito come.

Questo Green non sembra uno che fa sconti. A meno che non ci sia altro, oltre a quello che sappiamo.

76

Damon

Per tutta la vita ho considerato mio padre l'uomo migliore al mondo. Ho sempre pensato che fosse buono e limpido. Come famiglia non abbiamo mai navigato nell'oro, ma avevamo un altro tipo di ricchezza, che ci rendeva spensierati e felici. Ci amavamo, era tutto più semplice e non c'erano menzogne, tra di noi. Poi, in una notte come altre, mio padre morì. Mia madre disse che era stato un infarto. Avevo quindici anni, quando mi resi conto che quella era stata soltanto la prima di una serie di bugie che sarebbero uscite dalla sua bocca.

Da allora lavoro per un uomo di nome Green. Non so molto di lui, oltre al fatto che è potente, spietato e che non si fa scrupoli se le cose non vanno come vuole.

L'ho sempre temuto, ma da quando mi sono innamorato di Krystal ho riscoperto una nuova forma di coraggio. Non voglio più fare questa vita, desidero voltare pagina ed essere un uomo migliore per lei, ma anche per me stesso.

«Sto guidando» strillo al telefono.

È la quarta volta che Jared mi chiama, tentando di dissuadermi. Pensa sia un suicidio, quello che sto per fare.

«Torna indietro, Dam. Ragiona!»

Non ho ripensamenti, quindi attacco, getto il cellulare sul sedile del passeggero e guido fino a destinazione.

Ogni volta che mi ritrovo nell'ascensore di questo grattacielo penso a quanto sia indegno di vivere l'uomo che sto per incontrare.

Ha basato la sua esistenza sui ricatti, sui soldi facili e sugli inganni. Non c'è niente di vero in lui e in quegli occhi che, ogni volta, mi guardano in modo strano. Sembra sempre che Green abbia qualcosa da dirmi, ma non lo fa mai, ed è meglio così.

Non busso. Quando alza lo sguardo dalle sue carte, capisco che non ha apprezzato la mia iniziativa. Me ne frego, avanzo fino alla scrivania e ci appoggio sopra il cellulare. Sullo schermo c'è l'articolo nel quale compaiono la mia faccia e quella di sua figlia.

«I patti non erano questi. Non ci tengo alla fama. Risolva questa situazione!»

Per qualche secondo lui si limita a guardarmi, poi abbassa gli occhi su quelle poche righe.

Non le legge neppure. «Un po' di fama non ha mai fatto male a nessuno.» Il suo tono è distaccato. Non è un buon segno e lo so, ma non per questo mi fermo.

«Non è quello che voglio. Intendo rimanere un signor nessuno, in questa città. Non voglio problemi.»

Si fa serio, toccandosi la mascella con le dita.

«Nessuno farebbe del male ai miei uomini, se è questo che ti spaventa.»

Faccio una risata amara. «Be', stanotte qualcuno ci ha provato. Ero in barca e il serbatoio è stato colpito.»

«Cosa?» Sgrana gli occhi e balza in piedi. Ora sono io quello sorpreso. «Hai dei sospetti?»

«Certo, i Falcones. Vogliono tirarmi dalla loro parte e le stanno provando tutte per...»

«Anche tu» sentenzia, guardandomi negli occhi «hai provato a ingannarmi. Il fatto che tu sia ancora vivo non significa che mi sia bevuto la storia che tu e Jared mi avete rifilato per proteggere quelle ragazze e voi stessi.»

La terra mi trema sotto i piedi.

Ora mi uccide, penso. E l'unico rammarico è non aver detto abbastanza a Krystal che la amo.

Se esco vivo da questa stanza, vado a prenderla e scappiamo via.

«Signor Green, io...»

«Puoi andare Damon» dice, restituendomi il cellulare. Sono incredulo.

«E la questione barca?» E sono anche un coglione!

«Ti ho detto di andare» ripete, stringendo le mani a pugno. Non comprendo la sua reazione, e non mi riferisco solo al fatto che non mi abbia ancora ucciso. Sembra quasi... offeso per qualcosa, ma è un'idiozia. Comunque non me lo faccio ripetere due volte, esco dal suo ufficio con una sensazione di inquietudine addosso. Lo guardo per l'ultima volta: qualcosa mi sfugge, ma mi chiudo la porta alle spalle e vado via. Non sfiderò la sorte, non oggi. Non dopo quello che è appena successo. Che poi non lo so, cos'è successo…

Krystal

Ci sono giorni destinati a diventare epici. Quello di oggi, senza alcun dubbio, lo ricorderò per il resto della mia vita.

La scorsa notte con Damon è stata bella, ma anche difficile. Si è aperto con me, mi ha parlato delle sue paure e della sua volontà di chiudere con un mondo che non gli appartiene più.

Non posso negare di essere felice al solo pensiero che ha scelto di mettere da parte la sua vendetta. Era diventata un chiodo fisso, per me. Temevo che, qualunque fosse il suo piano, sarebbe stato pericoloso. So però quanto sia importante per lui rendere giustizia a sua sorella per quello che le è stato fatto, e questo mi fa sentire in colpa. Non so se un giorno potrà rinfacciarmi qualcosa, ma oggi… saranno altri i rischi per la mia felicità.

Sono stesa sul letto, quando sento dei passi pesanti fuori dalla porta.

«Non potete farlo!»

La Morris urla, sembra spaventata a morte. Lo divento anch'io, quando nel mio mondo entrano due persone che non avrei mai voluto incontrare.

«Possiamo?»

Ci sono un uomo e una donna, sulla soglia della mia stanza. Indossano abiti eleganti, ed entrambi hanno una valigetta marrone per le scartoffie.

Non ci impiego molto a capire chi sono e cosa vogliono da me.

«Ciao, Krystal. Vorremmo parlarti.»

Ora la Morris piange. Si appoggia al muro, mentre ogni mia certezza crolla con lei.

«Di cosa?» Mi alzo, mettendomi sulla difensiva. Dovevo immaginarlo che prima o poi quella storia sarebbe venuta a galla.

«Di queste.»

Sulla mia scrivania, quella su cui Damon mi ha baciata e mi ha amata più volte, ora ci sono le foto che ci ritraggono insieme, le stesse che qualcuno ha diffuso nella nostra scuola.

«Mi occupo di questa ragazza sin dalla nascita. Non era necessario il vostro intervento.»

La Morris mi affianca e posa una mano sulla mia spalla, che però le ricade lungo il fianco appena uno dei due assistenti sociali le risponde.

«Probabilmente non è più in grado di farlo. Quello che è successo è molto grave. La scuola avrebbe dovuto contattarci subito, invece che aiutarvi a insabbiare.»

Inizio a tremare. Temo di svenire da un momento all'altro. La donna se ne rende conto, mi si avvicina e mi guarda come se provasse pena per me.

«Non vogliamo spaventarti e non siamo venuti qui per portarti via con la forza, ma non voglio neanche mentirti. Verrete convocate al tribunale per i minorenni, e di questa storia si parlerà davanti a un giudice.»

Se davvero non voleva spaventarmi, ha fallito miseramente.

Un'ora dopo mi ritrovo fra le braccia di Damon: è stata la prima persona che ho chiamato appena io e la Morris siamo rimaste sole.

«Voglio i loro nomi!» sbotta, e la mia istitutrice alza gli occhi al cielo.

«Ragazzino, questi metodi qui non sono accettati.»

«Neanche i suoi, visto com'è andata a finire. E non mi chiami ragazzino!»

«Vi prego, non ricominciate» li supplico, ma continuano a guardarsi in cagnesco. «Damon, per favore.»

Sospira pesantemente, stringendomi più forte.

Ho notato qualcosa in lui, prima ancora che gli parlassi di quello che è successo a me. Ma ha minimizzato e mi ha mentito. Ne sono sicura. Dopo ne riparleremo, ma ora sembra ostinato a trovare una soluzione che lascia tutti senza parole.

«Una persona che conosco potrebbe aiutarci a far cambiare idea a quei due.»

«Non ricorreremo a minacce o cose simili.»

«Be', signorina Morris, mi dispiace rovinare la sua visione paradisiaca del mondo, ma è così che funziona da queste parti. Nessuno è innocente, tutti hanno degli scheletri nell'armadio, e se non vuole che Krystal venga trasferita in un altro istituto, allora lasci fare a me.»

L'occhiataccia che la mia istitutrice gli rivolge mi fa accapponare la pelle.

«Voglio un'altra soluzione!»

«Bene. Krystal, fa' le valigie. Io e te ce ne andiamo dall'altra parte del mondo.»

«Cosa?» urla. A me invece viene da sorridere, e quando guardo Damon per un attimo sembra che davvero stiamo valutando la cosa. «Ehi, riprendetevi e smettetela di fissarvi in questo modo. Krystal non scapperà con te!»

«Vedremo, ma per ora le conviene accettare la prima opzione.»

Conosco abbastanza bene la Morris da…

«Va bene.» Abbassa lo sguardo. «Mi fido solo perché non ho scelta, ma non voglio conoscere i dettagli. Damon, gli assistenti sociali pensano che io non sia più in grado di badare a lei. In quelle foto ci sei anche tu, e suppongo che la tua fama ti preceda. Oltre al fatto che a quell'ora lei non avrebbe dovuto essere per strada.»

Esce dalla mia stanza con il viso basso, so che non è felice di questa soluzione, ma so anche che l'ha fatto… per me.

Sto male perché è una situazione che avrei potuto evitare. La Morris mi aveva messa in guardia, sapeva che se una notizia simile fosse arrivata alle orecchie degli assistenti sociali avrei avuto problemi molto grossi.

«Risolverò tutto.»

Le labbra di Damon si posano sulla mia tempia, ma stavolta neanche il suo tocco riesce a farmi stare meglio.

«Mi sento in colpa» ammetto, ma non mi lascio scalfire dal suo sguardo di rimprovero. So cosa vorrebbe dirmi. «Damon, è tutto così complicato e non riguarda solo me. Non volevo coinvolgere anche la Morris.»

«*Shhh*» soffia sul mio viso, quando le prime lacrime iniziano a bagnarlo. Non riesco a perdonarmi, non riesco ad accettare il fatto che sarà messo in dubbio anche il suo ruolo in questa struttura.

«Lei è un'ottima istitutrice, non voglio che caccino...»

«Non succederà, Krystal. Devi fidarti di me. So a chi rivolgermi» sussurra, ravviandomi una ciocca di capelli dietro l'orecchio.

«Damon, neanche tu devi finire nei casini. Con chi vuoi parlare? Sei strano.»

Evita il mio sguardo e non risponde. Non a questo, almeno.

«Ho più di un'idea. Ho solo bisogno di sapere se sei disposta a fare una cosa con me, nel caso in cui dovesse mettersi male.»

«Se mi stai chiedendo di scappare, la risposta la conosci già. Certo che lo farei.»

Mi stupisce e mi spaventa la facilità con cui riesco a dire queste parole, ma non ho alcun dubbio al riguardo. Non penso ad altro se non a lui. Metto da parte tutto quello che ho qui, metto da parte la mia vita, la scuola e gli amici. Mi chiedo solo quanto sia egoistico da parte mia non pensare a cosa penserà la sua famiglia, se davvero dovessimo andare via.

«Lo farei anch'io, Krystal.»

Ma la determinazione che leggo nei suoi occhi mi invade, non c'è spazio per altro. Ci siamo solo noi che lottiamo per stare insieme.

«Tu sei più importante» aggiunge come se mi avesse letto nel pensiero.

Gli sorrido fra le lacrime e poggio la guancia sul suo petto.

«Tu sei più importante.» Stavolta tocca a me, e non ho dubbi.

I giorni passano senza che arrivi alcuna convocazione da parte del tribunale per i minorenni. Damon non mi dice nulla, solo di fidarmi, e io provo a farlo.

Il rapporto con la Morris è cambiato. Non so se quello che sta accadendo ci abbia unite o divise. Parliamo sottovoce, provo a dirle sempre la verità e so che dovrò farlo anche per la cosa che Charlotte mi ha appena confessato.

«Come hai fatto a non vederlo? Dovrei offendermi!»

Per il mio compleanno mi ha regalato una borsa. È bellissima, ma ancora non l'ho aperta.

Mai avrei potuto immaginare che al suo interno si nascondesse un altro regalo.

«Char, ti chiedo scusa, ma... non posso accettare. Non so se Damon te l'ha detto, ma l'altro giorno...»

«So degli assistenti sociali. Mi dispiace molto, Krystal» sussurra, dall'altro lato della cornetta. «Potrò sembrarti indelicata, ma... cazzo, quando vi ricapita di andare a Las Vegas? Dai, lo sai che mio fratello sa come superare i controlli!»

Guardo questi due biglietti aerei e penso sia una follia vera e propria. Probabilmente non ha compreso la gravità della situazione.

«Non è questo il problema. La situazione è peggiore del previsto e stavolta neanche le conoscenze di Damon possono...»

«Non credo» mi interrompe. «Gliel'ho detto cinque minuti fa e la sua risposta è stata: "Cazzo, sorella, sei un genio!" A quanto pare, il tuo ragazzo non vede l'ora di fare follie con te nella città in cui tutto è concesso.»

Sollevo un sopracciglio.

Sono perplessa...

I fratelli Cooper sono più pazzi di quanto immaginassi.

77

Mancano pochi giorni alla nostra eventuale partenza. Ne abbiamo parlato, ho provato a spiegargli che in un momento simile sarebbe da folli andare. Tuttavia l'altra sera, dopo aver fatto l'amore, Damon mi ha elencato tutti i vantaggi di questo viaggio.

«Tutto quello che faremo lì resterà lì» mi ha sussurrato all'orecchio, con quel tono di voce roco che mi ha stregato fin dal primo istante. «Non hai voglia di follie?» ha continuato, e io non sono stata più in grado di far valere le mie ragioni. Qualsiasi buonsenso è scomparso, e mi chiedo come lui – sempre così scrupoloso e attento – non stia minimamente pensando alle conseguenze. «Voglio fare questo viaggio con te.»

Anch'io vorrei godermi questa avventura, ma in fondo immaginavo quale sarebbe stata la reazione della Morris, appena gliene avessi parlato.

«No, no e no! Possibile che voi due non abbiate imparato niente, dai vostri errori! Che poi, voglio dire, è normale che quel ragazzo se ne freghi. Non stiamo parlando del suo futuro, ma del tuo.»

«Signorina Morris, non è così. Damon ha a cuore il mio futuro, ma vogliamo... Ci teniamo davvero tanto a fare questo viaggio insieme.»

Mi incenerisce con lo sguardo.

Cavolo, non posso darle torto e so che a uno sguardo esterno potrei apparire come un'ingrata ragazzina innamorata.

«Quanto pensi che mi importi, in una scala da uno a dieci?»

Abbasso lo sguardo, mi sento così stupida ed egoista.

«Ormai lo so.» La sua voce si affievolisce, quando viene a sedersi al mio fianco, sull'altalena del giardino. «So che quel ragazzo, un giorno o l'altro, ti porterà via.»

«Io non...»

«Krystal, siamo sinceri. Il tuo destino è segnato dal primo giorno in cui l'hai visto.»

«Per lei è così terribile il fatto che mi sia innamorata di lui?»

Per quanto comprenda le sue reazioni, anche se sono ancora una ragazzina di diciassette anni, mi fa male sapere che lei non lo accetterà mai. La Morris è come una madre, per me. Lo è a tutti gli effetti, e io... la sto deludendo.

«Non vorrei mai che un giorno, guardandoti indietro, tu possa pensare che non ne sia valsa la pena, di perdere tutto a causa sua.»

Queste parole sono come coltelli che si accaniscono sulla stessa ferita. Bruciano come il fuoco, marchiano la mia anima e mi rendono quello che non sono.

«Non rinnegherò mai il mio amore per lui.» Balzo in piedi e urlo il mio dolore. I suoi occhi si spalancano. So cosa vuole dirmi.

Sosterrà che sono cambiata, che sono peggiorata e che la Krystal di un anno fa non avrebbe mai alzato la voce con lei.

Invece c'è rassegnazione nella sua risposta, come se avesse capito che oramai non può più salvarmi.

Ma non è quello che voglio.

Io amo la Morris con tutta me stessa, ma voglio vivere la mia vita con la sua benedizione, con la consapevolezza di avere il suo sostegno anche se non accetta la mia relazione con un ragazzo che vede solo come un delinquente. Damon è molto più di questo, anche se lei non vuole comprenderlo.

«Non hai il mio permesso, se è questo quello che stai chiedendo. Vuoi partire, fallo. Non farò la spia. Pregherò solo che tu torni sana e salva. Non sono impazzita, Krystal. Conosco i rischi di questa scelta, ma non trattengo chi non vuole darmi ascolto. Ormai sei grande e a quanto pare hai preso la tua decisione, non tenendo conto di tante cose.»

Mi guarda negli occhi, ma io non ho il coraggio di ricambiare.

Chiunque mi direbbe che Damon dovrebbe capire e che nessuno dei due dovrebbe essere così egoista. Forse un giorno, *in un altro capitolo della nostra storia*, lo capiremo e sconteremo i nostri peccati. Per il momento ho la mente annebbiata e non riesco a chiederle scusa per essere stata la sua più grande delusione.

Ho bisogno di lui, ho bisogno che Damon mi convinca che quello che stiamo facendo non è sbagliato, e non parlo soltanto del viaggio a Las Vegas. Parlo anche della possibilità di andare via e di lasciarci tutto alle spalle. In realtà non so bene di cosa stiamo parlando, non so cosa significhi vivere come una che è scappata da un istituto senza lasciare tracce. So solo che voglio stare con lui, che voglio perdermi fra le sue braccia e dimenticare tutto.

Prendo l'autobus e mi abbandono ai miei pensieri, mentre la strada corre sotto di noi. Vedo le persone scherzare, parlare, litigare. C'è chi si bacia, chi porta a spasso il cane, chi entra in un bar ignaro di essere osservato. Guardo queste vite, all'apparenza semplici e lineari. Ma è un'illusione: ognuno sta combattendo la propria battaglia. Tutti noi abbiamo paure e dubbi, ma quando arrivo fuori da casa di

Damon sono ancora della mia idea. Con lui andrei in capo al mondo, e la prima cosa che faccio, quando me lo ritrovo davanti, è baciarlo.

«Krystal, è successo qualcosa?»

«Baciami e basta, ho bisogno di te!»

Sento che è confuso, mentre gli prendo la mano e lo trascino nella sua stanza. Sento che vorrebbe chiedermi cosa mi ha sconvolta, ma non lo fa.

Spero non ci sia nessuno in casa.

Stavolta si lascia guidare, si lascia baciare, spogliare e toccare, ma dura poco. Damon non esegue, Damon vuole avere sempre il controllo.

«Dopo parliamo» ordina e io annuisco appena, mentre mi abbassa i pantaloni, prima di graffiarmi la schiena.

«Io ti amo» gli dico, stendendomi sul letto.

Si insinua fra le mie gambe e mi guarda negli occhi.

«Ti amo anch'io, Krystal.»

C'è così tanto sentimento in queste parole, nei suoi gesti e nel modo in cui mi sfiora la pelle. C'è così tanta passione nei nostri movimenti, in questi sguardi sfuggenti, a volte sofferenti e sfatti.

Amo il dolore che provo ancora quando mi penetra, amo la sua espressione quando ci uniamo e quando ci strusciamo l'uno contro l'altra dando vita a qualcosa di magico. Non ho mai capito cosa fosse il sesso, prima di farlo, e non parlo di questo da un punto di vista puramente fisico. Parlo dell'intesa che si crea quando non hai vergogna di nulla, quando tu e la persona che ami siete un'unica entità.

«Dam.» Infilo le dita fra i suoi capelli e chiudo gli occhi quando spinge più forte, arrivando a profondità ancora inesplorate. Non so cosa sia, non ho mai provato prima d'ora una cosa simile. Mi tremano le gambe. Ho come la sensazione che qualcosa in me si sia rotto, ma non fa male.

Il piacere mi annebbia la vista. Mi sciolgo fra le sue mani che torturano i miei seni e ogni punto sensibile di me.

«Cazzo» ringhia sulla mia bocca. La morde fino a farla sanguinare, fino a quando il suo desiderio scivola in me, scottando la mia carne e il mio cuore.

* * *

«Non voglio rovinare il vostro rapporto.»

Sono queste le prime parole di Damon appena ho finito di raccontargli quello che è successo con la Morris.

«A volte non mi rendo conto di quanto io sia egoista, con te.»

Intreccio le mie dita alle sue. Siamo ancora nudi nel suo letto, ed è l'unico posto in cui riesco a sentirmi a casa, adesso.

«Allora sono egoista anch'io» gli dico, sollevando il viso nella sua direzione. «Non ti ho mai chiesto espressamente cosa penserebbe la tua famiglia se… dovessimo andare via.»

«Me lo hai chiesto in tanti modi diversi, Krystal. Loro capirebbero. Per quanto io sia legato a mia madre, a mia sorella e persino a quei due stronzi, capirebbero perché scelgo te.»

Non riesco a trattenere un sorriso, uno di quelli per cui lotti, uno di quelli che ti fanno arrossire e tremare lo stomaco.

«Spero che anche la Morris capisca il motivo per cui sceglierei sempre te. In ogni caso, non c'è nulla che possa fare per farmi cambiare idea.»

Sospira, e per un attimo distoglie lo sguardo.

«Che c'è?»

«Mi piace il modo in cui lo hai detto.»

«Meno male.» Ridacchio, posando i palmi delle mani sul suo petto. «Perché è la verità. Povero te.»

Si lecca le labbra, e stavolta tocca a me indirizzare lo sguardo da un'altra parte, a causa dei ricordi che questa scena ha fatto riaffiorare alla mia mente.

«Ci divertiremo lì, Margot. Lo sai questo?» Riduce gli occhi a fessure. «Fra poche ore saremo solo noi due, molto lontano da qui.»

«E la cosa ti piace?» sussurro.

«Mi eccita» replica, accarezzando il mio viso. «Poche ore, Krystal, poi ti avrò tutta per me.»

«Mi sembra bello.» Sfioro i suoi tatuaggi. Mi hanno sempre affascinato. Mi chiedo se abbia intenzione di farne altri, ma non ho tempo di soddisfare la mia curiosità.

Dice: «Lo sarà». Poi riprende a baciarmi. Ricominciamo da capo.

Non so cosa aspettarmi da questo viaggio, da questa pazzia in piena regola.

So solo che non vedo l'ora di perdermi con lui, in ogni senso.

78

Gli aerei per me e Damon avranno sempre un significato. Ricordo ancora il nostro litigio quando, durante il volo verso l'Italia, dovetti sedermi al suo fianco. Come al solito non fu gentile: io avevo paura perché era la prima volta che volavo e lui, be', lui riuscì a mettere da parte il suo caratteraccio chiedendomi quale fosse il mio cantante preferito.

All'epoca non avrei mai potuto immaginare che un giorno avremmo ascoltato le nostre canzoni dagli stessi auricolari.

Mi sembra incredibile, mi sembra un sogno dal quale non voglio svegliarmi. Sono così felice da non riuscire a pensare ad altro, neanche a quello che mi attende quando torneremo, e non parlo solo della furia della Morris, ma anche di quella della mia migliore amica, Tate, alla quale ho scritto un messaggio proprio stamattina. Non ho avuto il tempo di leggere la sua risposta, ho dovuto mettere il cellulare in modalità aereo, ma fra dieci ore non avrò scuse. Devo solo prepararmi psicologicamente alla sua ramanzina e subito dopo all'elenco di tutte le cose che vorrebbe le comprassi qui.

«Manca poco, Margot.»

Le labbra di Damon si posano sulla mia fronte. Pur con gli occhi chiusi, non ho dormito neanche per un minuto. Ho paura di svegliarmi e di capire che non è vero, che non sono qui con lui e che l'ho soltanto immaginato.

Apro gli occhi e vengo accolta dal sorriso di cui mi sono innamorata ormai sei mesi fa. Lo guardo e mi chiedo come, fra tante, lui si sia accorto proprio di me.

Ancora oggi stento a credere che mi ami, stento a credere che stiamo provando in ogni modo a far combaciare le nostre vite così diverse, ma anche così simili.

«Non vedo l'ora» sussurro. Le sue labbra raggiungono le mie.

Ho sempre sentito parlare di Las Vegas come di un luogo magico sulla terra in cui poter fare qualsiasi cosa. Sembra che qui sia tutto concesso, come se questo posto fosse in grado di trattenere segreti che così non devi portarti a casa.

In taxi sembro una bambina, non riesco a staccare il naso dal vetro del finestrino. Sono incantata da tutti questi colori e da tutto quello che ci circonda. Qui è tutto grande, colorato e luminoso, sembra davvero di essere arrivati su un altro pianeta, e abbiamo visto solo una minima e insignificante parte di quello che ci aspetta.

«Dam, se dovessero chiedermi i documenti in hotel...»

«Tranquilla, ci ho già pensato» dice, mentre ci avviciniamo alla reception. Alcune cose mi spaventano, so che Damon conosce persone capaci di ottenere tutto, se vogliono, ma non posso negare di essere agitata all'idea che quelle stesse persone potrebbero chiedergli in cambio qualcosa di molto pericoloso.

Non domando nulla, mentre comunica al receptionist i nostri nomi e poi afferra una chiave color oro.

«Possiamo andare. La nostra stanza è al ventesimo piano.» Mi sorride e mi tende la mano. L'afferro subito, anche se i miei occhi parlano e lui lo sa che vorrei riempirlo di domande.

Non amo gli ascensori, questo ormai lo sanno anche i muri, ma in questo momento sono tesa per altro.

Damon mi solleva il mento con due dita.

«Non succederà nulla di brutto, te lo prometto.»

Annuisco. Voglio credergli, perché di lui mi fido, ma il pensiero che qualcuno possa accusarlo di aver portato via una ragazza da un istituto mi terrorizza.

Forse sto solo iniziando a fare i conti con la vita che ci aspetta se dovessimo scappare. In realtà non ho dubbi, lo farei anche subito, ma questa prima follia è anche un modo per comprendere quello che dovremo affrontare ogni volta che ci troveremo in situazioni simili.

«Non oso immaginare la stanza. Tua sorella deve aver speso un mucchio di soldi. Comincio a sentirmi un po' in colpa.»

Le porte dell'ascensore si aprono, e io e Damon riprendiamo a camminare mano nella mano fino alla 204. Mi guarda con la coda dell'occhio. Poi, con quell'espressione da furbetto che si ritrova, mi informa di una cosa che mi fa andare la saliva di traverso.

«Non devi. Ti ho mai detto che Thomas se la cava bene con i computer?»

«Cosa?» Spalanco gli occhi, ma lui si limita a scrollare le spalle, quando arriviamo a destinazione.

«Prego, mi faccia sapere se la stanza è di suo gradimento» dice, simulando un inchino. Scuoto il capo e provo a mostrare il mio dissenso per quello che hanno combinato per farci entrare qui, ma quando vedo quello che ci aspetta, non riesco ad aprire bocca.

Un letto matrimoniale enorme è al centro di una suite immensa. È coperto da lenzuola di raso rosse e da una decina di cuscini di bellezza, che gli donano un aspetto alquanto peccaminoso.

C'è un televisore al plasma, qualche poltrona e un tavolo in cristallo, ma... solo quando alzo lo sguardo al soffitto, mi rendo conto di un dettaglio che avrei preferito ignorare.

«Mia sorella mi conosce bene.»

Le mani di Damon si posano sui miei fianchi. Io ho ancora il naso all'insù e quando lo guardo sono sicura di essere arrossita.

«A chi verrebbe l'idea di mettere uno specchio appeso al soffitto?»

«Semplice, a un genio!»

«Dio mio.»

Scoppiamo a ridere così tanto da avere le lacrime agli occhi. Sono imbarazzata fino alla punta dei capelli, ma adoro la spensieratezza che si è impadronita di noi appena abbiamo messo piede nella stanza. Ho la sensazione che qui accumuleremo tanti bei ricordi, a partire dal momento in cui corro in bagno con la scusa di fare una doccia e lui mi segue chiudendosi la porta alle spalle.

* * *

«Vuoi andare in un casinò? Non sono troppo piccola?»

Da quando abbiamo lasciato la stanza, Damon non fa altro che guardarmi. Quando ho saputo che saremmo venuti qui, mi sono presa la libertà di «rubare» qualche vestito di Tate, dimenticato nel suo armadio in istituto e... anche un paio di scarpe con il tacco.

«In realtà vorrei tornare in albergo» sospira, avvolgendomi i fianchi con un braccio.

«Dai.» Mi mordo le labbra per non sorridere come una ragazzina con gli ormoni in subbuglio. In doccia è stato magnifico, ma Damon vuole sperimentare anche il letto, e il prima possibile.

Il solo pensiero mi agita. A volte vorrei essere meno timida e mostrargli un lato di me che neanche sapevo di avere. Ma, appunto, sono troppo timida per farlo. Tuttavia prima di indossare questo vestito che sembra piacergli molto, ho messo un completino intimo bianco, diverso dai soliti. Lui non lo sa. E io me ne sto un po' pentendo: è abbastanza scomodo, ma se dicessi che non vedo l'ora di toglierlo mi sentirei ancor più in imbarazzo.

«Sul serio, Krys, ti faranno entrare» dice, baciandomi sulla tempia. Gli sorrido e penso a quanto sarebbe bello vivere solo noi due, in qualsiasi parte del mondo. Sento una complicità nuova come se, stando lontani dai problemi, fossimo liberi di amarci davvero.

«Allora entriamo.»

Mi tiene aperta la porta, lasciandomi passare per prima, ma appena entriamo in uno dei tanti posti lussuosi della città, mi stringe di nuovo a sé.

«Bel culo, piccola!»

«Damon!»

«Hai mai giocato al tavolo verde?» mi chiede, fermandosi proprio al fianco di uno di questi.

«Ehm, no, ma se me lo spieghi...»

«Vediamo» borbotta, toccandosi il mento con le dita. I suoi occhi sono puntati sulle mie gambe come se stesse valutando qualcosa. Poi indirizza lo sguardo oltre le mie spalle dove, come è normale che sia, ci sono tantissime persone che stanno giocando.

«Non mi sembra una buona idea» conclude, lasciandomi sbigottita. Solo dopo qualche istante credo di aver capito qual è il problema. Problema che, stranamente, per me non lo è affatto.

Ovviamente non per gli altri, voglio che soltanto lui mi guardi, così mi avvicino alla prima asta di legno che intercetto e me la giro fra le mani.

«Allora? Ti arrendi prima di iniziare?»

I suoi occhi diventano fuoco puro, non so se per gelosia o desiderio. Mi vanno bene entrambi, *ma voglio giocare con lui* e lasciare da parte ogni aspetto infantile di me.

«Krystal, Krystal...» Aggira il tavolo e mi si avvicina come un predatore farebbe con la preda. Pensa di potermi sbranare da un momento all'altro, pensa che sia talmente facile da non dover mimetizzarsi e poi attaccare. Si sbaglia.

«So che bisogna rompere quel triangolo di palline e che in base a quella che io riuscirò a far cadere in buca...»

«Ah, quindi sei preparata! E dove le hai scoperte queste cose?»

Le sue braccia mi imprigionano, ma io non mi sono mai sentita così libera.

«Segreti del mestiere. Quindi, inizio io?»

«Certo, prego.» Fa un passo indietro, restando alle mie spalle per godersi lo spettacolo. Non voglio mostrarmi impacciata, non voglio più essere quella timida che gli chiede di chiudere gli occhi. Voglio che mi guardi e che mi desideri come io desidero lui in ogni attimo del giorno e della notte. «Krystal!»

Lo ignoro, cerco la mia posizione e poi colpisco, riuscendo a fare entrare in buca soltanto una pallina rossa.

«Ora è il tuo turno.»

Andiamo avanti così per una decina di minuti, fra battute, mani che si sfiorano e sguardi di fuoco. Poi, all'improvviso, l'aria cambia e lo capisco dal modo in cui Damon si guarda attorno più volte. Non sono mai stata in un casinò, ma posso immaginare che ci siano persone che non hanno il minimo rispetto e che provocano, stuzzicano e sfidano gli altri senza timore. Un litigio è l'ultima cosa che voglio. Per cui, prima che un tipo qualsiasi possa azzardare una pessima mossa, afferro la mano di Damon, riportando la sua attenzione su di me.

«Sono stanca, perché non andiamo a fare quattro passi e poi torniamo in albergo?»

So a cosa sta pensando. Il suo orgoglio sta per avere la meglio, ma non sono e non sarò mai il tipo di donna che pur di far ingelosire il suo uomo mette il dito nella piaga. Odio queste cose, penso siano infantili e anche pericolose.

«Per favore.»

Lui scuote il capo, ma alla fine mi stringe la mano e andiamo via di lì.

Las Vegas non dorme mai. È quasi mezzanotte e le strade sono popolate da tantissima gente, come se fosse mattino. Sono incantata dalla vita che rallegra ogni angolo.

Sembrano tutti così felici, spensierati e…

«Cosa stanno facendo lì?» domanda Damon, dopo avermi tenuto il muso per dieci minuti.

So che non è felice di essere andato via in quel modo, senza aver dato una lezione a un uomo che non ha fatto altro che guardarmi troppo a lungo. In realtà ho apprezzato il suo gesto, mi ha dimostrato maturità. Rovinarci la serata non avrebbe risolto nulla, anzi, avremmo ottenuto solo altri guai e qui non sono ammessi. Voglio solo bei ricordi.

«Non ne ho idea. Andiamo a vedere.»

Camminiamo tra la folla e quando siamo a pochi metri dal nostro obiettivo spalanco gli occhi.

«Quindi è vero? Qui le persone si sposano sul serio!»

«Non lo sapevi?» mi dice, guardandomi in modo strano.

«Be', sì, ma… è un vero matrimonio?»

«Purtroppo no» replica una ragazza, in attesa del suo turno. «Ma è divertente. Dovreste provare.»

«Oh, noi stavamo solo guardando.» Agito le mani per aria, ma quando guardo Damon per dirgli che possiamo proseguire con la nostra passeggiata, lo trovo… in ginocchio.

«Non ho avuto il tempo di comprarti un diamante…»

«Oddio, Dam. Alzati» bisbiglio, rossa come un peperone, e lui lo fa, ma solo per stringere il mio mento fra le sue dita e sussurrarmi qualcosa con un tono di voce a cui nessuno potrebbe resistere.

«Entriamo?»

«Dici sul serio?»

«Guarda il lato positivo, non sei costretta a chiedere a Tate di farti da testimone. Ehi amico, hai da fare?»

Seguo il suo sguardo, e appena noto un ragazzo travestito da IT scoppio a ridere.

«Tu sei impazzito...»

«Puoi farci da testimone? Stiamo per sposarci!»

«Cazzo, sì» urla in risposta, *e lo facciamo davvero.*

Pochi minuti dopo, ci ritroviamo davanti a un altare finto a celebrare il nostro finto matrimonio.

Un uomo vestito da prete ci chiede se abbiamo degli anelli o se vogliamo comprare quelli che offre la casa.

Damon accetta e quando arriva il momento di scambiarci le promesse lotto per non mettermi a piangere. Sarebbe davvero fuori luogo. Questo è un gioco, mi dico quando promette che mi amerà per tutta la vita. È solo un rito di passaggio, ripeto a me stessa, quando arriva il mio turno.

«Insomma, vi dichiaro marito e moglie. Può baciare la sposa e per oggi abbiamo finito!»

«Cazzo, ragazzi. Auguri!» urla IT, ma noi siamo già nel nostro mondo. Damon mi bacia, racchiudendo il mio viso fra le sue mani a coppa, e poi mi accarezza i capelli e mi culla come se davvero fossi la sua sposa e lui, da questo momento in poi, avesse il dovere di prendersi cura di me.

«Ormai è fatta» sussurra.

«Be', amici. Io sono John. Perché non andiamo a festeggiare insieme da qualche parte?»

«John, sei stato utilissimo. Ora, togli le mani dalle spalle di mia moglie e... addio.»

Il povero John ci guarda come se fossimo pazzi. Lo lasciamo solo in questa stanza dove ci siamo appena uniti in matrimonio, e scappiamo via proprio come due sposini felici e innamorati.

È la cosa più pazza, divertente e romantica che abbia mai fatto con Damon, e non la smettiamo di ridere e di pensare alla faccia del nostro testimone, fino a quando non arriviamo nella nostra stanza.

A questo punto, non c'è spazio per altro.

Chiude la porta alle nostre spalle e riprende a baciarmi con foga, come se da questo dipendesse il suo respiro.

Lascio che mi spogli velocemente, ma i suoi gesti frenetici si placano appena mi stendo sul letto con il mio nuovo completino intimo. I suoi occhi mi stanno già amando.

«Non pensavo esistessi. Sei un angelo.» Sfiora il pizzo bianco delle mie mutandine, prima di far scorrere le dita più in basso.

«Sono tua.»

«Lo so.» Si toglie la camicia. «Sei mia moglie.»

Poi si stende su di me e copre entrambi con un lenzuolo.

«Pensavo ti piacesse l'idea dello specchio.»

«Molto, ma ora voglio che guardi solo me.»

Ed è quello che faccio, mentre lui scosta le mie mutandine e mi penetra con un dito. Ho le guance rosse, il respiro ansante e gli occhi lucidi. Il turbine di emozioni che sto provando ora è immenso e incontrollabile. Provo a darmi un contegno, a non ansimare vergognosamente per il movimento che il suo pollice sta facendo sulla parte più preziosa di me, ma non trattengo un urlo di puro piacere, quando questa tortura diventa più intensa e assolutamente ingestibile. Lo bacio, mi perdo in questo vortice umido e salato prima di dischiudere le labbra per la sensazione di pienezza che provo quando mi riempie con tutto sé stesso.

Mi lascio amare, mi lascio sconvolgere dai suoi movimenti decisi.

Damon sa come farmi perdere la testa, e questo non solo in un letto della città più peccaminosa del mondo.

79

Damon

Questo posto, ovunque si trovi, ha un buon profumo. Mi scoccia aprire gli occhi e arrendermi al fatto che si è trattato solo di un sogno, il più erotico e peccaminoso che abbia mai fatto, ma quando torno alla realtà e la vedo, so che invece è tutto vero.

Guardo Krystal e mi chiedo cosa ho fatto di buono in questa vita per meritare un angelo come lei. La guardo e penso a quanto vorrei che alcune cose fossero nella nostra quotidianità.

Una come lei non ha vantaggi a stare con uno come me. Anzi, ho reso tutto spaventosamente complicato e ogni giorno penso a quella maledetta convocazione in tribunale. È dietro l'angolo, e non ho ancora parlato con chi potrebbe risolvere il problema. Si dà il caso, infatti, che Green sia l'ultimo uomo sulla faccia della terra a cui vorrei chiedere aiuto, ma per lei metterei da parte il mio orgoglio e mi metterei in ginocchio di fronte a quel delinquente, per ottenere un favore bello grosso.

Che poi per lui sarebbe un gioco da ragazzi. Non credo esista al mondo persona immune dalla corruzione, oppure sono io che ho un'opinione di merda del genere umano.

«Dam.»

«Margot, hai il sonno pesante.» La prendo in giro, mentre con le dita accarezzo la sua schiena nuda. Amo la sua pelle, così liscia, morbida e... buona.

«Non è vero» sbuffa, e gonfia le guance.

È così buffa, sexy e... ho bisogno di una doccia. Anzi, ho bisogno di Krystal, ma stanotte ci siamo andati giù pesante e lei mi sembra ancora stanca.

«Ho prosciugato tutte le tue forze, hai bisogno di un'abbondante colazione.»

«Questo lo dici tu. Sto benissimo.» Solleva il mento, facendo il madornale errore di mettere in mostra le sue belle tette.

«Non ti conviene fare la spavalda con me» sussurro sfiorandole. «Perché potrei farti saltare anche il pranzo e la cena. Lo sai.»

«Dam, non esagerare» borbotta distogliendo lo sguardo, e io so di aver appena fatto centro nel suo pudore e... nella sua parte sporca. Amo il modo in cui la sua timidezza cede il posto alla libertà che sa di potersi permettere in mia presenza. Ogni volta che facciamo l'amore, Krystal mi regala parti nuove di sé, pezzi nascosti del suo essere che ora appartengono anche a me, e io sono felice di prendermene cura e di stuzzicare ogni sua nuova e inesplorata fantasia. Voglio che cresca con me, anche da questo punto di vista. Per questo rido quando, dopo essere scesa dal letto, le tiro uno schiaffetto innocente sul culo e lei mi guarda male.

Almeno ci prova, ma fallisce miseramente.

La osservo mentre cammina nuda per la stanza alla ricerca di qualcosa con cui coprirsi. Sono uno stronzo, non le avrei mai ceduto il lenzuolo per nascondersi da me.

Lei continua ad agitarsi perché non trova quello che sta cercando. Io, che non ho più molto autocontrollo, mi alzo e la raggiungo. I suoi occhi si spalancano appena si volta e mi vede.

«Dam, cosa stai facendo?»

«Hai detto che non sei stanca.» Le cingo i fianchi con le braccia e mi tuffo su quelle dannate labbra che stanotte mi hanno accolto più e più volte. Krystal è la causa della perdita della mia sanità mentale, sa come rendermi debole fra le sue mani, come farmi perdere e come vincere ogni sfida che le lancio.

«Infatti non lo sono.» Risponde al bacio e asseconda le mie follie, quando la faccio inginocchiare sulla poltrona ai piedi del nostro letto.

«Se ti faccio male, dimmelo» bisbiglio nel suo orecchio. Poi entro in lei da dietro e mi perdo nel calore del suo corpo e della sua anima.

Se qualcuno mi avesse detto che un giorno mi sarei messo in fila, e avrei persino aspettato il mio turno, per salire su una ruota panoramica, l'avrei preso a pugni.

«Ci sono pochissime possibilità che si rompa, goditela» dico, allungando le gambe sulla seduta vuota di fronte alla nostra.

«Non sei di conforto» borbotta Krystal, quando la giostra inizia a muoversi. È tenera mentre si aggrappa al mio braccio e mi domanda se mi sta facendo male. Scuoto il capo, e la fisso per qualche secondo di troppo. Da quando ho ammesso di amarla, mi sento strano.

Sono felice, ma sono anche aumentate le mie paure. Penso sempre che questo dono che la vita mi ha fatto non durerà in eterno, che prima o poi lei si renderà conto di aver fatto un errore e andrà via. Non lo sopporterei.

«Dove ti piacerebbe vivere?» mi domanda, di punto in bianco.

Mi riscuoto dai pensieri, mentre Las Vegas si rimpicciolisce sotto i nostri piedi. Ho riflettuto spesso su quello che mi ha chiesto, ho dovuto farlo proprio in previsione della vendetta che ora non ha più alcun senso.

«Qualche mese fa ti avrei risposto in Florida, ora non ha più importanza il posto. E tu? Dove sognavi di andare, da piccola?»

Le tiro una ciocca di capelli e lei ridacchia, prima di posare la guancia sulla mia spalla.

«In Messico. Ho visto tanti documentari sul Messico, ultimamente, e me ne sono innamorata.»

«Be', non mi sembra una cattiva idea.»

«Anche per me un luogo vale l'altro se...»

«Se dovessimo scappare?»

Abbiamo parlato varie volte dell'argomento, ma non abbiamo mai preso in considerazione tante cose. Sarebbe un salto nel vuoto, sarebbe come rinascere senza un tetto sulla testa, e per quanto la vita di Krystal non sia iniziata nel migliore dei modi, voglio che sappia che questa volta sarà diverso.

«Non ti mentirò dicendo che l'amore che proviamo l'uno per l'altra basterà a darci forza» mi dice, guardandomi negli occhi. «Ma sono seria quando dico che con te affronterei anche l'ignoto, pur non avendo la certezza che andrà tutto bene.»

Dischiudo le labbra, c'è qualcosa in fondo alla mia gola che lotta per uscire, e non si tratta di un semplice *ti amo*.

Vorrei dirle che la stimo, che impazzisco per il coraggio che mi dimostra giorno dopo giorno e che lotterò per noi, per lei e per farle avere una vita serena. Ma dobbiamo tornare con i piedi per terra, perché il giro è finito e noi non abbiamo visto il panorama di Las Vegas. Be', non che possa lamentarmene.

«Voglio fare un'altra cosa con te.» Le prendo la mano e la conduco verso un'altra delle mie pazzie, la più grande. Quella di cui però, neanche fra tanti anni, mi pentirò.

* * *

«Aspetta, tu vuoi che mi faccia un piercing?» ride, appena raggiungiamo un negozietto che avevo visto ieri sera.

«Se vuoi.» Mi lecco le labbra al solo pensiero di quello che mi piacerebbe farle dopo. «Io farò un tatuaggio» aggiungo, guardandola negli occhi. Sono sicuro che non immagina minimamente le mie intenzioni.

«Be', se poi dovesse non piacermi, potrei sempre toglierlo. Okay, andiamo» dice entusiasta, e io la guardo un po' perplesso.

Cazzo, sono eccitato. Non pensavo che assecondasse la mia richiesta.

E invece… *è proprio mia moglie.*

«Mi accerterò che ci sia una donna, ho in mente un posto molto… discreto. Ti piacerà» sussurro, ma la sua reazione mi fa scoppiare a ridere.

«Per il mio piercing o per il tuo tatuaggio? Perché per te sono sicura che vada bene anche un uomo.»

«Piccola, certo. Non essere…»

«Non lo sono, entriamo.» Mi sorpassa con tanto di spallata e mi guarda male perché non riesco a smettere di ridere.

Io, invece, sono un po' confuso dalla sua audacia e dal modo in cui parla con una ragazza dai capelli verdi che le propone due punti dove fare il piercing.

«Mi sembrano entrambi molto discreti» le dico, e lei arrossisce. «Bene, ora ti riconosco. Dai, direi che come follia da fare a Las Vegas un bel piercing sui capezzoli ci sta tutto.»

La tipa con i capelli verdi ride, uscendosene con un'affermazione inopportuna.

«Direi che la vera stronzata è stata sposarvi, questo invece sarà divertente.»

«Le stavo raccontando che noi…»

«Io direi di farti i cazzi tuoi, invece!» sbotto e finalmente capisce di doversi limitare a fare il suo lavoro. Non so perché mi abbia dato così fastidio la sua battuta. Di sicuro stava scherzando, ma mi ha ugualmente dato sui nervi.

Devo isolarmi per calmarmi, almeno con la mente.

Ma le sue tette in bella mostra non sono d'aiuto. Sospiro pesantemente e mi passo una mano fra i capelli, anche se vorrei toccare e stringere altro fra le dita. Krystal guarda ovunque, tranne che nella mia direzione. So che in questo momento è imbarazzata, mentre io... be', io sono fin troppo eccitato per potermi... tranquillizzare.

«Fatto. Hai visto? Te l'avevo detto che non faceva male» commenta la ragazza, rivolgendosi solo alla mia piccola moretta. Suppongo di starle antipatico, ma chissenefrega.

«Ehm, sì, infatti» commenta Krys, abbassandosi la maglia.

«Tutto okay?» le chiedo. Dalla sua espressione capisco che avrebbe voluto farmi la stessa domanda.

«Sì, dovrò soltanto mettere un po' di ghiaccio.»

«Bene.» Le prendo la mano, prima di spostarci nella sala tatuaggi dove, per fortuna, la tipa non ci segue.

Sono agitato quando mi siedo sulla sedia che Krystal chiama «delle torture». In realtà io ci sono cresciuto in posti simili, ho sempre affidato all'inchiostro nero il compito di raccontare la mia storia e di ricordare nel tempo le cose che ho amato e quelle che amerò per sempre. Per questo, quando mostro al tatuatore una foto che lei non può vedere, inizio a rilassarmi. Sono dove vorrei essere, con la ragazza più bella del mondo, a fare quello che mi è sempre piaciuto.

«Sul petto. Sì, proprio qui.» Reclino lo schienale e acconsento a farmi tenere la mano da lei, anche se a me questo dolore piace.

«Oddio, ma non punge?» mi domanda per tutto il tempo, e a me viene da ridere. Amo la sua innocenza, amo i suoi gesti spontanei e amo la sua curiosità, che potrà essere saziata solo tra qualche ora.

«Fa male?» mi chiede allo scoccare della prima, e io le rispondo nel modo più sincero.

«Mai quanto potresti farmene tu.»

I suoi occhi cercano i miei, e per un attimo mi pento di aver usato queste parole.

«Non ti farei mai del male» sussurra, e stavolta ho davvero bisogno della sua mano.

«Neanch'io, Krystal. Non intenzionalmente, almeno.»

Cala il silenzio, ci perdiamo nei nostri pensieri mentre la mia pelle inizia a bruciare.

Il tempo scorre a rilento. Provo a farle tornare il buonumore: le chiedo di raccontare episodi della sua infanzia che non conosco e a mia volta rispondo come meglio posso, quando anche lei prova a indagare sul mio passato. Il tempo con Krystal è sempre prezioso, persino mentre sto soffrendo come un cane.

«Finito.»

Il tatuatore deve avere la schiena a pezzi. Mi dice di restare steso per qualche minuto, di riprendermi dopo lo stress che ha subìto la pelle, ma appena si allontana per andarsi a fumare una sigaretta, un paio di occhi blu come il mare si riempiono di lacrime salate.

«Oddio, Damon…»

Mi guardo il petto, dove ora ho un disegno all'altezza del cuore che starà lì per sempre. Le prendo la mano, voglio che si avvicini a me, che capisca quanto sia importante quello che mi fa vivere ogni giorno.

«Spero che le tue lacrime non siano perché non ti piace.»

Lei accenna un sorriso umido, intriso delle sue emozioni. Se ne fossi capace, anch'io esternerei le mie.

I suoi occhi e parte del suo volto, stilizzati, sono sulla mia carne. Insieme c'è una parola. È l'aspetto di lei che mi ha stregato, che mi ha rovinato e per cui morirei.

Morirei per la sua *dolcezza,* morirei sotto le sue carezze, morirei per quegli occhi color cielo che ogni notte accolgono la nostra luna.

«Nessuno ha mai fatto una cosa così bella per me» sussurra, afferrando il mio viso fra le mani. «Grazie, amore mio.»

Il mio mondo si ferma, e tutto il resto non esiste. Lei si imbarazza per le due paroline che le sono sfuggite. Io vorrei risentirle in loop anche per tutto il giorno, mettere da parte il mio lato da stronzo e dirle che, cazzo, deve chiamarmi così sempre.

«*Sweet.*» Legge quello che c'è scritto sul *suo* zigomo, come se qualcuno avesse tatuato il suo viso, ma su di me. È tutto così contorto quando si tratta di noi. È come se non c'entrassimo nulla l'uno con l'altra, all'apparenza, ma lei è la parte mancante di me, quella che ora combacia persino con i pezzi difettosi della mia anima.

Krystal

Se dovessi spiegare a qualcuno la mia idea di felicità, vorrei avere un video di questi giorni e mostrarlo. Sono stati pazzeschi, e nonostante i problemi che ci aspettano non mi pento di questa breve fuga d'amore.

Damon è in bagno, sotto la doccia. Io invece non riesco a smettere di pensare a quello che ha fatto per me. Può sembrare un gesto avventato e forse se ne pentirà, ma in questo momento non voglio avere pensieri negativi.

Sento il suo telefono squillare. Dopo qualche secondo chiude l'acqua e risponde.

Non sono solita origliare e non lo farò neanche ora, ma… dopo qualche istante, lo vedo uscire dal bagno con un asciugamano nero posato ai fianchi e un'espressione tutt'altro che serena.

«Okay, stiamo tornando» dice, e poi getta il telefono sul letto.

«Che succede?» Mi avvicino, ma lui nemmeno mi guarda. Inizia a vestirsi rapidamente.

«Dobbiamo anticipare l'orario di partenza!»

«Abbiamo l'aereo fra cinque ore…»

«Be', dobbiamo andare via subito. Datti una mossa!» sbotta, facendomi sobbalzare. «Cazzo.» Si passa una mano fra i capelli. «Non volevo urlarti contro» dice, ma non aggiunge altro. Non mi spiega niente.

«Come vuoi.» Inizio a raccogliere le mie cose. Non voglio litigare, ma…

«Problemi di lavoro.» Mi posa una mano sul fianco, poi mi bacia sui capelli. «Scusami» sussurra, e anche se non avrei voluto che questo viaggio finisse così, mi volto verso di lui e lo abbraccio.

80

Damon

Esiste un momento nella vita in cui ti rendi conto che, nonostante i tuoi sforzi, il destino non sarà mai dalla tua parte.

Questi giorni sono stati magnifici, ho vissuto con Krystal momenti intensi e indimenticabili. Tutto avrei voluto per noi, tranne un finale così, e lo so che lei vorrebbe capire di cosa si tratta, ma non posso parlare. Non stavolta. Non voglio che si preoccupi, anche se Jared continua a ripetermi che è un'idiozia quella che sto per fare.

Ora sono in auto con lui, dopo aver riaccompagnato Krystal in istituto. È stato strano separarmi da lei, e quando dico strano intendo che non mi è piaciuto affatto. Ho provato a trattenermi, a non far prevalere il lato di me che ancora rischia di rovinare tutto quando sono teso. Una sola volta mi ha chiesto se fosse pericoloso quello che mi aspetta e se devo incontrare Green. Ho dovuto mentirle, e lei lo ha capito. Lo so perché i suoi occhi si sono spenti come quando il sole viene coperto dalle nuvole, ma non mi ha accusato. Ha lasciato che la baciassi e che attraverso un *ti amo* le chiedessi scusa, se ancora oggi sono costretto a comportarmi così. Qui la vita è diversa, qui non possiamo essere felici come lo siamo stati a Las Vegas. Ma devo farlo, devo parlare con Green e… chiedere il suo aiuto.

«Quindi, vi siete divertiti?»

«Eh? Ah, sì» sospiro, aprendo il finestrino. Devo fumare, ma Jared ha voglia di parlare e di farsi i cazzi miei.

«Tutto qui? Sei stato a Las Vegas con la tua ragazza e non hai niente da aggiungere?»

«Ci siamo anche sposati. Cazzo, Jared!» sbotto, quando inchioda di colpo.

«Cosa?»

«Riparti, non ho tempo da perdere.» Sbuffo alzando gli occhi al cielo, ma in fondo avrei dovuto prevedere la sua reazione.

«Vi siete sposati…» Scoppia a ridere come un forsennato, e io lo guardo male. «Vabbè, ma qui non è valido. L'avete fatto solo per gioco.»

Non so perché la sua affermazione mi infastidisca tanto, anche se ha detto la verità.

«No, non è valido» mi limito a confermare, e finalmente riparte.

«Mi sembrava strano» commenta, rubando la *mia* sigaretta dalle *mie* mani.

«Cosa? Pensi che uno come me non potrebbe sposarsi sul serio?»

La sua espressione dovrebbe farmi ridere, e invece no, cazzo. Mi infastidisce il pensiero che gli altri, in questo caso un mio amico, pensino che io non possa volere di più da una relazione.

«No, ecco... Dai, Dam, stiamo pur sempre parlando di te.»

«Lasciamo perdere» borbotto. «Hai portato quello che mi serve?»

L'atmosfera cambia e si carica di tensione. Conosco i rischi di quello che sto per fare, e ancora una volta Jared me li ricorda.

«Sì, c'è tutto quello che occorre per ricattare Green. Gli affari più loschi sono in cima, ma ti chiedo di ripensarci. Dam, credi davvero che ti aiuterà con gli assistenti sociali solo perché lo minacci di rovinargli la reputazione?»

«Non si tratta solo della sua reputazione.» Stringo le mani a pugno. «Questo fascicolo basta per spedirlo in carcere. Se ci tiene alla libertà, mi aiuterà senza fiatare.»

Jared scuote il capo. «Potrebbe anche aiutarti, per poi farti uccidere.»

Mi si gela il sangue nelle vene. Non sono uno stupido, conosco i suoi metodi e so che sfidare un uomo come lui ha delle conseguenze, ma per Krystal sono disposto a correre ogni pericolo.

«Non ho alternative. A breve la Morris verrà convocata con Krystal al tribunale per i minorenni, e devo impedirlo.»

«Lo capisco.» Siamo appena arrivati a Londra, e mi tocco il petto nel punto in cui c'è lei, ora e per sempre. «Anch'io farei qualsiasi cosa per Charlotte.»

«L'hai detto al momento giusto» dico, appena accosta sotto l'immenso grattacielo dell'uomo più odioso e potente della città. Non aggiungiamo altro, ci guardiamo e basta, come se in questo modo ci stessimo promettendo cose che, ora come ora, non vogliamo dire a voce alta.

«Aspetto qui.»

Annuisco, poi esco dall'auto e ho la tentazione di chiamarla. Ma sentire la voce di Krystal potrebbe anche dissuadermi. Prometto a me stesso che questa è l'ultima bugia che le dico, spero solo che… vada tutto bene.

Ho sempre mal di stomaco, quando sono a un passo da lui. E ho la sensazione che la mia vita sia appesa a un filo, quando apre la porta e lo vedo. Green avrà sui quarantacinque anni, e li porta benissimo. Ha un fisico snello, è alto e suppongo che tradisca sua moglie. In realtà non l'ho mai visto in azione, è molto discreto in questo, ma non ci vuole un genio per capire che non la ama.

«Cooper, che coincidenza. Ti cercavo» dice, facendo un passo indietro. Suppongo che stesse andando via, ma ora sembra che non abbia più fretta.

«Devo parlarle.» Ho il cuore in gola.

Ci avviciniamo alla sua scrivania, ma lui si siede dove di solito mi sistemo io. Non sembra un incontro di lavoro come gli altri. Si allenta il nodo della cravatta e sospira.

«Sì, va bene. Ma prima ascolta me. Mia figlia mi sta nascondendo qualcosa. Ho un brutto presentimento. Devi indagare. Temo che stia frequentando brutta gente.»

«Mi scusi, ma non sono il suo baby sitter.»

I suoi occhi mi scrutano da cima a fondo. Si prende qualche secondo prima di rispondere, ma non dice quello che pensavo.

«Perché sei qui?»

Il momento è arrivato, lo aspetto da sempre.

Sulla sua scrivania scivolano una cinquantina di fogli. Sopra c'è tutta la sua vita, tutti i suoi peccati e i suoi sporchi affari, da quelli più stupidi a quelli più gravi.

«Deve aiutarmi, e non accetto un no come risposta. Sa meglio di me che fine farebbe se questi documenti arrivassero nelle mani sbagliate.»

Poi lo guardo e resto sbigottito dalla sua reazione.

Indifferenza.

È calmo, completamente incurante per quello che è appena successo.

«Quindi...» Si alza, e con lui il livello della mia paura. Potrebbe uccidermi da un momento all'altro e io non avrei scampo. «Hai pensato che se non mi avessi ricattato con queste scartoffie, io non ti avrei aiutato? Così mi offendi.»

«Ho imparato da lei. Nessuno fa niente per niente.»

«Certo.» Si lascia andare a una risata amara. «Ma hai tratto solo il peggio, dai miei insegnamenti.»

«Cosa?» Mi faccio scuro in volto, ma lui va avanti.

«In cosa posso esserti utile, Damon Cooper?»

Sbatto le ciglia, provo a capire quello che sta accadendo e la botta finale arriva dalle sue parole. «Suppongo che anche stavolta si tratti della ragazza di cui sei perdutamente innamorato. Krystal, giusto?»

«Se prova a toccarla, io...»

«Sei coraggioso, sai?» Mi fissa negli occhi. Non ci siamo mai guardati per tutto questo tempo e, per un attimo, *mi sento al sicuro*. «Vieni qui con una pistola nascosta fra le chiappe, mi minacci con qualche stronzata scovata in rete e rischi la morte per cosa? Per una donna?»

«Certo.» Mi alzo. «Io la amo, e farei qualsiasi cosa per lei.»

«In fondo, si riduce sempre tutto all'amore per una donna. L'ho sentito in un film...» Distoglie lo sguardo, e mi vengono i brividi. Non lo so perché, ma è così. «Puoi anche andartene.»

C'è rammarico nei suoi modi mentre, nervoso, si passa una mano fra i capelli.

«Non ha sentito? Io la denuncerò alla polizia se...»

«Damon, vattene» sbotta e mi sento un vigliacco perché scappo, perché esco da lì senza aver concluso niente.

Ma lui non mi ha ucciso, non ha alzato neanche una mano su di me, sembrava soltanto... triste e deluso dal mio comportamento.

Quando raggiungo l'auto di Jared, lui tira un sospiro di sollievo. Io invece sollevato non lo sono affatto.

Gli chiedo tempo, perché ora non ho voglia di parlare, ma fra i vari pensieri se ne insinua uno che mi dà il tormento per tutto il viaggio di ritorno: Piper.

Green ha un presentimento, pensa che sua figlia stia agendo alle sue spalle, ma... in che modo?

Krystal

Sono tornata da un giorno intero, e la Morris non mi ha ancora rivolto la parola. Ha scelto di ignorarmi. Non potevo aspettarmi nulla di diverso, in fondo. Tate, invece, da quando le ho scritto che verrò a scuola con un regalo per lei, mi ha promesso che rimanderà la sua ramanzina.

Tornare è stato bello e triste. Una parte di me sarà per sempre legata a questo posto, anche se un giorno dovessi lasciarlo. L'altra invece rimpiange la felicità che io e Damon siamo riusciti a raggiungere in una città molto lontana da questa.

Mi fa male sapere di aver deluso la donna che considero come una madre. So che non approverà mai le mie scelte e che non perdonerà mai tanti dei miei comportamenti.

Quando esco per andare a scuola, la saluto e le dico che tornerò per pranzo, ma lei si limita ad annuire, come se ormai pensasse di non avere più alcun valore per me. Ma non è così. Non sono felice di trasgredire le regole, non sono felice per averla messa in una situazione così difficile. Spesso dimentico il ruolo che entrambe abbiamo in questa casa e agisco ascoltando soltanto il mio cuore.

Il viaggio a Las Vegas era una cosa inconcepibile per una come me, per una ragazza che vive sotto la tutela di un sistema come questo, ma... non lo so. La verità è che io non riesco a spiegare a nessuno gran parte delle mie scelte. Faccio quello che faccio per amore. Forse ho perso la testa e potrei fare follie ancor più grandi, per lui. A volte mi sembra di essere la protagonista di un romanzo d'amore, in cui i protagonisti scappano e vanno a vivere lontano. E non nego che mi piacerebbe, ma la vita vera non è così semplice, e me ne rendo conto ancora di più quando, fuori dalla scuola, Luke mi si avvicina e mi chiede di parlare.

Dice che è urgente e mi chiede di seguirlo sul retro. Io lo faccio, anche se ho paura di quello che potrebbe dirmi.

81

Non dovrei essere qui, ma in classe per la prima lezione della giornata. E invece seguo Luke, uno dei primi amici che ho avuto in questa scuola, e mi sembra un estraneo. Vorrei fidarmi di lui, è pur sempre il ragazzo della mia migliore amica, ma quando raggiungiamo il retro e trovo ad aspettarci Jacob, mi sento tradita.

«Perché lui è qui?» domando.

Il rapporto che ho con il mio ex non è dei migliori. Ho i miei buoni motivi, per essere infastidita da questa imboscata. Jacob non ha più provato a crearmi problemi, ma questo non significa che la situazione possa piacermi.

«Ascoltalo, per favore.»

Tacitamente Luke mi sta chiedendo scusa, come se non fosse orgoglioso di quello che ha fatto, ma sapesse di doverlo fare.

Annuisco appena, anche perché non sono il tipo di persona che scappa senza dare agli altri la possibilità di spiegarsi.

«Cosa vuoi, Jacob?»

Resto distante qualche metro e mi guardo intorno: non c'è nessuno nei paraggi. Questo mio atteggiamento sembra offendere entrambi. Voglio bene a Luke, ma ultimamente sono cambiate tante cose e non so più cosa pensare.

«Krystal, so che non siamo in sintonia da tanto tempo e che non sempre mi sono comportato bene con te» sussurra «ma sento di doverti mettere in guardia da Piper.»

«Piper?» Mi acciglio. «Cosa vuol dire?»

«Ha un piano contro Damon.»

Dentro di me scatta l'allarme. Jacob ha colto nel segno, ma non penso che il suo scopo fosse quello.

«Cosa vuole da lui?»

Mi tremano le gambe. Questa situazione non mi piace e la sua risposta non fa altro che peggiorare le cose.

«Lei è sempre stata gelosa del rapporto che suo padre ha con i suoi uomini, in particolar modo con Damon. Sembra il suo protetto e questo la manda fuori di testa. Vuole mettere Damon in cattiva luce agli occhi di Green, pur sapendo che potrebbe mettere a rischio la vita di… Damon.»

Mi batte forte il cuore, ma i dubbi aumentano e mi sento un pesce fuor d'acqua.

«Tu come fai a saperlo? Te lo ha detto Piper?»

«Già, come fai?»

Sussulto al suono della sua voce. Mi volto e lo vedo. Damon non sembra felice della situazione e l'occhiataccia che mi rifila lo conferma. Prevedo un litigio, ma non mi pento di aver seguito Luke, perché è solo grazie a lui se ora so qualcosa in più su Piper e su questo fantomatico Green. Quell'uomo sembra un fantasma, eppure esiste e tutti ne hanno paura.

«Damon» sospira Jacob. Ovviamente non si aspettava il suo arrivo. «Non so altro. Voglio solo metterti in guardia. Non so cos'abbia in mente Piper.»

«Avresti dovuto parlarne direttamente a me» sbotta il mio ragazzo. La sua risposta colpisce il mio orgoglio. Solitamente, ma stavolta è diverso. Ora siamo una coppia, anche se lui si ostina a tenermi all'oscuro di molte cose.

«Con te non è facile parlare» risponde Jacob, poi si allontana con Luke.

Conto fino a cinque e provo a calmarmi. Provo persino a comprendere il suo malessere per quello che ha appena scoperto, ma Damon ha il potere di rovinare tutto con poche parole.

«Quindi ti sei appartata con il tuo ex?»

«Prego?» Inarco un sopracciglio, ma lui nemmeno mi guarda. Si accende una sigaretta, poggiandosi con le spalle contro il muro.

«Vorresti negarlo?»

Il suo atteggiamento strafottente non risolverà il malinteso, quindi mi illudo che, spiegandogli la situazione, possa capire.

«Ho incontrato Luke e mi ha chiesto di seguirlo perché mi doveva parlare. Solo poi ho visto...»

«Bello stronzo pure quell'altro.» Getta la cicca a terra, calpestandola con forza. Ho capito le sue intenzioni, vuole provocarmi solo perché è infastidito, ma non cederò a questo gioco dal quale uno dei due uscirà ferito.

«Luke è un mio amico, e Jacob voleva solo metterci in guardia da Piper. Dovremmo concentrarci su questo...»

«Ci penso io» dice, poi si avvia verso la sua moto.

«Ovviamente io devo restarne fuori.» Lo seguo e quando afferra il casco e sta per indossarlo, perdo la pazienza. «Be', grazie per la fiducia. Come al solito, mi escludi!»

«Dovrei essere io quello incazzato» sbotta, lanciando il casco oltre le mie spalle. «Non sei tu quella che ha beccato me a parlare con una mia ex!»

«Beccato? Ma cosa stai dicendo?» Mi avvicino e stringo la sua giacca di pelle fra le dita. Non ho mai avuto una reazione simile con nessuno, ma le sue insinuazioni mi feriscono. «Mi stai accusando di qualcosa?»

«No.» Mi guarda negli occhi. «Ma questo non cambia il fatto che dovresti tenere a bada la tua curiosità.»

«E tu dovresti essere più sincero con me.»

«Lo sono sempre.» Fa una smorfia.

«Anche quando dici di non aver visto Green e invece è così?» Mi trema la voce e il suo sguardo vacilla. «Sono la tua ragazza, Damon, e non so mai cosa fai quando non sei con me. Mi fido sempre, ma non è facile, perché ho paura che possa esserti capitato qualcosa. In ogni caso sarei l'ultima a venirlo a sapere.»

Mollo la presa e indietreggio.

«Il problema non è Jacob o il fatto che io abbia parlato di te con lui. Il problema è che tu mi tieni all'oscuro di tutto e questo ci fa litigare.»

«Krystal.» Si avvicina. Il suo viso è provato da preoccupazioni che non condivide. Capisco la sua volontà di proteggermi, ma ho bisogno di verità che continua a nascondermi. «So di non essere perfetto. Per me non è facile condividere con qualcuno quello che faccio, perché… perché non ne vado fiero e…»

«Quando mi sono innamorata di te sapevo bene a cosa stavo andando incontro, Damon.»

I suoi lineamenti si addolciscono, e c'è così tanto amore nei suoi occhi che per un attimo dimentico dove siamo e vorrei tanto amarlo come piace a noi.

«Il fatto è che non mi piace vederti accanto a Jacob» ammette, sospirando pesantemente. «Lo odio per tanti motivi e tu me ne hai dati altri.»

Le sue braccia avvolgono i miei fianchi, trasmettendomi chiaramente quello che sono per lui.

«Cioè?»

«Ti ha baciata, ti ha toccata e ti ha guardata. Ti basta?» Rafforza la presa e a me viene da sorridere.

«Bastava dirlo prima, che sei geloso.»

«Krystal.» Il mio nome suona come un rimprovero, ma quando mi sollevo sulle punte dei piedi e gli bacio le labbra, la sua freddezza si scioglie come neve al sole. «Non pensare di cavartela così» borbotta.

«Cosa vorresti fare?» domando, gettandogli le braccia al collo. Ma la sua risposta rimane sospesa nell'aria, anche se lo sguardo ammiccante che mi lancia è inequivocabile.

«Mia madre» sospira, quando sfila il cellulare dalla tasca dei jeans. «Non ci credo, di nuovo!» sbuffa, mentre legge il messaggio.

«Cos'è successo?»

«In questo mese, è la terza volta che buca la ruota. Devo andare ad aiutarla.» Sbuffa ancora, poi mi guarda e… «Vieni con me?»

Ho visto sua madre una sola volta, quando non eravamo ancora una coppia. Era il compleanno di Damon e le cose fra di noi erano indefinite.

Ora è diverso, e… sono agitata.

«Ehi, allora?»

«Oh, sì. Andiamo» dico. Lui si china a recuperare il casco ai miei piedi. Mi aiuta a infilarlo e mi sorride, mentre io continuo a guardarlo imbambolata.

Sua madre...

Sto per incontrare sua madre...

Forse mi sto facendo paranoie inutili, ma non posso negare di essere in ansia al solo pensiero. Cosa le dirà Damon?

Non ho tempo di chiedermelo, che siamo già arrivati a destinazione. Scendo dalla moto e la scena che ci si presenta davanti ha qualcosa di comico. Jacky, la madre di Damon, ha un aspetto dolce, nel complesso, ma anche lo stesso sguardo fiero e forte di suo figlio. Mi piacerebbe sapere tante cose di lei, per esempio come ha conosciuto suo marito. È ancora giovane, e suppongo sia stato difficile per lei crescere due bambini da sola.

«Cosa hai combinato, stavolta?»

Resto indietro di qualche passo a godermi la scena. Esistono due versioni di Damon: quella che salta fuori con le persone che ama e quella riservata al resto del mondo.

«Non è colpa mia se questa città ha delle strade orribili» borbotta Jacky, mettendo il broncio. Poi nota la mia presenza e le sue labbra si spiegano in un enorme sorriso.

«Krystal, ci sei anche tu!»

«Buongiorno, signora Cooper» le dico avvicinandomi.

«Chiamami Jacky. Sono più giovane di quanto sembro.» Ridacchia e io mi fermo ad ammirarla. È una bellissima donna, i suoi occhi sono stupendi anche se più scuri di quelli dei figli.

«Hai almeno una ruota di scorta?»

Damon è accovacciato di fianco all'auto che ha un aspetto tutt'altro che sano, come le persone che hanno ricevuto tanti brutti colpi dalla vita.

«L'abbiamo usata la scorsa settimana» si giustifica lei, con una scrollata di spalle.

«Appunto, mamma! Tu non te la meriti quest'auto!»

«Esagerato.» Continua a ridere, mentre Dam sembra esasperato.

«Lasciamo perdere, chiamo qualcuno» borbotta, e mi lascia sola con sua madre.

«Come stai?»

«Bene, e lei?»

«Puoi darmi del tu» mi dice. «Comunque abbastanza bene. Ci sono stati periodi peggiori. A parte l'auto, procede tutto.»

«Ho visto che Charlotte sta facendo grandi progressi» dico.

Lei annuisce, anche se sembra pensierosa.

«Fatto. Il meccanico arriverà fra quindici minuti. Nel frattempo andiamo a prendere un caffè.»

È buffo il modo in cui Damon guarda sua madre. L'adulto sembra lui, e una parte di me pensa che in effetti si faccia carico di tutto. Damon mi sorprende di continuo, e sono felice di scoprire altri lati della sua vita misteriosa.

«Offro io tesoro, te lo devo.»

Jacky sa come prenderlo in giro. Sa che suo figlio, almeno con lei, non farà l'antipatico. Non posso negare, però, di essere lusingata all'idea che possa essere geloso di me. Sono sempre stata insicura, e Damon con le donne ha un passato molto intenso. Per cui, un po' di gelosia non gli farà male.

«Mi sembra il minimo, mamma!»

A pochi metri c'è un bar nel quale Damon entra senza aspettarci. Ci sediamo e io inizio ad agitarmi. Abbiamo litigato, c'è stato un mezzo chiarimento e ora siamo qui, con sua madre e due fedi finte al dito.

D'istinto nascondo la mano sotto il tavolo.

«Ragazzi, spero di non avervi disturbato.»

«No, ci mancherebbe.»

«Invece sì» replica Damon «eravamo impegnati.»

Gli rifilo un'occhiataccia che fa ridere soltanto sua madre. Bene.

«Tranquilla, cara. Sono abituata al carattere di mio figlio. Mi chiedo come tu faccia a essergli amica.»

Dischiudo le labbra, ma non ne esce alcun suono.

Non a me, almeno.

«Mamma, Krystal non è una mia amica. È la mia ragazza.»

Damon mi appoggia una mano sulla gamba. Sono sicura di essere arrossita o di avere le sembianze di una mummia che è stata appena risvegliata dopo mille anni. Insomma, sono incredula, ma la donna che ha messo al mondo questo furbetto è a suo agio, anche dopo aver appreso una notizia simile.

«In fondo l'ho sempre saputo che era soltanto questione di tempo. Si vedeva lontano un miglio, che avevi perso la testa per questa bellissima ragazza.»

«Mamma!» Damon si passa una mano sul viso, dopo che Jacky gli ha pizzicato una guancia. «Dacci un taglio.»

«Sono solo felice» cinguetta, battendo le mani.

Mi viene da sorridere: questa donna è adorabile, e io sono contenta di averle fatto una buona impressione.

«Fortunatamente mio figlio è rinsavito e non si è fatto scappare uno splendore come te.»

«Ehm, grazie. Anch'io... anch'io sono molto fortunata» sussurro con un filo di voce.

Cala un silenzio imbarazzante, mentre sua madre continua a guardarci con due cuori al posto degli occhi e noi che non sappiamo cosa fare. Il telefono di Damon ci salva.

«Aspettatemi qui e ordinate un caffè anche per me. Il meccanico è arrivato» dice, facendo un colpo di tosse. Torno a respirare solo quando si allontana.

«Non vedevo mio figlio così sereno da anni.»

«So che nell'ultimo periodo ha sofferto.» La guardo e credo che questa connessione fra di noi sia molto bella.

«Vorrei soltanto che smettesse di frequentare quell'ambiente» confessa.

Non pensavo che sapesse delle rapine e del resto.

«Piacerebbe anche a me, ma so che ha scelto quella strada solo per aiutare Charlotte. Damon vale tanto come persona, ha un gran talento e...»

«Purtroppo non è stata una sua scelta» dice, proprio nel momento in cui un cameriere viene a prendere le ordinazioni. Dopo, non ho più il coraggio di chiederle nulla.

Se Damon non ha scelto quella strada, chi è stato a farlo per lui?

* * *

Quando Jacky mi ha proposto di farmi vedere casa sua, non pensavo che il mio ragazzo potesse prenderlo come un invito a mettermi a disagio.

«Vivo qui da tanti anni. È piccola, ma piena di ricordi a cui non potrei mai rinunciare» dice con una punta di nostalgia nella voce. «Mi piacerebbe tanto che Damon tornasse a vivere qui, ma vuole la sua privacy» borbotta.

«Mamma, ti ho sentito.»

Entrambe ci voltiamo verso il moretto spettinato, appena uscito dal bagno. Jacky ha ragione, la sua è proprio una bella casa. Sa di famiglia, ha tanta personalità e una storia bellissima da raccontare, nonostante le difficoltà. Ci sono molte foto in giro, che Damon tenta di coprire mettendosi in mezzo ogni volta che provo a guardarle.

«Mi piace molto, è così… personale.»

«Grazie, cara. Puoi venirmi a trovare ogni volta che vuoi.»

«Le mostro la mia stanza» dice Damon di punto in bianco, mentre io per poco non mi strozzo con l'acqua che sto bevendo.

«Oh, certo. Andate pure.»

Lo seguo con le guance in fiamme e la voglia di fargli notare che mi ha messa a disagio. Tuttavia, quando chiude la porta alle nostre spalle non ho il tempo di aprire bocca che le sue labbra premono sulle mie.

«Damon, c'è tua madre nell'altra stanza» ansimo, fra un bacio e l'altro. Mi afferra per i fianchi e mi spinge fino al letto.

«Lo so, ma ho sempre desiderato trasgredire una delle tante regole di mia madre con una bella ragazza come te.»

Mi sovrasta e già dimentico che sua madre non vorrebbe una situazione simile in casa sua.

«Ah, quindi ti piaccio?»

«A volte è un problema.» Mi guarda negli occhi. «Sono stato uno stronzo, prima. Mi fido di te molto più che di me stesso.»

Le sue parole mi stringono il cuore, e mi sento stupida per essermi, a mia volta, arrabbiata con lui.

«Anche a me avrebbe dato fastidio vederti con Piper.» Accarezzo il suo viso e lui chiude gli occhi.

Noi siamo questo: possiamo anche urlarci contro, ma alla fine ci sussurreremo sempre il nostro amore.

«Ti amo, Krystal.»

Non è la prima volta che me lo dice, ma stavolta c'è qualcosa che un po' mi spaventa. Ho la sensazione di avere il tempo contato.

Spero di sbagliarmi, lo spero con tutto il cuore.

Non abbiamo più parlato degli assistenti sociali. Voglio fidarmi di lui e dei suoi modi, eppure… continuo ad avere paura. Ho poche certezze nella vita, e una di quelle è che mai e poi mai vorrei separarmi da lui.

82

Damon

Mancano solo due giorni alla convocazione del tribunale per i minorenni. Green non si è ancora fatto vivo, e io non posso permettermi di perdere altro tempo.

Ho paura. Non per me, ma per quello che non sono in grado di fare per proteggerla. Sospiro e abbasso lo sguardo sul corpo della ragazza che mi ha stravolto e salvato la vita. So di averla ferita, con il mio carattere di merda e con la mia gelosia ingiustificata, quando l'ho vista parlare con Jacob. Lo odio, in realtà odio ogni essere di sesso maschile che le ronza intorno, ma lui… be', lui resterà per sempre la persona più spregevole sulla faccia della terra, per me. Ha provato a togliermi tutto una volta, non succederà di nuovo.

Accarezzo il suo viso e sembra andare un po' meglio, ma i miei tormenti sono ancora qui e non mi danno tregua. Il solo pensiero di non poter fare di più per lei mi logora, e il nostro piano B diventa ogni giorno sempre più necessario, nella mia testa. Farei qualsiasi cosa per lei.

Krystal mi ha salvato da un vortice di dolore e rabbia che mi avrebbe risucchiato sempre più in basso. Non sono mai stato grato alla vita e anzi, ho sempre pensato che con me è stata una gran bastarda, ma ora, mentre lei arriccia il suo nasino e lo strofina sul mio petto, credo di doverlo fare. È il regalo più bello e inaspettato, qualcosa che proteggerò a ogni costo, anche quando lei non vorrà più.

«Dam.»

La sua voce disperde i cattivi pensieri, scaccia via i fantasmi del passato e mi suggerisce che anch'io merito una felicità simile.

«Piccoletta.» Con le dita percorro il profilo del suo corpo nudo.

Già, abbiamo trasgredito una delle tante regole di mia madre, ma onestamente chissenefrega quando hai un angelo simile nel letto.

«Oddio, ma che ore sono?» Si guarda intorno allarmata. Fuori è l'alba e le sta per prendere un colpo.

«Tranquilla, ho risposto io alle chiamate della tua padrona.»

«Perché non mi hai svegliata?»

«Perché sei carina quando dormi» sussurro, chinandomi all'altezza del suo seno. Voglio riprendere da dove abbiamo interrotto, prima di svenire per la stanchezza.

«Dam.» Il suo tono di rimprovero è poco convincente, in fondo Krystal è una ragazzaccia proprio come me. Infatti si lascia toccare, quando la sovrasto e la penetro lentamente guardandola negli occhi.

Ed è così che facciamo l'amore di primo mattino, nella mia stanza. Senza dirci una parola, mentre con gli occhi stiamo facendo un gran casino.

Krystal

Sembra trascorsa una vita dall'ultima volta che ho messo piede in piscina, ma mi è servito per allontanare almeno per un'ora i cattivi pensieri dalla mente.

Damon continua a ripetermi che ha tutto sotto controllo, ma manca pochissimo e temo che possa fare qualche sciocchezza.

L'ansia torna a bussare alle soglie della mia anima e non so come calmarmi, almeno fino a quando non vengo distratta da un tocco insistente sulla mia spalla.

«Scusa, non ti ho vista.»

Il borsone da allenamento finisce ai miei piedi; vedo delle mani afferrarlo al posto mio. «Ecco, tieni.»

«Ehi, ciao Rick.» Accenno un sorriso che però non viene ricambiato. «Tutto bene?»

«Non molto, è un periodo particolare.» Si passa nervosamente le mani fra i capelli. Non l'ho mai visto così. Rick è sempre stato un ragazzo solare, al di là dei malintesi tra di noi.

«Mi dispiace, spero che…»

«Nulla che non si possa risolvere.» Piega le labbra in un leggero sorriso, poi mi supera ed esce.

Quest'incontro mi ha lasciato dentro una sensazione indefinibile. Ci penso fino a quando, lungo il corridoio, incontro Tate.

«Pallina!» urla, pure troppo, facendo voltare nella nostra direzione un paio di studenti.

«Tate, ciao.»

«Io e te stasera usciamo. Sole come ai vecchi tempi.» Inizia a saltellare sul posto, ma prima che possa aggiungere o dire qualcosa, sento due braccia circondarmi i fianchi e un mento posarsi sulla mia testa.

«Stasera?»

Provo ad alzare lo sguardo, ma Damon mi tiene ferma come se avesse paura di una fuga.

«Da dove sbuchi, tu?» sbuffa la mia migliore amica. «E comunque stasera la tua ragazza è mia. Qualsiasi cosa romantica avessi in mente, dimenticala!»

Riesco a voltarmi fra le sue braccia e a guardarlo in viso, ma quello che vedo non mi convince.

«Ehi.» Gli sfioro il mento con le dita.

«Pensavo che stasera potessi far compagnia a mia sorella» dice. «Ho un impegno di lavoro con i ragazzi e… sarà da sola.»

«Anche tua sorella può uscire con noi. Anzi, le scrivo subito un messaggio. Non rovinerai i miei piani!»

La testa di Tate sbuca fra le nostre, ma stranamente Damon non le risponde male. Si limita a sospirare.

«Kry, ricordati che passo a prenderti alle sette» mi informa, prima di lasciarci soli.

Lo sguardo di Damon è perso nel vuoto, come se non avesse il coraggio di tirare fuori quello che gli passa per la mente.

«Cosa… dovrai fare stasera?»

Scuote il capo. «Oh, nulla di importante. Le solite cose, però avrei preferito che tu stessi a casa.»

Non capisco. Per quanto Damon sia geloso, non mi avrebbe mai parlato in questo modo. Non è mai stato il tipo che si impone con la propria ragazza perché questa non faccia qualcosa.

«Perché? Se non vuoi dirmi la verità, basta ammetterlo» sussurro, con un pizzico di preoccupazione.

Non scherzavo, quando dicevo che con lui non si può mai stare tranquilli.

Sospira ancora, poi mi afferra la mano. Usciamo entrambi da scuola a capo chino, ma per motivi diversi. Comprendo quelli che lo spingono a tenermi lontana dal suo lavoro, ma non sempre è facile, soprattutto ultimamente.

«Sono solo stanco, Krys.» Mi afferra e mi abbraccia forte a pochi passi dalla sua moto. «Ma stanotte resta a dormire da me. Così quando torno ti trovo lì.» Abbozza un sorriso che nasconde anche altro.

In un'altra occasione gli risponderei che alla Morris non farebbe piacere e che devo tornare in istituto. Stavolta invece glielo prometto e basta, ma mi sfugge una domanda che non riesco a trattenere sul fondo della gola.

«Perché sembra un addio?»

«Ma cosa dici? Io tornerò sempre da te, Krystal.»

«Scusami, non so cosa mi sia preso.»

«Ehi, non piangere.»

Chiudo gli occhi, li stringo più che posso. Non mi ero resa conto che sto piangendo, e non capisco perché ho avuto questa reazione. Dicono che le sensazioni non sbaglino mai.

Be', spero che stavolta facciano un'eccezione.

* * *

Charlotte e Tate sono incontenibili.

Da quando abbiamo messo piede in questo centro commerciale, non fanno altro che provare abiti e scarpe di ogni genere. Io provo a metterci del mio, provo a farmi trascinare dal loro entusiasmo, ma c'è qualcosa che non mi permette di essere spensierata come vorrei.

Guardo il cellulare ogni cinque minuti, ma di Damon nemmeno l'ombra. Mi ripeto che è normale, che quando lavora è così, ma questo non mi aiuta. Sono un fascio di nervi e la mia agitazione aumenta quando, da un negozio di make up, vedo uscire l'ultima persona che avremmo voluto incontrare.

«Charlotte, forse è meglio se...»

«Vi prego ragazze, andiamo via.» Mi afferra la mano e io gliela stringo per infonderle coraggio, ma non facciamo in tempo, perché Piper ci ha viste e urla il nome di Charlotte come se da questo dipendesse la sua vita.

«Char, ti prego! Aspetta!»

Non ho mai sentito Piper pregare qualcuno e non l'ho mai vista così triste e smarrita come in questo momento. So che erano amiche, e che lei ha tradito la sua fiducia nel modo peggiore possibile.

«Non voglio parlarti» replica Charlotte, continuando a camminare al nostro fianco, anche se con molta fatica. È migliorata tanto nell'ultimo periodo, ma sono sicura che questo tipo di stress non può che farle male.

«Non ti vedo da una vita. Per favore, ascoltami.»

Charlotte si ferma. Tate e io ci guardiamo. Non sappiamo cosa fare.

«Appunto, non è il caso di cambiare abitudini proprio ora. Spostati!»

«Quindi, queste due sono le tue nuove migliori amiche.» Piper ride beffarda e non fa altro che peggiorare la situazione, ma lei è fatta così... purtroppo.

«Tu non sei mai stata una mia amica!»

Gli occhi di Piper si spengono e per un attimo mi dispiace. Mi ha reso la vita un inferno, ha provato a intromettersi nel mio rapporto con Damon, inventando cose per il solo gusto di farci allontanare.

Ora la guardo, smarrita e ferita, e penso che in fondo è erede degli errori di altre persone.

«Sei cambiata.» Scuote il capo per mascherare il suo dolore. Poi, per affrontarlo meglio, attacca me. Sono sempre stata il suo bersaglio e non mi meraviglia. «Ehi brunetta, salutami il tuo fidanzato e digli che la smettesse di indagare su di me. Ha una ragazza, non dovrebbe sottrarle tutto questo tempo.»

«Se pensi che ci caschi, ti sbagli di grosso» sbotto e mi pento di aver avuto pietà di lei. Persone come Piper non cambieranno mai.

«Come vuoi, peggio per te.»

«Andiamo, non cadere nei suoi tranelli come ho fatto io.» Charlotte mi afferra la mano. Ci allontaniamo insieme.

«Non so come ho fatto a non metterle le mani al collo» sbotta Tate, che fino a questo momento ha mantenuto la calma molto più della sottoscritta.

Piper conosce i punti deboli delle persone e li sfrutta. Non mi lascerò ferire dalla sua cattiveria, anche se… anche se continuo a essere agitata per il mio ragazzo.

Damon

«Stai per fare una grandissima cazzata. Cose simili vanno organizzate meglio!»

Ho la testa piena delle chiacchiere di questi due; so perché lo fanno, so che vogliono solo proteggermi dal finale disastroso che mi attende nel caso in cui le cose non dovessero andare come ho previsto. Non sono ammessi errori, e non è ammesso nemmeno il loro coinvolgimento.

«E cosa farai dopo?» continua Thomas. «Scapperete per andare dove?»

«Ho tutto sotto controllo. I soldi mi servono nel caso in cui gli assistenti sociali provino a portarmela via. Ho già pronti dei nuovi documenti, per noi due. Questa rapina è solo una precauzione, non è detto che andremo via.»

Mi guardano come se fossi pazzo e forse lo sono, ma non mi pentirò mai di quello che sto per fare. Voglio proteggerla e purtroppo Green non ha risposto alle mie chiamate. Devo agire, ed è quello che sto facendo per tenerla per sempre con me. Non posso rischiare.

«Non è una rapina qualsiasi, Dam. Tu vuoi entrare, e per giunta da solo, nella banca principale di Manchester per la seconda volta. Dimmi tu se questo non è un suicidio!»

Jared mi scuote come se volesse farmi rinsavire, ma so quello che faccio e non cambierò idea.

«Appunto. Se ci siamo riusciti una volta, andrà bene anche ora e... no, andrò da solo. Fine della discussione.»

I miei amici si guardano. So che sono solo preoccupati per me, ma sanno anche che farei qualsiasi cosa per Krystal.

«Ora devo andare!» Scendo dall'auto, a qualche strada di distanza dal mio obiettivo.

Thomas ha gli occhi lucidi, cazzo, non l'avevo previsto.

«Cerca solo di non farti arrestare» sussurra Jared a capo chino.

«Non è mia intenzione.»

Non ho fatto loro alcuna raccomandazione, non ho chiesto loro di prendersi cura di Krystal nel caso in cui qualcosa dovesse andare storto. Un finale simile non è previsto e solo io potrò prendermi cura di lei. Gliel'ho promesso. *Tornerò sempre dalla mia luna.*

Non mi guardo indietro, tiro dritto verso un destino che devo costruirmi, perché a questo mondo nessuno mi tenderà mai la mano. Soprattutto Green...

Krystal

Vedere Piper mi ha fatto male. Pensavo di avere tutto sotto controllo, di essere in grado di tollerare le sue menzogne e passarci sopra. Invece, da quando siamo uscite da quel centro commerciale, non faccio altro che pensare alle sue allusioni.

Chiederò a Damon una spiegazione, non riuscirei mai a fare finta di nulla, con lui.

«Smettila di pensare.» Charlotte posa una mano sulla mia spalla, ma dovrei essere io a consolarla. Non il contrario.

«Purtroppo Piper le ha sempre dato il tormento» interviene Tate. «È sempre stata molto meschina con lei e, a quanto pare, non si è ancora calmata.»

Iniziano a parlottare di questo, ma la mia mente è altrove. Vorrei chiamarlo e dirgli che voglio vederlo. Vorrei che venisse qui ad abbracciarmi e a sussurrarmi che sono soltanto una stupida, per le paure che provo. Vorrei dirgli che lo amo e che mi fido di lui, vorrei che Piper non fosse mai esistita e che la vita fosse più gentile con me.

«Dai, andiamo, altrimenti perderemo l'autobus» sbuffa la bionda. Ci dirigiamo alla fermata, ma qualcosa attira la nostra attenzione. E non solo la nostra.

C'è una marea di gente in strada, proprio di fronte a una grande banca.

«Cosa sarà successo?» commenta Charlotte.

D'istinto mi stacco da loro. Mi avvicino, anzi inizio a correre verso quel punto. Vedo tre auto della polizia. Gli agenti stanno circondando qualcuno e gli puntano addosso le pistole. Mi faccio largo nella folla, voglio vedere anche se… anche se non capisco il perché.

Poi… succede, e il mondo crolla. Il mio cuore si riduce in frantumi.

I suoi occhi mi trovano nel mare di dolore che si nasconde nei miei. Urla qualcosa, forse il mio nome, non lo saprò mai. Le forze mi abbandonano, la sofferenza è troppo grande e io crollo sulle ginocchia, poi… tutto diventa nero.

Non ci sono più i colori. Torniamo indietro di mille passi, senza sapere se un giorno riusciremo a correre di nuovo insieme.

83

«Sta per svegliarsi.»

No, non voglio svegliarmi. Non voglio perché so già che farà male e che il dolore sarà troppo forte, per una come me. No, non voglio aprire gli occhi e capire che è tutto vero, che non è stato solo un incubo, ma questa è l'amara realtà.

Tengo gli occhi serrati per allontanare il momento in cui il mondo mi cadrà addosso di nuovo e io non lo avrò al mio fianco a sostenermi. Sarò sola, avrò paura e mille abbracci non basteranno per calmarmi. I miei sensi non mi aiutano, non mi proteggono, lasciano che la vita mi butti in faccia questa cosa, mostrandomela nel modo peggiore possibile.

E allora urlo, chiedo continuamente: Dov'è Damon?

Nessuno mi risponde, nessuno ha il coraggio di farlo, ma io lo so, l'ho sempre saputo. Solo che adesso è ancora più brutto.

«Per favore, calmati...»

Charlotte mi accarezza il braccio e piange. Non deve essere facile neanche per lei, sapere che suo fratello è stato portato via.

È stato colto con le mani nel sacco, ha detto Jared e io ho annuito.

Che stronzo, che cattivo, ho pensato, perché a me aveva promesso che non si sarebbe messo in pericolo e che sarebbe tornato. Invece l'ha fatto, ha provato a rapinare la banca centrale di Manchester e ora... non lo so.

Ora mi fa male il cuore e fatico a respirare, come se mi mancasse un polmone.

Mi sento esattamente così: vuota, spenta e... non lo so.

Non lo so cosa succederà da questo momento in poi, e non so neanche con quali forze riesco ancora a urlare per chiedere chiarimenti.

«Può ricevere visite. Andrò a parlarci domani» mi informa Thomas. Ma voglio andare io. Voglio andare lì, prenderlo a schiaffi e poi baciarlo.

«Vengo anch'io» dico, ma mentre provo ad alzarmi riconosco il tocco di una persona che non immaginavo fosse qui.

«Krystal, dobbiamo tornare in istituto e tu devi riposare.»

Guardo la Morris e crollo. Scoppio a piangere come quando da bambina cadevo e mi sbucciavo le ginocchia. E lei mi accoglie anche se non me lo merito, anche se negli ultimi mesi gliene ho fatte passare di tutti i colori.

«Voglio vederlo» ansimo fra i singhiozzi. In questo caos intriso di rabbia e dolore, paradossalmente è Jared a diventare il mio faro in mezzo al mare.

Si avvicina e si inginocchia al mio fianco. Non mi ha mai guardata in questo modo.

«Damon si odia per quello che è successo, lo sai che vorrebbe vederti, ma… crede sia meglio che tu…»

«Cosa?» urlo, scattando in piedi. Per un attimo mi gira la testa, ma la Morris mi afferra in tempo.

«Non gli darò più ascolto. Farò di testa mia come ha fatto lui, senza pensare alle conseguenze.»

Jared china il capo. Annuisce appena, poi mi guarda di nuovo.

«Damon è stato imprudente, ma… fidati di me. Non complichiamo la situazione.»

Non complichiamo la situazione…

Ho perso il conto delle volte in cui mi è stata ripetuta questa frase. Come se io potessi creare altri problemi, oltre a quelli già esistenti.

Sono trascorsi alcuni giorni, e poche ore fa è arrivata una lettera dal tribunale per i minorenni in cui c'è scritto che la nostra convocazione è stata ritirata.

La Morris ha un sorriso enorme. Continua a dirmi che è troppo felice, a prescindere da come sono andate le cose. Io la guardo e non parlo.

Non so chi ci sia dietro. Non ne ho idea.

«So che stai male per Damon, ma è stato colto in flagrante. Purtroppo…»

«Quindi merita di trascorrere vent'anni in un carcere?» sbotto, alzandomi dal letto. Ogni ora chiamo Jared e lui mi ripete che ci vuole tempo, ma che riuscirà a tirarlo fuori di lì.

Non so neppure dove sia questo maledetto carcere, e odio il fatto che Damon non voglia che io lo veda.

«Non ho detto questo, piccola.» Prova ad accarezzarmi, ma io mi scanso. Non dovrei prendermela con lei, dovrei essere felice per la questione «assistenti sociali», ma a dire il vero non me ne può fregare di meno. Senza Damon, nulla ha senso.

«Aspetta, dove stai andando?» mi chiede, quando mi dirigo verso le scale.

«A scuola.»

«È domenica!» urla alle mie spalle, ma io non le rispondo.

Damon

Provo repulsione per me stesso e per la vita che ho condotto finora. Se fossi stato una persona onesta, a quest'ora sarei con lei, magari al cinema o in un fottuto ristorante a offrirle il pranzo.

Invece quelli come me non lo meritano, perché abbiamo peccato. E chi pecca, paga.

Mi odio, so di averla ferita ancora una volta e so che ci vorrà un miracolo per tirarmi fuori di qui.

L'ho fatta grossa. Se mi ricollegano a tutto quello che ho combinato, rischio di beccarmi vent'anni. Troppi, per due come noi.

Mi viene voglia di spaccare ogni cosa, se penso che non la rivedrò più e che potrà rifarsi una vita con qualcun altro. E che quel qualcun altro…

Basta, non succederà nulla di quello che ho appena immaginato.

«Ragazzo, è l'ora d'aria. Dovresti approfittarne.»

«Sto bene qui.»

Non ho mai sopportato gli sbirri e penso che il motivo sia più che ovvio. Ma questo in particolare, da quando ho messo piede qui dentro, non fa altro che ronzarmi intorno e rompermi le palle.

«Non credo» sospira, posando i gomiti sulle sbarre della mia cella. «A nessuno piace stare qui. Cos'hai combinato? Sembri così giovane…»

Non gli rispondo, ma lui non si arrende.

«Hai rubato? Hai ucciso qualcuno?»

«Ho preso in prestito.» Lo guardo male e lui si lascia andare a una risata bonaria. Non lo sopporto!

«Guarda che lo so cos'hai fatto. Direi che hai preso in prestito una bella somma.»

«Per una giusta causa» sputo, andando a stendermi sulla mia brandina. Ho la schiena a pezzi, oltre che il cuore.

«Ossia?»

Non sono mai stato molto loquace e non mi piacciono le persone che mi riempiono di domande. Anzi… non mi piacevano.

Ho una stretta allo stomaco, quando ripenso alle prime conversazioni che ho avuto con Krystal. Ai tempi sapevo che non avrei mai dovuto tirare una come lei nella mia merda, ma me ne sono innamorato e non sono più riuscito a controllarmi.

Non mi pento di nulla, tranne che delle ultime quarantotto ore. E non per me. Non mi importa di me. Mi logora l'anima sapere che continuerò a ferirla per chissà quanto tempo.

«Cazzi miei» sbotto, e lui sussulta. Sembra dispiaciuto.

«Non sono uno che giudica, ragazzo. Vabbè, ti lascio solo. Spero che domani vorrai prendere un po' d'aria. Anche una sola ora al giorno fa la differenza.»

Sto per dirgli che non ho nessuna intenzione di ritrovarmi con altri delinquenti in un cortile circondato dal filo spinato, ma lui aggiunge un dettaglio che mi fa perdere la ragione.

«Mi chiamo Jacob. Se hai bisogno di qualcosa…»

«Sparisci» urlo ancora, e stavolta lo fa.

La mia vita sembra una fottuta barzelletta che ormai non fa più ridere nessuno.

Krystal

Damon non mi perdonerebbe mai quello che sto per fare, ma lui mi ha sempre protetta e ora tocca a me.

Mai avrei pensato di prendere da sola un treno per Londra e di recarmi nell'ufficio dell'uomo più potente della città. Non è stato difficile trovare il suo indirizzo in rete, e non immaginavo che fosse così in vista, sui tabloid londinesi. C'è un mondo dietro questo ambiente che non avrei voluto conoscere, ma non ho alternative dal momento che Jared e Thomas non dicono più niente. Nessuno vuole darmi notizie di Damon e sembra che non ci siano novità. Non lo lascerò marcire in quel posto senza averle provate tutte.

Il grattacielo in cui lavora Green è immenso, ed è impressionante il modo in cui si impone in cielo come se lo governasse.

Ho un attimo di esitazione quando raggiungo la hall e una donna elegante mi guarda altezzosa.

«Come posso esserle utile?» mi chiede, ma non è affatto gentile. Pensa che sia solo una ragazzina che si è persa, ne sono sicura.

«Devo vedere il signor Green.»

Sospira e scuote il capo.

«Ha un appuntamento? Perché in caso contrario non posso farla salire.»

No, non ho un appuntamento e non so neppure cosa farò, quando e se lo vedrò.

L'istinto reagisce al posto mio e mi dà quel pizzico di sicurezza che mi serve.

«Gli dica che sono Krystal. Lui capirà.»

Non so se sarà così. Damon mi ha raccontato poco, ma in cuor mio so che quell'uomo conosce i suoi punti deboli.

«Proviamo» replica, sbuffando leggermente. Ma quando pronuncia il mio nome nella cornetta, la sua espressione cambia e io mi sento la vittoria in tasca.

«Allora?»

«Il signor Green la sta aspettando.» Deglutisce e continua a guardarmi, fino a quando le porte dell'ascensore non si chiudono alle mie spalle.

Onestamente non so cosa aspettarmi da quest'uomo, ma non ho paura di lui. Forse è incoscienza, forse non ho ancora capito bene chi sia e cosa fa nella vita, ma non ho tempo di pensarci, perché quando le porte si riaprono me lo ritrovo davanti.

«Cosa ha combinato quell'idiota?»

Sbatto le ciglia un paio di volte.

Non pensavo che Green fosse così… così… giovane e…

Insomma, è un bell'uomo.

«Lei è il signor Green?»

«E tu sei Krystal» sospira, quindi si avvia verso una stanza con le mani fra i capelli. Lo seguo in silenzio, ma appena mi guarda mi blocco. «Quindi? Parla!»

«Io pensavo che lei lo sapesse già…»

«Cosa?» Strizza gli occhi. «Sono stato via due giorni, problemi di salute, ma questi sono affari miei. Parla!»

Inarco un sopracciglio. Quest'uomo è davvero arrogante.

«Damon è stato arrestato.»

«Cosa?» urla, e stavolta la spavalderia cede il posto alla preoccupazione. «Quando? Come si sono permessi?»

Va a sedersi su una poltrona in pelle verde e chiude gli occhi, come se tenendoli aperti provasse dolore.

«Le spiegherò tutto» dico, avvicinandomi «ma lei deve aiutarmi.»

Torna a guardarmi e l'unica cosa che riesce a fare l'uomo più cattivo di tutta Londra è annuire e restare in silenzio.

Ho promesso che avrei mantenuto riservato il *nostro* incontro. Green non mi ha fornito una soluzione, mi ha solo posto una domanda a cui ho risposto di sì.

«Ricordati che questo è un carcere. Potrebbero non fartelo vedere, se in questi giorni ha avuto problemi di disciplina.»

Thomas ha finalmente ascoltato la mia preghiera e mi ha portata da lui. Dice che sarà brutto e che potrei restare traumatizzata, perché questi posti hanno il potere di rovinare tutto, ma non mi sono fatta intimorire dalle sue chiacchiere.

E ora sono qui, a un passo dall'uomo che amo.

Non nego che mi farà male vederlo ammanettato, ma ho bisogno di toccarlo e di baciarlo… se possibile.

«Spero che sarà felice di vedermi» sussurro.

«Certo che sì. Ti ama, per questo vuole proteggerti da…»

«Il prossimo» urla una guardia. Sia io sia Thomas sussultiamo.

«Entra prima tu.» Mi sorride. Non me lo faccio ripetere due volte.

Mi tremano le ginocchia, mentre avanzo in questa stanza grigia e fredda. Ho i brividi e il cuore batte forte contro la cassa toracica, quando lo vedo. I nostri occhi si incontrano e succede un gran casino. Corro verso di lui, che è ancora ammanettato, e mi rifugio nell'incavo del suo collo.

«Amore mio.»

Il suo è un sussurro, un filo di voce che mi spezza l'anima. Lui prova a risanarla, quando una guardia gli libera le mani e mi abbraccia. Sento le ossa del mio corpo tornare al loro posto, anche se provo ancora dolore.

Anche se so che la mia guarigione è ancora molto lontana.

84

Damon

Stringo le sue mani e immediatamente il suo profumo mi invade le narici. Mi chiedo come ho potuto pensare che sarebbe stato meglio non vederla. Senza di lei non respiro, e quello che provo adesso, mentre mi guarda con gli occhi pieni di lacrime, ne è la conferma.

«Come stai?» mi chiede, ma le parole che mi salgono alle labbra la sconvolgono. Non sono da me, ma ora devo dirle. Devo farle capire quanto è importante.

«Mi manchi, Krystal.» Glielo sussurro guardandola intensamente, e le sue labbra tremano. Sta soffrendo per me ed è soltanto colpa mia, se si trova in una situazione simile.

«Mi manchi anche tu» sospira, prima che una lacrima solchi il suo bel viso. Vorrei che lei non piangesse mai, che non stesse mai male o che si sentisse abbandonata da me. Per come posso voglio continuare a proteggerla, almeno fino a quando non uscirò da questo posto di merda e potrò farlo come si deve.

«Perché l'hai fatto?» mi domanda. Le rispondo nel modo più sincero possibile.

«Per noi. Per non permettere a nessuno di separarci.»

Un sorriso solo accennato illumina i suoi lineamenti e questo mi dà il coraggio per affrontare un argomento ancora più serio. Devo, anche se in questo momento vorrei fare di tutto con lei tranne che parlare.

«Devi stare lontana da Rick!» Si fa scura in volto, ma non le do modo di farmi domande, perché continuo a parlare sottovoce. «E da Piper. Ho la sensazione che ci siano loro dietro questo casino.»

«In che modo? Sono dei ragazzi come noi!»

«Quando sono stato arrestato, uno degli agenti ha ricevuto una telefonata. Pensavano che fossi svenuto… Insomma, quel tipo stava parlando con qualcuno e ha nominato una certa signorina Green. Poi ha fatto il nome di Rick.»

Sembra confusa, ed è più che normale, mentre io me lo aspettavo che prima o poi quella stronza mi avrebbe rovinato. Devo solo capire se stavano parlando di quel Rick…

Vorrei ammazzarlo!

«Ne sei sicuro? Rick sembra un bravo ragazzo.»

«Non devi fidarti di nessuno, Krystal.» Le stringo le mani, ma lei se ne esce con una frase che mi fa perdere la testa.

«Non ti lascio qui dentro, andrà tutto bene.»

«Tu non devi fare niente, ci stanno già pensando i ragazzi» dico, ma il suo sguardo sfuggente non mi convince. «Krystal!»

«L'orario di visite è terminato!» urla un agente da qualche angolo di questa stanza, e questa piccola impertinente sembra cogliere la palla al balzo, perché si alza, mi scocca un bacio sulle labbra e mi sorride.

«Stai tranquillo. Per una volta lascia fare a me.»

Urlo di nuovo il suo nome, la minaccio persino, ma non serve a nulla, perché non posso fare un cazzo per fermarla, da qui.

Un misto di impotenza e preoccupazione mi invade. Lei scompare oltre una porta di ferro, e io vorrei solo tenerla al sicuro per sempre.

Piper

Un tempo ero proprio come lei: ingenua, stupida, dolce.

Quel tempo però è finito. Non perché lo abbia deciso, ma per legittima difesa. Tutto quello che ho fatto fin da bambina, era per mio padre. Volevo piacergli, volevo che per una volta vedesse in me una persona su cui contare. Il suo lavoro veniva prima di tutto e nemmeno in quello mi coinvolgeva. Studiavo la notte per poterci capire qualcosa di quel mondo che, per quanto detesti, rappresenta il mio futuro. Un futuro che però il signor Green ha riservato a qualcun altro e questo io non posso accettarlo, non dopo tutti quei sacrifici. Non posso permettere a quel bastardo di Damon di soffiarmi via quello che appartiene a me, solo a me. Non ha neppure il nostro cognome e il fatto che suo padre sia…

Non voglio ricordare.

Il signor Green ora è troppo impegnato a giustificare gli errori del suo pupillo, per rendersi conto di quello che la sua stupida e viziata figlia sta programmando da tempo.

Seduta comodamente nella mia auto, scrivo:

Sto arrivando.

Krystal è più scontata di quanto immaginassi.

Non pensavo fosse così stupida.

La vedo.

La porta di casa di Rick si apre. Sono proprio curiosa di sapere cosa si inventerà stavolta per salvare la sua dolce metà.

Krystal

Quando vedo Rick, in faccia l'espressione di chi si è appena svegliato, penso di avere fatto un grande errore a venire qui.

E ora cosa gli dico?

«Krystal?»

«Ehi, ciao. Posso entrare?»

Damon mi ucciderebbe, lo so. Ma quando mi ha parlato di Piper e Rick, non ho potuto fare a meno di agire. Ogni indizio potrebbe essere utile per aiutarlo a uscire da quel posto. Probabilmente sono solo un'ingenua. Lui è stato colto in flagrante e non sarà di certo il ragazzo che ho di fronte a fornirmi la soluzione al problema. Non mi sono mai fidata di lui, ho sempre pensato che fosse ambiguo, ma non credo che possa aver complottato con Piper per qualcosa di così meschino. Da quel che so, nemmeno si conoscono.

«Perché sei qui?»

«Volevo scusarmi per come mi sono comportata ultimamente con te» sussurro, un po' a disagio.

È la prima cosa che mi è venuta in mente, forse anche la meno credibile data la sua espressione. Poggia il gomito contro lo stipite della porta e mi mette a disagio con una risposta che mi fa storcere il naso.

«Ho saputo che Damon è stato arrestato. Non sarò il suo rimpiazzo.»

«Non è per questo che sono qui!» sbotto. «E poi, come fai a…»

«La gente parla, Krystal. E Damon è uno abbastanza conosciuto.» Scrolla le spalle, poi si sposta e mi fa cenno di entrare. «Ti va un caffè?»

Sto per accettare, ma solo per capirci qualcosa in più. Il suo tono e la sua convinzione mi hanno insospettita. Ma il mio cellulare segnala l'arrivo di un messaggio.

Non azzardarti a entrare in quella casa! Ti aspetto nel mio ufficio. Green.

Rileggo un paio di volte, prima di capire davvero.

«Tutto okay?»

Guardo Rick e mi sento spaesata.

Come fa Green a sapere dove mi trovo in questo istante?

«Devo andare.» Deglutisco e corro via. Non conosco quell'uomo e le uniche cose che so sul suo conto non sono rassicuranti. Tuttavia è proprio da lui che sto andando in questo momento. Ho bisogno di risposte, e spero che possa darmene almeno un paio.

«Sei stupida? Cosa ci facevi a casa di quel tipo?»

L'accoglienza non è delle migliori, soprattutto dopo che mi sono fatta tre ore di treno per raggiungere il suo immenso grattacielo londinese.

«Indagavo, dal momento che lei si è preso una pausa.»

Se gli sguardi potessero uccidere, il signor Green avrebbe appena commesso un omicidio.

«Non voglio commentare» borbotta, mentre si pizzica il mento con le dita.

Sembra teso e le sue parole non lasciano presagire nulla di buono.

«Ho appena scoperto che mia figlia ti stava seguendo, e che lo sta facendo da un bel po'.»

«Cosa?»

«Già» sospira, scuotendo il capo.

«Damon mi ha detto che quando l'hanno arrestato uno dei due agenti ha fatto i nomi di Rick e Piper.»

Il suo viso impallidisce, e i suoi occhi vengono attraversati da emozioni che non saprei definire.

«Ho sempre saputo che quella stronza prima o poi avrebbe combinato qualche casino alle mie spalle» ringhia.

«Non parli di lei in questo modo, è pur sempre sua figlia!»

«No, non lo è se mi ha fatto una cosa simile.»

Queste parole mi confondono, ma potrebbe essere soltanto la reazione di un padre deluso.

«Perché odia Damon al punto tale da volerlo spedire in carcere?»

I suoi occhi mi trafiggono all'improvviso, come quando qualcuno ti tira uno schiaffo e tu rimani sgomentato.

«Non parlerò di questo con te. Ora ho altro a cui pensare e preferirei che la smettessi di metterti nei guai. Anche se pensi il contrario, sto indagando. Tu continua a fare la ragazzina di diciassette anni.»

«Lei è molto antipatico! Gliel'hanno mai detto?» Sbuffo, alzandomi. Per certi aspetti il suo carattere mi ricorda quello di Damon.

«Non così esplicitamente.» Accenna un sorriso, mentre con la mano mi indica la porta.

«Deve chiamarmi, non mi escluda!»

«Sarà fatto» dice, ma qualcosa mi suggerisce che mi sta ancora prendendo per i fondelli.

In fondo, forse non è pericoloso come dicono.

Credo...

Damon

«Ma almeno ci vai, in bagno?»

Ho sempre avuto problemi con le persone che si chiamano Jacob, e questa guardia è solo un altro da aggiungere all'elenco.

«Ti pagano per rompermi le palle?» sbuffo, disteso sulla mia brandina.

«Mi pagano per prendermi cura di voi» risponde con i gomiti alle sbarre della mia cella.

Non gli rispondo, lo ignoro anche perché non me ne frega un cazzo di lui.

«Sul serio, ragazzo, prendere un po' d'aria può solo farti bene.»

«Sbagliato.» Mi metto a sedere. «Evadere da questo posto di merda, può solo farmi bene.»

Jacob accenna un sorriso mesto, forse malinconico.

«Un giorno uscirai» dice, e io lo guardo male perché quel giorno, per quanto ne so, potrebbe essere fra vent'anni.

Mi stendo di nuovo e torno a fissare il soffitto ma Jacob resta qui, a pochi metri da me, a tenermi compagnia anche se non ci diciamo niente.

Più tardi sarà orario di visite. Non so se Krystal ci sarà, se sta bene e se mi vuole ancora. So solo che non merito il suo amore, e che lei non meritava un destino simile.

Krystal

Venire in questo posto è l'unico modo che ho di stare con Damon. Green mi ha fatto promettere che non dovrò parlare con lui della nostra «collaborazione». Anche se mi sento in colpa, manterrò la parola data.

Tra queste mura lui sta soffrendo e non voglio aggiungere altre preoccupazioni a quelle che ha già.

Mi metto in fila in attesa del mio turno, e dopo qualche istante noto Jacky, la madre di Damon, che si sbraccia per attirare la mia attenzione.

«Ehi, Krystal.» Mi abbraccia forte, e io rischio di crollare.

«Jacky.» Serro le labbra per non scoppiare a piangere, ma entrambe ne abbiamo un gran bisogno.

«Sono agitata» confessa. «Ci concedono sempre pochissimo tempo.»

Annuisco, ma non riesco a parlare, almeno fino a quando non mi squilla il telefono. Non conosco questo numero, ma immediatamente penso a Green. Mi allontano dalla madre di Damon, chiedendole di tenermi il posto. Lei mi dice va bene, che tanto c'è ancora parecchia gente prima di noi. Ma quando accetto la chiamata e sento *la sua voce,* le mie certezze vacillano.

«Te la ricordi quella barca?»

«Piper!» Tremo.

«In persona. Ti aspetto qui, devo parlarti!»

«Non ora.» Mi guardo intorno. Non ho paura di lei e voglio affrontarla, ma questo non è il momento giusto. Devo prima vedere Damon.

«Pensaci, la tua finta mamma non ha tutto questo tempo.»

Mi si gela il sangue nelle vene.

«Cosa hai fatto alla signorina Morris?» urlo, ma in risposta ottengo solo una fredda risata.

Una parte di me sa che dovrei chiedere aiuto al signor Green e che non dovrei presentarmi in quel posto da sola. L'altra, invece, sta già pensando a come raggiungere il diavolo in persona nel minor tempo possibile.

Me ne pentirò, lo so.

Lo so anche mentre salgo sul primo autobus, lo so mentre mi torco le mani e il tempo sembra scorrere troppo lentamente, e lo so quando arrivo a destinazione e ad attendermi lì dove io e Damon ci siamo amati per la prima volta, non c'è soltanto Piper, ma anche Rick.

Damon

Seduto al tavolo, con i polsi bloccati su questa superficie gelida e grigia, aspetto la mia boccata d'aria. Aspetto che quella porta si apra e che Krystal corra nella mia direzione per baciarmi.

«C'è una visita per te» dice un agente. Per quanto ami mia madre, non è lei che avrei voluto vedere ora.

Mi abbraccia, poi scoppia a piangere e ripete all'infinito una frase che mi spezza il cuore.

«In cosa ho sbagliato?»

«In nulla, non è colpa tua» le dico accarezzandole il dorso della mano, ma lo sento che sta male e che pensa di essere colpevole di qualcosa che non poteva affatto prevedere.

«Non ti lascerò qui.»

Ho sentito tante volte questa frase negli ultimi giorni, ma inizio a crederci di meno. Annuisco con lo sguardo basso. Mi fa male la testa. Mi scoppia, a essere sinceri.

Mia madre mi solleva il mento con due dita e accenna un sorriso.

«A breve entrerà Krystal. Ha ricevuto una chiamata, ma era qui fuori con me.»

«Puoi andare a controllare che sia tornata?» le chiedo. So di sembrare esagerato, ma ho bisogno di lei più che mai.

«Certo, vado subito.»

La vedo sparire oltre quella maledetta porta, ma quando torna c'è qualcosa nel suo sguardo che mi fa venir voglia di spaccare tutto.

«Dov'è?» le chiedo.

«Non lo so» risponde, e io perdo il controllo.

Inizio a urlare, a chiedere un telefono per potermi mettere in contatto con lei. Ho paura, mia madre piange perché due guardie mi afferrano e mi costringono ad appoggiare la testa sul tavolo. Dicono che la mia reazione è eccessiva e non è ammissibile in un posto simile.

«La chiamo io appena esco da qui» mi rassicura mia madre, ma questo non basta a calmarmi, perché dovrò aspettare sette giorni prima di sapere che fine ha fatto la mia donna.

85

Krystal

Resto immobile, completamente paralizzata dalla paura.

«Ho sempre pensato che fossi ingenua.»

Piper mi gira attorno come un predatore che sta studiando la sua vittima e non vede l'ora di divorarla.

«Dov'è la Morris?» balbetto e Rick scoppia a ridere come un forsennato. Sono delusa da tante cose, persino da me stessa per non aver capito prima che tipo di persona fosse.

«Al sicuro, a differenza di te» mi risponde Piper, avvicinandosi ancora. Ho paura, perché nei suoi occhi leggo un desiderio di vendetta da cui non so se saprò difendermi.

«Cosa vuoi da noi?» Provo a indietreggiare, ma Rick si mette alle mie spalle e me lo impedisce. Siamo soli in questo posto che un tempo ho amato da morire, ma che ora mi terrorizza.

«Mio padre.» Mi afferra il mento e lo stringe forte fra le unghie laccate di rosso. Fa male, ma fa più male essere caduta nella sua trappola e non sapere come uscirne. «Pessima mossa quella di chiedere il suo aiuto. Quindi ora tu scomparirai e la smetterai di intrometterti in cose che non ti riguardano. Il tuo fidanzatino è nel posto giusto. Chiaro?»

In me scatta qualcosa, come se mi sentissi in obbligo di difendere quello che sto facendo per Damon.

«Per colpa tua.» La guardo con sfida, e me ne pento appena mi prende per il collo e stringe.

«Ho solo consegnato un ladro alla giustizia.»

«Piper…» gracchio, in difficoltà.

«La stai soffocando.» Le parole di Rick sono un suono lontano, anche se è vicino a me. Alzo le mani per allontanare quelle di Piper, ma lei mi lascia andare.

«Ascolta il mio consiglio, se non vuoi avere problemi» sbotta, poi guarda Rick come se gli stesse dando il permesso di fare qualcosa. Ma lui vacilla. Guarda lei, poi me, infine si mette le mani in tasca.

«Cosa stai facendo?» urlo, e provo a scappare quando mi rendo conto del fazzoletto umido che ha in mano.

«Rick, muoviti!» lo incita Piper, ma negli occhi del ragazzo leggo dei sentimenti che potrebbero rappresentare la mia salvezza.

Non farlo lo supplico con lo sguardo, mentre continua a tenermi ferma con un braccio, poi… accade qualcosa che dovrebbe darmi sollievo, ma che in realtà mi rende ancora più triste.

Rick cade ai miei piedi, e alle sue spalle c'è Green, che ora mi guarda come se *io* avessi ucciso qualcuno.

«Sali in auto» mi dice.

«Ma...»

«Non è morto, purtroppo» aggiunge, prima di spostare lo sguardo su sua figlia. Piper sta piangendo, ed è questa l'ultima cosa che vedo prima di salire in auto e di trovarci Jacky.

Due giorni dopo sono ancora incredula, completamente sconvolta da una serie di verità che non avrei mai immaginato. Guardo Jacky e mi sembra un'altra persona, ma non in senso negativo. È dolce e premurosa con me; ha provato a tranquillizzarmi quando, durante il viaggio di ritorno verso l'istituto, temevo che fosse capitato qualcosa alla Morris. Invece era soltanto una bugia. Piper è sempre stata meschina, e anche se ora ho un quadro più completo della situazione, non riesco a giustificarla.

Jacky mi ha confessato che il padre di Damon e Green erano fratellastri e che per tutti questi anni lui si è preso cura di Damon, anche se Damon l'ha sempre visto come un nemico. Green conosce ogni segreto del ragazzo che amo, sa tutto quello che ha fatto e come l'ha fatto. A modo suo voleva proteggerlo...

«Quindi Damon e Piper sono cugini?» domando a entrambi, ma è Jacky a fornirmi una risposta che mi fa storcere il naso.

«Alla lontana.»

Green sospira, ma cambia subito argomento.

«Krystal.» Viene a sedersi al mio fianco. «Cosa sei disposta a fare per lui?»

«Tutto» replico prontamente. Non ho alcun dubbio.

«Bene.» Sospira, scambiandosi un'occhiata con Jacky. «Perché non si torna più indietro. Domani Damon uscirà di prigione e se tu vorrai seguirlo, potrete iniziare una nuova vita lontano da qui. Sarete persone diverse, ma starete insieme. Se lo vorrai» ripete, e stavolta guarda me negli occhi.

«Cosa? Com'è possibile che lei riesca a...»

«Di questo non devi preoccuparti. Ho delle conoscenze. Ma non sei obbligata a seguirlo. Aiuterò ugualmente Damon a scappare, anche senza di te.»

È la situazione più estrema che abbia mai vissuto, e nonostante lo shock per quello che mi ha appena proposto, capisco bene di cosa stiamo parlando. Green mi sta chiedendo di rinunciare alla mia vita e di scappare con Damon. Mi sta chiedendo di dire addio a tutte le persone che amo, alla Morris, a Tate e a tante altre cose. Eppure, capisco che l'unica persona alla quale non potrei mai rinunciare è quella per cui accetterò di abbandonare la vecchia me. Non ho dubbi, non ho ripensamenti perché in fondo ho sempre desiderato avere una famiglia e so di averla trovata con lui, con il mio Damon Cooper ribelle, casinista e un po' matto. Non ho paura, mentre guardo quest'uomo che gli somiglia tanto e gli prometto qualcosa di cui non mi pentirò mai.

Non puoi pentirti dell'amore.

«Accetto, scapperò con Damon.»

La sicurezza nel mio tono di voce li fa vacillare; Jacky ha gli occhi lucidi, mentre Green per un attimo li chiude come se stesse provando a combattere contro qualcosa.

«Bene» sospira ancora. «Allora goditi l'ultimo giorno di questa vita.» Poi si alza e va a chiudersi in bagno.

Mesi fa, quando io e Tate siamo arrivate in questa città, era impossibile immaginare che la mia vita potesse prendere una piega simile. Credevo che sarebbe stato bello frequentare una scuola vera anziché le lezioni in istituto, ma al di là di questo pensavo che l'anno sarebbe stato simile a molti altri.

Mi sbagliavo. La vita è imprevedibile, e ha deciso di mettere sul mio cammino persone che l'hanno stravolta, nel bene e nel male. Ora, però, mentre io e Tate mangiamo un gelato sedute su un muretto, voglio solo godermi gli ultimi momenti con la mia migliore amica.

«Farei qualsiasi cosa per farti tornare a sorridere» mi dice.

In questi giorni mi è stata molto vicina. I suoi genitori le hanno permesso di dormire con me in istituto e hanno tentato varie volte di invitarmi a cena a casa loro.

«Andrà meglio» le dico, mentre il senso di colpa mi invade. Green è stato categorico: non posso dire a nessuno che domani scapperò, chissà dove, con Damon. Ed è stato onesto, raccontandomi senza filtri quello che, da un punto di vista legale, sto per fare. Nessuno avrà più mie notizie, ma secondo lui è giusto che io scriva delle lettere alle persone che per me sono importanti, perché non pensino che mi sia successo qualcosa di brutto.

Il mio pensiero corre anche alla Morris, che in tutti questi anni è stata come una madre. Non so se accetterà mai la mia decisione, se mi odierà. Quel che è certo, è che ne soffrirà tantissimo e questo mi logora l'anima. Per quanto sia convinta della mia scelta, non avrei mai voluto che la mia felicità potesse fare male ad altri.

«Sono felice che tu lo abbia detto. Anche se io e Damon non siamo mai andati molto d'accordo, non avrei mai voluto questo per lui e per voi due.»

«Lo so.» Accenno un sorriso. «Lui è… tutto quello che ho sempre desiderato.»

«La vita è stata ingiusta con te, Krystal, ma io ci sarò. Io ci sarò sempre per te. Non vado da nessuna parte e… Ehi, non piangere» sussurra e mi abbraccia, ignara di quanto le sue parole facciano male, in questo momento.

«Ti voglio bene, Tate. Lo sai, vero?»

«Ma certo.» Mi stringe più forte. «Come io ne voglio a te.»

Me lo prendo tutto questo abbraccio, non le permetto di staccarsi neanche quando ride e dice che la sto soffocando. La stringo forte, imprimo nella mia mente il suo profumo perché non so quando potrò sentirlo ancora.

Non sono mai stata brava con le parole, nonostante sia una chiacchierona. Scrivere le lettere di addio è stata dura.

Le avrò rilette un centinaio di volte, ma questo non cambia il contenuto. Stasera la Morris mi guardava di continuo, e l'ho fatto anch'io; mi ha chiesto se stessi bene, se avessi bisogno di qualcosa. Le ho detto che volevo soltanto un suo abbraccio e lei mi ha stretta. So che non può immaginare le mie intenzioni, in caso contrario mi impedirebbe di andare. Sto per darle un grande dolore, sto per deluderla di nuovo e nel modo peggiore.

Questo posto è stata la mia casa. Ci sono io in questa stanza, c'è la mia storia con Damon, quella con Tate e anche quella con la Morris. Ci sono tante cose che non potrò portare via con me. Forse un giorno... Chissà.

Abbasso lo sguardo sul cellulare.

C'è un messaggio di Green.

Sono giù. Se ti fai scoprire è un tuo problema.

Riesco persino a sorridere, fra le lacrime. Prendo la mia valigia e per l'ultima volta mi siedo sul davanzale della mia finestra. Ora però non mi metterò ad ammirare la luna, e non mi guardo indietro mentre dico addio a una vita che non mi appartiene più.

86

A ogni passo sento scivolare sempre più lontano la mia vecchia vita, ma sono consapevole del fatto che rinunciare a Damon sarebbe stato molto più devastante.

Scavalco il cancelletto sul retro per l'ultima volta, e un sorriso nostalgico si distende sul mio viso.

Sono successe tante cose, penso, mentre raggiungo un'auto nera in fondo alla strada. Quando apro la portiera, per poco non mi prende un colpo.

«Cosa...»

«Volevi andare via senza salutarci?»

Il tono ilare di Thomas non riesce a mascherare quello che sta provando in questo momento. Poi vedo Charlotte al suo fianco, e Jared seduto sul sedile anteriore.

«Certo che volevo salutarvi.» Salgo in macchina sorridendo. Green non apre bocca. Mi guarda per qualche secondo attraverso lo specchietto retrovisore, come se volesse assicurarsi che sono realmente qui.

«Sei arrabbiata?» sussurro, posando una mano sulla gamba di Charlotte. I suoi occhi, già colmi di lacrime, sono un colpo al cuore.

«Non potrei mai. Rendi felice mio fratello, mi basta questo.» Mi posa la testa sulla spalla, e mi sento meno in colpa. «Ti chiedo solo di dargli questa, quando sarete lontani.» In mano stringe una lettera sgualcita. La guardo e penso alle tante parole che anch'io ho scritto per ognuno di loro.

Non pensavo di vederli. L'idea era quella di affidare i miei fogli a Green, con la speranza che arrivassero a destinazione.

«Ho anch'io qualcosa per voi. Ma per favore non leggete ora.»

Persino Jared mi guarda con affetto, quando gli porgo un foglio bianco e spiegazzato.

«Siamo arrivati.» La voce di Green ci fa tornare alla realtà. Pensavo ci volesse più tempo, pensavo che questo posto fosse distante ore da Manchester, invece si tratta semplicemente di una zona abbandonata ai piedi di un palazzo molto alto.

«Su quel tetto troverai un elicottero. Non devi fare nulla, solo… aspettare» dice, poi scende dall'auto e ci lascia soli.

«Odio gli addii» sospira Thomas, passandosi le mani sul viso. Anche se Jared sta provando a lottare con le sue emozioni, so che vorrebbe piangere.

«Non penso sia un addio.» Lo guardo e gli afferro la mano, stringendola forte nella mia. «Sul serio ragazzi, sono sicura che prima o poi ci rivedremo.» Non so cosa mi spinga a dirlo, non sono mai stata il tipo di persona che fa promesse senza sapere se è in grado di mantenerle. Ora invece mi va, come se dentro di me sapessi di avere ragione.

«Prenditi cura di lui.» Charlotte mi abbraccia. Con il mento poggiato sulla sua spalla, sorrido a Jared e allungo un braccio nella sua direzione. Questi tre ragazzi, così diversi tra loro, hanno fatto parte della mia vita. «E prendi anche questo.» Si sfila un bracciale di perle e me lo porge. «Così non ti dimenticherai di me.»

«Non credo sia possibile» le sorrido. «Vi voglio bene, ragazzi.»

È l'ultima cosa che dico, prima di ritrovarmi sola in un ascensore con il signor Green. Stiamo zitti e lui non riesce neanche a guardarmi.

Le porte si aprono su una terrazza. Eccolo l'elicottero. Ho paura, non sono mai stata su uno di questi affari. Green mi posa una mano sulla spalla, e tutte le mie attenzioni vanno a lui.

«Ora tu sali lì sopra e aspetti il tuo principe azzurro» ironizza, anche se… è strano.

«Cosa farà ora?» gli domando, ma lui sbuffa e alza gli occhi al cielo.

«Non ho tempo per spiegartelo, ragazzina!»

«Anche l'altra volta ha detto la stessa cosa» borbotto.

«Be', allora lo sai già. Non sono ammessi colpi di testa.» Mi punta un dito contro, prima di indicarmi dove devo andare.

«Aspetti.»

«Cosa vuoi, ora?» Per quanto abbia un aspetto minaccioso, in questo momento Green è buffo.

«Grazie. Solo questo.»

I suoi occhi sembrano incerti, scuote il capo.

«Fai la brava, Krystal!»

«Anche lei, Green.»

«Ci provo.»

Per la prima volta mi sorride e in questo sorriso, per un attimo, mi ci perdo. Non so spiegare il perché. È stato come rivivere una scena già vissuta tante altre volte, anche se non è possibile. Come detto, io non avevo mai visto Green sorridere, prima d'ora. Lo osservo andare via con le spalle dritte e il portamento di una persona che non teme nulla. Esce dalla mia vita con la stessa rapidità con cui ci è entrato.

Damon

Sono giorni che non riesco a chiudere occhio. Nessuno è stato in grado di darmi notizie di Krystal, e questo rischia di farmi impazzire.

Ho lo stomaco chiuso, vorrei solo uscire da qui e correre da lei per avere la certezza che stia bene. Ma non posso, e non riesco ad accettarlo. Con gli occhi rivolti al soffitto, penso a quanto è cambiata la mia vita negli ultimi mesi, a quante cose sono successe e a come quella ragazza ha stravolto ogni mia prospettiva. Non avrei mai pensato di dirlo, ma è il motore della mia felicità; mi ricarica, mi dà la forza per provare a essere una persona migliore. Ma temo di aver fallito, temo di essere andato oltre, stavolta, e di averla persa. Non potrei darle torto, sono un disastro e non potrò mai darle quello che merita. Mi detesto per questo, mi odio perché la amo, ma non riesco a farlo come vorrei.

Quando sto per lasciarmi andare, un rumore mi fa sobbalzare sulla branda.

«Ma che… Jacob?»

«Muoviti, ragazzo. Non abbiamo molto tempo!»

La cella viene aperta, e per la prima volta io e quest'uomo ci ritroviamo l'uno di fronte all'altro senza essere separati da sbarre di ferro.

«Ma cosa stai dicendo?»

Sono sotto shock, non ci sto capendo un cazzo.

Tuttavia, la risposta alla mia domanda compare alle spalle di quest'uomo.

«Ti sta dicendo che devi darti una mossa. Ti sto salvando il culo… ragazzo.»

«Green.» Sgrano gli occhi, mentre con una mano mi tengo alla sbarra per non crollare. Mi gira la testa, e penso di sognare a occhi aperti.

«Già, sorpresa.» Mi afferra per il braccio. «Torna sulla terra, Lupin. La tua Margot ti sta aspettando.»

«Dov'è Krystal?»

Non mi muovo, quando prova a trascinarmi via.

«Sei sordo? Ti sta aspettando. Ti spiego per strada» dice, ma questo non mi tranquillizza. Green è uno stronzo, non posso fidarmi di lui. Anche se sa dell'esistenza di Krystal, non l'ha mai vista e non ho alcuna certezza del fatto che non mi stia mentendo.

«Spiegami ora!»

«Cazzo, siete proprio fatti l'una per l'altro. Ma non abbiamo tempo. Sul serio.»

«Ragazzo.» La mano di Jacob mi si posa sulla spalla. «Vai, e non farti più vedere da queste parti.»

Lo guardo, vorrei dirgli tante cose o anche solo ringraziarlo, ma lo sa che non ne sono capace. Annuisce come se mi avesse compreso alla perfezione, ed è così che esce dalla mia vita. Lui è l'unico Jacob che non vorrò mai dimenticare.

«Finalmente» sbotta Green quando mi avvio dietro di lui. Mi tiene per il polso e non lo molla fino a quando usciamo da una porta blindata e ci ritroviamo in un'auto nera. Mi chiedo come abbia fatto a farmi evadere così facilmente. Ma, soprattutto, perché non l'abbia fatto prima.

«Dove stiamo andando?»

«Dalla tua ragazza. Ti spiegherà tutto lei» sussurra, poi mette in moto e il carcere inizia a rimpicciolirsi alle mie spalle.

«E Jacob?»

«Tuo cu... Ah, l'agente! Non gli succederà nulla, stanotte non era di turno, quindi non sarà considerato responsabile della tua fuga. Non chiedermi altro.»

Sono sempre più confuso. Mi sento come un bambino che è appena venuto al mondo e che non sa come ci sia finito. L'unica cosa che so è che voglio vedere Krystal, voglio stare con lei, voglio che mi racconti tutto quello che le è successo mentre eravamo separati. È una situazione folle, e onestamente sono ancora un po' perplesso, ma quando si tratta di lei la logica non è di casa.

«Cosa... devo fare quando...»

L'auto accosta sotto un gran palazzo in mezzo al nulla. Lo sguardo di Green è fisso sul volante.

«Sali fino all'ultimo piano. Sulla terrazza troverai un elicottero che vi porterà in un posto che...» sospira. «Ora vai, fra non molto si accorgeranno della tua fuga.»

«Green, io...»

«Vai e basta.» Mi guarda, e nei suoi occhi mi perdo. Non so il perché, ma per un istante sono tentato di chiedergli di scappare con noi. Non ci abbracciamo, non lo abbiamo mai fatto. In fondo lui è soltanto l'uomo per cui ho lavorato negli ultimi anni. Annuisco, poi scendo dall'auto e non mi guardo indietro. Corro verso il mio obiettivo, che ha un solo nome: quello della donna che amo. Sento ogni parte di me, rotta da tutta una vita, tornare al suo posto quando la stringo fra le braccia. Sento che sto guarendo, sento scivolare via dalla mia anima le tenebre che l'hanno sovrastata per troppo tempo. Sento di essere nel posto giusto, ho la sensazione di essere tornato a casa anche mentre andiamo via.

Forse… per sempre.

Epilogo

Krystal

La felicità è un sentimento che nessuno è in grado di spiegare, neanche chi l'ha vissuta. Non esiste definizione, non esistono parole giuste per descrivere quello che provo in questo momento. Ho avuto paura, non posso negarlo.

Ho provato sollievo quando ho visto Damon correre verso di me e tuffarsi fra le mie braccia. Mi sono sentita leggera quando la terra ha iniziato ad allontanarsi sotto i nostri piedi, e ci siamo sentiti un po' in colpa quando abbiamo iniziato a parlare di quello che ci siamo lasciati alle spalle scappando via. Ricordo perfettamente l'espressione di Damon quando gli ho raccontato tutto, quando gli ho parlato di Green e di quello che Piper e Rick mi hanno fatto. Non so cosa gli sia capitato dopo, e penso sia meglio restare con il dubbio, ma non è stato semplice calmarlo e fargli capire che ormai è tutto finito, che ora sto bene e sono pronta a iniziare la mia vita con lui.

«Non so se mi ecciti di più l'idea di fare cose peccaminose con te dall'altra parte del mondo, o il fatto che tu abbia rinunciato a tutto per me» mi ha detto, appena ci è stata comunicata la destinazione.

Il Messico.

Già.

A volte ho l'impressione che Green abbia dei poteri e che sappia leggere nella mente delle persone. Non credo che riuscirò mai a comprenderlo, ma uno dei suoi ci ha detto che prima o poi si metterà in contatto con noi. Dobbiamo solo aspettare e abituarci a questa nuova vita.

Il posto dove viviamo è stupendo, ho sempre desiderato starmene a pochi passi dal mare, ma non avrei mai immaginato che Green potesse esaudire anche questo desiderio. Tuttavia, Damon non è molto contento per la scelta delle nostre nuove identità.

«Margot e Edward Jones» sussurro, rigirandomi i documenti fra le mani.

«Come diavolo gli è venuto in mente quel nome per me?» sbotta, passandosi nervosamente le mani fra i capelli.

«Dai, non è così male.» Gli getto le braccia al collo e finalmente il suo broncio viene sostituito da un'espressione inequivocabile.

«Ma in quei momenti tu continua a chiamarmi Damon» sussurra, facendo scorrere le mani sulla mia schiena.

«Dam, siamo per strada.» Avvampo all'istante, e per fortuna mi dà ascolto. Mi prende di nuovo per mano, e ci incamminiamo verso *casa nostra*. Fa ancora strano chiamarla in questo modo, ma è così. Io e il signor Edward Jones ora abbiamo una modesta, ma bellissima casa, nella città di Cancun.

«Allora sbrighiamoci, piccola Margot. Non voglio essere denunciato per atti osceni in luogo pubblico.»

«Quindi non mi chiamerai più Krystal?» gli chiedo, posando la testa sul suo petto. Lui abbassa lo sguardo sul mio viso e lo sfiora con le dita.

«A breve lo farò.» Accenna un sorriso. «Tu sarai sempre la mia Krystal.»

«Al mio tre!»

«Okay... Inizia a contare» balbetto, mentre cerco di non pensare a quanto sarà devastante il contatto con l'acqua gelida di questo mare.

«Non imbrogliare, piccoletta.» Mi punta contro un dito, che io afferro e stringo nella mia piccola mano.

«Ma figurati. Su, corriamo insieme.» Gli sorrido e lui ricambia con la più grande dolcezza che gli abbia mai visto in volto.

Ci tuffiamo nelle acque gelide del Mar dei Caraibi, e appena riemergiamo Damon mi afferra per le gambe e se le porta alla vita.

«Fredda?»

«Neanche tanto» mento, e lui mi pizzica il naso.

«Dopo tre mesi non ti sei ancora abituata, sei proprio una bambina.»

«Senti chi parla! Ti sei bruciacchiato la fronte!»

«E tu le tette!» sussurra, abbassando lo sguardo proprio lì.

Damon non cambierà mai, ed è per questo che lo amo ogni giorno di più. Amo ogni cosa di lui, ma soprattutto le sue fragilità.

Qui siamo felici, ma non è sempre facile. Ci sono momenti in cui pensiamo a cosa abbiamo lasciato a Manchester e a quanta sofferenza le nostre scelte hanno portato nella vita delle persone che amiamo. Non abbiamo loro notizie e non sappiamo cosa pensano di noi oggi. Questo, a volte, ci rende vulnerabili e scrivere ci aiuta.

«Idiota.» Provo a spingerlo via, ma lui mi stringe un po' di più. Ogni notte dormiamo abbracciati, anche quando abbiamo litigato per qualcosa di stupido e per le paure che ancora ci tormentano. Lui è un evaso di galera, e io una complice orfana che è scappata da un istituto di notte. I sensi di colpa ci sono, così come la paura che la Morris possa odiarmi.

Come se ci fossimo letti nel pensiero, Damon mi afferra la mano e mi guarda.

«Andiamo a fare quella cosa» sussurra, e so bene a cosa si riferisce. Rientriamo in casa grondando acqua da tutte le parti, ma non ci importa. Ci sediamo al tavolo, ma lui mi chiede di sistemarmi sulle sue gambe e io lo faccio. In questi momenti sentiamo il bisogno di stare vicini il più possibile.

«Okay, pronto?»

«Fazzoletto?» mi chiede, prima che io impugni una penna.

«Si sono invertiti i ruoli?» ridacchio, ma solo per camuffare il tremolio della voce. In questi mesi abbiamo scritto parecchie lettere ai nostri amici e le abbiamo spedite all'indirizzo che Green ci ha fornito. Ma non abbiamo mai ottenuto risposta.

«No, io continuerò a gettarli a terra e tu continuerai a dire che sono un incivile.»

«Alcune cose non cambiano mai.»

«Mai, Margot. Mai.» Poggia il mento sulla mia spalla, mentre mi guarda scrivere.

Tate, amica mia,

ho provato a scriverti questa lettera forse dieci volte. Non hai idea di quanti fogli ho accartocciato e gettato. Non è da me. Sono la solita precisina, questo non è cambiato. Ma qualcos'altro sì. Non so cosa pensi, non so se sei arrabbiata, se mi odi, non so nulla.

Le mie uniche certezze sono il bene che ci ha legato in tutti questi anni e la nostra amicizia. Forse sono andata via nel peggiore dei modi, ma non avevo scelta. Non voglio che tu ti senta tradita, non è stata una scelta fra te e lui. Tu sei e sarai sempre mia sorella, anche se forse non mi crederai più, ma è così. È stata la notte più difficile della mia vita, so di averlo detto tante volte, ma voglio che tu sappia quello che ho provato.

Quel giorno, quando siamo andate a mangiare il gelato, avevo già scelto, sapevo già che quella sarebbe stata l'ultima volta che ti avrei vista. Stavo male, avrei voluto urlare, piangere, dirti tutto, ma non potevo. Sarebbe stato peggio, avevo paura di vederti soffrire e cambiare idea. Non potevo. Penserai che sono stata egoista, che l'amore per Damon mi ha cambiata. È così, non posso negarlo, sono stata egoista. Per una volta ho messo al primo posto la mia felicità. Non l'avevo mai fatto, non avevo mai vissuto proprio come mi dicevi tu, ma quando ho provato cosa voleva dire quello che tu mi hai sempre raccontato, non sono più riuscita a fermarmi e poi… è arrivato Damon. È entrato nella mia vita come un rullo compressore. Mi ha fatta a pezzi spesso, ma poi ha raccolto ogni parte di me e mi ha curata. Sto bene, sono felice, sto vivendo. Forse non te ne frega nulla, forse… non lo so neanch'io. Sono sparita e tu non avevi altro che delle parole confuse su un foglio. Non so se le hai lette, non so se leggerai anche queste, ma lo spero.

Mi manchi, mi mancate tutti. Muoio dalla voglia di abbracciarti, di parlare con te, di mostrarti la mia nuova casa, la mia nuova vita, della quale anche tu, se vorrai, farai parte.

Se non accetterai, lo capirò. Cercherò di farlo.
In ogni caso, prenditi cura della Morris e dille che la amo e che per me è stata e sarà sempre mia madre. Un'ultima cosa: so che sei distratta, quindi... controlla meglio la busta, prima di buttarla. E, ti prego, perdonami.
Ti aspetterò sempre,
Pallina

Tate

«Oddio.» Chiudo gli occhi, cercando di calmare le lacrime che mi inondano il volto. Recupero la busta che, come Krystal aveva previsto, avevo già gettato nel cestino. «Oddio.» Stavolta urlo. La mia Krystal mi ha spedito due biglietti aerei per il Messico.

«È pazza» ridacchio, correndo verso l'armadio. Afferro la valigia più grande che ho per iniziare a riempirla con qualsiasi cosa.

Non ho odiato Krystal per un solo secondo.

Certo, non è stato facile accettare il fatto che sia scappata in quel modo, ma dentro di me l'ho sempre saputo. Non posso dire lo stesso per la Morris. La sua reazione ancora oggi mi preoccupa e purtroppo Krystal non può immaginare quello che è successo dopo, ma ora non posso pensarci.

Mi sollevo sulle punte per prendere dallo scaffale più alto anche un beauty. «Ma che cavolo!» sbotto, quando qualcosa di duro mi cade in testa. «Oh...» Sorrido quando mi accorgo che si tratta del manoscritto che Corinne mi ha spedito la scorsa settimana.

In queste pagine c'è la storia di Damon e Krystal.

Dice che non è sicura di volerlo mandare a una casa editrice, non ancora almeno. Sente che manca qualcosa, come se ci fosse altro da raccontare. Effettivamente, lo penso anch'io.

Ringraziamenti

ERA il 2017 quando le prime pagine di questa storia hanno iniziato a prendere vita. Sembrerà retorico, ma non avrei mai immaginato di arrivare a questo grandissimo traguardo. Sapere che *Sweet* sarà sugli scaffali di una libreria riempie il mio cuore di gioia, e voglio approfittare di questo spazio per ringraziare chi lo ha reso possibile.

Innanzitutto, grazie a chi mi ha sostenuto fin dall'inizio, aspettando ogni settimana lo sviluppo di questo racconto. Grazie ai nuovi lettori che, per la prima volta, hanno incontrato Damon e Krystal. Spero di avervi fatto innamorare di loro.

Grazie a tutto il team di Wattpad e, in particolar modo, ad Anita per aver creduto in questo progetto.

La sua gentilezza e la sua disponibilità sono state fondamentali per me.

Grazie alla casa editrice Sperling & Kupfer e alla mia editor Linda Poncetta per avermi accompagnata in questa avventura e per aver curato, nei minimi dettagli, la pubblicazione.

Infine, voglio ringraziare e dedicare questa grande rivincita personale ad alcune persone.

A Carlo, per l'amore e il sostegno che mi dimostri ogni giorno. Grazie per essere al mio fianco, da sempre.

Ad Antonella. La nostra splendida amicizia è nata fra i libri e spero, un giorno, di poterti incontrare e abbracciare. Sei la fan numero uno di Damon e Krystal e non ti sarò mai abbastanza grata per il tuo affetto.

Ad Annalaura: amica, scrittrice e ora anche mamma stupenda. Mille parole non basterebbero per esprimere il nostro legame. Grazie per aver sempre gioito con me, per ogni cosa.

Infine, voglio ringraziare mio padre.

Anche se non ho ancora trovato il coraggio di parlarti di questa passione e probabilmente non lo saprai mai, ti ringrazio per avermi letto tanti libri quando ero piccola.

A tutti voi, che siete arrivati fin qui: spero di avervi fatto riprovare le sensazioni del primo amore o di un amore difficile a cui, ancora oggi, pensate.

Con affetto,

Corinne

PEFC
PEFC/18-31-226

Certificato PEFC
Questo prodotto è realizzato con materia prima da foreste gestite in maniera sostenibile e da fonti controllate
www.pefc.it

GRAFICA VENETA
GV CARBON NEUTRAL

Questo libro è fabbricato da Grafica Veneta S.p.A.
con un processo di stampa e rilegatura certificato 100% carbon neutral
in accordo con PAS 2060 BSI

Finito di stampare presso GV Grafica Veneta
Via Malcanton, 2 – Trebaseleghe (PD)
su carta HOLMEN
con fibra vergine proveniente da foreste sostenibili holmen.com/paper